淳安年鉴

2023

淳安县地方志编纂委员会　编

方志出版社
Publishing House of Local Records

图书在版编目（CIP）数据

淳安年鉴．2023 / 淳安县地方志编纂委员会编．—
北京 ：方志出版社，2023．11
ISBN 978-7-5144-5908-1

Ⅰ．①淳… Ⅱ．①淳… Ⅲ．①淳安县—2023—年鉴
Ⅳ．①Z525.54

中国国家版本馆CIP数据核字（2023）第223918号

责任编辑：丛珺
责任校对：张玉霞
责任印制：梅中英
出 版 者：方志出版社
地　　址：北京市朝阳区潘家园东里9号（国家方志馆4层）
邮　　编：100021
网　　址：http://www.zgfzcb.cn
发　　行：方志出版社图书营销中心（010-67110500）
印　　刷：杭州宏雅印刷有限公司
开　　本：787毫米×1092毫米　1/16
印　　张：23
字　　数：595千字
版　　次：2023年11月第1版
印　　次：2023年11月第1次印刷
定　　价：120.00元

淳安县地方志编纂委员会

主　　任　王　翀

副 主 任　许海波　卜利斌　金晨旦

成员单位　县委办公室　县政府办公室　县委党史研究室
　　　　　　县财政局　县档案局

《淳安年鉴》编辑部

主　　编　徐红星

副 主 编　程中青　方　慧

编　　辑　刘东山　方红娟　王丛丹　章小玲

编　　务　刘东山

编　辑　说　明

一、《淳安年鉴(2023)》以马克思列宁主义、毛泽东思想、邓小平理论、"三个代表"重要思想、科学发展观、习近平新时代中国特色社会主义思想为指导,坚持辩证唯物主义和历史唯物主义的立场、观点和方法,全面、系统地记载淳安自然、政治、经济、文化和社会等方面的基本情况。资料起讫时间:2022年1月1日至2022年12月31日。个别事件为反映其本末因果,时限上有所突破。

二、《淳安年鉴》是淳安县地方志编纂委员会编纂的综合性地方年鉴。1998年首次出版,《淳安年鉴(2023)》为第25卷。

三、本年鉴采用分类编辑法,设特载、大事记、县情概览、中国共产党淳安县委员会、淳安县人民代表大会、淳安县人民政府、政协淳安县委员会、中国共产党淳安县纪律检查委员会淳安县监察委员会、群众团体、法治、军事、平台·园区、农业、生态·环保、国有企业、商务·贸易、交通运输·邮政、通信、财政·税务、金融、综合管理与监督、城市建设与管理、教育、文化·旅游·体育、卫生健康、社会、乡镇、名录、附录29个类目,类目下设分目,分目下设条目。条目是反映情况和动态的主要形式。

四、先进名录收录标准:县委、县政府、市委、市政府、省委、省政府、中央和国家机关部级单位表彰的先进集体和先进个人。

五、本年鉴所涉省委、市委、县委,一般是指中共浙江省委、杭州市委、淳安县委。

六、本年鉴资料均由淳安县各乡镇和县级机关各部门(县一级公司)提供,并经各级领导审核,主要数据以县统计局提供为准。文后署作者姓名。

七、数字用法、标点符号、计量单位分别执行国家标准《出版物上数字用法》(GB/T 15835—2011)、《标点符号用法》(GB/T 15834—2011)、《国际单位制及其用法》(GB 3100—1993)和《有关量、单位、符号的一般用法》(GB 3101—1993)。

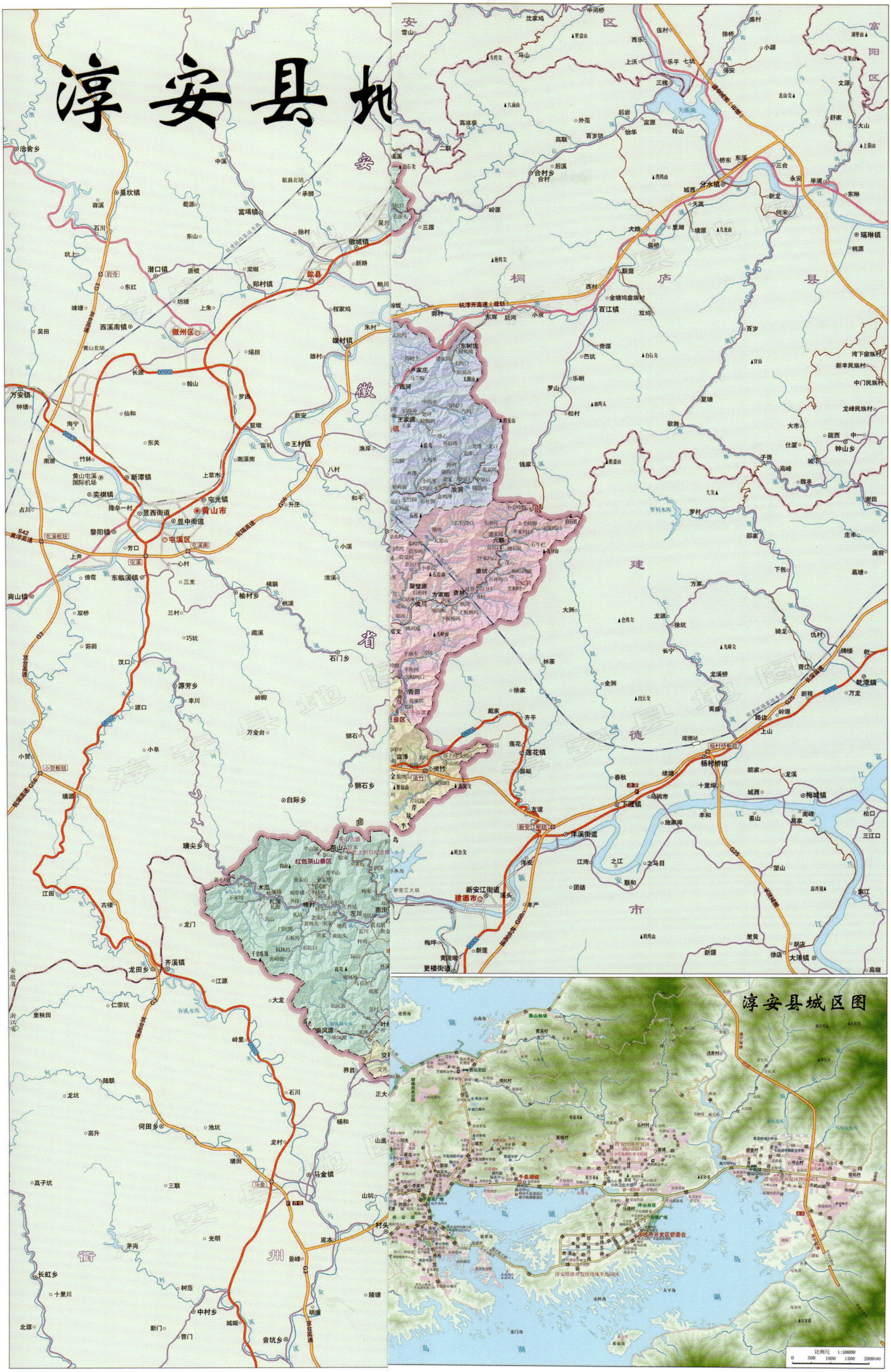

淳安县地
淳安县城区图
黄山市
建德市
歙县
徽州区
屯溪区
新安江街道
桐
庐
县
建
德
市
安
徽
省

◆ 美丽乡村

2022 年 5 月 27—28 日，杭州市委副书记、市长刘忻（前右三）到淳安调研乡村振兴和共同富裕工作。图为刘忻在安阳乡山下村考察“稻蛭共养”共富项目

（安阳乡 供稿）

2022 年 10 月 12 日，杭州市人大常委会党组书记、主任李火林率领第三帮扶集团到临岐镇开展“联乡结村”活动

（县发展和改革局 供稿）

2022 年 9 月 9 日，淳安县森林碳汇管理局揭牌、乡镇森林碳汇服务中心授牌仪式举行（县林业局　供稿）

2022 年 6 月 2 日，浙江淳安、安徽歙县庆祝 2022 年“六五世界环境日”暨浙皖交界水质自动监测超级站建设启动仪式举行（杭州市环保局淳安分局供稿）

2022 年 3 月 9 日，淳安县人民政府与杭州市治水办在淳安县梓桐源生态湿地联合举办 2022 年“保护母亲河日”主题活动暨“共护秀水 喜迎亚运”四大护水行动启动仪式（杭州市环保局淳安分局　供稿）

2022 年 11 月 29 日，首届新安江—千岛湖流域环境资源司法协作会议召开 （县人民法院　供稿）

2022 年 3 月 26 日"地球 1 小时"日，县生态综合保护局结合"中国水周""光瓶行动"宣传主题，启动"拥抱地球 · 绿动羡山水源地"专题活动（县生态综合保护局　供稿）

2022 年 9 月，县生态综合保护局举办淳安县水生态文明专题培训班(县生态综合保护局　供稿)

2022年1月14日，2022年千岛湖渔业资源增殖放流活动拉开序幕，400万尾翘嘴鲌、黄尾密鲴、鲢鱼、鳙鱼、鳊鱼、鲫鱼等鱼种分批放流入千岛湖水域　（县农业农村局　供稿）

2022年6月12日，大墅镇美丽城镇创建推进大会暨小镇客厅启用仪式举行

（大墅镇　供稿）

2022年5月7日，县综合行政执法局人员开展垃圾分类设施现场检查及指导

（县综合行政执法局　供稿）

2022年10月13日，县机关事务服务中心开展办公大楼安全节能低碳检查

（县机关事务服务中心　供稿）

2022年，建设中的千岛珍珠未来社区

（县住房和城乡建设局　供稿）

千岛湖广场夜景

（县住房和城乡建设局　供稿）

杭州市西湖区援建的山海协作乡村振兴示范点界首乡严家村　（县发展和改革局　供稿）

2022年5月20日，千岛湖植物园建成开园。图为千岛湖植物园鸟瞰图　（县林业局　供稿）

千岛湖镇鱼街夜景
（县住房和城乡建设局　供稿）

2022年6月，淳安县发现国家一级保护植物象鼻兰　（县林业局　供稿）

2022年，千岛湖农发集团开展千岛湖内库湾水体原位生态浮岛脱单除磷技术研究。图为生态浮岛
（千岛湖农发集团　供稿）

◆ 工贸商旅

2022年11月27日，2022淳安高质量发展大会暨第四届淳商大会召开　　（县工商联　供稿）

2022年8月25日，杭州市钱塘区—淳安县山海协作“共富产业飞地”建设工作座谈会在钱塘区召开
（县发展和改革局　供稿）

2022 年 11 月 11 日，知名浙商助力淳安县高质量发展座谈会在千岛湖镇举行　　（县工商联　供稿）

2022 年 9 月 7—8 日，千岛湖旅游（上海）推介会举行　　（县文化和广电旅游体育局　供稿）

2022 年 8 月 31 日，中宏科创新能源科技（浙江）有限公司与淳安县对外合作与投资促进局签订战略合作协议　　（县对外合作与投资促进局　供稿）

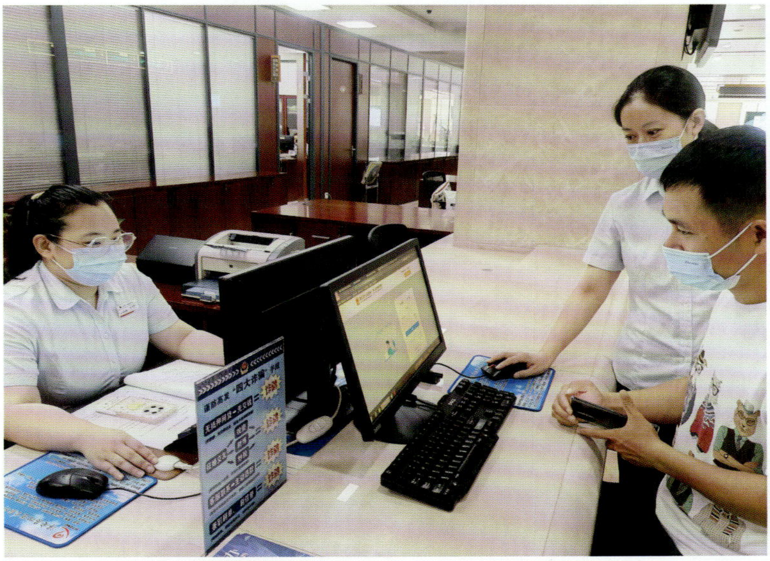

2022 年，县发展和改革局牵头推出项目联合审批、代办服务等机制，重点项目全部由代办员联系

（县发展和改革局 供稿）

2022 年 7 月 29 日，人民银行淳安支行联合县工商联举办“亲清直通车 银企恳谈会”，8 家银行与民营企业签订银企合作意向书

（人民银行淳安支行　供稿）

2022 年 7 月 22 日，建设银行淳安支行在枫树岭镇下姜村裕农通点开展“裕农有‘好货’，龙支付满减”活动

（建设银行淳安支行　供稿）

2022年7月23日,“千名博士进千岛”首期活动举行(县生态产业和商务局 供稿)

2022年11月17日,淳安县首个市级院士工作站(陈国良院士)授牌仪式举行(县对外合作与投资促进局 供稿)

2022年3月,杭州千岛湖永通电缆有限公司迁扩建项目建成投产(淳安经济开发区 供稿)

2022年8月，浙江先芯科技有限公司三期项目建成投产（淳安经济开发区　供稿）

2022年，农夫山泉青溪工厂建设项目顺利推进（淳安经济开发区　供稿）

2022年8月，千岛湖智邦大厦（消薄飞地）主体结构封顶（县对外合作与投资促进局　供稿）

2022年6月16日，Club Med Joyview千岛湖度假村开业（千岛湖旅游度假区　供稿）

2022年6月29日，千岛湖“月光之恋”光影艺术夜游项目开业（县文化和广电旅游体育局　供稿）

2022年9月29日，千岛湖“理想花园”项目试开园（县文化和广电旅游体育局　供稿）

2022年，枫树岭镇横山秘境综合体项目顺利推进（枫树岭镇　供稿）

2022年10月，天屿景区正式开业，推出森林水滑道、景观扶梯、天屿揽胜等新项目，并发布“天屿八景”（毛安东　摄）

◆ 农业经济

2022 年 5 月 27 日，浙江省桑黄标准发布会召开，发布浙江省桑黄中药材标准和饮片炮制规范

（吴晓玲　摄）

2022 年 5 月 19 日，大下姜共同富裕基金首笔捐赠仪式在下姜村举行。淳安农商银行捐赠 100 万元作为共富专项基金启动资金

（淳安农商银行　供稿）

2022年6月29日,梓桐镇举办首届低收入农户来料加工技能培训暨来料加工大比武专场活动
(梓桐镇　供稿)

2022年6月12日,淳安在杭党群服务中心与西湖区党群服务中心联合举办的首场“淳安专场”农产品直播开播　(县对外合作与投资促进局　供稿)

2022年3月4日,县供销总社的共富大篷车送货到鸠坑乡金塔村　(县供销总社　供稿)

2022年5月26日,县市场监管局工作人员在汾口镇育秧基地走访农户,听取农户对区域农业品牌建设意见和建议　(吴晓玲　摄)

2022年4月6日,县茧丝绸公司蚕桑技术人员开展桑树生长状况调查　(县茧丝绸公司　供稿)

2022年9月,20公顷“巨型稻”在汾口镇试种成功,亩产达到753.5千克　（汾口镇　供稿）

2022年5月27日,左口乡开展共富基地直播活动　（左口乡　供稿）

2022年12月,千岛湖茶叶市场完成提升改造　（县供销总社　供稿）

2022年8月26日,浙农淳安农事服务中心启用　（枫树岭镇　供稿）

枫树岭镇汪村茶叶基地　（县财政局　供稿）

枫树岭镇下姜村高标准农田　（县财政局　供稿）

◆ 平安建设

2022年7月1日，最高人民检察院副检察长张雪樵（前左二）到淳安调研　　（钱波波　摄）

2022年2月8日，县委书记杨建根（右三）到县人民检察院调研　　（钱波波　摄）

2022年9月28日，县人民政府法律顾问聘任仪式举行，县长王翀（右四）向法律顾问发放聘书

（县司法局　供稿）

2022年6月8日，县依法治县委员会第四次会议召开　　（县司法局　供稿）

2022年4月22日，县人民法院举行生态共享法庭揭牌仪式暨纪念第53个世界地球日活动

（县人民法院　供稿）

2022年7月13日,千岛湖保护公益诉讼联盟授牌仪式举行
(江 鹏 摄)

2022年,县人民法院威坪法庭开设19点法庭,利用夜间为有需求但不能在工作时间到庭的当事人提供司法服务。图为庭审现场
(县人民法院 供稿)

2022年8月8日,县应急管理局到淳安千岛湖谦美实业有限公司开展工贸企业防范火灾爆炸事故专项整治检查(县应急管理局 供稿)

2022年10月2日，杭州市森林消防技能竞赛与实战演练在淳安县南泥湾训练基地举行

（县应急管理局　供稿）

2022年12月2日，人保财险淳安支公司与县交警大队联合开展“122全国交通安全日”主题宣传活动

（人保财险淳安支公司　供稿）

2022年1月11日，县综合行政执法局开展烟花爆竹安全检查

（县综合行政执法局　供稿）

2022年9月27—28日，淳安县第六届残疾人运动会在千岛湖镇举行（县残联　供稿）

2022年11月25日，浙江省首家“西泠书房”在千岛湖镇正式落成（县委宣传部　供稿）

2022年3月，浙江省体育局公布全省首批6个运动休闲乡镇名单，石林镇被认定为港湾运动乡镇。图为石林运动港湾（石林镇　供稿）

2022年6月11日，“龙腾盛世，共享非遗”2022淳安县全民艺术普及“龙舞”展演暨文化和自然遗产日系列活动在千岛湖镇启幕（章仕芳　摄）

“赶十八”为大墅镇儒洪村特有的元宵文化，已有600多年历史。图为2022年2月18日（农历正月十八）“赶十八”场景。（大墅镇　供稿）

◆ 民生实事

2022年6月22日，全县医疗保障工作会议召开　　　　（县医疗保障局　供稿）

2022年4月28日，人民银行淳安支行组织辖内金融机构召开金融聚力共富淳安暨数字人民币试点工作推进会　　　　（人民银行淳安支行　供稿）

2022年5月23日，县科协走访慰问一线科技工作者　　（县科协　供稿）

2022年，县人力资源和社会保障局举办线上线下各类招聘会70场。图为电视招聘现场
（县人力资源和社会保障局　供稿）

2022年8月12日，县关工委会同浙江叁益集团公司举办“爱心圆梦·叁益助学”困难大学新生资助活动

（县委老干部局　供稿）

2022年9月2日，县纪委、县市场监督管理局联合开展食品安全检查

（吴晓玲　摄）

2022年6月24日，建设银行淳安支行员工进社区普及金融知识

（陈力飞　摄）

2022年8月，淳安农商银行工作人员下乡收集百姓“急难愁盼烦”事，融入基层治理

（淳安农商银行　供稿）

2022年9月16日，界首乡周源村示范数字档案室项目通过验收

（县档案馆　供稿）

2022年，县行政服务中心设立投资项目联合审批服务中心（县审管办　供稿）

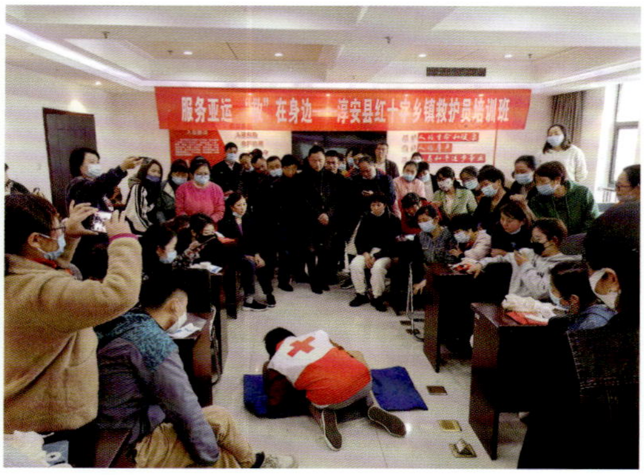

2022年4月16日，县红十字会举办“服务亚运‘救’在身边”淳安县红十字乡镇救护员培训班（县红十字会　供稿）

2022年10月4日，临岐镇敬老院开展重阳节活动场景（县民政局　供稿）

2022年11月2日，县医疗保障局在大墅镇开展医疗保障知识宣传（县医疗保障局　供稿）

建设中的庄天岭区块二期保障性住房建设项目（县住房和城乡建设局　供稿）

2022年9月，淳安县培智学校建成使用

（县教育局　供稿）

2022年，淳安县推进“明眸工程”建设。图为改造后的千岛湖镇第一小学教室

（县财政局　供稿）

2022年12月14日，110千伏燕山输变电工程竣工投产

（蒋哲峰　摄）

2022年，梅峰水库除险加固完成

（县生态综合保护局　供稿）

省级农村供水规范化水厂——姜家水厂

（县生态综合保护局　供稿）

◆ 文化事业

2022年3月，杭州第19届亚运会淳安亚运场馆及设施竣工验收。图为淳安亚运场馆夜景

（千岛湖旅游度假区　供稿）

2022年11月21日，淳安县第八届全民运动会开幕式在县体育馆举行

（县文化和广电旅游体育局　供稿）

2022年10月21日，淳安县老干部艺术团举行文艺会演　（县委老干部局　供稿）

2022年11月21—23日，县残联开展送文艺下乡活动　（县残联　供稿）

2022年8月7日，2022心宿左口乡村体验节暨长三角首届溯溪邀请挑战赛举行　（左口乡　供稿）

2022年9月14日，反腐题材电影《特定关系人》开机仪式在县委老干部局举行

（县委老干部局　供稿）

2022年6月7日，县档案馆邀请青溪中学学生到馆参加“6·9”国际档案日活动。图为档案馆工作人员为学生讲解档案展览

（县档案馆　供稿）

2022年4月，方志敏雕塑在中洲镇茶山村落成

（中洲镇　供稿）

◆ 会议活动

2022年7月15日，2022首届浙西（千岛湖）创意生活周在千岛湖启幕 （县委宣传部 供稿）

2022年7月18日，2022年巴塘县和淳安县对口支援联席会议在巴塘县举行（县发展和改革局 供稿）

2022年6月14日，淳安县科学技术协会第十一次代表大会召开　　（县科协　供稿）

2022年8月19日，“医心向党、踔厉奋进”淳安县喜迎党的二十大暨庆祝第五个医师节活动在水之灵演艺中心举行　　（县卫生健康局　供稿）

2022 年 9 月 29 日，淳安县邮政管理局成立授牌仪式举行　　（县交通运输局　供稿）

2022 年 7 月 1 日，淳安与香港青年“同心 friend”云上交流活动举行　　（县委统战部　供稿）

2022 年 9 月 16 日，全县住户调查样本轮换工作会议召开　　（县统计局　供稿）

2022 年 6 月 23 日，枫树岭镇党委开展村书记“争星晋位”打擂比武暨“先富帮后富、区域共同富”组团竞赛活动　　（枫树岭镇　供稿）

2022 年 5 月 12 日，县卫生健康局召开庆祝第 111 个“国际护士节”暨最美护士表彰大会

（县卫生健康局　供稿）

2022年9月17日，全国科普日暨淳安县第36届科普宣传周主场活动在千岛湖镇秀水广场举行

（县科协　供稿）

2022年6月30日，淳安县推出“全民共享亚运红利”亚运场馆惠民系列行动。图为亚运场馆惠民行动启动仪式　（千岛湖旅游度假区　供稿）

2022年8月25日，“一湖两江三县市”水域联防共建活动启动仪式在富文乡举行　（富文乡　供稿）

2022年10月1日，“喜迎二十大　共富向未来”大下姜第四届红高粱文化节暨共富工坊集市活动在下姜村举行　（枫树岭镇　供稿）

2022年5月2日，县文明办、县综合行政执法局、县教育局联合开设浙江有礼·淳风尚之亚运礼仪移动小课堂　（县综合行政执法局　供稿）

2022 年 11 月 4 日，中洲镇开展学习强国知识竞赛（陆桂圆　摄）

2022 年 10 月 12 日，石林镇举办的“喜迎二十大　乡村云课堂”现场（石林镇　供稿）

2022 年 10 月 26 日，“礼赞丰收　艺创富农”活动举行

（梓桐镇　供稿）

2022 年 10 月 27 日，淳安农商银行党员干部下乡宣传中共二十大精神，共享丰收喜悦

（淳安农商银行　供稿）

目 录

特 载

大 事 记

县情概览

中国共产党淳安县委员会

淳安县人民代表大会

淳安县人民政府

政协淳安县委员会

中国共产党淳安县纪律检查委员会
淳安县监察委员会

群众团体

法　治

军　事

平台·园区

农　业

生态·环保

国有企业

商务·贸易

交通运输·邮政

通　信

财政·税务

金　融

综合管理与监督

城市建设与管理

教　育

文化·旅游·体育

卫生健康

社 会

乡　镇

名　录

附 录

特　载

共建特别生态区　共享魅力千岛湖
为争当跨越式高质量发展和共同富裕
排头兵而努力奋斗

——在中国共产党淳安县第十五次代表大会上的报告

杨建根

（二〇二一年十二月二十八日）

同志们：

中国共产党淳安县第十五次代表大会今天隆重开幕了。

这次大会的主要任务是：高举习近平新时代中国特色社会主义思想伟大旗帜，回顾总结县第十四次党代会以来的工作情况，分析研判当前面临的发展形势，谋划部署今后五年的目标任务，选举产生新一届县委和纪委班子，动员全县广大党员干部和人民群众，真抓实干、接续奋斗，共建特别生态区，共享魅力千岛湖，为争当跨越式高质量发展和共同富裕排头兵而努力奋斗。

下面，我代表中共淳安县第十四届委员会，向大会报告工作，请予审议。

一、历经艰辛转型实践，淳安迈入了特别生态功能区新时代

过去的五年，是淳安历史上极不寻常、极不平凡的时期，既是经历磨炼考验、深刻转型重塑的五年，也是全面破旧立新、开创发展新局的五年。五年来，在中央和省市委的坚强领导下，县委团结带领全县党员干部群众，风雨同舟、砥砺奋进，探索走出了具有淳安特点的县域发展新路子。

五年来携手应对风险挑战，发展保护在攻坚破难中坚毅前行。全县上下勠力同心、保持定力，在考验和压力中爬坡过坎、化危为机。环境质量高位改善。坚决扛起使命担当，举全县之力完成千岛湖临湖地带彻整彻治，水功能区水环境功能区划优化完善，环境质量管理规范修编完成，千岛湖配供水工程正式通水，“山水林田湖草”生态保护修复试点成效明显，四个污染专项防治方案落地实施，迎亚运环境大整治全面开展，五年共投入环保资金54.9亿元，千岛湖出境断面水质持续保持Ⅰ类，夺取了五水共治“大禹鼎”银鼎。防疫防汛共克时艰。坚持人民至上、生命至上，全力打好疫情防控总体战、阻击战，铸就“零疫情”的坚固防线，奋力抗击最强梅汛、最高水位，筑牢防汛减灾的安全堤防。脱贫攻坚决战决胜。深入开展“先富帮后富、强村带弱村”等行动，实施新一轮低收入农户增收政策，创新推出消薄增收“六招六法”，“三个清零”任务全面完成，连续两年获评全省低收入农户增收成效明显县。

五年来持续深化破旧立新，特区建设在思想解放中开局破题。主动打破路径依赖、传统做法，淳安成为全省唯一的特别生态功能区。改革创新纵深推进。五年来共实施重点改革项目116个，在全市率先启动“两山银行”改革试点，探索建立生态公益林补偿收益权质押融资、入股联营等机制，创新推广乡村振兴联合体、绿色金融等新模式，GEP核算值总量居于全省前列，列入全国“绿水青山就是金山银山”实践创新基地。“飞地经济”取得突破。积极争取飞地管理体制、政策机制落地明确，工业飞地、消薄飞地、合作产业园相继建立，“有地、有楼、有产、有税、有保障”的异地发展格局初步形成。数字化改革有序推进。“152”数字化改革体系快速建立，“秀水卫士”“大下姜共同富裕”等特色应用场景上线运行，“电力关爱码”“伊加工”“真薪”等数字平台彰显民生温度。人才支撑日趋增强。持续优化人才新政，高质量举办千岛湖论坛系列活动，“两山”高层次人才集聚区、千岛湖生态系统研究站等相继投用，创建省级博士后工作站4个、市级专家工作站15个。

五年来深入贯彻新发展理念，生态产业在转型调整中变革重塑。坚持“共抓大保护、不搞大开发”，推进“生态优先、绿色发展”，发展格局加快优化转型。产业结构转型升级。制定绿色产业系列扶持政策，启动旅游“四化四全四优”转型等行动，培育“千岛农品”区域公用品牌，旅游服务、水饮料等产业稳步提速发展，新经济新业态茁壮成长，旅游接待人次、旅游经济总收入分别突破双千万、两百亿。项目建设持续发力。坚持招商引资与项目推进闭环联动，亚运分村、修正健康、千岛湖银泰城等项目崭露新姿，沪马探险公园、新版《水之灵》等产品精彩亮相，噢麦力亚洲生态工厂项目引进落地，新旧动能转化不断提速。平台集聚迈出新步。“临湖严控、腹地盘活”和点状式开发、集聚型发展成为共识，经济开发区在腾笼换鸟中焕发新的活力，旅游度假区浴火重生跻身国家级旅游度假区，高铁新区项目建设力度逐步加大。乡村振兴百花齐放。新时代美丽乡村建设全面推进，涌现出一批运动、旅居、文创等精品村落和乐水姜家、书画梓桐、百草临岐、田园汾口等特色样板，大下姜联合体模式入选全国首批乡村振兴典型案例。

五年来致力改善群众生活，公共服务在积极作为中提标提级。坚持全域提升、生态富民，持续加大公共领域投入，民生事业稳步向前迈进。基础设施日益改善。杭黄铁路、千黄高速淳安段建成通车，枫常公路、05省道丰茂连接线、潭唐线改造等工程相继投用，淳安正式进入“两高”时代，被评为全国“四好农村路”示范县。小城镇环境综合整治高品质实施，光大垃圾无害化处置等项目投入使用，城乡水利、电力、通信等基础设施更加优质均衡。民生服务进一步优化。实施农村饮用水提升、危旧房改造、老年食堂等民生实事，新图书馆、县博物馆、县养老服务中心等一批民生项目建成投用，教学质量稳步提升、教育事业取得长足进步，公立医院综合医改考核连续五年全市第一，低保标准提高至全市平均水平。社会保持和谐稳定。推进全国文明城市创建，实现农村文化礼堂全覆盖；深化“平安千岛湖”建设，规范提升基层治理“一中心四平台一网格”体系，深入实施风险隐患大排查大整治行动，纵深开展扫黑除恶专项斗争，全力开展政法队伍教育整顿，信访积案攻坚行动成效明显，实现省“平安县”十六连创，捧回全省首批平安“金鼎”。

五年来认真落实“四种人”要求，党的建设在实践锤炼中不断加强。坚持党要管党、全面从严治党，党员干部队伍素质全面提升。干部作风更硬朗。建立专班推进、比学赶超、亮榜晒绩等工作机制，常态化选树“四种人”标兵及担当作为好干部，各级干部面对考验挑战迎难而上，通过了多重压力测试，破解了诸多重大问题，干成了一批难事新事，磨炼了意志品格，锻炼了能力素质，淬炼了担当作风。基层基础更稳固。推动“两学一做”学习教育常态化制度化，深入开展“不忘初心、牢记使命”等主题教育活动，创新组建功能型大党委，圆满完成行政村规模调整、村社换届和机构改革，基层党建“整乡推进、整县提升”。清廉建设更深入。严格落实党风廉政建设责任制，稳步推进监察体制改革，扎实推进“三不”、扶贫领域等问题专项整治，积极主动配合中央、省委巡视工作，本届县委巡察实现全覆盖，严肃查处了一批群众身边的不正之风和腐败问题。干事合力更凝聚。强化县委统揽全局、协调各方的领导核心作用，支持人大、政府、政协和监委、法院、检察院依法依章履行职能，意识形态工作、基层统战建设深入推进，群团、老干部、人武等工作进一步加强，创新创业氛围持续浓厚。

同志们，艰难方显勇毅，磨砺始得玉成。这些成绩的取得来之不易，既是中央和省市委坚强领导的结果，更凝聚着全县各级党组织、广大党员干部群众、离退休老同志的心血汗水，汇集着各民主党派、工商联、无党派人士和群团组织的智慧力量。在此，我代表县委，向所有关心支持淳安发展并为之付出辛勤努力的同志们、朋友们，表示衷心的感谢和崇高的敬意！

回望过去的五年，我们深切体会到，做好淳安各项工作，必须强化党委“统揽全局、协调各方”的核心作用。加强党的领导是应对挑战、克服困难、夺取胜利的根本保证。五年中，县委始终保持高度政治自觉，团结凝聚各方力量冲破难关、开创新局。踏上新征程，要坚持把党的领导落实到各领域各战线各方面，带领全县上下在新的道路上奔涌向前。必须始终坚守“生态优先、绿色发展”的战略原则。淳安的发展，绝不能走粗放增长的老路，必须始终清醒认识并正确把握生态优先与绿色发展的关系，坚定不移推进特别生态功能区建设，在生态富民、生态惠民中谱写“绿水青山就是金山银山”新华章。必须充分激发“解放思想、破旧立新”的创新活力。解放思想、破旧立新才能育新机、开新局，站在新起点，更应进一步打破惯性思维、经验桎梏，勇于改革探索，敢于创新实践，不断为发展注入新活力。必须不断厚植“民之所望、施政所向”的为民情怀。江山就是人民，人民就是江山，要把群众满意作为一切工作的出发点和落脚点，顺应人民群众对美好生活的新期待，真心实意为百姓办实事、解难题。必须坚决扛起“功成不必在我、功成必定有我”的使命担当。要牢固树立正确的事业观、政绩观，既放眼长远，保持历史耐心，坚持一张蓝图绘到底、一任接着一任干；又立足当前，大力弘扬“唯实惟先、善作善成”的拼搏作风，勇涉“深水区”，敢啃“硬骨头”，用汗水浇灌收获，以实干笃定前行。

总结五年实践历程，成绩让人自豪，经验弥足珍贵。同时，也要清醒看到存在的问题和面临的挑战:千岛湖上游来水水质存在波动的风险隐患,全领域全过程全地域系统防治尚有薄弱环节,生态环境保护压力仍然较大;发展的速度还不够快,投资拉动及消费动能不足,县域产业的结构性、素质性、创新性问题较为明显;营商环境有待优化提升,办事效能、服务质量、问题破解与发展需求存在差距;社会就业、公共服务不平衡不充分问题比较突出,全面深化改革步入攻坚期,社会治理面临新情况新挑战;专业型人才较为缺乏,人才引进、培育规模偏小,县内人才外流现象亟须正视和破解;干部担当作为还需加强,个别干部安于现状,以环境保护为借口不愿主动抓发展,或是以要素制约为理由未全力以赴推项目、干工作。对此,我们要高度重视,采取有力措施,在今后的工作中切实加以解决。

二、保持自信自强的奔跑姿态,奋力争当跨越式高质量发展和共同富裕排头兵

正确认识当前面临的形势,是谋划推进今后一个时期工作的前提和基础。当下的淳安,“三个特殊”“三个叠加”是所处阶段的鲜明特征。淳安的定位特殊,是浙江唯一的特别生态功能区,省市寄予厚望,承担着探索与水源地相匹配的生态保护、绿色发展以及民生保障有关路径模式的重大任务,要为全省忠实践行“八八战略”、奋力打造“重要窗口”提供淳安样本。淳安的地位特殊,是全省首批共同富裕试点和“一县一策”样本县,也是杭州唯一的山区县,淳安共同富裕建设的成效,关联着全省共同富裕示范区建设的成果,关系着杭州打造共同富裕城市范例的成色。淳安的使命特殊,是习近平总书记等六任省委书记的基层工作联系点,总书记曾7次深入我县调研指导工作,离开浙江后又先后5次捎来书信和口信,淳安承载着各级领导的深切厚望,肩负着守护红色根脉、生动展示习近平新时代中国特色社会主义思想实践成果的重大使命。“三个叠加”是保护的责任、发展的愿望、民富的要求交织叠加。保护的责任极其重大。作为华东地区的现实饮用水源地,千岛湖为下游上千万市民提供优质饮用水,水生态安全必须万无一失,容不得丝毫闪失。发展的愿望非常强烈。淳安县域经济总量小、产业支撑弱,公共服务水平与群众期盼存在较大差距,在转型重塑阵痛以及新冠肺炎疫情的持续影响下,经济社会发展面临较大压力,全县上下加快跨越式高质量发展的强烈呼声必须引起高度重视。民富的要求特别迫切。淳安城乡居民就业、增收渠道还不够宽,居民收入特别是农村居民收入距离省市平均水平有较大差距,城乡居民收入倍差偏大,全县还有为数较多的低收入农户,共同富裕建设任务紧迫而艰巨。

在淳安的发展历程中,习近平总书记的关心关怀是最为光辉的篇章,也是极为宝贵的精神思想财富,更是必须守护好的红色根脉。习近平总书记对淳安作出的重要指示批示,高瞻远瞩、思想深邃、逻辑严密,为淳安事业发展指明了道路,对我们各项工作具有举旗定向的重要意义。保护、发展和民富,是习近平总书记指示批示精神的重要内涵,是“三个示范”“四种人”“先富帮后富、区域共同富”等殷切嘱托的实践要求,更是淳安忠诚拥护“两个确立”、坚决做到“两个维护”的具体行动。要深刻认识到,保护、发展、民富是有机统一体,相互间是科学的工作逻辑关系,而非孰轻孰重的关系,更不存在非此即彼的问题。其中,保护是前提,发展是路径,民富是目的。要以特别生态功能区和共同富裕建设为总牵引,进一步提升工作站位、增强系统观念,统筹谋划布局、科学精准施策。要坚定不移抓保护。生态是淳安最大的财富,保护环境就是守护自己的金矿。要深入践行习近平生态文明思想,切实增强主动保护的政治自觉、思想自觉、行动自觉,将各项保护工作不折不扣落实到位,确保千岛湖水质持续改善、景观持续优化。要聚精会神谋发展。发展是淳安干部群众和社会各界的强烈愿望，也是解决一切问题的根本。要突出富民强县导向，聚焦重大项目重大平台建设，加快人口集中、产业集聚、空间集合和服务集成，促进土地、资金、人才等要素高效聚合，加速推动“绿水青山”成为“金山银山”。要全力以赴促民富。既全力做大蛋糕，也全力分好蛋糕。要将发展的成果更多地转化为群众的获得感，全力推进“扩中”“提低”，探索创新“先富帮后富”机制模式，充分调动各方面力量，加快实现“大家一起富”。

今后五年，新发展理念全面贯彻，新发展格局加速构建，淳安将处于特别生态功能区深化突破期、现代化建设开局奔跑期、跨越式高质量发展推进共同富裕建设重要机遇期，将迎来更多跨越式高质量发展的机遇红利：共同富裕的政策红利。省委省政府以超常规的力度推动山区县跨越式高质量发展，给予淳安“一县一策”，支持开展“点状开发”、水权交易、碳汇交易等试点探索，市委市政府持续加大对淳安共同富裕建设支持力度，助推我县在26个山区县跨越式高质量发展中走在前列。区域一体化的发展红利。长三角一体化发展、杭州大都市区建设等战略深入实施，杭淳开高速等重大项目加快推进，千黄高速全线贯通在即，黄山—千岛湖—西湖黄金旅游线将紧密串联，交通互联的网络化、都市经济的集群化以及公共服务的同城化加快实现。特别生态功能区的改革红利。特别生态功能区体制机制逐步健全、支持事项逐步扩面，省委省政府明确与GEP核算结果相挂钩的省级财政奖补和转移支付政策，市委市政府支持清单的精准性越来越强、力度越来越大，公共服务和民生保障加快向全市平均水平靠拢。亚运盛会的赛事红利。亚运盛会的筹办将加快体育赛事、康养度假、会议会展等产业的国际化发展步伐，对淳安三产融合、乡村振兴等进行全方位赋能。淳安人民的精神红利。淳安人民有着坚韧自强、开放包容等优秀品格，在发展历史中，充分展现了特别能吃苦、特别能奉献的可贵精神。今天，淳安人民对共同富裕、美好生活的殷切向往，对加快发展、跨越发展的强烈愿望，一定能够成为干事创业的强劲动力。在这大有可为的历史性时刻，我们要因势而谋、顺势而为、乘势而上，以只争朝夕的紧迫感、务实作为的真担当，抢抓大机遇，展现大作为。

今后五年工作的指导思想是：高举习近平新时代中国特色社会主义思想伟大旗帜，全面贯彻党的十九大和十九届二中、三中、四中、五中、六中全会精神，深入贯彻习近平总书记对浙江、杭州、淳安的重要指示批示精神，坚决落实省市委决策部署，加快推动高标准保护、高质量发展、高品质生活、高水平创新，促进生态美富、深绿兴富、民生安富、改革增富，共建特别生态区，共享魅力千岛湖，为争当跨越式高质量发展和共同富裕排头兵而努力奋斗。

今后五年工作的总体目标是：生态质量争当全国示范。生态环境质量保持全省领先，生态文明创新制度体系率先形成，森林覆盖率、水质、空气质量等主要指标率先迈向国际化先进水平，碳达峰、碳中和行动推动全面绿色转型取得明显成效，成为国家生态文明建设示范县。绿色发展争先山区26县。经济发展质量效益明显提高，生态产品价值实现机制基本形成，生态特色产业体系基本建立，产业竞争优势明显提升，常住居民人均生产总值处于山区县前列，成为全国“两山”实践创新基地示范案例。民生服务迈向杭州标准。力争城乡居民人均可支配收入增速高于省市平均水平，以中等收入群体为主体的橄榄型社会结构逐步形成，人的全生命周期公共服务优质均衡，公共服务和民生保障水平全面达到杭州市平均标准。社会治理实现整体智治。党建统领的"县乡一体、条抓块统"县域整体智治体系基本建成,现代应急体系趋于完善,风险闭环管控大平安机制更加健全,基本形成共建共治共享的社会治理格局。

三、深化特别生态区建设,共享魅力千岛湖精彩新淳安

(一)推进生态美富,建设和谐共生、美美与共新淳安

深入践行"绿水青山就是金山银山"理念,将"生态优先、绿色发展"的要求内化于心、外化于行、强化于责,让绿色成为共同富裕的亮丽底色。

1. 坚持最高标准保护,护美一流"绿水青山"。坚守千岛湖出境断面水质I类、生态环境质量全国一流、全市第一的"三个一"目标,打造全国生态文明建设示范。推进系统化治理。深化国家"山水林田湖草"系统治理试点,强化四个污染专项防治,实施湖库生态清淤、环湖大湿地公园建设、城乡治污设施提标扩容等工程,落实水生生物多样性保护、库湾立体净水等举措,全面提升生态环境系统保护与立体修复水平。推进全域化治理。加大全域废气、扬尘、垃圾、土壤等综合治理力度,创建国家水土保持示范县;推进碳达峰、碳中和行动,开展低碳、近零碳试点;深化全流域联动合作,推动上下游流域共保共建共赢,完善县乡村三级联动护水机制,夺取五水共治"大禹鼎"金鼎。推进智慧化治理。建成千岛湖流域三维水动力模型,提升生态系统科研和监测预警能力,构建全域护水数字智治体系,打造全国"数字第一湖"。推进法治化治理。巩固提升临湖地带综合整治成果,全面落实特别生态功能区条例,构建"行政执法+刑事司法+生态修复"三位一体办案模式,大力提升生态环境依法保护水平。

2. 坚持高品位规划引领,打造新版"全域景区"。进一步优化城乡生态生产生活布局,争当诗画浙江大花园示范样板。科学布局"三生"空间。深化推进"多规融合",加强国土空间规划和用途管制,实现乡镇国土空间规划编制全覆盖,建成以"三线一单"为核心的生态环境分区管控体系。强化沿湖风貌管控。制定千岛湖岸线保护规划,优化千岛湖湖区及周边地区城市设计,严控临湖地带开发建设。扮靓美丽城乡颜值。实施城乡风貌整治提升,开展老旧小区特韵改造、街区微改造、城市有机更新等行动,高水平建设"五美"城镇,实现省级新时代美丽乡村全覆盖。

3. 坚持高水平生态转化,做大优质"金山银山"。持续拓宽"绿水青山就是金山银山"转化通道。形成"两山银行"改革标志性成果。健全"两山银行"惠民利村利益分享机制,推进分散闲置资源盘活利用,推动水权交易、碳汇交易、公益林占补平衡置换等自然生态资产交易实质性突破,加快千旅、千发等国企股份制改造和优质资源重组,争取生态企业新增上市实现突破。健全生态产品价值实现机制。推动建立饮用水源地生态补偿机制,积极参与新安江—千岛湖生态补偿试验区建设,健全自然资源资产产权制度、GEP常态化核算体系以及绿色发展绩效考核奖补机制,创新"绿水青山"保值增值制度和生态产品价值实现机制,持续提高GEP的GDP实现率。

(二)推进深绿兴富,建设高质发展、生态富民新淳安

聚焦绿色生态、做透水的文章,强化抓项目、抓产业、抓发展的鲜明导向,加速盘活存量、引入增量、做大总量、提高质量,推动转型发展、创新发展、融合发展。

1. 锚准主攻方向,构建深绿发展产业体系。聚合高端要素、高新技术、高效业态、高净值群体、高效率服务,力促产业发展迈向中高端。深耕精耕旅游产业。加快旅游"四化四全四优"转型发展,建成鲁能胜地、三特牧心谷、燕山文化景区等重大旅游项目,培育主题乐园、会议会展、研学培训、体育赛事等全时旅游产品，缩小日夜间和淡旺季差距，持续稳定和扩大旅游消费市场；高水平建设赛时亚运村、赛后文体城，激活西南湖区、带动东北湖区，积极参与杭衢黄省际旅游合作区打造，加快构建“一城一湖六板块”旅游空间布局，创成国家全域旅游示范区；实施旅游管理体制改革，强化体旅、工旅、文旅、农旅等“旅游+”融合发展，迭代升级旅游智慧服务平台，推动旅游设施及管理服务迈向国际化水平。全面提升旅游业对淳安发展的经济贡献度和品牌支撑力，到2026年，力争过夜游客人均逗留时间突破2天，全县旅游产业增加值超50亿元。集聚做强水产业。大力招引“链主型”水饮料企业，加快培育水饮料细分领域“小巨人”企业，投产噢麦力、农夫山泉扩建、千啤精酿产业园、焕睿饮品等项目，建设水饮料产业创新中心，打造华东地区最大的水饮料产业集群，推动水饮料产业向多元化、高端化、个性化发展。到2026年，实现全县水饮料产业产值200亿元以上、税收20亿元以上。提速壮大健康产业。扶持健康食品、养生保健、在线医疗等健康产业，构建“药、医、游、食、养、研”六位一体大健康产业体系。到2026年，力争引进3家以上国际国内知名品牌医疗医护及康复机构，成为长三角国际康复医疗空间集聚地。引育突破生态新产业。推进传统制造企业数字化改造，适度发展生态制造业，加快“产业大脑+未来工厂”建设；引进发展科技研发、基金创投、分时办公等实体型总部经济项目，建设环千岛湖生态金融资本圈。到2026年，以数字化为核心的生态新产业产值规模超50亿元。推动生态农产品优质优价。聚焦茶叶、水果、中药材等特色农业产业，加强现代农业园区建设、农业龙头企业培育和农业工匠、农艺大师引育，完善县公共仓储中心等农业服务配套，加快扩大农业单品规模，推动农业接二连三，构建“千岛农品”区域公用品牌“管理、标准、溯源、文化”四维体系。到2026年，“千岛农品”系列农产品年销售额突破15亿元，带动实现农业增加值45亿元。

2. 统筹内外平台，提升深绿发展支撑能级。以企业集中、产业集聚、要素集约、发展集优为导向，推动经济平台向高能级战略平台跃迁。做强经济开发区。深化腾笼换鸟、创新驱动，加快“三退三进”步伐，深度盘活闲置低效空间，推进生态制造业升级和商旅业态培育，提质打造产业新区、品质新城；推进汾口浪川城乡统筹产业园开发建设，联动高铁新区一体规划、招商，探索与城西科创大走廊等高能级平台开展产业协作。到2026年，努力新增3个以上超10亿元项目，亩均税收实现翻倍。做优旅游度假区。加大新型旅游业态引育力度，打造休闲度假、健康养生和总部文创等支柱产业；高质量办好杭州亚运会淳安赛区赛事，充分发挥亚运效应，强化对周边乡村共同富裕辐射带动，引领界首、姜家片区成为长三角精品运动休闲新高地；盘活临湖整治回收物业，招引培育长期科研攻关与短期创客大赛、人才论坛、数字培训相结合的业态模式，推动省属高校、科研院所、企业集团入淳开展远程办公、科研攻关、创意设计，打造滨湖高端创新创业人才集聚区。做大飞地平台。拓展提升智邦、智谷、智海大厦等飞地平台，推进钱塘“共富产业飞地”尽快落地，培育发展数字经济、科创研发、商务办公和智慧物流、高端智造等产业。到2026年，新拓展异地物业20万方，实现财税收入超20亿元。培育特色产业乡镇。加强通盘谋划、精准布局，引导组团联动、串点成线、织线成片，重点围绕有基础、有资源、有空间的核心区块，因地制宜培育康体养生、运动休闲、农品加工、红色旅游等业态，打造乡村振兴特色产业承载地。

3. 突出重点举措,激发深绿发展内生活力。促进有为政府与有效市场有机结合,全面提升经济发展活力韧劲。优化营商环境。深入推进市场化法治化营商环境建设,健全市场准入负面清单,建设“网上行政服务中心”,构建系统集成、协同高效、一键直达的扶持政策体系,深化“三服务”活动,打造“亲”“清”型政企命运共同体;全面落实民营企业发展促进条例,推动民营企业在县域经济发展上发挥更大作用。强化人才引育。将人才密度、创新强度作为项目准入和资源配置的重要标准,深化人才创新创业全周期“一件事”改革,设立人才创新创业项目引导基金,完善高层次人才集聚平台建设,加大招才引智政策支持力度。强化项目推进。实施新一轮扩大有效投资行动,积极对接央企、国企、名企招大引优,建立项目全生命周期管理数字平台,实行项目专员、对标亮灯等机制,抓实项目建设协调服务机制,加快建成一批基础设施、生态保护、产业发展、民生保障等标志性工程。强化要素保障。将土地、资金等资源向项目建设和产业发展倾斜,探索灵活用地管理政策,实施全域土地综合整治工程,滚动建立可开发利用土地清单,建立规划土地前置审查机制,探索土地要素竞争性保障;创新融资方式,进一步提升投融资空间和资本运作能力。强化品牌赋能。建立品牌培育、发展和保护机制,构建“区域品牌+个性品牌”联动体系,加强千岛湖品牌与国际国内知名品牌合作互动,扩大“生态千岛湖”品牌影响力。

(三)推进民生安富,建设城乡融合、文明幸福新淳安

始终坚持以人民为中心,奋力描绘城乡一体、县乡协同、共建共享的民生幸福图景。

1. 以新型城镇化为先导,构建城乡一体的基础设施新布局。坚持城乡融合、适度超前,建设结构优化、集约高效、智慧绿色、安全可靠的现代化基础设施体系。加快推进以人为核心的新型城镇化。深入推进县城城镇化补短板强弱项,加大重点乡镇公共服务配套建设力度,加快实施农民转移集聚工程,系统性鼓励生态敏感区、高山偏远村农民进县入镇,重点向“一主两副”集聚,加速人口集中、产业集聚和公共服务集成,构建形成“小县大城”的发展格局;稳步实施乡镇规模优化调整,推进千岛湖等镇撤镇设街道工作。到2026年,力争常住人口城镇化率达到65%。加快建设立体多元的现代交通体系。提速推进杭淳开高速项目,加快黄淳衢、通用机场等项目研究和前期工作,完成330国道淳安段改造以及302省道至303省道淳安段连接线工程;打通石林至寿昌等“断头路”,谋划建设富文至文昌城市东环线工程,推进城乡公交一体化建设,城乡公交一体化率和县域行政村通公交率均达100%,建成“乡镇20分钟通达高速口、千岛湖1小时通勤杭州城区、2小时连接长三角主要城市”交通圈。加快建设均等安全的现代基础设施网络。突破推进大墅抽水蓄能电站、高压输气管道项目建设,加快燃气管网向农村延伸覆盖,稳妥融入市域水务一体化改革,建成全面覆盖乡镇以上地区和有条件行政村的“双千兆”网络基础设施,实现城乡水、电、气、网等基础设施同规同标同质。

2. 以“两个不低于”为目标,构建优质均衡的民生服务新体系。全面提高公共服务和民生保障供给能力,持续减轻城乡居民在教育、医疗、养老等方面的支出压力。打造美好教育。实施城乡中小学教育布局优化调整,推进城乡教共体建设,建成县第三中学,高质量普及15年基础教育,创建全国义务教育优质均衡发展县、浙江省教育现代化县。打造健康淳安。深入推进“三医联动”“六医统筹”改革以及医联体、医共体建设,推动“三乙”医院创建和省级健康促进县建设。打造幸福养老。推进县养老服务中心二期等项目建设，加大互联网适老化改造力度，推进乡镇居家养老服务全面覆盖，探索特困人员区域化集中养老，构建居家村社机构相协调、医养康养相结合的“大社区养老”格局。打造贴心保障。完善多主体供给、多渠道保障、租购并举的住房制度，健全灵活就业人员、新经济新业态从业人员社会保险制度，提升弱势群体长效关爱机制和特殊群体福利保障政策，基本医疗保险实现市级统筹，城乡居民基础养老金、低保、低边生活补助等标准与杭州主城区接轨。

3. 以整体智治为抓手，构建现代化的社会治理新格局。强化数字赋能、整体智治，打造“四治融合”样板。提升文化文明新高度。开展淳安精神大讨论，传承、弘扬创业发展中展现出来的顾全大局、淳朴厚德、坚韧自强、艰苦奋斗、大气包容等优秀品质，凝练新时代淳安精神；实施文化基因解码、文化城乡记忆等工程，提质升级一批历史文化街区、文化地标和文化景观，推动传统非遗文化元素活态传承；开展新时代文明生活和全民人文素养提升系列行动，创成浙江省文明县和全国文明城市。提升基层治理新水平。全面实施“县乡一体、条抓块统”县域整体智治改革，迭代升级“一中心四平台一网格”数字化治理功能，深化“大综合一体化”行政执法改革，建设县级综合执法办案管理中心，常态化推进重大矛盾纠纷预防化解和扫黑除恶斗争。提升风险防控新能力。慎终如始抓好常态化疫情防控，完善“1+10+2”安全生产工作机制，强化风险闭环管控，整体提升安全生产和处置各类自然灾害的能力，确保饮用水水源地保护、地质灾害防治、重大民生设施运行等关键领域安全可控。

（四）推进改革增富，建设创新创业、活力竞发新淳安

以数字化改革为主线，谋划实施一批关键性、引领性改革项目，形成一批重大标志性成果，为共同富裕建设注入强大动能。

1. 纵深推进高质量发展创新探索。依靠改革破除发展瓶颈，汇聚发展优势，增强发展动力。加快“生态保护前提下的点状开发利用”模式探索。积极争取生态保护红线和自然保护地科学优化、水环境功能区精准落位，点状开发空间布局全面优化；用好生态保护红线内闲置宅基地复垦用地入库以及复林、复绿、垦造指标允许入库利用等政策，探索供地新方式，推动点状开发模式成熟定型，实现县域资源高效配置、集约利用。深化国企国资改革。深化“三项制度”改革，推动国有企业完善现代企业制度，精减或剥离国企政府性职能，探索混改经营、合作经营等模式创新，加强与省市国有资本股权及项目合作，切实增强国有企业经营水平，提升国有资本支撑共同富裕能力。强化农村集成改革。实施农村综合性改革试点，推进村集体经营性资产股份合作制改革、资源性资产产权改革和农村“三块地”改革，探索农民土地承包权、宅基地使用权、集体收益分配权等“带权进城”或自愿有偿退出机制，鼓励乡村探索“资源招商”“环境入股”等新型经营模式，激发乡村振兴内生活力。

2. 纵深推进数字赋能创新探索。坚持实际、实战、实效原则，加快“152”体系与“141”体系全面贯通，赋能共同富裕建设。打造共同富裕应用场景。谋深抓实“成果智享”“资源智配”“政务智服”“生态智卫”等多跨场景重大改革，迭代升级“秀水卫士”“智慧旅游”“伊加工”等数智平台，全域推广“大下姜共富指数”等数智模式，加快形成具有淳安辨识度的共同富裕应用场景。推动组织变革重塑。全面推进流程再造、管理重构、制度重塑，加快构建起跨层级、跨区域、跨系统、跨部门、跨业务的大协同机制，形成即时感知、科学决策、高效运行、智能监管的扁平化组织形态。实施“未来”系列建设。加快传统基础设施数字化改造，推进未来景区改革以及未来社区、未来乡村建设试点，培育数字镇村、数字园区、农村电商品牌等数字乡村成果，推动未来元素与山水魅力有机融合。

3. 纵深推进共富路径创新探索。坚持以机制路径创新为突破口，形成推动共同富裕的持久动力。优化先富带后富模式。持续探索“大党委”模式下的乡村振兴新路径，进一步提升大下姜联合体建设实效，推动乡镇片区组团发展模式向全县覆盖；深化探索“先富带后富、区域共同富”的共富模式，创新实施“乡贤帮老乡”“强村带弱村”“老乡促老乡”等行动，加快“大家一起富”。完善富民强村机制。积极发展来料加工等百姓经济，有序推进整县分布式光伏规模化开发应用，持续深化“共享民宿”“公司+基地+农户”等富民模式，推进政府资金“奖补投”联动、协作帮扶资金“拨改投”转型，支持村集体参与企业股份合作制改造，完善农企利益联结和村集体经济收入增长长效机制，集体经济相对薄弱村消除率达到100%、实现村级运转收支平衡，城乡居民收入比缩小至2以内。推进“扩中”“提低”行动。深入推进“扩中”“提低”五年行动，建立终身职业技能培训等制度，完善中等收入后备群体就业创业扶持政策体系，实施低收入群体同步基本实现现代化行动，完善有利于慈善事业健康发展的政策机制，确保共同富裕路上“一个都不掉队”。

四、牢记“四种人”要求，锻造堪当时代重任的过硬团队

大力弘扬伟大建党精神，旗帜鲜明讲政治，践行“四种人”要求，全面实施“红色根脉强基工程”，加快构建党建统领基层整体智治体系，推动基层组织全面建强、整体跃升。

（一）夯实绝对忠诚的思想根基。以政治建设为统领，持续锤炼政治判断力、政治领悟力、政治执行力。筑牢忠诚为本意识。推进习近平新时代中国特色社会主义思想教育培训计划，深化学习贯彻十九届六中全会精神“六讲六做”大宣讲活动，完善习近平总书记重要指示批示精神贯彻落实机制，争做“两个确立”忠诚拥护者、“两个维护”示范引领者。赓续红色基因血脉。巩固深化“不忘初心、牢记使命”主题教育成果，常态化推进“四史”学习教育，建立“第一议题”制度，守护传承好红色财富。压实意识形态责任。突出社会主义核心价值观和主流舆论导向，加强舆情风险处置全流程闭环推进、全周期一体管理，牢牢守住意识形态主阵地。

（二）筑牢坚强有力的战斗堡垒。打造变革型组织，加快形成上下贯通、执行有力的基层组织体系。推动基层组织耦合融合。完善“大党委”作用发挥机制，加强社区党组织规范化标准化建设，建立小区党建指导员制度，构建“党建+数字+治理”新模式。增强基层组织自我革新能力。全面实施领雁计划，深入开展新时代基层干部推动共同富裕主题培训行动，全链条实施党员队伍分类教育管理。强化党建统领工作机制。完善党建综合绩效考核体系，构建问题管控力指数，抓实“七张问题清单”，全面夯实基层基础。

（三）打造勇担重任的干部队伍。小县要有大志向，小县更要有大作为，关键是要有一支勇担重任的干部队伍。把抓落实作为检验干部最重要的能力。深入落实“三能”要求，推动工作项目化、清单化、节点化、闭环化，各项工作都要紧盯目标，一抓到底，确保干一件成一件，决不能把“说过了当作做过了，把做过了当作做好了”。把专业化作为淳安干部不懈的追求。强调科学、精准、专业的工作要求，强化“数字化理念、认知、手段”的变革思维，积极培养专业型干部、引进专业型人才、组建专业型团队，切实提高干部队伍谋划、发展和服务的能力水平。加大干部关爱培养力度。强化“实干实绩实效论英雄”的选

人用人导向，注重激发调动各年龄段干部的工作积极性，对艰苦岗位、吃劲岗位、基层岗位干部加大使用力度；落实“三个区分开来”要求，完善容错免责、澄清保护等机制，旗帜鲜明地为敢于担当的干部担当；完善干部关心关爱制度，健全常态化典型选树激励机制，不断激发广大干部创造性张力。

（四）涵养风清气正的政治生态。持续深化全面从严治党，不断巩固风清气正的良好政治生态。构建精准高效监督体系。深化完善“四责协同机制”，推动纪律、监察、巡察、派驻“四项监督”贯通衔接，迭代升级智慧监督平台，加强对各级领导班子特别是“一把手”的监督。保持正风肃纪高压态势。持续纠治“四风”，落实上级事项过筛统合、基层承接事项清单管理等基层减负举措，紧盯重点领域、关键环节和突出问题，深入整治群众身边的腐败问题。加强清廉单元建设。统筹推进机关、村居、学校、医院等清廉单元建设，常态化开展警示教育，持续深化政治巡察，充分发挥巡察“利剑”作用。

（五）凝聚同心同向的强大合力。坚持县委统揽全局、协调各方，支持人大、政府、政协和监委、法院、检察院依法依章履行职能。巩固和发展最广泛的爱国统一战线，加强和改进党的群团工作，落实党管武装政治责任，做好老干部等工作，最大限度凝聚社会共识和力量，让每个人都成为共同富裕的直接参与者、积极贡献者、共同受益者。

同志们，蓝图绘就，正当扬帆破浪；重任在肩，更需策马加鞭。让我们更加紧密地团结在以习近平同志为核心的党中央周围，牢记殷切嘱托，勇担时代使命，共建特别生态区，共享魅力千岛湖，为争当跨越式高质量发展和共同富裕排头兵而努力奋斗！

名词解释

四个污染专项防治方案：指的是农业、林业、工业、生活四张污染防治清单。

消薄增收“六招六法”：指我县在推进消薄增收工作中探索创新的做法，“六招”指的是上下联动式、内外协作式、长短结合式、新旧转型式、统分经营式、点面推进式六种形式；“六法”指的是产业带动法、农旅融合法、异地发展法、物业建设法、资源盘活法、综合服务法六种办法。

“三个清零”：指的是“两不愁三保障”突出问题清零、年家庭人均收入10000元以下情况清零、集体经济相对薄弱村清零，高质量完成低收入农户高水平全面小康攻坚任务。

GEP：指的是生态系统生产总值，即生态系统为人类福祉和经济社会可持续发展提供的各种最终物质产品与服务（简称“生态产品”）价值的总和，主要包括生态系统提供的物质产品、调节服务和文化服务的价值。

“152”：指的是数字化改革体系，其中“1”是一体化智能化公共数据平台，“5”是党政机关整体智治、数字政府、数字经济、数字社会、数字法治五大综合应用，“2”是理论体系、制度规范体系两套体系。

旅游“四化四全四优”：指的是我县旅游高质量发展的方向与路径，其中“四化”即推进旅游国际化、融合化、品质化、智慧化发展；“四全”即培育全域、全季、全时、全链的产品体系；“四优”即打造旅游优越的生态、优良的产品、优质的服务和优秀的管理。

一中心四平台一网格（141）：是基层社会治理体系的重要组成部分，“一中心”指的是社会治理综合服务中心（简称矛调中心）；“四平台”指的是综治平台、便民服务平台、监管执法平台、应急管理平台；“一网格”指的是包含基层社会治理全内容的网格化管理。

四种人：2006年5月25日，时任浙江省委书记的习近平同志到下姜村调研时,对基层党员干部提出争做“四种人”的要求,即发展带头人、新风示范人、和谐引领人、群众贴心人。

三个示范:2005年3月22日,时任浙江省委书记的习近平同志在淳安调研先进性教育活动时,对淳安提出了“当好三个示范”的要求,即在生态建设上当好示范、在欠发达地区的跨越式发展上当好示范、在党的先进性建设上当好示范。

“两个确立”:指的是确立习近平同志党中央的核心、全党的核心地位,确立习近平新时代中国特色社会主义思想的指导地位。

“两个维护”:指的是坚决维护习近平总书记党中央的核心、全党的核心地位,坚决维护党中央权威和集中统一领导。

数字第一湖:指的是借助数字技术,推进千岛湖的数字监测、数字预警、数字治理,打造数字千岛湖。

多规融合:指的是城乡规划、土地利用规划、环境保护、文物保护、林地与耕地保护、综合交通、水资源、文化与生态旅游资源、社会事业规划等各类规划的衔接,实现“多规”确定的保护性空间、开发边界、城市规模等重要空间参数一致,并在统一的空间信息平台上建立控制线体系,以实现优化空间布局、有效配置土地资源、提高政府空间管控水平和治理能力的目标。

“三线一单”:指的是生态保护红线、环境质量底线、资源利用上线和生态环境准入清单。

“五美”城镇:指的是建设环境美、生活美、产业美、人文美、治理美城镇。

产业大脑+未来工厂:产业大脑是服务数字产业化、产业数字化的公共智能系统和新型数字基础设施;未来工厂是指以数据资源为关键要素,以新一代信息技术为手段,通过建立新的生产组织方式和管理服务模式,实现创新、高效、绿色、协同发展的现代化新型组织。两者通过耦合共生,系统重塑产业生态、竞争规则和治理模式,推动产业数字化、数字产业化,构建现代产业体系。

三退三进:指的是企业退低进高、退小进大、退弱进强。

人才创新创业全周期“一件事”改革:指的是人才创新创业从项目启动到落地运营的整个周期的服务改革,涵盖“初创期——初步发展期——突破发展期”全生命周期。

两个不低于:指的是公共服务和民生保障水平不低于全市平均。

三医联动:指的是医保体制改革、卫生体制改革与药品流通体制改革联动,即医疗、医保、医药改革联动。

六医统筹:指的是推进“医保、医疗、医药、医院、中医、医生”统筹。

四治融合:指的是法治、德治、自治、智治有机融合。

“1+10+2”安全生产工作机制:“1”指的是县安全生产委员会,“10”指的是危化矿山、工贸、交通运输、消防、建设施工、城区运行、文广旅体、教育卫生、农业渔业、特种设备等10个专业安全生产委员会,“2”指的是经济开发区安全生产委员会、旅游度假区和高铁新区安全生产委员会。

三项制度改革:指的是国企领域的劳动、人事、分配制度改革。

“三块地”改革:指的是农村土地征收、集体经营性建设用地入市、宅基地管理制度改革。

未来景区改革试点:2020年,千岛湖景区被确定为浙江省首批10个未来景区改革试点之一。通过聚焦新发展理念、新发展格局、高质量发展,以及深化体制机制改革和数字化改革,把千岛湖景区打造成为一个体制顺畅、业态丰富、特色鲜明、深度体验感、高度智能化的景区。

“红色根脉强基”工程：是省委对加强基层党的建设作出的战略性、全局性、牵引性重大部署，包括“三个一”的总体架构和“七大工程”。其中“三个一”指的是制定实施“红色根脉强基工程”规划、建立“红色根脉强基指数”、打造“浙里红色根脉强基系统”；“七大工程”指的是，在农村实施“百县争创、千乡晋位、万村过硬”工程，在城市基层实施“上统下分、强街优社”工程，在两新领域实施“三年创优、整体跃升”工程，在机关事业单位实施“双建争先”工程，在高校实施“四个融合”行动和“抓院促系、整校建强”工程，在国有企业实施“全企一体、双融共促”工程，在公立医院实施“院科两优、德医双强”工程。

“六讲六做”：指的是浙江省委学习贯彻十九届六中全会精神大宣讲活动，即讲好党的百年奋斗历程，做“红色根脉”的坚定守护者；讲好新时代的辉煌成就特别是“两个确立”对新时代党和国家事业发展、对推进中华民族伟大复兴历史进程的决定性意义，做“两个维护”的示范引领者；讲好百年奋斗的宝贵经验，做新时代“重要窗口”的优秀建设者；讲好总书记深厚的为民情怀，做人民至上的不懈奋斗者；讲好总书记在浙江的故事，做“八八战略”的忠实践行者；讲好总书记赋予浙江的重大历史使命，做高质量发展促进共同富裕的先行探路者。

七张问题清单：指的是重大信访问题、重大安全生产问题、重大审计问题、重大网络舆情问题、重大巡视问题、重大督查问题、重大生态环保督察问题七张清单。

“三能”要求：2005 年 3 月 21 日，时任浙江省委书记的习近平同志在淳安县公安局检查指导保持共产党员先进性教育时，提出了“三能”要求，即平常时间能看得出来、关键时刻能冲得出来、危急时刻能豁得出来。

三个区分开来：指的是把干部在推进改革中因缺乏经验、先行先试出现的失误和错误，同明知故犯的违纪违法行为区分开来；把上级尚无明确限制的探索性试验中的失误和错误，同上级明令禁止后依然我行我素的违纪违法行为区分开来；把为推动发展的无意过失，同为谋取私利的违纪违法行为区分开来。

四责协同机制：指的是党委主体责任、纪委监督责任、党委书记第一责任和班子成员“一岗双责”责任。

政府工作报告

——在淳安县第十七届人民代表大会第一次会议上

县长　张鸿斌

2022 年 2 月 12 日

各位代表：

现在，我代表县人民政府向大会报告工作，请予审议，并请县政协委员和其他列席人员提出宝贵意见。

一、过去五年工作回顾

县十六届人大一次会议以来的五年，是淳安历史上极不寻常、极不平凡的五年。五年来，县政府在市委、市政府和县委的坚强领导下，在县人大及其常委会和县政协的监督支持下，坚决扛起使命担当，团结和带领全县人民，毅然决然推进千岛湖临湖地带综合整治，全力以赴防控新冠疫情，众志成城抗击史上最强梅汛洪灾，凝心聚力推进特别生态功能区建设，较好地完成了县十六届人大历次会议确定的各项目标任务，全县经济发展和社会各项事业取得新进步。

据统计，2021 年全县实现地区生产总值 255.17 亿元，比 2016 年增长 17.4%，年均递增 3.3%；实现财政总收入 47.76 亿元，其中一般公共预算收入 25.94 亿元，年均分别递增 11.9%、8.3%；社会消费品零售总额 90.03 亿元，年均递增 7.4%；城镇居民人均可支配收入 53002 元，年均递增 7.6%；农村居民人均可支配收入 24675 元，年均递增 8.9%。三次产业比重达到 15.8 ∶ 25.0 ∶ 59.2。

（一）抓整治、夯基础、强机制，环境质量获得新提升

综合整治深入开展。举全县之力完成千岛湖临湖地带彻整彻治，整治成果得到中央和省、市党委政府充分肯定。高标准做好中央和省委生态环保督察各项工作，督察反馈问题和转办信访件全部按时办结。完成农村河道综合整治 171.4 公里，山塘水库除险加固 64 座，河道清淤 66 万立方米，武强溪、枫林港、云源港等 7 条河流被评为省级“美丽河湖”。实施农业统防统治 51.83 万亩，农药化肥使用量持续下降。淘汰国三柴油车 1023 辆，改造锅炉 61 台，全县空气质量优良率稳居全省前列，获评浙江省首批清新空气示范区。实施林相改造 12.8 万亩、森林景观修复 8.6 万亩，新增国土绿化面积 5.98 万亩，临岐、枫树岭等 8 个乡镇获评省森林城镇。生活垃圾分类投放、收集、运输、处置全流程闭环管理实现县域全覆盖，光大环保能源项目建成投用，社会公众对生态环境满意度连续五年名列全市前茅。

生态基础不断夯实。五年投入环保资金 54.9 亿元，山水林田湖草系统生态修复试点扎实推进，农业、林业、工业、生活四个污染防治方案全面实施，生态浮岛、中水回用、净水农业、108 米高程以下土地退耕休耕等工作

有序推进。完成南山、坪山污水处理厂提标改造,城区109个生活小区和22个乡镇建成区完成"污水零直排区"创建,在全市率先实现"污水零直排"集镇全域化目标,夺取五水共治"大禹鼎"银鼎。千岛湖水质综合营养状态指数始终在全国重要水库中排名前列,出境断面水质始终保持Ⅰ类,地表水交接断面、集中式饮用水水源地水质达标率保持100%。千岛湖配供水工程正式通水。

保护体系更加完善。《杭州市淳安特别生态功能区条例》正式颁布,水功能区水环境功能区划得到优化完善,发布全国首个县级环境质量管理规范。在全省率先推行林长制,全面落实河(湖)长制。党政主要领导自然资源资产责任审计、党员干部环境保护责任追究办法、"一巡多功能"等制度得到严格执行。浙皖两省河长先遣队组建成立,新安江流域多层级共治共保工作常态化开展。组建高端智库和专家援助团,成立千岛湖水环境研究所、千岛湖生态系统研究站等机构,千岛湖"保水渔业"模式入选中央党校"两山"理论教学案例。

(二)优结构、促转型、增质效,深绿发展呈现新格局

全域旅游提速增彩。连续四年上榜中国县域旅游综合竞争力百强县,入选全省首批全域旅游示范县,旅游度假区跻身国家级旅游度假区。按新统计口径测算,2021年全县接待国内外游客932.5万人次,实现旅游经济总收入154.18亿元。完成龙山岛等湖区景点改造提升,推出城中湖、中心湖区夜游项目。鱼街、骑龙巷、啤酒小镇、银泰城广场店等城市休闲旅游项目相继投入运营,新版《水之灵》、沪马探险乐园等项目精彩亮相,安麓、伯瑞特等19家高品质酒店建成开业。新增大墅、梓桐等9个AAAA级景区镇,里商里阳村、左口桥西村等55个村被评为AAA级景区村,下姜村入选首批全国乡村旅游重点村,新增西坡、大乐之野等高端民宿60家,休闲运动、红色文化、中药养生等乡村特色旅游逐步兴起。金峰被命名为中国摄影小镇,石林港湾运动、书画梓桐等10家研学营地被评为省市级研学营地。杭州亚运会分赛区落户淳安,场馆设施建设和赛事筹备有序推进。公开水域游泳、铁人三项、环湖自行车等赛事影响力持续扩大,千岛湖马拉松晋升全国金牌赛事,入选中国体育旅游目的地。

生态工业提档升级。以产业项目为重点,推动传统产业开新花、新兴产业结硕果,2021年实现规模以上工业增加值28.79亿元。农夫山泉、千岛湖啤酒等企业健康发展,谦牧山泉水、丹然饮用水等项目建成投产,噢麦力亚洲生态工厂、焕睿饮料、天润果蔬饮料等项目签约落地,2021年实现水饮料产业销售收入100.97亿元。盘活"三块地"3986亩,完成闲置资源招商项目284个,标普健康食品、永通迁扩建、康诺邦等生态制造项目建成投产。规模以上工业企业数字化改造实现全覆盖,完成机器换人技改项目110个,千啤公司等5家企业纳入市级"未来工厂"培育名单,数字经济核心产业增加值达到7.4亿元。新增国家级高新技术企业29家、市级以上研发中心7家,2021年实现高新技术产业增加值12.14亿元。旭光照明、新联实业在新三板成功挂牌。来料加工业稳步发展,累计发放加工费9.95亿元。

生态农业提质增效。成功创建省级农业绿色发展先行县、省级林下经济产业示范县、省级渔业转型发展先行区,被认定为全国首个国家特色农产品生态气候适宜地,2021年实现农业增加值41.07亿元。提标改造粮食生产功能区8787亩,新建高标准农田1.99万亩。实施院县合作项目40个,成功创建下姜省级现代农业园区,新增县级以上现代农业园区18个、农业龙头企业28家。临岐入选国家农业产业强镇建设名单,威坪被认定为省级特色农业强镇,完成屏门、界首两个整乡镇推进山区农业产业集聚发展项目建设。制定农业地方标准28个,有机产品认证数量、规模和产值均列全市第一,创成省级农产品质量安全放心县。鸠坑茶、淳安覆盆子、淳安白花前胡、淳安花猪通过国家地理标志农产品认证。新发展林下经济7.6万亩。成功发布"千岛农品"区域公用品牌,建成千岛湖品牌农产品馆,"千岛湖茶"跻身中国茶叶区域公用品牌50强,千岛湖生态农产品优质优价加快显现。

(三)补短板、强功能、提品位,城乡面貌焕发新气象

城市品位大幅提升。完成县域总体规划修编,实现城市设计全覆盖。完成贸易弄、施家塘等49个区块145万平方米老旧特韵小区改造。既有住宅加装电梯95部。馆南路、里联路等城市干道建成通车,完成睦州大道、环湖北路、新安东路、阳光路等路段提升改造和交通治堵。完成城区夜景灯光亮化提升工程,推出"最多挖一次"管控办法,市政设施提升改造和精细运维不断加强。扩面小区物业管理菜单式服务,创建市级绿色社区11个、美好家园13个。设立"全民清洁日",建立保洁示范区。实施"城市环境大整治、城市面貌大提升"长效管理,推出人行道"一条黄线"管控机制,探索形成出店经营、农产品自产自销市场等管理模式。顺利通过国家卫生县城第五轮复评,实现国家卫生乡镇全覆盖,成功创建省示范文明县城。

美丽乡村亮点纷呈。统筹推进美丽城镇、美丽庭院等建设,获评全国村庄清洁行动先进县、全省深化新时代美丽乡村建设工作优秀县,成功创建全省首批"无违建县"并通过首轮复评。小城镇环境综合整治实现乡镇集镇全覆盖,汾口、威坪、姜家创建成为省级美丽城镇建设样板,临岐、文昌、瑶山等6个乡镇创建成为市级美丽城镇建设样板。打造省级美丽乡村示范乡镇11个、省级新时代美丽乡村达标村275个、市级精品示范线14条、市级精品村92个。深入开展山海协作、区县协作、联乡结村等工程,累计实施区县协作项目183个,到位资金5.44亿元,淳安—西湖山海协作生态旅游文化产业园建设初显成效。圆满完成与贵州省剑河县结对帮扶任务。决战决胜脱贫攻坚,"三个清零"全面完成,322个村实现"5030"目标,连续两年获评全省低收入农户增收成效明显县,大下姜联合体模式入选全国首批乡村振兴典型案例。

基础设施不断完善。杭黄高铁、千黄高速淳安段建成通车,淳安正式迈进"两高"时代。330国道临岐至湍口段改建、丰茂半岛连接线、枫常公路淳安段等工程相继投用,被评为全国"四好农村路"示范县。建成威坪客运中心,200人以上较大规模自然村客运班线实现全覆盖。深入实施农村饮用水达标提标行动,建成枫树岭、王阜等11个集中式自来水厂,累计解决34.5万农村人口饮水安全问题,获评全省农村饮用水达标提标行动成绩突出县。完成新一轮农村电网改造,220kV浪川变、110kV淳安变等5个变电站建成投用,建成综合供能站7个。城乡通信网络基础加快提升,新建5G基站895个,万人5G基站拥有量达杭州县域领先水平,下姜村成为全国首个5G全覆盖村。

(四)抓改革、促开放、强创新,破旧立新实现新突破

"两山"转化走出新路子。淳安成为全省唯一的特别生态功能区,省市两级支持清单有序落实,省级支持淳安等山区26县跨越式高质量发展若干举措相继出台,"飞地"管理体制、特别生态功能区财政体制等相继明确落地。积极探索生态产品高水平转化机制,在全市率先启动"两山银行"改革试点,探索建立生态公益林补偿收益权质押融资、入股联营等机制。建立健全GEP常态化核算和考核体系,生态系统生产总值居全省前列,被命名为全国"绿水青山就是金山银山"实践创新基地。

数字赋能打开新局面。全面落实"152"数字化改革任务,"数智杭州"淳安门户上线运行,党政智治、数字政府、数字社会、数字法治、数字经济五大综合应用体系基本建成,一体化智能公共数据平台纳入省级试点。开发上线"秀水卫士""大下姜共富数智平台"等特色应用场景,"真薪"数智平台入选省数字法治全省推广优秀项目,"伊加工"入选省数字政府最佳应用。数字引领"最多跑一次"改革、公共领域服务提升改革纵深推进,建成"浙里办"城市频道淳安专区和"浙政钉"2.0系统平台,政务服务事项网上可办率和掌上执法率分别达100%和99.8%。

开放融入迈出新步伐。建成"两山"高层次人才集聚区,汇聚院士、专家115名,创建省级博士后工作站8个、市级专家工作站13个,高质量举办"千岛湖论坛"系列活动。建成深绿产业招商平台,建立乡镇平台一体化招商机制,实施产业精准招商,累计招引落地深绿产业项目467个,实际到位资金146.47亿元,全县总部税源企业达2242家,累计实现税收收入41.87亿元。异地高质量发展行动计划全面推进,大江东工业"飞地"全面落位,智谷大厦、智海大厦正式投运,智邦大厦开工建设,累计完成税收收入5.28亿元。大培训产业蓬勃兴起,累计培训18万人次。

(五)办实事、惠民生、增福祉,幸福指数迈上新台阶

民生保障更加有力。城乡基础养老金从每人每月150元提高至275元,超过全省平均水平。企业职工基本养老保险实现省级统筹。基本医疗保险向市域一体化迈进,城乡居民医保住院费用报销限额由10万元提高至30万元,大病保险报销比例由50%提高至70%以上。低保、特困、困境儿童救助标准达到全市平均水平,建成儿童之家82家,大墅儿童之家获评全国优秀儿童之家。持续加大就业创业扶持力度,城镇登记失业率始终控制在3.5%以内。建立健全根治欠薪工作机制,成功创建省"无欠薪县"。县养老服务中心投入运营,建成乡镇示范型养老服务中心24家、村(社区)级居家养老服务照料中心390家,新增机构养老床位1078张,村(社区)老年食堂覆盖率达80%。高质量完成残疾人社区精准康复省级试点,建成三星级以上残疾人之家19家。完成C、D级危房治理4999幢。城区停车场建设、城乡公交建设、适龄妇女"两癌"免费筛查等50项县政府为民办实事项目高标准完成。

社会事业日益繁荣。县一医院专家楼、县二医院手术综合楼等一批项目建成投用。医共体建设深入推进,县级公立医院与省市三甲医院合作办医实现全覆盖。健康浙江考核连续三年优秀,公立医院综合医改考核连续五年列全市第一。开展城乡中小学教育布局调整,组建淳安中学和千岛湖建兰中学教育集团,新建成排岭初中、千岛湖镇八小、千岛湖镇中心幼儿园等13所学校,打造出富文中心小学、梓桐中心小学等一批特色乡村学校,成功创建省教育基本现代化县。义务教育教师待遇、教育"双减"政策有效落实,教师"两室两堂"改造、专用校车配备、中小学校教室空调安装等全面完成。新图书馆、新档案馆、博物馆建成投用,建成新安书屋23处,瀛山书院完成复建,修缮农村历史建筑73处,文化礼堂实现行政村全覆盖,成功创建"中华诗词之乡"。建成千岛湖国家登山健身步道,行政村体育设施覆盖率达100%,荣获全国群众体育先进单位。

社会大局和谐稳定。全力打好新冠疫情防控总体战、阻击战,铸就"零疫情"坚固防线。"平安千岛湖"建设深入推进,捧回全省首批平安"金鼎"。推进积案化解、访源治理等攻坚行动,成功创建全国信访工作“三无”县。扎实推进治安防控体系建设,深入开展扫黑除恶斗争,持续打击电信网络诈骗等犯罪,群众安全感满意率居全省前列。实施安全生产综合治理,全县安全生产形势保持稳定。健全应急救援和防灾减灾体系,有效应对强降雨、台风等自然灾害。道路交通安全治理持续深化,亡人事故数大幅下降。强化食品药品监管,成功创建省食品安全县。成立崇军协会,退役军人服务中心(站)实现村(社区)全覆盖。持续推进民兵队伍转型升级,国防动员质效持续增强,基层武装工作水平全面提升,出台大学生入伍优待政策,兵役征集任务圆满完成。与此同时,民族宗教、外事、港澳台侨事务、档案、地方志、气象等工作取得新成绩,工青妇、科协、文联、红十字、慈善、老龄、关心下一代、住房公积金等工作实现新进步。

(六)提效能、优服务、强作风,自身建设得到新加强

法治建设不断强化。坚持重大事项向县委请示报告、向县人大及其常委会报告、向县政协通报,高质量完成797件人大代表建议、1601件政协委员提案办理。认真落实县政府常务会议学法、政务公开、政府法律顾问、行政机关负责人出庭应诉等制度,推出行政败诉风险较大案件化解机制,扎实做好行政规范性文件审查、行政复议规范化建设等工作。圆满完成“七五”普法,荣获全省法治政府建设考核先进单位,临岐司法所获评“全国模范司法所”。

效能建设切实加强。创设“六大攻坚战”“十大专项行动”等工作载体,建立专班推进、月度调度、督考联动等工作机制,政府工作效率不断提高。4项工作获省政府督查激励,财政资金绩效管理连续五年获省级以上奖励。完成新一轮政府机构、事业单位改革和行政村规模调整。深化国企改革,出台国有企业重大事项管理、资产出租管理等系列制度,组建交投集团、农发集团、浙千置业集团,实现国有资本集聚优化。建成新行政服务中心,群众办事实现“只进一扇门、最多跑一地”。深入开展“三服务”行动,全面落实惠企助企政策,累计为企业减税降费21.35亿元。持续优化营商环境,累计新增市场主体1.99万家。

廉政建设持续深入。全面落实党风廉政建设责任制,严格执行中央八项规定精神和省市作风建设各项要求,纵深推进清廉机关、清廉国企、清廉医院、清廉村居等清廉单元建设。扎实做好中央和省委巡视、世行贷款项目审计、保障性住房审计反馈问题以及“七张问题清单”整改。坚决落实政府“过紧日子”要求,完成新一轮公车改革,非刚性、非重点项目支出压减15%,“三公”经费压减17.8%。严格落实政府议事制度,加强审计监督,强化政策跟踪、预算执行和重点项目审计,政府权力运行更加阳光规范。

各位代表,五年风雨彩虹,五年雄关漫道。五年的实践历程让我们深切地感受到,做好政府工作,推动淳安各项事业发展,必须始终坚持保护优先不动摇。五年来,我们坚定践行“绿水青山就是金山银山”理念,深入贯彻“共抓大保护、不搞大开发”要求,高标准推进生态环境综合保护,让绿色成为淳安高质量发展的最亮底色。必须始终坚持绿色发展不松劲。五年来,我们始终坚持以发展为第一要务,突出深绿发展导向,抓项目、促招商、育产业,抢抓机遇、攻坚克难、持之以恒,推动淳安经济社会赶超跨越、高质量发展。必须始终坚持为民惠民不懈怠。五年来,我们牢固树立“以人民为中心”的工作理念,战疫情、抗洪灾、办实事,全力以赴保障和改善社会民生,让全县人民共建共享品质生活。必须始终坚持改革创新不停步。五年来,我们致力于破旧立新,改革创新,用先进的理念武装头脑，用前瞻的思维谋划发展，用改革的办法破除体制障碍，不断为特别生态功能区建设和经济社会发展注入强劲活力。必须始终坚持真抓实干不含糊。五年来，我们牢固树立“功成不必在我、功成必定有我”的政绩观，大力倡导定了干、马上办、办就办好的务实作风，以实干出实绩，以实干求实效。

各位代表，五年发展饱含艰辛，五年成果提振信心。这些成绩的取得，是上级党委、政府和县委坚强领导的结果，是人大依法监督、政协民主监督的结果，是历届政府接续实干的结果，是各位人大代表、政协委员理解信任、建言献策、身体力行的结果。所有这些成绩凝聚着全县人民的智慧、心血和汗水，饱含着社会各界的关心和支持。在此，我谨代表县政府，向各位人大代表、政协委员，向社会各界人士，向各驻淳单位、驻淳部队，向所有关心、支持和参与淳安建设与发展的同志们、朋友们表示崇高的敬意和衷心的感谢！

在肯定成绩的同时，我们也清醒认识到政府工作还存在一些不足和困难。主要表现在：上游来水对千岛湖水质影响依然存在，环境风险防控还存在薄弱环节，以更高标准推进千岛湖保护的压力不小；经济发展速度不快、总量规模偏小，项目招引、产业培育、生态价值转化力度仍需加大；改革、转型步入关键攻坚期，一些新矛盾新问题亟待破解；增收致富、民生保障和公共服务水平与群众期望仍有差距，推动实现共同富裕的任务十分繁重；少数公职人员的眼界、能力、作风与新形势新要求还不够适应，担当意识、创新精神、攻坚状态还有待进一步提升。对此，我们必须高度重视，采取有力措施，在工作中切实加以解决。

二、今后五年的指导思想和奋斗目标

今后五年，淳安将处于特别生态功能区深化突破期、现代化建设开局奔跑期、跨越式高质量发展推进共同富裕建设重要机遇期。根据县第十五次党代会精神，今后五年工作的指导思想是：高举习近平新时代中国特色社会主义思想伟大旗帜，全面贯彻党的十九大和十九届历次全会精神，深入贯彻习近平总书记对浙江、杭州、淳安的重要指示批示精神，坚决落实省、市、县委决策部署，加快推动高标准保护、高质量发展、高品质生活、高水平创新，促进生态美富、深绿兴富、民生安富、改革增富，共建特别生态区，共享魅力千岛湖，为争当跨越式高质量发展和共同富裕排头兵而努力奋斗。

今后五年工作的总体目标是：

——生态质量争当全国示范。生态环境质量保持全省领先，生态文明创新制度体系率先形成，森林覆盖率、水质、空气质量等主要指标率先迈向国际化先进水平，碳达峰、碳中和行动推动全面绿色转型取得明显成效，成为国家生态文明建设示范县。

——绿色发展争先山区 26 县。经济发展质量效益明显提高，生态产品价值实现机制基本形成，生态特色产业体系基本建立，产业竞争优势明显提升，常住居民人均生产总值处于山区县前列，成为全国“两山”实践创新基地示范案例。

——民生服务迈向杭州标准。力争城乡居民人均可支配收入增速高于省、市平均水平，以中等收入群体为主体的橄榄型社会结构逐步形成，人的全生命周期公共服务优质均衡，公共服务和民生保障水平全面达到杭州市平均标准。

——社会治理实现整体智治。“县乡一体、条抓块统”县域整体智治体系基本建成，现代应急体系趋于完善，风险闭环管控大平安机制更加健全，基本形成共建共治共享的社会治理格局。

三、2022 年政府工作主要任务

2022 年是深化特别生态功能区建设，共享魅力千岛湖精彩新淳安，推进跨越式高质量发展和共同富裕的关键之年,也是新一届政府的开局之年。建议今年我县发展的主要预期目标是:千岛湖出境断面水质保持Ⅰ类,县域内35条主要入湖溪流水质优秀率、市控以上地表水达到或优于Ⅱ类水质比例均保持100%,$PM_{2.5}$年均浓度控制在每立方米22微克以内,空气质量优良天数比例在95%以上,一般工业固废综合利用率达到100%,森林覆盖率达到78.65%,单位GDP能耗为0.3吨标准煤/万元,生活垃圾分类覆盖面100%,农药与化肥使用量实现负增长;地区生产总值增长8%以上,服务业增加值增长10%以上,农业增加值增长2.3%以上,规模以上工业增加值增长6.5%以上,一般公共预算收入增长8.5%以上,固定资产投资增长10%以上,社会消费品零售总额增长10%以上;城镇居民人均可支配收入增长8%以上,农村居民人均可支配收入增长9%以上,低收入农户收入增长12%以上。

针对上述预期目标,今年政府工作着重抓好以下四个方面:

(一)坚持生态优先、绿色发展,在生态美富上坚定不移久久为功

深入践行习近平生态文明思想,努力让绿色成为共同富裕的亮丽底色,全力建设和谐共生、美美与共新淳安。

构筑精密管控体系。紧扣"三个一"目标,全面提升生态环境全领域、全过程、全地域、全方位精密管控水平。严格规划管制。高水平划定生态保护红线、永久基本农田和城镇开发边界,争取县域国土空间规划和部分区块风景名胜区详细规划、自然保护地方案获批,推动乡镇级国土空间规划全覆盖,加快"多规合一",科学布局生态、生产、生活空间。巩固提升临湖地带综合整治成果,编制千岛湖岸线保护规划,严控临湖地带开发建设。严格国土空间规划和用途管制,优化千岛湖湖区及周边地区城市设计,加强沿湖沿线景观风貌管控,争当诗画浙江大花园示范样板。加强系统保护。深化"五水共治",提升改造200个沿湖沿溪污水处理终端,新建20个绿色污水处理设施,开展3个"污水零直排示范镇街"及15个"污水零直排村"创建,建成100个农村治污处理终端中水回用设施。实施武强溪(二期)、东源港等3条河道中小流域综合治理,完成河湖库塘清淤整治10万立方米。推进全域"无废城市"创建,深化城乡生活垃圾分类,加快再生资源分拣中心建设。推进碳达峰、碳中和行动。完成全域全物种生物多样性调查,科学优化千岛湖土著鱼类种群结构,创建省级渔业健康养殖示范县。强化机制保障。深入贯彻落实《杭州市淳安特别生态功能区条例》,赋能经济社会发展。积极参与新安江—千岛湖生态补偿试验区建设,加强浙皖跨省流域生态环境共建共保共享合作。完善乡镇交界断面水质考核,建立"一河一策"精准治理机制。深化落实生态综合保护双月协调推进制度,及时发现、处置生态保护领域各类问题。开展千岛湖生态清淤试点,完成300处水源保护区标志牌或界桩设置。规范千岛湖垂钓管理。迭代升级"秀水卫士"应用场景,启动千岛湖水文水资源综合监测站建设,提升生态系统科研和监测能力。

提升精准防治水平。全面实施农业、林业、工业和生活污染防治,推动精准保护、综合治理。加强农业污染防治。强化耕地土壤治理和安全利用,建立完善农业面源污染防控体系,实施化肥农药减量增效工程,开展农业统防统治15万亩。推进临湖生态缓冲带及生态湿地建设,扩面生态浮岛、净水农业试点,科学推动库内108米高程以下无证耕地和高陡坡地退耕休耕。加强林业污染防治。健全林长制长效管理机制。推进街口—小金山高陡坡退耕还林工作,加强林相改造,开展林业产业结构调整,推广林业生态经营新模式，科学做好松材线虫病等森林灾害防治工作。建成千岛湖植物园，新增国土绿化面积9360亩。加强工业污染防治。开展工业园区（集聚区）“污水零直排”回头看，推进工业固废减量和规范化管理。完成千岛湖矿产品公司尾矿库清库，启动铜山锡铁矿尾矿砂治理工程。加强生活污染防治。启动南山污水处理厂调节池建设，实施坪山污水处理厂及城区污水管网设施改造提升。完成汾口、姜家污水处理厂清洁排放改造，加快临岐污水处理厂及石林污水处理站建设。

打造精致美丽城乡。坚持建管并重、产城融合、县乡联动、全域景区，共绘城乡全域大美新画卷。建美小城市。围绕“宜居宜业宜游、千岛湖味道”，坚持改旧与更新相结合，加强城市精致建设、精细管理，挖掘新安文化，延续城市文脉，打造会讲故事的滨湖小城。完成新安北路、阳光路等5个区块老旧特韵小区改造，推进火炉尖未来社区建设，打造火炉尖—骑龙巷排岭记忆传统风貌样板区。完成排岭北路、排岭南路道路大中修。做精做特城市家具、花卉小品、景观绿化、夜景照明，打造串点成线的城市景观。扎实推进全国文明城市创建，深化“城市环境大整治、城市面貌大提升”长效管理。扮靓新乡村。围绕打造环境美、生活美、产业美、人文美、治理美“五美”城镇，实施姜家—界首县域风貌样板区整治提升，千岛湖镇、枫树岭镇争创省级美丽城镇样板，大墅、安阳等5个乡镇争创市级美丽城镇样板。深入实施新时代美丽乡村升级版建设，实施15个市级精品村、5个市级特色村、15个重点村建设。打造威坪驮岭脚村、宋村云港口村等10个数字乡村样板村，推进富文乡富文村等4个市级未来乡村试点建设，实现省级新时代美丽乡村达标村全覆盖。强化农房风貌管控，做好防违控违，争创2个省级美丽宜居示范村。

（二）坚持做大总量、做高质量，在深绿兴富上聚精会神加压奋进

坚定深绿方向，立足高质高效，突出项目、产业，推动产业发展向中高端迈进，全力建设高质发展、生态富民新淳安。

构建深绿产业体系。坚持产业兴县、实业兴县，加强全产业链规划布局，加快构建现代化深绿产业体系。深耕精耕旅游产业。紧扣“四化四全四优”目标，优化全域旅游产业发展和空间规划布局，推进旅游业“微改造、精提升”，大力发展乡村旅游，夯实支柱产业发展基础，全县旅游产业增加值增长10%以上，创成国家全域旅游示范区。积极参与杭衢黄省际旅游合作区打造，激活西南湖区，推进东北湖区发展。千岛湖银泰城（新城店）商业中心、滨江云顶桃园旅游综合体一期、千岛明豪千人国际会议中心投入运营，加快燕山文化景区、众安文创乐园、丽思卡尔顿酒店、千岛湖水上休闲运动中心等项目建设，推动开元芳草地、村坑村旅游综合体等项目落地，加强主题乐园、会议会展、研学培训、体育赛事等项目招引，着力构建“日月同辉、繁星点点”的旅游新格局。强化“旅游+”“+旅游”融合发展，探索共享民宿、营地经济等新业态，打造“三有一进入”工旅融合新模式。举办千岛湖马拉松等体育赛事活动，做大做强赛事经济，争创省级体育赛事集聚县。开展庆祝千岛湖旅游四十周年系列活动，评选“千岛湖新十景”。集聚做强水产业。深入实施水饮料产业“双倍增”行动，推动农夫山泉、千岛湖啤酒等企业规模扩张，推进噢麦力亚洲生态工厂、千啤四期扩建、焕睿饮品、云上天泉等项目建设，天润果蔬饮料、亲亲山水、自嗨锅植物奶二期建成投产。积极招引“链主型”水饮料企业，加快培育一批饮料细分领域专业化“小巨人”企业，推动水饮料产业向多元化、高端化、个性化、功能化发展。提速壮大健康产业。积极发展健康食品、生物医药、养生保健、康体调养等健康产业，着力构建“药、医、游、食、养、研”六位一体健康产业体系。开展“浙八味”优势产业集群建设，加大千岛湖中药材市场培育推广力度，推进修正健康产业园、大墅艾草大健康产业园等项目建设，高铁新区健康产业孵化园主体完工。引育突破生态新产业。推进“产业大脑+未来工厂”建设，提升康盛股份等传统制造企业数字化水平，推进先芯科技三期、旭光照明二期、美科光电二期建设。加快推动中南高科、路网科技等项目落地，新增国家高新技术企业5家，高新技术产业增加值增长6%以上，数字经济增加值增长5%以上。稳步推进实体型总部经济项目招引，加大文化创意等新经济、新业态培育力度，积极培育发展大培训产业市场。推动生态农产品优质优价。大力推动茶叶、水果、中药材等特色农业产业发展，实施“36165”千岛农品共富工程，加大农业龙头企业培育，持续扩大绿色、有机农产品单品规模，完善“千岛农品”市场供应链。加大茶叶良种推广力度，建成鸠坑茶十二坝良种基地，创建茶叶“机器换人”高质量发展先行县。加快果园更新改造，优化品种结构，打造特色水果产业链。推进中药材种植扩面提质，提升产业整体发展能级。推进蜜蜂产业发展，加快枫树岭蜜蜂小镇培育。深化农业“双强行动”，提升农业科技成果转化应用水平，探索发展一批现代化农业工厂。扎实推进“非农化”“非粮化”整治，稳定粮食种植面积，确保粮食安全。实施文昌、宋村等整乡镇推进山区农业产业发展项目，建成梓桐万头湖羊养殖示范基地。建成国家级标准林下经济示范基地3000亩，建设“千村万元”林下经济帮扶村10个，新发展林下经济1.3万亩。

打造产业集聚平台。积极探索生态保护前提下的点状开发利用模式，加快完善平台功能定位和运行管理体制，提升产业发展能级。经济开发区要立足于推动“项目立区、工业强区、商旅兴区”，聚焦生态制造业升级和新城业态培育，加大腾笼换鸟、创新驱动力度，力争招引落地制造业项目10个以上、完成企业“小升规”10家以上、新增规模以上工业销售产值10亿元以上、推动亿元以上产业项目建设10个以上、实现产业项目固定资产投资10亿元以上，全力打造“产业新区、品质新城”。实质性启动汾口浪川城乡统筹产业园开发建设，联动高铁新区一体规划、招商，探索与杭州城西科创大走廊等平台开展产业协作。旅游度假区要加大新兴旅游业态引育力度，高质量推进鲁能胜地、电魂千岛湖智力公园、牧心谷生态乐园等项目建设。加快临湖整治回收物业盘活利用，努力招引培育省属高校、科研院所、企业集团和高端人才驻淳创新创业，打造滨湖高端创新创业人才集聚区。全年招引新型旅游项目2个以上，落地实体型总部企业4家以上，实现综合税收3亿元以上。“飞地”平台要深入实施异地高质量发展五年行动计划，立足“飞地”与本地优势叠加放大，加速智谷、智海平台拓展提升，积极争取钱塘“共富产业飞地”落地，加快推进杭千智造产业园、智邦、博华食品、电商产业园等项目建设，加大数字经济、科创研发、商务办公、智慧物流、高端智造等项目招引，全年实现税收收入5亿元以上，努力使“飞地”成为淳安发展的新蓝海。特色产业乡镇要聚焦资源禀赋，突出片区组团，加快区域协同发展，积极推进省新时代美丽乡村大下姜共富示范带和千岛湖镇、大墅镇市级特色产业经济带建设，加快推动产业成环成链。因地制宜推动康体养生、运动休闲、农品加工、红色旅游等乡村特色产业发展，支持百草临岐、运动石林、茶韵鸠坑、红色中洲等特色乡镇高质量发展。

增强县域发展活力。坚持问题导向、精准施策，全面提升经济发展后劲和活力。强化招商引资。完善一体化招商工作机制，加强资源要素全方位保障，提升精准招商能力和水平，全年招引落地产业项目30个以上，到位资金30亿元以上。突出优势特色产业建链、延链、补链、强链，主动对接央企、国企、名企和行业龙头企业，争取引进投资亿元以上项目10个以上。注重发挥异地商会作用，深入实施“淳商回归”工程，举办第四届淳商大会。强化人才引育。深化人才创新创业全周期“一件事”改革，完善高层次人才、青年人才集聚平台建设，强化国家和省市引才计划人才引育，扩容“千岛湖智库”，新增入库专家10名以上。加强对乡村领军、经营、服务人才培养，广泛开展院县合作、校地合作、产学研合作，推动成果转化。强化高效协同。深入开展优化营商环境行动，全面推进极简审批许可、便利开办登记，加快实现商事主体登记“零干预、零材料、零费用、零跑动”，积极构建亲清政商关系。深化“三服务”，全面落实减税降费政策，千方百计惠企助企。建立项目全生命周期管理数字平台，实行项目规划用地前置审查和方案预审，完善投资赛马、项目晾晒机制，切实提高项目落地建设效率。出台工业用地强化保障办法，全面推进集体建设用地复垦，探索用地入库指标调剂、奖励、增减挂钩等机制，推动土地要素竞争性保障。扎实开展区县协作、联乡结村等工程，积极做好与四川巴塘县对口支援和东西部协作。高标准推进淳安—西湖山海协作生态旅游文化产业园建设，打造全省新时代山海协作升级版，大下姜文旅客厅展示馆建成运营。

精心办好亚运赛事。聚焦“中国特色、浙江风采、杭州韵味、淳安样本、精彩纷呈”要求，高水平筹办好淳安赛区各项赛事活动，努力实现“办好一个盛会，推进一域发展”目标。强化赛前筹办。加快推进赛事场馆、亚运分村及相关配套设施建设，确保按时交付使用。加强场馆和设施测试、队伍演练，完善各项工作预案，确保各项设施安全可靠。落实“全县一盘棋”，高标准抓好城乡建设和环境综合治理，切实提高群众文明素养，为亚运会和亚残运会提供优良的生态环境和人文环境。强化赛时保障。建立统一赛时指挥体系，结合赛时任务要求和工作流程，优化赛时组织，举全县之力做好保障服务，真正实现办好出色亚运、展示出彩淳安。充分考虑“带疫办赛”的风险和挑战，全面落实好疫情防控相关应对措施。强化赛后运用。着眼于后亚运时代，保护好亚运遗产，运用好亚运平台，在产业结构优化、产品品质提升、人文环境接轨上创新作为，尽最大努力释放世界性赛事带来的红利，引领界首、姜家片区运动休闲新高地建设，加速千岛湖国际化进程。

（三）坚持县乡协同、共建共享，在民生安富上全力以赴笃定前行

牢固树立以人民为中心的发展理念，在更高水平上保障和改善社会民生，全力建设城乡融合、文明幸福新淳安。

基础设施向城乡一体配置。加速推进杭淳开高速项目前期，争取先行工程开工。加快330国道千岛湖大桥至临岐段改建工程建设，实施县、乡、村道大中修，推进中洲叶村至开化县麻坞村等打通“断头路”工程。稳步推进水务一体化改革，持续推进农村饮用水提升行动，建成汾口、瑶山等自来水厂，完成5个集中式供水站改造，实施9个村自来水管网延伸。新建里商石门等3个水库，完成江家源等5座水库除险加固。加快推进大墅抽水蓄能电站项目，建成110kV燕山变和35kV下姜变，启动110kV进贤变建设。深化天然气体制改革，推进燃气企业整合提升。实现亚运场馆以及亚运村5G网络全覆盖。

民生保障向优质均衡供给。完善创业就业政策，优化就业信息服务平台，加强重点群体就业帮扶。落实职工基本养老保险全国统筹改革，稳步提高城乡居民基础养老金标准。加快推动基本医疗保险市级统筹政策落地，开展企业退休人员全市域就近体检试点。探索新业态劳动用工关系管理机制，巩固提升“无欠薪县”创建成果。建成威坪、大墅敬老院，完成里商敬老院扩建，启用汾口敬老院。完善留守妇女、留守儿童权益保障机制，提升弱势群体长效关爱机制和特殊群体福利保障政策。巩固提升19家“残疾人之家”，新创建1个省级无障碍社区。扩大住房公积金制度覆盖面，提高住房资金归集率，启动庄天岭区块公租房建设，完善住房保障体系。加强城乡危旧房治理。

社会事业向主客共享提升。深入推进健康淳安建设，推动医共体、公立医院综合改革、医疗卫生“山海”提升工程提档升级，推进县级医院“三乙”创建，加快县中医院住院楼、姜家中心卫生院迁建、里商卫生院迁建等工程建设，争创省级健康促进县。深化义务教育“双减”、教育质量评价改革，推进城乡教共体建设，启动全国学前教育普及普惠县创建。稳步推进城乡中小学教育布局优化调整，加快第三中学建设，建成县培智学校。推进公共文化均等化发展，推动传统非遗文化元素活态传承，深化文化基因解码、文化城乡记忆等工程，推进睦剧专题展示馆和骑龙巷谦岛书院建设，打造非遗研学旅游精品线路。牢固树立保护文物也是政绩的科学理念，强化文物安全管理，实施第十四轮农村历史建筑综合保护工程。完成县委党校、工人文化宫主体建设。推进体育“一场两馆”、村级全民健身广场、社区多功能运动场、百姓健身房等建设。积极做好民族宗教、外事、港澳台侨事务、工青妇、科协、文联、红十字、关心下一代等工作。

社会治理向整体智治推进。不断完善重大疫情防控应急处置体系，慎终如始抓好常态化新冠疫情防控。深化“平安千岛湖”建设，完善重大决策社会风险评估机制，集中治理重复信访，加快信访积案化解，争创省信访工作现代化示范县和省无信访积案县。常态化推进扫黑除恶斗争，推动以亚运安保核心圈为重点的智能防控圈建设，持续打击通信网络诈骗等新型犯罪，加强金融风险防范，争创全国治安防控体系建设示范城市。健全应急责任体系，完善风险闭环管控机制，整体提升安全生产和处置各类自然灾害的能力。深入开展“八五”普法，实施“大综合一体化”行政执法改革，全面提高执法、司法、守法、普法水平。扎实推进国防动员和后备力量建设，加强人民武装和国防教育，认真抓好征兵、民兵工作，完善退役军人事务工作体系，深化双拥共建活动，推动军民融合。

为民办实事是县政府长期坚持的一项制度。前期，县政府按照民生实事项目代表票决制要求，在各乡镇、各部门和党代表、人大代表、政协委员、商会、市民等层面，广泛征集民生实事项目。经充分论证和遴选，确定了城区老旧小区提升改造、建设“四好农村路”、高龄津贴提标、农村饮用水提质工程、提高城乡居民基本养老保险基础养老金标准、中小学校教室照明环境改造、基层医疗机构职工“两堂一舍”改造提升、中小学幼儿园智安校园、加快推进乡镇客运公交化、公共场所配置自动体外除颤器、加强野生动物致害管理、气象灾害监测预警行政村全覆盖等12项民生实事候选项目，提交大会请各位代表审议。对代表票决确定的10项民生实事项目，县政府将认真抓好落实，确保把实事办好、好事办实。

（四）坚持破旧立新、改革创新，在改革增富上只争朝夕攻坚破难

坚定改革创新不动摇，持续加大重点领域、关键环节的改革创新力度，全力建设创新创业、活力竞发新淳安。

高水平推进“两山”转化。持续深化“两山银行”改革试点，聚焦生态交易、绿色金融、共同富裕等重点领域改革，加快形成一批重大标志性成果，高质量打造全国“绿水青山就是金山银山”实践创新基地示范案例。创新生态产品价值实现机制，推动健全自然资源资产产权制度、GEP常态化核算体系以及绿色发展绩效考核奖补机制，统筹推进水权交易、碳汇交易、林权市场化交易、村集体经营性建设用地入市改革。全面推进农（林）业综合经营权抵押贷款、闲置低效土地合作开发等一批生态价值转化示范项目落地。

高水平推进数字赋能。加快完善数字化改革“152”体系，紧跟省、市任务跑道，推动数智淳安门户和5个综合应用高效运行，全面实现掌上办事、掌上办公、掌上治理。坚持“小切口、大场景”，谋深抓实“成果智享”“资源智配”“政务智服”“生态智卫”等多跨场景重大改革，全力争取“揭榜挂帅”和“一地创新、全省共享”项目。开展数字样板镇村、数字园区（工厂）、农村电商品牌等培育示范，全域推广“大下姜共富指数”等数智模式，加快形成具有淳安辨识度的共同富裕应用场景。

高水平推进体制创新。全力推动“生态保护前提下的点状开发利用”加快落地，提升县域整体资源高效利用、集约开发水平。积极推动农民转移集聚，推进撤镇设街道、乡镇规模优化调整等工作。扎实推进财政部农村综合性改革试点试验、省高质量发展建设共同富裕示范区试点。推动以集体经济为核心的强村富民乡村集成改革，大力实施“乡贤帮老乡”“强村带弱村”“老乡促老乡”等行动，出台促进村集体经济增收系列政策，鼓励乡村探索“资源招商”“环境入股”等新型经营模式，建立农民权益价值实现机制，支持来料加工等富民产业发展，全面完成消薄“5030”目标。扎实推进“扩中”“提低”改革，构建“全面覆盖+精准画像”基础数据库，精准识别和摸清扩中提低重点对象底数，积极探索扩中提低的实现路径，健全普惠性人力资本投入机制，全面拓宽居民增收渠道，创新完善分配调节机制，健全困难群体帮扶机制。深化国企国资改革，探索混改经营、合作经营、国资托管等模式创新，加强与省、市国有资本股权及项目合作，加快千旅、千发等国企股份制改造和优质资源重整上市。推行国有企业“一企一策”精细化差异化考核，提升国有企业经营效益。

四、进一步加强政府自身建设

民之所望，政之所向。面对发展新形势、工作新要求、群众新期待，我们要不断提高施政能力和服务水平，努力建设人民满意政府。

坚持依法依规，打造法治政府。坚定筑牢政治忠诚，把忠诚拥护“两个确立”、坚决做到“两个维护”作为最坚定的政治立场、最牢固的政治信念、最重要的实践要求，真正做到忠诚党、忠诚人民、忠诚初心使命。深入贯彻宪法、民法典等法律法规，提高运用法治思维和法治方式深化改革、推动发展的能力。坚持重大事项向县委请示报告、向县人大及其常委会报告、向县政协通报，自觉接受人大法律监督、政协民主监督和社会各界监督，全面落实政务公开等制度，让政府权力在阳光下运行。坚持职责法定，做好行政规范性文件、重大行政决策合法性审查和公平竞争审查。完善政府法律顾问制度，落实行政负责人出庭应诉机制，让依法行政成为政府的鲜明标识。

坚持高质高效，打造绩效政府。向改革创新要效能，紧紧抓住数字化改革的战略机遇，坚持从群众的高频需求和关键问题入手，深化“互联网+政务服务”，全力提升生态保护、城市管理、社会治理、公共服务的智能化水平，打造“整体智治、协同高效”的现代政府。向管理服务要效能，进一步优化政府运行规程，完善工作交办、落实、反馈闭环机制，确保事事有回音、件件有落实。向能力提升要效能，打造学习型政府，紧盯素质能力培养，推动公职人员知识结构从单一型向综合型转变,加大战略思维、创新思维、辩证思维和系统思维培养,应对工作领域的新挑战、工作对象的新转换、工作要求的新标准,激发推动跨越式高质量发展的内生动力。

坚持唯实惟先,打造务实政府。坚持目标至上,锚定争当跨越式高质量发展和共同富裕排头兵目标,以更宽视野、更高标准,超前谋划,应时而动,努力在"两山"转化中探索形成淳安模式。坚持实干至上,以高质量发展实绩为准绳,既要向上争取,更要自力更生,以滚石上山、爬坡过坎的韧劲和勇气,大干快干、苦干实干、立说立干,全力营造团结干事创业氛围。坚持严管厚爱结合、激励约束并重,鼓励创新、宽容失败,让想干者轻装上阵、能干者大显身手。坚持结果至上,把群众满意作为工作第一准则,问需于民、问计于民、问效于民,下大力气解决好群众和企业的操心事、烦心事、揪心事,以政府的辛苦指数换取人民的幸福指数。

坚持从严从紧,打造清廉政府。始终把纪律和规矩挺在前面,锲而不舍落实中央八项规定及其实施细则精神,全面强化政府系统党风廉政建设,从严惩治各类腐败行为。坚决支持纪检监察机关监督执纪执法,加大审计监督力度,强化政府投资项目、招投标、政府采购等重点领域监管和风险防控,严厉打击工程领域转包和违法分包行为。坚持政府"过紧日子",严格控制和压减一般性支出,把有限财力用于保民生、补短板、促发展的刀刃上。

各位代表,征程万里风正劲,重任千钧再扬鞭。努力让千岛湖山更青水更秀,让淳安更加自信地发展,让全县人民更加幸福地生活,是时代交给我们的考卷。走在新的赶考路上,我们要更加紧密地团结在以习近平同志为核心的党中央周围,在市委、市政府和县委的坚强领导下,牢记殷切嘱托,勇担时代使命,共建特别生态区,共享魅力千岛湖,为争当跨越式高质量发展和共同富裕排头兵而努力奋斗!

《政府工作报告》名词解释

生态浮岛:指为保护千岛湖水质,我县于2020年开始,创新探索千岛湖库湾水体原位生态浮岛脱氮除磷技术研究,通过在湖面搭建人造浮体,运用无土栽培技术原理,在浮体上"种植"水芹菜、空心菜等吸附性强的水生植物,以吸附湖水中氮磷元素,达到净化水体的效果。

净水农业:指在水源涵养区通过减少或不施用肥料和农药,利用现代生态农业技术,种植不同作物并获得满意产量,同时达到面源污染物减排目标的农业技术。

污水零直排:指以城镇污水处理厂和管网建设为基础,以持续推进全面彻底的污水纳管和严格的雨污分流为核心,实现雨污管网全覆盖、污水全收集、雨污全分流、处理全达标。

一巡多功能:指整合城管、公安等多部门执法资源,组建联合执法队伍,对县域范围内建设、环境、治安、交通、管理等问题进行日常巡查、交办督办、情况通报等,破除部门职能交叉、权责不清、多头管理、监管缺位等问题。

三块地:指批而未供土地、供而未用土地和低效用地。

未来工厂:指以数字化车间、智能工厂等为主体,以数据资源为关键要素,以新一代信息技术为手段,通过建立新的生产组织方式和管理服务模式,实现企业创新、高效、绿色、协同发展。

院县合作项目:指淳安县人民政府与中国农业科学院、浙江省农科院、浙江大学等院校建立合作关系,通过"项目+基地+人才"合作模式,开展产品研究、技术研发、改造提升等科研性工作推进农业现代化。

“一条黄线”管控机制：指对非机动车泊位统一用醒目的黄色线框和非机动车标识进行划定，非机动车在黄色线框内有序停放，并实施全天候动态监控。

三个清零：指“两不愁三保障”突出问题清零、年家庭人均可支配收入 10000 元以下情况清零、集体经济薄弱村清零。

GEP：指生态系统生产总值，即生态系统为人类福祉和经济社会可持续发展提供的各种最终物质产品与服务（简称“生态产品”）价值的总和，主要包括生态系统提供的物质产品、调节服务和文化服务的价值。

碳达峰、碳中和：碳达峰指某个地区或行业年度二氧化碳排放总量达到历史最高值，然后经历平台期进入持续下降的过程，是二氧化碳排放量由增转降的历史拐点；碳中和指某个地区在一定时间内（一般指一年）人为活动直接和间接排放的二氧化碳，通过植树造林等途径吸收的二氧化碳相互抵消，实现二氧化碳“净零排放”。

“36165”千岛农品共富工程：“3”指三个共富平台，即茶叶市场、中药材市场和千岛农品馆；“61”指六个一共富产业，即发展 1 万亩鸠 16 良种茶园、1 万亩白沙枇杷、1 万亩柑橘良种、1 万亩冬闲田蔬菜、1 万亩秋土豆、1 万亩山核桃林低密度生态鸡；“65”指六个五共富项目，即实施 5 万亩毛竹林低产改造促增收、5 万亩低产油茶林改造促增收、5000 户闲置农房共享民宿改造促增收、5000 户低收入农户花猪养殖促增富、5000 户低收入农户发展来料加工促增收、500 家淳安酱作坊促增收。

双强行动：指科技强农、机械强农。

未来社区：指聚焦人本化、生态化、数字化三维价值坐标，以和睦共治、绿色集约、智慧共享为内涵特征，突出高品质生活主轴，构建以未来邻里、教育、健康、创业、建筑、交通、低碳、服务和治理等九大场景创新为重点的具有归属感、舒适感和未来感的新型城市功能单元。

四化四全四优：指我县旅游高质量发展的方向与路径，其中“四化”即推进旅游国际化、融合化、品质化、智慧化发展；“四全”即培育全域、全季、全时、全链的产品体系；“四优”即打造旅游优越的生态、优良的产品、优质的服务和优秀的管理。

三有一进入：指有博物馆、有工厂、有市场，旅游大巴车能进入，是工旅融合新模式，旨在通过该模式进一步丰富旅游产品、延长游客逗留时间，提高游客消费贡献。

一场两馆：指体育场、游泳馆、体育馆。杭州市要求到 2025 年实现“一场两馆”区县（市）全覆盖。

“大综合一体化”行政执法改革：指在更大范围整合执法职责、执法力量、执法资源，加快打造统一的执法监管数字化平台，推进乡镇（街道）“一支队伍管执法”，形成“综合执法+专业执法+联合执法”的工作体系，推动审批、监管、处罚、评价统筹衔接、形成闭环。

数字化改革“152”体系：指 2021 年省委数字化改革工作体系，其中“1”是一体化智能化公共数据平台，其作为智慧化平台中枢将支撑各级、各系统应用创新。“5”即 5 个综合应用——党政机关整体智治综合应用、数字政府综合应用、数字经济综合应用、数字社会综合应用和数字法治综合应用。“2”是构建理论体系和制度规范体系共两套体系。

共富指数：指我县“大下姜共同富裕”应用场景的核心应用，将经济高质量发展、区域协调发展、收入分配格局优化、公共服务优质共享、精神文明建设、全域美丽建设、社会和谐和睦等 7 个方面进行细化、量化、指标化，为推进共同富裕提供可识别、可量化、可推广的指标体系，让共同富裕看得见、摸得着、真实可感。

大事记

1月

6日，淳安县社会建设委员会揭牌。

同日，淳安县政府与浙江旅游职业学院校地合作座谈会召开。

7日，《政府工作报告》征求老干部意见座谈会召开。

10日，县政府召开第十一届中华环境奖城镇环境类入围候选单位调研考察会议。

13日，淳安县召开2022年亚运会和亚残运会淳安县运行保障指挥部第一次会议。

14日，中国少年先锋队淳安县第十一次代表大会举行。

26日，淳安县召开县疫情防控部署会议(视频会议)。

同日，淳安县召开2022年亚运会和亚残运会县运行保障指挥部"一办十组"第一次工作例会。

2月

9日，淳安县召开县民营企业家座谈会。

11日，淳安县召开县政府与中国绿发集团座谈会。

21日，淳安县召开全国文明城市创建推进会。

22日，淳安县召开世行贷款项目审计迎检工作会议。

28日，淳安县推进"七大攻坚战"暨深化作风建设大会召开。

3月

4日，淳安县召开"大综合一体化"行政执法改革人社领域有关工作研究会议。

7日，淳安县召开2022年亚运会和亚残运会淳安县运行保障指挥部专题会议。

9日，淳安县召开2022年全县平安建设暨县委信访工作会议。

11日，淳安县召开2022年县委农村工作暨乡村振兴推进大会。

同日，淳安县开展县党政军领导义务植树活动。

16日，《淳安县人民政府行政复议员任命办法》发布。

18日，淳安县召开重点项目月调度会，研究推进淳安三中、冰雪项目、丽思卡尔顿酒店等项目。

19日，淳安—西湖山海协作生态旅游文化产业园主任会议召开。

20日，淳安特别生态功能区"七大攻坚战""争先创优"竞赛第一阶段推进会暨"一把手看实绩、谈举措"活动举行。

22日，淳安县第十七届人大常委会第二次会议举行。会议决定任命王翀为淳安县人民政府副县长。会议接受张鸿斌辞去淳安县人民政府县长职务，决定由副县长王翀代理淳安县人民政府县长职务。

27日，《淳安县人民政府2022年度重大行政决策事项目录》公布。

30 日，淳安亚运分村精装修及室外景观工程通过综合验收。

31 日，省亚运综合办督查组一行到淳安县督查亚运场馆建设、运行及赛事筹备情况。

4 月

1 日，淳安县举行杭州市亚运筹办“决胜攻坚”誓师动员大会淳安分会场活动。

2 日，淳安县千岛农品共富促进会成立。

8 日，省能源局到淳安县调研抽水蓄能电站工作。

11 日，2022 中国・千岛湖茶博览会开幕式举行，中国国际茶文化研究会常务副会长，浙江省政府原党组副书记、副省长，浙江省政协原副主席王建满宣布茶博览会开幕。

15 日，杭州市上城区委书记章燕一行到淳安县对接区县协作和共富实践工作，实地考察浙江敬存仁生物科技公司（严家大方茶厂）和滨江云顶桃源乡村振兴共同富裕示范区项目，召开两地共富实践对接会，介绍区县协作工作情况，对接交流下一步合作事宜。

25 日，界首亚运中心场馆群移交仪式暨亚运分村启动仪式举行。

27 日，淳安县举办庆祝“五一”暨“迎亚运　立新功”活动。表彰 2022 年全县“五一劳动奖状”先进集体和“五一劳动奖章”获得者，并为 8 个重点工程劳动竞赛项目授战旗。

29 日，淳安县举办修正下姜（杭州千岛湖）健康产业项目签约仪式。

5 月

2—4 日，“韵味杭州”2022 年千岛湖山地自行车邀请赛举行。

5 日，淳安燕山文化园奠基暨龙华禅寺（蜜山禅寺）兴工典礼举行。

6 日，淳安县召开创建全国科普示范县动员大会。

7 日，《淳安县推进“大综合一体化”行政执法改革实施方案》发布。

9 日，浙江工会劳模工匠志愿服务月启动仪式暨助力山区 26 县高质量发展劳模工匠志愿服务队走进淳安活动举行。

同日，淳安县与海亮集团战略合作协议签约仪式举行。

11 日，省委常委、市委书记刘捷一行到淳安县调研。

13 日，千岛湖第八届覆盆子节暨淳北共富系列活动启动仪式举行。

20 日，淳安千岛湖植物园举行开园仪式。

同日，《淳安县人民政府工作规则》发布。

26 日，淳安县召开 2022 年度生态综合保护工作推进会暨“生态示范”攻坚战第二次会议。

28 日，市长刘忻到淳安县调研。

6 月

2 日，庆祝 2022 年“六五环境日”暨浙皖交界水质自动监测超级站启动仪式在淳安县举行。

同日，山海共富农优产品展销窗口开馆仪式在淳安县举行。

6 日，2022 年“全国放鱼日”（杭州会场）暨千岛湖水生生物增殖放流活动启动仪式在淳安县举行。

10 日，“一支队伍管千岛湖”改革座谈会召开。

11 日，2022 淳安县全民艺术普及“龙舞”展演暨文化和自然遗产日系列活动举行。

14 日，县科学技术协会第十一次代表大会召开。

21 日，淳安县第九届来料加工技能大比武暨百强加工能手选拔赛举行。

23 日，淳安县召开新时代“淳安精神”大讨论座谈会。

同日，淳安创新创业大赛(体育运动休闲专场)总决赛举行。

26 日，由浙江省妇联主办，杭州市妇联承办，淳安县妇联、淳安县枫树岭镇党委、淳安县融媒体中心协办的“我奋斗·家国美”故事汇(浙江)活动在枫树岭镇下姜村举行。

27 日，“喜迎二十大　文明再出发”2022 年浙江有礼·文明出行全省巡回宣传月大型公益活动淳安站在千岛湖镇秀水广场举行。

29 日，淳安县举行“凝心谋发展　聚力助共富”“七一”主题活动。

同日，2022 千岛湖国际光影艺术双年展开幕暨千岛湖“月光之恋”光影艺术夜游试开园活动举行。

同日，“共富浙江　温暖有光”暨“公益体彩　快乐操场”淳安站活动举行。

30 日，2022 年浙江省劳动保障监察业务技能大比武暨根治欠薪工作现场会在淳安县召开。

同日，物产中大集团与山区 26 县共富养老首批落地项目战略合作签约仪式在淳安县举行。

同日，界首体育中心场馆惠民行动启动仪式在界首乡举行。

7 月

1 日，淳安县举行“校地携手促共富”交流会暨浙江旅游职业学院助力山区 26 县共同富裕启动仪式。

5 日，水利部水库移民司一行到淳安县调研。

6 日，秋口水库、李树坞水库建设研究会召开。

7 日，全县“大综合一体化”行政执法改革推进会暨乡镇综合行政执法队授牌仪式举行。

12 日，2022 年“智汇特区”——百名浙大硕博士助力特别生态功能区建设启动仪式在淳安县举行。

同日，“建行裕农通杯”第五届浙江省大学生乡村振兴创意大赛暨“千岛农品”淳安乡村文创专项赛百名师生入村仪式在淳安县举行。

13 日，由县委政法委、县人民检察院联合 12 家司法、行政执法机关组成的“千岛湖保护公益诉讼联盟”成立。

15—19 日，以“文享未来·美好生活”为主题的 2022 首届浙西(千岛湖)创意生活周活动在淳安县举办。

22 日，中国建设银行杭州分行“支持山区 26 县、助力共同富裕”暨建行杭州分行党委与淳安县枫树岭镇党委党建共建签约仪式在枫树岭镇下姜村举行。

23 日，淳安县举行退役军人优待证首发仪式暨县崇军协会成立一周年活动。

同日，杭州千岛湖永通电缆有限公司丰家山新区开园仪式举行。

29 日，千岛湖梦之岛乐园开业典礼在千岛湖镇秀水街举行。

同日，淳安县庆祝建军 95 周年“八一”崇军周活动在县体育馆启动。

30—31 日，千岛湖·界首自行车运动小镇铁人三项嘉年华举行。

8月

1日，淳安经济开发区和萧山经济技术开发区战略合作签约仪式在淳安县举行。

4日，淳安县首届“最美科技工作者”表彰暨全国科普示范县创建推进会召开。

8日，2022心宿左口乡村体验节暨长三角首届溯溪邀请挑战赛在淳安县左口乡鸣枪开赛。

10—11日，省委常委、组织部部长王成到淳安县调研。

15日，淳安县赴舟山千岛湖舰开展慰问活动。

18日，淳安县工会第十六次代表大会举行。

同日，全县残疾人工作会议暨残联干部助残服务能力提升培训班在淳安县举办。

19日，淳安县举办“医”心向党、踔厉奋进　淳安县喜迎中共二十大暨庆祝第五个“中国医师节”活动。

26日，浙农淳安农事服务中心正式启用暨淳安县政府——浙农集团战略合作签约仪式在枫树岭镇举行。

同日，市“联乡结村”29帮扶集团到屏门乡帮扶。

29日，国家体育总局到淳安县考察国家体育旅游示范基地创建工作。

31日，淳安县培智学校启用。

同日，淳安县第二幼儿园启用。

9月

5日，杭州市“联乡结村”第13帮扶集团到淳安县开展“联乡结村”活动。

同日，快乐垂钓第六届《王者之战》总决赛闭幕式在淳安县举行。

6日，麦绿素项目签约仪式举行。

同日，“潮玩乡村·共富游我”淳安县乡村旅游共富专线合作签约暨首发班启动仪式在富文乡举行。

7日，淳安县举办喜迎中共二十大暨庆祝第三十八个教师节活动。

9日，淳安县森林碳汇管理局在县林业局挂牌成立。

同日，淳安县“大综合一体化”行政执法改革推进会暨千岛湖水上综合行政执法队授牌仪式举行。

16日，“酝酿甜美　携手共富”大下姜莫岛共富基金成立暨莫岛项目投产仪式在枫树岭镇下姜村举行。

20日，“红色武强溪　绿水助共富”浙皖两省三县毗邻乡镇联合护水活动暨武强溪流域首届农民丰收节启动仪式在中洲镇举行。

22日，淳安县举办2022中国(千岛湖)茶馆联盟大会暨千岛农品丰收节活动。

23日，杭州亚运会倒计时一周年系列活动暨淳安县第八届全民运动会篮球比赛、趣味运动会训练赛在县体育馆举行。

27日，浙江卫视大型户外竞技真人秀节目《奔跑吧·特别季》到淳安县录制节目。

29日，淳安邮政管理局成立。

同日，“喜迎二十大　奏响新未来”千岛湖国庆音乐会暨“千岛湖理想花园”试开园仪式在千岛湖镇进贤湾举办。

30日，淳安县在枫树岭镇红军北上抗日先遣队烈士纪念碑处举行公祭活动。

10月

1日，“喜迎二十大　共富向未来”大下姜第四届红高粱旅游文化节暨共富工坊集市活动在枫树岭镇下姜村举办。

同日，由杭州市文化广电旅游局主办，杭州市文化馆(杭州市非物质文化遗产保护中心)、淳安县文化和广电旅游体育局承办的“喜迎二十大　匠心展风采”2022年杭州市非遗雕刻作品展在县博物馆举行。

12日,淳安县召开特别生态功能区建设暨争当山区县高质量发展典范工作推进会。

16日,县“四套班子”领导集中收听收看中共二十大开幕式。

25日,省疫情防控办疫情防控督查组到淳安县督查。

26—28日,淳安县举办高标准推进“未来工厂”建设专项培训班。

29日,淳安县举办“百村千帐　向野而战”2022中国体育彩票百村千帐运动振兴乡村活动。

31日,淳安县残疾人联合会第七次代表大会召开。

11月

2日,2022年巴塘·淳安文旅交流周活动在淳安县举行。

同日,共青团淳安县第二十三次代表大会召开。

5日,“学贯二十大谱新篇　见证四十年奔共富”2022·淳安威坪第四届乡村文化旅游节举行。

6日,2022千岛湖铁人三项赛举行。

7日,淳安县召开杭淳开高速公路项目姜家段专题会议。

8日,淳安县文学艺术界联合会第八次代表大会召开。

9日,中国作家网公布第四届丰子恺散文奖获奖作品名单。淳安县“90后”作家钱雪的《小城故事》获得丰子恺散文奖·青年作家奖。

11日,亚热带森林生物多样性与碳中和——2022千岛湖国际论坛在淳安县举行。

同日,杭州市《疗休养基地评价规范》发布仪式在枫树岭镇下姜村举行。

13日,2022年红色中洲古道文化节暨第五届千岛湖女子乡村马拉松比赛在中洲镇茶山村举行。

17日,淳安县召开明康汇“百村万亩亿元”产销共同体建设现场会。

同日,杭州市第十届职工运动会公路自行车比赛在淳安亚运分村举行。

19日,杭州市副市长、代市长姚高员到淳安县调研。

19—20日,2021全国轮滑大联动——全国青少年体育俱乐部联赛暨第三届中国·杭州千岛湖轮滑公开赛“乐秀杯”秀中国轮滑巡回赛(总决赛)在淳安县举办。

20日,“迎亚运”2022第十六届环千岛湖公路自行车赛暨HEROS鸿鲸枫度——千岛湖站开幕。

21日,淳安县第八届全民运动会开幕。

同日,淳安县召开千岛湖抽水蓄能电站可研预审查会议。

23日,《淳安县人民政府关于同意由淳安县千岛湖生态保护中心作为千岛湖饮用天然水产品地理标志产品保护申报组织的批复》《淳安县人民政府关于同意千岛湖镇社区规模调整的批复》发布。

26日,淳安县新乡贤联谊会第一次会员代表大会召开。

27日,《淳安县人民政府关于完善乡镇财政管理体制的通知》发布。

30日,全县疫情防控工作会议召开。

12月

6日,淳安县干部群众集中收听收看江泽民同志追悼大会。

10日,2022年COP15第二阶段会议举办期间,淳安千岛湖与远在蒙特利尔中国角·浙江日活动现场开展“共建绿色亚运保护生物多样性"主题连线活动。

15 日，省委常委、省纪委书记傅明先一行到淳安县调研。

同日，文昌—枫树岭沿线乡镇共同富裕产业带(点)规划和建设研讨会召开。

19—20 日，淳安县召开乡村振兴综合试点项目和省级革命老区乡村振兴示范区项目评审会。

20 日，《淳安县人民政府关于同意建立淳安县湿地保护小区的批复》发布。

22 日，淳安县第十七次妇女代表大会召开。

同日，省疫情防控督查组到淳安县督查。

县情概览

·地理位置·

淳安县位于浙江省西部,地处北纬 29°11′～30°02′,东经 118°20′～119°20′。东邻桐庐、建德,南连衢江区、常山,西南与开化接壤,西与安徽休宁、歙县为邻,北与临安毗连。全境东西最大距离 96.80 千米,南北最大距离 94.40 千米,面积 4427 平方千米,占全省总面积的 4.35%,是浙江省地域面积最大的县;属杭州市,距杭州市区 151 千米,是著名的国家 AAAAA 级风景区千岛湖所在地,又是浙江省政府批准的革命老根据地县。

·建置沿革·

淳安县历史悠久。在新石器时代就有人类活动。春秋属吴、越,战国属楚,秦时为歙县辖地。东汉建安十三年(208),孙权遣威武中郎将贺齐击山越,分歙县东之叶乡置始新县,治所在今淳安县威坪镇南 3.5 千米水域。又分歙县南之武强乡置新定县,治所在今淳安县西南仙居村附近。此为淳安、遂安建县之始。三国吴置新都郡,以始新县治为郡治。西晋太康元年(280),易新都郡为新安郡,始新县县治仍为郡治,改新定县为遂安县。隋开皇九年(589),废郡置州,属婺州,改始新县为新安县,并遂安、寿昌县入新安县。仁寿三年(603),置睦州,县为州治并属之,遂安县从新安县分出复立。隋大业三年(607)改新安县为雉山县。唐武德四年(621)遂安县移治狮城(今淳安县西千岛湖五狮岛)。唐文明元年(684),复改雉山县为新安县,移治今淳安县西。开元二十年(732)改新安县为还淳县。永贞元年(805),避宪宗李纯名讳,改还淳县为青溪县。北宋属严州,宣和三年(1121)改青溪县为淳化县。南宋属建德府,绍兴元年(1131)改淳化县为淳安县。元时,淳安、遂安属建德路。明、清属严州府。民国元年(1912)属浙江省,民国 3 年(1914)属金华道,民国 24 年(1935)属第五行政督察区。后又多次变更,至 1949 年,淳安、遂安两县改隶第四行政督察区。1949 年 5 月两县解放,初属建德专署,1950 年撤建德专署,改属金华专署,1955 年划归复设的建德专署。1958 年撤建德专署,改属金华专署,10 月,淳安、遂安两县合并为新的淳安县,县政府迁建排岭。1963 年,淳安县划属杭州市。1965 年 11 月,设排岭镇。1991 年 9 月,改排岭镇为千岛湖镇。

·人口区划·

2022 年年末,全县设 23 个乡镇。其中,有 11 个镇、12 个乡,有 337 个建制村、24 个社区。全县总户数 14.7 万户,常住人口 32.5 万人,户籍人口 45.02 万人。在户籍人口中,男性 227523 人,女性 222719 人。全县人口出生率 5.1‰,死亡率 6.5‰,人口自然增长率-1.4‰。

2022 年淳安县行政区划一览表

表 1

乡镇名称	面积（平方千米）	人口（人）	村委会		社区	
			个数（个）	名称	个数（个）	名称
千岛湖	356	85291	16	屏湖、进贤、汪宅、青溪、周坑、宋家坞、富城、马路、云村、汪家、联丰、宕里、坪山、前坞、富泽、淡竹	19	西园、江滨、里杉柏、新北、南山、南苑、曙光、望湖、明珠、李家坞、施家塘、火炉尖、城东、辉照山、城北、阳光、秀水、新城、青城
石林	144	4898	7	茶园、千岛湖、富德、棠高、双西、岭足、玳瑁	—	—
文昌	221	14367	14	东树坑、卢家庄、西河、潭头、下潘、王家源、丰茂、文屏、浪洞、西阳、市畈、文昌、富山、光昌边	—	—
里商	276	11106	13	塔山、江村、村坑、里阳、鱼泉、向阳、武源、五兴、里商、郎范、洞坑口、石门、石湾	—	—
富文	151	8187	8	青田、富文、漠川、聚璧源、方家畈、查林、重坑、六联	—	—
左口	175	11428	9	桥西、瑶村、显后、左口、方家、芳桥、塘边、雌龙源、龙源庄	—	—
金峰	150	5967	9	景源、金峰、殿峰、百照、锦溪、山后、锦湖、朱家、安上	—	—
临岐	222	20193	16	范村、叶家畈、临岐、梅口、吴峰、仰韩、新华、高峰、里口、审岭脚、夏中、半夏、右源、左源、溪口、五庄	1	望溪
屏门	163	12319	11	将坑、屏门、佛岭后、圭川、齐坑、童家坪、金陵、五和、秋源、上中、隐将	—	—
瑶山	128	9446	10	琅坑源、爱国、张家、琅洞、幸福、贡坑、何家、富岩、天坪、岭后源	—	—
威坪	301	45697	35	合富、石柱、新茂、西山、长岭、桐溪、笔峰、唐村、坑下、凤凰、河村、茶合、洞源、妙石、贤茂、叶家、三坦、安川、杨家畈、岭脚、洪圻、旗山、琴坑、横塘、五丰、三洲、邵宅、方宅、青联、厚屏、蔗川、杜川、汪川、蜀阜、驮岭脚	1	虹桥
鸠坑	104	7352	8	中联、乳洞、星光、赋置、青苗、金塔、严村、常青	—	—
王阜	168	17092	15	金紫、管家、长川、柳塘、郑中、新畈、华坪、王阜、山川、马山、严家坪、横路、金家岙、闻家、胡家坪	—	—
宋村	80	6827	6	青山口、胡家畈、镜洪、宋村、白云溪、云港口	—	—
姜家	206	25713	17	双溪、玉泉、桂溪、黄村桥、霞社、姜家、银峰、郭村、霞五、赤城、浮林、章村、沈畈、郁川、石颜、夫畈、郁源	1	墨香湖
梓桐	156	18270	18	西湖、梓溪、并峰、富石、叶家庄、黄村、杜井、杏富、常宁、胡江、姜桐、唐家、卢家、结蒙、河联、三联、程家源、尹山	—	—

续表1

乡镇名称	面积(平方千米)	人口(人)	村委会		社区	
			个数(个)	名称	个数(个)	名称
浪川	105	19773	17	汇源、狮古山、裕丰、鲍家、大联、联欢、峰川、大塘、杨家、新桥、马石、桃源、占家、洪家、芳梧、芹川、全朴	—	—
界首	121	9311	8	姚家、燕源、鳌山、严家、桐子坞、松源、洋田、周源	—	—
汾口	237	54188	42	赤川口、龙门、三渡、富占源、红星、天林庄、舒翠、杨旗坦、祝家、汾口、章姚、仙居、翁川源、龙山、射墩、茅屏、云林、鲁村、桃林畈、栗园里、毛家、百亩畈、岭后、荷塘、龙源、红旗、富溪、石峰、交界、汪家桥、三底、水南、郑家、宋祁、寺下、石畈、西村、禾田、横沿、陆乡、宋京、湛川	1	杨旗
中洲	166	19782	15	叶村、徐家、中洲、余家、樟村、长埂、左川、乘风源、茶山、霞童、李家畈、畈头、札溪、木瓜、南庄	—	—
大墅	163	13724	13	上坊、桃林、岭干、儒洪、桃源凌家、栗月坪、凤山、高山、洞溪、大墅、大坞、西园、孙家畈	1	凤林
枫树岭	308	18023	18	下姜、源塘、枫树岭、薛家源、上江、夏峰、丰家源、夏村、汪村、湖景、铜山、鲁家田、大源、衍昌、白马、大桥头、周家桥、官川	—	—
安阳	146	11288	12	昌墅、山下、上梧、乌龙、红山岙、下栖梧、五堡、黄川、安阳、外畈、桐川、崀岭	—	—

·自然资源·

【概况】 淳安县属浙西山地丘陵区,由中低山、丘陵、小型盆地、谷地和水库组成。土壤分为4个土类、9个亚类、29个土属、40个土种,以红壤、黄壤、岩性土、水稻土为主。其中,红壤为本县面积最大的土属,全县有27.47万公顷(412.11万亩);黄壤土3.68万公顷(55.26万亩);岩性土6.14万公顷(92.14万亩);水稻土1.82万公顷(27.25万亩)。土壤黏质占22.56%,砂质占28.41%,砾质占20.77%。土壤肥力中等,适宜种植水稻、小麦、玉米及六月豆等多种作物和各种经济林木。

矿产资源点多、面广、规模小。燃料矿主要有石煤、沥青煤;非金属矿主要有黄铁矿、磷矿、萤矿、耐火黏土、纬晶岩、大理岩和石英(脉)等;金属矿主要有磁铁矿、赤铁矿、锡铁矿、褐铁矿、铁铜锡矿、铜锌、铅锌矿、铜矿、锑矿、钨矿、汞矿、钒矿、钼矿、铍矿、毒砂矿等。按矿种分类,全县有燃料矿产15处、非金属矿产53处、金属矿产84处。

全县植被属中亚热带常绿阔叶林北部亚地带,为浙皖山丘青岗、苦槠林栽培植被区,全县森林覆盖率达78.63%,其中千岛湖内森林覆盖率达82.50%,生物种类繁多、资源丰富。已鉴定维管束植物1824种,蕨类植物35科69属126种,种子植物159科761属1698种。有国家保护珍稀树种20种;有国家一级保护植物银杏、南方红豆杉,国家二级保护植物浙江樟、浙江楠、鹅掌楸、香果树、厚朴、花榈木、羊角槭等。野生动物有兽类51种,鸟类224种,爬行类50种,昆虫类16目320科1800种,两栖类2目4科12种,鱼类有13科94种。有国家一级重点保护的野生动物云豹、金钱豹、黑麂、中华秋沙鸭、白颈长尾雉、穿山甲、大灵猫、金猫、鼋9种，国家二级保护动物猕猴、黑熊、水獭、河麂、鬣羚、海南鳽、鸳鸯、黑翅鸢、黑鸢、蛇雕、白尾鹞、赤腹鹰、松雀鹰、灰脸鵟鹰、普通鵟、大鵟、林雕、红隼、灰背隼、燕隼、游隼、勺鸡、白秋鹤、褐翅鸦鹃、领角鸮、斑头鸺鹠、鹰鸮、长耳鸮、仙八色鸫、雀鹰、苍鹰、白鹇、草鸮、红嘴相思鸟、画眉鸟、短耳鸮、大鲵等37种。

【湖泊河流】 淳安县各河流统属钱塘江水系。境内溪河纵横、流向复杂，水系呈羽状。主要河流有新安江及其支流东源港和遂安港。新安江，又名徽港，1985年浙江省钱塘江河源河口调查考察确认新安江全长373千米，境内长82.69千米，主要支流有桐溪、六都源、鸠坑源、梓桐源、云源港、清平源和商家源；东原港又名进贤溪、富强溪，今流长40.90千米，主要支流有十八都源、潭头源和琅洞源；遂安港，全长80余千米，主要支流有武强溪、凤林港、浪川溪、上梧五都源、上坊溪、丰家溪、龙泉溪和龙川溪。

·气象·

【天气概况】 2022年，淳安县气温偏高，降水量偏少，日照偏少。年平均气温18.2℃，比历年平均值偏高0.6℃。年极端最低气温-0.8℃（出现在2月24日），年极端最高气温40.4℃（出现在8月23日）。年总降水量1225.7毫米，比历年平均值偏少372.5毫米。年降水日数186天，比历年平均值多35天，其中6月5日和8月6日出现暴雨天气。年总日照时数1779.0小时，比历年平均值偏少36.8小时。

2022年淳安县梅雨期不典型，6月10日入梅，6月26日出梅，梅雨期16天。全县平均梅雨量157毫米，淳安站126.4毫米，为常年平均梅雨量（349毫米）的36%；中洲、汾口、枫树岭等西、南部乡镇有24个站点（占比15%）的累计降水超过250毫米，最大为枫树岭镇官川村406.9毫米。梅雨期全县转移人口109人，倒塌房屋3间，农作物受灾面积190.33公顷，部分乡村道路和防洪堤受损，直接经济损失1654.2万元。全县没有发生人员因灾伤亡事故，整体防汛救灾形势保持平稳。

2022年高温出现早，持续时间长、强度强，35℃以上高温天数达58天，比常年同期偏多30天；持续高温热浪还导致气象干旱，其中汾口、浪川等西部乡镇达重度气象干旱。山塘水库蓄水量明显减少，局部高山区出现饮用水困难。

2022年、2021年气象要素对照表

表2

要素 年份	平均气温(℃)	降水量(毫米)	光照(小时)	雨日(天)	暴雨日数(天)
2022	18.2	1225.7	1779.0	186	2
2021	18.9	1520.9	1700.4	214	5
历年	17.6	1598.2	1815.8	151	5

（陈跃华）

·水文·

【概况】 2022年，淳安县水文站下设中洲、管家、千岛湖、下洪、小毛岭、西岭、荷岭后、双溪口、仙人潭、金竹岭、百罗畈、瑶山、大墅、白马、樟村、陈家村、姜家、杜井、塔山等19个雨量代办站。其中中洲代办站负责观测雨量资料的同时观测水位资料。

【雨情】 2022年，淳安县降雨属正常偏少年份，全县年平均降雨量为1689.4毫米，比多年平均降雨量偏少2.1%。因受县境地域广、地形复杂的影响，时空降水分布不均，县西南部的枫树岭镇白马雨量站降水量为2282.5毫米，而在县中部千岛湖镇下洪雨量站降水量只有 1360.0 毫米，两站相差达 922.5 毫米。全县最大 24 小时降水量出现在枫树岭镇白马雨量站，为 288.0 毫米。

【水情】 2022 年 7 月 5 日 4:00 时实测新安江水库水位 102.92 米(千岛湖站)，为年最高水位，比上年度最高水位低 1.79 米；12 月 31 日实测水位 98.78 米，为年度最低水位，比上年度最低水位高 0.14 米；水位年变幅 4.14 米，年平均水位 100.64 米。 (郑红日)

·国民经济和社会发展情况·

【经济总量】 2022 年，淳安县实现生产总值 269.51 亿元，按可比价格计算，增长 2.4%。其中第一产业增加值 42.36 亿元，增长 3.2%；第二产业增加值 71.29 亿元，增长 1.4%；第三产业增加值 155.86 亿元，增长 2.6%。全县按常住人口计算的人均生产总值 82545 元，增长 3.0%。按国家公布的 2022 年平均汇率折算，人均生产总值 12272 美元。三次产业结构比为 15.7∶26.5∶57.8。数字经济实现增加值 8.06 亿元，按可比价格计算，增长 8.6%，占全县生产总值的比重为 3.0%。

【农业生产】 2022 年，淳安县农林牧渔业增加值 43.07 亿元，增长 3.2%。完成农林牧渔业总产值 59.16 亿元，增长 3.4%。其中，农业产值 41.40 亿元，增长 1.6%；林业产值 8.06 亿元，增长 12.6%；畜牧业产值 4.87 亿元，增长 0.2%；渔业产值 3.48 亿元，增长 9.3%。实现粮食总产量 4.46 万吨，茶叶产量 0.51 万吨，水果产量 11.60 万吨，肉类产量 1.16 万吨，渔业水产品产量 1.54 万吨。

【工业生产】 2022 年，淳安县工业增加值 44.29 亿元，增长 2.1%，其中规模以上工业增加值 34.71 亿元，增长 5.5%。规模以上工业新产品产值 13.41 亿元，增长 19.0%；新产品产值率 11.8%，比上年提升 1.0 个百分点。高新技术产业、装备制造业、战略性新兴产业增加值分别为 15.96 亿元、5.78 亿元、3.53 亿元，分别增长 14.5%、3.7%和 6.1%。

【旅游业】 2022 年，淳安县旅游经济总收入 126.8 亿元，恢复至上年的 85.5%；旅游总人数 812.1 万人次，恢复至上年的 89.9%。其中千岛湖景区下湖游客 58.86 万人，恢复至上年的 46.7%；实现门票和游船艇收入 9107.24 万元，恢复至上年的 50.0%。年末各类旅行社 75 家，增长 6.8%。高标准建造酒店 47 家，其中挂牌五星级 2 家，五星标准建造酒店 19 家，挂牌四星级 2 家，四星标准建造酒店 24 家。

【贸易】 2022 年，淳安县批发零售业增加值 30.73 亿元，增长 5.6%；住宿餐饮业增加值 5.89 亿元，下降 2.9%。全县实现社会消费品零售总额 94.04 亿元，增长 4.5%。全年外贸进出口总额 2.18 亿美元，增长 8.3%。其中出口额 1.99 亿美元，增长 9.1%；进口额 0.19 亿美元，增长 0.5%。

【招商引资】 2022 年，淳安县招商引资新引进深绿产业项目 70 个。全年实际利用外资 6063 万美元，实际投入资金 35.98 亿元。总部经济共实现税收 14.26 亿元。

【财政收支】 2022 年，淳安县财政总收入 43.66 亿元，下降 8.6%；一般公共预算收入 23.92 亿元，下降 7.8%。一般公共预算支出 80.71 亿元，增长 4.3%。其中，卫生健康支出 7.59 亿元，增长 8.4%；公共安全支出 3.62 亿元，增长 16.1%；教育支出 11.84 亿元，增长 15.3%；社会保障和就业支出 12.31 亿元，增长 22.7%。

【人民生活】 2022年,淳安县居民人均可支配收入37506元,增长6.0%;人均消费支出23012元,增长5.5%,其中工资性收入21948元,增长9.5%;经营净收入7962元,增长3.6%;财产净收入1619元,下降31.9%;转移净收入5977元,增长13.2%。全年城镇常住居民人均可支配收入55228元,增长4.2%;人均消费支出31831元,增长3.5%。农村常住居民人均可支配收入26156元,增长6.0%;人均消费支出17364元,增长6.1%。低收入农户人均可支配收入18863元,增长17.2%。

【社会保障】 2022年年末,淳安县城乡居民基本医疗保险参保人数23.10万人;职工基本养老保险、工伤保险、失业保险参保人数分别为6.88万人、7.71万人和5.24万人。城乡居民养老保险基础养老金全县统一调整到每人每月330元,最低生活保障标准从每人每月1102元调整为1216元,特困人员基本生活标准由每人每月1837元调整为每人每月2027元。年末全县最低生活保障对象11884人,全年发放困难家庭救助金(低保金)1.36亿元。全县有养老机构27家,其中县级公办1家、乡镇级敬老院19家、民办养老机构7家。共有机构养老床位2655张,在院供养老人1060人。年末,全县共有在册低保户数9411户11884人,其中残疾人单列户5684户5789人。 (编 辑 刘东山)

中国共产党淳安县委员会

·县委全委会·

【县委十五届二次全体(扩大)会议】 2022年8月3日在千岛湖镇召开,出席会议的有县委委员、候补委员,纪委委员、监委委员,其他县“四套班子”领导,退居二线的县级领导,副县级以上退休老同志,各乡(镇)党委书记、乡(镇)长,县属各单位党政正职或主持工作的副职,部分党代表。会议的主要任务是深入学习贯彻习近平总书记系列重要讲话精神,全面贯彻落实省第十五次党代会和市委十三届二次全会部署,回顾总结县委十五届一次全会以来的工作,研究部署下半年重点任务,动员全县各级党组织和广大党员干部群众,大兴落实之风,奋力争先创优,深入推进特别生态功能区建设,在“两个先行”中展现淳安担当。县委书记杨建根代表县委常委会向全会作《大兴落实之风　奋力争先创优　在“两个先行”中展现淳安担当》的报告。

·重要会议·

【县委书记专题会议】 2022年1月5日,召开县委书记专题会议,研究县纪委提交的有关事项,交流1月重点工作。

1月14日,召开县委书记专题会议,研究县委组织部提交的有关事项。

2月7日,召开县委书记专题会议,研究县纪委全会暨作风建设大会、县委巡察工作动员会议、大党建工作会议、平安建设暨县委信访工作会议、经济工作会议、乡村振兴发展会议方案,交流2月重点工作。

2月17日,召开县委书记专题会议,研究县委组织部提交的有关事项。

3月8日,召开县委书记专题会议,交流3月重点工作。

4月22日,召开县委书记专题会议,研究县委组织部提交的有关事项,研究县纪委提交的有关事项。

4月27日,召开县委书记专题会议,交流5月重点工作。

5月13日,召开县委书记专题会议,研究县委组织部提交的有关事项。

5月26日,召开县委书记专题会议,研究县委组织部提交的有关事项。

5月30日,召开县委书记专题会议,研究县委组织部提交的有关事项,交流6月重点工作。

6月23日,召开县委书记专题会议,研究县纪委提交的有关事项,听取淳安县稳税收工作情况汇报。

6月29日,召开县委书记专题会议,交流7月重点工作,听取县委第一轮巡察及“亚运攻坚”专项巡察工作情况汇报。

8月2日,召开县委书记专题会议,研究县委组织部提交的有关事项,交流8月重点工作。

8月3日,召开县委书记专题会议,研究县委组织部提交的有关事项。

8月10日，召开县委书记专题会议，研究县委组织部提交的有关事项。

8月30日，召开县委书记专题会议，研究县委组织部提交的有关事项。

9月6日，召开县委书记专题会议，交流8月重点工作，听取淳安县农民搬迁集聚相关汇报，听取“共富产业飞地”工作推进情况以及《合作框架协议》汇报，听取国企改革工作情况汇报。

9月15日，召开县委书记专题会议，研究县委组织部提交的有关事项。

10月9日，召开县委书记专题会议，研究县委组织部提交的有关事项，交流10月重点工作，听取县委第二轮巡察暨民政局市县归口联动巡察情况、县委巡察相关情况汇报。

10月13日，召开县委书记专题会议，研究县委组织部提交的有关事项，研究县纪委提交的有关事项。

10月21日，召开县委书记专题会议，研究县委组织部提交的有关事项。

11月1日，召开县委书记专题会议，研究县委组织部提交的有关事项，交流11月重点工作。

11月23日，召开县委书记专题会议，研究县纪委提交的有关事项，研究县委组织部提交的有关事项。

11月29日，召开县委书记专题会议，研究县委组织部提交的有关事项。

12月6日，召开县委书记专题会议，交流12月重点工作。

12月15日，召开县委书记专题会议，研究县委组织部提交的有关事项，研究县纪委提交的有关事项。

12月23日，召开县委书记专题会议，研究县委组织部提交的有关事项。

【县委常委会会议】 2022年1月5日，召开十五届县委常委会第2次会议，传达学习中央农村工作会议精神，传达学习省委经济工作会议精神，传达学习市委十二届十四次全体(扩大)会议精神，传达学习全国、全省宗教工作会议精神，听取省级邪教突出问题和重点地区专项整治巩固提升行动工作情况汇报，研究县委组织部提交的有关事项。

1月14日，召开十五届县委常委会第3次会议，听取和审议十四届县委巡察工作综合情况报告，听取县人大常委会、县政府、县政协、县人民法院、县人民检察院党组工作和报告起草情况汇报，书面汇报《淳安县2021年国民经济和社会发展计划执行情况与2022年国民经济和社会发展计划草案的报告》《淳安县2021年财政预算执行情况和2022年财政预算草案的报告》《淳安县2021年度环境状况和环境保护目标完成情况的报告》，研究《2022年民生实事工程》《2022年政府投资项目》和《2022年政府投资项目资金盘子》《“四本”预算盘子》，研究县委组织部提交的有关事项。

1月25日，召开十五届县委常委会第4次会议，传达学习省两会精神，传达学习全国宣传部长会议及全省、全市宣传思想工作会议精神。

2月12日，召开十五届县委常委会第5次会议，研究县委组织部提交的有关事项。

2月17日，召开十五届县委常委会第6次会议，学习《关于市、县(市、区)党委落实巡察工作主体责任的实施意见》《关于健全市县党委常委会会议、党委书记专题会议、党委巡察工作领导小组会议听取巡察工作汇报、研究巡察工作机制的实施办法(试行)》和《市委落实巡察工作主体责任职责清单》，传达学习中央、省、市纪委全会精神，研究县纪委十五届二次全会暨2022年县委巡察工作动员会方案和县纪委全会工作报告，研究审议十五届县委巡察工作五年规划(送审稿)和2022年县委巡察工作计划(送审稿)，研究2021年机关乡镇大党建考核结果,研究2021年机关乡镇综合考评结果,研究2022年“七大攻坚战”实施方案和“争先创优”竞赛实施方案,研究县推进“七大攻坚战”暨深化作风建设大会方案和各类奖项情况,听取全国文明城市创建工作汇报,审议《淳安县关于排查整顿农村发展党员违规违纪问题工作实施方案(建议稿)》,审议2021年度淳安县“四种人”标兵选树结果,研究县委组织部提交的有关事项。

3月1日,召开十五届县委常委会第7次会议,传达学习中央、省、市委政法工作会议和省委、市委信访工作会议精神,研究政法(平安)、信访、扫黑除恶常态化有关工作,研究群团相关单位有关工作,研究农业和农村有关工作,研究审议2021年度武装工作成绩突出集体和个人表扬方案,审议基层人民武装部政治教导员任命方案。

3月23日,召开十五届县委常委会第8次会议,学习全国、省市组织部长会议主要精神和全国、省市统战部长会议精神,通报“一把手看实绩、谈举措”评议结果,研究审议“七大攻坚战”实施方案,研究审议《淳安县事业单位管理岗位职员等级晋升制度实施方案》《淳安县事业单位管理岗位职员等级晋升操作办法(试行)》,研究审议《2022年淳安县争当跨越式高质量发展和共同富裕排头兵实施方案》和淳安县社会建设暨共同富裕试点工作推进会会议方案,研究审议《关于进一步加强招商引资工作的实施意见》《关于开展淳安县外派招商专员驻点招商工作的实施方案》,研究县委组织部提交的有关事项。

4月22日,召开十五届县委常委会第9次会议暨县委理论学习中心组专题学习会,传达学习市委农村工作会议精神、《领导干部接到请托事项记录报备制度(试行)》、党中央和国务院领导同志关于安全生产工作批示和全国安全生产会议精神,传达学习习近平总书记关于加强和改进人民信访工作的重要思想和《信访工作条例》,听取信访积案清零攻坚工作情况汇报,研究《中共淳安县委关于全面推进“红色根脉强基工程”为争当跨越式高质量发展和共同富裕排头兵提供坚强保障的实施意见》(送审稿),研究规范公务员工资津贴补贴事项,研究县管干部2021年度考核等次建议方案,研究县委组织部提交的有关事项。

4月27日,召开十五届县委常委会第10次会议暨县委理论学习中心组专题学习会,集中学习《习总书记在建德市和淳安县调研时的讲话》(市委办通报2003年第45期)、交流学习体会,听取全县安全生产形势分析情况汇报,听取2022年一季度经济形势分析情况汇报,听取全县平安建设形势分析情况汇报,传达2022年全省、全市“扫黄打非”工作电视电话会议精神,听取全县“扫黄打非”及新闻出版相关情况汇报,听取未成年人思想道德建设工作专题汇报。

5月13日,召开十五届县委常委会第11次会议暨县委理论学习中心组研讨交流学习会,研究县委组织部提交的有关事项,传达学习省委常委、市委书记刘捷在淳调研精神,集中学习《抓好全面发展　搞好党的建设》(2003年9月15日习近平同志在淳安县调研时的讲话精神)、习近平总书记对党内法规制度建设的重要指示精神和习近平总书记在中国人权发展道路进行第三十七次集体学习时的讲话精神,并交流学习体会,研究2022年度机关乡镇综合考评实施意见。

5月30日,召开十五届县委常委会第12次会议,学习习近平总书记在庆祝中国共产主义青年团成立100周年大会上的重要讲话精神,学习贯彻习近平总书记在中央财经委员会第十一次会议上的重要讲话精神,学习贯彻全国稳住经济大盘电视电话会议精神,传达学习全国巡视工作会议暨十九届中央第九轮巡视动员部署会、中央和省委关于巡视整改和成果运用的《意见》精神，听取县疫情防控面上工作情况汇报，听取县一体化招商机制确定以来工作进展情况汇报，研究碳汇收储、交易方案，听取全县排查整顿农村发展党员违规违纪问题工作情况汇报，研究县委组织部提交的有关事项。

6月8日，召开十五届县委常委会第13次会议，集中学习《建设生态省发展大旅游推进经济社会全面发展》(2004年10月3日习总书记在淳安县调研生态建设和发展旅游经济情况)、交流学习体会，传达学习全市组织部长座谈会暨组织工作重点任务推进会精神，审议《关于进一步完善淳安县规划委员会工作议事规则的通知》(送审稿)，研究退役军人事务工作和双拥工作，研究县委网络安全与信息化工作情况，研究全面依法治县工作，研究国家安全工作。

7月7日，召开十五届县委常委会第14次会议，学习省、市城乡现代社区建设和基层治理系统建设相关会议精神，传达学习《关于更加有效发挥统计监督职能作用的意见》等重要文件及统计法律法规，听取关于贯彻落实省委、省政府《关于深入打好污染防治攻坚战实施意见》工作情况汇报，研究《淳安县规范民办义务教育发展专项工作实施方案》《杭州千岛湖建兰中学规范治理工作专项行动方案》，研究《省第十五次党代会精神学习宣传贯彻工作方案》，研究县纪委提交的有关事项，研究统战工作。

7月14日，召开十五届县委常委会第15次(扩大)会议，听取2021年淳安县年度考核奖分配方案汇报。

7月29日，召开十五届县委常委会第16次(扩大)会议，学习全省科技创新大会精神、全省数字经济高质量发展大会精神和《浙江省人民代表大会常务委员会关于进一步加强新时代检察机关法律监督工作的决定》，传达学习市委十三届二次全体(扩大)会议精神，听取2022年上半年经济形势分析情况汇报，研究淳安县对口支援、山海协作2022年工作任务书，听取平安稳定形势分析暨除险保安工作情况汇报，研究《二十大维稳安保总体方案》《“除险保安”百日攻坚行动实施方案》。

8月2日，召开十五届县委常委会第17次会议，研究县委十五届二次全体(扩大)会议安排、工作报告，研究县委组织部提交的有关事项。

8月10日，召开十五届县委常委会第18次会议，听取淳安县“三区三线”划定工作情况汇报，研究县委组织部提交的有关事项。

8月30日，召开十五届县委常委会第19次会议暨县委理论学习中心组专题学习会，观看警示教育片《蠹政害民“全能神”》，传达学习习近平在省部级主要领导干部“学习习近平总书记重要讲话精神，迎接中共二十大”专题研讨班上的重要讲话精神、专题研讨交流，传达学习中央有关文件和经济大省政府主要负责人经济形势座谈会精神，研究部署经济稳进提质工作，听取贯彻全省山区26县高质量发展暨山海协作工程推进会精神并研究部署下步工作，传达学习中央统战工作会议精神，研究投资建设浙西红色教育中心项目有关事项，研究县教育局、县林业局和县社会治理中心机构编制调整有关事项，研究县委组织部提交的有关事项。

9月15日，召开十五届县委常委会第20次会议，学习全省依法维护信访秩序专项行动精神，传达学习孙春兰副总理有关讲话精神、《关于印发浙江省2022年国庆假期及前后新冠肺炎疫情防控工作实施方案的通知》精神，《领导干部接到请托事项记录报备制度(试行)》解读，审议《钱塘——淳安共富“产业飞地”战略合作协议》，研究淳安发展大会暨第四届淳商大会方案，研究中组部党建引领乡村治理试点工作方案，研究县纪委提交的有关事项，研究县委组织部提交的有关事项。

9月27日,召开十五届县委常委会第21次会议,传达学习中央办公厅有关通报精神。

9月29日,召开十五届县委常委会第22次会议,学习《关于绍兴市柯桥区有关领导干部在防范统计造假工作中失职失责问题的通报》,研究2022年度县对乡镇、部门大党建考核实施方案,研究国有企业党建归口国资系统管理有关事项,研究县委组织部提交的有关事项。

10月13日,召开十五届县委常委会第23次会议,传达学习全省中共二十大维稳安保工作动员会和市委常委会第22次会议关于除险保安工作的会议精神,审议《关于加快推进生态制造业高质量发展的若干意见》,研究县委组织部提交的有关事项。

10月21日,召开十五届县委常委会第24次会议,研究县委组织部提交的有关事项。

10月27日,召开十五届县委常委会第25次会议,研究2022年前三季度经济形势,听取《关于在淳安县枫树岭镇下姜村葡萄园入口地块、王阜乡胡家坪村桃坞塔八号地块先行开展农村集体经营性建设用地入市试点的通知》的情况汇报。

11月1日,召开十五届县委常委会第26次会议,审议《关于进一步深化国企改革的实施意见(送审稿)》《淳安县国有资本优化布局改革实施方案(送审稿)》《关于明确国企领导人员相关待遇的方案(送审稿)》《关于规范县属国有企业领导人员管理暂行规定(送审稿)》《淳安县国企人才队伍建设改革实施方案(送审稿)》,研究县委组织部提交的有关事项。

11月14日,召开十五届县委常委会第27次会议,传达学习习近平总书记关于机关事务工作的重要指示精神,研究部署淳安县贯彻落实工作,传达学习习近平总书记在第五届进博会开幕式上的讲话,传达学习中央政治局常委会会议上优化防控工作的二十条措施,听取淳安县疫情防控工作情况汇报,审议研究新时代“淳安精神”表述语、淳安县域品牌主题词。

11月23日,召开十五届县委常委会第28次会议,学习《关于进一步加强对“一把手”和领导班子监督的若干意见》,学习《中共杭州市委军民融合发展委员会关于推进新时代军民融合深度发展的实施意见》,听取《淳安县重大招商引资项目“一事一议”工作制度》的情况汇报,听取《关于完善乡镇财政管理体制的通知》的情况汇报,通报争先创优第三阶段“数脚步、看脚印、显成效”评议结果。

11月29日,召开十五届县委常委会第29次会议,研究县委组织部提交的有关事项。

12月15日,召开十五届县委常委会第30次会议,研究县“两会”召开时间及有关日程议程安排,审议《关于加快推进全域旅游高质量发展的指导意见》,研究科级机构和领导职数调整有关事项,研究县委组织部提交的有关事项。

12月23日,召开十五届县委常委会第31次会议,传达学习中央经济工作会议、省委十五届二次全体会议暨省委经济工作会议精神,审议《淳安县深化国防动员体制改革实施方案》,研究县委组织部提交的有关事项。

12月30日,召开十五届县委常委会第32次会议,研究县委十五届三次全体(扩大)会议安排、工作报告及决定。

【重要工作会议】 2022年,县委、县政府召开的重要会议有(以召开时间先后排序):

全县党史学习教育总结大会,中共淳安县纪委十五届二次全体会议暨2022年县委巡察工作动员会,淳安县推进“七大攻坚战”暨深化作风建设大会,2022年全县平安建设暨县委信访工作会议,2022年县委农村工作暨乡村振兴推进大会，全县党建工作会议暨第一季度村（社区）党组织书记工作交流会，淳安特别生态功能区“七大攻坚战”“争先创优”竞赛第一阶段推进会暨“一把手看实绩、谈举措”活动，2022年淳安县党管武装暨国动委、国教委全体会议，全县节前疫情防控和除险保安工作部署会，淳安县社会建设暨共同富裕试点工作推进会，全县经济稳进提质攻坚行动暨产业振兴攻坚战推进会，淳安县推进“七大攻坚战”争先创优第二阶段竞赛（一把手谈实绩、强服务）暨经济稳进提质攻坚行动工作例会，全县“大综合一体化”行政执法改革推进会暨乡镇综合行政执法队授牌仪式，县委全面深化改革委员会第二次会议暨数字化改革专题会议，全国文明城市创建推进会，全县防汛防台工作部署会，全县第三季度村（社区）党组织书记工作交流会，淳安县林长制暨益林富民产业大会，特别生态功能区建设暨争当山区县高质量发展典范工作推进会，淳安县推进“七大攻坚战”暨争先创优第三阶段“数脚步、看脚印、显成效”竞赛活动，2022淳安高质量发展大会暨第四届淳商大会，首届“新安江——千岛湖流域环境资源司法协作”会议，县“四套班子”领导谋划工作务虚会，全县清廉淳安建设推进会议。

·县委新设立和调整的议事协调和临时机构·

【县委新设立的议事协调和临时机构】 2022年，县委新设立县委农村工作领导小组（县乡村振兴领导小组），县共同富裕试点工作领导小组，县大下姜农村综合性改革试点工作领导小组，县信访积案化解清零行动领导小组，县现代社区建设领导小组，县经济稳进提质行动工作专班，县事业单位管理岗位职员等级晋升制度实施协调小组及工作专班，县生态环境保护督察工作领导小组，县基层智治系统改革推进领导小组，县儿童友好城市建设工作领导小组，县第六届残疾人运动会组委会，县推行厂务公开工作领导小组，滨江·云顶桃源共富项目推进工作专班。

【县委调整的议事协调和临时机构】 2022年，鉴于工作需要和人员变动，县委调整一批议事协调和临时机构：

县落实党风廉政建设责任制领导小组、县作风建设领导小组、县委党建工作领导小组、县委人才工作领导小组、守好红色根脉践行“四种人”要求领导小组、县委理论学习中心组、县宣传意识形态工作领导小组、县精神文明建设委员会、县宣传思想文化工作领导小组、县文化创意产业领导小组、县国防动员委员会、县委创建“平安千岛湖”领导小组、县信访积案化解清零行动领导小组、县固定资产投资工作领导小组、县“拥江发展”工作领导小组、县发展服务业工作领导小组、县防范金融风险暨网络借贷风险处置工作领导小组、县优化营商环境工作领导小组（推进杭州市国家营商环境创新试点改革专班）、县共同富裕试点工作领导小组、县地方政府性债务管理（风险管控）领导小组、大下姜农村综合性改革试点工作领导小组、县创建省教育现代化县工作领导小组、县打击治理电信网络新型违法犯罪工作联席会议领导小组、县养老服务体系建设工作领导小组，县城乡和谐社区建设领导小组、县规划委员会、县保障物流畅通促进产业链供应链稳定指挥部、县乡村振兴工作领导小组、县新时代美丽乡村建设工作领导小组、县创建国家森林城市工作领导小组、县旅游联席会议领导小组、县“拥军优属、拥政爱民”工作领导小组、县安全生产委员会、县生活垃圾分类工作领导小组、县“大综合一体化”行政执法改革领导小组、县招商引资工作领导小组、县河（湖）长、县生态工业发展工作领导小组、杭州千岛湖区域合作开发区管理委员会、美丽淳安建设领导小组、县“五水共治”工作领导小组、浙江杭州下姜党性教育基地提升工作领导小组、县域共青团基层组织改革试点工作领导小组、县“七大攻坚战”推进领导小组和“七大攻坚战”指挥部、县新型冠状病毒感染的肺炎疫情防控工作领导小组、县创建全国文明城市工作领导小组、亚运会和亚残运会淳安县运行保障指挥部、县长公开电话受理中心工作协调领导小组、县社会治安防控体系建设暨创建全国示范城市工作领导小组、县殡葬改革领导小组、县国有资产管理委员会、县农村综合改革工作领导小组、县房地产建设领域专项整治工作领导小组、县无障碍环境建设领导小组、县农民异地转移工作领导小组、县国家全域旅游示范区创建工作领导小组、县人口与计划生育领导小组、县公共卫生委员会、健康淳安建设领导小组、县科技创新和高新技术产业发展工作领导小组、县地方志编纂委员会、县“三改一拆”暨“无违建县”创建工作领导小组、淳安—西湖山海协作生态旅游文化产业园管委会、县综合考评委员会、县国防教育委员会、县矛盾纠纷“大调解”工作领导小组、县“基层治理四平台”建设领导小组、县事业单位改革领导小组、县信访工作联席会议(县委县政府信访工作领导小组)、县委老干部工作领导小组、县综合治理执行难协调工作领导小组、县涉众型经济案件防范处置领导小组、县道路交通安全综合治理行动专项工作领导小组、县处置移民群体性事件应急指挥部、县春风行动工作领导小组、县社会组织管理领导小组、县归正人员安置帮教工作领导小组、县新型农村集体经济发展(村集体经济巩固提升)领导小组、县中药材产业发展领导小组、“千岛农品”区域公用品牌建设工作领导小组、县出生人口性别比偏高综合治理工作领导小组、县保健委员会、县社会心理服务体系建设领导小组、县评比达标表彰工作协调小组、县减轻企业负担领导小组、县委党史委员会、县企业社会责任建设和发展和谐劳动关系领导小组、县劳动模范评选委员会工作领导小组、县推进新时代淳安产业工人队伍建设改革工作协调小组、县实施“希望工程”领导小组、县青少年工作领导小组、县志愿服务工作委员会、县青年工作联席会议组成人员、县推进《浙江省中长期青年发展规划(2017—2025年)》试点培育工作领导小组、县预防和制止家庭暴力委员会、县“五好文明家庭”创建活动协调小组、县来料加工领导小组、县妇女教育培训工作领导小组、县科普暨全民科学素质工作领导小组、县创建全国科普示范县工作领导小组、县非公经济人士统战工作领导小组、燕山文化景区项目建设工作领导小组、县关心下一代工作委员会、县退役军人安置工作领导小组、县政府民生实事项目代表票决制工作领导小组、县接待工作领导小组、县委反腐败协调小组、县委巡察工作领导小组、县农村文化礼堂建设工作领导小组、县“扫黄打非”工作领导小组(县文化旅游市场管理工作领导小组)、县公共文化服务体系建设协调小组、县高等院校招生委员会、县老年大学领导班子、县老龄工作委员会、县农函大暨农职评工作领导小组、县“一表通”应用场景推进工作专班、淳安县“大综合一体化”行政执法改革领导小组、县现代社区建设领导小组、县创建全国文明城市工作领导小组。

·组织工作·

【概况】 2022年,县委组织部坚持政治铸魂,把习近平新时代中国特色社会主义思想作为行动指南,把习近平总书记关于淳安、关于组织工作的重大要求和重要指示批示作为根本遵循,用心用力用情把握,专心专注专一落实,牢记“三个务必”、衷心拥护“两个确立”、忠诚践行“两个维护”。自觉强化思想武装，全面开展政治素质考察“五维画像”，实施日常考察、专项考察和选任考察，探索开发干部政治素质画像系统。

【干部队伍建设】 2022年，县委组织部聚焦党的干部队伍梯队建设，重新调整优秀中青年干部“123序列”储备库。实施年轻公务员“助跑行动”，通过“导师帮带、系统培养、实践锻炼、谈心谈话、成长档案”，实现95名新录用公务员成长帮带全覆盖。深化交流历练与挂职锻炼机制，推动17名中层干部跨单位、跨城乡交流历练，选派2名干部赴省直专业部门挂职学习、12名干部赴四川巴塘挂职帮扶。牵头打造年轻干部比学赶超、能力淬炼平台——“青蓝论坛”。制定《关于规范县属国有企业领导人员管理暂行规定》，通过提拔或平职交流等方式推动党政机关、事业单位领导干部交流到国企任职，进一步优化国企领导干部队伍年龄结构，激发干事活力。

【基层党建工作】 2022年，县委组织部围绕“红色根脉强基工程”和党建统领现代社区工作部署，深入推进“争星晋位、全域建强”行动，逐村社制定问题清单、整改清单、责任清单，全面压实争创工作责任，全县4星及以上村社动态保持在50%以上。稳妥有序推进农村发展党员排查整顿，高质高效开展清查整治突出问题规范党务工作，从源头上实现农村党员发展和党务工作规范性、标准化。持续深化流动党员管理，制定实施《淳安县在杭流动党组织“红蓝黄”三色积分管理考核办法》，推进流动党员集中安家。全面开展中组部“推进党建联建打造乡村治理共同体”试点工作，召开全县中组试点工作推进会，推动“大党委”模式向全县延伸。深化党建联建助力共富机制，在全县层面成功打造“共富工坊”100家（其中星级工坊55家）。

【人才工作】 2022年，县委组织部加强对人才的政治引领，积极引导人才坚定理想信念、增进政治认同，听党话、跟党走，胸怀“国之大者”。新增院士工作站1家（远算公司“陈国良院士工作站”）；新增市级专家工作站24家、博士创新站22家，均位列全市第一，开展项目合作数、博士入企活跃度两项指标列全省第一；全县新增认定市E类以上高层次人才129人，认定市级引才计划人才1人。全县新引进大专学历以上3021人，增长67.6%，超年度任务101%。新增培养企业技能人才1749人、高技能人才1198人，技能人才占从业人员比重达31%。

【服务重点工作】 2022年，县委组织部聚焦亚运筹办、疫情防控、“七大攻坚战”、助企服务等重点工作，精准调配组织资源，充分激发组织力，为推进中心大局提供坚强组织保障。优化配置亚运PVC三方力量，按业务领域建强亚运最小作战单元，制定学习培训、平时考核、分流使用等8个管理办法，实现人员全周期分类管理。常态化选派县管干部在一线保障疫情防控。聚焦“七大攻坚战”制定《2022年全县“攻坚之星”评选激励办法》，评选表彰季度“攻坚之星”14名。向90家规模以上工业企业选派90名助企服务员，实施月度晾晒比拼、星级助企服务员量化评比、政治素质考察系列举措，相关做法被市委组织部信息简报及人民网等媒体刊载。

【服务基层工作】 2022年，县委组织部坚持问题导向和服务导向，践行一线工作法，到基层开展蹲点调研破难。以3个联合党委和枫树岭镇、临岐镇、姜家镇为切入点，深入剖析乡村振兴面临的困难困境、深化推广党建联建机制存在的困惑问题，系统梳理乡村振兴基础条件、体制机制等方面存在的问题5类31项，有针对性地研讨研究解决路径，靶向对症找方法。坚持抓党建促乡村振兴,优化完善联建领导体系,因地制宜推行联建模式,建立健全联建运行机制,推动8项重点任务、44项重点举措落实,构建形成“县委领导+镇村抱团+要素集成+共建共治”模式。

【组工干部培养】 2022年,县委组织部全力打造“学习型”“活力型”“创意型”组工,塑造新时代组工良好形象。倡导爱学习、善学习、能学习的良好风气,举办部机关中共二十大心得感悟分享会,分层分类组织开展年度专题培训,开展中共二十大代表宣讲、“三同”教学、“辣味”随堂现场考等,有效提振全县组工干部精气神。创设推广“红松果”网宣品牌,打造“松城听涛”微信公众号、《今日千岛湖》红松果专栏,为全县年轻干部搭建观点交流和习作展示平台,全年有150余篇优秀作品被共产党员网、人民论坛网等媒体刊载,“红松果”被省委组织部列为全省重点培育组工网宣品牌之一。 (钱 旺)

·宣传工作·

【概况】 2022年,全县宣传思想文化战线坚持以习近平新时代中国特色社会主义思想为指导,紧紧围绕学习宣传贯彻中共二十大精神主题主线,围绕“举旗帜、聚民心、育新人、兴文化、展形象”的使命任务,聚焦中心大局,坚持稳中求进、守正创新、变革重塑,坚定捍卫“两个确立”,坚决做到“两个维护”,持续推动习近平新时代中国特色社会主义思想入脑入心,全力抓好宣传战役、惠民工程、改革突破和品牌打造,为“深入推进特别生态功能区建设,在‘两个先行’中展现淳安担当”提供有力思想保证、精神动力、舆论支持和文化条件。

【理论武装】 2022年,县委始终把学习宣传实践习近平新时代中国特色社会主义思想作为首要政治任务,制定《2022年淳安县委理论学习中心组学习计划》,组织县委理论学习中心组学习22次,建立巡听旁听机制,完成对47个乡镇部门巡听旁听。组织《干在实处 勇立潮头——习近平浙江足迹》等书目学习,征订必读书目12万册。组织开展新时代“淳安精神”大讨论,召开各类座谈会、讨论会500余场,形成“坚韧自强、大气开放、天人合一、奋楫争先”新时代“淳安精神”表述语和“千岛秀水、唯美淳安”县域品牌主题词。

【理论宣讲】 2022年,依托下姜梦想宣讲团、“淳安青年说”等县乡村三级宣讲队伍,开展理论宣讲3500余场,受众25万余人,“下姜梦想”宣讲工作室被评为省理论宣讲名师工作室,宣讲报告《心无百姓莫为官 一枝一叶总关情——习近平与下姜村的小故事》被中宣部评为全国优秀理论宣讲报告。组织参加省、市“共同富裕·青年说”宣讲大赛,获全省一等奖1个,全市一等奖1个、二等奖1个、三等奖2个。深入开展线上理论宣讲,录制线上理论宣讲作品80余个,在“学习强国”学习平台刊播作品62个。

【理论研究转化运用】 2022年,县委宣传部持续做好下姜经验研究,下姜村入选杭州市中国特色社会主义理论体系研究中心首批调研基地,“淳安县以‘大联合之策’驱动‘大下姜之变’”入选全省忠实践行“八八战略”百法百例最佳实践案例。扎实推进社科理论研究,推动16项县社科重点课题研究,集中攻关省社科规划专项课题“习近平生态文明思想在淳安的实践创新研究”,取得阶段性成果。全力做好全省“社科赋能山区26县”行动,2篇成果获省委主要领导肯定性批示,2

篇成果入选第六届省社科界学术年会主论坛成果集。

【主题宣传】 2022 年,县委宣传部围绕“千岛碧水画中赛”主题,推出“亚运千岛湖”电子日历,开展“骑遇千岛湖”等传播活动,阅读量超 7000 万。围绕共同富裕、生态保护、产业发展、文明创建等主题,深入挖掘亮点选题,积极争取高端媒体发声,在中央、省、市级媒体新闻宣传工作取得持续突破,全年累计在市级以上媒体刊发新闻报道 6000 余条次,其中中央广播电视总台《新闻联播》栏目 15 条,《人民日报》头版 2 篇,浙江卫视大型融媒新闻行动“共同富裕在浙江”、中央广播电视总台 2 套“水环境保护”等持续关注淳安,相关做法经验和成效得到全面地总结提炼和广泛地宣传推广深化,进一步扩大对外传播的影响力。

【融媒体改革】 2022 年,县委宣传部持续深化融媒体改革,建强“两微一端”、视频号、抖音号等新媒体矩阵,连续三年获全省“融媒 20 强”称号。县属各大媒体平台聚焦特别生态区建设、七大攻坚战等重点,推出“奋进新征程　建功新时代”“共建特别生态区　共享魅力千岛湖”“创全国文明城市　建美丽和谐淳安”等专栏专题 20 余个,举办“杭州这十年”主题新闻发布会,浓墨重彩宣传淳安经济社会发展成就。浓重热烈做好县第十五次党代会宣传,推出 5 场直播活动、组织 1 次新闻发布活动,推出《一把手看实绩　谈举措》系列访谈节目,造浓学贯热潮。

【国际传播】 2022 年,县委宣传部把握亚运筹办这一重大国际传播机遇,不断加强千岛湖品牌的国际传播影响力,在家门口向海内外讲好淳安故事。2022 年淳安县境外社交媒体个人及机构账号共计发帖 4000 余条次,阅读量达 200 万人次。《你好亚运　哥斯达黎加小伙千岛湖“骑”遇记》《岐山寻“仙果”》等优质短视频参与“第三只眼看中国”国际短视频大赛,富文小学被评选为杭州市第二批对外交流人文体验点。中国国际电视台推出专题报道《新安江,流动的宝藏》,全面展示千岛湖流域保护及生态经济发展丰硕成果。

【群众性精神文明建设】 2022 年,县委宣传部开展全国未成年人思想道德建设工作测评,深化公民道德建设工程,持续开展文明餐桌、文明出行、文明用网等好习惯养成行动,不断提升公民思想道德素质、科学文化素质和身心健康素质。深化“扣好人生第一粒扣子”行动,广泛开展“春泥计划”、清明祭英烈、“我们靓·杭州靓”新童谣大赛、美德少年评选等活动 610 余场。实施“最美典型”发现、选树、宣传、激励全生命周期管理,入选杭州市道德模范 1 人、浙江好人 2 人、杭州好人 3 人,城市光荣墙宣传展示最美人物 12 期 152 人,慰问困难道德模范 12 人,发放慰问金 4.3 万元。

【全域文明创建】 2022 年,淳安县全力推进全国文明城市创建,开展城市基础设施和市民文明素质双提升工程,完成 4 个老旧特韵小区、8 条城市道路、5 个公园广场改造提升。开展乡风文明指数测评 4 次,各类督查 160 余次,交办问题 7262 个、整改 7028 个,整改率达 96%。实施亚运社会宣传浸润行动,设置公益广告 2500 余处,开展集中入户入店宣传和问卷调查 8 次,发放宣传资料 15 万余份,群众对文明创建“四率”显著提升。做好 24 个全国省市级文明单位、文明村镇培育,新创建县级文明单位 6 个、文明村 5 个,县级以上文明村镇创建率达 98%。

【文明实践】 2022 年,县委宣传部深化“十百金名片”培育工作,推进“浙江有礼·淳风尚”县域文明实践品牌打造,围绕6大文明行动,培育形成12类文明风尚。完成新时代文明实践中心、所、站改造提升6个,建成文明角、志愿V站8处。开展疫情防控、文明创建、亚运服务等各类文明实践活动3200余次,惠及群众15万余人。做好“志愿浙江”“文明帮帮码”等应用贯通,完善志愿服务体系建设,全县注册志愿者队伍1782支,志愿者7.8万人,注册率24%。开展淳安县首届新时代文明实践志愿服务项目大赛,打造“善老时间银行”“千岛集市助力共富”等志愿服务品牌项目,获杭州市志愿服务项目大赛三等奖。

【文化产业平台】 2022年,县委宣传部创新举办首届浙西(千岛湖)创意生活周,搭建浙皖赣三省四市九区县文化共富合作平台,获评浙江省宣传文化系统共同富裕最佳案例、杭州市宣传思想文化工作创新奖。成立区域创意设计联盟,整合平台10万+文化人才和产业资源,赋能乡村振兴。发布千岛湖城市动漫IP“湖包包”,制作推出13条动画短片和8款特色文创宣传品,推进市场化应用,激活千岛湖城市文化符号。创成百草临岐中医药文化街和“墅上花开”文化创意街区2个市级文创街区,持续激发千岛湖文创客厅内生动能,开展乡村文创助力活动20余场。举办全国摄影大展、动漫文创写生创作大赛、“创意千岛湖”设计大赛等品牌赛事和活动,文化创新力显著增强。

【公共文化服务】 2022年,县委宣传部联合西泠印社集团,建成全省首家“西泠书房”文化综合体,举办“喜迎二十大·艺术助共富”西泠印社社员篆刻作品艺术展等活动,推动品牌与资源的融合转化。完成41家农村文化礼堂提档升级,成功创建省五星级农村文化礼堂15家,获评省文化礼堂建设示范乡镇2个、省最美礼堂人1名。加强文化管家队伍建设,开展各类文化活动、文化走亲公益培训等4000余场次,参与群众达10余万人次,完成送电影下乡3119场。举办“探千岛秘境、品文化之美”达人深度畅游等活动,微博话题浏览量超7000万。

【文艺精品创作】 2022年,县委宣传部大力推进新时代文艺精品创优,推进红色作品集《星耀淳安》编撰,引进杭州青诺文创有限公司、杭州桂花影业等影视公司到淳安注册和合作,完成《下姜村的共同富裕梦》《特定关系人》《乡村合伙人》《泳往直前》《甜蜜的你》等影视剧拍摄。动漫电视剧《下姜村的共同富裕梦》获第十八届中国国际动漫节“金猴奖”红色动漫奖特别奖,入选省文艺发展基金项目,在中央教育电视台、浙江卫视等8个电视台播出;长篇报告文学《群山回响》入选市文艺精品重点扶持项目;《下姜村的绿水青山梦》《我们在梦开始的地方》《我的家乡在下姜》《大国治村》入选杭州市第十五届精神文明建设“五个一工程”,取得历史最好成绩。

【意识形态责任清单】 2022年,县委宣传部完善意识形态协调、分析、研判机制,持续细化意识形态工作责任制清单,捋清工作职责。扎实推进意识形态工作督查检查,完成2022年度维护意识形态和网络意识形态安全专项督查问题整改,在县委巡察中,对8个乡镇、17个县属部门开展专项检查,继续开展年度综合督查,层层压实责任,守牢意识形态疆土。大力推进“扫黄打非”,出动执法人员856人次,检查出版物、印刷场所428家次,查办非法出版物行政案件5件。持续推进软件正版化工作和版权申报工作,加大版权保护和宣传力度,维护文化市场秩序。

【网络安全屏障】 2022年，县委宣传部制定《淳安县信息系统网络安全事件应急处置预案》，规范突发网络安全事件的应急处置工作流程。加强乡镇、部分网络安全防范工作责任制，建立单位首席网络安全官制度。开展网络安全督查检查和攻防演练5次，整改高中低各等级漏洞问题400余个，补齐"云监测"及上级发现系统漏洞短板30余个，发现涉及30家单位的网络数据安全隐患55个。排查城市侧系统193套、微信公众号280个、大屏625块，亚运场馆侧系统23套，公共上网服务场所1032家，形成较为清晰的底数清单。

【网络舆论阵地】 2022年，县委宣传部推进网络正能量宣传品牌打造，构筑"沙画说文明"网络文明传播品牌，制作"沙画说文明"系列短视频183期，点击量200余万次。组织开展"听春雨·待骑行·盼亚运""美丽淳安"等网络正能量传播活动，话题阅读量超3000万次，"共富浙里行"博文阅读量超千万次。组织属地自媒体达人创作《乘着竹笛声》《蚕农以蚕叶画舞》等作品，获杭州市"美丽乡村我的家"网络文明传播活动"最佳人气效果"奖。优化组建504名骨干共1610人的"网络淳军"队伍，全年发起全平台网评任务453次，参与13.8万人次。

【人才队伍建设】 2022年，县委宣传部优化县级宣传文化系统干部队伍建设，进一步加强归口领导和管理。持续推动新闻、网络、文创等领域领军人才培育五年行动计划，组织开展专业人才培训20余次，覆盖人员800余人次，完成新闻传播类市高层次人才D类评定8人、县高层次人才E类评定2人，获杭州市新闻奖一等奖2次，完成5个10万+网络名人、30余个1万+粉丝账号、27个优秀海外传播员培育，召开淳安县文化创意人才协会换届大会，进一步汇聚文创产业优秀人才，为宣传思想文化工作持续注入新的活力。

（管卫亮）

·统战工作·

【概况】 2022年，县委统战部深入学习习近平总书记关于加强和改进统战工作的重要论述和指示精神，贯彻《中国共产党统一战线工作条例》和《中共浙江省委统一战线工作实施细则》（以下简称《条例》和《实施细则》），紧扣"两个先行"奋斗目标，落实全市统战工作要求，以"大兴落实之风，奋力争先创优"为导向，全县统一战线工作呈现出党委重视、氛围浓厚、基础夯实、成效明显良好局面。

【大统战格局打造】 2022年，县委统战部下发《关于淳安县对标"663"，画好同心圆，推动统战工作再上新台阶的实施方案》。全年县委常委会会议专题讨论统战工作5次，县委理论学习中心组集中学习统战工作知识2次。县委领导班子成员主持或参加统一战线重要活动24次，走访联系党外代表人士40余次。全年召开乡镇统战工作会议4次，刊发"乡镇书记谈统战"栏目23期。

【思想政治教育】 2022年，县委统战部把学习贯彻中共二十大精神、《条例》及《实施细则》纳入统战系统学习计划，开展各领域思想政治引领。组织民主党派、无党派人士、党外知识分子开展"矢志不渝跟党走，携手奋进新时代"活动，新时代"淳安精神"大讨论；开展民族团结进步宣传月活动；组织宗教界人士开展"爱党爱国爱社会主义"教育活动；深化"淳商永远跟党走"活动；组织新的社会阶层人士开展"汇聚新力量　永远跟党走　奋进新征程"活动，开展爱国奋斗宣讲；组织港澳同胞、华侨、归侨侨眷开展"侨心向党·圆梦中华”活动。全县各统战团体共开展各类主题教育60余场次,参与5000余人次。

【统一战线优势发挥】 2022年,县委统战部引导民主党派调查研究、建言献策,全年就党委、政府重点工作提交代表建议、政协提案37件,上报社情民意、调研报告63篇。实施“乡贤帮老乡”共富工程,成立淳安县新乡贤联谊会,召开淳安高质量发展大会暨第四届淳商大会,全年回归乡贤374人,招引项目29个,总投资额1.9亿元,投入帮扶资金514.6万元;落实“侨助工坊”建设,为淳安来料加工点招引3000万元订单;推进“百家侨企助百村”行动,引导13家侨企助力乡村振兴。开展“宗教工作调研季”活动,完善“三人驻堂小组”工作机制及网格化管理机制。开展“助企纾困·走进金融”活动,帮助康盛、秋念等公司协调融资需求。建立健全政企沟通、共富圆桌会机制,促进营商环境持续优化。

【品牌打造】 2022年,县委统战部打响淳安党外人士“同心共富”“同心善治”“同心护水”三大服务品牌。带领全县党外代表人士、新的社会阶层人士自创录制全省首支统战系统亚运主题MV——《同心亚运》,并经杭州亚组委推向国际平台。打造“同心护水”“万梓千红”“蓝马直播”等新的社会阶层人士实践锻炼基地,承办全市新的社会阶层人士统战工作创新实践城市之窗建设现场推进会,并作经验交流。通过数智同心荟平台应用,增强同心荟的吸引力、凝聚力、辐射力,打造精品同心荟。借力大下姜,打造“大下姜——红色茶山”省民营经济理想信念教育基地。以“石榴籽家园”品牌创建为抓手,将千岛湖镇富泽村打造为省级民族团结进步重点培育单位。培育“市级宗教中国化示范场所”。培育新侨美宿、华侨国际文化交流基地,打造侨联驿站、共同富裕示范基地。在中央统战部官网、《情系中华》杂志等统战媒体上发表文章11篇,在《人民日报》、新华网等媒体上发表文章25篇,扩大淳安统战品牌影响力。

【基层统战工作】 2022年,县委统战部加强党外代表人士队伍建设,召开县委组织部、县委统战部两部联席会议,研讨党外干部配备和培养选拔工作;制订《淳安县党外代表人士队伍培育工程实施方案》,举办党外代表人士培训班;举办乡镇统战干部宗教工作、信息宣传工作、党外工作等培训班,提升基层统战干部业务能力。抓好党外代表人士队伍全链条管理应用、多党合作在线应用、数智同心荟、“共富石榴红”小程序、掌上宗教App、“同心共富乡贤通”应用、“为侨服务”全球通等工作;建设“淳安县统战之家”工作阵地,打造展示县级统战工作的重要窗口。成功推进统战各领域阵地提质,建强蓝马直播、书画小镇同心荟阵地。 (余静雯)

·政研工作·

【主要工作】 县委政策研究室立足服务领导决策、重大会议文稿起草两大任务,紧紧围绕县委中心重点工作,组织开展新型帮共体、民生实事等课题的专题调研,参与县委全会、县纪委全会、县委农村工作暨乡村振兴推进大会、七大攻坚战“争先创优”竞赛、共同富裕试点推进会、中组部试点推进会等重要会议文稿起草的调研工作。 (王智伟)

·巡察工作·

【概况】 2022年,淳安县委坚定不移深化政治巡察,推动政治监督更加精准有效,制定《中共淳安县委巡察工作规划(2022—2026年)》,开展3轮对25家单位24个建制村的常规巡察,配合市委开展1轮专项巡察和民政部门市县归口联动巡察，开展1轮巡察整改回访检查。高质量推进重大巡视问题清单工作，累计上报市级问题清单54个，市级推送上报省级问题清单5个，县本级问题清单纳入46个；上报市级示范案例6个，省级以上主流媒体宣传7篇，省级典型案例录用1个，并被纳入省委七张问题清单总清单示范榜，清单指数年度排名全省第21名。

【重要会议】 2022年6月29日，召开县委书记专题会议，听取县委第一轮巡察及“亚运攻坚”专项巡察工作情况汇报。8月2日，召开巡察整改工作约谈会，县委书记杨建根对屏门乡党委主要负责人进行整改约谈。10月9日，召开县委书记专题会议，听取县委第二轮巡察暨民政部门市县归口联动巡察情况、县委巡察相关情况汇报。11月10日，召开巡察整改工作约谈会，县委书记杨建根对富文乡党委主要负责人进行整改约谈。

【常规巡察】 2022年共开展3轮对25家单位24个行政村的常规巡察和民政部门市县归口联动巡察，共发现问题755个，移交有价值的问题线索12条。

【专项巡察】 2022年3月24日至4月28日，根据市委巡察统一部署，开展“亚运攻坚”专项巡察。围绕“三个对标对表”32项内容，采取实地督查、现场交流、明察暗访等方式开展“嵌入式”巡察，发现问题18个，即知即改18个，两个巡察典型案例入选市委“亚运攻坚”专项巡察专报。

【回访检查】 2022年9月19—23日，县委各巡察组对县委第一轮8家单位12个行政村进行回访检查，发现17个未整改到位问题，并由巡察工作领导小组组长分别进行整改约谈。

【巡察整改及成果运用】 2022年度反馈的755个问题，已完成整改745个，整改率98.7%；共完善制度147项；清退、收缴资金242.6万元；移交问题线索12条，对巡察移交问题线索处置，谈话提醒116人次，问责66人次，党纪政务处分11人。针对十四届县委巡察遗留的41个未整改到位问题，经严格督办，高效推进，全部完成整改。全年下发巡察建议书4份，开展专项治理6项，将巡察反馈问题整改情况纳入年度“重大巡视问题清单”和党风廉政建设责任制考核。（袁　涛）

·党校工作·

【概况】 2022年，县委党校坚持把党的政治建设放在首位，深入学习贯彻习近平新时代中国特色社会主义思想和习近平总书记对浙江、杭州、淳安的重要指示批示精神，认真执行《中国共产党党校（行政学院）工作条例》，以党校分类建设为总抓手推进全年工作，全年完成培训班次157期，牵头完成2022年大下姜培训产业组130个班次1.16万人次，高质量完成主体班次培训班27期，培训学员1.3万余人次，完成各类主题宣讲150余场。

【下姜村党的群众观“三同”教育课程体系提升】 2022年，县委党校全面梳理领会习近平总书记调研淳安和下姜村指示的理论和精神富矿，系统梳理2003年后习近平实地调研下姜时的系列重要讲话和指示精神，深度挖掘习近平关于“群众观”等方面的重要论述，准确把握精神内涵和精神实质，贯穿教育基地建设的全过程、各方面。深入挖掘习近平总书记心系百姓的关怀足迹生动事例。突出“追随总书记的足迹”，沿着总书记帮扶调研下姜村时的真实足迹，精心设计现场教学线路，沉浸式还原历史现场，串接下姜村内8个核心点位，通过当事人回顾讲述、群众得实惠的真情实感和生动实践的理论提升等环节，原汁原味还原历史场景。精心打造生动阐释习近平总书记“心无百姓莫为官”人民情怀的特色课程体系。聚焦“党的群众观”主题，精心打造“1+3+4”特色课程体系，即一条沿着习总书记的足迹重走帮扶路全程现场教育教学线；《习总书记指引淳安高质量发展》《心无百姓莫为官》《大下姜联合体模式引领共同富裕》3堂特色课；《从“四封家书”感悟习总书记的人民情怀》《习总书记与“桥”的故事》《沼气池的故事》《知之深　爱之切》4堂现场点位课。邀请省市参与和了解下姜村的专家和教授指导课程开发，把好质量关；由县委党校骨干教师，县委宣传部、县委党史研究室和枫树岭镇下姜村新老党总支书记组成核心师资团队，进行集体备课，提高课程质量；指导帮助习近平总书记走访关心交流过的事迹和群众真实回顾还原场景，保证真实生动。根据办学要求，制定一天、三天、五天、七天不同的课程套餐，满足不同培训层次需求；依托下姜村农户民宿、劳动场景等乡土资源，加强“同吃、同住、同劳动”体验教学，让学员在深度参与中强化宗旨意识、涵养优良作风。按教育教学需要对教学硬件、现场教学点环境、学员食宿的软硬条件及学员管理等进行全面改造提升，增强学员的获得感；按照四季生产特点、晴雨天气变化的情况，挖掘整理下姜村及周边镇村农业、林业、手工业等劳动资源，形成四个季节可灵活安排的11个劳动实践基地。设计“我的群众观”承诺践诺教学模块，组织学员开展“我的群众观行动宣言”承诺践诺活动，督促学员将群众观体现到日常工作中，强化思想自觉和行动自觉。设计夜访农户、与房东同烧一餐饭同吃一锅饭等场景，增进交流，增强体验，突出学员中心。在培训之前开展训前调查，提前了解掌握培训需求，按需施教提高针对性。在培训过程设置质量调查环节，跟踪掌握存在的不足和问题，及时进行改进，不断提高培训的质量。组织特色研究团队深入研究，为“大下姜”乡村振兴联合体引领共同富裕提供咨政服务和提炼典型做法，以实践成果不断丰富促进教学内容的不断提升，形成更多可看可学可参与的实践，拓展“三同”教育的内涵，丰富教学特色。

【分类建设】 2022年，县委党校主动对接省市党校资源，争取相关政策支持。省委党校在课程建设、理论合作、人才培养、现场教学、基地建设、业务指导6大方面给予支持和帮助，下派挂职教师对县委党校教师教研工作进行全方位指导；市委党校在培训班次安排、课题立项、精品课评选等方面也给予大力支持。县委研究出台《关于推进淳安县委党校（行政学校）分类建设实施方案》，明确工作重点和导向，启动推进党校分类建设，调整领导班子，制定考核体系，将分类建设工作纳入乡镇、部门年度大党建考核指标内容。对标分类建设内容，制定工作量化考核办法，引导激励全校教职工，目标更聚焦，工作更聚焦；建立周三业务学习交流日，开展学术讨论10余次，促进教师自主学习意识；组建学科团队2个，通过集体备课、调研等方式，加强团队作用发挥。专门邀请省市委党校专家到校开展课题指导、专题讲座6次，面对面手把手指导帮助提升教师队伍科研咨政水平。

【科研咨政】 2022年，县委党校主动与县委办、县政府办、县委政研室对接，邀请相关负责人到校为全体教师开展政研专题辅导3次，提高教师科研咨政研究内容的精准度；积极参与县委新时代“淳安精神”提炼和理论提升，获得县委领导肯定；与县委宣传部、大下姜联合体党委等部门联合开展“大下姜”联合体党委模式理论提升工作，相关理论成果在《人民日报》、中央广播电视总台等中央级媒体获得宣传报道；主动与县人大常委会开展课题合作8项；全年完成省级党校课题立项2项、市级党校课题立项11项、县级课题立项2项；获省级党校社科联三等奖1项，市级党校社科联课题三等奖4项、入选奖1项；决策咨询获县领导批示4篇，其中县委主要领导批示3篇，县政府主要领导批示1篇；在公开刊物上发表理论文章2篇；获市级精品课1门。

【教育教学】 2022年，县委党校坚持"党校姓党"，贯穿教学全过程。全年举办干部教育培训班次27期，培训学员3800余人次；在各类主体班中把学好、用好、讲好习近平新时代中国特色社会主义思想放在突出位置，继续完善各个班次教学单元的课程体系，把习近平新时代中国特色社会主义思想贯穿于备课、讲课、交流研讨、指导党性分析等教学环节，更多的党员干部特别是年轻干部党性素质更高、核心意识更强、担当干事作风更实。突出党政所需党校所能，聚焦干部新能力提升的重点，牵头组织县财政、税务、统计、规资、环保、发改等部门开发课程10门，相继开展县管正职共同富裕专题培训班、县管副职干部法制专题班，县管副职生态文明专题培训班等共13期干部新能力相关培训班次，培训学员600余人，基本完成"干部新能力提升"的全覆盖，通过轮训，使全县党员干部的精力更聚焦发展主题，能力更适应岗位需求，党校的干部教育培训平台更加有效。围绕大培训产业培育，积极争取和承接好各类培训，牵头完成红色教育培训1.4万余人次。聘任省委党校经济教研部主任王祖强团队，合作开展共同富裕课题研究；邀请市委党校资深教授担任核心特色课程指导专家，参与下姜"三同"实践教育基地课程体系提升。新招录教师2人，均为硕士研究生学历，新增社会师资10人；下发《关于下发高级专业技术等级聘用方案(试行)的通知》，高级专业技术等级聘用工作突出业绩导向，注重日常年度行政和教研业绩考核结果运用。按照"专兼结合、外引内育、资源共享"的原则，组建一支"专兼职"师资团队。建立由"高校教授+企业领导+党政领导+党校教师+乡土人才"组成的素质优良、结构合理、资源共享的党校师资库，共73位师资102堂课。

【理论宣讲】 2022年，县委党校充分发挥党校理论宣讲的主渠道、主阵地、主力军作用，围绕中共二十大精神、亚运通识等专题，开展送党的理论下基层活动，常务副校长亲自挂帅，分管副校长带头宣讲，部门"点单"与党校"送单"紧密结合，完成各类主题宣讲150余场，推动习近平新时代中国特色社会主义思想和中共二十大精神"飞入寻常百姓家"。

（许　鹏）

·老干部工作·

【概况】 2022年，淳安县有机关事业单位离退休干部5112人，其中，退休干部5070人(行政2013人，事业3057人)，离休干部42人(县处级离休干部19人，有8名离休干部安置在本省外地，1名离休干部安置在外省，1名离休干部由外地安置在淳安县)；县(团)级退休干部57人(其中副县以上退休干部30人)，局(乡)级退休干部528人。

【赵一文到淳安调研】 2022年6月9日，杭州市委老干部局副局长赵一文(主持工作)、徐金祥一行到淳安开展老干部志愿服务专题调研，市委老干部局有关处室负责人，杭州市富阳区、桐庐县、建德市、淳安县四地老干部局相关领导随同调研。调研组实地查看青少年科普教育基地及"民呼我为"老干部工作室，走访优秀老干部志愿者，对淳安县灵活利用现有资源、实现资源共享、发挥科普教育功能表示肯定。召开座谈会上，听取杭州市富阳区、桐庐县、建德市、淳安县四地老干部局汇报各地的老干部志愿服务工作。调研组对各地结合实际组织开展老干部志愿服务给予充分肯定,并提出要加强阵地建设,提升金秋驿站服务功能;要找准切入点,助推共同富裕;要坚持品牌建设,打造具有地区辨识度的老干部志愿服务品牌。各地老干部志愿服务要相互学习,取长补短,弘扬志愿精神,切实提升群众获得感、幸福感,推动幸福杭州建设。

【崔鹏飞到淳安调研关心下一代工作】 2022年6月15—16日,杭州市关工委常务副主任崔鹏飞、市关心下一代基金会副理事长蒋建安、市关工委专职副主任吕云燕、办公室主任姚遥一行到淳安调研。县关工委常务副主任徐月焕,县委组织部副部长、老干部局局长、县关工委常务副主任何小武及有关部门、乡镇负责人陪同调研。调研组一行赴青少年科普教育基地千岛湖植物园、南山学校心理辅导室以及文昌镇王家源村儿童之家进行调研,对县关工委灵活利用现有资源、实现资源共享、发挥科普教育功能表示肯定。调研组要求,要继续贯彻好中办国办要求和省市会议精神,努力探索新形势下关心下一代工作的新路子和新方法,要统筹协调,发挥好成员单位的合力,努力使关爱工作再提升。

【深化老干部思想政治建设】 2022年,县委老干部局旗帜鲜明地加强离退休干部思想政治建设。先后编印《文件汇编》8期,将中央、地方相关文件汇编成册,分发给各临时党支部,方便及时学习了解最新政策动向。组织"大讨论"活动。4月11日,利用"8号民生会客厅",召开"建言二十大"等专题座谈会,听取并收集不同专业领域、不同层次老干部的意见建议。6月23日,深入挖掘淳安人民精神红利,面向全县"五老"群体开展新时代"淳安精神"大讨论及宣传语征集活动,共征集"生态赋能,全民追梦"等宣传语7条。开展宣讲教育。借助老年大学、活动中心等阵地,号召各协会会员积极开展"银领亚运志愿宣讲"等活动,请老干部加入到共同富裕建设的队伍中来。以老年大学为主阵地开设公益课堂,开展中共二十大精神等主题宣讲,提高老同志的政治觉悟。通过"支书讲堂"授课和支部书记培训等形式,在全县离退休干部党支部开展中共二十大精神宣贯等专题学习,切实提高老干部的思想境界。

【老干部党建】 2022年,县委老干部局持续探索党建融入基层模式。指导督促全县离退休干部党支部落实规范化建设,提前1年实现全县离退休干部党支部规范化建设100%全覆盖。成立防诈反邪老干部宣讲团,构建"1个宣讲团+17个党支部"的宣讲矩阵,进村(社)、学校等地开展宣讲。2022年在南苑、望湖、新北、新城4个社区新建金秋驿站,为老干部党员创建更多学习教育、作用发挥、康养乐活的精神家园。7月15日、7月23日安排千岛湖镇离退休干部党支部、老干部局退休支部结对农村基层党支部,安排15名老干部党员结对基层年轻干部或创业青年,以老干部的经验和专业优势,带动基层党支部和青年,增强基层党组织战斗力和青年的工作水平。

【老干部作用发挥】 2022年,老干部志愿服务活动推陈出新,作用发挥成效显著。组织老干部志愿团队积极开展迎亚运、文明创建等志愿活动46场次,志愿服务时长650小时。结合老科技工作者协会的力量,动员老专家深入养蜂基地、中药材种植基地等5个科普示范基地,为200多户农户提供技术跟踪服务,助力农户增收致富。老干部艺术团围绕重点工作新创作艺术节目12个,开展

“送文化下乡”活动5场次，并获得“市级老干部银尚之家”称号。完善银色人才库，共收集农业技术、理论宣讲等方面有特长的25名老干部入库。激发银色人才作用，朱宝华获评浙江省老干部志愿服务典型，郑菊妹获评市级银色人才领军人物，金瑛获评浙江省“银尚达人”、杭州市老年大学优秀教师，方日顺等14位老干部获评杭州市“五老”先进个人。

【落实老干部两项待遇】 2022年，老干部局始终坚持落实老干部政治待遇和生活待遇。积极开展老干部“走看促”活动。3—12月，组织县级老干部，老年大学、活动中心党支部书记及驻千、驻杭临时党支部书记赴部门、乡镇实地调研，听村集体消薄增收情况，看乡村振兴项目，提百姓增收共同富裕建议。精准服务离休干部。严格落实离休干部工作机制和各项待遇，做好“一人一策”服务工作。全年为49名离休干部提供日常看护、保洁、医疗保健等服务，发放慰问金1.8万元，“送清凉”走访慰问49人次。办理离休干部优待一卡通，实现“一卡在手，便捷畅行”。健全困难帮扶机制。通过开展党内关怀、推进志愿服务、纳入社会救助、拓宽帮扶资金筹措渠道等方法，实现离退休干部精准帮扶，全年走访慰问困难离休干部40人次，乡镇困难退休干部80人次。4月，完成县(团)级离退休干部57人、局(乡)级退休干部489人的入住式体检工作，安排体检报告解读3场次。完成离休干部49人体检工作并由家庭医生上门提供一对一专业解读。7—10月，高质量完成离休干部15天集中避暑疗养、县级老干部7日疗养和局(乡)级退休干部412人嘉兴学习考察活动。

【关心下一代工作】 2022年，县关工委紧扣立德树人目标，创新教育形式，在思想教育、扶贫帮困等方面持续发力。1—11月，组织“五老”到各学校围绕中共二十大精神等主题开展宣传教育，共计送课28场次。将县中国工农红军北上抗日先遣队纪念馆、白马红军墙、县委旧址、茶山会议旧址等作为红色教育基地，将下姜村作为青少年美丽乡村教育基地，全年组织青少年赴红色教育基地参观体验活动达2200人次。6—7月，开展奋飞助学活动，共发放助学金9万元；7—8月暑假期间，动员“五老”与高校大学生协同为留守儿童开展爱心辅导，走访慰问困难儿童120余人；8月12日，会同浙江叁益集团举办“爱心圆梦·叁益助学”活动，资助困难大学新生12人，每人5000元。（何　珊）

·机构编制·

【概况】 2022年，县委编办以习近平新时代中国特色社会主义思想为指导，认真学习宣传贯彻中共二十大精神，主动谋划重要领域体制机制改革，科学配置机构编制资源，大兴调研之风，主动担当作为。

【学习宣传贯彻中共二十大精神】 2022年，县委编办制定《2022年县委编办党员干部理论学习安排》，对全年理论学习、各项考核工作进行系统性部署。认真组织实施，做到领导干部专题学，党员干部示范学，组织党员干部深入习近平总书记到淳安调研指导过的地方，开展现场学习，深刻认识“两个确立”的决定性意义，增强“两个维护”的思想自觉、政治自觉、行动自觉，全办思想上更加统一、政治上更加团结、行动上更加一致。

【陈东凌到淳安调研】 2022年6月8日，省委编办主任陈东凌、市委编办主任何利松、省委编办二级巡视员程幼章一行到淳安调研“大综合一体化”行政执法改革、中小学教师编制、县级部门派驻乡镇人员编制“县属乡用”和省委编办援派干部工作情况。县委组织部、县委编办、县教育局、县卫健局、县综合行政执法局、汾口镇、威坪镇、金峰乡、里商乡等单位主要负责人参加调研并作工作汇报。

【克难攻坚提升活动】 2022年,县委编办压实党建工作责任制,将党建工作完成情况作为对党员干部日常考核的重要内容,以党建统领业务工作,加强党建工作的日常跟踪、提醒,加大党建和群团工作的融合力度,丰富党建、群团活动内容。明确全年争先创优的具体目标任务,并落实到分管领导、科室负责人和一般工作人员。

【县委教育工作委员会设立】 2022年,为深入实施“红色根脉强基工程”,健全县教育领域党建领导体制,设立中共淳安县委教育工作委员会,为中共淳安县委派出机关,与淳安县教育局合署办公。

【县森林碳汇管理局设立】 2022年,在县林业局加挂县森林碳汇管理局牌子,增设森林碳汇管理科,核增股级领导职数1名;同步在23个乡镇综合服务中心增挂森林碳汇服务中心牌子。

【县人大、县政协事业发展中心设立】 2022年,打通县人大办和县政协办事业人员使用渠道,设立县人大事业发展中心和县政协事业发展中心,各核定事业编制6名,保障县人大、县政协机关一般工作人员力量。

【县社会治理中心设立】 2022年,整合县委政法委下属县综合信息指挥中心和县社会矛盾纠纷调处化解中心(县社会治理综合服务中心),组建县社会治理中心,为县委直属公益一类事业单位,机构规格相当于正科级,挂县综合信息指挥中心牌子,并按规定程序向市委编委报批。核定事业编制11名,领导职数3名(正职1名、副职2名),内设机构4个,股级领导职数4名。

【乡镇基层管理体制改革】 2022年,根据省市要求,结合淳安实际,经县编委会审议通过后,推进乡镇分类管理,优化乡镇机构设置,实行乡镇人员岗位管理,确定千岛湖镇等7个乡镇为特大乡镇,文昌镇等8个乡镇为较大乡镇,其他8个为一般乡镇。优化乡镇机构设置,采取“1+4+X”模式,单设综合信息指挥室,其他现有内设科室保持不变,并与党建统领、经济生态、平安法治、公共服务等功能性平台对应。

【乡镇编制周转池】 2022年,从23个乡镇统筹56名行政、事业编制,建立乡镇(街道)编制“周转池”,用于保障重点乡镇(街道)和重点领域的用编需求,明确乡镇周转编制申请、使用与回收程序。

【“大综合一体化”行政执法改革】 2022年,保留综合行政执法队以及市场监管、生态环境、交通运输、文化市场、农业、应急管理、卫生健康、自然资源8大领域的执法队伍;对水政、能源、民政、劳动保障4家队伍予以撤销并更名,原行政处罚、行政强制职能划入综合行政执法局。县城市管理局(县综合行政执法局)更名为县综合行政执法局,挂县综合行政执法指导办公室、县城市管理局牌子。进一步厘清县乡执法职责,推动日常执法巡查和一般违法案件查处层级下移,共有11家县级机关向23个乡镇赋权98项。各乡镇平安建设办公室均已增挂综合行政执法队牌子,将乡镇综合行政执法改革融入平安法治跑道统筹推进。

【执法力量下沉】 2022年,从市场监管、农业农村、自然资源3支专业执法队伍划转8名事业编制(另有交通运输局7名事业编制锁定,下步择机划转),根据各乡镇赋权事项和监管工作量的差异,精准投放执法力量,全县执法力量下沉301人,覆盖全部23个乡镇,超额完成65%的市定目标,基本形成乡镇综合执法队伍底座。

【县农业农村局机构重塑】 2022年,对县农业农村局内设机构、执法队伍、下属事业单位机构、编制、职数、职责进行重塑调整。其中局机关股级领导职数9名正职2名副职调整为11名正职,事业单位核增股级领导职数1名。

【日常用编】 2022年,共办理机关事业单位用编397名(教育、卫生系统除外):公务员195名,一般事业编制202名。其中,公务员招考用编72名,事业招考用编78名,分别占37%和39%。

【卫健系统编制】 2022年,新增4家县属医院报备员额287名,其中,县一院165名、县中医院98名、县二院24名。保障卫生人才引进,全年审批医护人员用编141名,其中基层乡镇卫生院29名。

【教育系统编制】 2022年,核增千岛湖玉兰幼儿园事业编制5名、千岛湖中心幼儿园事业编制15名、县第二幼儿园事业编制27名;全年新招录教师用编75名,其中,幼儿园21名、中小39名、高中15名。

【编外用工】 2022年,成立由县委编办、县财政局、县人社局组成的编外用工规范化管理工作小组,通过自查自纠、走访座谈、翻阅资料、调取系统数据等方式,对全县44家部门、23个乡镇、76所学校、19家医院(卫生院)开展摸底核查,系统掌握全县编外人员数量、人员信息、岗位、薪酬待遇,共规范编外用工合同38份,退回超发薪酬30余万元,并通过建章立制将之前未纳入编外用工管理的单位全部纳入,进一步规范全县编外用工使用。

【实名制系统】 2022年,做好全县160余家机关事业单位机构编制文件完善、2800余人车贴模块数据调整工作。加快系统数据集成应用,与公务员系统、人事工资系统实现正常交互,优化公务员和事业人员"一件事"联办流程,全年共通过联办流程办理500余人。

【事业单位管理】 2022年全年办理事业单位变更登记65家,注销登记8家,换领证书36家;年检事业单位258家,年检合格率达100%,按时保质完成2022年度事业单位法人年检工作。精心部署,督促指导258家事业单位完成章程备案。

【社区党组织书记纳编】 2022年,审批优秀社区党组织书记专项周转事业编制1名,录入千岛湖镇综合服务中心,按照事业人员进行管理。 (詹思君)

·史志工作·

【概况】 2022年,县委党史研究室继续加强红色资源保护利用,组织人员实地走访汾口、浪川、枫树岭、富文、屏门、王阜、威坪等16个乡镇58处红色资源点,整理形成图文介绍电子档案。开展"关于我县红色资源保护开发利用的实践与思考"课题研究,起草《淳安县红色资源保护利用实施意见》,在红色资源的调查认定、保护利用传承、宣传教育等方面予以规范。建成杭州青年运动史馆淳安分馆(余家达故居),将其打造成为淳安特色思政课堂和实践基地。推进"淳安县红色研学中心项目”,已完成项目的农转用手续报批。

4月,开展“第二课堂颂英烈　同心携手迎亚运”主题宣讲活动。6月,选派纪念馆讲解员代表淳安县组织部党群服务中心参与“喜迎二十大　唱响新征程”杭州市金牌讲解员评选活动,并获奖。9月,组织宣讲团成员入户宣传淳安红色文化,向群众发放《红色场馆打卡指南》,推荐淳安红色场馆;选派纪念馆讲解员到衢州学院、衢州市特殊教育学校宣讲革命烈士中共原隧安县委第一任县委书记唐墩禄的故事。11月,与中洲镇共同举办红色中洲古道文化节,串联中洲红色资源点,宣传淳安红色文化。利用“淳安党史”微信公众号,每月发布1篇淳安党史专题文章。与县社科联、县传统文化研究室合作,拍摄红色歌曲《再唱你的故事》,MV在淳安各个红色资源点取景,以“牢记红色历史、传承红色基因、守护红色根脉”为主题,宣扬淳安丰富的红色文化,并在淳安发布、学习强国杭州学习平台发布。县先遣队纪念馆获浙江省妇女联合会颁发的“巾帼文明岗”称号;县委党史研究室获评“全省党史和文献部门地方党史三卷编写工作成绩突出单位”。

3月,完成《浙江年鉴(2021)》淳安概况篇和《杭州年鉴(2021)》淳安概况篇撰写;8月,开展乡(镇)志、村志、家谱编修项目摸排,并向县财政争取补助资金;11月,协助召开《梓桐镇志》评审会;12月,《淳安年鉴(2022)》由方志出版社出版。多次组织《淳安史志》主要撰稿人到江西省浮梁县洪源镇、桐庐县等地实地走访调研,了解移民情况,征集史料;全年高质量编辑出版《淳安史志》4期;《民国淳安县志》整理稿完成;《淳安县人大志》《第19届亚运淳安赛区志》编纂工作有序推进。

继续推进《新安文化研究丛书》编撰工作。7月,在安徽黄山召开《新安文化》丛书评审会;10月,完成《新安文化》丛书19卷33册出版印刷招投标,由杭州富春印务有限公司中标,总价306万元。

【《淳安县“十四五”时期地方志事业发展规划》印发】　2022年4月,淳安县委办公室、县人民政府办公室联合印发《淳安县“十四五”时期地方志事业发展规划》。规划提出淳安县地方志工作到2025年,基本实现由传统方志向数字方志、由重修轻用向修用并重“两个转型”,基本建成地方志编纂工作体系、资源开发利用体系、方志理论研究体系、资政服务体系和人才队伍建设体系“五位一体”的地方志事业发展综合体系,形成地方志事业发展与特别生态区相适应的新格局,为文化名县建设再立新功的目标要求。明确构建立体的志书编修体系、拓展提升年鉴编纂工作、组织编纂专题志书、提高地方志工作服务大局的能力、实施方志成果转化应用工程、推动方志数字化转型工程、建立方志文化传播和交流机制、加强地方志理论研究、加强地方志人才队伍建设、鼓励社会力量参与地方志工作等方面的工作任务。

【《淳安年鉴(2022)》出版】　2021年12月,《淳安年鉴(2022)》由方志出版社出版,向国内外公开发行。全书设29个类目,367页,62.7万字,彩色插图33页115幅,印数800册。该年鉴全面系统地记载了2021年淳安县政治、经济、文化和社会生活等各方面的基本情况,反映了淳安县三个文明建设的新特点、新成就、新经验,资料丰富、信息准确、内容权威。　　(刘东山)

淳安县人民代表大会

·人民代表大会会议·

【县第十七届人民代表大会第一次会议】 2022年2月11—14日在千岛湖镇举行。大会应到代表256名，出席252名，因事因病请假4名，列席人员213名。会议听取和审议县长张鸿斌所作的县人民政府工作报告、县人大常委会主任董文吉所作的县人大常委会工作报告、县人民法院院长张波所作的县人民法院工作报告、县人民检察院代检察长许哲丰所作的县人民检察院工作报告。会议决定批准以上报告，并作出相应决议。会议审查和批准县发展和改革局《关于淳安县2021年国民经济和社会发展计划执行情况与2022年国民经济和社会发展计划草案的报告》、县财政局《关于淳安县2021年财政预算执行情况和2022年财政预算草案的报告》及市生态环境局淳安分局《关于淳安县2021年度环境状况和环境保护目标完成情况的报告》。会议依法选举产生县十七届人民代表大会常务委员会，选举董文吉为主任，章传强、洪永鸿、叶春晖、毛夏平、江灵强、徐香枝为副主任，委员26人；选举张鸿斌为县人民政府县长，卜利斌、徐新勇、余飞、李浙峰、罗宝华、金晨旦、姜君为县人民政府副县长；选举沈国红为县监察委员会主任，张波为县人民法院院长，许哲丰为县人民检察院检察长；选举杨建根等32人为杭州市第十四届人民代表大会代表。会议依法通过县第十七届人民代表大会监察和法制司法委员会、财政经济委员会和社会建设委员会的组成人员名单。会议收到代表建议175件，没有收到10人以上联名提出的代表议案。这些建议涉及高标准保护方面29件，占16.6%；高质量发展方面31件，占17.7%；高品位建设方面51件，占29.1%；高品质民生方面64件，占36.6%。经大会主席团研究，全部作为代表建议处理，交县政府和有关单位办理。

·人大常委会会议·

【县第十六届人大常委会第四十三次会议】 2022年1月25日举行。会议传达学习省十三届人大第六次会议精神。讨论通过淳安县人大常委会关于淳安县第十七届人民代表大会代表名单的公告和2022年工作要点。审议拟提交县十七届人大一次会议的淳安县第十七届人民代表大会议案和代表建议处理办法(草案)。听取大会各项建议名单草案，讨论通过列席人员名单。听取和审议拟提交县十七届人大一次会议的人大、“一府两院”、计划、财政、民生实事候选项目形成情况、生态环境状况等8个报告(送审稿)、2021年政府投资项目实施情况和2022年政府投资项目计划安排情况的报告、政府投资项目2021年收支执行情况和2022年收支预计情况的报告。会议按照《淳安县人大常委会关于政府重大投资项目票决的实施办法》的规定，票决通过2022年投资额超过3000万元的10个政府新建项目。会议听取和审议2021年财政收支预算执行和2022年财政收支预算安排情况及2022年部门预算编制情况的报告。

【县第十七届人大常委会第一次会议】 2022年3月17日举行。会议讨论通过县人民政府县长张鸿斌提请的人事任命议案、县人大常委会主任董文吉提请的人事免职议案和县监察委员会主任提请的人事任命报告。会议举行任命书颁发仪式,县人大常委会主任董文吉向新通过任命的县人民政府副县长,县政府工作部门负责人,县监察委员会副主任颁发任命书,并作讲话。会议组织开展宪法宣誓仪式,县第十七届人大常委会第一次会议任命的副县长吴克青、黄青,政府工作部门负责人,监察委员会副主任以及县十七届人大一次会议选举产生的县人民检察院检察长许哲丰,县第十七届人民代表大会监察和法制司法委员会、财政经济委员会、社会建设委员会的部分委员向宪法宣誓。会议讨论通过《淳安县人民代表大会常务委员会议事规则》《淳安县人民代表大会常务委员会主任会议议事规则》《淳安县人民代表大会专门委员会议事规则》《淳安县人民代表大会常务委员会任免国家机关工作人员办法》《淳安县组织实施宪法宣誓制度办法》《关于设立淳安县第十七届人大常委会代表资格审查委员会的决定》。会议听取县政府办公室主任徐宗政受县人民政府委托所作的县法治政府建设情况的报告,25位县政府组成部门负责人报告个人依法履职情况,其中县市场监督管理局局长方爱民作口头报告。

【县第十七届人大常委会第二次会议】 2022年3月22日举行。会议接受张鸿斌辞去杭州市第十四届人民代表大会代表职务,决定补选王翀为杭州市第十四届人民代表大会代表。会议讨论通过有关人事任免事项,决定任命王翀为淳安县人民政府副县长。会议接受张鸿斌辞去淳安县人民政府县长职务,决定由副县长王翀代理淳安县人民政府县长职务。

【县第十七届人大常委会第三次会议】 2022年5月25日举行。会议邀请市人大路江通作《杭州市淳安特别生态功能区条例》专题法制讲座。会议讨论通过《淳安县人大代表履职情况考核办法》《淳安县人大代表小组集体约见国家机关负责人暂行办法》《淳安县人民代表大会常务委员会主任会议成员联系代表办法》《淳安县人民代表大会常务委员会关于县人大代表联系选民的办法》《淳安县人民代表大会常务委员会关于依法许可对县人大代表采取强制措施和实施刑事审判的暂行规定》《关于进一步规范乡镇人民代表大会的若干规定》《关于进一步加强人大代表议案建议办理工作的意见》7项制度。

【县第十七届人大常委会第四次会议】 2022年7月27日举行。会议讨论通过《县、乡(镇)人大代表列席县人大常委会、乡镇党政会议、村两委会议工作制度(试行)》《关于迭代升级人大代表联络站打造全过程人民民主基层单元的意见(试行)》2项制度。会议讨论通过关于接受潘雁南辞去代表职务的决定和关于接受王丽娟辞去代表职务的决定。会议听取和审议县审计局局长徐建球受县人民政府委托所作的《2021年县本级财政预算执行和其他财政收支情况的审计工作报告》。会议审议《淳安县人民政府关于提请审议2022年地方政府债务限额及新增债券资金预算调整方案的议案》,批准淳安县2022年地方政府债务限额及新增债券资金预算调整方案。会议听取和审议县财政局局长陆建育受县人民政府委托所作的《关于淳安县2021年财政决算草案的报告》和《关于淳安县2022

年1—6月份财政预算执行情况的报告》，批准县人民政府提出的2021年财政决算。

【县第十七届人大常委会第五次会议】 2022年9月16日举行。会议讨论通过代县长王翀提请的关于李扬章等人任免的议案和关于许琨等同志任免的议案，举行宪法宣誓仪式。会议讨论通过《淳安县人大代表向原选区选民述职办法》。会议听取县政府关于国有资产管理情况的报告。会议讨论关于在淳安经济开发区设立议事会情况的报告。会议讨论通过关于接受洪苏建辞去代表职务的决定和关于接受汪仁发辞去代表职务的决定。根据选举法的有关规定，汪仁发的淳安县第十七届人民代表大会常务委员会组成人员职务自然终止。

【县第十七届人大常委会第六次会议】 2022年11月21日举行。会议讨论通过由县人民法院院长张波提请的《关于提请审议姜德英等同志任职的报告》等5个报告，讨论通过由县人民检察院检察长许哲丰提请的《关于提请审议周建发等同志职务任免的报告》，讨论通过由县监察委员会主任沈国红提请的《关于提请审议余绍银同志免职的报告》。会议听取审计问题整改落实情况报告。会议举行法制讲座。邀请省人大常委会委员、农委主任委员徐鸣华，围绕《深入贯彻实施“一法一条例”全面推进乡村振兴走在前列》主题，为县人大常委会组成人员和25个政府工作部门授课。

【县第十七届人大常委会第七次会议】 2022年12月9日举行。会议听取和审议县监委主任沈国红所作的县监委关于国企领域突出问题专项治理工作情况报告。会议讨论通过人事任免事项。会议投票表决县人大常委会主任董文吉提请的王武祥等人职务任免的议案、代县长王翀提请的方丽等人职务任免的议案、两院提请的人事任免的报告；会议举行宪法宣誓仪式。会议听取县政府2022年民生实事项目完成情况的报告，开展满意度测评。会议认为10件民生实事项目前期准备有序，组织推动有力，较好地达到预期目的。会议审查《淳安县人民政府关于提请审议淳安县2022年预算调整方案（草案）的议案》，决定批准淳安县2022年预算调整方案。会议讨论通过关于接受徐明主等4人辞去淳安县第十七届人民代表大会代表职务的决定。根据选举法第五十五条的规定，徐明主、方四雷、谢吉荣、胡月秀的淳安县第十七届人民代表大会常务委员会委员职务自然终止。会议作出关于补选淳安县第十七届人民代表大会代表的决定，补选6名淳安县第十七届人民代表大会代表，同时确定2022年12月30日为选举日。

【县第十七届人大常委会第八次会议】 2022年12月21日举行。会议讨论通过关于接受徐超辞去代表职务的决定、关于召开县十七届人大二次会议的决定和县十七届人大二次会议议程（草案）、日程（草案）。会议审查监察和法制司法、财政经济、社会建设三个专委报告（送审稿）和2022年县人大常委会关于开展规范性文件备案审查工作情况的报告。

·人大常委会日常工作·

【专项工作审议和视察检查】 2022年3月14日，县人大常委会根据年度工作安排，组织市县乡三级人大代表专题视察淳安亚（残）运会筹办工作；4月2日，县人大常委会主任会议专题听取和审议健康淳安建设情况报告；4月14日，县人大常委会主任会议专题听取和审议农民增收情况报告；4月21—22日，县人大常委会专业代表小组对淳安县义务教育阶段“双减”工作情况进行专项视察，实地察看里商乡中心学校、千岛湖镇第七小学、淳安县南山学校，听取县教育局关于淳安县义务教育阶段“双减”工作情况的汇报；4月28日，县人大常委会主任会议专题听取和审议美丽城镇建设情况报告；5月16日，县人大常委会主任会议专题听取和审议打击治理电信网络诈骗违法犯罪工作情况报告；6月27日，县人大常委会组织代表视察部分重点项目，28日主任会议听取和审议县政府关于全县重点项目建设推进情况的报告；6月21—22日，县人大常委会组织县人大专业代表小组的部分代表对淳安县食品安全监管工作进行专项视察；8月24—26日，县人大常委会专业代表小组对淳安县中药材产业发展情况进行专项视察，实地调研、察看临岐中药材市场、安徽亳州中药材市场等，听取县农业农村局关于淳安县中药材产业发展情况的汇报；8月29日，县人大常委会主任会议专题听取和审议淳安县新时代人民法庭现代化建设情况的报告；9月26日，县人大常委会主任会议专题听取和审议代表建议办理情况的报告；10月24日，县十七届人大财政经济委员会第三次会议听取和审议全县预算绩效管理情况的报告。

【规范性文件备案审查】 2022年，根据《淳安县人民代表大会常务委员会规范性文件备案审查规定》要求，县人大常委会依法对县政府报送的8个规范性文件进行备案审查，具体是:《淳安县人民政府关于推进健康淳安行动的实施意见》《淳安县人民政府关于印发淳安县政府投资项目管理办法的通知》《淳安县人民政府办公室关于强化工业用地保障加快推进工业项目投产落地的意见》《淳安县人民政府关于将部分县级部门行政处罚权交由各乡镇人民政府行使的通告》《淳安县人民政府办公室关于公布行政规范性文件清理结果的通知》《淳安县人民政府办公室关于加强淳安县农村生活污水处理设施运行维护管理的实施意见》《淳安县人民政府关于禁止猎捕陆生野生动物的通告》《淳安县人民政府关于印发淳安县农(林)自用船舶管理办法(试行)的通知》。

【代表工作】 2022年，县人大常委会认真做好代表工作。着力推进基层单元建设，坚持习近平总书记关于全过程人民民主重大理念，坚持以人民为中心，以县总站、乡镇中心站、特色联络室为基础构建“1+23+18+N”基层单元架构体系，实现代表亮码、省市县乡四级贯通、民意处理线上闭环、人大核心业务下沉，进一步推动代表联络站“联商督促智”作用发挥。因地制宜，探建全过程人民民主基层单元山区模式，建设“农家式”基层微单元，将人大工作延伸至田间地头，形成以县总站、乡镇中心站、特色联络室、“农家式”联络点为基础的站室点“三位一体”全覆盖基层单元淳安模式，形成“家站融合”建站点、“三门一码”征民意、“闭环快办”促办理的基层微单元工作机制，切实推动基层单元作用发挥，获得省市人大主要领导批示肯定。出台《关于做好2022年县民生实事项目人大代表监督工作的通知》，对2022年度10件民生实事项目代表监督做出整体部署。开展履职竞赛，完善《县人大代表中心组履职竞赛的实施方案》，建立人大各工委联系代表中心组制度，赛场赛马、互学互促氛围浓厚。围绕中心大局，有序组织代表参与各类考察学习、调研座谈、定向视察等活动，在助力亚运、共同富裕、六访六促、八大攻坚等重点工作上展现代表风采。聚焦薄弱环节，制定《有序推进淳安县开发区(园区)人大工作的试行实施方案》，指导开发区成立第一届议事会，推动开发区民主法治建设，助力开发区经济健康稳健发展。

【建议督办】 县十七届人大一次会议期间，县人大代表提出建议共175件。根据县人大常委会督办重点建议工作和《关于县政府领导领衔办理县人大代表重点建议的意见》的要求，为切实做好代表议案建议办理工作，县人大常委会研究决定将《关于进一步优化营商环境的建议》等9件建议作为重点建议。坚持重点建议县政府领导领办和人大常委会领导督办制度，5—6月，县领导进代表联络站接待代表和群众，64件困难问题得到有效解决。出台《进一步加强人大代表议案建议办理工作的意见》，各承办单位坚持办理工作“一把手”负责制，专题审议建议办理情况报告，落实全过程面商、网上公开、中期督办、不满意件重办、代表小组集体评议、办理情况督查考核等措施，通过“回头看”、专题询问等措施有力推进建议办理质量与效果实现新提升。县十七届人大一次会议上代表提出的175件建议均在法定期限内办结，解决率达64%，9件重点建议有效落实，得到群众普遍好评。

【代表选举】 2022年，依法圆满完成县第十七届人民代表大会代表的补选工作，全年辞去代表职务10人，补选代表6人。

【自身建设】 2022年是中共二十大召开之年，是落实县第十五次党代会精神的开局之年，也是新一届人大及其常委会履职的起始之年。县人大常委会在省市人大指导、县委领导和“一府一委两院”支持下，坚持党的领导、人民当家作主、依法治国有机统一，牢牢把握“四个机关”定位，围绕特别生态功能区建设大局，紧扣山区县高质量发展和共同富裕建设主题，凝聚代表力量，发挥代表作用，彰显代表风采，笃行不怠为民履职，在战“疫”斗争中积极作为，在助力亚（残）运会筹备中贡献力量，在淳安共同富裕示范区建设新征程中，奋发有为、勤勉尽责。全年召开人大常委会会议9次，听取和审议“一府一委两院”报告26个，作出决议决定21项，开展执法检查、视察督查19次，任免国家机关工作人员73人次。认真落实“第一议题”制度，深入学习贯彻习近平新时代中国特色社会主义思想、习近平总书记关于坚持和完善人民代表大会制度的重要思想，积极开展中共十九届六中全会、中共二十大、中央人大工作会议、省市党代会和县委全会等重要精神的学贯行动。常态推进党史学习教育，组织“新时代新担当新作为”、新时代“淳安精神”“聚焦二十大·人大代表说”等主题讨论活动，依托“人大讲坛”等学习载体，推动人大干部和人大代表感悟思想伟力。常委会主任会议成员撰写理论文章12篇，其中5篇在省人大调查思考专刊、《杭州》杂志、“学习强国”学习平台和《杭州日报》人大专刊录用，《锚定一二三四五，践行全过程人民民主》一文获评省人大年度优秀理论文章，常委会机关获评全省人大信息工作成绩突出单位。以高度政治自觉，强化党的全面领导，形成县委领导人大工作的“五个一”常态化机制。严格落实重大事项向县委请示报告制度，全年向县委请示、报告重要工作和重大事项26次。坚持党管干部与人大依法任免有机统一，依法任免国家机关工作人员。谋划开展助力发展专题研讨会，确立7个刚性监督议题。认真落实县委部署的各项工作任务，高质量完成专题调研报告9个，其中获县主要领导批示肯定6个，由县委督查室督办4个、列为县长年度重点督办事项6个，形成重大事项清单报请县委审定、重大课题成果提请县委督办、审议视察意见由县政府牵头办理的工作体系。围绕“1231”县域发展目标，积极参与县委中心工作，常委会主任、副主任担任“七大攻坚战”指挥部的总指挥或副总指挥，其中2人担任乡村振兴联合党委书记，2人担任亚（残）运会场馆运行团队指挥部常务副指挥长和副指挥长，为共同富裕建设、亚(残)运会筹备等“七大攻坚战”推进贡献力量。积极落实县级领导干部联系基层制度，主动深入重点企业、重点项目和基层单位走访，收集交办问题56件次。大下姜乡村联合共富模式成功写入《浙江高质量发展建设共同富裕示范区实施方案(2021—2025年)》文件，《人民日报》以《浙江淳安下姜村携手邻村迈向共同富裕》为题作专题报道。 (汪春娟)

淳安县人民政府

·重要会议·

【县政府常务会议】 2022年1月13日，县政府召开第六十三次常务会议。会议就政府工作报告、2021年国民经济和社会发展计划执行情况与2022年国民经济和社会发展计划、2022年度政府投资项目计划、2021年民生实事项目完成情况和2022年民生实事候选项目、2021年财政预算执行情况和2022年财政预算、2021年度环境状况和环境保护目标完成情况等事项进行研究和审议。

3月10日，县政府召开第一次常务会议。会议就招商引资工作及外派招商专员驻点招商工作、"大综合一体化"行政执法改革、5G手机核心部件研发及生产项目、第三次全国国土调查主要数据公报、2022年度县政府重大行政决策事项目录、事业单位管理岗位职员等级晋升制度及操作办法等事项进行研究和审议。

5月18日，县政府召开第二次常务会议。会议就县政府工作规则、全县安全生产形势和应急管理工作、县规划委员会工作议事规则、县规划土地联席会议制度、土地开发整理项目补助和指标调剂政策、土地整治项目整改标准、全县砂石加工点规划布局、申报省级重要湿地等事项进行研究和审议。

6月2日，县政府召开第三次常务会议。会议就淳安县促消费活动方案进行研究和审议。

7月6日，县政府召开第四次常务会议。会议就规范民办义务教育发展、千岛湖建兰中学规范治理、强化工业用地保障加快推进工业项目投产落地、鼓励备案非标电动自行车提前淘汰置换、政府投资特殊项目发包管理、加快政府投资项目招投标进度、经济稳进提质行动等事项进行研究和审议。

8月5日，县政府召开第五次常务会议。会议就推进乡镇"一支队伍管执法"工作、农村生活污水处理设施运行维护管理、全民健身实施计划、行政规范性文件清理结果等事项进行研究和审议。

8月12日，县政府召开第六次常务会议。会议就浙西红色教育中心项目有关事项进行研究和审议。

8月19日，县政府召开第七次常务会议。会议就新增综合行政执法事项及"一支队伍管千岛湖"行政执法改革工作、涉水安全专项整治行动等事项进行研究和审议。

9月9日，县政府召开第八次常务会议。会议就促进淳安县房地产行业平稳健康发展、钱塘—淳安共富"产业飞地"战略合作等事项进行研究和审议。

9月28日，县政府召开第九次常务会议。会议就加快推进生态制造业高质量发展、2022年工业企业综合评价结果、农村集体经营性建设用地入市、2022杭州亚运会淳安赛区运行保障资金预算、禁止捕猎陆生野生动物等事项进行研究和审议。

11月15日，县政府召开第十次常务会

议。会议就完善乡镇财政管理体制、农(林)生产自用船舶管理、千岛湖镇社区规模调整及新建社区、重大招商引资项目“一事一议”工作制度、中宏科创新能源储能生产项目招商引资等事项进行研究和审议。

12月15日,县政府召开第十一次常务会议。会议就事业人员和机关工勤绩效奖金方案、2022年食品药品安全工作、全域旅游高质量发展、城市管道燃气特许经营权调整等事项进行研究和审议。 (王跃峰)

·政务公开工作和电子政务·

【政府数字化转型工作】 2022年,县政府聚焦数字化改革“1612”工作体系,深耕主职主业,全力打造一体化智能化公共数据平台,持续推进IRS高效应用,供给高质量鲜活数据,赋能多跨应用场景建设,列全省一体化智能化公共数据平台综合评价第10名。

聚焦数据高质量供给,持续提升公共数据平台支撑能力。把握数据归集“龙头”,淳安一体化智能化公共数据平台已归集73个单位477个数据目录15.25亿条数据。开展“全量全要素”数据归集专项工作,完成31个部门654个公共数据目录,全市率先实现“归集率”和“治理率”两个100%。建立数据清洗、数据溯源、责任定位及数据修正等治理机制,设定数据治理规则70余条,实现待治理数据目录0条。政务部门实现全共享,建立“秀水卫士”等9个专题库,全年累计接口调用1018.6万次,数据批量供给1574万条。社会公众数据开放有序,开放224项,共1.03亿条。

聚焦项目科学统筹,持续精准提高政府信息化项目投资绩效。出台《政务云资源管理办法》,实现质量、安全、费用“三统筹”。云上资源费用下降30%,数据资源开通用时缩短至10分钟,全市排名第二。下发2022年度政府信息化项目投资计划,完成县信息化项目全流程管理平台开发和使用工作。创新三方联评机制,完成全县近三年(2019—2021)141个项目绩效评估工作,涉及44家单位,24020.69万元资金,包含软硬件三类项目,实现“类型全、范围广、载体新”的创新评价模式。

聚焦重点应用场景支撑,从项目申报立项、方案评审、验收评价、设施配套(网络、云资源、安全防护)以及技术力量统筹方面下“功夫”。深化细化部门核心业务梳理,迭代升级三张清单,坚持“小切口、大场景”,紧跟跑道,突出创新。“秀水卫士”迭代升级为“数字第一湖”,以打造千岛湖全域护水治理体系为目标,推进该应用在11月4日获得副省长高兴夫批示肯定;“伊加工”基本通过省农业农村厅“一地创新、全省共享”验收,并在10月20日获得副省长王文序批示肯定;“共富大下姜”已完成七大场景的自主建设开发迭代,向实现共同富裕目标更进一步,大下姜相关应用成果在10月14日获得省委书记袁家军批示肯定。

聚力网络数据安全,推行首席数据官和数据专员制度。通过培训交流、实战演练、考核激励等手段,不断提升数字化作战实力,实现队伍重塑,着力提升数据资源统筹管理能力;加强服务外包人员管理,严格落实技术防护措施。编制全域网络数据安全三年行动计划,构建全县域、全领域、全链路防护体系,入选市级试点。开展全县网络数据安全攻防演练,有效维护政务网站、高频系统正常运行,充分编织一张严密和健硕的安全防护网,为2023年护航亚运奠定深厚基础;与浙江大学、杭州安恒信息公司合作,建立“淳安县全链路网络安全联合创新实验室”,打造县域网络数据安全一体化解决方案,为数字化改革保驾护航。 (范军建)

·外事工作·

【概况】 2022年，县人民政府外事部门在疫情防控常态化形势下，持续做好境外疫情防输入工作。会同县生态产业和商务局做好境外浙企服务工作，提醒境外企业人员防范电信诈骗，了解企业疫情防控情况，并为人员回国返淳做好服务。为外向型企业宣传讲解疫情期间急需入境外籍人员“快捷通道”入境政策、申办流程及防控要求，为外籍重要商务、技术人员“走进来”提供支持帮助。向企业宣传和推介“APEC商务旅行卡”政策便利优势，讲解通过“亲清在线”平台在线申办的要求、注意事项等，为县内企业“走出去”开拓国际市场提供帮助。 （王淑萍）

·住房公积金管理和住房保障·

【概况】 2022年，杭州住房公积金管理中心淳安分中心(以下简称公积金淳安分中心)认真学习贯彻习近平新时代中国特色社会主义思想，围绕“六提向优”工作思路，纵深推进“最多跑一次”改革、“数字化”改革，优化“一件事”办理、提升“窗口+”服务及缴存、提取、信贷等工作。全年归集住房公积金8.77亿元，比上年增长11.4%，发放住房贷款4.0亿元，增长1.8%，贷款风险准备金定存1.13亿元。

【住房公积金归集】 2022年，县政府首次将公积金建制扩面工作写入县政府工作报告，列为乡镇综合考评负面清单项目考核，定为“七大攻坚战”内容，公积金建制扩面工作在政府的积极推动下取得新成绩。新增住房公积金建制职工7744人，净增正常缴存职工1102人，年末建制单位2649家，建制职工48153人，其中，正常缴存职工36091人，封存停缴职工36516人(其中未结清人数12062人)。住房公积金归集总额8.77亿元，增长11.4%，其中，一般住房公积金8.71亿元，增长11.4%；住房公积金补贴586.75万元，增长11.6%；一次性住房补贴10.56万元，下降9.5%；年末归集余额16.65亿元，其中，一般住房公积金余额16.42亿元，住房公积金补贴余额1558.26万元，一次性住房补贴余额651.81万元。

【住房公积金提取】 2022年，住房公积金提取总额6.89亿元，增长2.4%。其中，职工住房消费提取6.11亿元，下降0.7%。

【住房公积金贷款】 2022年，办理住房公积金贷款877户，发放贷款资金3.93亿元，增长1.8%。全年回收住房贷款本金3.99亿元，年末贷款余额20.3亿元，存贷比121.9%，逾期贷款率为0.019‰。为解决资金不足问题，向杭州公积金中心申请低息(年息2.145%)借款1.54亿元，以公积金转商业贴息贷款方式筹资5.53亿元。全面实行委贷银行从业人员准入制度，规范人员管理。全年组织委贷银行从业人员公积金业务知识测试6批次11人次；对委贷银行严格落实考核管理制度，并推行贷款办理退件制，每月一排名、每季一通报，倒逼银行改进办事流程、提升业务质量和压缩办理时限，确保公积金贷款服务更高效；促进调整审批流程，全面实现审核权限下放至各委贷银行，避免委贷银行来回跑，提升贷款审批效率。

【公积金增值收益】 2022年，全县住房公积金业务收入6665.52万元，业务支出4932.39万元，增值收益1733.13万元，增长30.2%。增值收益年末分配提取个人贷款风险准备金74711元，提取廉租房建设补充资金1471.36万元。

【风险准备金竞争性存放落实】 2022年,公积金淳安分中心委托浙江之信工程项目管理有限公司开展风险准备金和增值收益存款竞争性存放招投标工作,金额共计11400万元,中标单位为建行、中行、农行、工行等9家委贷银行。

【阶段性惠企惠民纾困政策实施】 2022年,公积金淳安分中心认真贯彻落实中央、省、市、县稳增长一揽子政策,聚焦企业反映的“痛点”“堵点”“难点”问题,精准施策,实施缓缴公积金阶段性支持政策,减轻企业负担,至12月底,有6家企业申请缓缴公积金金额达139.54万元。提高无房租赁提取额度,从2022年6月2日起缴存人可按月提取住房公积金账户余额,提取限额按现有标准上浮25%确定,即淳安县单个职工租房提取从原来的600元/月调整为750元/月,全年共申请提取2850笔、提取金额达834.34万元,比原标准多提取41.42万元。申请贷款不作逾期处理,对受新冠疫情影响的缴存人,在2022年5月20日至12月31日期间不能正常归还住房公积金贷款的,可申请贷款不作逾期处理,不作为逾期记录报送征信部门,全年核准9户贷款户的申请。提高首套贷款额度,自2022年6月10日起,职工家庭名下无房,且无住房贷款记录,在首次购买普通自住住房时申请住房公积金贷款的,家庭最高贷款限额标准上浮20%,即淳安职工单人缴存住房公积金的最高贷款额度为48万元、夫妻双方缴存住房公积金的最高贷款额度为84万元。至12月底,有206户申请住房公积金贷款,贷款金额从7986.2万元提高至8976.8万元,额度提高990.6万元。

【“淳十条”房产新政研究和宣传】 2022年,公积金淳安分中心全程参与“淳十条”房产新政研究,高频次开展宣传,促进新政见效,稳步推进房地产市场健康发展。坚持精细分类、精准宣传,以“金秋送‘金’喜”,落实新政“淳十条”为主题,重点围绕三个目标群体定向发力,不断提高公积金政策美誉度:通过单位代理人QQ群、公积金平台短信向重点缴存职工定向推送“淳十条”房产新政具体内容,鼓励缴存职工用好房产新政和公积金低息政策性贷款政策。启动60场送电影下乡活动,进村入企到社区,联动“线下”播放“淳十条”房产新政宣传短片。加强与9家委贷银行信贷业务经理的互动,动员银行进一步与各房企销售紧密配合,切实做好“淳十条”房产新政的落实,提高审批速度、同步放款契合度。全年向877户缴存职工家庭发放公积金贷款4亿元。

【三孩家庭住房公积金优惠政策实施】 2022年8月,根据《杭州住房公积金管理中心关于实施三孩家庭住房公积金优惠政策有关事项的通知》精神,对三孩家庭购买普通自住住房且首次申请住房公积金贷款的,贷款额度按家庭申请贷款时计算的可贷额度合计上浮20%确定;对二、三孩家庭无房租赁住房提取住房公积金的,提取限额按规定额度上浮50%确定,淳安县为900元/月。

【抵押权证管理和楼盘准入风险防控】 2022年新准入楼盘5个,走访楼盘60余人次。严格楼盘准入审查工作,防范贷款风险,对风险预警楼盘柳岸晓风、桂语江南、留香园等楼盘按照各自情况实施每月跟踪报告制度,同时多渠道筹措资金保障贷款有序发放,促进淳安房地产市场健康稳定发展。持续开展公积金贷款结清与抵押注销“一件事”办理、贷款抵押权证清理催办工作,完善抵押权证管理制度,定期开展抵押权证办理情况检查催办,落实抵押权,确保每一笔贷款抵押权落到实处。组织专人对接房地产开发商,加强房产公司期转现办证工作，降低抵押风险。

【公积金档案全面数字化】 2022年6月，全面完成公积金档案数字化建设工作，包括对信贷、归集、提取、财务、公转商贴息贷款等全部纸质档案的整理、装订、扫描和装盒上架及数字化加工。共完成数字化加工23852卷214万页，并建立电子档案管理系统，将电子化数据导入，11月通过终验，实现公积金档案电子化查询、使用，完成文书档案整理、数字化及全宗编撰等，并移交县档案馆。

【强化与委贷银行战略合作】 2022年，公积金淳安分中心委托县农商银行全面代办公积金业务服务事项29项，并在36个公积金“就近办”网点实现全覆盖。与县农商银行合作，专门为公积金贷款户定制金融产品——“公积金联动贷”，助力职工住房消费，至12月底，共向8户公积金贷款户家庭发放贷款金额327万元。 （毛红萍）

·行政审批·

【概况】 2022年，县审管办坚持以数字化改革为牵引，努力推动行政审批和招投标制度创新和服务提效，更好服务经济社会发展。全年县政务服务中心办结各类事项139万件；县公共资源交易中心完成交易项目255个，交易金额21.45亿元。

【党建工作】 2022年，县审管办精心组织中共二十大精神学习宣传贯彻活动，推动中共二十大精神学习全员覆盖。加强习近平依规治党重要论述学习，自觉接受和全力配合县委第二巡察组巡察，落实60余项整改举措，对巡察反馈问题全面整改落实。运用“七张问题清单”整改工作机制，推动重点领域问题破解，1项整改工作被列为县级“示范案例”。开展“服务展风采，窗口树形象”文明服务专项行动，组织窗口工作人员开展服务技能培训，促进窗口工作人员思想政治、服务礼仪、党风廉政各方面素质提升。打造“淳心服务、安心好办”政务服务品牌，破解山区政务服务堵点相关做法和成效获省《竞跑者》、“学习强国”杭州频道刊发。开展服务亚运大考大赛争先创优，政务服务便利化特色亮点工作获《杭州政务专报》刊发，并得到副市长刘嫔珺批示肯定，县政务服务中心3次获得市审管系统流动红旗，公安窗口获评杭州市审管系统“优秀窗口”，住建窗口工作人员方敏获评杭州市审管系统“优秀个人”。

【项目审批服务工作】 2022年，县政务服务中心设立投资项目联合审批服务中心，按照立项用地规划、工程建设许可、施工许可、竣工验收四个阶段推进流程再造，以“小时制”管控审批时限，政府和企业投资项目全过程审批时限分别压缩至40个、36个工作日，较之前“最多80天”分别提速50%、55%。建立“全科代办、全程陪跑”服务制度，设置“代办”专窗，组建平台、乡镇和相关审批部门代办陪跑员54人，项目代办一窗受理、专员跟进、全程服务。

【推进民生事项全县通办】 2022年，县审管办依托浙江省政务服务2.0平台向乡镇延伸，建立办事服务城乡联动机制，梳理确定首批266项“全县通办”事项，在便民中心、智能自助机、掌上指导、中心镇站所及农商行网点“通收通办”。在全杭州率先推出“政银共办”模式，与县内36个农商银行网点建立共办合作机制，将高频易办政务服务事项分类嵌入农商行柜面、丰收互联App、移动pad，政务服务全面下沉到山区末端，精准送达群众身边。

【政务服务中心建设】 2022年，县审管办设置政务服务掌上办体验区和“24小时自助服务区”，配置掌上办平板、自助服务机及文件自取柜等无感智办设施，升级办事大厅智慧管理系统，完善叫号提醒、智能排队、窗口评价等功能，优化群众办事体验感，政务服务事项可掌上办自助办比例达96.1%。将“一号咨询”、人才“一件事”、老年人“一件事”、志愿服务岗、“办不成事”反映窗口统一设置到前台窗口，加大兜底解决办事难问题力度；推进商事登记、税务服务、项目审批等多项企业服务事项集成，打造企业服务专区，强化联审联办。

【招投标监管】 2022年，县审管办下发《淳安县国有投资应急工程项目建设管理办法》，严格规范国有投资项目发包行为，对采用非公开招标方式的项目，参照《招标投标法》等法定依据进行认定管理，对应急工程项目按照30万元、200万元、400万元等标准实施分级审查认定程序。在评标过程中全面实行项目经理现场陈述与答辩，并适度采用EPC、评定分离等模式，强化招标人在招投标过程中的自主权，遏制挂靠招投标、围标等违规违法行为。深化实施中标企业约谈制度，引导中标企业在遵守税收法规上做出承诺，列入标书内容，并与税务、企业监管部门实现实时信息互通。

【优化招投标服务】 2022年，县审管办下发《关于进一步加快政府投资项目招投标进度的实施意见》，明确标前审批、招投标环节办理时长，将招标前置审核材料由6项减至3项，项目招投标全流程办理时限缩短25天。优化“七大攻坚战”等重点项目招投标服务，开展联合踏勘、联合审查、容缺受理、上门服务、“1+N”远程异地评标，提高招投标服务效率。

【招投标领域整治】 2022年7月，县审管办开展政府投资工程建设领域专项整治，对全县2020年后预算20万元以上国有投资工程完工及在建项目进行全面检查，摸排发现问题，推进问题整改，建立健全招投标事前事中事后长效管理机制。 （钱 民）

·档案工作·

【行政村档案数字化试点工作】 2022年，县档案馆启动行政村数字档案室创建工作，指导全县23个乡镇的32个行政村完成示范数字档案室创建试点。

【档案数据质检】 2022年，完成20多家立档单位进馆数据质检，在“淳安县数字档案馆”系统中挂接文书档案28303件，业务档案4570卷，出生医学证明档案682卷。

【档案征集接收】 2022年，县档案馆共接收24家单位文书档案32卷、43285件；接收政协书画院和姜家镇的书画150件，接收徐兆义捐赠书画作品120幅，接收脱贫攻坚等重特大档案1404卷、1950件。

【档案查阅利用】 2022年，县档案馆推进跨馆跨平台民生档案利用全程网办，引导群众通过电话预约、“浙里办”App、浙江档案服务网、微信小程序“掌上查档”等查档方式进行查档。共接待查档5783人次，提供档案13420卷(件)，复制档案7357页。其中，异地跨馆查档538人次，邮寄档案449份。配合“双女户”补助政策，出具结婚证明5600余份。

【档案编研】 2022年，县档案馆与临湖整治办公室联合编纂《千岛湖临湖整治资料汇编》，分6个部分，共7册，完整记录和反映临湖整治这一重大历史事件的起因、过程、目的和意义；建立徐兆义捐赠书画作品陈列室，展示徐兆义捐赠的名家书画作品。

【档案宣传】 2022年，县档案馆开展“6·9”国际档案日宣传活动，在馆内三楼查阅大厅设置“走进档案”展板和“亚运专题”展板。活动期间，以“喜迎二十大　档案颂辉煌”为主题，制作宣传横幅，邀请青溪中学学生到馆参观展览，参观档案库房，体验档案查阅利用，开设档案知识小课堂。开展暑期小学生实践活动，南山小学学生到馆参观学习。利用“淳安档案”微信公众号、“淳安发布”小视频等新媒体扩大档案宣传。

【重大活动和突发事件档案监督指导】 2022年，县档案馆通过“线上+线下”方式，对县农业农村局、县防控办、县委宣传部等单位的脱贫攻坚、疫情防控、党史学习教育等档案开展监督指导，确保此类档案及时、科学、规范归档；全程介入共同富裕、文明创建、亚运档案等重点事件档案归集指导。

【档案工作执法检查】 2022年8月，县档案馆随机抽取全县20家行政事业单位开展档案行政执法检查工作，分别对库房建设、档案保管、制度建设情况，特别是重大事件和突发事件档案归档情况进行详细检查与指导。

【档案工作调研】 2022年，县档案馆开展对23个乡镇的档案工作调研，并在王阜乡开展档案业务培训课程，就档案人员岗位要求、管理制度、库房基础设施建设等内容进行培训。

（杜　莹）

·信访工作·

【概况】 2022年度，淳安县信访工作紧紧围绕县委、县政府中心大局，立足淳安发展新常态新任务，着眼“重大活动安、诉求总量降、北京去人少、初次化解升、民声呼应好”总目标，坚持躬身入局，砥砺奋进，各项指标呈现良好的发展态势。重大信访问题清单指数和信访工作五色图排名全省、全市前列，年度信访工作考核以全市综合排名第二的成绩进入优秀行列，并成功创建浙江省“无信访积案县”。县信访局被评为全省信访系统先进集体。县信访局获得省及省属部门先进集体荣誉2项，市及市属部门先进集体荣誉1项，县及县属部门先进集体荣誉1项，3人获评省及省属部门先进个人，2人获评市及市属部门先进个人，1人获评县级先进个人。

【信访工作责任落实】 2022年，淳安县创新“党建+信访”“1+6”工作机制，成立以县委、县政府主要领导为双组长的积案清零行动领导小组，并将积案清零工作纳入县委、县政府“七大攻坚战”重点任务，每一件积案落实1名县领导领衔包案，1名责任单位主要领导负总责，1名责任单位分管领导具体抓，一个工作专班全程推进。创新实施“日周旬月”攻坚机制，每日研判晾晒，每周张榜通报，每旬难点研究，每月联席推动。实施三色预警和末位约谈机制，每周按化解率排名赋绿、黄、红三色，连续两周红色预警的，约谈相关责任人，连续三周红色预警的，责令向县委作出书面检讨。发挥县信访局牵头抓总作用，与责任单位一道对积案进行逐件逐人归零研究，重新调查核实，透彻分析症结，明确攻坚方向，细化攻坚举措，项目化、清单化、节点化压茬推进。针对积案，全面摸清信访人的“亲情网、关系网、朋友圈”，发扬“5+2”“白+黑”精神，倾尽所有、联动疏导、合力化解。上级交办的183件积案全部清零。

【信访工作重实效】 2022年，淳安县将信访工作纳入大党建考核体系、县委巡察内容，严格落实“主要领导签批，涉事分管领导牵头协调，信访分管领导全程跟踪”信访事项办理闭环机制，各乡镇建立信访联席会议制度，联动基层工作力量，推动形成“属地管信访、管行业管信访、管业务管信访”的大信访工作格局。信访诉求总量(不含来电)下降18.9%，越级访下降80.7%，初次信访化解率、群众满意率、“12345”效能指数稳步提升。创新建立县级信访积案和疑难信访问题化解工作机制，按照每月“一排查、一判重、一交办”和每周“一会商、一汇报、一晾晒”要求，建档明责、化解销号，实现常态化、制度化、精细化推进信访积案和疑难信访问题即排即化，新增积案率0.4%。以《信访工作条例》宣传月活动为抓手，持续规范信访工作行为，获得全市《信访工作条例》知识竞赛集体一等奖及全省信访系统先进集体称号。精准推进依法维护信访秩序专项行动。信访工作五色图月度排名8次处于绿色区域(全省前15名)。淳安县相关做法在省市简报刊发8篇，其中1篇获得市委副书记和县委书记批示肯定，在全市推广借鉴。

【完善信访工作制度】 2022年，县信访局制定完善考核激励办法，倒逼各乡镇部门主动排查发现问题，纳入县级蓄水池问题清单113件。同时滚动申报一批具有以点带面、反映突出、典型意义的问题清单，积极争取纳入省市问题清单。针对省市县问题清单，第一时间落实县领导领衔包案、专班包干推进，明确牵头单位与协同单位，倒排时间计划表和销号时限，按照“能早则早、能快则快”原则，协调各方资源力量集中攻坚销号，省市县17件问题清单全部销号。联动责任单位全面剖析案情，深入分析问题根源，举一反三、建章立制，形成优秀示范案例，并积极参加全市路演比拼，2个示范案例入选全市示范榜，其中1个入选全市总示范榜。重大信访问题清单指数总体排名省市前列，清单指数月度排名6次进入全省前10名。

【规范信访工作秩序】 2022年，完善会商研判机制，县委政法委、县信访局、县公安局、县网信办联动责任单位开展每日会商研判、视频点验、实地督办等工作，合力消除苗头性、倾向性和行动性风险隐患，联动协调疑难复杂信访问题，快速处置“12345”来电紧急事项，确保矛盾纠纷抓早、抓小、抓苗头。

(童星林)

·机关后勤服务·

【概况】 2022年，县机关事务服务中心紧紧围绕县委、县政府中心工作，以服务保障“特别生态功能区建设”争当先行示范为目标，不断完善机关事务管理体制和运行机制，健全管理职能，增强保障能力，提高服务水平，抓实抓细公务接待、公务用车管理、会务保障、办公用房管理、财务管理、疫情防控、文明创建、亚运项目建设、助力共同富裕、“零碳”公共机构创建等各项工作，为全县党政机关运转提供有力保障。

【党建工作】 2022年，县机关事务服务中心始终坚持党建引领，认真落实全面从严治党要求，全面落实党总支主体责任和分管领导“一岗双责”，认真组织学习中共十九届六中全会精神、中共二十大精神和省十五次党代会精神，牢牢抢占政治思想和意识形态的主阵地，打造一支政治过硬、业务精湛、团结协作、服务优质的后勤团队。以中心组学习和支部主题党日为抓手，认真落实基层组织建设基本规范，创新开展政治生日、爱国教育、科室竞赛等自选动作，开展“迎亚运　庆新春　城乡大清洁行动”“红色领航·奉献亚运”大考大赛、淳安精神大讨论、“迎亚运　庆五

一 城乡大清洁”志愿活动、钱海军先进事迹宣传等，全年开展中心组学习12次、支部主题党日活动12次，五星级基层党建品牌基础进一步夯实。完善工作制度、工作流程和内控规定，加强与派驻纪检二组沟通衔接，将廉政风险点排查及廉政风险防控措施列入月度工作例会汇报清单。认真组织开展廉政学习、典型案例学习、观看警示教育片和庭审视频，完善中层干部和重要岗位工作人员廉情档案30余份，组织签订党风廉政建设目标责任书11份，聘请专业律师为单位法律顾问，对单位的合同协议进行合法性审查，使党风廉政意识入脑入心见行动。拓宽“理论+专业”学习内容，丰富“老师教、集中学、实践悟”等学习方式，通过“请进来”“走出去”的方式，公开招考、公开选调引进高素质专业人才，新招公务员1人、选调事业干部4人，改善单位人员结构、专业素养，打造政治觉悟高、业务水平强的后勤队伍。

【公务接待】 2022年，县机关事务服务中心下属事业单位接待服务中心全年接待来宾550余批，约1.9万人次，其中省部级领导48批次。通过自身走访、他方推荐等方式挖掘具有淳安辨识度的接待场所、公务餐、伴手礼等接待事项，进一步丰富接待库。通过外出学习考察，结合淳安实际，巧用他山之石，从细节入手，全面提升接待水平。

【公务用车】 2022年，县机关事务服务中心派车6500趟次，总里程数90万千米。更新公务用车14辆，加快全省公车平台一张网建设应用，提升公车服务人员服务理念、业务水平、安全意识，努力提供优质、高效、可靠的用车服务。

【会务保障】 2022年，县机关事务服务中心严格按照“快落实、高标准、零失误”的工作要求，切实强化责任担当、提高服务意识，从会场布置、设备维护操作、人员服务质量等各个方面进行精抓细管。参与各类会议、活动的后勤保障工作20次，服务人数14167人次。主要包括县两会、茶馆联盟大会、区县协作会议、生态补偿会议、县委十五届扩大会议等。

【房产资产管理】 2022年，县机关事务服务中心稳步推进房产确权，办证项目3个，科学调配办公用房，优化干部周转房租金结构，加快房产软件升级改造，实现以“房产为呈现主体，人、房、事为管理主线”的功能。共计给13家单位调配办公用房27批次、148间、3338平方米。排查隐患100余起，更换玻璃幕墙110块，完成零星维修8000余起，切实起到“管家”职能，有效保障各大楼的正常运转。加快“公物仓”建设。在已有实体仓库的基础上，与县财政局共同谋划淳安县行政事业单位“线上公物仓”平台，对闲置的国有资产实现统一管理调剂，全年为14家单位调配资产39次、1402件，提高了闲置资产使用效率。

【财务管理】 2022年，县机关事务服务中心财务负责县委办、县政府办及中心本级的财务管理，负责亚运专班、临湖整治专班等临时机构的财务核算工作，做好“四办”公务接待费用、“四套班子”经费的审核支付业务，以及负责对机关食堂和机关公务用车公司等单位的财务监管和业务指导。定期组织财务业务指导，组织内部审计1次，账本368本。

【文明创建】 2022年，县机关事务服务中心抓好机关食堂“公勺公筷”配备使用和“文明餐桌”宣传教育；开展高空坠物专项治理；做好集中办公楼消防安全防控体系建设；确保各办公楼玻璃幕墙、展板等安全牢固、完好无损，户外广告设施和招牌设置牢固可靠，窨井盖完好率≥98%；联合国家电网淳安公司、绿城度假酒店、喜来登酒店、林业大厦等单位，牵头开展新安北路和新塘路道路网格文明创建工作，在管辖食堂电子屏滚动播放文明创建相关标语；认真组织开展文明宣传、卫生清洁、文明劝导、规范秩序、志愿服务系列创建活动，集中整治不文明乱象 300 余处。牵头开展文明创建活动 8 次、200 余人次。

【项目建设】 2022 年，县机关事务服务中心选派业务骨干 4 人参与礼宾接待及亚运分村工作。推进亚运相关项目建设，制订项目攻坚计划，通过设计、概预算同步进行，衔接各项审批程序保证审批流程不断档，秉持“既要保障质量，又要加快进度”的原则，在较短时间内保质高效完成亚运专班办公用房及亚运指挥中心建设改造，满足亚运指挥部办公需求，为亚运各项工作推进奠定基础。采购各类设备 40 余件、办公家具 430 余件，租赁办公设备 130 余件，完成采购金额 589 万元。充分发挥资产公物仓的调配利旧职能，在时间紧任务重、采购量大的情况下，累计调配办公用房 53 间，利旧办公家具 10 批次、540 余件，节约办公家具购置经费 20 万元。启动民生事务服务中心 64 个车位的立体车库建设。

【后勤服务】 2022 年，县机关事务服务中心机关食堂根据工作人员的长处和岗位特征，适时调整岗位，做到人岗相适，服务水平、菜品菜色都有所改善；托管食堂以就餐满意度为抓手，加大巡查监督力度，提升各食堂的菜品质量和服务水平；交流干部宿舍楼增加服务和安保力量，实现 24 小时服务保障“不打烊”；积极探索智慧后勤升级，在机关食堂“一卡通”基础上，继续推行政企合作，与那美科技合作推出“机关小院”线上商城，既可以为广大机关干部提供更丰富更实惠更便捷的服务，又可为淳安县“千岛农品”系列农产品拓宽线上销售渠道，助力乡村振兴和共同富裕。6 月，联合县委宣传部、县农业农村局、县文广旅体局、县商务局和县邮政局，举办“共建特别生态区　共享魅力千岛湖——千岛农品　淳安味道走进市级机关助力共同富裕”活动，向市级机关全面展示、宣传、推介淳安特色美食和饮食文化，集中展示“千岛农品”品牌及系列产品，通过品牌赋能，进一步拓宽千岛湖优质生态农产品销售渠道，实现优质优价，为淳安县加快实现共同富裕贡献力量；7 月，主动联系省市机关事务局，推出“百县千碗　淳安味道”进省行政中心交流活动，向省级机关全面展示、宣传、推介淳安特色美食和饮食文化。全年月均服务乡镇、企业及农户 40 余家，各食堂超市完成助农消薄产品销售 70 余万元。

【“零碳”公共机构创建】 2022 年，县机关事务服务中心在集中办公区建设汽车充电桩 20 个，助力新能源汽车推广；在规划展示中心大楼屋面推进光伏项目建设 2200 平方米；推进集中办公楼中央空调技改，进一步提高公共机构空调运行管理能力；加快市民中心水效管理数据平台建设，进一步提高水资源利用效率；行政服务中心成功创建零碳公共机构。

【公车公司管理】 2022 年，淳安县机关公务用车服务有限公司有车辆 56 辆，其中，轿车 34 辆、商务车 18 辆、中巴车 2 辆、面包车 2 辆，在原国资和财政、机关事务等相关单位共同设立的公司管委会体制下进行企业化运作。在职人员 76 人，全年出车 5000 余车次，安全行驶 150 余万千米，实现营业收入 448 万元。

（余小燕）

政协淳安县委员会

·全体会议·

【县政协十届一次会议】 2022年2月10—13日在千岛湖镇举行。会议听取并同意县九届政协主席郑志光所作的《政协第九届淳安县委员会常务委员会工作报告》和县九届政协副主席王晓林所作的《政协第九届淳安县委员会常务委员会关于提案工作情况的报告》。与会人员列席淳安县第十七届人民代表大会五次会议第一次会议，听取并讨论张鸿斌县长所作的《政府工作报告》及其他报告。大会根据《选举办法》，以无记名投票方式选举郑志光为县十届政协委员会主席，胡敏、商松懋、邵文涛、汪雪梅、徐夏冰为县十届政协委员会副主席，余运德、卢合理、张飞燕等40人为县十届政协常务委员。会议审议批准郑志光代表政协第九届淳安县委员会常务委员会所作的工作报告，审议批准王晓林代表政协第九届淳安县委员会常务委员会所作的提案工作情况报告。杭州市政协副主席叶鉴铭到会祝贺。县委书记杨建根在闭幕式和大会发言上分别讲话。

·常委会会议·

【县政协九届常委会第三十二次会议】 2022年1月12日，县政协召开九届三十二次常委会会议，会议由县政协主席郑志光主持。协商讨论《政府工作报告》（征求意见稿）；听取县委、县政府关于县政协九届五次会议以来提案办理情况通报；审议通过县委统战部提交的政协第十届淳安县委员会政协委员名单；协商通过《政协第九届淳安县委员会常务委员会关于召开政协第十届淳安县委员会第一次会议的决定》（草案），明确中国人民政治协商会议第十届淳安县委员会第一次会议于2022年2月中旬在千岛湖镇召开，建议会议议程为6项；协商通过《政协第九届淳安县委员会常务委员会工作报告》（讨论稿）和《政协第九届淳安县委员会常务委员会关于提案工作情况的报告》（讨论稿），并协商决定由主席郑志光作《政协第九届淳安县委员会常务委员会工作报告》，由副主席王晓林作《政协第九届淳安县委员会常务委员会关于提案工作情况的报告》；协商讨论县政协十届一次会议议程（草案）、日程（草案）、提案截止日期决定（草案），并提交县政协十届一次会议主席团第一次会议通过；协商通过关于授权县政协主席会议审议县政协九届常委会第三十二次会议未尽事宜的决定；通报县政协"三个十佳"评选结果和2021年度各项考核结果；书面通报县政协2021年度"委员活动月"开展情况；传达学习县第十五次党代会等有关精神。

【县政协十届常委会第一次会议】 2022年2月13日，县政协召开十届一次常委会会议。会议由县政协主席郑志光主持。会议协商通过《政协第十届淳安县委员会专门委员会工作组编组建议名单》;协商通过专委会工作组正副组长任命事项。会上,郑志光对新一届政协常委会提出希望和要求:一要不负重托、争当示范,锻造过硬战斗团队。切实增强使命意识、身份意识、团队意识,在博学善思、政协履职、本职岗位、严于律己上当好示范,树立政协常委会良好形象。二要围绕中心、服务大局,推动履职提质增效。重点聚焦重要事项、重要环节、重要工作、重要主张等方面开展政治协商、民主监督、参政议政、凝聚共识,努力为中心大局贡献新智慧、汇聚新力量。三要同心聚智、求实善为,致力打造"和美政协"。坚持同心协力、广集众智、求真务实、善做善成,努力展现政协委员的"个性之美",汇聚融合成政协大家庭的"整体之美",实现助力助推共同富裕的"目标之美"。

【县政协十届常委会第二次会议】 2022年3月16日,县政协召开十届二次常委会会议。会议由县政协主席郑志光主持。会议协商同意免去徐香枝的中国人民政治协商会议淳安县委员会城建和人口资源环境委员会主任职务;会议协商通过《淳安县政协常务委员会2022年工作要点》(草案),要求及时报送县委下发文件,并抓好实施;会议协商通过《中国人民政治协商会议淳安县委员会全体会议工作规则》(草案)、《中国人民政治协商会议淳安县委员会常务委员会工作规则》(草案);会议开展习近平新时代中国特色社会主义思想学习座谈会一季度学习座谈活动,传达学习习近平总书记近期重要讲话精神,全国两会精神、省市县有关会议精神以及政协近期出台的制度文件。

【县政协十届常委会第三次会议】 2022年9月21日,县政协召开十届三次常委会会议,会议由县政协主席郑志光主持。会议听取县政协常委会关于"推进我县农林特色产业提质增效与深绿兴富"课题调研情况的说明,并就调研报告《关于进一步推进我县农林特色产业提质增效与深绿兴富的建议》开展协商讨论;会上,县人民法院作书面通报,县人民检察院作口头通报;会议传达学习习近平总书记系列重要讲话精神、习近平在省部级主要领导干部"学习习近平总书记重要讲话精神,迎接党的二十大"专题研讨班上的重要讲话精神、《人民日报》评论文章《坚定不移推进高质量发展——深入学习〈习近平谈治国理政〉第四卷》、《干在实处、勇立潮头——习近平浙江足迹》有关习近平在淳安的节选、中共十八大以来人民政协工作取得历史性成就、浙江省第十五次党代会精神、中国共产党政治协商条例、中央办公厅和省委办公厅分别出台的关于加强和改进新时代市县政协工作的意见(实施意见)、淳安县政协委员述职办法等10项学习内容。

·日常工作·

【县政协常委会课题调研】 2021年,县政协将"推进农林特色产业提质增效与深绿兴富"作为常委会调研课题,成立专题调研组,深入乡镇部门、企业等开展现场走访、座谈交流、协商研讨等多形式、多层次的专题调研,提出针对性的对策建议,并形成《关于进一步推进我县农林特色产业提质增效与深绿兴富的建议》。

【请你来协商】 2022年5月17日,县政协举行"请你来协商"活动,围绕"推进临湖生态缓冲带建设及生态湿地修复"主题,开展专题协商。县政协主席郑志光主持协商会议,副县长罗宝华与部分县政协委员进行"面对面"协商,县政协副主席商松懋出席协商会议。县政协将协商建议汇总形成《"推进临湖生态缓冲带建设及生态湿地修复”专题协商建议书》,供县委、县政府决策参考。5月24日,县政协举行“请你来协商”活动,围绕“培育现代农业龙头企业,推进农业产业提质扩规”主题开展专题协商。县政协主席郑志光主持协商会,县委副书记许海波、副县长金晨旦与县政协委员和龙头企业代表开展“面对面”协商,县政协副主席邵文涛出席协商会。在听取委员的意见建议及相关部门回应后,汇总梳理形成《“培育现代农业龙头企业,推进农业产业提质扩规”专题协商建议书》,供县委、县政府决策参考。6月23日,县政协举行“请你来协商”活动,围绕“构建全域护水数字智治体系”主题开展专题协商。县委副书记、代县长王翀出席会议与部分县政协委员进行“面对面”协商。县政协主席郑志光主持协商会议,副县长罗宝华、县政协副主席汪雪梅参加协商会议。在听取委员的意见建议和相关部门现场回应后,县政协梳理形成《“构建全域护水数字智治体系”专题协商建议书》,供县委、县政府决策参考。8月12日,县政协举行“请你来协商”活动,围绕“深化国有企业改革,优化资本布局,推动县域经济跨越式高质量发展”主题开展专题协商。县委书记杨建根出席会议,并与部分县政协委员进行“面对面”协商。县政协主席郑志光主持协商会议。县委常委、常务副县长卜利斌,县政协副主席胡敏参加协商会议。在听取委员的意见建议和相关部门现场回应后,县政协梳理形成《“深化国有企业改革,优化资本布局,推动县域经济跨越式高质量发展”专题协商建议书》,供县委、县政府决策参考。9月16日,县政协举行“请你来协商”活动,围绕“完善老旧小区物业管理,提升小区治理水平”主题开展专题协商。县政协主席郑志光主持协商会议,副县长余飞与部分县政协委员、居民代表开展“面对面”协商,县政协副主席汪雪梅出席会议。在听取委员的意见建议和相关部门现场回应后,县政协梳理形成《“完善老旧小区物业管理,提升小区治理水平”专题协商建议书》,供县委、县政府决策参考。11月10日,县政协举行“请你来协商”活动,围绕“健全完善千岛湖景区水上管理机制”主题,开展专题协商。县政协主席郑志光主持协商会议,副县长姜君与部分县政协委员进行“面对面”协商,县政协副主席徐夏冰出席协商会议。在听取委员的意见建议和相关部门现场回应后,县政协梳理形成《“健全完善千岛湖景区水上管理机制”专题协商建议书》,供县委、县政府决策参考。

【跨区域联动协商】 2022年9月5日,淳安县与杭州市上城区联动开展“请你来协商”活动,以滨江集团与王阜乡胡家坪村的企村新型帮共体建设为切入点,组织两地政协委员围绕“携商推进帮共体,协作奋进共富路”主题进行专题协商。上城区政协主席黄爱芳、淳安县政协主席郑志光共同主持协商会议。杭州市领导缪承潮,上城区委书记章燕,区委常委、副区长何亦星,区政协副主席洪明,淳安县委书记杨建根、副县长罗宝华、县政协副主席邵文涛出席。在淳安的市政协委员代表、两地部分政协委员、有关乡镇部门和企业负责人参加。专题协商会上,王阜乡党委和滨江集团负责人分别介绍王阜乡及胡家坪村、云顶桃源旅游综合体项目有关情况;两地政协委员围绕协商主题,畅所欲言,积极为深化区县协作、推动共同富裕实践建言献策,上城区企业代表和两地发改部门负责人作针对性回应并发表意见建议。上城区委书记章燕、淳安县委书记杨建根、杭州市领导缪承潮先后进行现场点评并作讲话。会后,县政协梳理形成《“携商推进帮共体　协作奋进共富路”专题协商建议书》,为县委、县政府决策提供参考。

【专项视察】 2022年7月7日，县政协主席会议成员专题就农村治污设施运维工作进行视察，形成《关于进一步加强农村治污设施运维工作的建议》，供县委、县政府决策参考。8月31日，县政协城建委组织部分政协委员就旅游业微改造精提升工作开展专项视察监督，梳理形成《关于进一步加强旅游业微改造精提升的建议》，供县委、县政府决策参考。10月21日，县政协社法委在前期调研基础上，组织部分政协委员就工程建设领域“巩固深化‘无欠薪县’创建成果”，开展专项视察监督，形成《关于“巩固深化‘无欠薪县’创建成果”的建议》，供县委、县政府决策参考。12月，县政协文史委率部分政协委员实地查看汾口镇社区卫生服务中心、浪川乡卫生院、界首乡卫生院“两堂一舍”建设情况，形成《关于加强我县基层医疗机构“两堂一舍”长效管理的建议》，供县委、县政府决策参考。

【委组调研】 2022年，县政协各委组围绕城乡公交“一体化”、数字产业发展、“三茶”统筹发展、物流体系建设等课题，深入调研，并通过实地走访、问卷调查、座谈交流等多种形式，积极建言献策，形成调研报告15份，有关对策建议在协助党委、政府科学决策上发挥积极作用。6月，县政协社法组就严重精神障碍患者管控工作开展专题调研，向县政府报送《关于加强严重精神障碍患者管控的建议》。7月，县政协工交组就淳安县农村公路改造提升开展专题调研，向县政府报送《关于进一步做好我县农村公路改造提升工作的建议》。8月，县政协城建环保组围绕“生活垃圾分类处理”进行深入调研，向县政府报送《关于进一步提升生活垃圾分类处理质量的建议》。9月，县政协文史组，专题就淳安县文化礼堂运行绩效进行深入调研，向县政府报送《关于进一步提升我县农村文化礼堂运行绩效的建议》；县政协旅游组就红色资源保护利用进行专项调研，向县政府报送《关于高质量推动红色资源保护利用的建议》。10月，县政协工交组围绕淳安县数字产品制造业发展开展专题调研，向县政府报送《关于加快推进我县数字产品制造业发展的对策建议》；县政协医卫组围绕淳安县西南片区物流体系建设开展专题调研，向县政府报送《关于进一步加强我县淳西南片区物流体系建设的建议》；县政协学联组围绕千岛湖高铁站管理服务工作开展专题调研，向县政府报送《关于进一步提升杭黄铁路千岛湖站管理和服务的建议》。11月，县政协旅游组就千岛湖水下文物保护开展专项调研，向县政府报送《关于加强千岛湖水下文物古迹保护的建议》；县政协农科组围绕淳安县“三茶”统筹发展开展专题调研，向县政府报送《关于进一步加快我县“三茶”统筹发展的建议》；县政协金融组围绕淳安县经济扶持政策落实情况开展专题调研，向县政府报送《关于进一步细化落实我县经济扶持政策的建议》；县政协祖统组就左口至汪宅越野路线打造开展专题调研，向县政府报送《关于打造汪宅至左口乡村越野线路的建议》。12月，县政协提案组就淳安县城乡公交“一体化”进行专题调研，向县政府报送《关于推进淳安县“城乡公交一体化”的建议》；县政协祖统组围绕淳安县侨资企业发展开展专题调研，向县政府报送《关于进一步重视和扶持我县侨资企业发展的建议》。

【提案工作】 县政协十届一次会议后，广大政协委员、政协各参加单位紧紧围绕县委、县政府中心工作，着眼于全县经济社会发展大局和事关人民群众切身利益的实际问题，积极建言献策，以提案形式提出意见建议290件，经审查，立案214件，45件内容相近的意见建议予以归并，共立案198件。提案交由40个承办单位办理，均已按时办复。提案办理面商率、委员满意和基本满意率、办理结果上网公开率均达到100%。提案所提建议解决和部分解决的占88.9%，其中，已经解决的131件，占提案总数66.2%；部分解决的45件，占提案总数22.7%。20件提案被评为优秀提案。

【社情民意信息】 2022年，县政协建立健全社情民意汇集和落实机制，充分发挥社情民意“小信息”的“大作用”。共收集政协委员社情民意信息418条，经整理编辑向县委、县政府报送《社情民意反映》专刊15期，增刊4期32篇，转送部门24篇，向市级以上政协编报7期。有关“用好红色资源，推动红色旅游常游常新的建议”被省政协录用并报全国政协；有关“实施聚乡贤帮老乡兴家乡共富工程”“利用文物资源促进文旅融合发展”等建议，得到县委、县政府主要领导的高度重视，并得到较好落实。

【民主监督员工作】 2022年，县政协深化选派民主监督员监督，新聘任48名民主监督员，召开新一轮选派民主监督员工作会议，向县人民法院、县人民检察院和县政府组成部门共12家单位派出民主监督组，共组织开展监督活动40余场次，形成“加强县域医疗能力建设”“推进‘大综合一体化’行政执法改革”等监督报告12份。

【专项民主监督】 2022年，县政协响应省市政协部署，大力推动重大课题联动监督，先后围绕“推进城乡环境品质提升行动、实现美丽杭州迎亚运”“数字社会领域改革情况”“全面提升生活垃圾分类处理质量、推进无废城市建设”等工作开展专项集体监督，均形成监督报告报省市政协，梳理36个具体问题交有关部门整改落实，有力推动民生热点问题的解决。

【团结联谊】 2022年，县政协注重与民主党派、工商联、港澳台侨、民族宗教界、新的社会阶层等人士的交往交流，举办中秋茶话会和教育、卫生、文史文化、企业等界别委员恳谈会，进一步引导社会各界人士致力新时代淳安的改革和发展。落实“一府两院”向政协通报工作制度。完成政协之友联谊会、政协企业家联谊会换届工作。向全体委员发出“同心聚智迎亚运、求实善为创和美”倡议，为“成功亚运”集智聚力。深入开展走亲连心三服务、企业大走访、联乡结村等活动，大力弘扬新时代淳安精神，协同助力新乡贤联谊会、异地淳安商会等工作，多方位、多角度为全县中心大局广聚民意、广集众智。

【委员活动月】 2022年9月，县政协组织开展2022年度“委员活动月”暨“助力共同富裕示范区建设协商议事月”。活动中，紧紧围绕助力共同富裕示范区建设主题，较好地完成“十个一”活动内容。活动期间，县政协各专委会及时发动，各工作组和乡镇政协委员履职小组精心谋划，组织广大政协委员深入乡镇、村社，充分利用掌上履职、民生议事堂、委员工作室、协商驿站等多种载体，开展读书交流活动12场，“民生议事堂”活动24场，便民服务活动10场，发放宣传资料2625份，政协委员、界别群众参与584人次，提出意见建议187条，被采纳落实92条，帮助基层解决实际问题36个，走访村企单位68个，提交提案线索99件，征集民生实事项目51个，反映社情民意32篇，开展调研活动25次，撰写小组调研报告5篇，市级以上媒体宣传50余条次。

【文史书画】 2022年，县政协制订政协文史工作五年计划，围绕淳安近年在经济社会发展过程中实施的重大行动、重大项目和重大改革，扎实开展《护水之路》《出行之路》《旅游之路》《帮扶之路》《美丽之路》等“五个之路”

系列丛书的编辑工作。有序推进新安文化研究，出版《一个人的淳安地理》《淳安历史的32张面孔》，成功举办“喜迎二十大、奋进新征程”等书画交流活动，通过以文“化”人，汇聚奋进力量。健全完善政协新闻宣传机制，树立外宣工作精品意识，加强微信公众号、委员风采等宣传阵地建设，全面展示政协履职成果和委员履职风采。在《人民日报》《人民政协报》等国家级媒体刊播新闻稿件21篇，多次荣登省政协微信公众号“同心苑”榜前十名。

【自身建设】 2022年，县政协全面落实省市政协关于基层履职平台建设新要求，将原“乡镇政协工作联络组”统一更名为“乡镇政协委员履职小组”，持续完善委员工作室等平台建设，先后建成23个乡镇民生议事堂、36个委员工作室、349个村社协商驿站，实现乡镇民生议事堂、委员工作室、社情民意联系点“三位一体”和村社协商驿站建设的全覆盖。制订完善“政协履职工作五联制度”“政协委员年度履职量化考核计分办法”等19项制度并汇编制作成工作手册，着力提升“和美政协”建设制度化规范化程序化水平。制定出台政协委员履职“八件事”要求，建立委员履职档案，实现委员履职精细化管理，落实委员履职情况季度通报，切实让委员“动”起来、履职成果“实”起来。加强和改进委员学习培训，举办新任委员、骨干委员等培训班3期、800余人次。推进“数字政协”建设，建成开通“履职在线”“提案在线”“协商在线”“学习在线”“社情民意在线”“同心在线”6大应用场景，实现委员履职情况一屏展示、履职内容实时更新、提案办理全链贯通。加强专委会建设，注重发挥专委会组织委员、引导委员、服务委员的基础性作用，不断夯实政协履职基础。注重机关年轻干部的锤炼，重视老干部工作。深化政协理论研究，《淳安县政协致力打造“和美政协”的探索实践》得到省市政协领导批示肯定，《传承和合文化　打造和美政协》在《人民政协报》全文刊发，《“民生议事堂”助力乡村振兴的实践与启示》获省政协论文三等奖。

（钱万民）

中国共产党淳安县纪律检查委员会
淳安县监察委员会

【县纪委十五届二次全会】 县纪委十五届二次全会于2022年2月18日召开。会议回顾总结2021年党风廉政建设和反腐败工作，研究部署2022年任务。县委书记杨建根出席会议并讲话，县委常委、纪委书记、监委主任沈国红代表县纪委常委会作题为《弘扬伟大建党精神、忠实践行职责使命，奋力开创新时代淳安全面从严治党新局面》的工作报告。

【政治监督】 2022年，县纪委监委牢牢把握政治监督的根本任务，推动全县上下做到“总书记有号令、党中央有部署、省市委有行动、淳安真落实”，以实际行动践行“两个维护”。紧扣重点任务，把保障习近平总书记重要指示批示精神和省市县委工作部署贯彻落实摆在首位，围绕护航中共二十大、学习贯彻中共二十大精神、疫情防控、共同富裕示范区建设、亚运会筹办、生态环境保护等“国之大者”，紧贴淳安特别生态功能区建设等县委重点工作跟进监督、精准监督，坚决防范、纠正、查处贯彻党中央和省市县委决策部署不自觉、不坚决问题。全年共开展监督检查456次，发现并推动整改各类问题308个，完善制度机制33项，有力保障中心工作高质高效推进。全面加强对“一把手”和领导班子的监督，对标省委“五张责任清单”要求，明确监督内容和路径，县纪委常委会专题听取乡镇、部门党委（党组）书记履行主体责任和“第一责任人”责任情况汇报，并基本实现同乡镇、部门党委（党组）书记走访谈话全覆盖，有效构建“一级抓一级、层层抓落实”的监督格局。

【违纪案件查处】 2022年，县纪委监委坚持无禁区、全覆盖、零容忍，一刻不停反腐惩恶。全县各级纪检监察组织共受理检举控告115件次，立案261件，党纪政务处分250人（其中县管干部5人），采取留置措施6件、6人，移送司法机关3件、3人。重点查处县应急管理局原党组书记、局长童丰平严重违纪违法案件，承办市纪委市监委指定管辖杭州凯利不锈钢厨房设备有限公司两名对象涉嫌职务犯罪案件。深化以案促改，健全查清事实、剖析问题、堵塞漏洞、防控风险、重塑生态“五位一体”处置机制，发出纪检监察建议书38份，督促案发单位及时消除制度短板、堵塞监管漏洞。充分发挥“四种形态”分类施治、层层设防功能，运用“四种形态”处理701人，其中第一、二种形态各占比62.5%、30.2%。深入推进警示教育，开展两批次新提拔县管领导干部廉政谈话，进一步筑牢拒腐防变的思想防线。

【正风肃纪工作】 2022年，县纪委监委坚守重要节点，紧盯薄弱环节，抓牢“关键少数”，毫不动摇纠治“四风”。查处违反中央八项规定精神问题15起、19人，“不担当、不作为、不落实”干部96起、145人，公开通报违反中央八项规定精神、党员干部赌博、酒驾及群众身边的不正之风和腐败问题9起。紧扣县委大兴落实之风要求,加大对“七大攻坚战”实施、“房产新政10条”“开门红25条”落实等情况的监督检查,切实提高各级各部门工作执行力、工作落实率。扎实开展漠视侵害群众利益、酒驾醉驾及其背后“四风”问题、经合社合同管理等专项治理,共发现问题308个,处理174人。深刻汲取周江勇案教训,及时在全县开展构建亲清政商关系问题大排查活动,查改问题21个,全力构建“亲而有度”“清而有为”政商关系。坚持“三个区分开来”,为7起、8人失实检举控告澄清正名,旗帜鲜明为干部撑腰鼓劲。出台《关于健全完善容错免责机制促进党员干部担当作为的实施办法》,并实质性推动容错免责工作,为2件事项进行事前备案,为41件事项协调会商,逐一明确工作红线和底线,指导防范风险,鼓励干部在严守底线的前提下放心去干、大胆推进,受到基层干部的普遍欢迎。

【推进改革创新】 2022年,县纪委监委始终树立向改革要动力、向创新要活力的工作理念。积极创新派驻机构监督工作机制,实行重点工作项目化管理,分别明确工作任务、具体举措和时间节点,共确定75个重点项目,开展全过程监督。全年各派驻机构开展各类监督检查426次,发现问题231个,处置信访件81件、问题线索134条,问责49人,党纪政务处分26人,督促修改完善制度机制57项。全力推动重复检举控告“清零”专项行动,全县共受理重复访12件,下降50%;5件重复检举控告件实现事实息访。积极发挥数字赋能作用,淳安房建(人防)工程监督场景列入省纪委公权力大数据监督“一本账S1”试点,并获省纪委推广运用,产生红色预警信息56条,查实12条,处理党员干部6人,挽回经济损失20万元;立足千岛湖生态保护这一政治任务,开发“秀水保护”政治监督场景,监督推动治水护水,共办结预警信息246条,谈话提醒7人,提升水质监测预警处置质效。

【清廉建设】 2022年,县纪委监委深入贯彻落实省市县委清廉建设推进会议精神,对标上级纪委要求,制订下发《2022年监督推动清廉淳安建设高质量发展实施方案》,推动清廉建设迭代深化、全面提升。重点聚焦学校和村居两个单元,以十佳“秀水清廉示范村”和十佳“清廉示范校”评选活动为载体,因地制宜打造清廉单元建设示范标杆。枫树岭镇下姜村、海瑞祠被评选为全省清廉建设成绩突出单位并获全省通报表扬;威坪镇茶合村、县中医院、千岛湖镇第六小学等7家单位报送的案例被评选为清廉杭州建设优秀实践案例。充分发挥廉洁文化浸润人心作用,持续打响微电影品牌《纪委来了》,拍摄《非凡十年·寻梦下姜 共富路上的清廉图景》短视频,获得良好社会反响。加大清廉淳安宣传力度,清廉淳安美誉度、影响力持续提升,全年在省级以上媒体发稿476篇,外宣成绩位列全省纪检监察系统第2名。

【政治巡察】 2022年,县纪委监委坚定不移深化政治巡察,推动政治监督更加精准有效。协助县委制定《十五届淳安县委巡察工作五年规划》,累计完成三轮25家单位和24个行政村的常规巡察。协同联动开展“亚运攻坚”专项巡察和民政系统市县归口巡察,巩固深化市县上下联动巡察机制。高标准做实巡察整改“后半篇文章”,创新县委县政府主要领导约谈、巡察工作领导小组组长警示约谈等系列举措,压实巡察整改责任。高质量推进重大巡视问题清单工作,清单指数年度排名全省第21,1个典型案例入选省委七张问题清单总清单示范榜。全年向41家被巡察单位党组织反馈问题755个,移交问题线索12条,完成整改745个,整改率为98.7%;完善制度147项；清退、收缴资金242.6万余元；对巡察移交问题线索处置，谈话提醒116人次，问责66人次，党纪政务处分11人。

【纪检监察队伍建设】 2022年，县纪委监委严格落实党史学习教育常态化，引领带动广大纪检监察干部持之以恒学思践悟习近平新时代中国特色社会主义思想。围绕中共二十大精神学习贯彻落实，开展一系列形式多样、富有“纪检味”的学习活动，推动全县纪检监察干部在全面学习、全面把握、全面落实上下功夫。创新推出五支队伍全面融合机制，重新编印办信办案规范化实务手册，开展“秀水清廉加油站”纪检监察实务培训等系列活动，加大轮岗交流和以干代训力度，形成五方联动、同频共振、贯通融合的工作格局。首次开展县监委向县人大常委会报告专项工作，认真办理审议意见，不断提升监察工作的规范化法治化正规化水平。开展专题警示教育活动，督促纪检监察干部严守“十二个严禁”负面清单，第一时间落实“九条禁令”，以零容忍严防“灯下黑”。 （朱华强）

群众团体

·总工会·

【概况】 2022年,县总工会紧紧围绕县委、县政府中心工作,立足工会特色和优势,团结带领全县广大职工在淳安特别生态功能区建设中,稳步推进维护职工权益、服务职工群众、产业工人队伍建设改革试点、数智群团、职工疗休养、参与基层社会治理等各项工作,较好地完成年初制定的各项工作目标。

【劳模工匠培育】 2022年,县总工会高质量做好劳模工匠的选树工作,培育浙江工匠2人、杭州工匠1人、市模范集体6家、市劳动模范12人,评选县五一劳动奖状集体5个、县五一劳动奖章13人、县优秀工会工作者20人。省总工会干部培训学校在县总工会设立干部培训现场教学点,市总工会干部培训学校在中洲设立红色教育基地,以办学合作打造工会思想教育特色品牌。

【产业工人队伍建设改革】 2022年,县总工会以产业工人队伍建设改革为牵引,扎实开展"百业百匠"技能竞赛"大擂台"活动,举办各类比武活动88场、5000余人次参与。开展高技能人才(劳模)创新工作室、技能大师工作室创新创造比武竞赛,强化榜样引领和师带徒作用发挥。建立淳安县推行厂务公开工作领导小组和领导小组办公室,推进落实"3+X"(即把社区党组织、居民委员会、居民代表作为3个协商议事固定群体,把基层政府、驻社区机关企事业单位、业主委员会、物业服务企业、共建单位、个体工商户等利益相关方作为非固定群体,即与协商共议事项有关的利益相关方)民主管理工作,为保障全过程人民民主提供助力。开展产业工人"推优入党"工作,推荐66名产业工人加入中国共产党。在中小流域综合治理工程等8个重点工程项目中开展社会主义劳动竞赛活动,积极开展职工"五小"创新活动,评选县职工经济技术创新优秀成果45项,为企业职工创新创造增添动力。

【职工疗休养】 2022年,县总工会成功推荐优质资源申报市级(劳模)疗休养基地9家,建立省市级疗休养基地45个,成为最多的市级疗休养基地县城。加强从业人员培训,开展旅游行业培训和技能比武共20余场次2000余人参加,市总工会专门在下姜村组织疗休养基地专题培训班,并发布全国首个市级《疗休养基地评价规范》标准。以"大活动"为淳安引流,承办市一线职工疗休养启动仪式、组织杭州市区县市和各产业工会在淳安开展推介活动,邀请全省地市教育工会现场考察疗休养线路,并在长三角地区工会疗休养地市推介会上代表杭州市进行专门推介,省内疗休养到淳安人数超过25万人。

【参与社会治理】 2022年,县总工会压实企业责任,推动签订集体合同400余份,覆盖企业550余家，签订率98%以上。创建市和谐劳动关系建设标杆园区2个，市和谐劳动关系先进企业34家。开展“尊法守法·携手筑梦”服务农民工法律公益行8场，各类法律宣传咨询活动惠及职工近6000人，为4家基层工会申报“工会法律服务包”，开展农民工欠薪问题化解。在重点行业开展风险隐患排查830余家，化解隐患8个。

【职工文体活动】 2022年，县总工会创新推出“淳工学堂”公益课，主动送培训到基层，共开设插花、面点、书法等5种课程10个班次，免费培训职工200余人次。发动全县职工参加杭州市第十届职工运动会，承办杭州市第十届职工运动会公路自行车比赛，规范加强职工书屋建设，不断满足职工健康和精神文化需求。

【工会组织建设】 2022年，县总工会持续开展全县工会组建攻坚行动，对25人以上未建会企业全面摸排，重点关注新业态新就业群体建会入会，全年新建基层工会56家，发展会员1500余人。至2022年年底，淳安工会组织共有776家，会员总人数4.4万余人，工会服务不断扩面提质。加强基层工会组织规范化建设，深入推进“五有”职工之家建设，全年创建市先进职工之家3家，评选县先进职工之家8家、县工人先锋号20个，工会组织战斗力不断增强。

【精准帮扶】 2022年，县总工会为1229名一线职工提供免费健康体检；为437名一线职工提供免费疗休养活动；为115名职工提供平安返乡单程车票实报，补助金额27798.5元；开展困难职工、困难劳模、省外留淳过年人员和防疫一线人员各类慰问1000余人次；为3990名职工办理医疗互助发放补助308.1万元，服务建档困难职工129人次，发放补助45.98万元；帮助50名优秀外来务工人员申报学历能力双提升补助；为1000余名职工发放高技能人才奖励；为5900名户外高温作业者“送清凉”。（柯红槐）

·共青团·

【概况】 2022年，中国共产主义青年团淳安县委员会(以下简称团县委)立足县域发展实际，紧扣中心大局，凝聚广大青年，激昂青春活力，全力助跑淳安高质量发展和共同富裕建设。全县有乡镇团委23个，县属各单位团组织37个，有团总支16个，团支部988个。有团员1.5万余名，其中学生团员2508名。有45个学校少先队大队，18740名少先队员。

【思想引领】 2022年5月，团县委打造淳安首家团史馆暨杭州青年运动史馆淳安分馆，全年组织开展活动43场，其中“五四”主题活动在中央广播电视总台《新闻联播》报道。建成并运营淳安首家实体化乡村青少年宫——姜家青少年宫，至年底有农村孩子800余人次参与活动。开展偏远村乡村青少年俱乐部、流动少年宫进村(社)活动12场2200余人参加。持续实施青马工程，启动首届“青蓝论坛”，开展“一团一品”大评比，开设“访百名老团干”“学习二十大·青年说”等公众号专题，举办2022青马班、全团干部能力提升培训班等，召开淳安县各界青年代表座谈会暨学习习近平总书记在庆祝中国共产主义青年团成立100周年大会上重要讲话精神座谈会，县委书记杨建根出席。

【联系服务青年】 2022年5月，团县委在省内18所高校、省外5个地区搭建淳安学子工作站，常态化联络在外高校学子2000余人。突出在杭流动区域化大团委和“一专一站两联”服务联络作用，全年举办读书分享会、“你好二十大”淳籍在杭青年热议等活动18场次,覆盖淳籍在杭青年3000余人。与明康汇合作推出“青年农创客合伙人计划”,与淳安农商银行签订青年创业贷款总授信额度为1亿元的协议,构建青春版“山海协作”,开展创业帮扶、资金互助。推出“淳青论坛”主题沙龙活动、“返家乡”社会实践,累计推出党政、乡村、企业、公益等实习岗位280余个。推出“青工技能比武”“青年文明号”等争创活动,全年举办连线香港同心friend、青春团缘等“青友学院”系列活动12场。全年获评一星级全国青年文明号1家(汾口派出所),获评省级“青年工匠”4人、市级“青年文明号”4家、市级“青年岗位能手”8人,推荐上报10家青年集体参加“市级青年文明号争创集体”评比,推荐3名青年创业人员参加省级“青牛奖”评选,其中1人进入候选名单。

【共同富裕活动】 2022年5月,团县委主办“一条小巷看共富”系列活动之“淳青共富”集市活动,全县61个团组织抱团组队,开展集市展销PK赛,销售各类产品近30万元。启用“淳青共富直播间”,汇聚80多名农村青年主播,完成助农直播30余场。举办“共享浙里货　共富山区路”直播电商大赛分赛、直播培训班等,助力县域新行业领域发展。

【志愿服务】 2022年,全县志愿者参与县内组织的大型赛会活动9场,为2022淳安高质量发展大会暨第四届淳商大会、2022年千岛湖大铁铁人三项赛等大型赛会提供志愿者服务800余人次。围绕全国文明城市创建、疫情防控等开展各类志愿服务活动6992场,增长21%,参与活动志愿者服务46298人次,增长10.4%,参与志愿服务总服务时间22.64万小时,增长22%。打造亚运青年微站3处及青年微站10处,测试赛期间,来自3所高校的159名志愿者参与到60个岗位服务当中。继续打造“雷锋广场”“雷锋角”“亲子志愿服务”“赛会志愿服务”等志愿服务品牌项目。举办县级“三五学雷锋”活动,开展优秀志愿者、集体、村社选树活动。

【团组织换届】 2022年,团县委完成全县61个基层团组织换届,100%配齐各团组织团委委员,全面落实23个乡镇新增设挂、兼职团委副书记,团干队伍人数比上年增长27%。11月2—3日,召开共青团淳安县第二十三次代表大会,洪晓珍当选为团县委书记,陆嘉楠、徐丽君、汪仁鹏、何健、王俊桦当选为副书记,选举产生常委13名,委员28名,候补委员7名。

【中国少年先锋队淳安县第十一次代表大会】 2022年1月14日,中国少年先锋队淳安县第十一次代表大会在千岛湖镇第八小学召开,来自全县的少先队员、少先队辅导员和少先队工作者代表共商淳安少先队事业新发展。县委书记杨建根讲话,县领导张鸿斌、董文吉、郑志光、许海波等出席,团市委副书记许江晨到会祝贺。县委副书记任名誉少工委主任,团县委、县教育局主要负责人任少工委主任。

【少先队建设】 2022年,团县委抓好少先队队室、红领巾广播站、少先队鼓号队等主题教育阵地建设,创建申报杭州市“红领巾e站1013”阵地4个、“校外争章平台”3个,17个少先队集体和个人获得省市荣誉。聘任各校大队辅导员45名,校外辅导员208名。构建“1+45+X”红领巾学院体系,实现全县中小学红领巾学院100%覆盖。开展“红领巾奖章”争章活动,20个少先队集体、100名少先队员获评“红领巾奖章”县级二星章,5个少先队集体、8名少先队员获“红领巾奖章”市级三星章,1个少先队集体、2名少先队员获评“红领巾奖章”省级四星章,1名少先队员获评“浙江省成绩突出少先队员”。依托红领巾学院品牌建设,举办首届“思政微队课”大赛、百讲“传”声等少先队专题教育活动234场,参与18348人次。研究制定8条县级红色研学路线,持续推进少先队“梦开始的地方”本土红色教育研学活动,年累计开展活动346次,参与人数8305人。

【数智赋能关爱留守儿童】 2022年,团县委聚焦山区加快发展县县情,构建“浙爱童”数字应用,开发亲情陪伴、安全守护、成长预警等多元模块场景,精准关爱农村留守儿童健康成长。该应用被纳入2022年全省重大改革(重大应用)“一本账S2”,相关专报信息获浙江政务、杭州政务信息(专报)刊发,获副省长王文序、副市长陈瑾批示肯定。各级团组织累计走访重点青少年1万余人次,帮助解决困难问题3000余个。

【淳安县青年工作联席会议第三次全体会议】 2022年12月13日,淳安县青年工作联席会议第三次全体会议召开。县委副书记许海波出席会议。会议由副县长余飞主持,联席会议成员单位负责人、各乡镇团委书记、县属各单位团组织负责人参加会议。团县委书记洪晓珍汇报年度青年工作主要成果并提出下一步计划,会上5家单位进行青年工作交流发言,对《淳安县青年发展型县域建设实施方案》进行意见讨论。县委副书记许海波就高质量开展新形势下的淳安青年工作进行强调。

【“淳安县十大杰出青年”推选】 2022年,县委组织部、县委宣传部、团县委、县融媒体中心、县青联联合开展的2022年淳安县“十大杰出青年”推选活动,最终确定王红达、王斌、方海峰、张腾、吴健明、余倩倩、汪霞红、郑文、郑文华、蒋有兵为2022年度“淳安县十大杰出青年”。

【希望工程】 2022年,落地由阿里巴巴公益、阿里健康公益联合中国出生缺陷干预救助基金会、浙江省青少年发展基金会实施“小鹿灯儿童重疾救助公益项目”。争取到“利星行汽车校园卫生室”项目(界首乡中心小学定向)4万元、瑶山乡中心小学多媒体教室项目25万元、小平实验室项目30万元。完成竣工文昌镇中心小学28.5万元宿舍楼食堂修缮项目、县实验小学8万元教学楼修缮项目、王阜乡中心学校30万元塑胶跑道修缮项目。承办体育公益助力共富——“浙江希望工程体育壮苗行动”、“财”下眉“投”·却上心头——亲青恋单身青年疗休养联谊交友活动。发放精实助学金12.5万元、彩虹计划助学金2800元。

【少年宫兴趣培训】 2022年,淳安青少年活动中心精心优化课程,积极引进优良师资,着力全面提升孩子素质,共开设形体艺术、音乐艺术、视觉艺术、科技劳技等六大类58门兴趣课程,年培训量11746人次。在6个乡村少年宫(分部)开设相应兴趣课程,共享优良师资,年服务乡村孩子2100余人次。

【少年宫特色活动】 2022年,团县委开展“书画亚运,文明结伴”“彩色开学季,我们一起向未来”“劳动最光荣,五一劳技实践”“生命健康教育”“璀璨星夜,篮球之夜——淳安建德篮球交流赛”“淳安——奥克兰云上国际象棋友谊交流赛”“中国杭州拉丁舞大赛”“杭州市艺术节学员成果展示”等大型活动,共有12000余名青少年参与;组织开展少年海岛夏令营、冲锋吧小士兵、王牌飞行团、寻源千岛湖夏令营、“红色少年行,共绘家乡美”等公益夏令营7场,近200名少年营员参与;围绕

“美丽乡村”主题，组织开展“探古村文化，寻多彩童年，走进富美浪川”“探秘蜜蜂王国，做小小养蜂农，走进大下姜”等研学活动，200余名青少年参与。（方春风）

·妇女联合会·

【概况】 2022年，全县有基层妇联组织412个，其中，乡镇妇联23个、县属单位（部门）妇联35个、建制村妇联337个、社区妇联17个；县妇联被评为“平安杭州”创建先进集体。选树浙江省基层妇联“最美执委”4个，浙江“最美家庭”2个，杭州市“最美家庭”2个，杭州市“巾帼文明岗”5个，杭州市“巾帼建功标兵”3个，县级“三八红旗手”6个，县级“三八红旗集体”6家，县级“巾帼文明岗”10个，县级“巾帼建功标兵”5个，县级“最美执委”10个，县级“最美共富带头人”9个，县级“最美家庭”47户。

【来料加工】 2022年，县妇联开展36165来料加工进低收入农户共富攻坚行动。启动5000户低收入农户发展来料加工促增收项目，在337个村成立来料加工联络员队伍，健全“一联十”低收入农户增收机制。组建来料加工共富党小组，培育来料加工式共富工坊182家，举办第九届来料加工技能比武大赛，6942名来料加工从业人员报名参赛，1320名加工高手参加套笔、家纺等10个项目的技能比拼，选拔产生全县100名来料加工技能能手，每人发放奖金1000元。评选出2022年度十佳来料加工经纪人，每人发放奖金1万元。根据县政府《关于进一步提升来料加工产业发展的实施意见》，评选产生“一乡一品”乡镇18个；鼓励规范发展205人，兑现奖补资金98.68万元；鼓励布点带动58人，兑现奖补资金26.98万元；助力消薄增收1580人，兑现奖补资金55.28万元；扶持来料加工厂房48个，兑现奖补资金50.28万元。至年底，全县新培育来料加工经纪人38人，新创办来料加工企业30家，辐射带动从业人员3.15万人，发放来料加工费2.04亿元。

【数字化改革】 2022年，县妇联来料加工“伊加工”应用场景获评省数字政府最佳应用，被评为“强村富民的新探索、新成果”特色应用。6月13日，省妇联将“伊加工”提升为“省级应用”，并纳入省妇联全省推广应用项目。7月8日，“伊加工”入选第一批数智群团重点培育场景应用目录。8月12日，“伊加工”数字应用助力山区百姓就业增收入围杭州市争当浙江高质量发展建设共同富裕示范区城市范例第二批试点名单。9月5日，浙江发布刊发《杭州淳安“伊加工数字助力产业增收、群众增收”》。10月20日，浙江政务信息第698期刊发《淳安县深化“伊加工”应用场景建设助力山区留守妇女家门口增收致富》获副省长王文序批示，肯定推广运用好“伊加工”平台，助力就业致富的做法。10月19日，参加浙江省数字化改革最佳应用视频演示评选会，淳安县委书记杨建根作系统演示汇报。12月6日，“伊加工”应用获评“数字政府系统优秀应用案例集（第三批）”。

【美丽庭院】 2022年2月，县妇联下发《2022年淳安县“扮靓庭院　助力亚运”美丽庭院创建实施方案》，全县正式开启美丽庭院创建活动。围绕亚运环境整治、环湖自行车赛，在23个乡镇开展美丽庭院创建，共涉及66个村。环湖自行车赛道上55个村是美丽庭院创建重点村，涉及创建户850余户。3月，启动“巾帼助力亚运·美丽庭院风采展”活动，展现全县妇女的巾帼担当，充分发挥淳安妇女半边天作用。6月30日至7月1日，开展23个乡镇美丽庭院创建第二次大比武活动，包括环湖自行车赛赛道经过的55个村比赛环境整治和沿线美丽庭院和11个乡镇的11个美丽庭院创建村整村推进、环境整治。7—12月，开展11个乡镇美丽庭院创建长效管理比武，汾口镇、威坪镇、鸠坑乡获得前三名。

【村姑主播活动】 2022年，县妇联持续推动“巾帼带货、爱心助农，千名村姑当主播”活动，建立23个村姑主播孵化基地，举办@她创业计划——“她乡好货”赋能公益项目培训班。全年直播销售额达2000万元。

【乡镇妇联组织换届】 2022年3月，全县23个乡镇先后召开乡镇妇女代表大会，选举产生新一届妇联班子，4月底，全部完成乡镇妇联组织换届。在新当选的妇联班子中，所有组织提名人选全部当选，连任妇联主席、副主席26人，新产生妇联主席、副主席53人，兼职副主席23人，挂职副主席23人，新当选的妇联主席班子平均年龄35.2岁，执委班子平均年龄39.4岁，30岁以下60人，35周岁以下154人，本科学历164人，研究生及以上学历3人。

【关心关爱困难妇女儿童】 2022年，县妇联持续推进家庭家风建设，常态化选树宣传“最美家庭”等各类先进典型45户。成立“家事共享法庭”，实现网上立案“一次不用跑”，调解指导“一站式化解”，普法宣传“一平台实现”。创作宣传品15个，惠及群众6950人。推出“温暖来敲门，万名巾帼在行动”“巾帼红、温暖家”“同在蓝天下・我们共成长”“伊启爱”等系列妇女儿童关爱活动，推进儿童友好城市建设。

【阵地建设】 2022年，县妇联共建妇女儿童综合驿站26家，社区家庭教育指导站11个，举办线上线下家庭教育102场，亲子互动活动15场。常态化做好“四必访四必应”“巾帼共富工坊”“亲职教育”“家庭教育”“和睦E家”等“浙里家・连心桥”应用推广使用工作，拓展“四新”领域（新领域、新业态、新阶层、新群体）妇联组织覆盖面，打造温暖阵地。

【县妇联第十七次妇女代表大会】 2022年，县妇联召开第十七次妇女代表大会。会议回顾总结过去五年淳安县妇联工作，研究部署之后五年妇联工作目标任务，听取和审议淳安县妇联第十六届执行委员会工作报告，选举产生淳安县妇联第十七届执行委员会。选举产生淳安县妇联第十七届执行委员会委员35人，常委9人、主席1人、副主席2人，挂职副主席1人，兼职副主席2人。

（郑春艳）

・科学技术协会・

【概况】 2022年，县科协以习近平新时代中国特色社会主义思想为指导，深入学习贯彻中共二十大精神和习近平总书记在两院院士大会、中国科协第十次全国代表大会上的重要讲话精神，认真落实各级群团工作会议精神，立足“四服务”职能，团结全县广大科技工作者，围绕中心、服务大局、积极作为，为淳安特别生态功能区建设作出积极贡献。主管16个学（协）会，会员3150人，其中老科技工作者协会和反邪教协会为直属协会；乡镇科协23个，会员6388人；企业科协11个，会员820人；全县注册科普志愿者1115人。

【县科协十一次代表大会】 2022年6月14日，召开淳安县科学技术协会第十一次代表大会，出席大会正式代表151人，按《淳安县科协系统深化改革实施方案》要求，提高科协组织中基层科技工作者比例，其中，基层一线科技工作者134人，占88.7%；45周岁及以下中青年科技人员83人，占代表总数的

55%,体现老中青相结合的特点。大会选举产生第十一届委员会,委员会由39人组成。十一届委员会第一次全体会议选举产生新一届常务委员和主席、副主席、秘书长。

【创建全国科普示范县】 2022年5月6日,淳安县召开创建全国科普示范县动员大会,各部门、乡镇对照创建标准和任务分工,积极准备,查漏补缺。6月赴海盐县学习创建经验。7月、8月两次召开创建全国科普示范县成员单位推进会议,详细解读创建评分细则,进一步压实创建工作目标。9月28日,迎接浙江省创建专家检查组现场检查,省市专家组对淳安创建工作高度认可。

【"三站"建设工作】 2022年,淳安院士工作站实现零的突破,建立首家浙江远算科技有限公司院士工作站。新认定市级专家工作站24家,认定市级博士创新站22家,建站家数均列杭州市第一。博士创新站开展项目合作数、博士入企活跃度两项指标列全省第一。淳安县专家工作站建设工作在"第19届京沪杭高科技论坛"上做典型发言。

【科技工作者思想政治工作】 2022年,县科协学习宣传贯彻中共二十大精神、习近平新时代中国特色社会主义思想和习近平总书记在两院院士大会、中国科协第十次全国代表大会上的重要讲话精神。"5·30"全国科技工作者日期间,科协班子走访慰问标普健康、鸠农茶业、康诺邦等企业的科研团队和一线优秀科技工作者代表。召开学会、乡镇科协代表和市级专家工作企业代表座谈会,使科技工作者切实感受"家"的温暖和"节"的温馨。

【"希望之光"人才驿站】 2022年,"希望之光"淳安县人才驿站挂牌成立,制定运行机制,组建以浙江省健康产品安全研究会宣尧仙理事长领衔的30余名专家团队,积极开展企业和人才对接活动,助力淳安县中药材产业健康良性发展。

【最美科技工作者评选】 2022年,县科协联合县委宣传部、县委组织部(人才办)开展淳安县首届"最美科技工作者"评选活动,通过部门推荐、联审和综合评审等环节,产生各行业最美科技工作者候选人20人。

【农职评工作】 2022年,县科协组织开展淳安县第十七次农民技术职称评定工作,共评出蚕桑、水果、林业等类别农民技术职称181人,其中,农民技术员93人、助理农民技师41人、农民技师47人。7名农民技师获评省级农民高级技师。

【提升全民科学素质】 2022年,县科协开展以"共创全国科普示范县,共建特别生态功能区"为主题的百场科普电影进村(社)、进学校、进企业活动。开展"跨越数字鸿沟,共享智慧生活"科普专项行动,启动老年人使用智能手机培训工作,培训7600余人次。继续推进"科普中国"落地应用,新增注册科普员4000余人。

【科普活动】 2022年,县科协联合市科协组织科技工作者到大墅镇开展文化、科技、卫生"三下乡"活动,受益群众800余人。助力教育"双减",23个乡镇都组建志愿服务队,开展丰富多彩的活动,累计参与活动34129人次,给留守儿童带去温暖和关爱。开展中科院老科学家淳安行活动,邀请中科院老科学家科普演讲团成员教授周又红、胡健民为千岛湖镇中、威坪镇小1000余名师生开展校园科普巡讲活动。开展杭州优质科普资源基层巡展活动,科学探索、健康生活、安全生活等10

大优质科普内容，惠及5000余名中小学生。

【组织队伍建设】 2022年，县科协建立健全“六联”工作制度和常委会议事规则，每个班子成员联系1名高层次人才（B类以上）、1个科普基地、3家乡镇科协、2家学（协）会、2家企业科协、2名科技工作者代表。及时了解企业、科普基地、学（协）会及科技工作者的所需所盼，畅通联系渠道，为企业招才引智牵线搭桥，为乡村全面振兴助力助推。接长手臂，健全科普阵地，全年培育建立23家县级农村科普示范基地和科普教育基地。

【建言献策】 2022年，县科协积极为党委政府建言献策，科协界别政协委员发挥科技工作者智力优势，提交提案15个，大会发言8篇，撰写社情民意14篇。老科技工作者协会积极开展科技调研，全年撰写调研报告10篇，其中3篇得到县委领导批示。

（徐剑锋）

·工商业联合会·

【概况】 2022年，县工商联认真学习贯彻中共二十大精神、习近平总书记对新时代民营经济统战工作重要指示和在企业家座谈会上的重要讲话精神，紧紧围绕“两个健康”工作主题和特别生态功能区建设，深入破旧立新，全力开拓进取，积极推动淳安县民营经济高质量发展，较好地完成全年各项任务，被浙江省工商联评为2022年民营企业调查点工作先进单位，被杭州市工商联评为2022年度服务两个健康助力共同富裕贡献单位，《以“商会+”模式推动共同富裕的淳安实践》被评为2022年度杭州市工商联系统优秀调研报告二等奖。至年底，有会员524家，其中，团体会员31家，个人会员72人，企业会员421家。

【思想政治引领】 2022年，县工商联突出思想政治引领主责主业，强化理想信念教育，深化“淳商永远跟党走”主题活动，在所属商会中部署开展“悟百年党史·固红色根脉”行动，举办红色教育活动8场。用好“大下姜——红色茶山”省民营经济理想信念教育基地，根据不同需求，制定2—5天的培训课程，并在省市交流会上宣传推广。组织基层商会赴枫树岭镇、中洲镇开展红色历史教育，邀请县委党校余晓峰以“中国式现代化奋斗推进中华民族伟大复兴”为主题介绍中共二十大召开的重要意义，邀请下姜村党总支书记姜丽娟以“深入学习贯彻党的二十大精神全面推进乡村振兴”为主题给企业家上课。

【中共二十大精神学习】 中共二十大召开后，县工商联积极开展自学互学活动，以领导干部带头学的方式激发全体干部学习热情，形成比学赶超的良好学习氛围，同时组织新生代、基层商会、异地商会、民营企业等不同阶层人士观看、热议、学习中共二十大会议精神，将热议内容分6期通过淳商公众号向社会面公开。

【新生代培养】 2022年，县工商联注重新生代培养，实施“青蓝接力工程”，有序参与政治生活，共有24名新生代企业家在县人大、县政协履职，30名进入县工商联执委队伍，促进新生代企业家政治、事业双传承。弘扬新时代淳商精神，发挥典型引领作用，2人获得淳安县五一劳动奖章，3人被评为淳安县“十大杰出青年”。

【县委巡察整改落实】 2022年6月1日至8月31日，县委第三巡察组对淳安县工商业联合会进行巡察。其间，巡察组通过听取汇报、个别谈话等多种形式，全方位、多层面了解单位情况。10月14日，县委巡察组向县工商联反馈巡察情况。在充分肯定近年来工作取得成绩的同时,客观中肯地指出县工商联存在的36个问题,并提出3个方面的工作建议,为县工商联进一步做好各项整改工作明确方向。县工商联党组对照巡察反馈意见逐条逐项进行梳理研究,提出细化整改举措,并落实相关领导和科室的整改责任,经党组会审议,形成正式整改方案,于12月13日完成所有问题整改并向巡察组报备。

【县工商联十届二次执委会】 2022年4月21日,县工商联召开十届二次执委会暨2022年一季度副主席轮值活动,县委常委、统战部部长鲁连美参加并讲话。县工商联党组书记陆新辉就如何推动工商联工作与大家进行交流。县人民法院向企业家们介绍淳商共享法庭相关内容并互动交流,县建行向企业家们介绍数字人民币相关内容并互动交流。企业家们围绕各自企业的实际情况和发展感悟,畅谈企业发展的体会。

【服务机制优化】 2022年,县工商联推动健全政企良性互动机制、长效服务机制,激发民营经济高质量健康发展活力。深化“走亲连心三服务”工作,开展“助企开门红”“企业大走访”等助企走访活动,主动上门宣讲惠企政策,先后走访企业210余人次,印制赠送《省民营企业发展促进条例》《“5+4”稳进提质政策体系汇编》各300册。打造“亲清直通车”2.0版,联合县税务局、县生态产业和县商务局举办政企恳谈会4次,协调解决问题15个,并指导乡镇商会举办政企恳谈会6场。顺利完成2家清廉民企建设,举办法治宣讲8场,助企惠企风险防范能力专项行动培训班3期,开展“助企纾困·走进金融”活动,帮助康盛、秋念两家企业协调融资需求5300余万元。

【副主席轮值】 2022年,县工商联举办3期企业家副主席(副会长)轮值活动,学习贯彻省第十五次党代会精神,传达学习全市清廉民企建设推进会会议精神,县公安局以《内控风险、严打侵权、守护实体 立足公安职能用心护航实体经济发展》为题,作“护航2022 助企惠企防范企业风险”宣讲;县法院向企业家们介绍淳商共享法庭相关内容并互动交流;县建行向企业家们介绍数字人民币相关内容并互动交流;县检察院为企业家作“企业法律风险防范”宣讲,提高企业风险防范能力,助力企业合法守法发展。

【商会助力乡村振兴】 2022年,县工商联继续深入推进商会系统村企结对、商会“联姻”、农产品营销三大行动。大力开展商会系统“先富带后富”结对帮扶活动,在“淳商回归”“淳商助共富”等工程牵引下,各商会共计引进淳商回归项目29个,总投资额1.9亿元;投入帮扶资金561.37万元,其中,消薄增收315.6万元,结对帮扶248人、72.77万元,公益慈善52次、173万元。

【知名浙商助力淳安高质量发展活动】 2022年11月11日,省委统战部副部长、省工商联党组书记徐国龙率省、市、区三级工商联以及省工商联执委等知名浙商,组团开展助力淳安县高质量发展活动,探寻共谋合作、共赢发展之路。县委书记杨建根参加活动并致辞。县委常委、统战部部长鲁连美主持会议。座谈会上,与会人员观看淳安县专题宣传片;与会浙商企业家代表结合各自行业领域,围绕“助力淳安高质量发展”主题,从项目招引、人才培育、生态工业、医疗卫生等方面进行交流发言。浙江省商会副会长、绿都控股集团有限公司董事长邵法平先生代表浙江省工商联系统助力山区26县高质量发展淳安团组向淳安县捐赠200万元,用于淳安县乡村青少年宫建设。在淳期间，徐国龙一行还赴枫树岭镇下姜村参观考察，并开展中共二十大宣讲交流活动，参加县一医院举行的传化·安心卫生室乡村全科医生赋能和村民健康教育试点启动仪式。

【2022淳安高质量发展大会暨第四届淳商大会】 2022年11月27日，2022淳安高质量发展大会暨第四届淳商大会召开，共吸引海内外330名淳商参加。大会期间，共签约项目18个，其中，投资项目15个，战略合作项目3个，总投资额110亿元。运用“会议+展销”形式搭建回归淳商交流平台，招引30家本地及异地商会会员企业参加淳商产品展览，集中展销63种淳安特色农产品及新锐水饮料产品，促成交易额56万元。创新设立淳商活动模块，由乡镇、部门、平台等主体牵头，采取现场考察、座谈研讨、企业沙龙等方式与乡贤深入互动对接。23个乡镇对接淳商300人，达成意向合作项目24个，计划投入公益帮扶基金245万元，用于文化礼堂建设、养老服务提升及留守儿童慰问等。

【商会建设】 2022年，县工商联深入推进“四好”商会建设，汾口商会《“商会+四聚焦”探索基层治理新路子》入选省工商联系统一季度服务“两个健康”最佳实践案例，并成功创建全国“四好”商会，浪川、文昌商会成功创建市级“四好”商会。商会组织在疫情防控中切实发挥作为，联久农业、柏润环境等商会企业主动承担保供保畅、涉疫垃圾处理等紧急任务，各商会累计参与防疫志愿服务800余人次，捐赠抗疫物资价值120余万元。

（宋奕汎）

·文学艺术界联合会·

【概况】 2022年，县文联有作家、戏剧家、音乐家、舞蹈家、美术家、书法家、摄影家、民间文艺家、影视家、曲艺家10个文艺家协会，有会员1058人，其中，国家级会员47人、省级会员143人、市级会员315人。

【文艺阵地】 2022年，“淳安文艺”微信公众号结合十大协会的艺术特色，融文字、图片、影像等艺术形式，推出“我们先于亚运抵达”“影视年度作品展播”“抗疫文艺作品”“中共二十大金句主题书法作品”系列专题。《千岛湖》杂志发行6期，其中1期为亚运专刊。提升改造“秀水雅集”展厅。根据群众对艺术审美、参观审美日益增长的需求，对“秀水雅集”展厅进行布局的提升改造和展品的更新，并举办喜迎“二十大·共走富裕路”暨庆祝中国共产党成立101周年作品展。

【赛事活动】 2022年，县文联与县茶文化研究会共同举办“精彩亚运·醉美茶乡”千岛湖茶文化摄影大赛。与县纪委监委共同举办“清风淳安　廉花盛开”摄影大赛。与县教育局、团县委共同举办“淳安精神”和“家乡故事”大讨论文学作品征集。评出成人组入围作品17篇，学生组入围作品40篇。与县委宣传部、县公安局共同举办2022年“防诈迎新”文艺作品征集，营造“全民反诈”氛围，评出成人组获奖作品征文类15篇、短视频类10部、书画类20件。评出学生组获奖作品征文类35篇、短视频类32部、美术类103件、书法类67件。与安阳乡政府共同举办“水韵安阳，喜迎亚运”摄影大赛。与市文联、县委宣传部、县文广旅体局在屏门乡举办“从延安出发　到人民中去”——纪念毛泽东同志《在延安文艺座谈会上的讲话》发表80周年文艺活动。与临安区文联联合举办“天目·秀水——淳安·临安书画作品交流展”。与千岛湖旅游股份有限公司联合主办“月光之恋”短视频大赛。与亚运会淳安界首体育中心场馆运行团队联合开展“亚运淳安”文学创作大赛,评出一等奖3名、二等奖6名、三等奖10名、优秀奖20名。与县退役军人事务局、县美术家协会、千岛湖艺术馆联合举办庆祝中国人民解放军建军95周年“情系山乡——军旅画家四人联展”。与县文广旅体局共同举办“秀水迎亚运　新年展墨色”——方建勋博士千岛湖书法公益班作品展。指导开展“巾帼心向党　喜迎二十大——淳安县女企业家协会书法公益班结业作品展”。

【采风交流】　2022年8月,县文联组织县民间文艺家协会赴台州市椒江区学习交流。10月14日,组织22名骨干文艺家赴里商乡开展商辂文化采风。

【人才培养】　2022年5月13日,县文联举办2022年新会员培训班,来自县文联下属协会的62名新会员参加培训。继续与省舞蹈家协会开展“结对提升”工程,邀请省舞协老师为淳安舞蹈剧目进行排练和加工,提升县舞协会员的素质和能力。8月3日,方建勋博士在千岛湖举办书法公益讲座。8月2—6日,“寄情翰墨——2022年书法封闭集训走进大方王阜”活动在王阜乡马山村举行。其间,邀请中国美术学院博士后方向、杭师大美术学副教授王佑贵开展《二王行草临摹与创作》专题培训。组织25名王阜乡留守儿童开展暑期公益培训活动。8月10—19日,在文艺讲堂举办2022年暑期学生写作公益培训班。

【文艺服务】　2022年1月10日,浙江省文联、浙江省摄影家协会赴下姜村开展影像艺术季暨“艺心向党　浙里共富——文化进万家·温暖全家福”摄影惠民活动。岁末年初,组织县书法家和摄影家协会骨干会员赴大墅镇大坞村、南山社区、中匠鲁班建筑公司等地开展“共创富裕　喜迎亚运”书法摄影进万家活动20场。1月23日,县摄影家协会组织摄影志愿者前往临岐、屏门、王阜3个乡镇,为三地养老服务中心(残疾人之家)老人和残疾人送去摄影惠民服务。组建“官方摄影团队”志愿参与“韵味杭州”2022年千岛湖山地自行车邀请赛,并为相关运行测试提供现场模拟。7月14日,市杂技家协会、市曲艺家协会到临岐镇仰韩村文化礼堂举办“艺心永向党　喜迎二十大”杭州文艺助力“两个先行”惠民演出活动。9月22日,省委宣传部、省文联主办的“浙风十礼　艺路同行”文艺志愿服务活动走进大墅镇、枫树岭镇、梓桐镇。11月11日,组织县书法家协会、县美术家协会骨干会员到千岛湖镇第八小学开展“廉洁文化进学校,清风墨韵满园香”主题书画进校园活动。

【重要会议】　2022年7月11日,召开县文联第七届十三次全体委员(扩大)会议,10个文艺家协会交流2022年上半年工作和下半年工作重点;学习浙江省第十五次党代会精神和杭州市文艺助力“两个先行”工作现场会精神。11月8日,淳安县文学艺术界联合会第八次代表大会召开,县委书记杨建根出席并讲话,大会回顾总结过去五年的工作,谋划展望未来五年的目标,选举产生新一届文联委员会。

【乡镇文联建设】　2022年,县文联拟定《关于加强全县乡镇文联组织建设的方案》,下发《关于加强乡镇文联工作的实施意见》,11—12月,23个乡镇文联全部成立。

【主要艺术成果】 2022年主要艺术成果有：《我们艺起来》《翰墨丹青绘新彩》《微动涟漪》文艺丛书。歌曲《田园睦歌》获2022年浙江省山区26县十佳村歌故事。舞蹈《百舸争流》获市中小学艺术节高中组舞蹈类金奖。《屏门花灯》获市十一届"风雅颂"民间舞蹈展演金奖。广场舞《湖尚春潮》获市文联舞蹈展演银奖。出版发行书籍《穿越湖山》。7人出版个人文艺专著：江琦军《拾级》、方有禄《春日暖阳》、章建胜《瀛山随笔》、余利生《璜溪吟稿》、江涌贵《梦声心语》、王雅梅《阳光落在蝉鸣之上》、刘来根《烽火淳建》。

【领导关怀】 2022年9月23日，省文联党组书记、副主席、书记处常务书记杨守卫赴淳调研艺术乡建工作。10月12日，市民间文艺家协会副主席、秘书长邵毅霞，副主席、语言教育资深专家徐涛、副秘书长白静，理事邵伟丽一行到淳安调研艺术乡建工作。10月26日，市文联党组书记、常务副主席沈旭微一行到淳安开展艺术乡建和中共二十大精神学习贯彻工作。（胡慧敏）

·残疾人联合会·

【概况】 2022年，县残联紧紧围绕"实现淳安的民生保障和公共服务水平要达到全市平均"目标，攻坚克难、争先创优，不断推动残疾人事业高质量发展，促进残疾人共同富裕。获市政府集体嘉奖1次，2名机关干部获市政府个人嘉奖1次。圆满完成五年一届的县乡残联换届工作，调整配齐23个乡镇残联理事长和残疾人工作专职委员，各建制村（社区）共配备361名残疾人工作联络员。全县持有中华人民共和国第三代智能化残疾人证17767人，其中，农业16502人、非农业1265人。分类为：视力残疾1941人、听力残疾2994人、言语残疾121人、肢体残疾8231人、智力残疾1522人、精神残疾1640人、多重残疾1318人。

【扶残惠残政策】 2022年，淳安县制订《淳安县残疾人社会保障城乡一体化实施方案（试行）》文件，明确目标举措和保障措施；出台《淳安县残疾学生或残疾人家庭子女教育补助实施办法》新政，实现学生学前、高中、大专、本科以上学历助学补助与杭州主城区相统一。积极新增到位省市级残疾人事业调剂金、创业就业资金672.61万元，用于淳安县残疾人保障政策提标。

【残疾人证管理】 2022年，全县办理残疾人证599人，其中组织集中残疾评定827人次；上门肢体残疾评定34人。全年因死亡或康复注销723人，跨省通办残疾人证办理37人，遗失补办38人。

【残疾人民生实事】 2022年，残疾人之家规范化提升4家（任务3家，新建1家），完成率133%；千岛湖镇城区县档案馆、县行政服务中心等10个重要公共服务场所无障碍改造完成率100%。千岛湖镇西园社区省级无障碍社区创建并通过验收。全县23个乡镇109户困难残疾人家庭实施无障碍改造，并拓展对居住环境破、黑、脏、乱的残疾人家庭实施墙面粉刷、门窗更换等改造。

【残联改革】 2022年，全县各乡镇配齐残疾人专职委员（5个千人以上残疾人乡镇配备2人），30名专委待遇全部参照社区工作者执行。残联5个残疾人专门协会及无障碍促进会积极开展系列有益活动，充分发挥桥梁纽带作用，使残疾朋友们主动融入社会，展示风采。

【数字化改革】 2022年，县残联推进数智残联"弱有所扶"应用场景中"残疾人全周期服务一件事、数智辅具服务集成、公共环境无障碍一张图”3个助残平台建设,上线推广使用残疾人辅具智配场景;推广数智群团应用,共注册群团集市小程序2985人,发布风采共展322条,发布活动共推180场,参与人数5858人。首批在县行政服务中心、千岛湖镇便民服务中心和望湖社区3个点位启用“手语姐姐无障碍翻译系统”,通过线上线下互动,为聋哑人提供“零距离”无障碍服务,受益120人次。迭代升级“家庭康复服务系统”,并接入“数智残联”系统区县风采(淳安专区)。通过“跨省通办”申请办理残疾人证、用人单位安置残疾人职工申报和安置残疾人就业岗位补贴及超比例奖励补贴;通过“民生直达”发放困难残疾人生活补贴、重度残疾人护理补贴、残疾人就学补贴等7项补贴;使用“杭@在线”,实现惠企政策和助残政策“一键直达”。

【亚残运会筹备】 2022年,县残联组建亚运工作专班,统筹推进亚残整合领域赛事侧和城市侧一办六组工作职责。完成《杭州亚运会——亚残运会淳安赛区竞赛场馆转换期工作方案(V2.0版)》和《淳安亚运分村转换期工作方案(V2.0版)》编制等工作。全面提升旭光企业“残疾人之家”市级亚残运会残疾人事业展示点,明确项目、内容、责任、时间4张清单,对无障碍环境等5大项、18小项进行整改提升。组建9支迎亚残会志愿服务队,开展亚运四进、体育“三进”等活动59场。在残联微信公众号发布亚(残)运知识微课堂19期,普及知识营造氛围,助力“家门口”的国际赛事。

【基本生活保障】 2022年,全县共发放“两项补贴”金额6197.69万元;全年享受困难残疾人生活补贴96593人次,发放金额3268.99万元;全年享受重度残疾人护理补贴101468人次,发放金额2928.70万元。残疾人“两项补贴”于1月并入浙江省民政大救助信息系统,由民政部门通过民生直达平台一键发放,实现资金保障和监督管理更及时、更优化。全县有7099名残疾人享受最低生活保障,其中5767名智力、精神和其他重度残疾人享受单列户施保。为753户重度残疾人和一户多残家庭等减免有线电视视听费19.21万元;为54名残疾人机动轮椅车车主发放燃油补贴1.4万元。

【康复服务】 2022年,县残联依托淳安县妇幼保健院开展0～6周岁疑似残疾儿童信息监测工作,共监测1431人,确诊残疾儿童8例。为50名残疾儿童开展脑瘫、听力言语等抢救性康复服务;残疾人免费配送535件大(小)额辅助器具;为766名严重精神障碍患者提供门诊免费服药;为16782名残疾人提供签约服务,签约服务率为93.1%;为210名残疾人提供“家庭康复”服务。全县残疾人基本康复服务率和辅助器具适配率均达100%,精准康复服务率达88.4%。持续深化与浙江康复医疗中心签订“双下沉两提升”基地合作,推进“医康融合”服务新模式,有7名省级专家到淳安县坐诊,家庭医生上门服务总数达1675次。

【宣传文体活动】 2022年,县残联开展全国助残日、全国特奥日、国际残疾人日等重大残疾人节日和“亚运四进”“体育三进”等文体活动共59场。在市残运会上获金牌16.5枚、银牌13枚、铜牌8枚,列团体总分第五名、金牌数第五名,获体育道德风尚奖和组织奖。千岛湖镇徐莉获评2022年第二季度“杭州好人”、杭州市第四届“最美杭州人——十佳残疾人”;淳安县肢协柔力球队获“一起向未来”2022年首届海浪杯全国残疾人柔力球网络邀请赛三等奖;宋晓兰获评2022年度杭州市残疾人之家好家长；汪霞红获评2022年淳安县“十大杰出青年”。

【创业就业】 2022年，全县持证残疾人新增就业258人；县内8家集中安置残疾人企业安置残疾人就业238人；县机关、团体、企事业单位及城乡集体经济组织中，安排残疾人就业315人；在全市率先开展残疾人帮扶性就业试点工作，借助人力资源公司平台，建立26个公益型就业基地，290名残疾人就业，年人均增收2.7万余元。依托各乡镇结合当地特色产业，组织开展茶叶种植、蚕桑、中药材管理等农村实用技术和职业技能培训23期，免费培训残疾人670人；输送12名残疾人参加省市宠物美容护理、视障有声主播、盲人按摩、杭州市物流等培训；参加杭州市第三届助残护理员培训暨技能竞赛，荣获团体第二名，个人第三名。通过“亲清在线”发放用人单位按比例就业岗位补贴和超比例奖励补贴84.42万元。

【教育培训】 2022年，全县111名残疾学生和残疾人子女享受就学补助共计18.59万元，于10月就学补助上线“民生直达”平台，实现补助发放“一键直达”。有25名残疾人大学生被列为省残联减免学费住宿费对象，减免费用26.69万元。配合教育部门做好残疾儿童特教上门等服务工作。

【生活困难救助】 2022年，县残联为县第二十三次“春风行动”捐款2.52万元，其中个人捐款1.32万元，单位捐款1.2万元；开展“抗高温、送清凉”慰问活动，向188名残疾人发放慰问金9.4万元。

【医疗救助】 2022年，第八轮残疾人意外伤害重大疾病保险参保人数18648人，保费90.49万元，其中理赔赔付金额69.44万元，赔付率达76.7％。

【无障碍建设】 2022年，县残联对照《淳安县“迎亚(残)运”无障碍环境建设行动计划(2020—2022年)》要求，发挥县无障碍环境促进会的作用，组织县无障碍环境促进会成员先后55次赴亚运场馆、县妇幼保健院、县行政服务中心等公共无障碍设施重点改造区域进行现场体验和督导。

【接访和维权服务】 2022年，县残联共处理各类信访49件，提供法律救助服务12件，举办残疾人普法培训班2期。

【持证残疾人基本状况调查】 从2022年9月10日始，开展为期两个月的全县持证残疾人基本状况调查工作。调查底册共有残疾人18155人，完成登记18055人，完成率为99.45％，其中，入户登记17695人，电话登记360人，入户调查率为98％，电话调查率为2％；未完成登记100人，未完成率为0.55％；App采集率为100％。

【东西部扶贫和区县帮扶协作】 2022年，县残联多载体开展东西部扶贫，提供10万元帮扶资金用于巴塘县残联开展残疾人家庭临时帮扶救助和康复服务等脱贫攻坚工作。加强与杭州市滨江区、上城区、西湖区残联的区县帮扶协作对接，每个区落实帮扶资金50万元，共计150万元。 （汪文平）

法 治

·政法委与综治·

【概况】 2022年,全县政法平安工作锚定“136”体系,深化落实平安建设“八个一”举措,扎实推进除险保安、平安建设、基层治理、数字法治、执法监督、队伍建设等工作。顺利实现省平安县“十七连冠”,高质量完成各重要节点维稳安保重任,交出平安护航中共二十大高分答卷,有力守护政治安全、社会安定、人民安宁。县域群众安全感综合满意率达98.93%,位列杭州市第一。

【全县平安建设暨县委信访工作会议】 2022年3月9日,全县平安建设暨县委信访工作会议在千岛湖镇召开,各乡镇通过综治视联网系统设分会场。县“四套班子”领导杨建根、张鸿斌、许海波、卜利斌、章临凯、王刚、洪永鸿、李浙峰、汪雪梅,县法院院长张波、县检察院检察长许哲丰,各乡镇党委书记,党委副书记、政法委员,各部委办局(公司、行社)主要负责人,消防救援大队、武警淳安中队、高铁派出所主要负责人,县委政法委全体成员,县委创建“平安千岛湖”领导小组全体成员,县信访工作领导小组全体成员,政法各部门、信访局班子成员,千岛湖镇各社区负责人共180余人参加会议。会议由县委副书记、县长张鸿斌主持,第一项议程为县委常委、常务副县长卜利斌通报各类先进;第二项议程为大会表彰;第三项议程为县委副书记、政法委书记许海波作政法信访工作报告;第四项议程为县委书记杨建根讲话。

【淳安县社会治理中心成立】 2022年8月31日,县编委下发《淳安县社会治理中心主要职责、内设机构和人员编制规定》,明确淳安县社会治理中心为中共淳安县委直属事业单位,机构规格相当于正科级,挂淳安县综合信息指挥中心牌子,由县委办公室统筹管理,县委政法委、县信访局协同管理,中心编制11名,内设综合科、监测分析科、协同流转科和应急指挥科4个科室。

【淳安县连续十七年获评浙江省平安县】 2022年,淳安县建立“五横七纵”风险隐患常态化排查防控机制和“两专四查”风险隐患常态化督查暗访机制,组织各领域各系统开展21轮次平安问题隐患大排查大起底大整治行动,累计排查问题隐患6045个,均按期落实整改。对全县生产安全、交通安全、消防安全、电信网络诈骗、养老诈骗、扫黑除恶等事关人民群众切身利益的领域持续开展专项整治。全县交通事故总量下降7.9%、安全生产事故数下降33.3%、电信网络诈骗发案数和案件损失下降29.9%和47.8%,“养老诈骗”“民转刑”案件“零发生”,顺利实现省平安县“十七连冠”。

【维护稳定(除险保安)工作】 2022年,县委政法委落实“除险保安”七大晾晒机制,对平安法治月报、风险隐患常态化暗访督查、平安建设挂牌整治、信访积案化解、安全生产风险闭环管控、流动人口服务管理进行常态化晾晒;开展“除险保安百日攻坚”十大专项行动,即反恐防暴和扫黑除恶专项行动、打击非法宗教渗透专项行动、重点领域意识形态安全和网络安全专项整治行动、信访积案化解清零专项行动、流动人口排查整治专项行动、重点领域安全生产专项整治行动、稳就业惠民生和根治欠薪专项行动、统筹疫情防控和经济发展运行专项行动。

【基层社会治理工作】 2022年,县委政法委根据《浙江省“141”基层治理体系迭代升级指南(试行)》,按照县委统一部署,由县委办和县委政法委共同负责牵头“141”体系建设,并成立专班实体化运转。持续深化“基层治理四平台”迭代升级。按照扁平化管理、矩阵式协同原则,统筹整合乡镇党建、经济、服务等人员力量,统一将原四平台迭代为“党建统领、经济生态、平安法治、公共服务”四个平台,构建党委领导、党政统筹、平台运行、岗位管理的组织体系和运行模式。规范提升乡镇基层网格智治工作。坚持党建统领,着眼网格智治重点,首创“网格治理二十条”,做强网格最小作战单元作用。科学划分网格1020个、微网格4528个,形成“村社—网格—微网格”治理构架。建强网格治理团队,建齐配强网格长、专职网格员、兼职网格员、网格指导员和微网格员的“1+3+N”网格力量22777人,形成一张“服务零距离、隐患快感知、矛盾齐化解”的治理网络。建设完成23个乡镇“共享法庭”、354家村社“共享法庭”及15家行业特设“共享法庭”。全年社会治理中心接访大厅共接待群众来访事项1133件次,办结1110件次,结案率达98%。

【数字法治建设】 2022年,县委政法委按照“一办十组”的架构模式组团推进全县数字法治系统建设工作。在全省数字法治“省抓总、市统筹、县主用”三级职责分工基础上,结合淳安实际,以聚焦省级数字法治下达10个推广应用和26个市级重大应用为工作着力点,以项目化对接省市专班推动数字法治系统建设,常态化工作研商,基本做到有力有序地推动数字法治各项改革任务落地落实、应接尽接的工作要求。淳安“真薪”数智平台、“湖域协同指挥”“凤凰金融智审”三项应用进入省数字法治一本账。“真薪”数智平台入围省最佳应用,被列为市级标志性成果,获市数字法治五阶金奖;“实名实薪”模式被全省推广、相关工作成效在《省数字化改革工作动态》刊发,共享法庭、“大综合一体化”等一批应用成效及改革经验在内部简报及省级以上媒体刊发。

【第三届淳安县“最美平安卫士”】 2022年,全县各乡镇部门工作人员不畏艰险、勇于担当,积极投身平安建设工作,全力守护县域安全稳定,涌现出一大批可点可赞的“最美平安卫士”。经各乡镇部门组织推荐,县委宣传部、县委政法委联合评选,决定授予唐友庆(县委政法委)、洪来兵(县法院)、王芳军(县检察院)、唐建兵(县公安局)、汪淑俊(县司法局)、徐玉花(县委办)、汪向军(县纪委)、胡小燕(扫黑除恶专班)、郑志军(县人社局)、彭栋(县住建局)、余盛(建设集团)、钱卫华(平安建设专班)、余炎伟(界首乡)、朱永康(金峰乡)、鲁君(临岐镇)、汪建云(威坪镇)、黄军航(汾口镇)、洪之满(中洲镇)等20人淳安县第四届“最美平安卫士”荣誉称号。

【扫黑除恶斗争工作】 2022年,淳安县紧紧围绕中央和省市决策部署,持续推进常态化扫黑除恶斗争。组织开展“忠诚”“钱潮”系列集中收网行动以及除险保安、夏季治安打击整治五大行动，抓获涉黑恶案件犯罪嫌疑人51人，打掉恶势力犯罪集团1个、恶势力犯罪团伙7个，“打财断血”精准有力，扣押非法资产1003万元。全面宣传贯彻《中华人民共和国反有组织犯罪法》，持续深化信息网络、自然资源、交通运输、工程建设四大领域专项整治，启动教育、医疗、金融放贷、市场流通新四大领域专项整治。坚持重点领域专项打击，落实“一案一整治”“两个一律”“一案三查”，着力铲除黑恶势力滋生土壤，推动常态化扫黑除恶专项斗争走深走实。

【平安护航中共二十大圆满完成】 2022年，淳安县把平安护航中共二十大列为县委“除险保安”工作部署的主线任务来抓，县委常委会会议、县政府常务会议先后6次专题研究中共二十大维稳安保相关工作；组建中共二十大维稳安保(除险保安)工作专班，从县法院、县检察院、县公安局、县司法局、县人社局和乡镇平安办抽调6名精干力量负责统协面上工作，各乡镇均建立工作专班，推进工作落地；实行风险隐患动态排查化解，组织各领域各系统开展21轮次风险隐患大排查大起底大整治行动，累计查改风险隐患6045个；实行重点任务项目化管理，下发《平安护航二十大工作任务清单》，开展平安护航二十大“十个一”专项行动，对83项清单任务实时跟进，全过程销号管理；实行重大决策评估管理，按照“四先机制”和“应评尽评”标准，对231个重大决策项目开展社会风险评估工作；常态化开展县领导坐镇指挥的“6+X”会商研判及每日视频调度，实行每日“六情”报送和工作要情“八长直报”机制，切实做到三个“24小时”，实现“六严防、六确保、六个零发生”和“淳安不出事，淳安人不惹事”的工作目标，交出平安护航中共二十大安保决战高分答卷。

【浙江省“2022年青年普法志愿者法治文化基层行”活动】 2022年4月28日，以“喜迎亚运·法护平安”为主题的浙江省“2022年青年普法志愿者法治文化基层行”活动启动仪式在淳安亚运分村举行。活动由省法学会、省司法厅、团省委联合主办，组织动员广大青年深入学习贯彻习近平法治思想，开展普法宣传、法律咨询、法律服务，弘扬社会主义法治精神，助力法治浙江、平安浙江建设，以实际行动迎接亚运盛会和中共二十大胜利召开。省委常委、政法委书记王昌荣出席活动并讲话。

【打击整治养老诈骗专项行动】 2022年，淳安紧紧围绕中央、省、市关于打击整治养老诈骗专项行动总体部署要求，组建专项行动一办四组(办公室，综合组、打击组、整治组、宣教组)，并制定《淳安县打击整治养老诈骗专项行动办公室工作机制》，明确县专项办领导机制、专班运行机制、工作例会机制、信息报送机制、宣传推广机制、督导考核机制、保密归档机制等七大机制，确保专项行动有序进行。印发《全县打击整治养老诈骗专项行动宣传舆论工作方案》和《全县打击整治养老诈骗专项行动整治组工作方案》等系列工作文件，积极做好案件线索追查、上级线索核查和线索核查反馈工作，养老诈骗线索有效核查率100%，养老诈骗案件“零发案”。积极开展反诈宣传行动，全年累计开展舞台演说集中宣传15场次，电子宣传片40条，新媒体信息发布177条，累计发送养老防诈短信10.73万条。结合养老防诈线上答题活动，累计宣传答题12080人次。

【平安争先攻坚战】 2022年，县委政法委以“平安争先攻坚战”为实践载体，围绕平安建设、安全生产、疫情防控3项核心指标和46项重点工作开展赛马争先，实行月度挂牌作战、季度赋旗比武、半年擂台展示，并将季度红黑榜赋旗作为年底综合考评的重要依据，在全县形成“抓平安就是抓平时”的鲜明导向。

【淳安县重大活动维稳安保“平战结合”工作机制建立】 2022年，县委政法委系统梳理、认真复盘中共二十大维稳安保工作经验做法，研究出台《淳安县重大活动维稳安保“平战结合”工作机制》，创新绘制一张工作流程图，清晰勾勒“平战结合”工作架构和运行过程，变“权责交叉、指挥不畅”为“高效协同、量化闭环”。在统一指挥运行机制（专班牵引、梯次推进、统筹调度、突发快响）的协调下，在平时开展常态化除险保安工作，启动源头治理机制、会商研判机制、平安建设机制，完善风险排查化解、情报闭环处置、重点要素管控、专案经营、行动牵引、固本强基、舆情快处、晾晒督查考评8项制度；在战时开展重大活动、重要节点维稳安保工作，梯级落实三级期间每日信息报告、风险排查化解、领导带班应急值班等机制，二级响应期间“4+6”全时段重点攻坚机制，一级响应期间“5+X”全天候应急指挥机制。

·公安·

【概况】 2022年，县公安局按照“践三能、对一流、展形象”整体思路，圆满完成中共二十大维稳安保核心任务，平安建设保持高水平，公安工作和队伍建设再上新台阶。全年接警70632起，比上年下降1.81%，其中，刑事警情704起、治安警情2675起，分别下降22.7%、13.7%。5月，县公安局时隔十年再度获评全国优秀公安局。淳安县看守所连续33年保持双安全，连续14年被评为全国一级看守所，大市派出所被评为省级“枫桥式公安派出所”全省优秀公安基层单位，姜家派出所被评为全市模范基层单位。县公安局获三等功以上奖励45人、7个集体，6名个人和1个集体分别被省厅市局评为“三能榜样·最美浙警”、“三能榜样·最美警队”。

【王昌荣到淳安界首体育中心督导亚运安保工作】 2022年4月28日，省委常委、政法委书记王昌荣一行到淳安界首体育中心督导亚运安保工作。省委政法委副书记卫中强，省司法厅党委书记、厅长陈伟，团省委书记何黎斌等领导参加，市委副书记、政法委书记金志，市委政法委副书记施国强，市法学会专职副会长梅云霞，团市委副书记周妙荣，市司法局局长徐前，县委书记杨建根，县委副书记、政法委书记许海波，副县长、县公安局局长李浙峰等领导陪同。

【王成国调研深化“三能”主题教育实践活动】 2022年6月28日，副省长、公安厅党委书记、厅长王成国到淳安调研深化“三能”主题教育实践活动，宣讲省第十五次党代会精神，并督导夏季治安打击整治“百日行动”。省公安厅副厅长、副市长、公安局长罗杰参加座谈和调研。省直有关部门、市公安局、淳安县委等有关负责人参加座谈交流。

【张建明调研督导中共二十大安保维稳工作】 2022年10月9日，省委政法委副书记张建明一行7人到淳安调研督导中共二十大安保维稳工作并到县公安局参观“三能”工作，市委政法委副书记康健，县委副书记、政法委书记许海波，副县长、县公安局局长许琨参加。

【魏明调研指导基层基础工作】 2022年6月6日至7日，省公安厅党委委员、副厅长魏明到淳安调研指导工作，省公安厅治安总队总队长陈凯，市公安局党委委员、副局长李建明，副县长、县公安局局长李浙峰，省公安厅治安总队派出所工作指导支队支队长陈辉，市公安局基层基础支队支队长叶红，市公安局、县公安局相关负责人陪同。

【罗杰调研指导基层公安工作】 2022年1月3日，副市长、市公安局局长罗杰到淳安县调研指导基层公安工作，市公安局党委副书记金洪亮，副县长、县公安局局长李浙峰，市公安局办公室、政治部、警察公共关系处、县公安局等单位负责人参加。

【省厅督导组督导肃清流毒影响专项工作】 2022年4月21日，省公安厅督察总队一级调研员孔忠一行到县公安局检查肃清流毒影响专项工作开展情况，市公安局督察支队政委陈明铭，市公安局督察支队、政治部相关负责人陪同，副县长、县公安局局长李浙峰，县公安局领导胡国宏、徐梦发，五大警署相关负责人参加汇报。

【沈秋伟调研指导巡特警工作】 2022年6月7—8日，省公安厅巡特警总队总队长沈秋伟率巡特警总队副总队长王一军、巡特警总队相关部门负责人一行到淳安调研指导工作，副县长、县公安局局长李浙峰，县公安局党委委员、县公安局副局长韩柏友，基础防控署、大市派出所相关负责人陪同。

【卢斌调研指导工作】 2022年7月12日，省公安厅食药环知侦查总队政委卢斌一行到县公安局调研指导工作。县公安局领导余小阳陪同。余小阳副局长介绍县公安局办理的公安部相关督办案件情况，以及县公安局在大部制改革中落实省厅负面清单等相关工作。

【金洪亮到县局开展高温慰问】 2022年7月15日，市公安局党委副书记金洪亮在市公安局政治部副主任尚昉等人的陪同下到县公安局开展高温慰问。县公安局党委副书记、政委胡国宏，县公安局党委委员、政治处主任徐梦发陪同慰问。

【贾勤敏调研犯罪打击工作】 2022年9月29日，市公安局党委委员、副局长贾勤敏带领市公安局刑侦、案审、禁毒、环食药支队主要负责人，到县公安局专题调研打击工作。副县长、县公安局局长许琨，县公安局副局长余小阳，侦查打击署、队伍法纪署相关负责人参加调研。

【秦文调研派出所基层基础工作】 2022年11月1日，市公安局副局长秦文一行到县公安局调研派出所基层基础工作，市公安局双基支队叶红支队长和交通治安(水上)分局江南局长陪同参加。副县长、县公安局局长许琨，县公安局副局长王武，党委委员李金宝及基础防控署负责人陪同调研。

【方国伟检查指导“无疫单元”创建工作】 2022年4月19日，市公安局党委委员、政治部主任方国伟在市公安局政治部、警务处负责人的陪同下，到县公安局检查指导“无疫单元”创建工作。县公安局领导胡国宏、徐梦发陪同。方国伟一行实地检查县局“无疫单元”创建工作落实情况，随后召开座谈会，听取疫情防控及信访积案化解等工作汇报。

【江南调研指导亚运安保工作】 2022年1月19日，市公安局交通(水上)治安分局局长江南一行到县公安局调研指导亚运安保相关工作。县公安局领导胡金河，基础防控署、亚运专班相关负责人参加。

【陈金达调研指导非法狩猎等生态案件打击工作】 2022年4月27日，市公安局环食药(森)支队支队长陈金达一行到县公安局调研指导非法狩猎等生态案件打击工作。县公安局党委委员、副局长余小阳，侦查打击署相关负责人陪同。

【管军检查刑侦专项审计整改工作】 2022年6月20—21日，市公安局审计支队副支队长管军一行，到县公安局开展刑侦部门执法活动财物管理专项审计整改督导检查，县公安局领导余小阳，侦查打击署、队伍法纪署、综合保障署相关负责人陪同。

【许海波到县公安局慰问调研】 2022年10月18日，县委副书记、政法委书记许海波到县公安局开展走访慰问，县委办、县委政法委、县信访局负责人参加。副县长、县公安局局长许琨，县公安局领导胡国宏、胡金河、韩柏友、严澎涛，情报指挥署、基础防控署相关负责人陪同。

【社会面治理】 2022年，县公安局以中共二十大安保为主线，以除险保安和夏季治安整治“双百日”行动为抓手，牵引县公安局各项重点工作落实落地，全县共接警70632起，下降1.81%，有效警情29617起，上升0.83%，其中，刑事警情704起、治安警情2675起、纠纷警情4420起，分别下降22.7%、13.7%、19%，社会面持续保持平稳有序。

【打处质效】 2022年，全县立刑事案件724起，下降11.5%，破当年刑事案件418起，与上年持平。抓获犯罪嫌疑人821人，下降2.4%。移送起诉637人，下降16.5%。2022年全市平均万人发案数30.6起，淳安为22起，万人发案数为全市最低。淳安五类案件保持全破，命案零发案。全县盗窃案件发案82起，破案52起，破案率63.4%，位于全市最高。淳安县公安局打处833人，人均打处1.98人，位居杭州市前列。

【扫黑除恶专项斗争】 2022年，县公安局纵深推进常态化扫黑除恶专项斗争，进一步提升破案攻坚能力。抓获涉黑恶案件犯罪嫌疑人127人，打掉恶势力犯罪集团1个、恶势力团伙7个。

【涉黄赌专项整治】 2022年，县公安局扎实开展“忠诚”系列行动、波次黄赌专项整治和城郊接合部专项整治，全年黄赌犯罪刑事拘留71人，取保48人，逮捕23人，移诉72人，行政处罚赌博693人、卖淫嫖娼285人，治安环境明显改观。

【公安大脑建设】 2022年，县公安局坚持队伍业务双轨并行，研发业务风险清零平台和队伍精细化管理平台，持续推进警情分析、渔业资源保护、危化品车辆预警等系统研发，其中“危化品运输车辆智能管控”场景应用得到省委改革办《浙江信息》刊发。

【智慧警务】 2022年，县公安局落实“无警访民”，深化组团服务、“八仙桌议事”等机制，创新试点“码上汾口”，构建“基层吹哨机关报到，群众吹哨干部报到”的基础工作格局。坚持把“公安大脑”建设和数字化改革作为优化警力配置、实现警力无增长改善的重要路径，研发风险清零平台、敏感警情预警处置、渔业资源保护应用模型，“危化品运输车辆智能管控”场景得到省委改革办《浙江信息》刊发。全力推动标准版和机制版的“小脑+手脚”警网协同建设，实现“公安110”向“社会110”转变。持续推进“天网工程”和智慧安防小区建设，基本实现重点部位和重点区域全覆盖。

【交通治理】 2022年，县公安局集中开展道路交通隐患治理、重点车辆隐患清零、道路交通秩序管控、严重交通违法清剿等工作，针对农村地区交通防控薄弱和交通事故多发实际,深入实施大扫除式隐患治理、压路机式宣教治理、点穴式诊断治理、集群式打击治理、数字式科技治理“五大治理”,全县发生交通事故8302起,比上年下降4.4%,一般程序办理案件(人员受伤较重)84起,下降2.3%,受伤人数下降5.2%。

【优化营商环境】 2022年,县公安局围绕护航特别生态功能区和共同富裕建设,推出《淳安县公安局护航服务实体经济发展十项举措》,完善招商企业预审机制、防范宣传、风险处置等相关机制,加大企业事中监管力度,提前介入化解“同心社区”等涉众金融风险事件,有力维护全县金融秩序稳定。

【为群众办实事】 2022年,县公安局积极推动一窗通办、“一件事联办”、线下全程通办等工作平台,创新“就近跑”“一窗跑”“掌上跑”“预约跑”,进一步提升群众满意度。增设威坪、界首和亚运村3个警务站,各警务站办理户籍、流口等业务200余件。推进“互联网+政务”服务模式,打通医院、民政、社保、公安等多家单位数据壁垒,实现“出生一件事”“身后一件事”现场办事零跑腿,共办理相关业务4200余件。“通办窗口”跨车驾管、治安流口、户籍、出入境等警种,综合办理业务1634件。强化异地办,逐步推行夫妻投靠、老年人投靠子女、工作调动、大中专毕业生和招生五类户籍迁移业务跨省通办,全年共办理351件跨省业务。

【全民反诈】 2022年,县公安局创新实施全县“无诈创建”,全面推广国家反诈中心App,引进本地级反诈预警数据源——金钟罩联防平台,组织青年反诈宣传员,用活用好新媒体开展反诈公益直播、拍摄反诈短视频。增加6名专职警力,成立反诈预警劝阻专班,实现为派出所有效减负、劝阻工作实效稳中有升的双赢预期,全年实现发案下降30.2%,案损下降37.6%,全县零发案天数160天。

【素质强警】 2022年,县公安局以问题和实绩为导向,列出56项练兵清单,全年共组织政治理论、执法能力、综合素质等抽考比武48次,依托新建立的警察训练基地,全年新优化提升辅警95人,新招录辅警120人。

【宣传育警】 2022年,县公安局通过“传统+新媒”宣传手段,持续推进“最美浙警”“三能”民警系列宣传,全年实现国家级媒体发表85篇,省市媒体发表162篇,县级媒体发表585篇。推出“训练角”“光荣榜”“表扬令”,建成“三能指数”和“三能积分”体系和平台,以数字化形式动态展现单位和民警日常工作,激励民警干事创业活力。全年通报先进事迹32人次,颁发《局长表扬令》23期。

【从严治警】 2022年,县公安局制定《淳安县公安局刚性执行公安部“六项规定”叠加机制》,严格执行公安局六条涉酒禁令,县公安局自主开展抽查1520人次。研究出台“刚性十条”,在作风养成上形成统一标准,全年组织开展队伍正规化建设现场会3次,队伍正规化交叉督察检查8次,发现和纠正各类问题269个。

【从优待警】 2022年,县公安局出台第一批(共6条)基层减负增效工作举措,开通警力动态调度集结专线,通过机关民警服务基层、法制服务基层一线、集中开展电信诈骗预警等举措,最大限度地体现对基层所队的关心关爱政策。启动战时褒奖机制,对在安保维稳中做出突出贡献、取得显著成绩的5个集体和25名个人进行通报表扬,对2个集体和9名个人进行战时嘉奖。持续推进“最美浙警”“三能”民警系列宣传。7个集体、45名个人获三等功以上奖励，6 名个人、1 个集体分别被省厅市局评为“三能榜样·最美浙警”、“三能榜样·最美警队”。

【成功侦破公安部督办涉枪案件】 2022 年 2 月 17 日至 18 日，县公安局集中优势警力，在市公安局技侦、刑侦、特警、网警的大力支持下，在浙江省杭州萧山、绍兴诸暨、湖州安吉及湖南炎陵、安徽歙县等地对公安部督办涉枪“2·17”专案收网。先后抓获涉嫌非法持有、私藏枪支、弹药犯罪嫌疑人 10 人，查获疑似火枪 6 支、子弹 1000 余发、弹壳 141 枚，疑似炮弹 17 枚，疑似枪支弹药配件 481 件，疑似猎获物 42 件。该专案累计抓获刑事犯罪嫌疑人 16 人，缴获枪支 9 支。

【成功发起涉诈境外回流人员集群打击战役】 2022 年 5 月 21 日至 25 日，县公安局抽调 80 余名警力在广东、湖南、江西、河南等省市发起涉诈境外回流人员集群打击战役，抓获犯罪嫌疑人 19 人，捣毁“杀洋盘”引流窝点一个，查扣涉案手机 270 余部、电脑 30 余台，串并破获全国涉诈案件 46 起，涉案金额 4000 余万元。

【成功侦破一起重大非法持枪狩猎案】 2022 年 5 月 25—27 日，组织 60 余名警力在余杭、淳安等地对该起非法持枪狩猎案进行集中统一收网。26 日凌晨 5 时许，各组警力同步实施抓捕。至 27 日 15 时，目标嫌疑人悉数到案，查扣大量作案工具，抓获犯罪嫌疑人 14 人，采取刑事强制措施 10 人，查获火药动力枪 1 把、气枪 5 把、弹药 3000 余发、野生动物肉制品 100 余千克。该案被列为部督案件。

【成功侦破一起虚开增值税发票案】 2022 年，县公安局侦破戚某樊虚开增值税发票案，抓获犯罪嫌疑人 15 人，涉案金额 18 亿余元，税额 1.6 亿余元。全力侦办市局“6·7”专案，经过连续 4 个月攻坚，抓获犯罪嫌疑人 30 人，深挖涉黑恶案件 1 起，得到市委、市政府、市公安局主要领导批示和肯定。

（宋海谦）

·检察·

【概况】 2022 年，县人民检察院坚持以习近平新时代中国特色社会主义思想为指导，深入学习贯彻中共二十大精神，认真落实中央、省委、省人大关于加强检察机关法律监督的意见决定及县委检察工作会议要求，紧紧围绕争当跨越式高质量发展和共同富裕排头兵目标，聚焦法律监督主责主业，主动服务经济社会发展大局，各项工作取得新进展。

【护航重要会议活动】 2022 年，县人民检察院坚决落实护航中共二十大除险保安工作部署，制定重大活动时期信访风险防控预案，逐案开展不稳定因素排查清理，防范化解重大社会风险，圆满完成重要节点平安稳定任务。推动扫黑除恶专项斗争长效常治，将工程建设、民间借贷等领域纳入监督整治范围，提高主动发现、精准打击黑恶势力犯罪的能力，办理涉黑恶犯罪 2 件、37 人。全力支持亚运筹办，开展护航亚运检察专项行动，督促有关单位对无障碍设施、场馆周边生态环境进行整治，办理的一起故意损坏亚运配套设施案件入选全市检察机关护航亚运典型案例。全力以赴投身疫情防控、全国文明城市创建等重点工作，组织干警参与志愿服务 1500 余人次。

【法治联保守护绿水青山】 2022 年，县人民检察院严格落实淳安特别生态功能区条例，主动融入“一支队伍管千岛湖”执法改革，牵头成立千岛湖保护公益诉讼联盟，推进“行政执法+刑事司法+生态修复”三位一体办案模式，开展“守护美丽河湖”“保护古树名木”等专项监督行动，办理破坏环境资源类刑事案件45件、70人，公益诉讼案件26件，督促当事人缴纳生态损害赔偿金46万元。依托“检察长+林长”协作机制，对部分乡镇公益林松材线虫害未得到有效除治情况，联合县林业局共同研判虫害面积和除治措施，向有关乡镇制发检察建议5份，督促并确保除治工作有序到位，整改成效得到省检察院、省林业厅专项评查组的充分肯定。

【服务经济发展】 2022年，县人民检察院办理破坏社会主义市场经济秩序犯罪33件、63人，严厉打击合同诈骗、挪用资金、非法经营等侵犯企业合法权益犯罪，平等保护各类市场主体。强化对全国知名品牌和本地商标的知识产权保护力度，依法办理假冒农夫山泉、修正药业商标侵权案件，督促市场监管部门对部分商家虚假宣传“淳牌”有机鱼行为开展有效整改。联合县工商联开展送法进企业活动，开设预防涉企犯罪专题讲座，为企业提供法律咨询。探索开展涉案企业合规工作，对企业负责人涉经营类犯罪，依法可捕可不捕的不捕，可诉可不诉的不诉，督促涉案企业做出合规承诺，助力企业规范经营。对部分涉嫌虚开发票、帮助信息网络犯罪的“空壳公司”开展集中整治，建议主管单位对7家异常公司进行重点管控。联合县法院、县公安局对部分涉企案件长期“挂案”问题进行专项清理，让企业卸下包袱、轻装前行，努力营造优良法治营商环境。

【守护群众身边安全】 2022年，县人民检察院严厉打击严重危害群众人身安全和破坏社会秩序犯罪，起诉杀人、强奸等严重暴力犯罪17件、17人，“黄赌毒”犯罪23件、66人。办好群众身边的“小案”，开展小区火灾和高空抛物安全隐患、互联网餐饮食品安全等专项整治，督促主管单位及时整改。重拳打击新型网络犯罪，受理电信网络诈骗类案件16件、47人、帮助信息网络犯罪活动类案件22件、35人，其中从严从快办理1起涉案金额高达1100万元的跨境电信网络诈骗案件，4名主犯均在1个月内完成审查并提起公诉。积极参与金融风险防控处置，在检察环节帮助涉众型经济犯罪受害人追赃挽损近200万元。

【维护特殊群体合法权益】 2022年，县人民检察院落实最高检“一号检察建议”，对侵害未成年人犯罪“零容忍”，提起公诉10人。落实强制报告制度，借助大数据赋能分析研判，向公安机关移送涉嫌侵害未成年人犯罪线索6条。坚持教育为主、惩罚为辅，最大限度挽救涉罪未成年人，对3名情节轻微、主动悔罪的未成年人依法决定附条件不起诉。全面推进检察官法治副校长工作，开展“法治进校园”巡讲活动15场，受教育人数2000余人次。针对残疾人驾照领取换证不便的问题，联合县残联、县卫健局督促医院开通残疾人驾照体检报告网上传递和申领渠道。聚焦脱贫攻坚，引入社会慈善基金补充司法救助资金模式，为25名因案致贫返贫群众提供司法救助金，有效传递法治温暖，办理的“事实孤儿”司法救助案，入选全市检察机关服务保障共同富裕典型案例。

【基层社会治理】 2022年，县人民检察院坚持和发展新时代“枫桥经验”，加快检察服务信息化建设，让群众在网上实现信访举报、信息查询等“一站式”服务，实现“一次都不用跑”，受理的127件信访件全部及时回复。开展重复信访积案清理专项行动，以领导包案、带案下访、公开听证、刑事和解等手段化解矛盾，确保检察环节信访“零越级”“零进京”，助力全县信访积案实现清零。充分发挥检察建议促社会治理作用,向有关单位发出综合治理类检察建议9份,及时消除风险隐患。努力当好法治参谋助手,主动向县委报告年度法律监督工作情况,获县委书记杨建根批示肯定。

【刑事检察】 2022年,县人民检察院全面贯彻宽严相济刑事政策,落实少捕慎诉慎押刑事司法政策,对严重刑事犯罪坚决从严打击,对轻微犯罪、初犯偶犯等依法从宽处理。全年受理审查逮捕案件126件、174人,审查起诉案件328件、529人,批准逮捕80件、120人,起诉151件、251人。加强侦查活动监督,监督公安机关立案16件,纠正违法12件,追捕追诉7人,提前介入重大刑事案件11件。开展羁押必要性审查,逮捕后改变强制措施17人,因情节轻微不批捕34人,相对不起诉148人。统筹落实认罪认罚从宽制度,适用率超过92%,量刑建议采纳率达96%。加强刑事执行监督,督促协调有关部门对"判实未执、应收未收"的25名罪犯执行收押到位。依法履行"14类罪名"职务犯罪查处职责,深度融入全市一体化办案机制,主动加大线索核查力度,协助侦办司法工作人员渎职犯罪5件、5人。积极参与反腐败斗争,审查起诉监委移送职务犯罪案件4件、4人,妥善办理上级检察院交办的杭州市上城区统计局原党组书记邱某受贿1000余万元等重大职务犯罪案件。

【民事行政检察】 2022年,县人民检察院办理民事监督案件45件,对其中5件不支持当事人监督申请的民事案件,同步释法说理,引导服判息诉。办理的廖某某申请监督案等4件案件被省检察院认定为优质案件。强化虚假诉讼监督,移送涉嫌犯罪线索2件、2人,起诉3件、3人,让打"假官司"者吃上真官司。办理行政监督案件8件,与县法院共同化解"程序空转"行政争议案件2件、涉拆迁领域信访积案3件,助推行政争议得到实质性化解。积极探索行政违法行为监督,推动相关主管单位开展规范教师资格管理、建设工程串通招投标专项整治,达到"办理一案,治理一片"的良好效果。

【公益诉讼检察】 2022年,县人民检察院把履行好公益保护职能作为推进检察工作创新发展的重要抓手,办理公益诉讼案件43件。加强与行政机关的诉前磋商,提出行政公益诉讼诉前检察建议23份,行政机关整改回复率100%。积极稳妥拓展公益诉讼办案范围,开展乡村振兴、守护美好生活等专项公益诉讼监督,联合主管单位对违规侵占养老服务用房、小水电违规取水等问题进行专项整治。坚决防止国有资产流失,对非法占用农用地、违规领取养老金失业金情况进行监督,督促主管单位追回税款、社保资金等国有资金60万元。落实上级检察院关于"孤魂碑"红军墓公益诉讼监督要求,推动修缮保护工作取得积极进展,相关工作成效得到时任省检察院检察长贾宇批示肯定,并入选最高检"深化司法民主建设、推进全过程人民民主"典型案例。

【法律监督体制改革】 2022年,县人民检察院围绕最高检"质量建设年"要求,全面准确落实司法责任制,强化司法办案内部监督,健全完善诉前会议、检察官联席会议等工作机制,常态化开展案件质量评查,实行办案流程全程实时监控,全面实施认罪认罚环节全程同步录音录像,推动办案质效持续优化。深化法律监督制约配合机制建设,加大与县监委协作配合力度,完善职务犯罪案件线索移送制度;健全完善法检异常诉讼会商机制,共同解决疑难复杂诉讼问题;强化检警协同,推动侦查监督和协作配合办公室实体化、规范化运行，把监督触角向司法办案更深层次延伸。

【数字检察改革】 2022年，县人民检察院牵头推进政法一体化办案体系建设，单轨制办案率达99%，协同率达95%以上。坚持以数字赋能法律监督，借助浙检大数据应用平台办理数字专项监督23项，移送犯罪线索21条，发出检察建议45份。加强数字检察应用建设，自主研发涉浙A车牌虚假诉讼数字监督模型、“检矫通”社区矫正数字监督平台等，有效打通执法司法信息壁垒。与市检察院共同开发“国土智护”场景应用项目，以卫星遥感方式有效获取土地资源违法线索，推动相关领域行政管理和执法规范化，该场景入选全省“数字法治系统一本账S2”。

【检察机制创新】 2022年，县人民检察院推动生态修复监督机制创新，加强与县碳汇管理局和有关部门合作，探索生态修复赔偿金引入碳汇补偿替代性修复，助力生态资源价值转换。推动检察办案模式创新，加大“三查融合”办案力度，以审查为基础、调查为关键、侦查为核心打破条线职能界限，构建检察监督工作新格局，在刑事案件中挖掘和移送司法人员职务犯罪线索7件，民事公益诉讼监督线索10件，提升法律监督综合质效。制定人大代表建议、政协委员提案与检察建议双向衔接转化机制，推动监督更精准、体系更完善。

【思想政治建设】 2022年，县人民检察院认真贯彻执行《中国共产党政法工作条例》，严守政治纪律和政治规矩，主动向县委报告重大事项和重要工作情况，自觉把坚持党的绝对领导体现到检察工作全过程各方面。认真学习宣传贯彻中共二十大精神，开展“奔跑的新淳安·奋进的检察人”大学习大讨论活动，实施“红色根脉强基工程”，深化“党建双强”和支部品牌建设，引导全体干警不断践行“三能”要求，争做“四种人”排头兵，切实增强“四个意识”，坚定“四个自信”，坚定拥护“两个确立”，坚决做到“两个维护”。

【素质能力建设】 2022年，县人民检察院调整领导班子成员4名，提拔县管正职1名、副职1名，班子战斗力进一步增强。提拔中层正职4名、副职3名，干部队伍年轻化、专业化水平进一步提升。依托“公心讲堂”、周一夜学等平台，强化全员学教培训。鼓励干警参与业务竞赛、岗位练兵，4名干警获全市检察机关业务竞赛能手称号，7名干警入选全市检察专业人才库。注重精品培育，提升案件质效，8件案件被上级检察院评为精品案例。注重借智借力，设立环千岛湖生态保护检察理论研究基地，与杭州师范大学、浙大城市学院签订检校合作协议，合作促成理论研究课题立项8件。

【党风廉政建设】 2022年，县人民检察院压紧压实全面从严治党主体责任，认真落实党风廉政建设责任制和“一岗双责”。扎实推进“清廉机关”建设，全力支持派驻纪检监察组履行职责，成立检务督察办公室，严格执行防止干预司法“三个规定”和重大事项报告制度，“有问必录”成为铁的规矩。巩固政法队伍教育整顿成果，常态化开展正风肃纪检查，围绕监督质效开展纪律作风专项督查，开展“以案为鉴、从严治检”专题警示教育，切实筑牢廉政“防火墙”，实现全员“零投诉”“零违纪”。

【接受监督】 2022年，县人民检察院全面落实县人大及其常委会关于检察工作的决议，严格执行重大案件和事项报告制度，主动向县人大常委会报告检察机关落实省人大《决定》情况。主动走访人大代表,全面收集和认真办理人大代表意见建议,逐条整改落实并答复反馈。邀请人大代表参与检察开放日、观摩庭审、公开审查等活动 50 余次,为代表履职监督提供平台。坚持向县政协、党外人士通报检察工作,配合县政协民主监督小组对未成年人检察工作进行监督,及时办理监督意见。依托法律界别政协委员工作室,邀请政协委员参与信访接待、认罪认罚具结、纠纷调解等活动,让政协委员进一步走进检察、了解检察、监督检察。坚持"应听证尽听证",邀请人民监督员及各界人士参与案件公开听证活动 19 次。加大检务公开力度,主动公开法律文书和程序性信息 400 余条、发布重要案件信息 35 件。依法保障律师执业权利,全面落实听取律师意见制度,为律师提供远程会见、网上阅卷等服务。依托"两微一端"新媒体平台,及时准确向社会大众发布工作动态,让群众及时了解检察履职情况。

(姜利丹)

·法院·

【概况】 2022 年,县人民法院全年共受理各类案件 7765 件,比上年下降 15.4%,办结 7577 件,下降 16.6%,审判执行工作运行态势良好,诉源治理成效进一步巩固,月均存案工作量、平均审执天数、服判息诉率等多项核心指标位于省市前列,被省高院授予"全省突出贡献法院"荣誉称号,全年获各类省市荣誉 10 项。

【重要事件和活动】 2022 年 3 月 8—9 日,市中级人民法院党组书记、代院长张宏伟赴淳安开展大接访、大走访活动,县委副书记、政法委书记许海波,县人民法院党组书记、院长张波等陪同。4 月 6 日,省高级人民法院二级巡视员赵年国,市中级人民法院党组成员、二级巡视员姜红军等赴淳安开展大接访活动,县人民法院党组书记、院长张波等陪同。8 月 24 日,县人大常委会在县人民法院召开法官履职评议会并审议新时代人民法庭现代化建设。10 月 28 日,四川省甘孜州巴塘县政法系统代表团到县人民法院考察交流。11 月 29 日,首届新安江—千岛湖流域环境资源司法协作会议在淳安召开,浙皖两省 10 家法院共同签署框架协议,缔结"江湖之约",建立流域共保司法协作机制,淳安千岛湖成为论坛永久会址。

【刑事审判】 2022 年,县人民法院受理刑事案件 229 件,审结 226 件,判处罪犯 323 人。审结非法集资等涉众型案件、电信网络诈骗案件 37 件、82 人,为被害人挽回损失 1.6 亿元。审结涉"黄赌毒"案件 18 件、61 人。从重判处强奸、猥亵等犯罪 16 件、16 人,对 2 名罪犯宣告从业禁止。审结袭警、妨害公务犯罪 6 件 6 人。审结贪污、贿赂、渎职等职务犯罪 5 件 5 人。

【民商事审判】 2022 年,县人民法院受理民商事案件 4932 件,审结 4840 件,结案金额 7.57 亿元。捍卫民生领域合法权益,审结人身损害、交通事故、教育医疗等侵权纠纷 263 件。维护和谐文明家庭关系,审结婚姻、继承、赡养等家事纠纷 487 件。倡导诚实守信交易规则,审结买卖、租赁、承揽等合同纠纷 714 件。规范公平有序的房地产市场,审结房屋买卖、房屋租赁、建设工程等涉不动产纠纷 317 件。畅通依法维权绿色渠道,审结劳动争议、劳务合同、追索劳动报酬等纠纷 219 件。保障安全稳定融资环境,审结金融借款、信用卡、民间借贷等纠纷 1681 件。

【行政审判】 2022 年,县人民法院受理行政诉讼案件 50 件,审结 47 件,行政机关负责人出庭应诉率100%。建立健全滥诉联合甄别机制,依法规制恶意诉讼和无理缠诉行为,裁定不予立案、驳回起诉9件。依法审查行政非诉案件,裁定准予执行35件,维护行政执法权威。实质性化解行政争议7件,行政诉讼调撤率48.9%,比上年上升9.7%。深化司法与行政良性互动,通过参加府院联席会议、组织专题讲座、发布典型案例等形式,助推法治政府建设。针对办案过程中发现《烟草专卖法实施条例》存在立法疏漏的情况,及时向国家烟草专卖总局提出建议。

【执行工作】 2022年,县人民法院受理执行案件2519件,办结2429件,执行到位金额3.8亿元,执结率、当前存案工作量、初执案件平均执行天数三项指标连续四年位居全省基层法院第一。4月,创新"共享法庭+执行"工作机制,通过该机制协助查人找物660次,发布失信公告430次,执前督促成功172件,案涉金额1352万元。联合千岛湖建设集团建立协助执行机制,通过"智慧停车"系统,破解车辆查控难题。开展"助企纾困保民生"专项行动,精准服务"六稳""六保"。运用"涉众案件管理平台"发放案款8971万元,涉及10552人。加大拒执行为打击力度,移送涉嫌拒执犯罪线索8件。开展个人债务集中清理,审结7件,化解债务1.3亿元。

【服务保障中心工作】 2022年,县人民法院立足特别生态功能区定位,出台并实施加强环境资源审判工作为特别生态功能区建设提供有力司法保障的意见。助力全县重大风险防范,参与桂语江南、佳源岛等项目协调会和法律论证会。围绕平安护航中共二十大主题主线,完善领导接访、包案化解、带案下访等机制。关注亚运延期衍生的法律风险,走访相关部门并积极向上报送问题建议。落实县委重点工作,筑牢疫情防控屏障,开展全国文明城市创建工作。

【法治化营商环境优化】 2022年,县人民法院助力国家营商环境创新试点城市建设,法院牵头的执行合同、办理破产两项指标综合排名全市第三。开设买卖合同绿色通道,实行专人集中审理、集中执行。创新非破产情形下追加未届出资期限股东为被执行人机制,大幅缩短审理期限。助力深化供给侧结构性改革,开展破产案件简化审,适用简易程序审理占比41.7%,推动18家"僵尸企业"有序退出市场。发挥破产程序重整挽救功能,帮助4家企业脱困重生。

【守护美丽生态文明】 2022年,县人民法院审结环境资源刑事案件6件、11人,民事案件48件,行政非诉案件13件,1起案件入选全市法院环资审判十大典型案例。倡议并承办首届"新安江—千岛湖环境资源司法协作会议",浙皖两省10家法院共同签署《流域环境资源司法协作框架协议》,建立流域跨省司法协作机制。成立"林长制法官工作室",指导调解涉林纠纷9起。联合县林业局建立"生态司法+森林碳汇"工作机制,助力生态价值转化。设立5家特设生态"共享法庭",形成保护合力。推进环境资源法治宣传,精准普法1万余人次。

【融入基层治理】 2022年,县人民法院开展省级"枫桥式人民法庭"创建活动,威坪法庭坚持在党委领导下打造"178一起办解纷驿站",对矛盾纠纷进行全链条闭环管理,实现诉源、警源、访源明显下降。汾口法庭推出《人民法庭与基层治理》期刊,分析梳理乡村典型案例,预警重大风险隐患。临岐法庭联合辖区乡镇建立矛盾纠纷排查调处机制,定期召开排查协调会。推进"共享法庭"建设,实现乡镇、村社"共享法庭"全覆盖,并在金融、房地产等领域建设15家“共享法庭”，其中劳调委服务站和物调委服务站成功入选全市首批示范“共享法庭”。

【司法服务】 2022年，县人民法院设立老年服务专窗，完善老年友好型司法服务。发挥人民法庭法官驻庭优势，开设“19点法庭”，利用夜间为当事人提供司法服务。深化“向日葵”成长计划和“独角兽护苗行动”，邀请县人大代表开展结对帮扶活动。坚持“当免则免，应救尽救”，累计为困难当事人缓、减、免交诉讼费26万元，发放司法救助金25万元。严格执行人身安全保护令制度，依法保障9名家庭暴力受害人人身安全和人格尊严。

【司法公开】 2022年，县人民法院坚持以公开促公正、立公信，完善审判流程、庭审活动、裁判文书、执行信息四大公开平台建设。上网公开裁判文书4672份，直播庭审活动1597场。推进网络司法拍卖，网拍成交176件，成交金额1.79亿元。开展律法互评，助推法律职业共同体建设。回应社会关切，组织开展公众开放日9场，邀请300余名社会各界人士“零距离”接触法院。运用各类传统媒体和新媒体传递法治声音，官微推送信息124条，媒体发布新闻报道75篇。

【数字化改革】 2022年，县人民法院落实“全域数字法院”建设要求，压实无纸化办案办公工作，实现网上立案、网上庭审和文件线上批阅流转。提升网络安全防护和硬件设施水平，投入资金420余万元，完成数字审委会、机房设备、智慧庭审、法庭视频会议系统的建设和改造升级。响应“凤凰金融智审”应用场景全面上线运行，提高金融案件审判效率。探索数字化改革工作，联合建德法院共同研发“凤凰民间借贷智审”系统并上线运行，有效甄别虚假诉讼、职业放贷和非法转贷行为。

【司法责任制改革】 2022年，县人民法院落实“让审理者裁判、由裁判者负责”要求，健全完善审判权力和责任清单，构建权责统一的审判权力运行体系。树立“充分放权与有效监督相统一”理念，实行“四类案件”全流程在线监管，系统识别、主动纳入监管案件114件。发挥专业法官会议和审判委员会作用，统一裁判尺度，实现三个效果相统一。常态化开展案件质量评查，推进案件质量管控体系建设。

【诉讼制度改革】 2022年，县人民法院落实四级法院审级职能定位改革试点工作要求，完善诉讼程序、畅通救济渠道。深入推进以审判为中心的刑事诉讼制度改革，落实“四类人员”出庭的相关要求，推动庭审实质化。适用认罪认罚从宽制度审结刑事案件168件、267人，占同期审结案件被告人的82.7%。根据社会危害性大小和悔罪表现，对120名被告人适用非监禁刑。为177名被告人指定法律援助律师到庭辩护，实现辩护律师全覆盖。

【队伍建设】 2022年，县人民法院贯彻落实《中国共产党政法工作条例》，主动向县委报告重大事项和工作情况。扎实开展中共二十大精神学宣贯、“两个确立”主题教育系列活动。落实“把支部建在庭上”的要求，调整优化支部设置，强化党建引领。调整领导班子3人，提拔县管副职2人，遴选员额法官3人，招录法官助理4人、司法雇员8人。提升青年干警综合素养，定期举办“青年法官论坛”、选派年轻干警“上挂外派”接受锤炼。开展司法作风突出问题集中整治，推进作风建设年活动。巩固深化队伍教育整顿成果，落实“四项建设”问题整改，修改完善队伍建设管理规定,常态化开展纪律作风巡查并定期通报。制定案款管理制度,形成案款收、结、退全流程闭环管理。推进清廉法院建设,开展"廉洁守初心·家风伴我行"廉洁家风建设主题活动。

【接受监督】 2022年,县人民法院认真落实县人大常委会对新时代人民法庭现代化建设情况的审议意见。密切与人大代表联系,邀请人大代表视察法院、参加座谈、旁听庭审、见证执行260人次。主动向政协委员、党外代表人士通报法院工作,认真办理政协提案。自觉接受政协民主监督,配合县政协派驻民主监督小组对人民法庭、"共享法庭"等工作开展监督,认真落实民主监督建议。自觉接受检察机关监督,支持配合检察机关履行法律监督职责,认真办理并反馈检察建议。增强审判委员会工作透明度,邀请检察长列席审判委员会7次,共同维护司法公正。

(章财溪)

·司法行政·

【概况】 2022年,县司法局全面贯彻落实省、市、县工作部署,锚定目标,踔厉奋发,砥砺奋进,为共建特别生态区、共享魅力千岛湖提供强有力的法治保障,全县司法行政系统涌现一批先进集体和个人。中洲镇茶山村被司法部评为"全国民主法治示范村";县司法局被省司法厅、省档案局评为浙江省档案工作目标管理省一级单位,县司法局社区矫正中心被省司法厅评为"省级智慧矫正中心",县司法局千岛湖司法所被省司法厅评为"枫桥式司法所",县司法局《法治乡村建设的下姜样本》被省人民政府评为浙江省县乡法治政府建设"最佳实践"项目,县司法局《"法助共富的'下姜样本'"案例》被省司法厅评为2022年第一批"法助共富"最佳实践案例,界首乡严家村、威坪镇妙石村、富文乡富文村、里商乡鱼泉村、梓桐镇梓溪村、临岐镇叶家畈村被省司法厅评为"省级民主法治示范村";县司法局被市委、市政府评为"2021年度杭州市平安创建先进集体",县司法局机关党支部被市司法局党委评为最强党支部,县司法局《打造生态环保检察 探索实践"法护生态"》项目被列为2022年度有辨识度有影响力法治建设成果市级培育项目,千岛湖律师事务所党支部被中共杭州市律师行业委员会评为2022年度优秀联合党支部,界首乡严家村被市普法办评为2022年市级法治宣传教育基地;县司法局被县委、县政府评为2022年度改革赋能成绩突出集体,县司法局机关党支部被县委组织部评为"五星级"基层党组织;施华聪被省委办公厅、省政府办公厅评为"2016—2020年全省普法工作先进个人"、被省司法厅评为全省司法行政系统法治建设工作成绩突出个人,程一平、詹敏被省司法厅评为全省社区矫正工作成绩突出个人,童雪被市司法局评为2022年度"最美司法行政人",黄志梅被市司法局评为2022年度社区矫正能手,王宇文被市司法局评为2022年度行政复议办案能手,方欣被市司法局评为2022年度人民调解能手,吕芳撰写的《行政复议营造一流法治营商环境的思考研究》被市司法局评为2022年度全市司法行政系统调研成果二等奖,施华聪撰写的《贯彻落实"八五"普法规划推动普法依法治理工作的实践路径研究——以淳安县"旅游+普法"推动普法依法治理工作为例》被市司法局评为2022年度全市司法行政系统调研成果优胜奖,余维初、施华聪被县委、县政府评为2022年高效能治理成绩突出个人,黄志梅、汪信文、童昱、童雪、徐英被县委、县政府授予三等功,余维初、徐涛、赵云龙、王晓婷、何芳、余娟娟、汪淑俊、周刚、施华聪、洪杰、程一平、詹敏、詹春霞、潘凯华被县委、县政府授予嘉奖。

【法治建设】 2022年，县司法局全面统筹法治淳安建设，组织召开县委全面依法治县委员会第四次会议，认真制定、实施法治淳安建设年度重点工作。纵深推进习近平法治思想宣讲“八进”活动，举办县管领导干部法治专题培训班专题学习习近平法治思想。建立法治督查、纪检监察和党委巡查常态协作机制，一体推进法治杭州、法治淳安建设考评。探索法治乡村建设助力实现共同富裕基层实践，积极培育有辨识度有影响力的法治淳安建设成果。淳安在2022年法治杭州建设群众满意度调查中获总分第一，《法助共富“下姜样本”》项目被省司法厅评为“2022年全省第一批法助共富‘最佳实践’案例”。配套《杭州市淳安特别生态功能区条例》，创新“行政执法+刑事司法+生态修复”行刑衔接模式，组建“千岛湖保护公益诉讼联盟”，出台标准，建立生态环境资源案件联办机制，推动生态领域执法司法一体打击、系统治理，筑牢千岛湖生态保护安全屏障，《淳安县“法护生态”的实践探索》项目被列为“浙江省县乡法治政府建设‘最佳实践’项目培育对象”，《打造生态环保检察　探索实践“法护生态”》项目被列为2022年度有辨识度有影响力法治建设成果市级培育项目，《淳安县探索推进“法护生态”新模式》被纳入全市司法行政系统三年重大标志性成果清单。以提升“关键少数群体”法律素质及法治理念为目标，有序开展县政府常务会议学法，全年开展学法活动4场，集体学习《政府投资条例》等法律法规12部。依托重大行政决策管理系统升级，实现目录化管理县乡全覆盖。全面开展行政规范性文件清理工作，组织乡镇部门针对2021年12月31日以前有效的247件行政规范性文件进行全面清理，经清理，继续有效174件，需修改8件，废止50件，宣布失效15件。落实落细行政规范性文件进行合法性审查，实现应审尽审，确保重点工作开展合理合法，累计开展政策性文件及行政合同合法性审查109件，出具合法性审查意见书29件，提出合法性审查意见90余条，配合省市完成立法项目征求意见11个。加快推进行政复议引流工作，借力“浙里办”App“杭州智慧复议”小程序等平台拓宽行政复议申请渠道，引导群众通过行政复议解决行政争议，行政复议主渠道作用凸显。成立行政争议调解中心，应用繁简分流，确保争议专业高效化解。发放败诉预警通知书、组织会商、行政调解程序前置，多措并举促成案件庭前化解。全县“两高一低”指标稳中向好，行政复议调撤率逐年上升。全年新收行政复议案件71件，新增一审行政诉讼47件，行政复议与行政诉讼收案比为1.51∶1，达成市对县考核“新收行政复议申请不能少于一审行政诉讼案件”要求，行政复议案件调撤35件，调撤率40.2%。

【基层法治】 2022年，县司法局持续推动乡镇法治化综合改革，制发《党政主要负责人履行推进法治建设第一责任人职责清单式管理制度》《全面推进乡镇(街道)法治化综合改革行动工作任务清单》，推动法治建设第一责任人清单式履职，明确考核任务和改革方向。以临岐镇法治化综合改革试点阶段性成果为经验，以点带面推动全县乡镇依法行政、执法改革、基层治理等法治建设工作，为推进全县基层治理体系和治理能力现代化迈出坚实的步伐。县司法局《法治乡村建设的下姜样本》被浙江省人民政府评为浙江省县乡法治政府建设“最佳实践”项目，县司法局被县委、县政府评为2022年度改革赋能成绩突出集体。坚持和发展新时代“枫桥经验”，完善社会矛盾纠纷多元化解机制，人民调解、行政调解、行业调解有序衔接，以基层司法所建设为抓手，初步建立矛盾纠纷发现、流转、调处、解决的闭环工作体系。提高人民调解“以奖代补”标准，进一步激发调解活力。联动开展除险保安矛盾纠纷大排查、大化解行动，在全县范围内开展人民调解优秀案例评比活动。全年排查矛盾纠纷8153件，调解成功8149件，4篇优秀调解案例入选杭州市《人民调解案例汇编》。

【法律服务】 2022年，县司法局高标准建设县乡村三级公共法律服务实体平台，新成立法律援助汾口分中心，辐射汾口等7个乡镇119个村(社区)。推动“12348”公共法律服务热线归集，安排14人专家团入驻解答电话法律咨询，实现全市统筹7×24小时服务。推行法律援助经济困难承诺制、点援制等便民机制。全县共办理法律援助452件、法律帮助476件，帮助挽回经济损失422.95万元。组织开展司法行政助企纾困行动，综合运用涉企政策合法性审查、行政执法专项监督、“公诉民评”社会评价等方式手段，稳定市场主体法治预期，促进企业安心经营、专心创业。引导公证机构服务乡村振兴，部署“淳安云公证”，开展贷款合同赋强公证，购买侵权产品证据保全公证。累计向企业提供法律咨询900余人次、法治宣传100余场，调处商事纠纷20件、劳资纠纷826件。淳安县公证处对汾口巨型稻亩产记录公证工作在9月9日的《光明日报》客户端专题刊登，同期在中央广播电视总台农业农村频道《振兴路上》栏目报道。扎实推动“八五”普法走深走实，制定下发全县普法要点，实施公民法治素养提升工程，建立下姜村、茶山村、法纪登山步道等县级公民法治素养观测点，选优“法律明白人”队伍。基层法治实践阵地建设遍地开花，成功创建中洲镇茶山村全国民主法治示范村，临岐镇叶家畈村等6个建制村为“省级民主法治示范村”；界首乡严家村被杭州市普法办评为2022年市级法治宣传教育基地；争创下姜村全国法治宣传教育基地，10月，淳安县作为区县代表在杭州市委全面依法治市委员会守法普法协调小组第三次全体(扩大)会议上作“八五”普法和公民法治素养提升工作经验发言。紧扣中共二十大召开、全国两会等重要时段，制定实施全系统维稳安保工作方案，全力防风险、保安全、护稳定。以“数据一体化，管理智能化、移动互联化，指挥可视化”为目标，倾力打造“智慧+”社区矫正新体系。协同县检察院构建形成“检矫通”数字监督平台，贯通县级司法行政数字驾驶舱2.0，梳理归集核心业务数据指标，集成展示总体面貌和重点场景，初步建成“以执法平台为数据核心，以指挥中心为实体核心，信息化监管，智慧化帮教”的智慧社区矫正中心，并高分通过司法部“智慧矫正中心”创建初验。数字赋能刑释解教工作，全域推广应用“安帮码”，将全县1306名刑满释放人员纳入网格化管理。贯彻宽严相济的刑事政策，向表现一贯较好的困难刑满释放人员发放生活补助，有效预防和减少重新犯罪。

【党建工作】 2022年，县司法局坚持夯实基层，以强根筑基提升“凝聚力”，构建党建统领司法行政的整体智治体系，充分发挥红色引擎作用，围绕筑牢“红色根脉”的稳固根基，对照党建统领“七张问题清单”，做到书记抓、对标抓、系统抓、及时抓，把一张张“问题清单”转变成“成效清单”。专题组织23名中层干部述职评议和8名党支部书记抓基层党建评议工作，对司法行政中坚力量同台阳光“赛马”，持续激发年轻干部、中层干部能力和潜力。深化“一支部一特色一载体”创建。全面围绕组织党员立足岗位建功新时代，总结推广支部工作法，深化支部建设。结合全县司法行政工作实际和人事调整情况，秉持“将支部建在所上”的工作理念，对下属党支部做出调整，新建社区矫正和千岛湖党支部，夯实基层党建基础，充分发挥基层党组织“推动发展、服务群众、凝聚人心、促进和谐”的战斗堡垒作用，实现党建强、发展强、服务强，注重先进典型选树，临岐司法所被市委组织部评为“优秀公务员示范岗”。坚持严管厚爱，以选准用强增加“战斗力”，开展“服务亚运·组织攻坚·党员争先”大考大赛，以“考六度、赛六力”引领构建“五大体系”，聚合法治“蓝军”专业力量，激发党员干部生力军作用。加强司法行政干部队伍建设，开展部分中层干部调整，最大限度优化中层干部队伍结构，让年轻干部有为有位，促进干部能上能下，推动中层干部多岗位锻炼成为“多面手”。

（许心怡）

军 事

【概况】 2022年,县人武部坚持以习近平新时代中国特色社会主义思想为指导,深入贯彻习近平强军思想,全面落实杭州警备区党委扩大会议提出的"强化一流标准,接续担当作为"总体要求,结合部本级"争当郊县榜首,尽展头雁风采"的奋斗目标,聚焦主业备战练兵,紧盯基层持续抓建,圆满完成政治统领、民兵整组、战备训练、征集兵员、国防动员、国防教育、人民防空、维稳执勤、双拥爱民、后勤保障等各项任务,全面建设呈现出向上向好、稳步提升的良好态势。

【思想政治建设】 2022年,县人武部把理论武装、政治统领放在首位,利用党委理论中心组、党日活动、大小会议等形式,采取即时传达、专时组学、领导领学、汇报悟学、讨论交流、观影感悟、实践融合等方法,抓好习近平新时代中国特色社会主义思想,特别是习近平强军思想的学习,干部职工"四个意识"明显增强、"四个自信"和"两个维护"更加坚定,政治上思想上行动上始终自觉与党中央保持高度一致。

【主题教育活动开展】 2022年,县人武部把"忠诚维护核心、矢志奋斗强军"主题教育活动作为贯穿全年的重要政治任务,扎实开展,取得显著成效。多举措深入学习贯彻中共二十大精神和省军区第十三次党代会精神,利用辖区资源,率领全体官兵赴本县枫树岭镇下姜村,现场聆听该村党支部书记、中共二十大代表姜丽娟畅谈参加第二十次党代会的切身感悟。扎实推进"喜迎二十大,创建安全年""加强政治建设、严守政治纪律""'四严四整'教育整训""基层风气整肃治理""大力纠治倾向性问题""净化涉军网络环境专项行动"等多项专题教育整治活动,持续深化政治纪律、强化政治规矩教育,多轮次开展郭徐房张流毒彻底清理,抓好"四反"、违规"翻墙"上网、参加社团、网络赌博借贷、手机违规使用等专项整治,加强意识形态和隐蔽战线斗争,确保单位高度集中统一和队伍绝对纯洁巩固。宣传展示新时期淳安官兵新风采和人武工作新亮点,全年在中央广播电视总台综合频道《新闻联播》、新闻频道《新闻直播间》栏目,《中国国防报》、人民网、新华网、中国网、《浙江日报》等媒体刊播稿件60余篇,结合"八一"建军节开展的篮球赛和书画展评活动,被多家省级以上媒体报道转发。

【年度党管武装工作会议】 2022年4月20日,淳安县召开2022年党管武装暨国防动员委员会、国防教育委员会全体会议。县委书记杨建根出席并讲话。会议宣读县国动委、国教委组织机构及成员名单和乡镇人民武装部政治教导员任职命令,通报表彰各类先进,并对武装工作进行部署。会后,与会人员实地观摩汾口镇人民武装部组织的民兵军事科目演练,参观学习"智慧武装"工作平台建设试点成果和村级民兵连建设,通过现场讲解,认识到开展武装工作运用智能化、科技化、数字化、网络化的重要性，进一步增强主责主业、主动担当作为的使命感。

【军事日活动】 2022年11月3日，县委书记杨建根率县委、县人大、县政府、县政协"四套班子"成员23人，赴县南泥湾军训基地参加军事日活动。活动中，"四套班子"成员进行射击训练，体验军事生活，强化军事斗争准备理念。县人武部部长王刚、政委康忠永、副部长蔡俊等参加活动。

【淳安县国防动员办公室挂牌成立】 2022年12月28日，淳安县国防动员办公室挂牌成立，国防动员体制机制得到重塑，权责配置、组织架构、政策制度得到优化和完善。

【民兵整组】 2022年，县人武部贯彻上级下达的民兵建设"十四五"规划，以及关于民兵整组工作的计划、指示和要求，把抓好民兵整组作为军事斗争的基础性工作抓严抓实。抓好学习培训，强化参与整组工作人员的政策水平和业务能力，确保整组工作扎实有序推进。通过深入系统的调查研究，广泛挖掘社会潜力，扎实开展编组工作，高标准完成基干民兵的编组任务。5月中下旬，采取集中点验、上门点验、分片点验等方式，对全县所有民兵分队进行拉动点验，逐人核实数据信息，到点率92.3%，点到率100%，获评省民兵工作先进单位，在警备区年度民兵整组检查验收中获全市第一。

【战备训练取得新突破】 2022年，县人武部坚决贯彻习近平主席号令训令，把战备训练作为人武工作的主业抓深抓实。严格落实议战议训、形势分析、计划管控、请示报告等制度，对照制度要求，深入纠治整改中存在的问题。根据实际情况的变化，及时滚动修订各类战备、应急方案预案，整饬物资器材，组织开展国防动员指挥所演练、常态化落实节日防暴防恐和消防灭火等应急演练。按照民兵训练、首长机关训练以及其他各类专项训练的不同要求，落实年度训练任务，重点检验考评应急分队、专业分队和专武干部训练，所有训练均组织普考，总评成绩均在合格以上，本级军事职业教育任务完成率达到100%。积极安排力量参加上级组织的训练和比武，其中应急分队在杭州警备区第四届民兵岗位练兵"大点验大比武"活动中取得安保警戒行动综合演练科目第一名、伪装与防护科目第二名、轻武器射击科目第三名、综合成绩第一名的成绩。在此基础上，先后两次代表杭州警备区迎接省军区军事训练现场考评，排名靠前。组织23个乡镇专武部长参加警备区集训业务考核，取得综合排名全市第三的好成绩。

【学生军训工作】 2022年，县人武部全程贯彻《杭州市学生军训法规文件》精神，完成6所高中的学生军训任务。在4月份即进行教官选拔落实、7月份就协调落实6所学校的军训负责人，做好训练场地和物资器材的准备工作。科学制订训练计划，采用军事训练与国防教育、室内与室外相结合的方式提升学生的军政素养；严密制订军训计划（模板），根据学生领会动作要领的快慢，采取分组施训、以强带弱等方法，实现共同进步。在军训期间，从一日生活秩序抓起，从集合站队抓起，从点滴小事抓起，让受训学生从思想深处竖起军人点滴不差的时间意识；建立军训学生考勤制度，每天出操前进行点名，无特殊原因不得请假；一切行动以值班员哨音为准，做到统一出操、统一训练、统一休息、统一收操；规范内务秩序，组织多次内务检查评比，将检查情况第一时间进行通报并敦促整改。县人武部主官多次到训练场，检查、督导军训工作，定期了解军训情况并提出要求，亲身参加淳安中学、淳安二中“国防知识讲座”和“会操表演”活动。

【新兵征集质量提高】 2022年,县人武部结合“一年两征”“两征两退”的特点,紧盯“五率”量化考评指标,采取早调研、早谋划、早宣传、早发动、早准备的方法有序推进。采取悬挂标语、户外屏媒播放宣传片、“抖音”和微信朋友圈转发等方式精准投放宣传内容,与工作对象通过面对面沟通、一对一解答、入户谈心等方式进行深入发动,在全社会持续营造“踊跃响应征兵号召”“一人当兵全家光荣”的浓厚氛围。为确保兵员质量,组织有关人员认真学习贯彻新的《军队征集和招录人员政治考核规定》,积极协调公安、教育等部门,严密组织政治考核、体格检查和役前教育,严格落实清正廉洁规定,层层落实责任制,层层设置监督员,确保违规违纪问题“零”发生,完成上级赋予的新兵征集任务。

【安全管理工作】 2022年,县人武部坚持“安全无小事”理念,全面强化安全管理工作。加强“三个经常性”工作和“两个以外”延伸管理,落实安全形势分析、安全巡察、风险评估、在外人员定期联络等制度,守住安全底线。加强新冠疫情常态化防控,落实“五查两问”制度,确保防疫安全不出一丝纰漏。抓好安全行车教育,强化遵章谨慎驾驶意识,坚定守住安全驾驶法纪红线。

【人防培训】 2022年,淳安县先后争取到全市第一、第三季度人防机动指挥车通信拉练到淳安县驻训,共出动人防机动指挥车14辆,动用通信装备56件,13个区、县(市)共120余人参加驻训拉练;利用南泥湾人防训练基地,积极协助开发公司做好军事主题夏令营的拓展培训,培训达450余人次,人防培训实现重大突破,成为又一新的亮点。

【人防指挥所建设达标单位创建】 2022年,县人武部在全面完成县人防工程全部财务决算的同时,根据上级关于指挥工程联建联用新要求,于11月底完成升级改造工程,并在国防动员演习应用中得到检验和认可。在常态化管理中,严格按照《浙江省人民防空指挥工程管理办法》《浙江省人民防空指挥工程维护管理技术规程》等要求,落实周期性维护保养制度,建立健全战备值班与汛期值班制度,被杭州市人防指挥部评定为人民防空指挥所建设达标单位。

【人防疏散系统试点项目】 2022年,县人武部利用全县人口疏散与接收安置资源,通过数字化应用系统,实现临战疏散过程中的组织指挥、物资保障、科学安置等环节中的数据支撑和决策支持。在杭州金盾——22人防检验性演习中得到应用检验,并于11月23日完成专家组的检查验收。依托乡村振兴集约资源,确定并公布第一批13个依托式人防疏散基地,为制定防空袭行动方案和确保空袭情况下的人员接收安置充分做好战略布局。

【实现警报盲区全覆盖】 2022年,县人武部充分依托县应急管理局和淳安华数资源优势,完成城区所有已建人防工程、重要经济目标单位等警报盲区部位应急广播的安装,在全市率先消灭包括偏远山区在内的所有警报盲区,实现人防警报全覆盖。

【党风廉政建设】 2022年,县人武部始终把党纪国法军规挺在前面,把全面从严治党贯穿始终,把深入推进新时代党的建设新的伟大工程作为做好人武工作的政治保障。按照“清仓见底、彻底归零”要求,抓整风整改,深入开展涉郭徐房张信息清理,完善本级政治整训具体措施和“纠四风、治顽疾”教育整顿办法，抓实巡视巡察反馈问题的整改，落实好“警备区基层风气整肃治理”专项活动，不断增强拒腐防变的意识和能力。在“翻墙”上网、妄评乱议、网赌网贷、社团清理、廉洁征兵、“禁酒令”落实、“微腐败”防治等重点敏感问题上持续加压；及时传达学习上级有关查处违规违法违纪问题的文件精神，学习“翻墙”案例汇编，注重用好身边典型案例，强化警示作用；再三强调纪律规定和惩戒措施的严肃性，组织2名主官为大家上纪律党课，引导大家明是非、知敬畏，始终绷紧党风廉政思想之弦，自觉远离红线、守住底线。以正规办文办公、会议组织、军容风貌、请销假等制度为抓手，持续规范营区内“一日生活”。抓好政治教导员任命和民兵党组织建设，着力压实营连政治主官抓武装、促国防的使命责任，引导其调整状态、进入站位，自觉投身人民武装事业。按法定要求规范物资采购、落实采购审批权限，依托线下大型商超、线上政采云等采购平台组织实施，线下采购落实比价手续。特殊情形采购亦严格依规阳光组织实施，杜绝违规采购、私占公利问题的发生。

【拥军优属工作】 2022年，县人武部以创建双拥模范城为契机，协调地方全面推进拥军优属工作。协调推进军人军属优抚优待、公共服务场所军人优先、义务兵优抚金和大学生入伍奖励金增长机制等制度的进一步完善。协调筹办退伍军人就业招聘会、发放退役军人优待证、悬挂光荣牌块、上门送立功受奖喜报，为全县退役军人发放建军95周年纪念衫；为退役军人、优抚对象发放纪念品，为新中国成立前后入伍的老复员军人和35名烈士遗属发放慰问品128份；通过宣传引导，营造拥军优属的良好社会氛围。协调地方印发实施《淳安县现役军人和重点优抚对象子女入学入托优待办法》《淳安县现(退)役军人和其他优抚对象公立医院优先优惠实施办法》，进一步完善军人子女入学、就医等优待政策，切实解决军人的后顾之忧。

【共建活动】 2022年，县人武部立足本县实际，积极推进军民深度融合，充分发挥民兵队伍在地方建设中的模范带头作用，持续发动民兵积极投身各项参建共建活动。全年出动民兵参加疫情防控、山林灭火、防汛抗台、应急维稳和全国文明城市创建等，受到地方党委、政府以及社会各界广泛好评。

（余祝华）

平台·园区

·经济开发区·

【概况】 2022年,淳安经济开发区面对诸多严峻风险挑战,聚焦"产业新区、品质新城"的建设,把"项目攻坚年"活动贯穿于全年工作,全力推动以制造业为主的产业建设,各项主要经济指标增量首次全部跨入"10亿+"方阵。完成固定资产投资(剔除房地产投资)11亿元,比上年增长81.8%;完成规模以上工业总产值72.7亿元,增加11.2亿元,增长18.2%;新引进项目21个,其中制造业项目13个,总投资44.5亿元,到位资金10.2亿元,增长108%;完成税收19亿元,增长8%,其中制造业企业税收首次突破10亿元,达到10.38亿元,增长25%。

【项目招引】 2022年,淳安经济开发区设立总规模10亿元的两山生态产业基金,积极探索中介招商、基金招商、协会招商和产业园招商,总投资10亿元的农夫山泉青溪工厂、淳宇精密制造,总投资5亿元的聚葡萄糖饮料生产、半导体芯片存储智能化未来工厂等项目先后落地。注重产业空间高效利用,在招商项目落地建设中,共收储盘活26.53公顷闲置低效用地和9.6万平方米空置厂房。

【项目推进】 2022年,淳安经济开发区深入开展"项目突破、腾笼换鸟、环境提升、作风淬炼"四大行动,推动政策向项目集中、要素向项目聚集、干部向项目发力,在盯引签约、落地开工、投产达产等各个环节,完善分系统、细化颗粒度、强化正反馈,努力构建项目全生命周期管理机制。农夫山泉青溪工厂、欧力千岛湖工厂、千啤四期、先芯三期等23个重点产业项目稳步推进,其中永通电缆、千啤四期、先芯三期建成投产。

【城市建设】 2022年,淳安经济开发区坚持把产城融合、协调发展放在突出位置,以迎亚运和文明城市创建为契机,投入资金3亿余元,加大基础设施配套建设力度,全力整治园区环境。积极探索未来社区建设新模式,启动千岛珍珠未来社区建设,积极谋划配置产业新区所必备的设施配套、产业业态、招才创业空间,全面提升新城核心区城市发展品质。

【亮点工作】 2022年,淳安经济开发区集聚了全县50%的规模以上工业企业和55%的高新技术企业,贡献全县64%的规模以上工业总产值和80%以上的工业税收,解决1万余人就业,主平台的发展能级进一步提升。农夫山泉(淳安茶园)有限公司、农夫山泉杭州千岛湖饮用水有限公司被评为国家工业旅游基地;杭州千岛湖啤酒有限公司获评国家绿色低碳工厂称号;杭州银纳磁电技术有限公司、杭州千岛湖兰格生物科技有限公司、杭州千岛湖瑞淳机器人研究院有限公司、淳安鑫博雅家具有限公司、杭州欧雅光电科技有限公司5家企业获国家高新技术企业称号；农夫山泉(淳安茶园)有限公司、农夫山泉浙江千岛湖有限公司获评浙江省2022年度节水标杆单位；浙江丰凯机械股份有限公司、杭州紫光网络技术有限公司获评浙江省"专精特新"中小企业称号；杭州千岛湖啤酒有限公司获评杭州市智能工厂称号；浙江先芯科技有限公司获评杭州市未来工厂"数字化车间"称号。 (汪霞飞)

·旅游度假区·

【概况】 2022年，千岛湖旅游度假区紧紧围绕"做优旅游度假区"目标，加快新型旅游业态示范区、乡村共同富裕引领区、滨湖创新创业集聚区打造，在亚运筹办、招商引资、项目推进等方面取得较好成绩。完成年度固定资产投资6.1亿元，完成率129%；完成招商引资个性化产业项目3个，完成率150%；完成招商引资实际投入资金6.5亿元，完成率108%；完成地方财政收入18583万元，完成率102%；完成总部经济综合税收4.5亿元，增长21.6%；完成新就业260人，完成率325%。完成新增市场主体565户，为年度计划的348%，市场主体总量增长69.8%，其中新设企业398户，占新设市场主体数的70.4%；新设企业数及企业新设登记注销比均位居全县第一。

【亚运筹办】 2022年，千岛湖旅游度假区按照亚运县运保指挥部统一部署，围绕"万众一心保亚运"目标，统筹推进场馆建设、运营、保障、交通设施建设等工作。淳安亚运分村于3月31日竣工验收，场地自行车馆及室外五项赛事赛道于4月25日正式移交，Club Med地中海酒店、郝力克酒店、格林7号乐园于6月正式运营；合法化解工程类、合同类、涉全域公司类等33项风险；整改完成各类赛道技术问题96项，其中技术代表提出的指导意见中山地自行车39项，无障碍体验活动20项和八大系统整改问题37项；6月30日，亚运"2+6"场馆正式惠民开放，推出"全民共享亚运红利"亚运场馆惠民系列行动，持续做好场馆惠民开放工作。对标市对县重点考核，"亚运场馆在线"客流量达到22万人，综合评分93.7分，全市排名第二。《淳安县奋战"一百天"顺利完成亚运分村竣工验收》被《杭州政务信息(专报)》录用，《淳安县大力实施场馆惠民行动致力打造全国体育旅游目的地》被《杭州亚运会筹办工作简报(项目专刊)》录用。两篇均获副市长陈卫强批示肯定。

【招商引资】 2022年，千岛湖旅游度假区开启全员招商、多元并举等创新工作模式，以重点产业、重点区域、重要客商为主线，细分招商赛道，实现产业能级新突破、新提升。电魂千岛湖智力公园项目正在招引合作伙伴共同投资，进贤湾温泉小镇项目正根据现状对详规进行修编；信雅达功能性总部项目已注册合伙企业4家，实现纳税2000万元；绿城熵里、井唐文化等5家总部企业注册入驻，并产生税收1.04亿元；東洋博士创新工作站已与淳安县黄锋康复医院签订合作协议，帮助企业就康复病人的步态分析进行研究、测试；国防战训及体育运动专用水保障项目完成瓶装露水生产线建设并试运行；自主无人系统智能测试与评估项目完成项目实验室前期设备组装及调试。

【项目推进】 2022年，千岛湖旅游度假区通过深化项目服务机制，建立项目推进攻坚小组，开通"绿色通道"全速助推项目建设，确保项目尽早投产运营。理想花园项目完成大地印象、陌上花开、星河部落三大板块建设，于9月29日顺利开园并呈现火爆状态，至年底接待游客 5.5 万人次;三特牧心谷项目于 11 月中旬开工建设,已完成施工板房等附属设施搭建及游客服务中心土石方开挖;大石坪旅居综合体项目完成综合验收工作;蓝德假日酒店项目完成酒店主体施工;千岛湖万豪万枫酒店项目完成外立面方案设计;千岛湖雷迪森酒店项目完成施工图设计;仁里美宿、动感机车营地实现对外营业。

(何骏华)

农 业

·农村经济经营管理·

【概况】 2022年，淳安县实现农业总产值59.16亿元，比上年增长3.4%；农村常住居民人均可支配收入26156元，增长6.0%；全县23个乡镇村级集体经济总收入36384万元，增长16.3%，经营性收入19982万元，增长27.1%。其中，337个建制村完成集体经济总收入35499万元，增长17.1%，经营性收入19141万元，增长29.8%。

【农民减负】 2022年，淳安县根据浙江省农业厅关于切实加强减轻农民负担的相关工作要求，认真贯彻落实上级要求的各项强农惠农富农政策，减轻农民负担，坚持以维护农民合法权益为圆心，强化监督检查为辅助，不断完善制度建设，严禁各种不合理收费和集资摊派，坚决纠正违反政策规定加重农民负担和不落实惠农政策的各种行为，有效维护农村和谐稳定、促进农民持续增收。

【村集体经济发展】 2022年，全县337个建制村完成集体经济总收入35499万元，增长17.1%，经营性收入19141万元，增长29.8%。全面完成集体经济总收入50万元且经营性收入30万元。经营性收入50万元以上村185个，占比54.9%。各乡镇村因地制宜，细化实施方案，拓宽发展渠道，抓好分类施策。全县继续推进生态公益林补偿收益权质押融资和市级联乡结村帮扶资金投资千岛湖智谷项目，获投资收益4692.17万元。县移民资金投资钱塘区千岛湖智海大厦项目获取收益368.51万元；投资千岛湖建设集团1.89亿元，获取收益1287.45万元。

【村级三资管理】 2022年，县农业农村局加快“浙农经管”系统新模块推进，组织23个乡镇开展“浙农经管”系统会议、合同、资产、资源新模块操作培训，全面推进新模块基础数据录入工作。至12月31日，全县23个乡镇340个村社在“浙农经管”应用平台录入资产卡片43938张、资源卡片54531张、合同8195份、会议5843场，新模块录入率均达100%。组织23个乡镇开展清产核资工作，保护资产的安全和完整，防止资产流失，维护村集体的合法权益，促进资产的合理利用和保值增值。组织全县农经干部、三资管理服务中心会计和村报账员开展业务综合培训，不断提升其业务水平、管理能力和综合素质。组织开展以村经济合作社运行问题为治理主题的漠视侵害群众利益专项治理工作。加强审计监督，抽取38个村社和3个强村公司委托中介开展专项审计；组织23个乡镇，对全县340个村经济合作社2021年度财务收支情况开展委托审计工作，加强审计整改和结果运用。完成“并村不并账”七张问题清单的整改销号工作，被评为县级优秀案例，举一反三做好组级经济调查排摸，推行组账村管工作并予以制度化。配合县委组织部做好相关人员资格联审工作,完成村级组织信息变更赋码登记换证工作。健全制度体系,出台《关于下发“浙农经管”资产、合同、会议、预警监督模块应用相关规定的通知》《关于推行村集体收支业务线上审批、村务卡使用和财务阳光公开工作的通知》《淳安县组账村管指导意见(试行)》《淳安县村级集体经济收益分配管理办法(试行)》等系列文件,进一步规范完善三资管理制度体系。

【土地确权登记颁证】 2022年,县农业农村局按照省市主管部门工作要求,继续做好农村土地承包法宣传和培训工作。继续做好土地确权档案整理移交、权证发放、权证信息纠错、纠纷调处等后续完善工作。按照全省统一的规范要求,进一步完善土地承包经营权确权登记颁证数据库,加强承包合同、经营权流转等管理工作信息化管理。

【土地流转】 2022年,县农业农村局做好土地流转服务工作,在稳定完善农村土地承包关系的基础上,按照“依法、自愿、有偿”原则,积极探索土地流转途径,土地流转稳步推进。全县新增土地流转面积645.3公顷,累计流转面积5953.33公顷(耕地流转面积统计范围2021年重新调整),流转率52%。至2022年年底,新增土地流转经营权证3本,流转土地100.75公顷;为5家办理抵押贷款400万元。累计为82家农业经营主体办理土地流转经营权证,流转土地718.6公顷,其中82家办理抵押贷款10335万元。制定《淳安县农(林)业综合经营权证明书指导意见》,积极开拓农村金融服务新途径,把涉农经营主体的资源资产纳入可抵押范围。为各类涉农经营主体颁发淳安县农(林)业综合经营权证明书20本,支持金融机构发放贷款3010万元,共计为各类涉农经营主体颁证95本,支持金融机构发放贷款9070万元。 (周朝进)

·农业产业发展·

【院县合作】 2022年,淳安县继续推进院县合作项目,启动淳安县特色农业产业提质增效与深绿兴富研究等9个县院科技合作项目。实施杭州市人民政府和中国农业科学院合作项目淳六味道地特色中药材食用产品开发与品质提升。实施杭州市首席专家工作室项目1个、杭州市产业技术专家团队项目5个。

【农业龙头企业】 2022年,淳安县新增市级农业龙头企业4家,县级及以上农业龙头企业达到115家。其中,国家级2家(农夫山泉浙江千岛湖有限公司、淳安县茧丝绸有限公司),省级4家(杭州千岛湖发展集团有限公司、淳安县千岛湖茶叶市场有限公司、浙江淳安新洲制茶有限公司、杭州千岛湖鲟龙科技股份有限公司),市级41家,县级68家。

【家庭农场培育】 2022年,淳安县根据《关于推进家庭农场高质量发展的意见》《杭州市示范性家庭农场评定及监测办法》《淳安县示范性家庭农场认定管理办法》要求,通过主体自主申报、乡镇初审、部门联审,新培育示范性家庭农场36家,其中,省级4家、市级11家、县级21家。

【农民专业合作社培育】 2022年,淳安县按照合作社规范发展要求,深化农民专业合作社规范化建设,规范提升农民专业合作社。新增县级示范社3家,市级示范社5家。全县有县级以上示范社79家,其中,国家级2家、省级2家、市级53家、县级22家。

【农产品品牌建设】 2022年,淳安县“千岛农品”区域公用品牌助力山区县共富入选国家知识产权局商标品牌建设优秀案例。成功举办千岛湖茶开采、千岛湖茶开市、2022中国·千岛湖茶博览会、千岛湖枇杷节、2022中国(千岛湖)茶馆联盟大会暨千岛农品丰收节等品牌推介活动。召开千岛农品共富促进会成立大会,“千岛农品”品牌授权许可25家企业,授权“千岛农品”农产品89个、基地24个,已有19家企业注册“千岛农品”应用场景。与海亮集团及明康汇集团开展战略合作,共同打造“生态农产品产销共同典范”项目,举办“百村万亩亿元”产销共同建设现场会,“六个一”合作效果初显。“千岛农品”山核桃油、中华鳖、覆盆子膏、土鸡等农产品获2022浙江网上农博会优质产品推选金奖。“千岛湖茶”品牌估值达24.80亿元,排名全国前50、省内前10,估值比上年增长16.2%。“千岛湖茶”获第二届世界红茶产品质量推选金奖和第十一届“中绿杯”名优绿茶质量推选特别金奖2个、金奖3个、银奖4个,获“浙茶杯”优质红茶推选金奖;“千岛湖柑橘”获得“2022浙江省精品杂柑”评选“精品红美人”产品称号,“千岛湖水蜜桃”获“2022浙江省精品桃”评选金奖;“珊瑚状猴头菌”“秀球菌”“白灵菇”获“2022浙江省精品食用菌”评选金奖,“杏鲍菇”获第15届中国义乌国际森林产品博览会金奖;“淳山淳水”牌稻米(华浙优223)获“2022浙江省好稻米”金奖,“清野”牌稻米(中浙优8号)获“2022年杭州市‘十大好味稻’”金奖。“淳安花猪”获国家农产品地理标志登记保护。新增绿色食品16个,完成无公害复查换证40个、绿色食品续展4个、绿色食品年检38个,有效期内“三品一标”农产品350个,认证面积5.42万公顷,全县主要食用农产品中绿色优质农产品比率达到62.7%。

【农村实用人才培训】 2022年,淳安县开展各类农民教育培训班66期,3000余人参训。其中,高素质农民培训班9期、培训431人;农民综合素质提升培训班15期、培训690人;实用人才培训班41期、培训1936人;省级高素质农民研修班1期、培训30人。智能手机应用大培训农村居民参训3.8万户;全县农创客培育329人;杨芳等8名乡土人才获评市级乡村产业技能大师,余纯青等11人分别在果品、农技修理操作、农副产品加工等7个领域获市级“新农匠”称号。

【整乡镇推进】 2022年,淳安县稳步推进整乡镇山区农业发展项目建设进度,界首乡、屏门乡完成第三年度建设计划;鸠坑乡、里商乡完成第二年度建设计划;汾口镇、宋村乡、文昌镇、中洲镇完成第一年建设计划。每个乡镇投入奖补资金1500万元。

【政策性保险】 2022年,淳安县推进农业政策性保险扩面提标,共落实政策性农业保险参保8.6万余农户,提供风险保障39.98亿元,总保费2559万元,总赔付2503万元。实现生猪保险率96.2%,水稻参保率89.1%。“实施特色农业主体综合保险扩面,惠及农业主体1.5万户”列入市民生实事项目,淳安有11363户任务,占全市76%,实际完成参保户次2.86万余户次,总保费1031万元,提供风险保障24.82亿元,支付赔款1101万元,赔付费用占总保费的106.8%。

(郑晓玉、黄小平、刘灵敏、周朝进)

·美丽乡村建设·

【美丽乡村“千万工程”】 2022年,淳安县共投入各级政府资金2.32亿元,完成省级新时代美丽乡村大下姜共富示范带、下姜村等3个省级未来乡村、文屏村等2个市级未来乡村、4个市级特色村、15个市级精品村、15个县级重点村和82个县级一般村、4个市级数字乡村样板村等项目建设,新时代美丽乡村升级版三年行动(2020—2022年)圆满收官,实现全省面积最大、村庄最多的县新时代美丽乡村建设全覆盖,提升群众获得感和幸福感。成功创建3个省级美丽乡村示范乡镇、6个特色精品村,62个省级新时代美丽乡村达标村,实现省级达标村创建全覆盖,完成新时代美丽乡村建设工作全年目标任务,获评2022年度全省深化"千万工程"建设新时代美丽乡村(农村人居环境提升)工作优胜县,描绘出"一户一处景、一村一幅画、一乡一天地、一城一风光"的淳安特别生态功能区共美共富新画卷。

【农村人居环境提升】 2022年,淳安县全面开展农村人居环境提升暨迎"亚运"村庄环境整治行动,推进农村人居环境制度化、常态化、长效化整治提升,完成4次全域农村人居环境督查检查。投入资金2497万元,参与村庄清洁行动整治人数7.3万人次。重点开展亚运赛道沿线环境整治工作,完成亚运赛道沿线14个乡镇、38个村、186处整治点位的整治美化。(余文海)

·帮扶协作工作·

【精准帮扶】 2022年,淳安县通过实施共同富裕突破攻坚战、"扩中提低"、"先富带后富、区域共同富"等专项行动,持续推动低收入农户快速增收,取得较好成效。全县低收入农户人均可支配收入18863元,比上年增长17.2%,增幅位于杭州市第一、山区26县第六,收入绝对值位于山区26县第四。

【区县协作】 2022年,淳安县落实区县(镇街)协作专项资金1.284亿元,比上年提高630万元。其中,西湖区出资4300万元,上城区出资4200万元,钱塘区出资4340万元。共安排协作项目57个,其中区县协作项目14个,共安排协作资金1.09亿元,主要用于淳安县第三中学建设、千岛湖茶叶市场改造提升、村集体经济消薄等项目;镇街协作项目43个,安排资金1940万元,主要用于乡镇产业发展以及民生保障等项目。

(占建勇、徐于琴)

·农业科技·

【农业面源污染治理工作】 2022年,县农业农村局推广商品有机肥2万吨,推广配方肥0.4万吨,推广有机无机复混肥0.3万吨,异地配送液肥2.78万吨,开展统防统治10093公顷(其中由专业化服务组织实施4873公顷)、开展水土流失预防保护3487公顷(其中由专业化服务组织实施的1133公顷),回收废弃农药包装物349.86万只、折合41.35吨,无害化处置29.6吨,回收废旧农膜6.13吨,新建氮磷生态沟1条、全长1100米、覆盖农田67公顷。通过各项措施推进,不合理化肥使用量减少220吨,比上年下降0.6%;农药使用量减少2.5吨,下降0.4%。

【世行贷款项目】 2022年是世行项目实施的第五年,按照《淳安县世行贷款项目2022年度目标计划》具体要求,淳安县全面推进农业面源污染治理项目实施,取得实效。举办农业面源污染治理技术培训班15期、培训人数1015人次,推进农药化肥质量检测项目实施,完成配方肥抽样检测22批次、有机肥抽样检测27批次、有机无机复混肥检测12批次、农药检测10批次、诱虫板检测18批次。同时全面推进世行项目报账工作,农业项目累计完成支付9553.8万元,其中,世行资金支付6224.1万元、县财政配套资金3329.7万元。

【"肥药两制"改革综合试点县创建工作】 2022年，淳安县围绕《淳安县"肥药两制"改革综合试点县创建工作方案》总体建设任务目标，积极推进农业投入品减量增效、农业废弃物回收处置、养殖业综合治理提升、农产品绿色经济培育、肥药两制改革数字化提升"五大行动"，加快各项工作推进进度。被浙江省农业农村厅认定为2022年"肥药两制"改革综合试点县。

【农业绿色发展项目建设】 2022年，县农业农村局根据市农业农村局支持淳安县特别生态功能区建设政策措施，编制《淳安县特别生态功能区2022年度绿色发展项目实施方案》，安排1500万元用于农业绿色发展项目建设，具体包含肥药两制改革示范工程、农业中控平台提升工程、农业投入品减量增效工程、农业面源治理工程、产地环境长期性监测工程等五大工程。 （汪　娜）

·农产品质量监管·

【农产品监测】 2022年，县农业农村局完成各级农产品定量检测1267批次，合格率99.21%，其中，蔬菜469批次、食用菌2批次、水果207批次、茶叶96批次、粮油47批次、中药材16批次、畜禽产品135批次、猪尿113批次、水产品134批次、养殖环节投入品43批次、生产经营环节投入品5批次。完成快速定性检测27995批次，合格率99.9%，其中，乡镇及基地果蔬农残12885批次、瘦肉精14908批次、水产品违禁药物202批次。不合格处置率100%。

【农产品认证】 2022年，县农业农村局新受理申报绿色食品17个，新增绿色食品16个，完成无公害复查换证40个、绿色食品续展4个、绿色食品年检38个。有效期内"三品一标"农产品350个，认证面积5.42万公顷，全县主要食用农产品中绿色优质农产品比率达到62.7%。

【标准化生产】 2022年，县农业农村局开展农产品标准化生产绩效评价，受理评审初级农产品生产主体18家，其中，B级2家、C级16家。全面推进省级鸠坑茶果精品绿色农产品基地建设，制定省级团体标准《绿色食品　千岛湖茶生产技术操作规程》，突出地标和绿标元素建设"一标一品"主题示范基地4个。

【合格证管理】 2022年，县农业农村局将上市农产品是否开具合格证标识纳入乡镇年度考核，开展农产品质量安全监管和追溯系统提升建设，统一设计淳安特色合格证样式，创新开展"追溯+防伪"的地标追溯合格证管理，新建果蔬基地快检室2个，实施追溯运行良好奖补，多举措推动承诺达标合格证制度落实。全年各二维码基地应用"农产品质量安全追溯系统"开具食用农产品二维码追溯合格证6.54万批次、54.81万张。推进农产品生产主体信用联合惩戒分级分类监管，联合农业银行出台"共富农安贷"。

【网格化管理】 2022年，县农业农村局依托村级农技员队伍，建设农产品质量安全村级服务站点337个，全面构建覆盖全县所有行政村的网格化管理体系，制定一套网格化管理标准，实现网格体系公开透明，全面提升全县基层农产品质量安全监管能力和水平。

（潘飞云）

·植保土肥·

【地力监测点建设和取土测土】 2022年，县农业农村局完成60个地力监测点维护和建设工作,其中,国家级三区四情监测点1个,省级长期定位监测点4个、耕地质量变化监测点40个,市级点15个(农业生态环境监测点6个、基本农田地力监测点4个、蔬菜基地地力监测点5个)。完成农业“两区”污染监测常规点9个、综合监测点2个的布局和监测工作。完成全县主要农作物510个测土工作。

【受污染耕地安全利用】 2022年,县农业农村局对全县安全利用区1000公顷种植水稻田块进行污染耕地治理,通过政府统一招标采购治理物资(1000吨石灰、1500吨土壤调理剂)、统一撒施进行酸化土壤治理,全县受污染耕地安全利用率达98.4%。

【农作物重大病虫监测预警】 2022年,县农业农村局建立水稻自动测报灯4套、水稻自动性诱16套、玉米草地贪夜蛾自动性诱4套、高空测报灯13套,做到比较及时准确地掌握病虫害田间发生动态及趋势,发布病虫情报15期,病虫信息监测预警准确率95%以上,完成5个县级测报点监测任务。

【春秋季农村统一灭鼠】 2022年4月中旬,县农业农村局免费发放鼠药(0.5%溴敌隆母液)36千克,开展全县春季农村统一灭鼠工作,实施农田统一灭鼠面积8333公顷,农户统一灭鼠10.5万户,取得预期效果,有效降低农村老鼠密度。

【肥料推广应用】 2022年,淳安县推广商品有机肥2.1万吨、配方肥4100吨、有机无机复混肥3160吨。 (唐宁安)

·农田·

【高标准农田建设】 2022年,淳安县新建高标准农田项目1个,实施面积40.07公顷,工程总投资293.44万元,新建排灌渠3.69千米,原有渠道修缮1.28千米,新建生产道路3.56千米,改建生产道路0.66千米,新建挡土墙0.06千米、涵管0.08千米,新建拦水坝2座、蓄水池2座、泵站1座、标识牌1块,渠道闸门板14个、拦污栅1个,土地平整2公顷;高标准农田示范区建设项目1个,实施面积140公顷,工程总投资1040万元,新建排灌渠16.2千米,新建生产道路6.08千米、挡土墙0.11千米、涵管0.23千米,新建堰坝1座、闸门20座、农机停放点1处,拦水闸门板600个、下田道120处、路口改造50处、错车道60处,田块整治33.33公顷,稻蛙共生基础工程6.67公顷。

【粮食生产功能区提标改造】 2022年,淳安县粮食生产功能区基础设施提标改造项目24个,实施面积267.26公顷,总投资约951.6万元。新建排灌渠27.58千米、引水管2.44千米、涵管0.23千米,新建生产道路4.21千米,新建下田道81处、水渠闸阀7处;配套设施提标改造项目3个,总投资250.5万元,新建水稻烘干中心房2栋,面积1076平方米,新建连栋水稻育秧大棚2个,面积2600平方米。

【2022年中低产田改造项目】 淳安县2022年度中低产田改造项目31个,实施面积358.93公顷,总投资1090.46万元。新建排灌渠23.12千米,新建生产道路6.71千米、下田道93处,土地平整6.6公顷。

(杨佩贞、吴彩凤)

·农业执法·

【“绿剑”执法行动】 2022年,县农业农村局开展“绿剑”系列集中执法行动,共出动执法人员1024人次，检查农业投入品经营企业402家次。通过执法检查和监督抽检等手段发现违法行为9起，立案9起，其中，农药案3起、肥料案3起、农产品案3起，货值金额4743.9元，罚没款16385元。违法行为查处率100%，结案率100%，无行政复议和行政诉讼。

【农资质量监管】 2022年，县农业农村局抽检农业投入品90批次，其中，种子18批次、农药40批次、肥料32批次。检测出不合格样品3个，为肥料样品，均立案查处。

【农业法律法规宣传培训】 2022年，县农业农村局开展"执法为农，普法惠民"法治宣传培训，共计培训200余人次。运用宣传栏、自媒体等形式开展农业法律法规宣传，张贴《农作物病虫害防治条例》等宣传海报，发放各类宣传资料300余份。

【"肥药两制"改革创建】 2022年，县农业农村局每月进行肥药双实名购销平台使用率排名考核。至年底，创建省级"肥药两制"改革示范店18家。

【农机执法】 2022年，县农业农村局出动执法人员78人次，依法检查拖拉机74台次，检查农机专业合作社(家庭农场、农机大户)18家、农机经销企业25家、农机维修网点16家。通过执法检查发现违法行为5起，立案5起，其中未填写维修记录案3起、无驾驶证操作拖拉机案2起，罚没款200元。违法行为查处率100%，结案率100%，无行政复议和行政诉讼。

(钱小林)

·蔬菜食用菌·

【概况】 2022年，淳安县蔬菜播种面积1万公顷，比上年增长2%；产量27.66万吨，增长3%；产值5.69亿元，增长5%。食用菌栽培量1872.1万棒，下降2.6%；总产量8564.6吨，下降1.6%；总产值11165.5万元，增长2.6%。

【基地建设】 2022年，县农业农村局立项实施市级"菜篮子"基地提升项目1个9公顷，总投入113.84万元；立项实施县食用菌产业基地项目1个，总投入153.3万元；组织申报"菜篮子"蔬菜种植补贴面积36公顷。协助立项实施省级"双强项目"1个(杭州千岛湖沪阳农业开发有限公司)，总投资232万元；杭州市乡村振兴产业发展资金指导性任务项目1个(杭州千岛秀菇生物科技有限公司)，总投资1108.8万元。

【推广示范】 2022年，县农业农村局组织实施《珊瑚状猴头菌人工袋料栽培技术示范》市科技项目，珊瑚状猴头菌在千岛湖桑都食用菌合作社基地标准化栽培成功，为浙江省首例。协助做好淳安县食用菌产业协会"淳桑黄"国家地理标志证明商标申请注册。举办全县性蔬菜、食用菌栽培技术培训班5期，邀请省市专家授课，受训生产主体206人次。开展天气预警，宣传蔬菜叶菜价格保险与蔬菜(食用菌)生产保险，有29家主体参保、47个品次，配合安监科完成蔬菜、食用菌产品定量抽检471批次。淳安县食用菌产业技术创新与推广服务团队入选杭州"三农"工作优秀案例中的杭州市农业产业技术创新与推广团队优秀案例。

【产品品牌宣传】 2022年,全省有50个食用菌产品参加评选,淳安县选送的淳安千岛湖桑都食用菌专业合作社"珊瑚状猴头菌"、杭州千岛湖兴宝菇业专业合作社"绣球菌"、杭州千岛湖沪阳农业开发有限公司"白灵菇"在浙江精品食用菌评选活动中获金奖,淳安县成为获金奖产品最多的县,占全省获金奖数的18.8%。杭州千岛湖沪阳农业开发有限公司生产的"杏鲍菇"获第15届中国义乌国际森林产品博览会(简称森博会)金奖产品、"白灵菇"获银奖产品。 (何爱珍)

·农机·

【概况】 2022年年末,全县农机总动力294046.5千瓦,比上年有所上升。其中,柴油机82289.1千瓦,汽油机39817.21千瓦,电动机169780.19千瓦。拥有耕整地机械1722台6375千瓦,种植机械80台678千瓦,收获机械1959台5125千瓦,植保机械3982台4866.7千瓦,其中农用植保无人机17台,粮食烘干机械56台763.5千瓦,批次烘干能力759吨,果蔬烘干机械38台262千瓦,食用菌机械534台(套),茶叶机械39869台,冷藏保鲜设备299台(套)容积31130立方米,畜牧机械219台(套)997.75千瓦,水产机械486台(套)10387.32千瓦。山地轨道运输车143条55280米;山核桃采收网面积960公顷;新增各类农机装备5340台(套)。

【农机推广与培训】 2022年,县农业农村局开展新机具推广应用,完成"机器换人"新型常规农业机械、智能农机装备项目建设6个,新引进农业机械6台(套),项目覆盖粮油、食用菌等特色农业产业,机具补贴资金63.64万元;开展新机具示范宣传,在汾口镇仙川合作社农田基地进行无人机植保演示,现场演示用植保无人机进行飞防、播种作业。13人参加省市植保飞防人员职业技能鉴定培训班,并取得无人机驾驶资格证书;编印发放《农业机械化主推技术图册》《分析农机事故话安全》《单轨运输机及安全使用》宣传资料472份。开展农机质量月活动,发放农机"3·15"《稳粮保供 维权利农》倡议书、《购买农机注意事项》《农机产品识假辨假知识》《农机维权小知识》等宣传资料350份;为解决机手培训难,消除农机安全隐患,举办2期全市拖拉机和联合收割机驾驶员培训班,培训驾驶人员156人,其中淳安49人。

【农机监理】 2022年,县农业农村局开展路面巡查安全检查、农机质量检查、农机田间作业安全检查,共出动执法人员185人次,依法检查拖拉机联合收割机40台,外籍拖拉机11台,检查农机大户(企业)47家次、农机经销企业46家、农机维修网点18家;签订安全责任书47份,发布各类警示短信10条,警示人员达4720人次;拖拉机、联合收割机操作人员操作证件初次申领核发49本,拖拉机、联合收割机牌证核发33台;农机大户新增的拖拉机和联合收割机牌照上门免费办理31台;报废高耗能拖拉机7台,拖拉机报废补偿资金1.05万元;完成免费实地检验拖拉机和联合收割机51台,检验100%;排查出隐患20处,当场整改15处,限期整改5处。

【农机补贴】 2022年,县农业农村局落实中央购置补贴共受理申请4995份,受益4296户,机具数量5354台(套),总补贴513.56万元;省级农机补贴受理13.83万元,县级配套9.22万元。新铺设山核桃安全采收网497.55公顷,补贴资金476.9万元。

(吕兆年)

·农村能源·

【农村户用沼气池大出料维护项目】 2022年,县农业农村局完成农村户用沼气池大出料维护296只,完成计划任务。

【小型沼气工程建设】 2022年,县农业农村局在浪川乡、左口乡2个农业企业基地新建小型沼气工程2处,合计100立方米。

(姜铭北)

·茶叶·

【概况】 2022年,淳安县生产各类茶叶5285.7吨,总产值10.09亿元,比上年减少75.9吨,下降1.5%,产值减少2540.7万元,下降2.6%。其中名优茶3954.65吨,产值92403万元,分别下降1.6%和3.2%,茶叶价格下降1.7%。

【春茶生产】 2022年,淳安县出台疫情防控期间助力茶产业发展扶持政策,对调配县内外采茶工、定点收购茶青工和外地到淳茶商交通费都给予补助。春茶期间,经申报、复核,分两次下拨春茶采收、用工、收青补助共111.58万元。

【低温指数保险政策】 2022年,淳安县春茶投保茶叶生产规模主体32个,茶叶大户9户,投保茶园面积300.24公顷,保额1209.53万元,投保金额(净保费)达60.48万元,完成理赔茶农保险金额36.15万元。

【茶产业品种结构优化】 2022年,淳安县换种改植连片5亩以上鸠坑单株基地30.33公顷,其他良种茶园67公顷,茶产业基地9个,全县无性系良种茶园6733公顷,覆盖率52.8%。立项茶园统防统治3650公顷,水土保持项目1391公顷。

【茶叶产业品牌推广】 2022年,淳安县茶事活动主要有"泳往直前,喜迎亚运"2022千岛湖茶开市仪式,2022中国·千岛湖茶博览会,2022中国(千岛湖)茶馆联盟大会暨千岛农品丰收节。在第十一届"中绿杯"名优绿茶产品质量推选上,千岛湖茶从575个茶样中脱颖而出,获特别金奖2个、金奖3个、银奖4个;"鸠16""鸠20"获杭州市茶叶新品系品质大赛金奖;"千岛湖龙井茶"获杭州市龙井茶大赛金奖;"千岛湖红茶"获得浙茶杯优质红茶金奖;淳安县再次上榜"2022年度茶叶百强县"名单,连续四年获茶叶百强县称号。解小华获杭州市茶叶加工技能比武第一名、省茶叶加工第二名、省新农匠称号、市新工匠称号;高红兵获杭州市茶叶加工技能比武二等奖。

【茶树良种繁育】 2022年,淳安县的"鸠16"茶叶品种获得国家植物新品种权。

(程建明)

·畜牧·

【概况】 2022年,淳安县生猪年末总存栏10.23万头,比上年下降8.8%;肉猪出栏14.15万头,增长6.6%。家禽存栏44.13万羽,下降4.6%;出栏42.99万羽,下降10.6%。牛存栏0.06万头;羊存栏0.54万只,增长42.1%;兔存栏0.01万只;蜂存栏5.09万箱,增长0.5%;鹌鹑存栏31万羽,出栏30万羽;全年肉类总产量12873.87吨,增长10%;禽蛋产量3655吨。

【重大动物疫病防控】 2022年,县农业农村局落实免疫、监测、流调、消毒等各项防控措施,高致病性禽流感、口蹄疫、猪瘟和小反刍兽疫等5种重大动物疫病免疫密度均达100%,下发各类疫苗174.22万头份(毫升)。全面铺开动物强制免疫"先打后补"工作。严密布防布控,防范H7N9流感、布病等人畜共患疫情,印发流感、非洲猪瘟防控、布氏杆菌病和小反刍兽疫防控知识告知书2000余份,下发无规定马属动物疫病区保护区建设应知应会、宣传材料等3000余份。下发动物防疫消毒物资6.2吨,将H7N9流感、非洲猪瘟防控、布氏杆菌病和小反刍兽疫、日本脑炎、伊氏锥虫等防控知识宣传到场到户,保持疫病全县零输入。下拨基层动物防疫经费62.4万元,核拨免疫应激死亡补助资金1.75万元。

【动物产地检疫监督】 2022年,县农业农村局开展动物检疫证章标志管理提升行动,规范检疫管理,全面实行检疫电子出证。完成生猪产地检疫2577批次、211616头,活禽120批次、262682羽,蜂24批次、2836箱。省外调入动物及其产品备案报验,生猪568批次、62266头,活禽12批次、53500羽,畜禽产品1234批次、1467.8吨。

【畜产品安全监管】 2022年,县农业农村局统筹安排经费16万元开展瘦肉精监测工作,对规模养殖场、定点屠宰场盐酸克伦特罗、莱克多巴胺、沙丁胺醇和β兴奋剂进行监督定性检测及专项检测,共检测1.44万份,检测结果均为阴性。

【生猪屠宰检疫监管】 2022年,杭州千岛湖泰众肉类食品有限公司屠宰生猪81742头,生猪屠宰检疫检验81742头,定点屠宰检疫检验率达100%。开展宰前瘦肉精自检768批次15346头,自检比率达18.8%,检测结果全部为阴性;按照"批批检、全覆盖"的原则开展非洲猪瘟PCR自检,自检2421批次,检测结果全部为阴性。屠宰检疫检出不合格生猪261头、生猪产品2572.5千克,监督指导无害化处理生猪261头、生猪产品2572.5千克,病害动物及产品无害化处理率100%。持续推进全县生猪定点屠宰及肉品统一配送工作,杭州千岛湖泰众肉类食品有限公司通过屠宰设备改造、防疫设施提升,配备冷链运输车8辆、生猪运输车1辆,保证上市肉品质量安全。宰后生猪产品全部统一冷链配送,配送率100%。

【病死动物无害化处理】 2022年,县农业农村局按照"统一收集、集中处理、保险联动、智慧监管"工作要求,从严做好县内死亡动物收集暂存点(冷库)监管工作,新增枫树岭镇等4个乡镇公共收集点,累计建有34家无害化收集冷库,实现死亡动物公共收集点全覆盖;借助无害化处理数字监管平台,实现死亡动物无害化处理全覆盖数字化闭环管理。全县死亡动物全部放入收集点暂存并定期运往杭州回利生物开发有限公司处理,全年无害化处理病死猪11531头,病死羊42只,病死禽18012羽,病害动物产品60吨,无害化处理率100%,确保环千岛湖不出现病死畜禽漂浮等恶性事件发生。

【非洲猪瘟防控】 2022年,县农业农村局继续实行非洲猪瘟防控24小时专人值班制度,开展疫情隐患排查和消毒灭源工作,强化非洲猪瘟防控宣传教育。加大对外来生猪及其产品的排查力度,严查不法商贩从疫区省份运入县内销售的生猪及其产品,严厉打击非法违法调运生猪等犯罪行为,持续做好生猪及其产品的调入前备案、调入后核查等工作,继续严格执行省外调入生猪及其产品点对点调运和提供有效非洲猪瘟检测报告制度。按照省市安排,对调运外出的生猪全部进行非洲猪瘟病毒采样监测,及时掌握相关动态。

监督指导县定点屠宰企业按照要求开展非洲猪瘟PCR自检，按照“批批检、全覆盖”的原则，对每批次进场生猪在待宰圈及屠宰线采集血样，做到全覆盖。

【无规定马属动物疫病区保护区建设】 2022年，县农业农村局依据《淳安县人民政府办公室关于印发淳安县无规定马属动物疫病区保护区建设方案的通知》精神，严格落实无马疫区运维，全面度开展马属动物疫病专项监测，共采集样品1746份，坚决把马属动物疫情消灭于萌芽状态；严把调运关，组织执法16起，保持全县马属动物清零状态；严格落实马属动物调入备案，原则上马属动物监管“只出不进，只减不增”。顺利完成年度无马疫区运维工作任务，顺利通过农业农村部、省农业农村厅组织的现场检查。

【动物卫生监督执法】 2022年，县农业农村局开展打击生猪屠宰违法行为、“双随机、一公开”抽查工作等共计6项专项整治行动，及时处置调解群众来电、110联动等信访事件30余件。出动执法人员426人次，覆盖县内所有规模养殖场、动物诊疗机构、定点屠宰场、畜禽调运个体经营户及兽药饲料经营企业。查处畜牧业违法案件18起，罚款金额9800元，有效震慑畜牧养殖屠宰等违法违规行为。

【项目建设】 2022年，县农业农村局实施县生态产业健康养殖项目18个；2家杭州市高水平美丽生态牧场项目通过市级验收，年新增生猪设计存栏3.3万头、出栏2.7万头；国家地方鸡基因库改扩建项目顺利通过省市联合验收。

【品种保护】 2022年，县农业农村局组织开展第三次全国畜禽遗传资源普查，对照工作目标，及时组建普查队伍，全面部署到村入户调查，按时完成系统审核填报和专家现场信息核查跟踪完善工作；做好中华蜜蜂一级保种场指导和服务工作，积极探索、有序发展，开展县良种保护项目建设，积极探索蜂业共富产业发展模式；淳安花猪上榜农业农村部2021年第2批农产品地理标志登记产品公示，成为淳安县第4个农产品地理标志登记产品。

【畜牧绿色生态发展】 2022年，县农业农村局开展“兽药减量化和饲料环保化”两化建设，完成养殖场兽药减量化9家、饲料环保化3家试点工作；持续推进畜禽养殖废弃物高水平资源化利用工作，全面落实“一场一策”农牧对接方案，明确养殖主体责任，坚持因地制宜、因场施策，推行农牧结合、种养对接，确保设施运行、消纳落地，实现生态消纳，加快绿色生态畜牧业发展。

（张晓峰、徐旭敏）

·水果·

【概况】 2022年，淳安县水果生产总面积8286公顷，总产量12.82万吨，总产值7.2亿元，分别比上年增长4.5%、下降1%、增长4.4%。

【防灾减灾抗灾工作】 2022年，全县有2次天气对水果生产产生较大影响。上半年桃、梨开花期连续低温阴雨，导致部分区域、部分品种桃、梨授粉发育不良，坐果率低；下半年持续高温干旱，严重影响中晚熟桃、柑橘等水果膨大，甚至有些土层薄、水利条件差的山地桃园、柑橘园出现卷叶、枝枯、死亡现象。对此，县农业农村局积极指导果农做好灾前预防和灾后恢复工作。在“淳安发布”、《今日千岛湖》、《康美三农》等媒体上发布《低温雨雪冰冻天气的果园应对技术措施》《果树防御倒春寒技术措施》《高温干旱季节果园管理技术要点》等灾前预防和灾后恢复技术指导文章共8篇。在灾前、灾后及时深入果园示范指导,帮助果农尽可能将损失降到最低。举办技术培训班18期,受训1008人次,发放技术资料1100余份。全县水果实现增产增收。

【水果评比活动】 2022年,在“2022浙江省精品桃”评选活动中,淳安县锦溪果蔬专业合作社选送的“茶凤凰”牌迟玉露获金奖,淳安县千岛湖德尧果蔬专业合作社选送的“德尧”牌白凤获优质奖。在“2022浙江省精品杂柑”评选活动中,淳安县桐子坞玛瑞柑橘专业合作社选送的“玛瑞”牌红美人获“精品红美人”称号。在2022年杭州市首届优质杨梅评比活动中,淳安千岛湖阳山农庄有限公司选送的荸荠杨梅获金奖。在2022年杭州市优质早熟蜜橘、红美人评比活动中,淳安千岛湖界橘生态农业开发有限公司、淳安县界首乡新红家庭农场、淳安县桐子坞玛瑞柑橘专业合作社、杭州千岛湖晟浦农业开发有限公司等9家单位获金奖。

【生态高效水果基地建设】 2022年,淳安县新建生态高效水果基地168.27公顷,其中,柑橘41.93公顷、桃24.8公顷、枇杷12.27公顷、大樱桃33.33公顷。全县连片5亩以上水果淘汰更新56.33公顷。水果产业基地建设项目实施12个、农业面源污染统防统治项目2467公顷、农业面源污染果树水土保持项目2000公顷。 (江雪芳)

·种子·

【救灾种子储备】 2022年,淳安县实际储备种子6.66万千克(折算),全面完成上级下达的任务。根据旱情动用2次救灾储备种子,总计3379千克,其中向省储备中心调用应急大豆种子“萧农秋艳”130千克。

【试验示范展示】 2022年,淳安县承担南方(东南)鲜食甜糯玉米组3组38个、省级鲜食甜糯玉米组3组41个区试试验;开展青菜、生菜等4个蔬菜品种比较试验,示范单季晚粳稻新品种12个、土豆品种9个;完成“越优1510”“越优518”等11个油菜品种展示试验和1个9.33公顷油菜展示基地。推荐的淳安县千岛湖仙川农产品专业合作社种植的“华浙优223”品种稻米获“2022浙江省好稻米”金奖,淳安县文昌农盛粮油专业合作社种植的“中浙优8号”品种稻米获“2022年杭州市‘十大好味稻’”金奖。

【种质资源保护】 2022年,淳安县在大墅、王阜等乡镇安排农作物种子27个原生境保护点,涉及粮食、蔬菜、油料三大类作物73个品次,面积4.15公顷;在枫树岭、里商等地对山玉米、番薯、八月拔、黑豆进行展示示范,展示面积37.53公顷。 (何爱珍)

·粮油·

【概况】 2022年,淳安县粮食生产面积1.15万公顷,比上年增加67公顷,增长0.6%,总产量4.46万吨,比上年减少1000吨,下降2.2%,单产258.3千克,比上年减少7.4千克。油菜面积5753公顷,比上年增加87公顷,增长1.5%,总产量1.26万吨,比上年增加2400吨,增长23.5%,单产145.8千克,比上年增加25.8千克,增长21.5%。

【新技术推广】 2022年,淳安县推广“中早39”“中组143”“甬优1540”等优良早稻(再生稻)品种及“嘉丰优2号”“甬优17”等优质米主导品种,良种覆盖率达100%;全县种植再生稻面积167.2公顷;组织开展水稻市县高产高效示范方创建，创建市级1个、县级6个，其中在汾口镇石畈村由淳安县绿群蔬菜专业合作社创建的市级高产示范方面积8公顷，平均亩单产778.53千克。7个粮食生产专业化服务组织开展机械化统一服务，社会化服务面积166.47公顷。

【浙江好稻米再获金奖】 在浙江省农业农村厅、浙江省粮食和物资储备局组织的“2022浙江好稻米”评选活动中，淳安县千岛湖仙川农产品专业合作社选送的“淳山淳水”大米(品种为华浙优223)获“2022浙江好稻米”金奖，为淳安县第三次获浙江省好稻米金奖产品。淳安县千岛湖仙川农产品专业合作社成为第二个获得浙江省好稻米金奖产品的生产主体。

【扶粮政策兑现】 2022年，淳安县积极兑现粮食生产扶持政策，其中水稻直接补贴面积1400公顷，兑现补助资金1194.58万元；旱粮规模种植主体30个，补贴面积200公顷，兑现补助资金58.54万元；油菜规模种植主体10个，补贴面积120公顷，兑现补助资金22.06万元；达到高产示范创建要求的主体4个，兑现补助资金16.6万元；符合提供社会化服务奖励的主体7个，兑现补助资金10.5万元。协助县生态和商务局收储早籼稻1185.25吨、晚籼稻1868.83吨。

(余建忠、唐有全)

·中药材·

【概况】 2022年，淳安县中药材种植总面积9067公顷，产量8177.5吨，产值49459.3万元；比上年分别增长0.7%、下降15.8%和增长5.5%。

【产业发展】 2022年，淳安县立项中药材产业基地建设项目实施5个、农业面源污染统防统治项目667公顷；立项建设淳安县良种保护项目4项，分别在王阜乡、左口乡、临岐镇对淳木瓜、金紫尖菊花、覆盆子、黄精等品种进行保护。新认定省级示范性家庭农场3家，杭州市示范性家庭农场2家，市级农产品标准化生产企业1家。

【技术推广】 2022年，淳安县承担第四轮2022—2024年浙江省产业团队项目1项——《黄精产品开发与生产示范》，2022—2024年省农业重大技术协同推广计划项目子项目2项。

(章小平)

·蚕桑·

【概况】 2022年，淳安县有131个村3385户养蚕，桑园总面积1933公顷，其中投产面积1733公顷。全年共饲养蚕种2.295万盒，比上年减少8762盒，下降27.6%；生产蚕茧847吨，减少454.61吨，下降34.9%；蚕茧产值4601.4万元，减少2854.19万元，下降38.3%；蚕桑总产值5253.96万元，减少3191.86万元，下降37.8%。全年新种桑苗20.53万株，新种及更新改造老桑园18.7公顷。由淳安县农业农村发展服务中心作为第三完成单位参与的“基于雌蚕无性克隆与限性斑纹技术的家蚕新品种选育及应用”项目获浙江省科技进步一等奖。由淳安县农业农村发展服务中心蚕桑站主持制定的浙江省地方标准《蚕茧生产技术规程》(DB33/T 2522—2022)于2022年10月1日正式发布实施。

【技术推广】 2022年，县农业农村局下乡入户开展技术指导，推广优质蚕用物资和蚕桑实用新技术，在蚕桑生产关键节点(春季白条、夏伐白拳、冬季封园)指导全县1067公顷桑园开展统防统治。积极开办各类蚕桑技术培训班,举办培训49场次、培训3600余人次,发放技术资料1.2万余份。其中完成杭州市农业农村保障服务中心“淳安县高品位原料茧生产技术”培训班3场。全年推广“秋华×平30”等雄蚕品种1.39万张,占全年总饲养量的60.6%;推广“强桑1号”桑树品种20.53万株,蚕、桑优良品种覆盖率达100%。全县30个小蚕共育示范点共育小蚕1.48万张,占全年总饲养量的64.4%;推广应用桑树病虫害绿色防控技术,开展病虫动态监测,统一开展桑园病虫害统防统治。

【项目实施】 2022年,县农业农村局推进实施浙江省产业技术、杭州市农业科技协作与创新攻关等项目,全年做好强桑1号、雄蚕等蚕桑新品种、新技术的试验和推广工作。其中2个2020年省产业技术项目基本完成项目各项目标任务。新申请立项课题6项,其中省产业技术项目2项、市农业科技协作与创新攻关项目3项、科技强农县院合作项目1项。 (陈田飞)

·渔业·

【概况】 2022年,淳安县渔业养殖面积4.1万公顷,与上年持平。全县渔业总产量1.54万吨,产值3.48亿元,分别增长6.1%和9.3%。

【渔政执法】 2022年,县农业农村局查处各类渔业违法违规案件2225起,其中查处电鱼案件17起,罚款3.41万元,移送公安机关15起22人(其中非法捕捞水产品14起、20人,盗捕鲢鳙鱼1起、2人)。办理外来水生物种(清道夫)案件1起。

【禁渔工作】 2022年,县农业农村局充分发挥数字渔政监控系统作用,围绕大数据“预警、预测、决策、智能”四大要素,通过越界监控告警、禁渔期出港告警、进出港数字报备等功能,实现渔船、码头监管一张图,利用科技手段强化禁渔工作。为渔政执法提供重要线索177条,协助查获渔业违法案件98起。季节性禁渔期间,开展执法行动45次,参加执法1874人次,出动执法船艇、车辆530艘(车)次,查处违禁捕捞案件385起,生产性垂钓案件362起,没收各类违禁渔具2700余件。

【安全生产】 2022年,县农业农村局完成水产品质量安全定量检测129批次,快速定性监测185批次,合格率均为100%;开展渔船安全检查25次,出动执法人员457人次,排查渔船停泊点27个、渔船827艘次,排查安全隐患8个(其中消防救生设备不齐全或无效6个、违章搭客装载2个),均已整改到位。推动县政府成立涉水设施整治专班,牵头开展专项整治工作,拆解“三无”船舶237艘、实际用途与农林生产不相符的农林自用船舶106艘、涉水浮动设施86处。

【增殖放流】 2022年,淳安县通过开展“全国放鱼日——杭州市主会场增殖放流”“国家环境日增殖放流”“淳商大会代表增殖放流”等放流活动,向千岛湖增殖放流鲢、鳙、鲴、鲌、鲂等各类鱼种5548.09万尾,其中土著鱼类4090万尾。

【渔业产业发展】 2022年,县农业农村局完成杭州千岛湖鲟龙科技股份有限公司中央预算内投资水产良种项目鲟鱼繁种基地项目的建设和验收,成功申报浙江省种业阵型企业,推动企业创建国家级农业龙头企业,全力推动企业开展上市工作。协助杭州千岛湖发展集团有限公司完成国家"蓝色粮仓科技创新"重点专项"典型湖泊水域净水渔业模式示范(2020YFD0900500)"课题绩效评价，为下步验收奠定基础。（沈　鹏）

【"三农"工作体系变革重塑】 2022年，县农业农村局针对农业农村系统体系大、任务重，工作战线长、要求高，机构力量与工作需求不匹配等现状，着眼深度融合、高效协同，对标"科室专业化、内部模块化、外部专班化"目标，在全省全市率先推动"综合化、模块化、专班化"的"三农"工作体系变革重塑，变"单兵突进"为"系统集成"，变"条块分割"为"扁平高效"，变"松散配合"为"紧密协作"，进一步提升农业农村工作领导小组和办公室的综合化作用，构建起"既专又统"的"三农"工作运行新机制，实现"三农"工作体系重塑、功能优化、创新集成，更好推动共同富裕美好社会建设。该项工作获得省委常委、常务副省长徐文光批示肯定。（詹恩平）

生态·环保

·环境保护·

【水环境质量】 2022年,千岛湖总体水质符合《地表水环境质量标准》(GB 3838—2002)Ⅰ类标准,整体水质状况为优,水质较为稳定,出境断面水质为近年最好水平。5个国控断面中,小金山断面为湖库Ⅱ类,大坝前、三潭岛为湖库Ⅰ类,航头岛、茅头尖为河流Ⅰ类。国控以下的5个湖库监测断面中,密山、姥山出口、毛竹源达到Ⅰ类标准,排岭水厂、西园达到Ⅱ类标准。国控以下9个河流监测断面中,云源港、东源港、商家源、六都源、上梧溪达到Ⅰ类标准,清平源、浪川溪、武强溪、梓桐源达到Ⅱ类标准。

【环境空气质量】 2022年,淳安县环境空气(实况数据)达到优、良天数共359天,优良率占总有效天数(365天)的98.4%,其中环境空气质量指数为优、良的天数分别为218天和141天,分别占总有效天数的59.7%和38.6%。$PM_{2.5}$浓度18微克/立方米。全县23个乡镇细颗粒物($PM_{2.5}$)浓度均值范围为14～19微克/立方米,空气优良率为94%～99%。

【声环境质量】 2022年,淳安县区域环境噪声监测覆盖面积46.7平方千米,共设监测点位101个,昼间监测统计值51.1分贝,区域环境噪声昼间总体水平等级为二级,评价为较好。千岛湖镇7个功能区声环境质量昼夜间噪声监测值均符合《声环境噪声标准》(GB 3096—2008)标准限值。千岛湖道路交通噪声监测,布设20个测点,路段总长26.65千米,20条道路等效声级计权均值为64.9分贝,与上年相比基本保持稳定,达到道路交通噪声强度等级一级,评价为好。

【生态示范攻坚】 2022年,淳安县完成省级生态文明建设示范县复核评估、国家生态文明建设示范区申报工作。制定生态示范攻坚战实施方案,严格对照计划节点及赋旗细则,推进56项具体任务的实施,形成全县面上比学赶超浓厚氛围。完成陆域全物种生物多样性调查评估,共记录陆域生物物种3233种,其中国家重点保护物种75种(一级8种、二级67种),浙江新记录种16种。首次调查发现亚洲黑熊分布,是浙江继开化、遂昌、江山、常山后第5个被证实有"熊出没"的县域。圆满完成联合国生物多样性公约第十五次缔约方大会第二阶段会议中国角浙江日淳安1小时现场连线活动,淳安绿色亚运和生物多样性保护经验走向国际舞台。淳安县入选首批省级生态文明建设实践体验地。"生态浮岛+生物膜"生态修复项目实现净水富民入选省级第二批共富案例。淳安县生态环境公众满意度调查得分居全省第一。

【污染防治攻坚】 2022年,市生态环境局淳安分局深化水环境治理工作,持续推进农业、林业、工业和生活四个污染防治项目,年度投资4.5亿元,实施44个项目,除库内休耕工程和铜山锡铁矿尾矿库清库暂缓实施外,其他项目均按计划实施。重点推进临湖生态缓冲带及生态湿地建设,茶园、果园生态拦截带建设,完成汾口、姜家污水处理厂清洁排放改造。安排专项资金1.1亿元推进农村治污工作,完成200个农村治污沿湖沿溪终端提升改造、配套完成107套中水回用系统,有序推进16个污水零直排村创建、创建20个绿色处理设施等项目建设。开展1083个农村生活污水处理终端标准化运维,全县建制村覆盖率达到99.4%,出水水质达标率基本稳定在90%以上。推进大气环境质量巩固提升。完成非道路移动机械新能源替代5台,完成建设5个高空瞭望视频监控点,完成餐饮油烟在线设备安装256家。开展非道路移动机械执法检查,联合交警路查柴油车60辆、入户检测80辆、检测非移动道路机械60台、加油站8家。完成经济开发区园区空气质量监测站建设。启动大气污染预警机制,落实轻度污染天气管控措施。推进固废、土壤综合治理工作。开展省级"无废城市"创建工作,推进无废亚运工作。淳安界首体育中心自行车馆入选全省第一批"无废亚运细胞"示范点。完成涉疫垃圾中转站建设,及时发放涉疫垃圾物资,清运酒店、核酸采样点、高速卡口等点位涉疫垃圾。强化对危废的监管审核,全年处置危废4522吨,推进危废收集单位和产废单位完成危废数字化建设任务。完成受污染耕地污染源管控与成效评估方案编制并通过专家验收,督促土壤污染重点监管单位落实管控措施和自行监测。

【环境保护督察整改】 2022年,市生态环境局淳安分局推进生态环境问题主动排查整改。以"七张问题清单"工作为抓手,进一步强化问题发现整改闭环机制。深入开展"大排查、大整治、大曝光"行动,联合各乡镇、部门加强自查自纠、举一反三和建章立制工作,重大生态环保督察问题清单指数排名全省第三。开展环保督察整改"回头看",对整改效果差、存在污染反弹的问题进行曝光督办,发现10个问题,立案处罚2起,均完成整改。印发《淳安县贯彻落实2021年省委生态环境保护专项督察报告反馈问题整改方案》,完成2021年省委生态环境保护专项督察信访整改销号工作。2022年省委生态环境保护督察收到信访件1件,已办结。主动上报省、市、县生态环保领域清单库问题累计35个,完成整改销号30个,推动排查、解决"面上管控"问题578个。

【环境审批】 2022年,市生态环境局淳安分局纵深推进"放管服"改革,进一步优化营商生态环境,环评报告共审批24个、备案4个,业主自行登记备案56个,辐射安全许可项目16个,夜间施工许可18次,权力事项及时办理,不存在超时、超要求办理。继续开展排污许可宣贯,新增5家、变更54家、延续10家、重新申请1家企业排污许可证发放,完成排污许可"双百任务"。

【环境执法】 2022年,市生态环境局淳安分局坚持问题导向,完善发现问题、解决问题的闭环机制,以审计署派驻审计、长江经济带暗访为抓手,开展生态环境问题"大排查大整治"行动,督查现场点位768个,发现问题104个,全部交办整改,已完成85个问题整改,其余正在整改中。开展"双随机抽查",涉VOCs行业专项检查、"净水"环境违法行为专项执法行动,出动执法人员1121批次、2896人次,监察企事业单位946户次,立案查处21起,处罚款金额116.13万元。加强信访化解,全年受理信访100件,办结率达100%。建立全省首个生态共享法庭,构建"行政执法+刑事司法+生态修复"三位一体办案模式。

【数字监管】 2022年,市生态环境局淳安分局"秀水卫士"应用场景入选全省生态环境系统重点应用"一本账S0",在全省率先建成覆盖县域所有乡镇的交接断面自动监测系统并投入使用,推进建设鸠坑口超级自动站,并加快迭代升级,集成打造"数字第一湖",特大型湖泊保护模式加快打造。借助千岛湖水质水华预测预警系统,开展千岛湖水质敏感期藻类巡测,对库区藻类异常增殖风险进行评估。完成饮用水水源保护区定标立标工作,新建300处饮用水水源标志标牌。在金竹牌取水口和县水厂取水口一级保护区水域设置电子围栏,针对一级保护区内涉及水面活动的禁止行为进行动态监视与跟踪告警管理,全力保障饮用水安全。

【机制保障】 2022年,淳安县创新县域乡镇生态环境质量横向考核办法,安排1000万元专项资金用于乡镇横向补偿,提升乡镇源头保护积极性。建立千岛湖临湖地带综合整治后续管理、砂石加工、畜禽养殖、临湖1千米范围污水处置等环境管理工作机制,从严从细加强对全县重点领域、重点行业的生态环境监管。

【"六五"世界环境日】 2022年,市生态环境局淳安分局认真贯彻落实习近平总书记对淳安提出"在生态建设上当好示范"等要求,6月2日,联合安徽歙县共同开展庆祝2022年"六五"环境日暨浙皖交界水质自动监测超级站启动仪式,签订"共护一江水 同筑共富路"战略合作框架协议,约定通过党建联盟、业务联通、人才联动,汇集双方力量,建成合作平台,实现双方互惠互利和共同发展。相关宣传已在市级以上媒体刊发37条,其中国家级媒体15条、省级媒体13条。

【"生态补偿 共富大美"主题活动】 2022年9月23日,在新安江流域水环境补偿试点开展十周年之际,"生态补偿 共富大美"主题活动在淳安县举行。活动由省财政厅、省生态环境厅主办,中国水利博物馆协办,县人民政府承办。财政部自然资源和生态环境司司长部进兴发表视频致辞,省财政厅党组成员、副厅长倪学军,省生态环境厅党组成员、副厅长、一级巡视员王以淼出席开幕式并致辞。活动现场举行省内流域横向生态保护补偿部分地区签约仪式,杭州市余杭区人民政府、湖州市德清县人民政府、淳安县人民政府、建德市人民政府、开化县人民政府、常山县人民政府进行电子签约;受邀专家学者分别从共同富裕、绿色低碳发展、生态产品价值实现、横向生态保护补偿、绿色金融等角度进行圆桌论坛。

【环境保护课题研究】 2022年,市生态环境局淳安分局完成淳安县臭氧污染来源解析及防控对策研究、千岛湖库区最低水位基础理论和生态系统影响研究等课题研究。开展千岛湖原位生态浮岛脱氮除磷效率评估和产业化推广设计方案研究。围绕千岛湖水环境保护,重点开展千岛湖水环境容量、鱼类资源调查及结构与功能、底泥现状及对水质影响、河流氮磷来源精细化研究等课题。

【淳安县获第十一届中华环境奖】 2022年6月16日,中华环境奖组织委员会发布关于第十一届中华环境奖获奖单位(个人)的公告,淳安县获评中华环境奖。第十一届中华环境奖于2020年12月启动,主题为"人与自然和谐共生"。淳安县于2021年2月由浙江省生态环境厅推荐申报该奖项,并于当年9月18日,入围中华环境奖候选单位。

【生态浮岛脱氮除磷试点整治工程】 2022年,由淳安千岛湖农业发展集团有限公司在氮磷浓度相对较高的内库湾、城区污水处理厂排口、典型污染入库河流河道等多类型水域，因地制宜较大面积推广应用生态浮岛项目，总投资2000万元，实施面积6公顷以上，利用水芹菜、空心菜等水生经济植物实现水体氮磷转移，着力提升千岛湖水质。

（鲍　静）

·规划和自然资源管理·

【基础保障】 2022年，县规划和自然资源局颁发用地许可64个，总面积53.84万平方米。规划许可50个，总建筑规模79.53万平方米。集体土地直接使用35个，总面积7187平方米。项目临时用地72个，总面积16.04万平方米。盘活6个批次批而未供土地指标，盘活106.87公顷指标（其中耕地11公顷），库存共118.19公顷。

【土地划拨工作】 2022年，县规划和自然资源局划拨土地42宗，划拨面积116.93公顷，比上年增长352.2%。主要包括大墅镇敬老院改扩建项目、威坪镇敬老院新建项目、丰家山至坪山连接线道路、淳安县燕山文化园——闭关院项目和淳安县燕山文化园——禅修中心项目、330国道淳安千岛湖大桥至临岐段改建工程、淳安县第二幼儿园二期地块、杭州千岛湖建兰中学高中部整体改扩建工程（淳安县第三中学建设工程）、鼓山塘公园等一批县重点项目。

【历史遗留问题登记】 2022年，县规划和自然资源局协调解决历史遗留问题办证240宗，涉及土地登记面积22.59万平方米，助推企业融资10.3亿元，有效提升企业融资水平。

【重点项目用地保障】 2022年，县规划和自然资源局完成燕山文化园和燕山文化景区建设项目、富文威士忌酒厂、淳安县养老服务中心二期等62个淳安县重点实施项目用地要素保障工作，保障完成率100%。主动和重点项目建设方对接完善整体项目的要素保障工作，并严格落实建设用地零增长和耕地保护制度。

【改革赋能增动能】 2022年，县规划和自然资源局推进“交地即办证、拿地即开工”改革，通过优化流程、部门协同、靠前服务、数据共享等方式，联合发改、住建等部门将原先土地供应之后再申请办理不动产登记的串联流程合并为同步办理，2个工作日内并联办理完成项目备案、建设用地规划许可、不动产首次登记、建设工程规划许可手续，在竞得单位完成人防审核、核发包等手续并缴纳相关费用后，1个工作日内完成施工许可手续，真正实现“交地即办证、拿地即开工”。（张　薇）

·林业·

【概况】 2022年，县林业局紧紧围绕“夯实绿色本底，激活绿色资源”工作思路，不断开拓创新，服务绿色发展，推进一、二、三产业融合发展，加快生态价值转化，全年实现林业总产值96.75亿元，其中，一产产值34.4亿元、二产产值10.91亿元、三产产值51.44亿元。获得“森林浙江建设突出贡献集体”“杭州市美丽建设突出贡献集体”“浙江省关注森林活动15周年成绩突出集体”等荣誉。

【全民义务植树】 2022年，淳安县广泛组织开展我为亚运种棵树、全民共建亚运林、互联网+全民义务植树等系列活动。参加义务植树活动人数达12.7万人，义务植树42万株、247公顷。3月11日，县党政军领导在淳安亚运场馆开展义务植树活动。

【营造林生产】 2022年,淳安县新增百万亩国土绿化面积1579.27公顷,完成"一村万树"示范村建设3个,推进环湖扩绿净水增汇示范带建设,新造水上森林13.33公顷,以汾口水上森林为代表成为淳安山水林田湖草系统治理的典范。

【森林生态修复】 2022年,淳安县实施千万亩森林质量精准提升工程2000公顷,建设珍贵彩色健康森林200公顷,实施11133公顷森林生态系统修复工程。5月,集生态修复、珍稀植物保护、植物科普、户外休闲观光等为一体的高品质、高标准的综合性植物园——千岛湖植物园正式开园。

【湿地保护】 2022年,县林业局编制《淳安县湿地保护"十四五"规划》,完成金竹牌省级重要湿地申报,开展千亩田省重要湿地生态保护绩效评价自评,新建武强溪、郁川溪、进贤溪三处湿地保护小区,新增保护湿地面积188.71公顷,全县湿地保护率提升至94%。

【林长制建设】 2022年,淳安县构建县、乡(镇)、村、山场四级林长管理网格,打造"林区警长+技术林长"联动队伍。创新设立"林长制法官工作室""林长制检察官工作室"。召开第一次县级总林长会议,签发县级第一号总林长令,全面加强林长巡林。建设林长制应用场景数字工作室,设计、制作并完成396块林长公示牌安装。2022年获评浙江省林长制考核优秀县。

【林业法治】 2022年,县林业局严厉打击破坏森林资源违法行为,违法行为移交公安机关查处3起,行政强制执行1起。为防松科植物及其制品传入,开展检查57次,检查企业171个,查办案件13件;110联动指令177次,有效处置177次,来电来访70次。全面推进普法宣传教育,开展各类相关法律法规宣传达28次,向群众宣传2490余人次,发放资料2270份。

【森林资源管理】 2022年,县林业局落实"互联网+监管"制度,开展"双随机、一公开"检查,单机构完成9个检查任务103个检查对象,跨机构完成3个检查任务,掌上执法即时检查覆盖全部99个行政检查事项。完成第一批559个森林督查图斑的现场核查,涉及违法案件22个全部查处整改到位;完成第二批177个森林督查图斑的现场核查,涉及违法案件13个整改查处。

【森林防火】 2022年,淳安县高力度推进森林防火,实现冬至、春节零火情。印制入户宣传画13.1万份,利用党员干部包户、护林员等方式发放到每家农户;在公路沿线、森林景区、墓区等重要地段增设森林消防电子卡通警察33只、悬挂横幅标语1489条。全县900余名护林员值守一线,各乡村增派3307人开展宣传巡查,制止野外用火120人次。投入160万元完成全县1254处隐患墓区清理工作,开展鲜花换祭品活动,购置鲜花38250束(朵)。

【森林病虫害防治】 2022年,县林业局发布有害生物监测动态和趋势预报,针对9种主要林业有害生物开展监测预报19次,监测面积达108.33万公顷,开展山核桃病虫害统防统治6667公顷。积极开展松材线虫病除治,严格除治技术标准,全县共计处理疫木8.23万吨,打孔注药67万瓶,注药松树28.86万株,疫点乡镇数量从18个下降到11个。

【野生动植物保护】 2022年,淳安县推出《淳安县人民政府关于禁止猎捕陆生野生动物的通告》,开展野生动物执法检查3次,出动检查人员1356人次,检查场所592处,查办11起。首次记录到国家二级保护动物"亚洲黑熊"。对国家一级保护植物象鼻兰开展抢救性保护工程建设。开展野猪种群调查。野生动物救助69次。推出野生动物致农损害补偿保险工作,接到保险报案数410件,理赔款74.7万元。

【行政审批】 2022年,县林业局推进行政审批数字化转型深化,全年共办理各项行政许可2102起,其中征占用林地187起,面积99.2公顷,收缴森林植被恢复费1079.6万元。审批林木采伐证1861份,折材积9.01万立方米。林木种子生产经营许可6起,植物检疫证40份,审批风景名胜区8起。办结率和满意率均达100%。

【林业产业】 2022年,淳安县结合国家林下经济示范基地标准,开展14个"千村万元"林下经济帮扶工程建设,探索村集体+企业、村集体+林场合股联营及"林业飞地"等新模式,发展林下经济产品订单机制,实现每村每年预期分红3万元。做强林产品品牌,2022年义乌国际森林博览会获得金奖共8个,累计获得金奖53个、优质奖62个。淳安县千岛湖栗园森林康养基地被认定为2022年度浙江省森林康养基地;文昌镇东树坑村被命名为浙江省生态文化基地;姜家镇双溪村获得省森林人家称号;威坪镇西山村、姜家镇桂溪村等17个单位被命名为浙江森林氧吧。

【国家储备林建设】 2022年,淳安县全面启动国家储备林项目建设,编制《浙江省淳安县国家储备林建设方案(2022—2035年)》。推进大下姜国家储备林项目建设试点,建立国企承贷实施主体与乡镇(国有林场)、乡镇与村、村集体与农户个人的县、乡、村三级联动收储机制。通过做大一产、做强二产和做深三产,实现林业产业体系重塑,推动农民拿租金、挣薪金、分股金"三丰收"。

【林业碳汇】 2022年,淳安县挂牌成立森林碳汇管理局,乡镇增挂森林碳汇服务中心牌子,首创森林固碳增汇县乡一体化管理模式。集结业务骨干力量,在2个月内完成223.07公顷人工中幼林、35个监测样地的材料收集、落地上图和数据核算等工作,成功核证减排量2890吨二氧化碳当量,成为全省首批备案的四个林业碳汇项目之一。

【共同富裕试点县】 2022年,淳安县入选全省首批三个,全市唯一,浙江省林业推进共同富裕试点县。按照"一次规划、两年建设"的要求和项目建设目标,围绕木本粮油、林下经济两大主导产业,着力打造"一带、二区、四园、两平台",助力产业增效、农民增收,加快实现共同富裕目标。 (王彧之)

·生态综合保护·

【概况】 2022年,淳安县开展水利建设与管理工作32项,完成水利总投资5.18亿元。其中各类水利建设工程16项,投资额3.14亿元;水利管理类项目33项,投资0.8亿元,向上级争取资金2.32亿元。秋口水库项目获得省发改委批复,并列为省重点项目,淳安县千岛鲁能胜地获评国家水土保持科技示范园。

水利工程建设包括:续建世行项目淳安农村饮水安全提升工程(集中式供水),完成白马、梓桐水厂建设;续建政府投资淳安农村饮水安全提升工程(集中式供水),完成郭村、汾口、里商、瑶山水厂建设;完成威坪老水厂提升改造、河村和流湘水厂(站)以及相应村管网延伸项目开工建设,配套实施完工水厂办公用品及化验设施;续建小型水库,完成梓桐镇下水源水库、里商乡石门水库100%工程建设,完成郭村夫畈水源山塘、瑶山双共水源山塘审计;续建水文五大工程,完成通信双保障工程建设7处,水文站建设4处,改造1处,水位站建设26处,改造71处,雨量站新建67处,改造2处,自动泥沙站建设1处,超标准洪水应急能力建设29处,水情测报中心建设1处;续建完成黄猛坑、江家源、梅峰、叶家源、合富5座水库除险加固;开展武强溪(二期)、桐溪、东源港流域综合治理工程,综合治理河长29.1千米;完成屋顶高坝山塘整治11座,库容1万立方米以下山塘整治3座;完成农村河湖库塘清淤整治10万立方米;完成农村饮水提质工程实施,包括完成水厂管网延伸9个村,改造5个集中式供水站,并对19个村管网更新改造;完成农业水价综合改革"五个一百"创建,包括农业灌溉更新升级堰坝水闸15座,改革灌区灌片2个,改革基层水利站所2个,农民用水管理主体2个。启动储备项目秋口水库、李树坞水库、宋村水厂、千岛湖水文水资源综合监测站建设项目,清平源、十八都源两条流域治理等项目前期。

水利工程管理包括:开展湖面垃圾打捞;开展淳安县河湖库塘清淤轮疏长效监测;对全县315个河道断面、4座中型水库、20座小型水库、38座山塘、48座池塘淤积情况进行淤积动态监测;对24个点位淤泥成分进行检测等;开展水源地安全评估;完成山塘水库白蚁防治;开展水土流失天地一体化监测及图斑复核,对全县年度水土流失进行动态监测;完成水资源管理;完成节水改造或设施建设;完成小水电安全生产监督检查;完成66座水库、27座山塘、19座水文测站、19座集中式供水水厂、19座水电站合计150项水利工程标准化运行管护、维修养护,完成未标化创建的213座山塘等水利工程运行管护、维修养护;开展全县农村饮用水运维管理,农村饮用水达标人口覆盖率达到95%、农村供水工程供水保证率95%以上、农村供水工程水质达标率90%以上。开展小型水利工程"以奖代补"建设;开展美丽河湖创建;开展水资源安全集约利用综合试验区建设,创新水源地安全保障动态评估方法,编制千岛湖水源地安全保障监测体系建设方案,科学开展千岛湖水源地安全保障评估,综合保障宣传报道绩效评估;开展节水型社会建设,通过节水载体创建、学校节水改造、其他节水管理工作完成节水行动任务。完成水旱灾害防御相关工作,包括遥测站点运行维护、山洪灾害系统运行维护、小流域洪涝风险管理数字孪生平台建设等。

【水库山塘除险加固工程】 2022年,县生态综合保护局完成2座水库(姜家镇石岩门水库、枫树岭镇毛家店水库)、13座山塘除险加固。总计完成土方2.3万立方米,石方0.4万立方米,混凝土0.2万立方米,完成工程总投资1730万元。

【河道建设和美丽河湖创建】 2022年,县生态综合保护局围绕"水清、岸绿、景美、河畅"的河道治理目标和年度工作任务,积极推进中小流域综合治理工程建设,共完成中小流域综合治理长度29.1千米,完成投资10817万元;积极开展美丽河湖创建,成功创建梓桐源省级美丽河湖和枫树岭镇、大墅镇市级"水美乡镇"。

【武强溪流域综合治理工程(二期)】 2022年,县生态综合保护局完成武强溪流域综合治理工程(二期)治理长度11.4千米,其中重建护岸11.72千米,加固护岸2.96千米,建设堰坝15座,清淤疏浚0.71万立方米,安装护栏5.92千米,完成投资4017万元。

【桐溪流域综合治理工程】 2022年,县生态综合保护局完成桐溪流域综合治理工程8.2千米,其中重建护岸6.73千米,加固护岸6.4千米,安装护栏1.29千米,完成投资3400万元。

【东源港流域综合治理工程】 2022年,县生态综合保护局完成东源港流域综合治理工程9.5千米,其中重建护岸7.45千米,加固护岸2.9千米,建设堰坝11座,清淤疏浚0.62万立方米,安装护栏3.54千米,完成投资3400万元。

【农村饮用水工程建设】 2022年,淳安县政府投资农村饮水安全提升工程(集中式供水),设计供水人口3.21万人,供水总规模为4万立方米/天,包括郭村、汾口、里商、瑶山、威坪、枫树岭知心坑、浪川裕丰7个新建跨村镇联片集中供水工程和白马水厂管网铺设供水工程,总投资2.9亿元。至年底,枫树岭知心坑、浪川裕丰2个供水站和白马水厂管网铺设投入使用;威坪河村水厂完成可研编制工作;郭村、汾口、瑶山3个水厂完成80%以上工程量,里商水厂基本完工。世行贷款农村饮用水安全提升工程16个项目,其中14个项目(王阜、枫树岭、叶家、厦山、屏门5个水厂和浪川、临岐、桥北、界首、姜家、坪山、千岛湖、威坪、汾口9个现有水厂管网延伸)全部完成并投入使用,剩余2个项目(白马和梓桐水厂)正在实施过程中,已完成85%以上工程量。

【农村饮用水日常管理】 2022年,县生态综合保护局下发《淳安县2022年农村饮用水建管工作考核细则》,明确乡镇主体责任、农饮公司运管责任和水利部门的监管责任,以及具体考核细则。完成淳安县农村饮用水运管中心建设和数值化管理平台搭建。面对严重干旱,全力全策指导协调各乡镇和县农饮公司早部署、早落实,通过加大工程措施投入、科学调度水资源、及时采取限时和送水等方式,确保农村饮用水基本保供,维护社会总体面稳定,向上争取抗旱资金519万元。

【农业水价综合改革】 2022年,县生态综合保护局完成120项省级"五个一百"创建任务,涉及经费500万元,其中,精准补贴和节水奖励资金240万元、堰坝水闸更新升级等资金260万元。

【农田灌溉水有效利用系数测算分析】 编制完成《2022年淳安县农田灌溉水有效利用系数观测工作方案》,在样点灌区所在村庄安排专门的田间观测员负责水位数据的观测和记录,并与田间观测员签订相关责任书,定期进行上岗培训,乡镇水利干部负责样点灌区日常监管。

【全县水电站概况】 至2022年年底,全县有建成投产水电站103座,装机容量149400千瓦。全年小水电发电量23759万千瓦时,发电收入12125万元,分别比上年下降23%和21%。

【小水电安全生产大检查】 2022年4—10月,县生态综合保护局开展全县小水电安全生产大检查活动,在电站自查的基础上,对各水电站进行现场检查。从检查情况看,全县水电站总体形势平稳,但日常管理中仍存在主体意识不强、安全认识不到位、规范化意识淡薄、基础管理薄弱、重生产轻管理、整改措施落实不力等问题。

【小水电安全生产标准化】 2022年,全县列入复评的水电站有9座,分别是唐村、云溪一级、云溪二级、衍昌、宋家埠、林家坞、岭干、陈家坞、麟振桥水电站,这些电站均在7月底前分别通过省、市、县组织进行的复评,均保持二、三级标准化的等级。

【全县小水电生态流量泄放评估】 2022年,县生态综合保护局着重从生态流量确定情况、生态流量泄放情况、生态流量监测情况和生态调度运行情况等方面,进行全县小水电生态流量泄放评估,针对存在的问题和不足,结合新的生态流量管理工作要求,对今后全县小水电生态流量监管提出意见和建议。

【小水电生态流量监测和泄放设施提升改造】 2022年,县生态综合保护局实施衍昌、木瓜水库、林家坞水电站生态流量监测提升工程,将原动态视频监测改为实时流量监测,并对部分小水电生态流量泄放设施进行无节制改造。至年底,全县实现50%以上小水电实时监测率要求。

【常态化推进国家节水行动】 2022年,县生态综合保护局制定《淳安县节水行动实施方案2022年工作任务》,形成工作任务清单分解到部门和乡镇,投入节水专项资金400万元。创建省级节水标杆酒店、节水标杆校园、节水标杆小区、节水标杆企业共7家。投资300万元实施8所校园节水改造。持续开展县域节水型校园竞创排位管理机制试点项目,23所学校参与创建,共评选出一、二、三等奖学校11所,在校园节水工作中起到良好的示范和带动作用。

【落实最严格水资源管理责任】 2022年,县生态综合保护局开展取用水管理"回头看",落实27个违法违规取用水问题的整改,开展19家自备取水户取水延续评估报告编制。对全县16家砂石加工企业进行全面排查,形成一场一记录,现场交办问题落实整改。下发《关于开展2022年度城乡供水工程取用水管理专项检查的通知》,联合开展对18家城乡供水工程的取水检查,确保抗旱保供水时期取水的监管和调度。

【持续加强全县水土保持工作】 2022年,县生态综合保护局在威坪镇、宋村乡实施水土流失综合治理项目,完成治理面积12平方千米。为进一步保护千岛湖,发挥水土保持在涵养水源、面源污染防治中起到的作用,制订《淳安县环千岛湖生态清洁小流域水土流失综合治理项目初步方案》。

【示范案例创建】 2022年,千岛鲁能胜地水土保持科技示范园成功创建2022年国家级科技示范园,"淳安县丰水地区节水工作普遍存在动力不足、深度不够、辐射不广的问题"被纳入市级案例,牵头《跨层级联动多部门协同快速整改淳安330国道涉林问题整改案例》被纳入省级案例。上报《淳安县加强水资源集约利用打造丰水地区节水减排示范区》(杭州政务信息《专报》第202期)得到副市长刘嫔珺批示。淳安县水利水电局获得全省水土保持目标责任制工作成绩突出集体称号。

【水法规宣传】 2022年,县生态综合保护局以3月22日第三十届"世界水日"、第三十五届中国水周、"12·4"国家宪法日普法宣传为重点,认真开展涉水法律法规普法宣传。通过各种形式的涉水法律法规宣传,不断扩大社会影响力,为淳安县依法治水夯实法治基础。

【水行政执法】 2022年,县生态综合保护局以河湖"四乱"问题排查整改销号等工作为抓手,认真做好水行政执法检查相关业务工作。全年牵头开展各类巡查检查60余次,通过巡查检查,发现涉水违法违规行为8起,发出整改通知5份,移交淳安县综合行政执法部门涉水违法案件线索6件,罚没款3.4万元。与相关部门开展联合执法,依法拆除涉水违建3处200余平方米。

【水事管理】 2022年,县生态综合保护局按照省、市水利主管部门工作要求,联合县河长办部署开展妨碍河道行洪突出问题排查,对水利部下发淳安县的143处遥感疑似占用水域问题图斑完成核查上报。严格落实基础设施项目建设占用水域行为,重点加强沿湖区域涉水建设项目监管,对沿湖在建的基础设施项目开展检查,委托第三方技术服务单位对占用水域施工项目进行现场复核,对核查发现问题及时督促完成整改。

(汪增辉、余华辉、何海澎、童文旭、王连春、余添、钱立军)

国有企业

·淳安千岛湖建设集团有限公司·

【概况】 2022年,淳安千岛湖建设集团有限公司(以下简称千岛湖建设集团)立足"城市建设的贡献者、品质生活的推动者、有故事城市的代言人"三大职责定位,围绕"做强主业、做活辅业、拓展新业"三大发展理念,致力于"城市建设、城市经营、城市服务"三大板块,深入践行"为城为民为精彩、同心同行同成长"企业核心价值观,主要从事城市资产的投资建设与经营管理,业务范围涵盖政府项目建设、工程施工、土地开发整理、房地产开发及交易、保障性住房、工程检测、国有经营性资产及物业管理、停车收费、公共自行车、城市旅游、城市供排水、农贸市场管理、食品交易、产权交易。

【建设项目】 2022年,千岛湖建设集团共承担97个项目建设任务,项目总投资32.3亿元,年度总投资9亿元,年度固定资产投资任务3亿元。直接承担的6个重点项目均提前完成节点目标任务;完成千岛湖亚运分村消防站等亚运配套项目,施工总里程5万余千米;完成世行农村饮水安全提升工程16个农饮水提升项目。

【国企改革】 2022年,千岛湖建设集团深化国资国企改革,加快国有经济布局优化和结构调整,推动国有资本和国有企业做强做优做大,完成保障性住房、泰众肉类公司、肉类加工厂等资产及业务划入。

【廉政建设】 2022年,千岛湖建设集团持续推进清廉国企建设,深入开展县属国有企业反腐倡廉全覆盖无盲区零容忍专项行动,围绕项目建设等重点领域开展检查通报5次49个问题,并完成闭环整改。专项整治工程质量、工程变更、分包转包、合同履行、项目挂靠等重点难点问题,排查出涉及14类、103个问题均整改到位;责令停工整改项目2个,发出整改通知书12件,经济处罚9.5万元。

【党建工作】 2022年,千岛湖建设集团深入学习习近平新时代中国特色社会主义思想,开展建党101周年"六个一"主题活动,推进县级讲师进课堂、联系领导到支部、支部书记下基层三级党课"六进"活动。搭建"学、讲、赛、行"四大载体开展中共二十大精神学习系列活动,形式包含全覆盖宣讲、知识竞赛、"六进"活动等。探索建立"大党建"考核排名赋分机制,完成下属10个支部换届选举。农贸公司创新"五心"特色党建品牌荣获"党建双强"盟内比武最强"领头雁"一等奖,1名党员获杭州市新时代好党员荣誉称号。

【排水运维】 2022年,千岛湖建设集团高标准建设水务公司党管武装阵地,通过半军事化理念武装供排水服务队伍,按照"平时服务、急时应急、战时应战"的要求快速有效解决群众身边事，共计疏通小区排水管 13 万米、清掏化粪池 670 座、清理检查井 1.6 万座，处理物业及居民反映的疑难问题 112 件，并对千岛湖镇所有小区进行污水零直排“提质增效”专项排查，排查出问题 7000 余个。

【房地产项目】 2022 年，千岛湖建设集团颐景玉兰房地产项目通过竣工验收，比计划提前 1 年完工。该项目房地产销售连续 2 年在全县名列前茅。7 月，下属杭州千岛湖房地产开发有限公司拍得辉照山单元 06—04—11 地块。

【天屿景区开业】 2022 年 10 月，天屿景区正式开业，推出森林水滑道、景观扶梯、天屿茶邂等新项目，并公布“天屿八景”，努力打造成千岛湖标志性景点。

【淳安县第三中学新建工程】 淳安县第三中学新建工程于 2022 年 10 月开工建设。项目位于东庄区块，现千岛湖建兰高中部，总用地面积约 7.07 公顷，建筑面积约 6.1 万平方米。主要建设内容为教学楼、综合楼、行政楼、食堂、宿舍楼、门卫及室外相关配套设施等工程。

【淳安县工人文化宫项目】 为续建项目，于 12 月完成主体工程。项目位于千岛湖镇珍珠大道与珍珠五路交叉口，占地近 1 公顷，建筑面积约 10609 平方米，其中，地上建筑面积 10236 平方米，地下建筑面积 373 平方米。主要建设内容为 1 座五层工人文化公共用房（包括展览区、多功能报告厅、运动区、办公区、培训交流区等）、室外道路、给排水、电气设备安装、景观绿化及其他配套设施等。项目获评年度杭州市建设工程西湖杯。

【2021—2022 年千岛湖镇老旧特韵小区综合改造工程】 项目位于千岛湖镇城区，共计 21 个区块综合改造，改造建筑面积共计 70.85 万平方米，其中 2021 年完成 17 个区块约 46.55 万平方米综合改造，2022 年完成包括 4 个区块综合改造约 18.6 万平方米和龙门路、教师之家区块面积约为 5.7 万平方米改造。主要改造内容为消防、安防、排水、弱电、停车等基础配套设施综合提升。该工程获省考评优秀等次。

【排岭记忆传统风貌样板区建设项目】 项目改造范围 148 万平方米，主要以骑龙巷为核心，包括塘边弄区块、骑龙巷步行街、如意巷区块、行岗路区块、金鸡弄区块及初阳花园区块的提升改造。项目获评省级风貌样板区。

（叶金磊）

·淳安千岛湖旅游集团有限公司·

【概况】 2022 年，淳安千岛湖旅游集团有限公司（以下简称千岛湖旅游集团）紧紧围绕“四富”（生态美富、深绿兴富、民生安富、改革增富）战略，全面实施旅游营销年、项目效率年、队伍提升年“三个年”建设，快推项目促升级，强抓营销提效益，为淳安县跨越式高质量发展和共同富裕贡献力量。

【产业升级】 2022 年，千岛湖旅游集团以景区提升和精品开发为重点，全年招商引资 5110 万元，固投入库 4701 万元，分别完成任务指标的 102% 和 157%。千岛湖景区提升方面，完成梅峰岛滑草项目提升、龙山岛海瑞智能陈展馆建设、钟楼广场平台扩建及 2 座厕所改造，推出警钟长鸣、飞龙魔毯等文旅项目；按照国际化标识系统建设方案，完成辖区标识标牌提升改造 17 块、新建标识标牌 141 块。新兴产品开发方面，投资 5500 万元建成千岛湖“月光之恋”光影艺术夜游并于 6 月 29

日对外试开园;秀水街引进并建成梦之岛光影艺术沉浸体验馆,于8月开业。

【经济发展】 2022年,千岛湖旅游集团深入实施旅游营销年活动,“月光之恋”光影艺术夜游半年时间接待购票游客93899人,实现营收920万元;集团自营产品接待党建、群团、春游、研学261批次、11042人,企事业单位疗休养370批次、22134人;孵化集团达人营销矩阵,打造千旅集团官方抖音号,培育拥有万人级粉丝的员工抖音达人5人、千人级粉丝的员工抖音达人71人,共计开展抖音直播310余场、达人探店2300余人次,浏览量达8000余万人次,销售订单43257单,助企增盈530万元;组织五菱宏光mini发布会、温州国寿20届个险精英高峰会议等培训44期、10830人。

【队伍建设】 2022年,千岛湖旅游集团全面开展队伍提升年系列活动,多渠道引才,聚焦紧缺领域和发展需求,通过高校学生直招、专业人才直聘等途径,成功招录硕士研究生1人、高校毕业生15人,输入舞蹈类专业艺术人才62人。多平台育才,举办文创产品设计展示大赛,开展船舶驾驶、景区观光车驾驶、厨师中式烹饪技能人才比武,股份公司方剑鸣船舶轮机技能大师工作室相继被认定为杭州市工人先锋号和杭州市技能大师工作室,陈建华获全国安全诚信船长称号;编辑《走进千岛湖》,实施1500余人全员轮训,精挑细选30余名优秀服务人员到开元、喜来登等五星级酒店带训,抽调选派10名专业人才到亚运专班、四川巴塘、大下姜、淳西南等地挂职锻炼。重视年轻干部培养,提拔集团中层干部5人、所属企业中层干部17人;一线岗位人员人均增发工资7250元;对市场化程度高的企业、酒店实行工资总额单列,对特色酒店店长、行政总厨等特殊岗位人才实行谈判工资。

【赋能共富】 2022年,千岛湖旅游集团针对新冠疫情影响,及时落实政策性租金减免,共减免承租户267户、减免租金2249万元;积极谋划和参与大下姜、淳西南等地乡村旅游发展,引进蓝天下集团合作录制生活类综艺节目《童话之欢迎来到星守村》。创新服务载体,销售各类农产品155万元,送睦剧下乡演出60场次,承接乡镇节庆活动40余场;落实结对村帮扶资金8万元,帮扶结对6个村106户困难户,发放慰问金、慰问品合计价值7.74万元。

【党建工作】 2022年,千岛湖旅游集团获融资、招商、安全生产工作3面红旗,相关企业和旅游项目分别被评为全国第五届“绽放杯”5G应用征集大赛二等奖、浙江省平安水上客运站建设优秀单位、浙江省第一批一级旅游驿站、第一批浙江省公共文化国际交流项目。丰富党群活动载体,积极推进创先争优,中心湖区旅游码头游客中心爱心驿站获评全国总工会“最美工会户外劳动者服务站点”,龙山岛获评浙江省廉洁文化教育基地,《春日暖阳》参加浙江省第十一届群众戏曲小戏大赛获金奖,由集团结对助力的庭院在全县“巾帼助力亚运·美丽庭院风采展”活动中获优秀等次。 (方勇飞)

·淳安县新安江生态开发集团有限公司·

【概况】 2022年,淳安县新安江生态开发集团有限公司(以下简称县生态集团)坚持以习近平生态文明思想为指引,全面贯彻落实国有企业改革精神,在企业定位和主营业务上,紧扣“生态保护、绿色发展”战略布局,以林水资源的保护和开发经营、绿色生态农业产业化经营、绿色资源生态价值的开发利用与转换为重点,积极拓展生态产业链,构建多元化发展格局,形成“生态+”配套产业体系,全面推进绿色转型，不断推动国有资本和国有企业做强做优做大，提升企业核心竞争力。中林业总场荣膺浙江省护林先进单位称号，千发集团荣获浙江省百家渔业共富主体称号。集团参与研究的《淳安县特别生态功能区"公益林+"经营模式研究与示范》获第21届科技兴林奖二等奖。

【企业改革】 2022年12月，根据县委、县政府国有企业改革方案，淳安县新安江生态开发集团有限公司与淳安县工贸资产经营有限公司、淳安县两山生态资源经营开发有限公司整合为新的淳安县新安江生态开发集团，整合后单列企业1家、全资企业4家、控股企业2家、参股企业1家，新增农业、绿色低碳等资产或业务。

【健康森林建设】 2022年，县生态集团完成去冬今春疫木除治3.04万吨，除治面积2773公顷，对2.35万公顷松林进行全面普查，实施"疫木清零+注药保护+林相改造"防治措施，对亚运村附近小岛、小金山林场至亚运村公路和千岛湖高速两侧活松木，注射松材线虫病免疫预防针剂17万支。完成千万亩森林质量精准提升工程137.73公顷、世行项目740.4公顷。抓好姥山157.8公顷种子资源库培管，培育良种苗木10万株。增配15万元森林消防设备，推进数字森防，集团消防队参加县级年度森林消防技能竞赛获第一名。

【基础设施改善】 2022年，县生态集团实施南泥湾营地设施改造提升，增设户外拓展、军事训练等基础设施，于3月竣工并营业；推进鳌山樱花岛基础板块建设，完成园区管理房、森林漫步道、森林消防瞭望塔项目主体工程；投资500余万元，完成梓桐口生态公益林保护站、方见坞生态公益林保护站、茅头尖场部建设，完成姥山、界首分场高压线路改造。

【重点项目经营】 2022年，县生态集团林业工程公司积极开拓县内外市场，中标工程量4166万元，直接交易项目1729万元，高质量完成开化县国土绿化试点示范项目、常山县森林抚育等项目。森拓公司有效盘活闲置资产，完成阡遇酒店2000万元招引项目，完成施家坪三舍天境项目、金竹牌石墙坞项目前期策划。樱花岛项目投入450万元，基本完成森林步道、森林瞭望塔及农业园区管理房建设。千发集团完成《高质量践行"两山"理念的千岛湖保水渔业模式》课题，获评2021（第七届）国企管理创新成果（案例）一等奖。"淳"鱼商标入选杭州市首批重点商标保护名录。"百湖工程"有序推进，与大理市政府达成洱海合作协议，推进与海南儋州松涛等水库的合作洽谈。

【服务社会经济发展】 2022年，县生态集团依托2A发债平台，申请发行10亿元"中期票据"，取得注册通知书，根据县财政局对资金需求择机发行，进一步提升政府融资平台债务循环能力，加快政府公益项目建设。对内强化慰问帮扶、关心关爱、权益保障、素质提升等工作，开展职工体检、技能竞赛、工会疗休养、困难职工慰问等活动；对外积极服务社会，开展帮扶结对、党建互助、文明城市创建、春风行动、志愿者疫情服务等活动，落实"第一书记"工作，协助村"两委"争取资金300余万元。

（方　晶）

·淳安县工贸资产经营有限公司·

【概况】 2022年，淳安县工贸资产经营有限公司（以下简称县工贸公司）围绕国有资产保值增值，提高国有经济竞争力，放大国有资本功能这一主题，紧扣“稳基础，拓新业，促转型，强队伍”主线，按照“经济要稳住，疫情要防住，发展要安全”的总基调共克时艰，推动公司深化改革，提高经营管理水平，加强国有资产管理，坚定不移把国有企业做强做大做优。

【践行国企担当】 2022 年，县工贸公司落实疫情房租减免工作，树立良好国企形象。通过书面通知、电话交流、上门服务等多种形式共为 246 户符合政策的承租户减免租金 460 万元。深化“志愿服务队”，开展“我为群众办实事”活动。助力全国文明城市创建，对所辖范围进行环境集中整治，清理路面乱堆放及绿化带内垃圾，做好房改房和集体宿舍的日常修缮管理。

【助力共同富裕】 2022 年，县工贸公司围绕特别生态功能区建设产业发展导向，聚焦大旅游、大健康、水产业，全力推进淳北中药材产业发展，结合“千村万元”林下经济项目与全县 10 个建制村共建黄精种植基地 333.93 公顷，为村集体经济增收 509 万元，直接支付村民劳务工资 300 余万元。加大产品研发力度。完成黄精酒、黄精膏两个系列产品生产许可，实现销售产值 1000 余万元。

【贯彻生态保护】 2022 年，县工贸公司积极推进“无废城市”建设，启动淳安锡铁矿尾矿库销库项目，邀请相关专家召开相关工程技术论证，完成实际招标、工程预算、清库招投标等工作。做好尾矿库安全隐患整改工作，按期完成东西侧洪沟破损、渗漏等重大隐患整治，并在主汛期前完成二级沉淀池建设、滩面塌陷回填、斜槽排渗跑砂漏浆堵漏等工程，保障安全度汛。

【平安护航企业】 2022 年，县工贸公司开展安全生产和消防检查 17 次，排查并整改到位各类隐患 40 余处。（方 晶）

·淳安千岛湖农业发展集团有限公司·

【概况】 2022 年，淳安千岛湖农业发展集团有限公司（以下简称千岛湖农发集团）以特别生态功能区建设和共同富裕为己任，进一步提升工作站位，统筹谋划布局，科学精准施策，取得较好的经济和社会效益。

【水力发电】 2022 年，千岛湖农发集团加强发电企业管理，以“不弃水、不停机、发峰电”为目标，落实生产经营的各项举措，全面推行发电企业扁平化、一体化、标准化管理，不断强化岗位培训、创新现代科技管理模式，加大机电设备、线路、水电设施的维护力度，确保设备安全稳定运行。全年完成上网电量 10817 万千瓦时，实现产值 5.75 亿元。

【水利工程建设】 2022 年，千岛湖农发集团针对小型水利工程项目点多面广、施工难度大的实际，采取项目经理负责制和片区管理相结合的管理方式，加强工程质量、进度和文明施工管理。全年共承接水利工程项目 94 个，工程总额 7854 万元。

【土地开发整理】 2022 年，千岛湖农发集团加快推进土地开发整理项目，会同县规资局制定《关于进一步规范土地整治工程管理的实施意见》《关于进一步明确淳安县土地整治项目指标回购和调剂政策的通知》，进一步规范土地整治项目工程建设程序，提升项目管理质量和水平。全年开工建设土地开发项目 39 个，工程总额 9406 万元。

【农村饮用水统管】 2022 年，千岛湖农发集团针对持续高温干旱天气，采取加大工程投入、科学调度水源、限时送水等多方面举措，确保老百姓喝上放心水。完成大墅、里商、梓桐等9个水厂设备及水源提升改造，新增取水堰坝162处、抽水210处，解决3.2万人保供水；组织召开抗旱工作部署，制定抗旱保供应急方案，层层落实责任，科学调度水资源，跨乡镇、村进行调水，受益人口1.6万余人；完成109个建制村、235个自然村、4.04万人限时供水，33个自然村、0.62万人人工送水。

【再生资源回收】 2022年，千岛湖农发集团加快再生资源分拣中心和回收网点规范化建设，探索实行区域承包新经营模式，完成废有色金属区、废铁区、废塑料区、废纸区内部承包工作，实现销售总额8000万元。

【生态浮岛】 2022年，千岛湖农发集团创新性开展千岛湖内库湾水体原位生态浮岛脱单除磷技术研究。在氮磷浓度相对较高的内库湾、城区污水处理厂排口、典型污染入库河流河道多类型水域，较大面积推广应用生态浮岛技术。在千岛湖湖面建有9座生态浮岛，面积8.33公顷。

【湖面保洁】 2022年，千岛湖湖面打捞任务划入千岛湖农发集团以后，公司迅速成立相应机构，落实相关人员责任，制定各项管理和考核制度，做到湖面垃圾打捞工作无缝对接，实现高效、有序运转的目标。全年清捞湖面垃圾7000余吨，参与湖岸保洁4000余人次。

【风貌样板区】 2022年，千岛湖农发集团在姜家—界首风貌样板区总体规划方案基础上，会同县城乡风貌整治提升专班、沿途乡镇，经多次论证、协调和现场勘察，明确项目主要建设内容。至年底完成项目建设，并获评“浙江省城乡风貌样板区”。

【抽蓄电站建设】 为进一步加快推进淳安县中小型抽水蓄能电站资源站点储备工作，2022年，千岛湖农发集团会同县发改局、县综保局在前期全县中小型抽蓄资源进行排摸的基础上，委托省水利水电勘测设计院等机构对全县7个抽蓄站点进行摸排，形成抽水蓄能资源库。根据县政府与华能集团战略协议与华能(浙江)签订合作协议，成立华能(淳安)发电有限公司，开展选址报告编制、部分站点备案等相关前期工作。 (张　婷)

·淳安县交通发展投资集团有限公司·

【概况】 2022年，淳安县交通发展投资集团有限公司(以下简称县交投集团)按照“稳主业、拓产业、谋发展”总目标，在项目管理、资源拓展、融资保障、民生服务等板块精准发力，集团各项工作呈现出量质齐升的良好态势。

【经营效益】 2022年，县交投集团在坚持高质量高标准推进交通项目建设的同时，利用项目代建优势，积极拓展直接委托项目施工、石料开发、房产销售、金融服务、物业管理等工作，企业效益逐步提升。截至2022年年底，集团资产总额95.9亿元，资产负债率59.57%。全年实现营收3.42亿元，比上年增长5.6%；利润总额3158万元，增长27.5%；净利润2344万元，增长46%。交通工程施工业务实现营收11147万元，矿产资源类业务实现营收8468万元，房产销售认购额3680万元，回款7300万元，大宗材料购销业务实现营收2530万元，金融服务类业务实现营收2020万元，资产出租业务实现营收1000万元。

【项目建设】 2022年，县交投集团实施项目有10个，其中：330国道淳安千岛湖大桥至临岐改建工程年度计划完成总体形象进度60%,年度投资额3.5亿元,实际完成总体形象进度72%,完成投资额4.27亿元;330国道淳安千岛湖大桥至临岐改建工程(配套项目)年度计划完成总体形象进度50%,年度投资额4500万元,实际完成总体形象进度52%,投资额4770万元;302省道桐庐至文昌段路面大中修工程于10月底完工,完成固定资产投资3.36亿元,远超3亿元的年度固投任务指标。

【融资工作】 2022年,县交投集团加大融资工作力度,进一步整合各方资源,盘活现有资产筹措建设资金,着力破解项目建设资金瓶颈,为全县交通基础设施改造提供资金保障。与各类金融机构达成融资项目5个,通过河道清淤经营权融资项目向工行融资8亿元,3年中期流贷4亿元,提前结束存量融资项目2个,其中主动化解隐性债务1个,归还资金2亿元。全年实际融入资金15.6亿元,其中:项目建设支出4.6亿元,还本付息10.1亿元,千黄高速等股权支出0.9亿元。

【砂石管理】 2022年,县交投集团结合砂石资源管理工作实际,将23个乡镇划分为3个片区(主城、淳北、淳南)进行管理,开展巡查300余次,夜间巡查60余次,各项目现场和处置点均安装计量称重系统,利用社会监督举报、夜间巡查等方式,对砂石资源违法行为进行全方位监督。接收砂石非法处置行为10起,报警5起,报县规资局执法队3起。接收砂石处置项目69个,完成拍卖询价处置项目55个,流拍项目11个,完工验收项目40个;完成砂石处置项目60个,处置砂石197万吨,实现交易金额4870.86万元。

【人才培养】 2022年,县交投集团深化企业人才专业化水平和青年人才招引培育工作,实施"青春潮创,杭向未来"大学生云聘会,新招录大学应届毕业生3人,新晋高级职称4人,其中,入选杭州市E类人才2人、县E类人才1人,培育一级建造师2人,青年职工获评中级职称8人。

【场站管理】 2022年,千岛湖汽车客运总站紧紧围绕"安全、服务、减亏"三条主线,以"全国文明城市创建"为契机,以"打造客运行业标杆"为宗旨,不断优化提升场站基础设施配套建设,全年无重大旅客投诉、安全事故,圆满完成春运及各类小长假客运任务。全年发送客运班次4.07万个,输送旅客55.25万人次,旅客行包安检74.42万件,查获危险品1912件,全年落实县政府"老年军残优免"等惠民政策24.69万人次(占客流45%),免收票款130万元。获得县"工人先锋号"、浙江省"巾帼文明示范岗"等荣誉称号。

(汪　璐)

·淳安县供销合作总社·

【概况】 2022年,淳安县供销合作总社(以下简称县供销总社)开展廉政教育,加强廉政风险防控,优化干部作风建设,把推动清廉文化建设摆在重要位置,组织一系列警示教育活动,通过典型案例剖析教育,在全社形成明确的党风廉政氛围;严格落实各项制度,建立健全风险防控机制,加强反腐败宣传,调整资源布局,改变风险高、收益低的经营模式,做到早预警、早发现、早处置,坚决纠正消极惰性、奢靡浪费、形式主义、官僚主义等不良风气。较好地实现各项工作目标。

【共富行动】 2022年,县供销总社深入贯彻落实乡村振兴战略,认真落实县委、县政府"供富工程"工作部署,积极推进共富行动,不断提升茶叶市场助农增收主平台作用,为推动全县农村经济发展做出不懈努力。打造“供富大篷车”，通过日用消费品下乡、农资赠送、闲散农产品收购等工作，构建起“大篷车+市场+基层服务站”供应体系，全力助力贫困户增收脱贫。建设农产品冷链物流中心，提高农产品物流运输过程中的保鲜、防腐、防病、防虫等技术含量，推进农产品流通和销售的现代化，为提高农产品市场采购力发挥积极作用。建立现代农业农事服务中心，打造一体化服务平台，集成资源，汇聚专业、精准、高效的农业技术服务，努力提升农产品品质和效益，满足广大农民需求。

【平台功能提升】 2022年，县供销总社通过加强对茶叶生产、经营和销售的全过程监管，创新茶叶交易模式，促进淳安茶叶的品牌建设和市场价值的提升，进一步提升茶叶市场助农增收主平台作用。春茶交易保障稳定，通过落实疫情防控、拓宽交易渠道、优化市场服务，确保疫情期间市场春茶产交易稳定开展，实现“疫情管得住、茶商进得来、茶叶出得去”。茶叶市场茶叶交易量3980吨，交易额14.01亿元，在疫情和气候的双重影响下，交易情况与上年持平。投资1500万元，开展茶叶市场改造提升，改造新建1500平方米临时交易区，为全县2万余名闲散茶农提供更为完善、便捷、有序的交易场所；新建白茶交易专区、智能冷库系统，完善各类硬件设施，引领市场改造升级，将市场打造为全县茶农的“共富大厅”。促进市场服务多元化，转变市场经营服务思维，进一步发挥市场龙头带动作用。在山核桃交易旺季，引导商户开展山核桃销售工作，做好推广、宣传、服务、引领工作，市场销售山核桃数量70万吨，交易额8000余万元，山核桃成品销售量占全县三分之一。

【为农服务】 2022年，县供销总社通过完善服务体系、深化生产服务和创新供销服务三个方面工作，不断提升社会化为农服务能力。完成县农合联换届，选举产生新一届农合联理事会、监事会、理事长、监事长，抓住数字化改革机遇，为农民提供便捷的线上销售渠道。推动农村产业结构升级，重点支持发展生态农业、产业链延伸和质量提升等，开展统防统治6万余亩次、土地改良1300余公顷；开展春耕备耕活动，赠送农合联会员25万元农资商品；承担县政府1000吨化肥和4吨农药应急储备任务，免费开展技能培训、技术指导等服务。倡导以线上线下服务相结合的方式，建立“农户+合作社+公司”运营模式，为偏远山区1.3万余户农户提供集中指导、统一管理、统一收购的订单农业；建设“共富菜地”，完成80公顷种植计划，注重服务质量和效果，不断推进创新发展。

【社有资产优化布局】 2022年，县供销总社聚焦优化资产布局，按照“三降两清一扭”的工作任务，全面推进社有资产的优化配置和管理。大力推进资产降负债、降成本、降风险工作，通过精准评估和合理评估清理一批闲置、低效、亏损资产；加强内部管理，优化运营流程，加强风险防范，加强投资自律，防范风险事件发生。聚焦实体经济，优化产业结构，积极拓展市场，推动传统产业优化升级，促进产业链上下游资源良性互动。通过合理调配资源，组建高素质团队，参与政府中心工作中实现自身发展，拓展为农服务经营范围，优化经营服务环境功能，为淳安供销事业迈上新台阶打下坚实基础。

【产业发展】 2022年，县供销总社坚持以产业带动农业发展，以产业带动农民增收，以产业带动服务增效，围绕农业主导产业发展，创新为农服务举措。参与全县中药材产业发展的谋篇布局，做好道地药材良种的保护、繁育、推广,建立全省范围内中药材种苗培育标杆示范基地,加强科研技术开发,提供技术指导、产品研发、品种改良等服务,以科技推动产业迭代升级。继续发挥茶叶良种场良种培育推广,茶叶专科医院技术指导,茶叶市场主交易平台带动,包装中心品牌推广等作用,完善和丰富茶叶全产业链服务内容。高标准建设粮油产业农合联,完善茶叶、柑橘、蔬菜产业农合联运营,进一步提升产业农合联组织的规范化水平和为农服务能力,持续做大做强特色主导产业全产业链,助力产业兴旺。

【自身建设】 2022年,县供销总社深入贯彻中共二十大精神,积极学习习近平新时代中国特色社会主义思想,并切实将学习成果转化为推动企业发展的实际行动。优化基层党建配置,深入实施"四种人"先锋指数考评,用好"西湖先锋""学习强国"平台,加强党的组织建设和制度建设。通过深化组织管理改革,完善工作机制,定期组织发展党员工作,全面提升党组织的凝聚力和战斗力,营造浓厚的党员氛围,使"服务立社、改革强社、以企兴社、从严治社"的思想政治共识更加坚定。秉承"诚信、务实、团结、拼搏"的企业精神,坚持民主集中制,坚持"以人为本"管理理念,坚持实干至上、知行合一,注重对员工的思想、事业、人生进行关怀和支持,提高员工的归属感和凝聚力。注重人才队伍建设,并通过完善人才激励、选人用人、培训发展等方面的机制,提高经营管理水平和服务水平。全年调整总社机关中层干部5人、基层社中层干部3人,下属企业中层干部7人。 (童 津)

·淳安县茧丝绸有限公司·

【概况】 2022年,淳安县共有养蚕农户3485户,全年共发放蚕种2.29万张,比上年下降28.6%;全年收购蚕茧14629担,下降26.6%;投放茧款3811万元,下降30%。平均茧价2614元/担,下降4.5%,平均张产32千克,下降2.9%。全年实现销售收入4500万元,完成年初集团下达的各项工作任务。全年收购秩序继续良好,全县鲜茧收购率达99.8%,平均上车茧率86.7%,解舒率67.3%,毛折282.6,净度93.9分,烘折229.35千克,相比上车茧率提高0.5%,解舒率提高0.5%,毛折低2.7个点,净度高0.31分,烘折低2.45千克。

【党建工作】 2022年,淳安县茧丝绸有限公司(以下简称县茧丝绸公司)学习贯彻落实中共二十大精神和县第十五次党代会精神,深入实践集团发展战略,聚力蚕桑产业,坚定产业发展的信心和决心,激发创业热情,不断增强工作的自觉性和执行力。深化作风建设,加强廉政建设。认真贯彻落实党风廉政建设有关规定,强化集团制度建设,强化项目管理,建章立制与垂范督导相结合,做到令行禁止;学习教育与警示督察相结合,实现防微杜渐。积极开展进社区创文明城市活动,上下政令畅通,全力配合社区创文明城市志愿服务,公司上下参加文明创建志愿服务1000余人次,做好疫情防控。贯彻落实县疫情防控专题会和集团要求,高效统筹疫情防控和产业发展,坚持防控总策略总方针不动摇,保持思想不松懈、责任不松动、行动不松劲的工作势头,以务实高效的执行力统筹抓好防疫情、稳产业、保安全,全方位推动蚕桑高质量发展。群团工作有序推进,在争创党建"双强"支部中获三等奖。安全生产、综合治理、爱国卫生、垃圾分类工作常抓不懈。

【蚕茧服务】 2022年,县茧丝绸公司抓好蚕桑技术培训、积极上门进行技术指导、推广优质蚕用物资和蚕桑实用新技术、免费提供消毒防病药品,在蚕桑生产关键节点(冬季封园、春季白条、夏伐白拳)对全县1200公顷连片桑园开展统防统治,投入资金130余万元。全年培训22场、1000余人次,发放技术资料2000余份。落实桑树专用肥610吨,预借蚕药等物资10余万元。春蚕生产期及上蔟期间天气温度较低,但蚕茧质量创近5年最好纪录。妥善处理春蚕黄村桥小蚕共育点300余张蚕种中毒事件,挽救蚕农损失60余万元;面对疫情冲击的影响,茧丝绸行情出现滑坡,积极走访客户,收集信息,抽调茧站技术骨干人员分片包村到户,重点联系养蚕大户和低产户,利用春期一个月时间抓好各阶段关键技术指导和服务,为春蚕丰产丰收打下坚实的基础。

【项目建设】 2022年,县茧丝绸公司做好雄蚕推广和试验工作,共推广饲养雄蚕13836.2张,占全年总饲养量的60.5%。筛选出适合淳安县饲养的雄蚕品种2对,分别是秋华×平30和秋华×平30抗,正试验示范雄蚕品种1对—浙凤3号。特聘专家王永强主持申报的《基于雌蚕无性克隆与限性斑纹技术的家蚕新品种选育及应用》获得浙江省科技进步奖一等奖,茧丝绸公司为第4完成单位。推进三眠蚕饲养工作,2022年夏期试养三眠蚕"苏超2号"300张、饲养诱导三眠蚕4张。三眠蚕龄期经过短,体质强健好养,有利于提高蚕农的养蚕效益;生产的茧丝纤度细、生丝纤度偏差小、洁净度和清洁度高,可缫制高品位6A级特殊规格生丝。从试验情况看,"苏超2号"产量、质量均明显好于同期饲养的普通品种,实现蚕农增效、企业增收的目的。探索产业链从原料向终端延伸,开发丝绸产品,打造丝绸产品品牌,将"千岛湖"牌和"淳牌"天然丝绸系列产品逐步向外部市场扩展。

【闲置资产分类处置】 2022年,县茧丝绸公司通过出租、出售、托管、处置等方式,加大盘活力度,实现闲置资产有效整合利用和提质增效,确保国有资产保值增值。对闲置的梓桐茧库公开拍卖,取得拍卖收入151.5万元,并顺利完成房产移交、过户、对应抵押贷款归还等工作。全年收取房屋租金161万元(含减免租金54.47万元),对闲置的中心仓库、中桐茧站、临岐茧站、浪川高沙厂房、汾口茧站店面继续出租,并新增催青室、夏峰茧站、横沿茧站拍租工作,新增租金收入22.35万元,提高企业经济效益。完成疫情期间国有企业房屋出租租金减免工作,共减免租金54.47万元,其中退还39.9万元,抵下年租金14.58万元。将威坪方宅农场、浪川马石桥小蚕共育点分别委托威坪镇政府、浪川乡政府管理,启动千岛湖农丰桑苗合作社、县丝绸学会、县蚕茧产业协会注销财产盘点,夏峰等20个茧站营业执照工商注销,税务注销工作,完善公司国有资产管理体制和监督机制。

【企业管理】 2022年,县茧丝绸公司加强茧站收烘内部管理,认真落实计划售茧和疫情防控措施,一春、二春蚕茧收购市场稳定有序,烘茧质量显著提高,"千岛湖"牌蚕茧畅销于市场。公司经营公开透明、公平"双赢",155吨干茧实现溢价总额2346万元;与县内2家丝厂的合作关系进一步融洽,让利吨丝茧本35万元,实现资源共享。下属桑园蚕业公司共购销蚕种2.294张,完成销售额164.1万元,推广桑树专用肥610.8吨,实现经营额145万元,推广落实蚕药及加温器、切桑机、方格蔟等蚕用物资10万余元,各项业务累计完成销售额320万元,实现安全生产、安全购销无事故,圆满完成目标任务,为蚕桑生产提供优质的物资服务;茧丝绸电商公司经营得到稳固发展,2月26日新安北路淳牌丝绸产品旗舰店开张,通过地推、报纸及电视台同步宣传,开展线上直播,直播间观看人数1万余人次,开业活动期间销售额超10万元;在养蚕季,开展"争当养蚕小能手"活动,免费提供蚕种及桑叶,蚕种发放218份,桑叶发放1083份,提高茧丝绸知名度;通过拓展电子商务,新增产品品种,新创宣传渠道,提升品牌价值;千岛湖农丰桑苗合作社采购(培育)优质新品种桑苗21万株。　(倪文进)

·国网浙江省电力有限公司淳安县供电公司·

【概况】 2022年,淳安县全社会用电量16.11亿千瓦时、比上年增长6.1%,售电量15.07亿千瓦时,增长6.4%;最高日负荷30.78万千瓦,增长7.9%;综合线损率3.2%,供电可靠率99.9958%、列全省第7;营业收入9.61亿元,利润340万元;电费回收率100%。用电户数24.75万户,增加0.88万户。

【安全保供】 2022年,国网浙江省电力有限公司淳安县供电公司(以下简称县供电公司)发挥涉电综合执法联动机制作用,开出第一张综合执法罚单,进一步提升林区涉电火险隐患整治机制。成功防御台风"轩岚诺""梅花",防汛防台实现影响最小。提前完成亚运场馆和亚运分村全部通电任务。完成中共二十大、千岛湖茶博览会等重大活动保电任务。全年安全生产保持总体平稳,基本实现年初提出的各项安全生产目标,保障全县经济发展和人民生活安全可靠供电。两个班组获评杭州市"青年安全生产示范岗"。至2022年年底,累计安全日达6343天。

【110千伏燕山输变电工程】 2022年12月14日,110千伏燕山输变电工程竣工投产。该工程于2021年3月25日开工建设,总投资7427万元,变电容量2×31500千伏安,线路长度3.67千米。

【35千伏下姜输变电工程】 2022年6月28日,35千伏下姜输变电工程竣工投产。该工程于2021年5月20日开工建设,总投资2881万元,变电容量2×10000千伏安,线路长度4.15千米。

【企业管理】 2022年,县供电公司全年提质增效2700万元,新增有效资产2.27亿元。完成公司原负责人离任审计工作。推进"经营安全合规"治理提升行动。获评浙江省AAA级"守合同重信用"企业。年度对标位列省公司第三集团前列,获得"卓越管理单位"称号。

【优质服务】 2022年,县供电公司坚持"人民电业为人民"的企业宗旨,成功举办"梦起下姜·电助共富"再出发行动推介发布会,落实"电助共富"八大举措,启动"电力关爱码"志愿服务共建项目,促成国网"慧农帮"和下姜村签约,助力增收135万元。构建新时代新农村新电力服务模式,推行"A+B+流动型"电力驿站服务,助力乡村办电一次都不跑。推动政府完善农村用电安全员管理办法,试点"电力表后报修"微应用,进一步提升表后服务品质。1个案例获评人民网"2022乡村振兴创新案例"。公司服务乡村振兴等工作得到省人大常委会副主任史济锡、市委常委马小秋等领导调研肯定。推进下姜"零碳"未来乡村建设,建成乡里中心屋顶光伏和15盏智慧路灯。推广"电e金服"供应链智慧金融服务,为中小微企业低息融资超1500万元。实行"欠费不停供""房屋租金减免"等优惠政策,帮助提振信心渡过难关。开展"电力助企大走访",走访先芯科技、千啤公司、康盛股份等10余家县重点企业,帮助解决千岛湖啤酒二期增容项目用电等问题9个。推动政府发布全市最优电力接入工程费用分担政策,实现企业外线接入"零成本"。投资1000万元,配合政府完成8个老旧小区电气化改造，提高百姓居住幸福感。投资600万元，配合政府开展全县配套污水工程，解决各乡镇污水治理用电需求。深化数智型“六好”供电所建设，公司年度供电所同业对标市公司第三，大市供电所获评市公司“2022年度卓越示范班组”，同业对标位列乡镇型供电所第一。

（朱伟杰）

·浙江千岛湖对外置业集团有限公司·

【概况】 2022年是浙江千岛湖对外置业集团有限公司（以下简称浙千置业集团）“项目建设年”，是智邦大厦建设关键之年，也是杭千智能制造中心建设起始之年。围绕经济指标、内部管理、项目建设、组织保障、反哺淳安等方面笃实奋进，做好“飞地”高质量发展，集团资产总额15.38亿元，实现营业收入2700万元，营业收入比上年增长17.1%；利润减亏14%；实现税收5.23亿元。

【内部管理】 2022年，浙千置业集团开展6次招聘，引入8名优秀人才，其中2名为双一流本科及以上学历，为工程项目及企业服务注入新专业力量，1名外派至淳安县驻北京招商联络处负责北京地区招商工作，充实壮大招商专班人员队伍。深入开展反腐倡廉全覆盖无盲区零容忍专项行动，完善制度抓落实，集中对人事类制度进行跟进完善，着重在工资体系、奖惩机制、劳动纪律等方面进行修改；开展检查点对点，组织内部管理制度知识考试，提高职工对制度的掌握和应用能力及按制度办事的良好氛围；承诺清廉进一线，与在建项目总承包方省建工纪委组建“清廉工地”联络机制，完善“三重一大”议事程序。

【运营管理】 2022年，浙千置业集团升级招商结构，研究确定首个飞地楼宇产业扶持政策，通过税收地方贡献梯度奖励，实行高额奖惩机制，鼓励企业激发动能、做大做强。改革招商体制，探索引进职业经理人，发挥“鲇鱼”效应，建立一支职业化、专业化、市场化、规范化的招商团队，促进飞地招商队伍整体提升。引入社会资本，对接市场做大营收，组建“杭州景越城市服务集团有限公司”，锚定“管理人员能上能下、员工能进能出、收入能增能减”目标，推广经理层成员任期制和契约化管理，推进市场化用工，开启组建公司“立足飞地、服务飞地、走向市场”新模式。

【千岛湖智谷大厦】 2022年，千岛湖智谷大厦数字经济加速集聚，入驻数字经济型企业21户，入驻面积1.95万平方米，出租使用率61.4%，收缴租金1148.6万元（未包含小微企业租金三免三减半551万元），收缴率88.4%。首个央企（中林集团）投资项目国林双碳管理（杭州）有限公司落户飞地。

【千岛湖智海大厦】 2022年，千岛湖智海大厦实现税收1.67亿元，新注册企业74家，新增实体入驻企业3家，共计出租面积2400平方米，产生年租金96.27万元。明浦物流园腾笼换鸟引进江苏新泉汽车饰件股份有限公司租赁3300平方米开展联合招商，持续推进新泉股份等优质项目落地。引进中宏科创有限公司，完成2万平方米租赁。

【政府投资项目】 2022年，千岛湖智邦大厦项目完成主体结顶，基本完成精装及幕墙安装工程，完成投资12348万元，完成年度任务的123%，累计支付各类工程款项9482万元，基本完成项目各部分实际成本测算。杭千智能制造中心完成全部桩基施工工程，工程围护桩工程和近70%的土方工程进度，全年实现固投入库1.2亿元。为实现创税需求，约定建设单位在飞地注册成立项目公司，该公司产生的税收归淳安所有。

【社会投资项目】 2022 年,博华食品项目完成主厂房主体结构二层,主体结构施工及部分装饰装修工程,100%完成年度目标任务,完成 6000 万元的固投考核目标。电商园项目进入扫尾阶段,年底竣工验收,全年实现固投入库 5000 余万元。与杭州师范大学合作共建 9000 平方米杭师大—淳安科技人才公寓项目(167 间),完成整体改造提升,解决飞地无人才公寓问题。

【反哺淳安】 2022 年,浙千置业集团实现助力消薄增收近 5100 万元,其中筹集淳安乡村振兴投资发展有限公司消薄资金近 5000 万元,确保全县 337 个村集体增加经营性收入;新增淳安县水库移民资金投资收益 108.17 万元,助力 131 个库区移民村集体消薄增收。

(邬智雯)

商务·贸易

·生态产业和商务局·

【概况】 2022年，淳安县实现工业增加值44.29亿元，比上年增长2.1%，其中规模以上工业增加值34.71亿元，增长5.5%。实现社会消费品零售总额94.04亿元，增长4.5%，全年呈现逐步回升态势，增幅居全市第9名、全省第37名、山区26县第12名。

【科技产业】 2022年，淳安县坚持“科技兴县”战略，打造全域科技创新生态系统，全面提升全县科技创新引领力、支撑力。全年实现规模以上工业高新技术产业增加值15.96亿元，增长14.5%，位居全市第一，高新产业增加值占规模以上工业增加值比重46%，比上年提高3.8个百分点。高新技术产业投资同比增长26.2%，高于全省平均3.3个百分点。组织全县科技型企业培育工程申报，共有27家企业申报国家高新技术企业，其中新认定14家，重新认定13家，专家评审通过26家，评审通过率96.3%。新认定“市雏鹰计划”企业3家，省科小38家，均为历史新高。杭州千鱼千寻科技有限公司运营的千鲟·杭千加速器新认定为杭州市级众创空间。

【科技助农】 2022年，县生态产业和商务局科技特派员工作有序开展。全县有省级团队3个，市级团队2个，县级团队1个，省级个人特派员8人，市级14人，县级9人；团队特派员加个人特派员共计91人。实施各级特派员项目37个，争取项目资金280万元。与浙江农林大学合作，打造“大下姜”多维联动帮扶模式，与“大下姜”签署“千岛湖·大下姜”乡村振兴战略合作协议，制定服务“大下姜”乡村振兴“155”工作方案，以人才项目联建、联培、联育，促进柔性引才，助力“大下姜”走好乡村振兴与共同富裕新路子，全力打造山区县共富先行样板。加强科技引才、育才工作，杭州远算科技有限公司的“基于超算架构的国产CAE仿真工业软件体系”团队成功申报杭州市“西湖明珠工程”领军型创业团队。

【产业招商】 2022年，淳安县下发《关于进一步加强招商引资工作的实施意见》《淳安县重点产业招大引强工作方案》等文件，精准布局以经济开发区、高铁新区、西南片区、淳北片区等十大产业联合发展新空间。构建“4+1”深绿产业新体系，做强健康水业、做精全域旅游、做活普惠林业、做优现代农业，抢跑生态敏感产业新赛道。选调24名优秀干部充实到招商一线，组建一体化招商专班，构建协同联动的“1+2+7+N”四位一体招商体系，即1个领导小组、2个驻外招商片区、7个产业招商组以及N个乡镇（平台、国企），全面统筹项目谋划、招引、落地、保障，做到方向统一、节奏统一、步调统一。围绕水饮料重点产业，实施数字化改革，推动健康水饮数智平台建设，打造“一平台四中心”和健康水饮产业创新服务综合体。依托淳安优势资源，先后落地农夫山泉坪山工厂、淳宇精密制造、千岛湖威士忌等亿元以上项目,“依托一流生态,打造百亿水产业”还被确定为杭州市争当浙江高质量发展建设共同富裕示范区城市范例最佳实践(第一批),与中国林业集团合作的国林双碳项目成功招引落地千岛湖智谷大厦。借助各类主题峰会,充分发挥人才引领生态特区建设作用,吸纳包括19名两院院士在内的119位国内外知名专家加盟“千岛湖智库”,支持内容涉及生态环保、文化旅游、医药健康、经济金融、数字智能、生态农业、生态水业等众多领域。不断加快“两山”高层次人才集聚区建设,成功引进中科院声学研究所新安江实验场、中科院南京地湖所等38家科研机构和专家工作站室入驻集聚区,实现人才与产业相互融合,促进人才经济转化。积极推动制造业数字化转型。组织实施“蓝色天使化妆品生产全过程数字化改造攻关项目”等6个市级数字化改造攻关项目,浙江先芯科技有限公司被认定为杭州市“未来工厂”——数字化车间。推荐杭州千岛湖啤酒有限公司为市级制造业“云上企业”培育库企业。推荐“远算工业仿真创新研发云平台”为2022年度省级工业互联网平台。

【市场保供】 2022年,县生态产业和商务局对生活必需品市场供需变化进行科学研判,引导流通企业加强与生产企业、供应商的对接,建立稳定可靠的产销合作关系。监测相关企业生活必需品供应的有关数据,掌握市场供给、销量及价格。制定《疫情防控生活必需品保供预案》,指导商贸企业设计保供套餐,配合做好社区封控演练。落实入淳通行证、全省通行证、杭州农副产品交易中心通行证的审核办理工作,保障生活物资物流畅通,确保突发情况生活必需品不脱销、不断档,坚决杜绝哄抢囤货和价格异常现象。加强对隔离酒店、入淳高速卡口、常态化核酸检测点的生活物资保障。

【开展两稳一促工作】 2022年,县生态产业和商务局落实重点外贸企业联动服务机制,定期上门走访或组织交流座谈,给予重点企业重点关心,加大对接服务力度,缓解企业展会、物流、出入境、信保、融资等方面难题;积极发展贸易新业态,会同阿里巴巴团队开展跨境电商培训,助推传统外贸企业加快转型升级步伐,有多家企业新开立了阿里国际站店铺;加速扶持政策兑现进度,畅通各道环节能兑即兑,共计兑现外经贸扶持资金355.21万元。促进消费恢复的举措接连出台,零售、餐饮、旅游、运输等特困行业纾困政策陆续落地,随着退税、减税、降费等促消费、稳增长政策加码,全面强化政策实施力度,进行配套支持。研究出台消费券政策,刺激汽车等大宗商品消费,重点帮扶限上社零主体,共安排财政资金1400万元。

【促消费活动】 2022年,县生态产业和商务局引导商业街、综合体全方位、立体式、多元化开展促消费活动,陆续开展淳享夏日消费节、千岛湖啤酒畅饮节、第四届“骑龙有戏”非遗纳凉月等近30场促消费活动,共计发放汽车、家电、综合体、文旅等消费券价值1662.5万元,核销1332.6万元,拉动消费2.95亿元。在促销政策、消费红包等举措推动下,居民就地消费热情提高,消费市场活力初步显现。

【助推餐饮业发展】 2022年9月,淳安县成立推进餐饮产业发展工作领导小组,由县领导任组长,县政府办、县委宣传部等部门负责人任成员;领导小组下设烹饪技术创新、食材供应链保障、餐饮文化推广和餐饮行业自律4个委员会,进一步加快推进全县餐饮产业健康有序发展。10月,完成淳安县千岛湖餐饮行业协会换届工作，选优配齐协会班子，陆续组织开展考察学习、技艺交流、烹饪大赛、美食评选等活动，充分发挥协会桥梁纽带作用。

【农村电商】 2022年，根据省商务厅公布的网络零售额情况，全县实现网络零售额95.3亿元，比上年增长12.2%。千岛湖镇被认定为淘宝镇；千岛湖镇马路村、前坞村、云村村，临岐镇望溪社区，枫树岭镇下姜村被认定为浙江省电商专业村；千岛湖镇成功创建为浙江省数字生活新服务特色镇。

【粮食和应急物资保供】 2022年，县生态产业和商务局扎实推进粮食安全党政同责，落实党委、政府“三张清单”，首次签订县、乡镇级别《粮食安全责任书》，形成层层有责任、级级抓粮安的工作局面；圆满完成年度储粮规模、轮换任务、订单收购等工作，县级储备粮规模达2.9万吨，晚稻占比40.9%，全年收购稻谷3054.08吨；严格按照规范程序，全力做好防疫物资供给保障，累计采购应急和后勤物资350余万元，配发物资折合约3.3万件，回收物资4400余件；强化粮油猪肉保供，足额落实冻猪肉储备150吨，全县粮食应急加工能力由180吨/日提升至200吨/日，应急运输能力达300吨/日，共设26个粮食应急供应网点，省外粮源基地达1000公顷；进一步巩固粮食购销领域腐败专项整治成果，通过七张问题清单整改提质扩面，形成市县联动、部门协作，事前、事中、事后监管三者结合的监管机制。 （李　达）

·县对外合作和投资促进局·

【概况】 2022年，县对外合作和投资促进局围绕打造淳安深绿发展新蓝海，浙江共同富裕示范点的飞地总体定位，加快空间拓展，强化招商引领，抢抓项目进度，推动反哺本域，脚踏实地抓落实，持续做大做强异地高质量发展平台。在物理空间形式上，形成了“有楼宇、有园区、有土地”的发展框架；在飞地产业培育上，形成了“有税收、有企业、有机制”的发展内核。至年底，飞地有楼宇20万平方米、6.7公顷工业制造园区、26.33公顷已出让社会投资项目以及5平方千米共富飞地，入驻了一批央企平台、数字经济、工业制造等高质量代表性企业，打造了租税亿元楼宇，工业板块蓄势待发，起到为淳安经济发展数据补短作用，为浙江省共同富裕示范区建设模式做了有效探索。

【空间拓展】 2022年，飞地新空间版图不断拓展。6月，签订上城—淳安“区县协作共富飞地”相关合作协议，实现主城区飞地拓展的又一新突破。钱塘区块的飞地在原有2平方千米(净地100公顷)基础上，于9月新增5.2平方千米成建制可开发面积280公顷的钱塘—淳安“共富产业飞地”，为飞地未来发展提供强有力的空间要素保障。同时，成功申报省级山海协作产业飞地。

【招商引资】 2022年，县对外合作和投资促进局根据智谷、智海、智邦、智能制造中心等区块的产业定位招大引强，全年完成项目入库9个，新增实际投资额2.26亿元，实现税收5.28亿元。国林双碳管理(杭州)有限公司落户智谷大厦，这是中林集团在浙江最大投资项目；总投资约100亿元的中宏科创项目完成战略合作协议签订。

【招才引智】 2022年，飞地坚持以“智”引领，着力打造淳安人才高地。国家高性能计算中心浙江分中心落户飞地，淳安县首个市级院士工作站(陈国良院士)挂牌；千鲟·杭千加速器被评定为杭州市市级创业空间；共有稳定人才1043人，研究生200人，博士11

人,杭州市高层次E类人才2人,杭州市高层次D类人才1人,杭州市“521”人才2人。

【产业培育】 2022年,飞地加快产业培育,全年实现服务业营业收入25.4亿元,增长125.5%。研发投入8065.3万元。完成国高企业申报2家,省科小企业申报3家,杭州市“雏鹰计划”企业认定2家(慧点物联、与辉科技)。兑现各类奖补政策33家、2786.69万元。

【项目建设】 2022年,飞地统筹推进工程项目建设,全年新增固定资产投资3.52亿元,完成年度目标的117%。政府投资项目:千岛湖智邦大厦8月结顶;杭千智能制造中心开工,并入选全省稳进提质集中开工项目。社会投资项目:博华食品项目完成主体结构及部分装修。启昊电商产业园项目完成竣工验收。

【反哺淳安】 2022年,飞地持续反哺本域,完成淳安县内生态公益林、市级联乡结村帮扶资金、移民资金投资收益提取5058.87万元,助力淳安农村和移民群体消薄增收。与西湖区党群部门联合举办“党群协作促共富”直播,拓宽千岛湖农产品销售渠道。

(徐　沛)

·县烟草专卖局·

【概况】 2022年,县烟草专卖局围绕“生态培基”定位和“1116”工作思路,认真贯彻落实省、市局各项决策部署,各项工作有序推进,“一县一品”展现别样风采。全年销售卷烟1.67万箱,比上年增长3.7%;销售额8.62亿元,同比增长6.5%;单箱结构5.14万元,增长2.7%。查处案件205起,减少15.6%;查获各类违法卷烟1.47万条,增长34.6%;办结国标网络案1起。

【业务经营】 2022年,县烟草专卖局完善终端建升降退管控机制,累计建成现代终端595家,占比24.56%,加盟终端40家,占比1.7%。“香溢通”安装使用占比33.4%,双屏机覆盖面21.4%。因地制宜、因店制宜改造农网终端,“一对一”开展终端维护、盈利分析等经营指导,增强农网客户数据活力,做实“富脑袋”“富口袋”文章。

【市场监管】 2022年,县烟草专卖局打假破网再创新绩,紧盯“新奇特大”案件,首次破获涉毒电子烟网络案。全年追刑51人,创历史新高。市场监管成效显著,紧盯重点区域、重点路段、重点时段,查办“双五”以上案件15起,比上年增长55.6%。着力治理真烟异流,查办无证运输案件47起。持续推进校园周边零售户清理工作,共计清退47户。电子烟监管开始实施,针对重点场所进行集中整治,全面贯彻电子烟管理新要求,开展KTV、酒吧、网吧等娱乐场所涉毒电子烟专项检查,出动执法检查60余人次。

【依法行政】 2022年,县烟草专卖局办理行政许可事项838件,网上办证率100%,群众满意率100%。在新版零售点布局管理规定出台后,持续推进中小学校100米、幼儿园50米范围内零售户清理工作。

【基础管理】 2022年,县烟草专卖局与安徽黄山市黄山区烟草专卖局,山西太原市晋源区、清徐县烟草专卖局开展对标结对共建,建立健全常态化线上线下沟通联系,在比学赶超中共同提升经营管理水平。积极参与数据产品、QC创新、学术论文等活动,推进QC课题3个,撰写学术论文3篇。数智工场团队推出的数据产品荣获地区“最受欢迎流程引擎”称号，专卖条线“行政处罚案件预审机制的创建”课题获得市优秀质量管理小组二等奖。

【队伍建设】 2022年，县烟草专卖局牢固树立重实干、重实绩、重担当的鲜明导向，优化干部队伍结构，严格落实干部选拔任用规定，大力选拔敢于负责、勇于担当、善于作为、实绩突出的干部。选拔中层副职3人，基层正职1人，基层副职1人。开展“三化三型”所队部建设，依托启星工作室、数智工场等扁平化组织，锤炼数字尖兵，营造数字化转型浓厚氛围。

【社会责任】 2022年，县烟草专卖局探索推进“淳山秀水 助农共富”特色发展课题，主动融入乡村振兴新征程。加强消费帮扶，推动30余种淳安农产品入驻“香溢农选”，开设“香溢汇”助农直播，帮助农产品走出大山、走进城市，全面助力共同富裕。新建“香溢红色驿站”21家，累计服务2800余人次，描绘“党旗红+烟草绿”的亮丽风景线。开展“精实助学”行动，惠及25名家庭经济困难的大学新生。 （洪晨宇）

交通运输·邮政

·交通运输·

【概况】 2022年,县交通运输局结合生态功能区和共富示范区建设,以中共二十大精神宣传贯彻为主线,以平安交通和清廉交通为抓手,集中抓好一批牵一发动全身的重点工作,推动交通高质量发展取得新成效。

【保障亚运】 2022年,县交通运输局坚持"节俭办赛"原则,完成客户交通、物流服务商遴选以及山地自行车测试赛的运输保障工作,建立亚运接驳专线、出租保点运输服务以及免费乘车政策、交通应急预案等专项方案。支持公路水路运输企业纾困发展,兑现疫情专项补助160.1万元。

【交通设施建设】 2022年,淳安县完成交通建设投资7.06亿元,占年度投资计划的95%。7月,国家发改委和交通运输部正式发布《国家公路网规划(2022—2035年)》,杭淳开高速公路列入其中;协助省交投集团做好初步勘察设计等相关工作。文昌至富文连接线工程开展初步设计编制;330国道进贤湾至丰茂连接线绿道工程完成初步设计审查;潭唐公路临岐村段改建工程等项目完成工可编制。330国道千岛湖大桥至临岐段改建工程完成形象进度66%,330国道千岛湖大桥至临岐段配套工程完成形象进度38%,里商乡郎范村与石林镇西岭村景区村道联网工程完成形象进度85%。提前建成302省道至文昌段路面大中修、亚运自行车赛道沿线绿化景观及节点提升等项目;加快中洲镇叶村至开化县麻坞村(一期)工程、大墅镇殊塘至枫树岭衍昌公路联网工程等建设。完成农村公路大中修工程、农村联网公路和危旧桥梁维修改造工程等项目。

【民生实事】 2022年,县交通运输局进一步优化城市公交线路,新改造城市之星(两侧)、半岛酒店3处公交站点,开通珍珠半岛至第二幼儿园求知专线。进一步优化城乡客运班线,完成千岛湖镇至汾口(淳杨线、淳开线)、威坪、文昌以及威坪至唐村、河村6条客运班线改造提升,新开1条姜家至石塘自然村的客运班线。进一步持续实施老年人、残疾人、军人、教师乘车优待政策,城乡公共客运优待人群271万人次。完成城乡公共客运国有化收购调研,筹备交通运输一体化示范县创建工作。

【数字化建设】 2022年,县交通运输局加快重大场景贯通应用,启动"浙路致富"系统20项基础数据录入,完成"浙里畅行"高速视频数据归集,"浙运安"危、客、货企业信息并轨。加快智慧交通平台推广运用,深化"最多跑一次"改革,累计受理审批和备案事项2287件;建立审管平台联动机制,针对审批前勘验与处罚后信息,在交通窗口与交通执法间实现信息共享;创新桥梁健康监测系统,淳开线小金山大桥实现全天候、全方位健康监测。

【行业管理】 2022年,县交通运输局强化碳达峰碳中和落地,坚决打赢蓝天保卫战,更新10辆新能源电动公交车,规模以上货运企业申请碳效码实现覆盖;开展汽车维修企业大气污染、危废回收和污水零直排治理,完成21家维修企业水性漆改造任务。强化行业安全源头管理,推进"两客一危一货"专项治理,依法查处案件12起,提前完成卧铺客车和57座以上客车"清零"任务;开展普货整治,注销不达标货运企业316家;结合平安交通强化年和"除险保安"行动,完成11处省、市级道路隐患点治理。

【专项整治】 2022年,县交通运输局扎实开展"美丽杭州"创建,拆除非公路标牌315块,整治马路市场93处;开展"迎亚运、保公路"治超治限专项整治,查处超限超载案件321起,卸载超载货物8760吨;加大旅游目的地环境整治,依法查处"黑企业""黑站点""黑车"8个(辆)。

【淳安邮政管理局成立】 2022年9月29日,淳安邮政管理局正式成立。淳安邮政管理局成立后,全面履行贯彻执行国家邮政法律法规、方针政策和邮政服务标准,研究拟订全县邮政发展规划,监督管理全县邮政市场、邮政普遍服务和机要通信等特殊服务的实施,负责行业安全生产监管、统计等工作,保障邮政通信与信息安全等职责,在畅农销、兴共富上,加快打造多层级、立体化的农村物流服务体系,大力提升客货邮融合发展、快递进村服务水平,建好建强"共富驿站",打通农村寄递物流"最初一公里"和"最后一公里",开创淳安邮政事业发展新局面。

(王利斌 余 笔)

·邮政·

【概况】 2022年,县邮政分公司狠抓工作落实,经营发展稳步推进,经营质效明显提升,在服务当地群众、助力当地发展工作中都取得喜人的成绩,企业改革发展取得明显成效。实现收入6336万元。千岛湖品牌农产品馆党支部被市邮政分公司党委授予"党支部建设示范点"荣誉称号。党员方红祥被授予"杭州市优秀共产党员"荣誉称号,2名党员被授予"党员先锋岗"荣誉称号。

【党建工作】 2022年,县邮政分公司始终坚持党建引领服务中心工作,始终把党的政治建设摆在首位,深入开展中共二十大精神系列宣讲活动,深刻领悟"两个确立"的决定性意义,增强"四个意识"、坚定"四个自信"、做到"两个维护"。坚持推进党委会第一议题制,认真落实"三个第一时间"学习机制。认真贯彻落实意识形态工作责任制,召开两次专题党委会议研究意识形态工作。加大优秀年轻党务干部培养使用力度,先后选拔3名优秀年轻党员为工会女职委主任和支部书记。

【党风廉政建设】 2022年,县邮政分公司切实履行党风廉政建设"一岗双责",坚持把纪律挺在前面,全力推进纪检工作有序开展。持续推进集团公司巡视对照整改、省分公司巡察整改"后半篇文章"和市分公司巡察"回头看"工作。全年召开4次巡察整改专题党委会、1次巡察整改季度例会。通过一年的边察边改边销号,53项具体问题整改措施已完成51项,其余纳入常态化全面整改清单,持续落实整改工作要求。

【普遍服务和特殊服务】 2022年,县邮政分公司全面完成各项服务质量管控指标,全年网点营业时长率100%,四项业务加办率100%,在2022年度全省邮政服务质量争先创优劳动竞赛活动中,淳安县分公司团队被评为"2022年度普遍服务工作先进团队"。根据网点服务形象标准和省分公司要求,对34个普服网点进行全面升级改造,包括网络升级为光纤、硬件设施更换、营业台席物理隔离、店招更新改造等。高度重视机要通信工作,严格按照"两个规范"要求,对机要室防盗门、台席等进行升级改造,严把收寄、投递关,确保机要通信服务质量优质高效,全年未发生机要邮件失密丢损情况。

【金融业务】 2022年年末,县邮政分公司储蓄余额为21.9亿元,年增2.84亿元,同比多增9612万元,其中价值定期同比多增7921万元,为近年来最佳。余额结构方面,实现三年期有效转化,三年期占比4%,同比压降1.7%,业务效益明显改善。二、三季度保险追产补产成效显著,全年实现标保9607.3万元,顺利完成收入目标。在全省首个达成个人养老金业务目标,并在全省首个开办商户结算贷业务。在"红五月"信用卡营销项目中,是全市首个达成新客及进件目标的单位;结合烟草配送资源优势,引荐烟草经销商申请烟草贷,于全市首个达成目标;开门红健康险、快捷绑卡指标均为全市首个达成。

【寄递业务】 2022年,县邮政分公司完成寄递收入1059万元,完成年计划的110%,增长70%。坚持寄递安全和疫情防控两手抓两手硬,在省委政法委及市分公司的安全工作检查中,均获得肯定。分公司特快、快包业务发展均有显著提升。依托杭州同城网,积极开展同城特快寄递,实现活鱼寄递业务从无到有新突破;快包业务量质并举,狠抓存量客户维护提升和新客"拓客劲增",全年实现业务收入416万元,完成年计划的104%,比上年增长63.7%。推动理赔流程改革,成立包裹快递业务理赔领导小组及工作小组,并制定《淳安县分公司包裹快递业务理赔办法》,进一步优化客户理赔体验,降低管理风险,助力包裹快递类业务更好更快发展。邮费代扣工作稳步推进。主动抓好客户维护工作,协同金融业务部为客户提供上门开卡、账户维护服务,邮费代扣共计签约客户65户,开办率75%。

【电商业务】 2022年,县邮政分公司以惠农合作项目为抓手,突出"四大牵引"作用,全面聚焦"村、社、户、企、店"五大客群,服务乡村振兴工作取得阶段性成果。强化销售牵引。线上用好邮乐网、微商城、淘宝等电商平台,线下密集参加农博会、电博会,走进各大机关部委食堂。千岛湖品牌农产品馆累计实现自身销售及带动本地农产品销售超亿元,为邮政服务乡村振兴工作打造出"淳安方式"。强化寄递牵引。以农品馆为切入点,抓住杭州市分公司组建同城网的机遇,积极配套农产品寄递服务,仅在支付宝"百县百品"浙江山区26县助农专场活动中,就收寄3.3万件。

【传统业务】 2022年,县邮政分公司集邮与文化传媒部累计完成函件收入131万元,其中新媒体收入56万元,完成率列全市第一;集邮业务、报刊业务均完成市分公司制定的收入计划;2023年度报刊大收订实现流转额1171.2万元,完成计划的100.5%。分公司通过各专业协同,成功销售政务图书3.2万册,实现业务收入253万元,获2022年政务图书营销项目"销量季军"。

【关心关爱员工】 2022年，县邮政分公司继续秉持着以员工为本的服务理念，围绕员工生产生活开展了一系列富有特色的工会活动。为14名会员申请住院补助款合计5.73万元；开展“绿动春日 喜迎亚运”三八女职工主题活动；组织员工参加迎国庆厨艺大赛；发动工会员工参加集团工会组织的“全民云上跳绳”比赛，2名员工获个人奖，淳安邮政工会获集体奖；组织员工参加体检；对退休员工进行春节、重阳节等节日慰问，全年发放慰问金17.99万元。 （陶 琳）

通　信

·中国电信股份有限公司淳安分公司·

【概况】 2022年,中国电信股份有限公司淳安分公司(以下简称电信淳安分公司)坚持以习近平新时代中国特色社会主义思想为指导,认真学习贯彻中共二十大精神,切实履行建设网络强国和数字中国、维护网信安全的主力军职责,围绕省公司“143”工作主线,踔厉奋发,勇毅前行,扎实推进企业高质量发展行稳致远,企业经营取得良好成效。至2022年年底,有合同制员工104人、联营站员工2人,代管外包人员159人(含个代人员),下设4个部门、3个中心、10个支局。移动用户年累计净增6911户,出账用户9.3万户,其中融合主卡用户3.09万户,融合169及以上用户9998户;宽带用户净增3544户,累计达6.39万户。码号收入完成7810.5万元,完成率98.1%,增长2.9%;主营收入完成9869.7万元,预算完成率98.1%,增长8.4%。

【强基深耕】 2022年,电信淳安分公司落实深化三项制度改革,明确对中层干部、承包团队负责人的末位淘汰办法,推进部门市场化,重新明确部门岗位绩效标准,打破绩效系数体系,实行人岗匹配、易岗易薪,实现管理下沉、人员前置,激发部门员工工作积极性,楼内人共下沉5人。制订触点人员扩军计划,全年支局招聘个代员工81人,淘汰62人,建立导师制,加快传帮带;12月,成立“数字乡村拓展中心”承包团队,跟踪政府信息化项目,拓展数字乡村建设,提升产数业务规模。

【网络运营能力提升】 2022年,电信淳安分公司开通4G L网69个站点、109个小区,5G开通146个站点,AAU数量321个,5G替换开通50个AAU。城域网出口带宽扩容40G达到240G。开通14套980C和2套980B承载5G业务(其中10套政企专用980C),支撑5G建设和5G BBU机房堆叠回迁。完成集团政企MSOTN网络扩容建设勘点设计及开通上线,完成4套亚运专网OTN设备建设及入网,根据建设时序做好亚运场馆设备建设,新建16个1800V OTN接入环(挂汾口8个,挂千岛湖8个)。亚运村AGIS汇聚交换机开通上线。完成新型城域网设备CX600—X8硬件安装及上电单站调测。开通里商S9306汇聚交换机。继续优化OLT布局建设,新建扩容XGPON设备开通40套扩容建设82块,基本完成XGPON薄覆盖,重点城区深入全覆盖,GPON割接成XGPON千兆小区,支撑FTTR前端业务发展。完成38个政企客户点位FTTB设备开通。

【亚运专项】 2022年,电信淳安分公司在亚运方面新立项目10个,其中,线路项目7个、管道项目2个、机房扩建项目1个。立项金额861.76万元。所有项目基本完成施工。因临建场馆未建设,至场馆内的主干光缆待场馆建设到位后立项实施，完成两个亚运赛道整治项目、界首体育中心500路公安监控项目、亚运赛场管道增补工程。开通亚运分村地中海酒店（亚运接待酒店）室分4/5G，亚运分村开通8个4/5G站点。亚运村有线接入机房、信息机房所有设备安装到位并上电开通。界首体育中心至杭州28条传输电路全部调通。亚运村信息机房一组AGIS专网设备已开通，具备亚运专网业务开通能力。

【助推乡村振兴】　2022年，电信淳安分公司全面推进以人民为中心的发展理念，积极开展乡村振兴工作。持续推进“提速降费”惠民举措，开展保号服务、惠民购机等活动，全年通过查看比算，发展保号用户1003户，为异网用户节省通信消费；全年受理支付宝分期业务684户，为用户送上购机补贴。信息化助推乡村振兴战略，为农村区域共开通4G基站42个，5G基站建设132个，推动淳安农村区域“同网同速”网络优化；为镜洪村落实公益捐赠款5万元，产业扶贫销售茶叶94千克、菜籽油5000千克，通过代销农产品，助力镜洪村消薄增收22万元。

【社会渠道建设】　2022年，电信淳安分公司积极开展强渠攻坚活动，全力推进异网合作快电门店建设，累计建有网点45家，其中，核心厅1家，支局厅8家，社区厅3家，合作卖场7家，快电合作26家；新建快店6家。实现高效网点占比50%，新建门店有销转化率达到100%。推进门店运营优质提升，提升门店存活率，帮扶负效益门店转化，现有门店有销网点占比达到100%。社会渠道积极开展有组织现场营销30余场次。

【宽带与千兆业务发展】　2022年，电信淳安分公司通过宽带回家、小区攻坚、整村推进，宽带包区责任制等动作，强化宽带发展，压降宽带流失，累计发展宽带用户9376户。通过加强有效性管控、主动营销培训，开展周周PK赛、融合拉新攻坚战等活动推动存量提千兆业务，强化用户感知，做到有宽必有W，千兆Wi-Fi 6加载率达60%。在政企渠道发展上，持续开展各类进企业、进楼宇、进市场、扫街区等现场营销活动，2022年千兆渗透率提升5pp。至2022年年底，存量宽带用户到达6.31万户，千兆净增4750户。

【移动业务发展】　2022年，电信淳安分公司移动业务在实践营销上，积极组织“三开”营销、“红五月”、国庆中秋营销、返乡营销、小区爆破攻坚等营销活动，通过活动，发展C网用户1.93万户。在政企渠道发展上，“战狼行动”累计发展C网用户787户；完成团购大单34单，拉动C网主卡新增1184户。在电子渠道发展上，通过开展外呼营销、交叉营销，新增C网用户313户。

【基础服务水平提升】　2022年，电信淳安分公司进一步优化和完善四大触点服务质量考核办法，有效开展服务稽查，加强服务质量动态管控，全年较好地开展总经理接待日、公司领导进一线等活动。提升服务触点满意率执行，政企客户经理即时测评满意率月均达到99.4%，商客B及以上客户有效走访率完成97%，要客服务率99%。宽带（装、维）即时测评满意率月均达到100%，装维参评率由年初的50%以下，提升到年末的60%以上。C网VIP客户即时测评满意率月均达到98.7%，营业厅即时测评满意率月均达到99.9%。在客户积分兑换上，取得较好成绩。至2022年年底，客户积分参与率达37.1%、积分兑换自有业务达47.7%。在营业厅服务上，坚持开展营业店长例会制度，加强业务知识和服务技能的学习培训，构建有效管理机制促进营业人才梯队，多次送培营业骨干参加储备店长能力培训,积极开展营业员星级评定工作,全年营业员获评星级营业员荣誉称号41人次,其中AAAA级岗位明星3人次、AAA级岗位明星38人次。相继参加杭州分公司第三届“工匠杯”暨“营业杆标厅”团体赛,两家营业厅6次获得市公司免检厅荣誉称号。

【政企改革】 2022年,电信淳安分公司深化政企改革2.0,通过优架构、强队伍、提能力三方面接应落实省市公司云中台战略。优架构:DICT中心明确由政企部归口管理,设置专人负责全公司项目管理对接市公司PMO,网络部新设政企客户支撑中心;强队伍:优化产数队伍,通过竞聘选拔出政企客户支撑中心主任和智云护航中心承包人,人员扩充至22人,包括PMO 1人、DICT中心6人、政企客户支撑中心9人、智云护航中心6人;提能力:政企支撑中心强化技能岗位认证,其中1人获得PMP、华为hcip、系统集成管理工程师等证书,智云护航中心针对具备自施工条件项目要求由智云护航中心自施工完成,做到可自建不外包。

【产业数字化业务】 2022年,电信淳安分公司产业数字化收入达1798万元,增长23.3%。云业务重点发展政府、医疗等行业,累计发展VCPU核数2115核,云业务收入达1366万元。积极拓展政企重大项目,中标项目包括文昌镇文屏村数字乡村建设项目,县公安局执法单警装备建设采购项目,县教育局汾口、姜家、大墅片及部分城区学校智安校园项目,下姜村数字乡村样板村项目等,协议金额达2600余万元。参与智慧小区、数字乡村、智慧医疗、智慧校园及公安村级监控等建设项目。

【党建工作】 2022年,电信淳安分公司党委领学示范,带头宣讲,履行主体责任,专题研究贯彻落实议题64项,加强统筹督办,纪委定期开展监督,清单式推进21项重点工作落实落细。围绕服务保障中共二十大、安全生产重大隐患、政企客户预存款管理、应收账款管控和个代费用使用管理等开展监督。完善优化支部结构,综合部门与支局建立纵向联合党支部;开展党建片区联盟,加强横向学习互鉴。设立“第一政委”,优化调整党建指导员,做实党建指导员“521”工作法,推动党建工作“向下向前向一线”。持续创建支部品牌;推进书记工作室项目攻坚;开展我为一线解难题专题党建赋能活动;创建镜洪村党建翼联基地。 (王小元)

·中国移动通信有限公司淳安分公司·

【概况】 2022年,中国移动通信集团浙江有限公司淳安分公司(以下简称移动淳安分公司)内设综合部、市场部、政企部、网络部4个部门,千岛湖、汾口、大市、威坪、高铁5个分局,有自办营业厅7家,员工88人。全年通信服务收入2.1亿元,通话用户达到25.6万户,通话市场份额占67.2%,全年有线宽带客户达到7.5万户,稳居淳安县第一大有线宽带运营商。公司获评“浙江公司第二批高质量党建示范点”“市直机关五星基层党组织”“杭州市工人先锋号”等荣誉称号。

【网络通信能力提升】 2022年,移动淳安分公司逐步推进网络覆盖建设。聚焦“双千兆”网络建设,结合淳安民生热点问题,全力推进5G网络覆盖,补盲优化4G网络,提升网络质量。全年开通392个5G站点,实现千岛湖主城区、AAAAA级景区、乡镇中心和环湖沿线5G全覆盖。持续优化4G网络,新建开通66个4G站点和3个GSM1800站点,有效降低无线的重复投诉率。进行机房网格业务优化调整。完成高价值小区千兆PON口升级,助力打造千兆小区建设，实现全县范围全光网络覆盖，有效助力家宽和政企新业务发展。

【运营支撑能力提升】 2022年，移动淳安分公司强化驻地网弱漏覆盖补盲。聚焦驻地网装机困难区域，全年完成13.1期家宽42个单项，新增信息点数2480；13.4期家宽115个单项，新增信息点数4395。实现建制村覆盖率96%以上，户籍覆盖率95%以上。完成六合浅山、东润紫园、半岛印象、岭山华庭、玲珑湾的新区交付。完成湖坑、淳果小镇、汪村娄底、枫树岭横山庙、宋村农居点的覆盖。全力攻坚专项建设项目，落实线路修缮迁改。全力配合政府完成新北社区老旧小区改造，改变老旧小区线乱拉面貌，美化居民生活环境。积极配合政府创建全国文明城市工作，对主城区线路进行序化工作。配合亚运办完成"最后一公里"线路迁改工作，提升网络稳定性，保障亚运会顺利进行。

【信息化项目应用】 2022年，移动淳安分公司依托数字化改革发展契机，多业务融合助力政府数字化改革。聚集淳安"智安校园""智慧环保""智慧小区""智慧旅游""乡村振兴"等相关领域，持续做好信息服务支撑工作。参与县教育局智安校园建设，涉及72所学校县级安全管理平台和校级智安校园系统建设，全力筑牢校园安全稳定的坚实屏障；打造智慧环保数字化治理新模式，参与县环保局生活污水处理设施视频监控租赁采购项目，助力提升政府环境治理效率；参与老旧特韵小区综合改造项目，涉及千岛湖镇22个小区综合改造，主要包含车辆出入管理系统、视频监控系统、综合管线系统、机房设施系统、智慧社区管理平台，实现社区全面管理与服务；助力开启5G智慧旅游新模式，依托5G网络技术实现多对一互动控制和特色光影效果，同时岛上设备组成5G专网，保障岛上数据安全。通过与千岛湖旅游集团联合参赛，千岛湖"月光之恋"5G+光影艺术应用项目获全国第五届"绽放杯"总决赛三等奖，为景区带来新流量；开展乡村治理智能化建设工作，参与数字乡村样板村富文村、青田村、源塘村数字乡村项目。建设市级乡村1个、县级乡村2个，从数字基建、数字产业、数字服务、数字治理、数字生活五个方面出发，助力乡村振兴。

【党建工作】 2022年，移动淳安分公司深入贯彻学习习近平新时代中国特色社会主义思想和中共二十大精神，匠心打造"千岛逐梦"支部品牌建设，通过五大工程、三步三营、党建"1+N"等特色组合拳，深化党业融合，强化党建引领。面向群众，建立书记、支委结对制度和亲情网格谈心谈话制度，开展亲情网格谈心谈话工作，广泛征求意见，并实现100%解决，切实满足员工诉求，强化感知。开展逐梦营、筑梦营、铸梦营活动。设立逐梦营，建立青年员工"逐梦讲堂"平台，启动"逐梦计划"开展相关活动，落实"师徒结对"。举办筑梦营，开展四个先行之老党员先行座谈会，感恩老员工辛勤付出。打造铸梦营，开展"学习中共二十大精神"系列活动，支部党建指导员开展网格宣讲中共二十大精神。打造"以声逐梦"计划，深化党建宣传，通过强化"千岛逐梦"品牌宣传，充分发挥"党员干部加油干"的精神，发挥党员先锋作用，加强党员队伍建设，扩大支部影响力。精细拍摄《扬"一流"鸿鹄之志　逐"先锋"扬帆远航之梦》党课视频于内部浙移先锋平台展播宣传，打造清廉之声，拍摄《龙山岛清风小剧场》视频，积极输出支部案例成果。

【组织管理】 2022年，移动淳安分公司秉承"快乐工作　幸福生活"原则，围绕为员工减压、为员工服务、为员工赋能，倾听员工声音，找准员工需求,精准创新,进一步增强广大员工归属感、获得感和幸福感。为员工减压,成立曼陀罗解压绘画俱乐部,开展多次团辅活动,帮助员工调整情绪、缓解压力。为员工服务,健康关爱常态化,开展冬病夏治“三伏贴”上门诊疗活动,惠及50余位员工。成立逐梦跑团俱乐部,强健员工体魄,培养运动兴趣。开设子女暑托班、亲子教育课程,解决员工带娃问题。为员工赋能,公司内训师牵头开展分享会,优秀员工季度表彰,优秀人物经验分享,筑牢人才发展高地。

【社会责任】 2022年,移动淳安分公司落实国家战略,助力乡村振兴战略,开展扶“智”工程、信息示范村、平安乡村和美丽乡村建设,在中洲镇中洲村、大墅镇栗月坪村开展10余次助农服务,参与党员近260人次,服务群众近千人。参与防疫工作,积极响应淳安县政府号召成立防疫党员突击队,党员、团员、青年员工积极投身社区防疫值守、核酸检测工作,共计参与300人次,服务近5000人次。勇于践行社会责任,积极开展防诈宣传,通过“银龄服务”、直播宣讲、社区进驻等形式开展100余场反诈宣传。积极投身文明创建活动,在创建全国文明县城活动中,参与关键红绿灯路口人流疏导近200人次,安排员工协助社区做卫生清扫和文明宣传150余人次。积极开展志愿服务,参与学雷锋日、助残日、文明劝导、春风行动等志愿服务并捐款1.04万元。圆满完成全县重大活动的通信应急保障。 (范　菲)

·中国联通有限公司淳安分公司·

【概况】 2022年,中国联合网络通信有限公司淳安县分公司(以下简称联通淳安分公司)内设政企部、千岛湖网格、汾口网格、威坪网格、综合支撑中心5个部门,在职员工60余人。公司践行“国家队、主力军、排头兵”的使命,秉承“客户为本,员工为根,服务为上,创新为魂,奋斗为荣,清廉为基”的企业核心价值观,坚持市场与创新双轮驱动,基于强大的基础网络能力,依托5G、云计算、大数据、物联网、人工智能、区块链等新兴网络信息计算,为政府和企业提供从连接、云平台到大数据应用的一站式解决方案,持续助力客户产业升级、降本增效,助力网络强国和信息社会建设。

【助力乡村振兴】 2022年,联通淳安分公司参与文昌镇西河村、瑶山乡何家村数字乡村建设,为乡村基础网络建设、基础治理能力提升提供联通方案,贡献联通力量;在智慧医疗方面,与枫树岭镇政府、下姜村村委会同频共振,联合邵逸夫医院打造全省首个5G+AR智慧云诊室,助力医疗资源下沉、社区医生上门等有力举措的推进,最大限度保障老百姓就医用药需求,为乡村地区构筑生命安全屏障;在智慧助老方面,在下姜村打造5G智慧养老驾驶舱,为村里老人家里安装了人体红外、毫米波防跌倒、烟感报警、智慧摄像头、智能手环等智能传感设备,村卫生院的医生通过5G智慧养老驾驶舱能够实时监测老人的健康情况,当传感设备监测到异常数据,驾驶舱将会通过分级告警机制通知到老人的家属和村内的网格员,为老人的健康和医疗都提供最坚实的保障。在乡村共富方面,与文昌镇西河村、宋村乡青山口村开展通信合作社项目,完善村集体经济的“造血”功能,为村集体增收提供新路径。

【网络建设】 2022年,联通淳安分公司持续强化网络覆盖与服务能力,夯实光网底座,着力加快“5G/4G精品网”以及“宽带精品网”两张网建设,完成865个4G基站建设,与电信共建共享5G基站243个,新增投资2400

万元，全县23个乡镇均实现4/5G移网覆盖，建制村完成100%移网覆盖，人口覆盖率达到98.3%，用户感知提升明显。大力开展千兆光网建设，完成7个乡镇的10G PON布局，新增千兆宽带端口0.85万个，新增覆盖户数2.2万户，新增投资420万元。

【社会责任】 2022年，联通淳安分公司勇担企业社会责任，积极推进营服体系建设，围绕严、实、精、细、快的工作作风，强化市场融通、能力融合，强健"规、建、营、维、服"一体化运营体系，提升基础管理能力，强化经营目标责任制走深走实；持续深化与政府的同频共振，以十四五战略为牵引，开拓数字经济增长新引擎。

【党建工作】 2022年，联通淳安分公司依托党建共建联建，同枫树岭镇下姜村、文昌镇西河村、宋村乡青山口村开展共建联建，把党建融入公司中心工作。开展红色教育基地建设，设立下姜村为浙江联通红色教育基地。打造共同富裕示范点，以大下姜为基点，依托5G+远程医疗等数字化底座能力，推动打造共同富裕新高地。

·淳安华数数字电视有限公司·

【概况】 2022年，淳安华数数字电视有限公司（以下简称淳安华数公司）内设14个职能部门，有232名员工，8个营业窗口面向全县用户服务。公司紧紧围绕华数集团"1334"发展格局，始终坚持以党建引领促企业发展，带领全体干部职工学党史、提业绩、战疫情、保安全，积极开展大众业务"铸金计划"、集客业务"跃升计划"等活动实现用户保有。全年实现营收1.17亿元。获得浙江省青年文明号、浙江省科技型中小型企业、淳安县2021年度优秀服务业企业、2021年度淳安县精神文明建设工作成绩突出集体、华数传媒客服体系"优秀营业厅（铜奖）"及"优秀安装维护（铜奖）"等荣誉。

【历史沿革】 淳安华数公司前身为淳安县广播电视局（台）下属网络中心。2005年年初，根据杭州市有线广播电视传输网络整合实施意见和淳安县文化体制改革方案转企改制后成立。公司性质为国有企业，是华数传媒网络有限公司的全资子公司，是淳安县唯一的广电网络运营商。公司成立之初，注册资本3541.67万元，淳安县政府占股49%，华数占股51%；2009年3月，县政府所执股份注入华数集团，由华数集团控股的华数传媒于2012年10月19日正式登陆深交所主板市场，证券简称"华数传媒"，证券代码"000156"。淳安县政府占华数传媒股权0.673%。2020年3月，公司注册资本增加至14391.67万元。

【广播电视安全】 2022年，淳安华数公司对重要机房进行实时保障和关注，坚持一天一巡检，确保机房稳定运行。修订完善各类应急预案，开展各类安全播出应急演练，进一步提高应急处置能力。开展巡检排查。加大对骨干网络、光缆、线路的巡查力度，按巡检制度每月对全县40余个机房进行巡检，全方位对风险、隐患进行排查，并整改落实。制定中共二十大专项保障方案，强化重保期安全保障和值班值守工作，中共二十大期间除了中心机房还加大对骨干机房的24小时值班值守力度。落实好"零报告"制度，圆满按期完成"两会"、冬奥会、中共二十大及各重保期间的安全播出任务。

【服务社会】 2022年，淳安华数公司充分发挥党员干部先锋模范作用，带队参与集客化项目攻坚战，及时高效保障全县隔离酒店、医院的视频点位安装施工。为低保户、一二级重度残疾人、军人重点优抚对象减免基本电视视听费108万余元。继续做好公司与南山社区党支部结对共建工作,参加全国文明城市创建、文明礼让斑马线等志愿服务活动。积极参与县第二十三次“春风行动”活动,共捐款1.44万元,并为石林镇富德村送去结对扶贫款5万元。

【广电5G启动】 2022年6月,广电5G“192”号段开启内测运营,6月25日,完成淳安首个测试号的通话工作。9月,启动杭州地区广电5G扩大试商用,可在全县各营业厅进行业务办理。11月,完成千岛湖新安东路营业厅和临岐营业厅的5G门头、背景改造工作。在宣传推广上通过营业厅、微信公众号、抖音等平台陆续推出如宋韵文化系列5G宣传片,以崭新的形式“亮”出5G品牌。至12月底,发展5G用户6124户。

【“铸金计划”活动】 淳安华数公司围绕第三季“铸金计划”系列活动,策划大众市场活动政策方案,做好大众渠道线上线下的宣传。以“好服务在华数”为主题,秉承着“有爱有家有华数”的初心,与物业、社区联合开展睦邻节等活动,有序开展华数服务进小区、进企业、进村镇活动,优化网格服务,走近用户,服务到家。通过电视、微信、抖音公众号加大公司品牌宣传力度,打造“五心”优企计划并且结合本县文旅体育、公益活动等热点,开展宣传提升服务效率和形象。

【开展应急广播升级改造】 2022年12月,淳安华数公司完成全县应急广播升级改造工作,实现全县337个建制村全覆盖,23个乡镇分平台建设,全县115个应急避灾点、千岛湖所有地下人防设施、人员聚集区、主要道路口、主要景区、重点经济保护单位的覆盖,安装自然村户外音柱近千个。升级后县应急广播管理平台可实现向上与市应急广播管理平台对接,向下与部门、乡镇平台及政府综合应用平台对接,淳安华数平台管理在后台可以实时查看和监管设备动态,遇到设备故障或不在线第一时间显示,并及时通知属地网格员上门维护。

【运营管理】 2022年,淳安华数公司按照华数传媒客服集中运营管理要求,成为杭州区县第一家参与集中运营管理的子公司。5月30日,淳安96371话务顺利完成割接实施集中运营工作。经过半年运行,客服品质显著提升,人员潜力得到充分挖掘,主要体现在大众维修工单考核管理要求更高、更严;客服队伍技能得到提升,全部达到杭州客服体系考核标准。

(章　妍)

财政·税务

·财政·

【概况】 2022年，淳安县财政总收入43.66亿元，下降8.6%，扣除留抵退税因素下降3.5%。一般公共预算收入23.92亿元，下降7.8%，扣除留抵退税因素增长1.4%，其中税收收入19.59亿元，下降14.6%，扣除留抵退税因素下降4.0%。全县一般公共预算支出80.71亿元，增长4.3%。全年财政收支平衡。

【财政收入】 2022年，淳安县一般公共预算收入占地区GDP的8.9%，一般公共预算收入占财政总收入的54.7%，税收收入占一般公共预算收入的81.9%。制订组织收入预案，对全县乡镇（平台）一般公共预算收入实施"红黑旗"赋旗激励，赋旗结果与年终综合考评挂钩，激发乡镇（平台）财源建设内生动力。上线新版非税和票据管理平台，试点开展"浙里捐赠"应用，完成非税收入及其他资金29.1亿元，其中纳入一般公共预算收入管理的非税收入4.33亿元，占一般公共预算收入的18.1%。

【服务经济发展】 2022年，淳安县落实增值税留抵退税、国有房产租金减免等政策，全年共退税、减免资金7.32亿元，提振市场活力。发放汽车、家电、购物、餐饮、旅游等消费券2062万元，撬动消费2.38亿元，推动政策红利转换为经济发展实绩。推动各项财政惠企资金直达快享、及早发力，全年兑现涉企补助2.31亿元，惠及企业800余家。利用间歇闲散资金为企业提供转贷服务，设立额度5000万元的转贷基金，缓解企业资金周转难题。发挥两山生态产业基金作用，实现政策导向与市场化运作有机结合，基金规模2亿元，聚焦以水饮料、大健康、高端制造为代表的生态制造业发展。投资拼便宜和铂燕两个项目，合计9000万元，促进产业招引和项目落地，将生态资源优势转化为经济发展新动能。

【保障民生支出】 2022年，淳安县民生支出59.68亿元，增长7.2%，占一般公共预算支出比重为73.9%。动态优化调整防控措施，免费为60岁以上老人发放防疫包。教育支出11.84亿元，完成校园灯光改造提升工程，涵盖40所学校597个教室；提高义务教育生均公用经费标准，小学、初中分别由700、800元/生·年提高至900元/生·年、1000元/生·年，启动第三中学建设，推动教育提质。卫生健康支出7.59亿元，城乡居民健康体检标准提高到90元，实施医疗卫生"三免三惠"财政政策，开展重点人群白内障、直肠癌、慢阻塞肺病等免费筛查，设立婴幼儿照护体系、应急救护体系、省健康促进县专项经费。社会保障和就业支出12.31亿元，优化提升系列保障政策，城乡居民基础养老金、最低生活保障标准、特困人员生活补助分别提高至每人每月 330 元、1216 元、2027 元，18 项特别生态功能区民生提档项目中有 13 项与杭州市同标，增强基层民众幸福感和获得感。全年农林水支出 12.08 亿元，增长 22.3%。打好新时代美丽乡村建设三年行动收官战，安排资金 2.32 亿元实施美丽乡村建设项目 121 个，推进大下姜农村综合性改革试点建设，入选省财政厅一事一议财政奖补支持，打造共富乡村试点。

【财政改革】 2022 年，县财政局提请县委印发《关于进一步深化国企改革的实施意见》，围绕"一个持股主体、四大产业板块、五个实业集团"布局，推进业务同类、资产同质的国企整合重组，实现企业专业化运营，提升国有资本市场竞争能力。起草研究《关于完善乡镇财政管理体制的通知》文件，夯实乡镇收支基数，每年增加对乡镇财政转移支付 1.6 亿元，保障乡镇"三保"支出，缓解乡镇财政运行压力。加强对乡镇政策资金激励，新增"保护""发展""民富"三项专项激励政策，每年奖补资金规模合计不低于 3000 万元，调动乡镇保护与发展的积极性。借助人大、审计力量，对扶粮政策等 6 个新增重点项目进行集中事前评审，涵盖资金 1.07 亿元，提出完善修改意见 18 条，推动重大政策和项目降风险、强质量。

【财政监管】 2022 年，县财政局坚守限额内地方政府债务不超警戒线和隐性债务不新增两个底线，动态监控全县 37 家国有企业和 156 家行政机关事业单位的负债和融资情况，全年化债 9.35 亿元，同时争取到专项债券资金 5000 万元。控制"三公"经费、培训费、会议费等行政成本费用支出，预算编制环节压减 1.25 亿元统筹用于民生、疫情支出。将各类渠道安排的"三公"经费支出全部纳入国库集中支付，实行全口径监控。深化政府投资项目绩效管理，完成政府投资项目预算审核 824 个，净核减 7782 万元。加强政府采购绩效监管，建立异常商品预警系统，开展政采云上架商品价格监测 203 项，发布价格预警 63 项。政府采购项目电子化交易率 100%，全年审核政府采购金额 8.9 亿元，核减资金 3776 万元。

【队伍建设】 2022 年，县财政局认真学习宣传贯彻中共二十大精神，构建领导干部专题学、党员干部示范学、部门系统特色学、青年群体创新学的"四学联动"模式。利用主题党日以及学习强国、浙里干部之家等多种平台进行集中学习和自主学习。发挥"财政 8090 宣讲团"作用，立足岗位服务大局，结合财政亮点工作开展全方位多维度宣讲，在学习强国杭州平台、浙江平台发布宣讲视频。深耕"为民理财红管家"党建品牌建设，推进"党建双强"创建，健全大党建工作机制以"25 号节点图"为主要抓手，深化落实考评体系。推行"红黑榜"督查通报制度，通过目标公示、进度展示、实绩比拼，激励科室和干部提高执行力。完善干部考核评价机制，推行干部实绩季赛、年考，按季对干部工作实绩、创先争优、廉政效能等方面进行考核评价。招录公务员 4 人、事业人员 5 人，选调公务员 1 人。

（裘宇涵）

·税务·

【概况】 2022 年，县税务局聚焦组织收入，不折不扣落实减税降费政策，持续优化税收营商环境，共组织各项收入合计 74.03 亿元，比上年增长 6.2%，其中组织税收收入和非税收入按财政口径换算为一般公共预算收入 20.48 亿元，增长 1.4%，为县经济社会发展提供有力的财力支撑。

【税收收入】 2022年,县税务局组织税收收入40.61亿元,比上年下降11.7%,还原留抵退税后为47.31亿元,同比下降1.2%(其中县级税收收入为21.93亿元,同比下降6.1%,还原留抵退税后为22.93亿元,同比下降3%)。办理出口退税2.35亿元,其中,退税1.15亿元,同比增长1.3%,免抵调增值税1.2亿元。

【税费政策】 2022年,县税务局坚持"全面顶格+第一时间"承接落实国家稳经济一揽子政策及接续措施中的涉税内容,通过局内网开设"退税减税学习交流平台",提升干部政策和实操水平,通过线上推送、直播和线下走访宣传相结合,确保纳税人缴费人优惠政策应知尽知。强化风险防范,严把审核关,加强税纪协作,与县纪委监委联合走访企业,邀请县人大代表、县政协委员、特约监督员开展走流程体验活动,合力推动新的组合式税费支持政策特别是大规模留抵退税政策"快稳准好"落地落细。全年办理各类退税减税降费18.55亿元,其中增值税留抵退税849户,税额6.72亿元。

【社会保险费和非税收入】 2022年,县税务局组织社保基金收入19.64亿元,增长11.6%。组织非税收入13.73亿元(其中土地出让等政府基金收入12.71亿元),按上年同口径计算下降17.4%。

【税收法治】 2022年,县税务局深入推进依法治税工作,不断优化税务执法方式,让执法既有力度又有温度,全年实施欠税风险提醒和约谈警示3户,入库税款和滞纳金95.87万元。积极与县法院合作建立"1+4+N"联动协作机制(即1个协作工作意见+4个常态化协作机制+N个协作事项),通过部门间信息交换共享,有效实现税收管控,通过司法协作申报税收债权380.88万元。

【税种管理】 2022年,县税务局加强税种管理,深化增值税发票"智联智治"风险防控机制,规范农产品收购发票、网络货运平台代开增值税专用发票等管理,堵塞利用"富余票虚开""变票虚开"等风险漏洞;优化成品油消费税全流程监管机制。规范企业所得税征收方式,积极引导核定征收纳税人建账建制,转为查账征收方式,平稳取消全县企业所得税核定征收。持续深化个人所得税年度汇算常态化机制,进一步探索实施个人所得税的分级分类精准监管。落实好土地增值税业务指引和内部风险防控制度,持续加强清算工作;认真组织实施印花税法,平稳推进印花税核定征收方式取消工作;探索资源环境税联动管理,提升管理质效。持续推进增值税专票电子化试点扩围,全县新办企业推广使用增值税电子专票1793户,试点推广率100%,列全市第1位。

【办税缴费服务】 2022年,县税务局围绕"税收优惠促发展　惠企利民向未来"主题,开展第31个全国税收宣传月活动,结合"我为纳税人缴费人办实事暨便民办税春风行动",开展"春雨润苗"专项行动,服务中小微企业,与县工商联共同举办2022年亲清直通车政企恳谈会暨"落实减税降费　优化营商环境"宣讲会,收集并解决各类意见建议13条。组织开展满意度调查走访,发放"淳安县税务局征纳沟通服务卡",累计走访服务企业12866户。优化"驻企服务员"队伍,定点联系全县重点税源企业,收集并解决纳税人问题281个。通过"银税互动"帮助企业争取信用贷款447笔1.39亿元。

【征收管理】 2022年,县税务局升级改造二级集中处理场所,配齐软硬件设备,集合多股室力量,切实为纳税人减资料、减时间、减环节、减成本,大大提升办税效率,提高纳税人缴费人获得感、满意度。通过业务培训、业务测试、制定应急预案等一系列举措,确保社保费系统“标准版”上线征缴业务平稳运行。

【党建工作】 2022 年,县税务局围绕“喜迎党的二十大 兴税强国铸忠魂”主题,开展 8 大类 22 项庆祝活动。围绕“联建先锋区 奋进共富路”主题,与下姜村建立红色地标“党建联建”,常态化开展联学共建活动。以“传递先锋力量 榜样就在身边”为主题评选“淳税之星”10 名。围绕“税收现代化服务中国式现代化”开展大讨论,迅速掀起覆盖全员的中共二十大精神学习热潮。组建“80 · 90 · 00”税务宣讲团,开展中共二十大精神系列宣讲活动。组织干部参加“之江杯”六中全会精神知识竞赛 187 人次,组队参加全县学习强国知识竞赛,获得第一名,并代表淳安参加全市比赛。党建品牌“淳心向党 税秀千岛”,作为全县唯一“一单位一品牌”创建对象,由县委组织部推送至市直机关工委。

【纪检监察】 2022 年,县税务局强化正风肃纪,严格开展干部经商办企业、干部兼职、干部家属从事代理记账等涉税问题、干部因私出国(境)管理、干部任职回避等专项整治自查自纠及回头看,持续巩固整治成果。按季召开警示教育大会,以身边事警示教育全体干部职工知敬畏、存戒惧、守底线,全年开展廉政谈话 51 人次,其中入职廉政谈话 18 人次,岗位交流廉政谈话 19 人次。积极开展“四个一”活动,召开第三届新任股级领导干部家属座谈会,营造“家税共治”格局,确保干部队伍安全稳定。深入推进纪检监察体制改革向纵深发展。持续深化“秀水六廉”品牌建设,实践案例《创“秀水六廉”品牌,树清廉税务新风》获评清廉杭州建设优秀实践案例。

【绩效管理】 2022 年,县税务局深入落实数字人事制度体系,将市税务局组织绩效考核指标、县委县政府综合考评指标和县局重点工作有机融合,形成股室指标、个人指标,责任到股室、责任到个人。强化结果运用,在干部选任、职级晋升、评先评优中,充分发挥数字人事考核结果在选人用人中的基础性、导向性作用。

【人事管理】 2022 年,县税务局制定青年“导师”带训培养制度,通过“以老带新”方式,对近两年新录用人员开展个性化培养,助力新入职干部尽快适应工作,缩短岗位适应期,完成角色转变。实施第二期“党建+业务”英才培养计划,通过局内集中学习、分组研讨、长沙税务干部学院培训等方式,强化人才培育和管理,优化人才储备。积极组织干部参加杭州市税务局青年干部培训班和岗位大练兵业务大比武,4 人获评优秀学员、优秀班干部,1 人获评杭州市税务系统岗位大练兵业务大比武“纳税服务项目”优胜个人(第四名),1 人获评市“优秀青年岗位能手”。

【教育培训】 2022 年,县税务局制订“一月一学、一季一测、一年一评”干部职工教育学习方案,将全局干部按年龄划分三个层次(40 周岁以下,40—50 周岁,50 周岁以上),通过集中授课、案例讨论、自学等方式开展学习教育,引导干部由“要我学”到“我要学”,从“阶段学习”向“终身学习”转变,提升干部专业素养,建设高素质专业化干部队伍。落实全员培训工作安排,确保全体干部职工脱产培训不少于 12 天/人。组织干部完成学习兴税集中练习测试,确保应练尽练。

【服务地方中心工作】 2022年，县税务局制订实施《国家税务总局淳安县税务局争当浙江省山区26县跨越式高质量发展和共同富裕示范区排头兵税务工作方案》，组建亚运分会税收服务、税收经济分析等10个工作专班，服务县域重点工作。全年参与全国文明城市创建850余人次，选派7名干部参与县委、县政府和县委组织部等部门专项工作。

（唐晓良）

金　融

·中国人民银行淳安县支行·

【概况】 2022年,中国人民银行淳安县支行(以下简称人民银行淳安支行)按照上级党委和县委、县政府部署,自觉以习近平新时代中国特色社会主义思想为指导,不断增强金融工作的政治性、人民性和专业性,高质量加强党的建设,高水平推进内部管理,持续优化金融服务,强化金融风险防控,全面提升履职能力,为淳安共同富裕建设贡献金融力量。

【存款增长】 2022年年末,淳安县金融机构本外币各项存款余额462.69亿元,比年初新增53.91亿元,同比多增40.05亿元,余额同比增长13.2%。全县住户存款余额284.44亿元,比年初新增41.93亿元,同比多增13.62亿元。非金融企业存款余额98.78亿元,比年初新增8.06亿元,同比多增12.34亿元;企业存款新增占全部新增存款的14.95%,比年初提高45.83个百分点。广义政府存款余额61.28亿元,比年初减少10.14亿元,同比少减4.03亿元,其中机关团体存款比年初下降9.67亿元。非银金融机构存款余额2.61亿元,比年初减少1.41亿元,同比多减5.43亿元。

【贷款增长】 2022年年末,淳安县金融机构本外币各项贷款余额484.08亿元,比年初增加69.47亿元,同比多增12.51亿元,余额同比增长16.8%,增速同比上升0.83个百分点,增速高于全省平均水平2.25个百分点,高于全市平均水平6.04个百分点。全县住户贷款余额258.52亿元,比年初增加15.24亿元,非金融企业及机关团体贷款余额225.54亿元,比年初增加54.23亿元。重点领域贷款增势较好。涉农贷款余额353.07亿元,比年初新增59.01亿元,余额同比增长20.1%。制造业贷款余额22.41亿元,比年初新增2.8亿元,余额同比增长14.3%。批发和零售业贷款余额13亿元,比年初新增2.36亿元,余额同比增长22.2%。住宿和餐饮业贷款余额8.13亿元,比年初新增3.09亿元,余额同比增长61.3%。

【金融服务】 2022年,人民银行淳安支行落实稳健的货币政策,制定印发《关于2022年淳安县货币信贷工作的指导意见》。联合县市监局召开"亲清直通车"银企恳谈会;联合下姜村及辖内金融机构举办"金融聚力共富淳安"推进会。持续深化金融"三服务"系列活动,辖内金融机构负责人累计走访705人次,摸排融资需求24.86亿元,贷款发放金额10.79亿元。持续释放金融惠企利民纾困政策效应。制订出台《淳安县金融助企纾困八条举措》和《金融支持淳安县水饮料产业高质量发展行动方案》。牵头召开7场金融纾困专题座谈会,积极协调解决企业融资难题。认真落实延期还本付息政策"应延尽延",推动符合续贷条件企业"应续尽续",推动已授信贷款“应贷尽贷”。针对中小微企业和个体工商户、货车司机等受疫情影响重点群体，共计延期420笔、延期金额3.26亿元，全县金融机构通过降低融资成本和减免手续费等累计减费让利8573万元，有力推动企业综合融资成本稳中有降。加大对淳安共同富裕建设的信贷支持力度。印发《金融服务淳安跨越式高质量发展、助推共同富裕建设行动计划(2021—2025年)》，构建“一县一品”区域金融服务示范品牌，建立差别化金融服务机制。建立健全“金融联络员”制度，全县92名金融联络员下乡进村走访1219人次，对接服务市场主体8236户，完成贷款投放24.02亿元。持续开展“外汇联络员暖心助企”活动，有序开展汇率风险防范工作。联合县商务局举办“汇率避险政策暨跨境人民币业务”宣介会，开展“外汇联络员暖心助企”活动100余次。

【普惠金融】　2022年，人民银行淳安支行做实做活数字人民币工作。推动成立数字人民币工作领导小组和工作专班，印发《淳安县数字人民币试点工作方案》，明确5大类场景类别，打造淳安特色场景。截至2022年12月末，全县共计开通数字人民币钱包12.67万个，完成数字人民币场景建设9465个。做细做优金融消费权益保护。联合县人民法院设立“共享法庭”金融服务站，深化金融纠纷诉源治理，成立淳安县金融纠纷调解委员会，真正实现金融矛盾纠纷处理“最多跑一次”，甚至“一次不用跑”，扎实推进县域金融纠纷多元化解机制建设。切实履行金融教育社会责任，指导推动申报主体成功创建淳安下姜村“浙江省金融教育示范基地”。加大金融知识宣传教育力度。聚焦“一老一少”、低净值群体等重点人群，以“辐射广、参与高、影响大、反响好”为目标，上街入村进企开展防电信诈骗、存款保险、征信安全等金融知识宣教活动10余场。积极响应政府号召，参与全国文明城市创建等志愿服务活动500余人次。组织辖内银行机构开展全额清分知识竞赛、反假货币知识竞赛。

【金融风险防控】　2022年，淳安县不良贷款新增较多，关注类贷款余额创新高。至2022年12月末，全县不良贷款余额2.84亿元，比年初上升0.58亿元；不良率0.59%，比年初上升0.04个百分点，不良率比全省平均水平低0.04个百分点。关注类贷款余额4.34亿元，比年初增加0.46亿元，关注类贷款余额创近25个月新高。群防群治电信网络诈骗。印发《淳安县金融机构打击治理电信网络诈骗和跨境赌博违法犯罪工作方案》，以压实责任、风险防控、银警合作、防诈宣传为引领，抓实开户管理、存量账户管控。排查出风险账户3694个，对3078户采取注销或暂停非柜面业务等管控措施；向公安部门移送可疑账户276户、出借账户线索3条，劝阻疑似受骗转账汇款事件20起，涉及金额163.29万元。向金融系统人员推送“防诈日历”334份、“防诈周刊”48份，1134名金融从业人员安装“国家反诈中心”App。（高　鑫）

·中国银行股份有限公司淳安支行·

【概况】　2022年年末，中国银行股份有限公司淳安支行(以下简称中行淳安支行)本外币存款余额33.52亿元，比年初下降0.23亿元，下降0.7%；本外币贷款余额33.98亿元，比年初增加3.26亿元，增长10.6%。不良贷款余额380万元，不良率0.1%。

【实体经济服务】　2022年，中行淳安支行以主动融入当地发展为导向，以淳安县委、县政府的发展规划为抓手，主动服务国家战略和发展大局，严格落实“六稳”“六保”要求，从保障信贷规模、加强利率优惠、扩大授信供给、提高服务水平等多方面,加大对小微企业的支持力度。至2022年12月15日,“两增两控”口径普惠贷款余额5.86亿元,比年初增加2.21亿元,增速60.5%。支行“两增两控”口径普惠客户数300户,比年初增加86户,增长40%。

【助推重点领域经济发展】 2022年,中行淳安支行全力稳外贸促发展,持续加大对出口企业、跨境贸易的支持力度,帮助外贸企业行稳致远。至2022年11月末,实现国际贸易结算量10048.89万美元,市场份额稳居全县同业第一位。深耕绿色金融发展,坚决落实碳达峰、碳中和要求,持续加大对生态环境、基础设施绿色升级、节能环保、清洁能源、清洁生产等绿色产业的支持力度。至2022年11月末,绿色贷款余额5.83亿元,比年初新增0.91亿元,增长18.5%。

【场景建设】 2022年,中行淳安支行为支持乡村振兴,加大对县乡村各级支持,投入近百万元发展数字化建设,成功落地投产富文乡美丽乡村项目——智慧村务管理平台。全行参与体育场景、教育场景、慧政学堂等建设,真正实现金融赋能乡村振兴。

【内控基础】 2022年,中行淳安支行在内控合规工作方面,精细管理,有效执行。自主检查频率高,突击性强。支行积极组织相关业务骨干,开展各类专项活动检查。加强检查通报与风险提示,及时发现问题,按期整改。主题教育形式多,入心入脑。持续组织开展“明规矩、知敬畏、守底线”案件警示教育活动。做到以案为鉴、以案带训、以案促改,时刻警醒员工,形成风清气正的良好氛围。规定动作严管理,全面落实。加强过程管理,对于重要的事项、阶段性总结、日常出现的问题等均能及时讨论研究,确保内控工作全面落实、有序推进,淳安中行稳健发展、平安运营。

【党建工作】 2022年,中行淳安支行扎实推进“学思践悟二十大”活动及庆祝建行30周年活动,抓实党员学习教育,持续加强基层党组织建设,大力推进全面从严治党,不断增强基层党组织的战斗堡垒作用。通过建立“乡村振兴党员乡镇联系点”制度,与联系乡镇、共建单位开展主题党日活动、“我为群众办实事”活动,进一步加强基层党组织建设,实现党组织优势互补,建立和维护良好的社会形象。

【社会责任】 2022年,中行淳安支行通过党建共建、学习教育活动,积极落实精准扶贫工作,通过消费帮扶、公益捐款,累计捐款6.7万元;派出1名驻村第一书记,通过发挥自身优势,向上级行争取50万元帮扶资金,用于支持中洲镇共富建设;关心关爱困难群众,为淳安中学困难学生送去资助款5万元,争取到“乡村幼儿童书驿站”落地富文乡中心幼儿园,并为西园社会贫困群众送去慰问品;积极参与县政府文明城市创建、礼让斑马线等活动,助力淳安县安全生产和城市管理。

(办公室)

·中国工商银行股份有限公司淳安支行·

【概况】 2022年,中国工商银行股份有限公司淳安支行(以下简称工行淳安支行)坚持执行总行党委提出的工作思路,深入贯彻落实分行行长工作会议精神,围绕“争第一、比贡献”定位,凝心聚力、负重奋进,全方位推动经营管理再上新台阶。至12月末,实现拨备前利润1.44亿元,中间业务收入1515万元,分别完成全年任务的84.7%和50.2%。

【存款增长】 至2022年年末,工行淳安支行各项存款余额44.49亿元,比年初增加2.52亿元,增长6%。其中对公存款余额27.07亿元，比年初增加 0.31 亿元，增长 1.2%；个人存款余额 17.42 亿元，比年初增加 2.21 亿元，增长 14.5%。

【贷款增长】 2022 年年末，工行淳安支行各项贷款余额 64.93 亿元，比年初增加 10.65 亿元，增长 19.6%。其中，公司贷款余额 36.05 亿元，比年初增加 8.29 亿元；个人贷款余额 28.83 亿元，比年初增加 2.31 亿元。

【党建工作】 2022 年，工行淳安支行坚持重大事项必须经过党总支研究，突出“把方向、管大局、保落实”作用，对经营计划、干部队伍建设、经营绩效考评、重大项目推进等事项进行研究决策，切实体现党对经营的全面领导。强化意识形态的引导作用，要求分管行长、中层干部切实履行“一岗两责”，对照任务清单压实责任，真正发挥党建引领作用。以深入学习贯彻落实中共二十大精神为主题，在全面学习、全面把握、全面落实上下功夫，切实把全行广大干部员工的思想统一到中共二十大精神上来，把力量凝聚到中共二十大确定的各项任务上来。突出基层党组织战斗堡垒作用，着力推动支部规范化建设、模范特色党支部建设及“红旗党支部”和优秀共产党员评选，切实提高党组织的履职能力和带动能力。突出党员引领作用。鼓励辖内党支部“走出去”，开展“银政结对”“银企结对”，充分发挥党建的纽带作用，搭建信息平台，实现信息互通与资源引流，以共建促业务合作。

【贷款业务】 2022 年，工行淳安支行在公司贷款上坚定“信贷赢，全盘主动；信贷输，满盘皆输”经营理念，针对 1—5 月各项贷款负增长的局面，统一思想，树立信心，全力以赴拓市场。全年完成 10 个项目和 7 个客户共 38.30 亿元贷款的审批，实现投放 14.55 亿元，审批项目数量及金额超过近三年的总和；于 6 月末和 12 月末关键时点短时间内完成两笔 6.86 亿元和 4.5 亿元特色资源转换项目贷款审批发放。个人按揭贷款方面，面对低迷的房地产市场，坚持楼盘走访、客户维护，抓住淳安房产刺激政策，有效遏制房贷负增长局面，从最高负增长 9000 万元下降到年末的负 4900 万元。

【普惠业务】 2022 年，工行淳安支行在普惠业务方面，以普惠金融作为撬动助力乡村振兴的支点，由“一把手”挂帅全力推动普惠业务。全年普惠贷款增加 2.56 亿，个人经营贷款增加 1.18 亿元，均超额完成分行任务，获“2022 年度个人经营组合贷款优秀支行”称号。结合金融联络员机制，深化“三服务”工作，开展整村授信，累计发放涉农贷款余额 3.46 亿元，比年初增加 1.25 亿元，其中信用贷款 1.5 亿元，比年初增加 1.04 万元。

【拓客维客】 2022 年，工行淳安支行对公客户方面，加大规模以上企业走访力度。至 12 月底，支行重点营销客户中有账户客户、提质客户、首贷户三项指标覆盖率和任务完成率均位列分行前列。个人客户方面，强化对基础客群的推动。与收单业务合作机构联合拓展收单市场，新增收单商户 513 户，交易金额 5735 万元。

【创新业务发展】 2022 年，工行淳安支行在 2021 年 6 项业务创新的基础上，实现清淤经营权、首笔财政贴息设备更新改造贷款、首笔融资担保公司保证的小微企业汇率避险产品落地、分行首个本外币一体化账户的正式开立、分行首笔农林经营权抵押贷款的发放、顺利完成农合联 E 贷特色方案的审批等多项创新业务。创新工作体现支行为客户服务的专业性、多样性。在服务好客户的同时更能锻炼和提升员工的专业水准和服务能力。

【队伍建设】 2022年,工行淳安支行新招聘3名客户经理补充营销队伍。提拔4名年轻管理人员。组织开展支行梯队建设选拔,确定5名干部梯队建设人员。输送3人到分行学习交流。积极创造员工成长成才的良好环境。市场一部在参加杭州分行技术比武中,获得授信审批专业作为团队主讲人取得第2名,笔试第3名;在公司客户经理专业取得团体第11名,个人笔试第9名。在行内业务序列考试中,员工分别考取信贷A类高级和信贷A类评估高级成绩,员工队伍专业能力得到提升。

【内控管理】 2022年,工行淳安支行相继被分行信贷专项检查和省行内控飞行检查。暴露出在管理上、风险意识上和工作习惯上的较多问题。支行对这些问题进行分类和溯源,并作出相应布置。合理配置人力。突出信管主责主业,剥离其他兼任工作。并对综管部个别无法胜任当前岗位的老员工进行了调整。关键岗位履职能力有明显提升。落实定期汇报制度,强化中层干部一岗双责。每月第一周班子扩大会议上,由各部门汇报上月内控案防措施和本月内控工作计划,包括但不限于各类排查、专项检查、谈话、家访和动态等,由内控专管员制表日常跟进,纪检干部每月督导。聚焦重点领域和易发频发问题。针对客户资料保管、理财销售双录、信贷间隔期检查、普惠贷款用途真实性检查等高频问题,由支行内控协同个金、信管联合检查,提高突击检查、录像抽查的频率,对屡查屡犯问题加大处罚力度并追求管理责任,切实提高员工风险意识和支行内控水平。

(邵　翔)

·中国建设银行股份有限公司淳安支行·

【概况】 2022年,中国建设银行股份有限公司淳安支行(以下简称建行淳安支行)深入学习贯彻习近平新时代中国特色社会主义思想和中共二十大精神,不断增强政治自觉、思想自觉和行动自觉,全面落实从严治党主体责任。2022年年末,支行一般性存款余额30.93亿元,新增0.89亿元;各项贷款余额44亿元,新增5.48亿元;不良率1.2%,比上年下降0.02%。

【三大战略】 2022年,建行淳安支行在普惠金融方面新增1.9亿元,增速达54%;在住房租赁方面,贷款额度授信2.4亿元,投放50万元,住房租赁KPI考核列郊县前列;在金融科技方面,持续推进互联网医院和“两山银行”等金融科技创新平台合作。实现3家城区医院医保移动支付资格全覆盖。

【重点项目】 2022年,建行淳安支行实现全省首笔绿色非标理财业务投放(三亿元),绿色贷款新增4.67亿元,增长389%;牵头为以临岐镇为中心的淳北地区中药材经营和种植主体,创新定制“淳北药材贷”专项普惠贷款产品,投放普惠贷款1500余万元;年末成功获批山区26县特色产品——“淳农贷”,可在2023年投入市场,为淳安农业企业提供优质便捷的融资服务;成功营销淳安首笔地方政府专项债业务。

【党建共建】 2022年,建行淳安支行夯实基层党建基础,提升党员党性修养。加强支行党的基层基础建设。规范党支部建设,落实“三会一课”学习制度,提升党务工作水平;完善党员梯队建设。至12月底,两个二级支行各有1名网点副职被发展为预备党员;延伸党建“触角”,绘制党建共建同心圆。全年通过与县退役军人事务局、县工商业联合会、汾口商会、县第一人民医院、千岛湖旅游集团、下姜村委等单位开展形式多样的党建共建活动，以党建引领业务发展，助推乡村振兴，聚焦主业谋共同富裕大局。

【党风廉政】 2022年，建行淳安支行持续纠"四风"树新风，制订《中国建设银行淳安支行开展集中纠治"四风"突出问题活动实施方案》，关注支行公车管理、营销费用管理等重点领域问题；开展2022年清廉金融文化建设活动，通过打造清廉文化阵地、参观廉政教育基地、开展廉政上讲堂、发放廉洁家风倡议书和签署廉洁承诺书等，持续发挥清廉金融文化引领作用；加强员工风险、合规、纪检教育工作，定期组织员工学习合规一课、案例、纪检上讲堂等，切实增强员工廉洁、合规意识，警钟长鸣。

【以案促改】 2022年，建行淳安支行以案促改，确保整改工作形成闭环。制订《淳安支行党总支"以案促改"专题民主生活会问题整改清单》，完善整改措施，明确整改时限，落实整改责任，确保以案促改工作形成闭环。召开"以案促改"专题民主生活会。以高度的政治责任感抓好"以案促改"工作，以案为鉴，吸取教训，永葆共产党人清正廉洁的政治本色。扎实做好后半篇文章，加强全流程管理。

【队伍建设】 2022年，建行淳安支行夯实人才队伍建设，稳步推进"双优"迭代工作。坚持"优秀者优先、能干者能上、有为者有位、吃苦者吃香"的用人导向。通过民主推荐、公开竞聘方式，提拔中层干部5人，选拔支行级别二级支行行长后备3人、二级支行副行长（营运主管）后备3人，进一步拓宽选人用人渠道和动态调整支行后备人才库。根据分行统一安排和指导，对支行组织架构及人力资源机制进行迭代优化，聚焦经营主责、主业，成立公司客户经营中心和普惠金融经营中心，进一步增强一线营销力量，加强机构客户的维护，客户、产品的营销意识进一步提高。

【企业文化】 2022年，建行淳安支行坚持群众路线，以忠诚党的事业、竭诚服务职工为己任，完善职工困难帮扶机制，建立员工健康关爱机制，保障职工民主权利。组织召开包括"三八"插花活动、全行厨艺大比拼、水上皮划艇运动、户外露营、"党的青年运动史"专题学习等活动。支行党总支切实发挥工、团、妇组织的桥梁纽带作用，让更多的员工参与活动，从而进一步加强员工之间交流和增强全行员工凝聚力。（陈力飞）

·中国农业银行股份有限公司淳安支行·

【概况】 2022年，中国农业银行股份有限公司淳安县支行（以下简称农行淳安支行）聚焦服务"三农"主责主业，高度契合淳安山区26县跨越式高质量发展主线，充分利用资源、产品、服务、渠道等优势，与淳安政府发展同频共振，为农业强、农村美、农民富源源不断地注入金融活水。2022年年末，各项存款余额77.39亿元，比年初增加21.99亿元，日均比年初增加14.76亿元，增长31%，四行占比为38.45%，比年初提升3.49个百分点，总量增量位列四行第一；各项贷款余额63.17亿元，比年初增加13.71亿元，日均比年初增加11.7亿元，增长25.8%，四行占比为30.78%，比年初提升2.17个百分点。

【政银合作】 2022年，农行淳安支行紧扣淳安生态保护、共同富裕、旅游和交通基础提升建设等重大战略，制订《淳安县支行2023—2025年三年行动方案》《淳安县支行关于服务乡村共同富裕暨支持淳安县跨越式高质量发展方案》，深化党建共建，提供下沉式、贴身化金融服务。与县国资办签订战略合作协议，与县财政局签订党建共建协议，与县教育基金会开展"全县教职工统发工资新系统"合作,与千岛湖集团签订"廉洁伙伴"协议,营销全市首单政府保交楼资金监管专户,以"城乡公交一体化"合作契机与淳安华数数字电视有限公司签订银企合作协议,全年参加公款竞争性存放招标18次,中标10次;对接3个专项债项目总额约30亿元,为国有经营性公司新增授信30.17亿元,用信17.57亿元。

【支持地方经济】 2022年,农行淳安支行围绕淳安县重点建设规划,逐项梳理项目清单,组建项目营销团队,积极跟进服务。全年上报资产项目8个,累计授信39.48亿元,全年新发放项目贷款18.81亿元,获农行杭州分行一号嘉奖令。为千岛湖建设集团等从事城乡基础设施建设的公司提供授信6.5亿元,为淳安县河道清淤疏浚工程授信13亿并发放2亿元,根据"腾笼换鸟"整体规划为青投公司提供园区有机更新项目授信10亿元并发放5.5亿元,发放"水之灵"景区经营性贷款1亿元,为鲟龙科技新增授信至1亿元,为330国道淳安千岛湖大桥至临岐改建工程PPP项目授信6.5亿元并发放5亿元,落地高铁新区产业升级改造,为枫树岭水电站经营性固定资产贷款授信12.17亿元。合作深度、授信额度、用信额度位列四行之首。

【乡村振兴】 2022年,农行淳安支行落实金融助力山区26县跨越式高质量发展要求,制订出台支持淳安县跨越式高质量发展方案和淳安县支行2023—2025年行动计划,全面推广农村集体资金、资产、资源"三资"管理平台,与千岛湖镇政府打造金融共富联合体,举办"农情聚共富　厚意映乡村"电影下乡美丽行启动暨"聚力共富"党建联盟签约仪式;组建"三农"中心,开展网点深耕乡村"双五"计划,全年落地深耕村25个,进村150余次,村民有效建档净增5182户;完成下姜村商户数币收单场景全覆盖,建立线上销售渠道,助力农品出山。全年惠农e贷余额5.87亿元,比年初增加1.06亿元,户数净增153户;乡村振兴带头人贷款新增11户,贷款余额1130万元。发放普惠贷款9.41亿元。被评为浙江省农行2022年度三农业务先进集体。

【内部管理】 2022年,农行淳安支行持续推进精细化内部管理,"三线一网格"管理获上级行通报表彰;运营精细化考核位列全市农行第六;宣传报道综合得分位列全市农行第五;积极开展"三化三铁"、"三化三达标"、内控评价、合规警示、安全评估严格落实安全保卫、疫情防控、保密舆情及反洗钱等领域各项管理措施,获评杭州市公安局经文保工作先进单位。组织开展"能量加油站"建设,对本级食堂进行升级改造,对威坪职工之家进行完善;落实五项慰问,一把手带头开展员工家访活动;落实落细关心关爱16条意见,完善干部梯队建设和员工队伍活力建设。

(姜　珂)

·中国邮政储蓄银行淳安支行·

【概况】 2022年年末,中国邮政储蓄银行淳安支行(以下简称邮储银行淳安支行)各项存款余额33.86亿元,占全县金融存款的7.6%;各项贷款结余23.44亿元,占全县金融贷款的4.8%,公贷结余3.11亿元。资产总额37亿元,实现金融业务总收入8548万元;实现利润4324万元。

【党建共建】 2022年,邮储银行淳安支行坚持党建引领,深入学习习近平新时代中国特色社会主义思想和中共十九大及历次全会精神,组织全体党员观看中共二十大开幕的直播,开展支部书记领学中共二十大精神,颁发并学习《干在实处　勇立潮头——习近平浙江足迹》，持续夯实支部理念基础；积极探索“党建+金融”模式，通过与县退役军人事务局开展党团共建活动，助力崇军协会关心关爱退役军人等系列活动，加深“军银”情感，奠定合作基础，并被授予“淳安县崇军协会会员单位”称号；邮储银行浙江省分行机关党委牵头，与淳安县富文乡中心小学结对共建，共同建立“启梦梦想屋”，开展公益研学等活动，为淳安县乡村教育发展和乡村振兴贡献邮储力量。

【乡村振兴】 2022年，邮储银行淳安支行自觉将金融服务融入淳安乡村振兴战略、创建共同富裕示范区建设中去，坚定提升金融资源覆盖广度，实施乡村振兴“创富行动”。扎实做好农村信用体系建设，成立5人金融联络员团队，点对点常态化开展走村社户宣传，推动金融政策在信用村落实落细。加强信用村质量建设管控，在信用村体系建设基础上，做好“政银担”模式在茶叶、山核桃等特色行业上的小额信贷投放，全年小额贷款规模净增2287万元，其中线上信用户贷款净增823万元。立足当地旅游发展，全力支持美丽乡村民宿行业发展，全年民宿贷贷款结余60笔，贷款结余2000余万元，“贷”动民宿行业发展。该行对民宿客户“鱼儿的家”金融支持的新闻在中央广播电视总台财经栏目播出，助力提升千岛湖民宿产业知名度。主动对接“千岛农品”馆，围绕“千岛农品共富工程”，加大对淳安农业龙头企业金融支持，全年发展惠农经营贷40余笔，贷款金额1091万元。

【普惠金融】 2022年，邮储银行淳安支行持续开展“两小”客户大走访和小微企业园区大走访活动，全面精准推进“稳经济”政策直达各类经营主体。推进无还本续贷业务发展，扩大无还本续贷业务覆盖范围，不断加大无还本续贷投放力度，降低中小微企业融资的综合财务成本，无还本续贷投放28笔，贷款金额1.26亿元，比上年增加4563万元。积极优化信贷供给，加大中长期贷款投放力度，重点增加对制造业、“三农”等重点领域的中长期信贷支持，全年信贷投放9.8亿元，比上年增加2.67亿元。积极开展线上转型，推广“随借随还”模式贷款产品，做大“小微易贷”“极速贷”等线上产品规模，全年小微易贷投放33笔，贷款金额6731.7万元；极速贷投放1247笔，贷款金额2.9亿元。

【风险防控】 2022年，邮储银行淳安支行持续做好合规法治文化建设，深入开展以“敬规”为主题的系列合规宣传教育活动，通过“敬规”主题授课、观看警示教育片、合规天天学等引导全行员工自觉遵守各项业务制度，认清“红线”，守牢“底线”，切实提高全体员工自我风险管控能力，从源头降低案件及风险事件。层层落实案件防控责任，全行全员签订案件防控责任书。认真开展员工排查，严格落实岗位轮换，防范道德风险等，持续完善“全面、全程、全员”的风险管理体系。着力守护消费安全，全年组织20余场金融知识普及和防范电信网络诈骗系列活动，共促消费公平和社会和谐。

【企业文化】 2022年，邮储银行淳安支行始终坚持“以人为本”关心关爱员工，开展工会团建、摘橘子、厨艺大赛等形式多样的文体活动，让员工有效释放工作压力，增强员工的凝聚力和向心力。持续打造温馨职工小家，完善生活设施，开展丰富多彩职工小家系列活动，为员工尤其是外地员工创造温馨家园。开展员工谈心谈话及慰问活动，组织职工参加疗休养、看望住院员工、安排全行员工及退休人员进行体检、为员工送上生日蛋糕等活动，努力创造和谐向上的团队氛围，提升企业凝聚力和向心，提高员工的企业归属感。持续改善食堂用餐环境，增加晚餐供应，解决员工用餐问题,提升员工获得感和幸福感。

(李胜彩)

·浙江淳安农村商业银行股份有限公司·

【概况】 2022年,浙江淳安农村商业银行股份有限公司(以下简称淳安农商银行)下辖37家网点,其中,营业部1家、支行14家、分理处22家。在职员工422人。年末,各项存款余额173.94亿元,年增21.69亿元,同比多增5.14亿元,存款市场份额37.6%;各项贷款余额148.66亿元,年增18.79亿元,同比多增0.54亿元,贷款市场占有率30.7%;缴纳税收6180.1万元。

【服务实体经济】 2022年,淳安农商银行出台助企纾困稳经济四大行动"20条举措",主动担当加大贷款投放力度,得到县委、县政府领导批示肯定。实现新的市场主体走访1.23万户;完成3万余户存量信贷客户走访工作;共发放纾困信贷资金21.59亿元。以帮扶纾困、落实减费让利政策、推进无还本续贷业务,为农户、小微实体经济降低融资成本6353万元。利用支农再贷款和国开行的转贷款资金,向辖内小微企业发放低息贷款17.54亿元。

【共同富裕】 2022年,淳安农商银行根据县政府2022年重点实施项目表,指导支行开展精品项目走访,对接62个重点项目,项目授信3.9亿元,投放1.3亿元,助力基础设施向城乡一体配置,保障和改善社会民生。与大下姜联合体党委签订战略合作协议,发起成立"大下姜共同富裕"专项基金,并提供100万元启动资金,助力金融向善,促进共同富裕及乡村振兴。积极与杭州联合银行对接,签订"山海协作"战略协议,已开展农副产品消薄增收等多项合作,真正形成"飞地经济共富""商会乡贤共创"等5大机制,实现"扩中提低"新突破。组建金融共富专员帮扶小组,为民解决"急难愁盼烦"五件小事9680余件。促成县域6家银行与千岛湖镇9个建制村以"金融共富联合体"助力消薄增收170余万元,联合13家银行为"大下姜"共富联合体销售农产品30余万元。

【普惠金融】 2022年,淳安农商银行持续践行以人为核心的全方位普惠金融。积极推广农户家庭资产负债表融资模式,细化资产负债、收支、征信等43个模块和评价子指标,至年底,农户家庭资产负债表融资模式覆盖率达50%。借助普惠走访系统、移动PAD,在"村村普惠"中收集建议意见600余条,解决融资需求近1亿元,全年发放普惠型小微企业贷款76.94亿元,增长15.6%,高于各项贷款同比增速1.8个百分点。

【政银合作】 2022年,淳安农商银行在杭州地区率先上线三资平台系统,审批成功笔数6万笔,实现新系统村社覆盖率、线上审批率、账本月结率、阳光公开率4个100%。持续推进政务服务"四个办"工作,规范网点"一网通办"标识标牌,成功申报"医银合作"示范点1个;全面上线推广政务2.0收件系统,覆盖501项政务服务事项,办件量达1.25余万件。

【社会责任】 2022年,淳安农商银行一如既往地参与社会公益事业,获评浙江省青少年宫协会场所建设专业委员会颁发的"校外教育活动场所建设特殊贡献单位";被团县委、县少工委、县青少年活动中心评为"淳安校外教育工作爱心单位"。全年共计捐款167万元,用于支持淳中"志远生"完成学业,奖励优秀教师;开展萤火虫关爱计划,关爱留守儿童。积极响应号召,组织全行员工参加防疫、核酸采样登记、志愿执勤等服务共521人次,服务时长 2300 小时。

【党建工作】 2022 年，淳安农商银行结合党史学习教育，推进“两学一做”学习教育常态化，严格落实“一想一动”中层干部履职思考，共收到建言献策文章 180 余篇，组织论坛学习交流 6 次、智享讲堂 27 次；坚持党管意识形态工作原则，开展“蝶变跃升、活力农商”主题大讨论，成立 30 余人组成的“8090”宣讲团；组织集中观看廉政警示教育等专题片 3 次，参观廉政警示教育基地 2 次。

【企业文化】 2022 年，淳安农商银行成功从“淳厚”文化转化为“活水金融”文化图谱，推出吉祥物“淳小安”及 68 个线上表情包；以春节慰问、生日关怀、困难慰问、生病探望、结婚恭贺、病故关怀、节日慰问等关爱员工生活；通过组织疗休养、妇女节活动、俱乐部活动、文体活动、工会小组活动等丰富员工业余生活，开展退休人员荣退仪式，定制退休员工纪念章、制作个人专属相册、视频等，增强员工归属感和仪式感。 （邵玉珍）

·广发银行股份有限公司杭州淳安支行·

【概况】 2022 年，广发银行股份有限公司杭州淳安支行（以下简称广发银行淳安支行）有在职员工 14 人。年末，各项存款余额 2.5 亿元，比年初下降 0.56 亿元，其中，对公存款余额 0.53 亿元，储蓄存款余额 1.95 亿元；支行各项贷款余额 8.63 亿元，比年初增加 0.54 亿元，其中，对公贷款余额 5.19 亿元，个人类贷款余额 3.44 亿元；公司类贷款新增 0.93 亿元，普惠小微贷款新增 0.11 亿元。零售信贷余额比年初下降 0.39 亿元，其中，住房按揭下降 0.24 亿元，消费类贷款下降 0.15 亿元。全年未发生重大差错和安全事故。

【经营管理】 2022 年，广发银行淳安支行支持淳安特别生态功能区重点布局项目需求，对制造业、绿色贷款客户、科技创新型客户、战略新兴产业客户直接享有绿色审批通道服务；至年末，增加公司授信客户 6 户、公司贷款余额增加 9565 万元，增长 22.2%。全年新开工资监管账户 3 户，物业公司工资账户 2 户，共增加代发工资账户 96 户。积极落实山区 26 县差异化定价，对首贷户首次发放的及首笔出账的普惠小微、涉农贷款和金融精准帮扶贷款 FTP 比其他客户贷款 FTP 下调 100BPs，新发放的小微企业信用贷款平均出款利率为 3.65%，低于杭州其他地区。积极开发推进适合淳安县产业特色、操作便利的小微信贷专案产品“共富商户贷”“淳加工贷”两项个人经营性信用贷款专案，获意向客户 20 余户，出款 56 万元。积极实施金融网格化服务，积极对接乡镇主管部门和村级企业，共联系对接小微企业、个体工商户 500 余户，全年增加普惠小微贷款客户 21 户，增加余额 1120 万元。

【安全防控】 2022 年，广发银行淳安支行员工签订案件防控工作责任书 14 份（支行长与杭州分行签订案件防控责任书、员工签订案件防控工作承诺书）。通过多种形式开展员工案防合规教育、案例警示学习、纪律教育等学习活动，宣导监管制度、总分行各类规章制度，进一步提升员工的风险合规意识。召开 6 次合规案防分析会，传达总分行案防工作要求，开展案件防范风险分析会，组织员工开展案防教育学习 27 次；通过“上门走访”和“微信视频”等方式对员工开展八小时外异常行为排查，覆盖率 100%，未发现异常情况。

【金融消保服务】 2022 年，广发银行淳安支行进一步加强内外部金融知识宣传教育活动，开展各类金融消费者权益保护宣传，增强消费者自我保护意识，全面推进金融消保工作的有效开展；在投诉处理方面，通过规范工单处理流程，加强消费者权益保护能力，全面提升客户投诉处理水平，保障消费者合法权益。全年有效投诉1起。开展各类金融知识宣传活动8次，包含："3·15"金融消费者保护宣传周、"6·14"征信信用宣传、存款保险普及宣传、防范电信网络诈骗、反洗钱、防范非法集资等综合金融知识的普及和宣传。

【党建工作】 2022年，广发银行淳安支行党支部以"三会一课"为载体，加强支部建设，共召开支部大会28次、上党课6次，开展各类主题党日活动18次。依据"我为群众办实事"实践活动方案，通过开展意见征集梳理出《"我为群众办实事"清单》，明确问题清单责任人，明确量化标准、完成时限和责任部门，至12月底全部完成，涉及关爱员工类2件、便民利民类2件，形成政策举措和长效机制3项，实现时间与进度同步。统筹用好"学习强国""广学平台"等学习平台，引导党员骨干进一步坚定理想信念，提升政治素养。全体党员"学习强国"累计积分9.38万分，完成率277.3%。做好"我为群众办实事"，组织全体党员下乡进村，分别于4月10日、5月20日、8月8日、11月25日前往宋村乡、浪川乡洪家村、姜家镇翰红墨香馆等地开展金融知识宣传活动，为村民详细解读现有普惠金融产品，并收集其金融需求，为村民提供高效便捷的融资渠道，进一步提高群众的风险防范意识。

【社会责任】 2022年，广发银行淳安支行根据"村企结对助力乡村活动"实施意见，积极向上级行申请帮扶资金3万元，与结对的浪川乡洪家村党支部开展党员共建活动，给村民普及金融知识，为困难党员送去慰问。积极组织员工参与淳安县"春风行动"，共计捐款5200元。（叶玉萍）

·民生银行股份有限公司淳安支行·

【概况】 2022年，中国民生银行股份有限公司杭州淳安支行（以下简称民生银行淳安支行）有从业人员24人。年末，各项存款余额7.3亿元，比年初增加1.86亿元；各项贷款余额9.43亿元，比年初增加906万元；利润总额1994万元。全年无经济案件和重大责任事故发生。

【党建工作】 2022年，民生银行淳安支行始终坚持党建引领，突出党的核心地位。在党组织带领下，积极投身总、分行党委改革转型战略部署，贯彻落实支行发展计划，全情投入党史学习教育，有力促进了组织力量的提升和支行业务的发展。以主题党日活动为载体，认真落实组织生活民主会，将"两学一做"学习教育常态化开展，深入贯彻习近平新时代中国特色社会主义思想和中共二十大精神。深入开展主题教育活动，7月，全体党员前往安吉县余村开展"做贡献创佳绩　喜迎党的二十大"迎"七一"主题党日活动，深刻感悟余村人持之以恒、锲而不舍的钉钉子精神。

【乡村振兴】 2022年，民生银行淳安支行积极为山区26县高质量跨越式发展出谋划策。积极落实监管部门金融联络员工作，定期走访对接乡镇，了解当地产业经济特点，建立业务联系，收集融资需求，为客户解决融资难题；与千岛湖镇政府联合组建金融共富联合体，指定专门联络员，协助共富合作社做好农产品清单的整理、采购和助销工作，落实农产品销售29.5万元，以此带动村集体和"低边户"增收，为村集体消薄增收贡献力量。

【普惠业务】 2022年，民生银行淳安支行深入开展百地千名行长走访活动，行领导走访客户200余家，普惠业务得到较快发展。涉农贷款余额7.13亿元，增加0.25亿元。鉴于淳安产业集中于服务业，县普惠口径客户与服务业相关性较强，且受疫情影响较大，为减轻小微企业的财务费用负担，向上级行争取专项普惠利率，让利于民、于企。6月始，支行对存量小微客户实施应延尽延策略，主动与客户沟通，根据客户需要确定是否开展延期支付，解决客户燃眉之急。自疫情以来，淳安旅游业受阻较大，特别是民宿、餐饮业，为支持旅游配套产业发展，特推出“民宿贷”业务，并与民宿行业协会开展座谈2次，就开展“民宿贷”业务的关键要点、风控方案提出合理化建议。

【金融宣传】 2022年，民生银行淳安支行持续开展金融知识普及活动，在社区、市场、广场、商场、企业、乡村、建筑工地等场所广泛为客户提供金融知识宣传。以“6·14”信用记录关爱日专题宣传活动和“6·15”防范非法集资集中宣传日为契机，联合人民银行在南苑社区设置宣传台、咨询点，开展征信知识、存款保险制度、反洗钱、非法集资及防金融诈骗等金融知识的宣传，提高消费者对金融知识的认识度，确保宣传普及工作的覆盖面和触达率。

【社会责任】 2022年，民生银行淳安支行积极践行社会责任，助力共建和谐家园。履行社会职责，扛起使命担当。面对新冠疫情，全体员工凝心聚力，在做好自身防护的同时，有序落实各项金融服务和应急保障措施，积极为战“疫”助力，为战“疫”坚守，做战“疫”中最美的金融值守人。员工积极开展结对帮扶和慰问工作，走访共建社区困难家庭，送去米油等慰问品和慰问金；重阳节前往富文乡养老院慰问老人，送去慰问品和祝福。

（办公室）

·杭州银行股份有限公司淳安支行·

【概况】 2022年年末，杭州银行股份有限公司淳安支行（以下简称杭州银行淳安支行）各项存款余额20.99亿元；表内外融资余额34.06亿元。资产质量继续保持较好水平，不良贷款率0.33%。上交各项税收781.06万元。

【公司金融服务】 2022年，杭州银行淳安支行公司金融围绕“稳存增存、有效投放、拓展客群”开展工作，积极走访对接县属国有企业，及时调整国企授信结构，做到全县国有企业授信全覆盖。至年末，共计发放国有企业流贷8.1亿元，项目贷1.4亿元，银团贷款5400万元；贷款余额16.73亿元，比年初增加6.61亿元。积极拓展实体信贷客户，提升中小企业信贷支持。

【小微金融服务】 2022年，杭州银行淳安支行持续服务县内小微经营实体。创新营销模式，提升营销服务速度。以“党建+普惠金融”上山下乡模式为抓手，实施“农村普惠金融服务站‘站长制’”工作机制，制订工作计划，以农户贷为重点产品，开展整村授信业务。至年末，累计签订整村授信项目31个，农户贷授信735笔（2022年增加407笔），授信金额11376万元，用信金额6027万元。优化营销体系，提高营销服务质效，着力打造“新三化”营销体系，建立综合标准团队和微贷专营团队，实现营销工作向“体系化、数字化、专业化”推进。

【个人金融服务】 2022年，杭州银行淳安支行财富业务实现以“销售为目标”向“客户为中心”的转变，助力金融资产增长新高。积极做好“1+1”营销组合模式，开展财富沙龙活动,至年末,拓展白名单单位30家,开展社区、商场营销活动58场,组织厅堂沙龙活动13次。聚焦“公鸡贷”客户,共走访单位59家,发放金额减息券225张、竞争性利率优惠券发放148张。公私联动,增强与对公企业的合作黏性,拓展零售有效客户,打响“薪喜宝”代发工资品牌。

【风险防控】 2022年,杭州银行淳安支行持续开展风险资产清收管理,清收存量贷款金额277万元,清收完成率125.2%。加强合规管理,提升纠偏能力。开展员工案件防控和行为排查,对异常情况进行访谈跟踪整改。加强对电信诈骗、非法集资、扫黑除恶等可疑交易监测及宣传工作。落实信贷管理、第三方合作、催收、整治市场乱象等方面的监测检查工作,配合监管部门对部分账户可疑交易进行排查上报。加强反洗钱、反欺诈工作。扩大消保宣教,加强投诉管理。坚持“以客户为中心”的服务理念,全年无投诉、无信访案件发生,创造了零投诉的优秀成绩。

【党建工作】 2022年,杭州银行淳安支行认真学习贯彻中共二十大精神,以党员固定活动日、“三会一课”、党员春训冬训、“学习强国”学习标兵评选等为载体,通过深入学、持久学、反复学,确保习近平新时代中国特色社会主义思想入脑入心,增强政治认同、思想认同、理论认同。积极开展“百社百企结百村”“联乡结村”等帮促活动。以党建引领“贷”动乡村振兴,深耕“农户贷”,助力乡村振兴,帮扶的3个村农户贷授信31笔,金额390万元。加强党建带工团,凝聚奋斗动力。在支行党支部指导和支持下,充分发挥“杭银驿站”阵地作用,开展以“未来理财之星”为主题的少儿教育课程“小小银行家”、元宵猜灯谜活动、女神节系列活动、“夕阳红”系列主题活动、向客户提供金融知识及反假币宣导服务的“理财微课堂”等宣传教育活动。

【社会责任】 2022年,杭州银行淳安支行始终坚持“扎根一方热土、服务一方经济、造福一方百姓”发展理念,在加快自身发展,努力为客户创造价值、为员工创造未来、为社会创造财富的同时,始终不忘回报社会特别是公益性和扶贫济困的社会责任,切实为康美千岛湖经济社会发展做出自己应有的贡献。为帮扶村里商乡江村村公益项目资助15万元,协销农产品41.77万元。在“联乡结村”活动中为结对村梓桐镇黄村捐赠扶贫资金5万元,用于村委基础项目建设及“消薄增收”。每年为汾口镇提供帮扶资金80万元,为第一书记进驻的汾口镇汪家桥村捐赠帮扶资金5万元。参与淳安县全国文明城市创建、社区疫情防控等志愿活动。向淳安县红十字会抗击新冠肺炎疫情捐赠30万元。2022年度获得淳安县协作共富优秀单位称号、获评淳安县高质量发展和共同富裕工作先进集体。

【企业文化】 2022年,杭州银行淳安支行分工会先后组织开展“虎虎生威”销售竞赛、“公鸡贷”业务营销竞赛、“奋战180天”劳动竞赛、“薪喜宝”代发客群营销竞赛、“名师高徒”导师带教活动、“学习强国”学习积分竞赛、杭易联学习积分竞赛、内部讲师技能大赛、数字人民币专项营销推广劳动竞赛等系列业务劳动竞赛,充分调动员工工作积极性,各项业务实现了齐头并进、协调发展。开展员工关心关爱活动。组织开展“遇见最美的你”三八节主题活动、青年员工“家书传家风”党建清廉主题活动、“家企共建　温情家访”员工家访活动、职工疗休养活动、“关心员工　以人为本”新入职员工座谈会、“劳动最光荣　奋进正当时”五一劳动节专项慰问活动等形式多样的主题活动。进一步完善职工之家的各项基础设施,不断完善软件建设,为员工创造学习、健身、休息、减压的良好环境；设立单独母婴室，丰富支行文化内涵，增加员工归属感。开展员工技能提升活动。开展消防培训、反洗钱培训、防范电信诈骗培训、业务知识培训等，支行分工会发挥教育职能，以多种形式促进员工专业知识及技能的学习和应用，不断提高员工的思想道德，提升服务质量，助力支行的业务健康发展。从多维度、多方面增强员工凝聚力、提升核心竞争力。先后获评2022年度淳安县反诈拒赌示范银行网点、淳安县现金全额清分示范银行网点、2022年度银行业金融机构金融消费者权益保护A等银行。 （方莉芬）

·宁波银行股份有限公司杭州淳安支行·

【概况】 2022年年末，宁波银行股份有限公司杭州淳安支行（以下简称宁波银行淳安支行）各项存款余额7.16亿元，比年初增加1.39亿元，增长24%；表内各项贷款余额16.51亿元，比年初增加4.16亿元，增长34%。

【公司金融服务】 2022年，宁波银行淳安支行推进重点县属国企融资。通过宁波银行专业的一揽子金融服务能力助力县属国企蓬勃发展，推动相关产业加速前进。淳安县政府直属企业8家，年末，淳安支行给予直属企业本级及下属子公司授信额度支持13户，实现平台全覆盖，贷款发放金额10.8亿元，余额比年初增加2.3亿元。

【中小微金融服务】 2022年，宁波银行淳安支行落实还本付息政策，推进无缝续贷业务。对中小微企业（含中小微企业主）和个体工商户、货车司机、受疫情影响困难人群到期情况形成清单制管理，主动排摸企业经营遇困情况，通过无还本续贷、调整付息方式等途径帮助困难群体渡过难关。共计为有需求的12户客户的22笔贷款进行无还本延期，累计延期金额1852万元。

【小微金融服务】 2022年，宁波银行杭州淳安支行投放普惠贷款，支持小微企业发展。全力支持普惠贷款投放，优先保证普惠贷款资金，全力以赴支持小微企业发展。利用宁波银行快审快贷、税务贷、出口微贷等普惠产品推进小企业的全覆盖走访，至年末，宁波银行杭州淳安支行小微企业贷款余额1.65亿元，比年初增加5545万元，增长50%。

【支持"大下姜"强村共富联合体建设】 2022年3月，千岛湖镇政府牵头成立"共富合作社"，宁波银行淳安支行作为金融共富联合体单位成员之一，与共富合作乡镇保持常态化的联系沟通，了解并熟悉相关产业信息及各类特色农产品，积极组织开展共富产品销售工作。支行充分发动总分支联动力量，通过行内自主采购及带动销售等形式，帮助"大下姜"销售水果、粽子、大米、山茶油等农产品。共计帮扶销售农产品近32万元。

【"金融联络员"工作机制】 2022年，宁波银行杭州淳安支行为落实落细各项惠民利企政策、产品和服务，全力提升乡村振兴服务质效，建立"金融联络员"工作机制。联络员队伍在日常工作中持续加强对乡镇的实地走访，深入了解乡村产业和农户基本情况，拓展金融知识和政策宣传，为有需求的企业及农户定制适合的金融服务方案。共对6个乡镇进行走访，走访小微企业120户，新增授信5300万元；走访农户300户，新增授信1600万元；走访个体工商户60户，新增授信872万元。

【普惠信贷业务】 2022年，宁波银行淳安支行以小微金融差异化细分工作为基础,推动小微金融服务增量扩面,为小微企业提供较低成本的信贷资金,精准对接小微企业融资需求。贯彻落实宁波银行总分行关于实行普惠型小微企业信贷额度单列的要求,根据支行实际情况进行目标切分,并通过考核指引、竞赛激励等方式,督导和推动全辖普惠型小微企业贷款投放。年末,普惠小微贷款余额1.53亿元,比年初增加5464万元,增长56%,普惠小微客户数达到129户。

【“首贷户”培育】 2022年,宁波银行杭州支行以科技企业金融服务专项工作、民营企业“金融联络员”等工作机制的深化落地为契机,主动对接相关部门下发的小微企业名单,积极开展企业走访。其中,对于未发生过度授信业务,确因经营发展有融资需求的小微企业,主动提供金融服务支持,落实“首贷户拓展三年行动”,推动首贷户增量扩面。年末,本年度企业首贷户5户,当年首贷金额7602万元,其中小微型企业首贷户4户,当年首贷金额602万元。

【贷款码推广和应用】 2022年,宁波银行淳安支行落实“贷款码”宣传推广工作,引导新客户通过“贷款码”申请贷款,努力解决银行机构与企业信息不对称问题,为小微企业提供符合自身实际情况和需求的金融服务。至12月31日,有20家企业以“贷款码”的形式申请贷款,其中已授信落地5家,授信金额合计185万元。

【减费让利】 2022年,宁波银行淳安支行推出多项优惠措施,将“惠企利民”服务理念落到实处,主动降低企业融资成本,减轻小微企业负担,切实为助力淳安县实体经济发展贡献力量。针对在淳安新成立的企业,开立账户后,为企业配套一揽子减免服务,如上门开立账户、减免各类银行手续费、免费使用企业App功能。优化贷款利率定价,全年共计为企业节省财务成本及利息支出185万元。针对个人客户,继续推出个人信用贷款产品优惠券活动,共计为个人客户减少利息支出90万元。

【党建工作】 2022年,宁波银行淳安支行通过在网点设置爱心驿站,在网点大厅设置爱心饮水点,为环卫工人及周边道路施工人员等户外工作人员提供爱心茶饮及充电服务。酷暑期间,准备了由藿香正气水、人丹、扇子、饮用水等组成的清凉礼包,为网点周边环卫工人等户外工作人员送上清凉。

【社会责任】 2022年,宁波银行淳安支行全体员工积极响应县人民政府办公室关于第二十二次“春风行动”捐款活动号召,准备爱心红包,献上自己的爱心,员工共计捐款5600元。

【社区共建】 2022年,宁波银行淳安支行党员、团员共同组成志愿者服务小分队,每周五常态化进入共建的李家坞社区,开展为期半天的环境卫生及文明建设专项整治行动。在每季度文明城市迎检期间,走入社区及周边主要街道,查找清理卫生死角,对路面垃圾、小广告等进行清理,参与环境整治提升活动。开展文明劝导活动,引导居民不乱扔垃圾、不私拉电线、不在楼梯过道堆放物品等,为淳安县文明城市创建工作添砖加瓦。

(童　玲)

·浙江稠州商业银行股份有限公司杭州淳安支行·

【概况】 2022年,浙江稠州商业银行股份有限公司杭州淳安支行(以下简称稠州银行淳安支行)有从业人员26人。年末,各项存款余额10.8亿元，比年初增加8521万元，各项贷款余额34.46亿元，比年初增加8618万元，非保本理财产品年化销售4.73亿元。全年无经济案件和重大责任事故发生。

【平安护航】 2022年，稠州银行淳安支行切实做好中共二十大维稳安保工作，确保大会期间和谐稳定、无案件发生。专门成立工作领导小组，以支行一把手为组长，各部门负责人以身作则，并制定应急预案，根据“谁主管、谁负责”的原则，加强各类方案与预案的演练，确保反应迅速、应对及时。加强值班，坚守岗位。切实强化大局意识、责任意识；全力以赴、全心投入，细化工作方案，层层分解任务，切实把各项工作措施落到实处。

【普惠金融】 2022年，稠州银行淳安支行通过金融助力结对帮扶工作机制，以政银保合作产品创新重点，主动担起社会责任，不断下沉服务重心，以农村普惠金融服务站点服务乡村，践行乡村振兴战略，履行普惠金融责任，打通金融服务“最后一公里”，给予村民们提供7×24小时金融服务，让金融服务不出村；提供生活缴费、反假反诈骗等金融知识宣传普及，有效解决当地村民的金融需求。全年完成人行开业站点报备14家。

【金融产品】 2022年，稠州银行淳安支行结合杭州市银保监局印发的《关于银行业保险业助力淳安跨越式高质量发展的行动举措的通知》要求，认真开展“山区26县十四五期间投资及资金需求调研、银行业促进乡村振兴发展”等专项活动，大力推广主要针对在农村开展生产生活的农户“乡村振兴贷”产品业务，以信用村建设为基础，给予每户农户不超过20万元的纯信用贷款，以批量授信模式，农户无需提供任何资料，只需扫码即可通过大数据筛选，3分钟内完成审批，授信额度有效期三年，随借随还，方便快捷，可有效解决农户小额资金需求。至年底，共计完成授信村居35个，授信客户762户，授信金额1.27亿元。

【慈善公益】 2022年，稠州银行淳安支行始终坚持服务实体经济，开展慈善公益活动回馈社会。携手分行党支部共同走入王阜乡长川村开展“弘扬孝老敬老美德，助推乡村振兴发展”为主题的公益活动，走访慰问党员；走进养老院开展“慈善献爱心，真情暖人心”关爱老人主题活动，为养老院老人包饺子、送蛋糕，为他们送上真诚的祝福，切实投身公益事业，坚持公益与业务相结合，推动业务发展。

（方　敏）

·泰隆银行股份有限公司淳安支行·

【概况】 2022年，浙江泰隆商业银行股份有限公司杭州淳安支行（简称泰隆银行淳安支行）在册职员40人，内设营业部、小企业部及3个普惠团队。年末，各项存款余额5.53亿元，各项贷款余额7.66亿元。全年向各类小微企业发放贷款184户，共计3.2亿元（工信部标准）。

【普惠金融】 2022年，泰隆银行淳安支行针对淳安县推出特色信贷和理财产品，优先满足其各类客群的致富、消费和财富管理需求。坚持社区为本，“定点、定人”，扎根社区，为淳安县共同富裕带头人、新乡贤、乡村能人等群体量身定制“先锋贷”“先锋卡”“乡情贷”等“共富”特色产品。推广消费信贷产品，为“两民”客群在“衣、食、住、行、医、教、养”等场景的合理消费提供信贷资金支持。响应“共同富裕”，推出定制理财产品，发展贵金属代销业务，推出高性价比养老年金产品，试点财产保险，不断创新符合民众实际需要、使民众分享增值收益的财富管理产品。拓展再贷款、转贷款等低成本资金来源,推出信贷资产支持的 ABS 业务,根据当地情况,打造门槛低、受众广、手续简的"共富"系列产品,实现政策性贷款的增量扩面。

【"创富"金融服务】 2022 年,泰隆银行淳安支行配合"一县一业"建设,参与县域富民产业发展,促进各类经营主体成长,满足农户和创业者融资需求。做好县域富民产业融资服务,加大对旅游业这一淳安特色行业的信贷资金投放;围绕当地优质特色产业核心经济实体及其供应链上下游,探索建立"核心经济体+中小经营主体/农户+银行"的供应链金融服务模式;积极对接政府各类产业管理部门、科技管理部门和产业园、科技园,探索为从事技术研发、科技制造的科技型企业提供投融资服务。对于当地政府支持、拥有注册商标权和专利权的经营单位,推出知识产权质押融资服务;加快发展绿色信贷,落地排污权、碳排放权抵押融资业务,支持生态产业发展、人居环境整治、废弃物资源化利用,协助当地政府落地 GEP 核算体系,助力城乡环境改善和美丽乡村建设,实现生态宜居;持续推进农村人人可贷,做好农户融资服务。围绕"主动授信、批量授信、足额授信、长期授信、实质授信",探索"两有一无"模式,开展授信铺面,落地综合经营;探索农户家庭资产池融资业务,形成农户家庭资产池整体评估标准,完善农户资产负债评估表,上线相应系统功能;支持市民、农民的双创融资,继续发放创业贷款,结合淳安政策执行好"创保贷"业务,提供创业贷款贴息,帮助城市草根创业者和进城或返乡创业者解决资金难题。

【乡村振兴】 2022 年 6 月,泰隆银行淳安支行"沃土计划"示范村淳安站启动仪式在富文乡青田村举行。青田村是泰隆银行淳安支行推进乡村振兴共同富裕的典型示范村。活动现场,"党建+乡村振兴"共建基地、乡村振兴服务中心、金融教育示范点进行授牌,乡村振兴先锋服务队进行受旗。村实业和农户代表、退伍军人、残疾人均获得金额不等的授信。

【政银合作】 2022 年,泰隆银行淳安支行立足于"三个局"的变化,秉持"深化服务小微、服务实体经济"战略定位,利用总分行商户联盟项目,搭建"银行、客户和政府"三方沟通桥梁,与政府共同落实国家战略项目,为农创客们拓宽销售渠道,丰富泰隆"杭帮生活圈"商户联盟品牌价值。除了线上直播外,借助"你是传奇"平台,开展以助力乡村振兴与共同富裕为主题的"云团购"。让支行融入互联网经济,为家乡代言,为家乡产品代言。

【实体经济服务】 2022 年,泰隆银行淳安支行实行免收 68 项中间业务收费,如电汇、网银、手机银行转账手续费、承兑汇票手续费、短信费等,基本实现裸费经营,让利给客户,在此基础上,还主动通过多种途径提升服务、让渡价值,提高客户满意度。

【社会责任】 2022 年,泰隆银行淳安支行继续深耕小微、践行普惠,实现"高质量、内涵式"发展,朝着"好银行"的方向努力。践行金融服务面前人人平等,让普通百姓都能享受到优质金融服务;致力于扶持实体经济,助推地方经济社会发展。 (办公室)

·中国人民财产保险股份有限公司淳安支公司·

【概况】 2022 年,中国人民财产保险股份有限公司淳安支公司(以下简称中国财保淳安支公司)认真贯彻落实县委县政府和上级公司的各项要求,创新产品夯实服务,完成签单保费2.09亿元,比上年增长11.1%。先后获得杭州市金融工会“金融好食堂”、杭州市总工会以及全省财贸系统“工人先锋号”荣誉称号。

【干部队伍建设】 2022年,中国财保淳安支公司围绕“强活力、聚合力,提素质、促卓越”目标要求,结合员工提出的加强培训意见建议,通过大晨会、部门会、研讨会以及专题会开展不同主题的培训项目,提升员工专业知识储备,为客户提供更专业更优质的暖心服务。对新招聘员工,通过老带新一对一培训和集中业务培训等模式促使新员工快速成长。组建考核委员会,推进部门经理过程考核常态化,开展季度内勤服务测评和外勤业绩考核。开展选拔中层后备干部,聘任项目经理、团队长以及部门主管等职务加强人才梯队建设。成立户外活动社、瑜悦社和志愿者社3个员工兴趣社团。创办《奋斗在人保——感动你我他》专栏,积极发现和分享身边的感人事迹。

【乡村振兴服务】 2022年,中国财保淳安支公司持续加大六大战略服务探索力度,用保险服务缓解和承接政府治理的痛点,全面保障淳安经济社会发展助力共同富裕。全年为2.39万户农业主体办理杭州市特色农业主体综合保险,增加0.98万户,提供风险保障21.81亿元,赔付率达108%,该项民生实事工作得到杭州市人大领导批示肯定。签发全省首单政策性水稻完全成本保额补充保险,推进水稻种植保险由物化成本向完全成本拓展,承保面积达1307公顷,为109户次农户提高风险保障639.62万元。全县水稻因干旱受灾共计赔付500余万元,其中水稻完全成本保额补偿保险赔款100余万元。针对淳安县农业产业发展情况,结合各片区农业产业特点,在淳北地区重点推广山核桃采收人员保险,惠及1.75万人;在淳西地区重点推广养蚕保险并辐射全县,为1.13万户蚕农提供风险保障1737.38万元;在淳南地区推广毛竹和食用菌保险;在淳东地区推广茶叶保险;在淳中地区推广柑橘、枇杷等水果保险,初步形成“一镇一品”农业保险模式。

【智慧交通服务】 2022年,中国财保淳安支公司深化“警保合作”,在关爱生命、安全出行、防灾降损等方面不断实践。实行重大人伤案件预付赔款机制,破解道路交通事故发生后医疗费等不能及时支付或无力支付的情况。针对乡村道路交通安全管理难题,在乡镇设立警保共建农村交通安全劝导站,开展交通安全劝导、交通安全普及、道路隐患排查等工作。以电动自行车保险为解决方式,有效缓解乡村电动自行车交通事故因双方赔偿问题而引起的矛盾纠纷,共处理电动自行车保险赔案455起,支付赔款200余万元。聚焦特定用车场景,推出代步车保险,为出险送修客户解决出行难题。

【健康养老服务】 2022年,中国财保淳安支公司在健康养老服务方面,深化政保合作,持续参与大病保险业务经办,工伤保险监督、调查和预防宣传,工伤保险赔付金额1798万元。入村入社推广宣传老年人意外险保险政策,统保全县老年人意外伤害保险,为全县11.57万名老年人提供71.78亿元保障,设立老年人绿色服务窗口提供保险咨询和理赔服务。承办西湖益联保补充医疗保险,全县参保率达50%,排名全市前列,赔付金额2471.47万元,赔付率97.3%。积极参与服务惠民工程,为全县1.8万余名残疾人提供保险保障。

【绿色环保服务】 2022年,中国财保淳安支公司在绿色环保服务方面,与县林业局合作开发淳安县野生动物侵害政府救助保险，为全县32.8万常住人口提供因野生动物侵害导致人身伤亡和财产损失的保险保障，提供保险理赔服务410余次，涉及赔款75万元。与县农业农村局合作开发淳安县病虫害防治政府救助保险，为13万户农户提供800万元风险保障，涉及赔款20余万元。

【科技创新服务】 2022年，中国财保淳安支公司在服务科技创新方面，防范化解企业生产经营风险，落地签单“千岛湖鱼”地理标志被侵权损失保险。以余氏家厅、芹川古村落木制古建筑为代表的省级文物作为试点，利用水浸感应器等科技创新手段搭建物联网防控体系，提供日常风险保障及实时状态监控，推进文物保险创新项目落地。

【社会治理服务】 2022年，中国财保淳安支公司在社会治理服务方面，参与非标电动车置换工作，设立“警保联动电动自行车上牌服务站”自有网点及转授权门店共24个，网点新车上牌2.61万辆。为全县67个工地提供安全责任保险隐患排查服务。定期组织员工进李家坞共建社区协助开展全国文明城市创建志愿服务工作。（吕丽萍）

·中国人寿保险股份有限公司淳安支公司·

【概况】 2022年，中国人寿保险股份有限公司淳安支公司（以下简称中国人寿淳安支公司）实现股份总保费收入2.56亿元，续期保费1.82亿元，大短险保费达成3370.41万元。

【理赔服务】 2022年，中国人寿淳安支公司受理理赔案8739件，总赔款金额3381.61万元，短险赔款2310.44万元。

【队伍建设】 2022年，中国人寿淳安支公司有员工30人，设有营销发展部、收展发展部、个险培训部、团险、银保、客服、综合7个部门。销售伙伴月均300余人，全年共签约200人，大个险主管30余人。

【政企合作】 2022年，中国人寿淳安支公司搭建平台，与计生、民政、旅游、农业等政府职能部门形成良好关系，在多次政府会议上汇报保险工作，提供宣传资料，加大保险宣传力度，并做好后续理赔服务对接人员，持续跟进保险服务，彰显公司责任担当。西湖益联保承保率为53.3%，总保费2539万元，赔付2471万元，赔付率为97.34%；年度大短险保费、农村小额保险、计生业务保险、移民保险、学平险、建工险均实现同比正增长，为更多客户提供保险保障与服务。巩固脱贫攻坚成果同乡村振兴有效衔接，开拓创新项目，为全县低收入农户1.5万余人承保防返贫保险，防止现有低收入农户和退出低收入农户返贫致贫，加快实现共同富裕。乡村振兴保险达成保费210.86万元，涉农保险达成保费552.6万元。

【社会责任】 2022年，中国人寿淳安支公司助力政府行动，参与公益活动。新冠疫情防控期间，组织开展消毒消杀、捐款捐物等各项志愿者活动；推动落实垃圾分类工作；创文明县城工作中安排人员落实网格道路的执勤。

【风险防控】 2022年，中国人寿淳安支公司根据新冠疫情防控要求，及时调整防控措施，组织开展员工防疫教育，部署防疫工作，储备防疫物资，严格落实防疫工作。及时下发《淳安支公司2022年反洗钱工作计划》《淳安支公司开展2022年重点风险专项治理工作方案》《开展中央第八轮巡视整改工作》《淳安支公司乱象治理专项工作》等专项工作，根据履职清单，各职场建立风控联系人，压实责任。认真开展“2022 年重点风险专项治理工作”、保险金融知识宣传、防范和打击非保险金融产品销售及非法集资等专项整治工作，做到早发现、早报告、早预警、早处置，从源头上防止非法集资活动的发生及蔓延。各部门联系人负责反洗钱工作，并按照规定开展客户身份识别、客户身份资料和交易记录保存、报送大额交易和可疑交易报告、开展反洗钱培训和宣传工作等，提升风险防范意识及案件防控能力，有效控制风险发生，为公司持续稳健发展保驾护航。　（办公室）

综合管理与监督

·发展和改革·

【2022年国民经济和社会发展计划执行情况】 2022年,淳安县聚焦聚力高质量发展和共同富裕建设,纵深推进"七大攻坚战"和经济稳进提质八大行动,经济社会基本保持平稳发展。全县实现地区生产总值269.51亿元,按可比价格计算,比上年增长2.4%;第一产业、第二产业、第三产业增加值分别为42.36亿元、71.29亿元和155.86亿元,三次产业结构比优化为15.7∶26.5∶57.8。城镇居民人均可支配收入增长4.2%,农村居民人均可支配收入增长6.0%,实现城乡居民收入与经济同步增长、社会事业进步与发展水平同步提高。

【服务经济】 2022年,淳安县实现服务业增加值155.86亿元,增长2.6%。旅游经济平稳恢复。全年接待国内外游客812.1万人次、实现旅游经济总收入126.8亿元,分别恢复至上年同期的89.9%和85.5%。成功创建国家体育旅游示范基地,入选首批省交旅融合试点,获评"浙江文旅助力探索共同富裕新路径十佳县"。旅游项目建设招引实现新质变,建立旅游大项目库,亿元以上招商类项目15个、在建类项目23个;建成开业"月光之恋"光影艺术夜游、明豪国际会议中心、千岛湖植物园、天屿景区等项目。总结千岛湖旅游四十年发展成果,修订全域旅游高质量发展指导意见,开展千岛湖新十景评选,推出千岛湖100种玩法,旅游产业在全省率先回暖复苏。消费市场逐步回暖。全年实现社会消费品零售总额94.04亿元,增长4.5%。开展全方位、立体式、多元化促消费活动,举办第四届"骑龙有戏"非遗纳凉月暨百县千碗美食推广、淳享夏日消费节、千岛湖啤酒畅饮节等活动,出台促消费举措,落地零售、餐饮、旅游等特困行业纾困政策,发放汽车、家电、餐饮、文旅等消费券1662.5万元,带动消费增长;出台"淳十条"房产新政,处置建而停滞房地产风险楼盘,推动房地产市场平稳健康发展。

【工业经济】 2022年,淳安县实现规模以上工业增加值34.71亿元,增长5.5%。健康水业做大做强。农夫山泉青溪工厂加快推进,千岛湖啤酒四期建成投产。农夫山泉、千岛湖啤酒、标普健康、康诺邦等龙头企业带动明显,水饮料产业销售收入超百亿元。"依托一流生态,打造百亿水产业"模式被认定为杭州共富示范第一批最佳实践案例。数字经济加速提升。全年完成市级数字化改造攻关项目6个,培育数字化车间3个,市级"云上企业"和县级"云上企业"各1家。创成省级工业互联网平台1个,实施省首台(套)产品工程化攻关项目1个。千啤公司被认定为杭州市首批"未来工厂"。高新经济再创新高。全年实现高新技术产业增加值15.96亿元,增长14.5%。高新技术产业增加值占规模以上工业增加值比重达46%，比上年提高3.8个百分点。新增国家高新技术企业13家。

【农业经济】 2022年，淳安县实现农林牧渔业增加值43.07亿元，增长3.2%。农林产业提档升级。深入实施农业"双强"行动，建成文佳农艺农机融合示范等4个省级项目。"基于雌蚕无性克隆与限性斑纹技术的家蚕新品种选育及应用""枇杷优质丰产栽培关键技术研发与应用"分别获得省科技进步一等奖、省农业农村厅技术进步一等奖。成功列入省林业共同富裕试点县，新发展林下经济1333.33公顷，完成"一亩山万元钱"示范基地建设2666.67公顷，林业总产值突破百亿元。全面启动国储林项目，"大下姜"收储试点工作加快推进。品牌建设持续增强。扎实推进"36165"千岛农品共富工程建设，组建成立"千岛农品"共富促进会，"千岛农品"公用品牌助力山区县共富获评国家商标品牌建设优秀案例。引育农业新型业态，明康汇产销共同体项目初显成效。成功举办中国千岛湖茶博览会和中国(千岛湖)茶馆联盟大会。

【有效投资】 2022年，淳安县固定资产投资增长15.2%，比上年提高30个百分点，在杭州市13个区县(市)、全省26个山区县均排在前列。重点项目支撑有力。重大项目引领支撑作用明显提升，省、市、县三级重点项目均实现"全年红"。其中，66个县重点实施项目完成投资56.1亿元，完成年度计划投资的110.6%；20个市重点实施项目完成投资27.55亿元，完成年度计划投资的134.6%；2个省重点实施项目完成投资6.3亿元，完成年度计划投资的123.6%。投资结构持续优化。"4+1"投资结构除交通投资外，其余均实现两位数以上增长，为有效投资高速增长打下良好基础。生态环境、城市更新和水利设施投资增长42.4%，项目民间投资增长70.7%，高新技术产业投资增长26.2%，工业投资增长159.7%，交通投资下降4.4%。

【基础设施】 2022年，淳安县交通网络不断优化。杭淳开高速公路列入国家公路网规划，淳安段勘察设计开展。330国道千岛湖大桥至临岐段改建工程加快推进，302省道桐庐至文昌段路面大中修工程、亚运赛道沿线景观提升工程、中洲镇叶村至开化县麻坞村村道连接线工程完工。完成农村公路大中修65千米，建成农村联网公路10千米、安保工程52千米。供水条件不断改善。深化城乡供水一体化建设，重点推进农村饮用水提升改造，持续扩大水厂供水覆盖面。完成汾口、瑶山、里商、郭村4座水厂主体工程，新建白马、梓桐2座水厂。加快实施单村供水提质工程，建成6座集中式供水站，延伸改造28个村自来水管网，受益人口超过4.5万人。供电通信不断提升。建成投用110KV燕山变、35KV下姜变，开工建设110KV进贤变。推进农网升级改造，新建10KV线路102千米，全域供电可靠性位居全省前列。新开通5G站点1020个，新建5G基站241个，完成2家亚运和亚残运会官方指定接待酒店5G室分信号全覆盖。

【人居环境】 2022年，淳安县环境质量持续向优。统筹实施农业、林业、工业和生活4个污染防治项目。完成农林统防统治1.6万公顷，农药化肥使用量持续下降。千岛湖出境断面水质持续保持Ⅰ类、为近十年来最好，生态环境公众满意度列全省90个县(市、区)第1位，入选第一批省级生态文明建设实践体验地，获评第十一届中华环境奖。保护体系持续完善。持续推进系统共保、区域联保、数字智保、法治严保4个保护体系建设。深入实施国家山水林田湖草生态保护修复试点。深化上下游流域共建共保，启动建设鸠坑口水质自动监测超级站。迭代升级“秀水卫士”,集成打造“数字第一湖”,全域护水智治体系加快构建。全面落实淳安特别生态功能区条例,组建运行全省首个林长制法官工作室及生态共享法庭,创新“一支队伍管千岛湖”行政执法改革。“两山”转化持续出彩。两山合作社生态金融模式被财政部作为典型案例发布推广。成立县林业碳汇收储交易试点领导小组和县森林碳汇管理局,探索开展国家储备林项目建设和林业碳汇收储核证试点。全年推动落实转化项目 116 个,带动村集体和村民增收 1500 余万元。持续推进农(林)业综合经营权质押贷款增量扩面,累计为 95 家经营主体办理质押贷款 8000 余万元。

【民生保障】 2022 年,淳安县完成高龄津贴提标、城乡居民基本养老保险基础养老金标准提高等十大民生实事。城乡居民基础养老金提高至每人每月 330 元,实现与杭州市区同标准。汾口镇敬老院建成运营,里商乡、大墅镇、威坪镇敬老院在建。建成村级居家养老服务照料中心 391 家、乡镇级居家养老服务中心 24 家,实现乡镇、村社全覆盖。低保、特困、困境儿童救助标准实现与杭州市主城区接轨。其中,最低生活保障标准每人每月 1216 元;特困人员生活补助每人每月 2027 元;散居孤儿和事实无人抚养儿童生活补助标准每人每月 2270 元。困难残疾人生活补贴提高到 364.8 元,困难家庭保障水平位居全省山区县前列。医保政策待遇与主城区接轨,医保定点广泛覆盖,全县共有基本医保定点医药机构 363 家,其中 285 家定点医疗机构和 78 家定点零售药店。举办各类就业招聘会 74 场,迭代升级“重点群体就业帮扶在线”应用场景,完成重点群体帮扶 8200 余人,城镇新就业 4412 人。 (徐虹佩)

· 市场监督管理 ·

【概况】 2022 年,淳安县市场监督管理局(以下简称县市场监管局)紧扣“疫情要防住、经济要稳住、发展要安全”三件大事,合力打好疫情防控、稳进提质、除险保安组合拳。淳安“千岛农品”公用品牌助力山区县共富案例被国家知识产权局作为商标品牌建设优秀案例发文推广。淳安县成功列入全省首批 5 个绿色认证先行示范区创建名单,并获全国首张生态低碳茶认证证书。桑黄中药材标准和饮片炮制规范在淳安发布,明确淳安桑黄的药用价值、炮制方法、检验标准和功能主治,为“淳六味”新添一药材。

【服务发展】 2022 年,县市场监管局充分发挥品牌、质量、标准“三大工具”作用,真心实意服务经济稳进提质。“品牌”赋能。建立省级“千岛农品”品牌指导服务站,授权超百个农产品使用“千岛农品”集体商标,规模化、标准化基地超百个,品牌矩阵总价值超百亿元。“质量”加持。积极向国家市场监管总局和省市市场监管局争取“品字标”“质量奖”等评审和认证,成功指导 2 家企业获制造业和农业领域浙江“品字标”认证。质量强县工作获 2022 年杭州市政府行政嘉奖。“标准”引领。新增有机产品获证企业 12 家,有机认证证书 15 张,累计共有有机认证企业 77 家,认证证书 102 张,认证证书数量占全市 29.8%、全省 8%,认证规模约 4.2 万公顷,有机产业经济综合收入超 10 亿元。淳安有机产品认证被国家认证委作为优良实践案例发文推广。

【营商环境优化】 2022 年,县市场监管局着力推动稳经济一揽子政策落实落地,积极探索促进市场主体倍增可持续发展的措施和路径。不断探索“一件事”集成改革,着力构建

"自主申报+信用承诺"登记体系，最大限度减少行政干预；迭代升级"证照分离"改革，推行涉企经营许可事项告知承诺制，降低市场准入门槛；对禁开区内的餐饮审批开展分类处置，尝试放宽轻油烟、无油烟餐饮项目的准入登记，放宽餐饮禁开区准入；持续推进"容缺受理"机制，简化投资者商事登记的流程和材料，进一步提高行政审批效率和服务水平；全年新登记各类市场主体4361户，总量达到3.8万户，比上年增长9.6%。

【疫情防控】 2022年，县市场监管局坚持"人""物"同防，从严从紧织密疫情防控"防火网"。牵头做好全县物防工作，完善专班机制，强化"浙冷链、浙食链"系统应用，实现进口冷链食品全受控、无遗漏，浙冷链系统累计入库73965件，出库2055件，浙食链入库12375批，出库7263批，赋码率和扫码率均达100%。

【文明创建】 2022年，县市场监管局严格对照全国文明城市创建标准，突出农贸市场、专业市场、药店、小餐饮、小食杂店、学校周边6大重点领域，划分17条道路网格和3个重点乡镇网格，明确专人、严守领地。探索监管新模式，公开招募502名市场监督志愿者，协助开展文明城市创建行动；实施线下网格化管理和线上工作群提醒相结合的工作模式，持续开展制止餐饮浪费、督促公勺公筷使用等专题宣传和巡查引导；创新组建内部督查小组，以问题交办单的形式通报督查情况，形成工作管理闭环。20个网格纠正处置未规范佩戴口罩2.2万人次，开展巡街1584人次，发放宣传资料8000余份；联合市场监督志愿者发放"文明城市"创建标准宣传手册1510份，张贴反浪费墙贴7000份、桌贴10000份，发放文明用餐"公勺公筷"8000套；发布餐饮"红黑榜"12期，开展"反浪费"宣传培训6期，培训餐饮单位负责人及从业人员约2000人次。

【亚运保障】 2022年，县市场监管局遴选6名相对专业的安全保障"专员"，组建亚运餐饮食品安全保障专班，制定《"韵味杭州"2022年千岛湖山地自行车邀请赛餐饮保障工作方案》《食品安全保障总体方案》；积极指导各场馆餐厅建设，制定工作人员餐厅、媒体村餐厅设计方案和餐厅厨具设备清单，完成工作人员餐厅餐饮设备招标；测试赛期间开展食材检测106批次，未检测出农残阳性，累计供餐近3000份，其中堂食2326份，打包584份，圆满完成邀请赛餐饮服务保障工作。

【除险保安】 2022年，县市场监管局以"四个安全"为目标，推进"除险保安"工作各项工作落实落细。备案非标电动自行车提前淘汰置换。全县备案非标电动自行车共计111673辆，淘汰106725辆，累计注销比例达95.6%，在全市区县排名第四，取得良好成效。加强食品药品安全监管。抓好食品药品数字化监管，累计完成生产经营企业"浙食链"激活上链3477家，346家外卖餐饮"阳光厨房"，建成阳光工厂101家、民生药事服务站6个，全年新增五星食安办1家、四星食安办6家。加强特种设备安全监管。强化执法重保障。围绕重要民生商品、疫情防控、保护"一老一小"、涉企收费等重点领域，开展"铁拳"、"亮剑2022"、借重大活动从事违法违规商业广告宣传等33项综合执法行动，创新运用数字化平台，高效查处各类违法案件440件，增长23%，行政处罚175.29万元，增长17.5%。

【党建工作】 2022年，县市场监管局坚持思想引领，深入学习宣传贯彻中共二十大精神，按照省、市、县委"六学六进六争先"的部署，出台《关于认真学习宣传贯彻党的二十大精神的通知》,局党委中心组理论学习13次,带动各级党组织开展集中学习200余次;开展“四学三思三践行”系列活动,选派青年干部开展基层宣讲,在学习宣传贯彻中共二十大精神上率先示范;组建以局团委为主体、局妇联共同参与的青年志愿服务队,参加各类志愿服务180余人次,进乡进村进企实施用药指导、消费维权、助企服务等行动20余次;出台《关于纵深推进清廉市场监管建设实施方案》,开展“清廉机关”“清廉基层所”建设,更新全系统干部职工廉情档案202份,针对“酒局”“牌局”、亲清政商关系、公车使用等开展自查自纠,扎实筑牢系统政治红线。

(汪嘉林)

·审计·

【概况】 2022年,县审计局完成审计项目15个,查出违规资金557万元、管理不规范资金2.93亿元;移送纪检监察机关和有关部门处理事项6件;出具审计报告和专项审计调查报告15份,促进被审计单位制定、完善管理制度10余项;提交审计信息58篇,被批示、采用49篇,其中涉及世行贷款、垦造水田、“并村不并账”等问题的9篇信息获县主要领导批示。在杭州市优秀审计项目评选中,获一等奖、二等奖各1个,1个项目入选市大数据审计优秀案例。

【专业审计】 2022年,淳安县通过财政审计,揭示部分重大政府投资项目未按规定进行财政承受能力评估、110家单位预算执行率低于50%、山核桃病虫害统防统治项目管理不到位、部分招商引资项目目标完成不理想等问题,促进收回有关单位经营摊位使用费39.6万元,追缴115位死亡人员多发放的养老金13.41万元。

【经济责任审计】 2022年,县审计局对2个乡镇(金峰乡、富文乡)、6个部门(县财政局、县发改局、县生态产业和商务局、县住建局、县机关事务局、县委老干部局)8个单位的10名主要负责人实施领导干部经济责任审计,从重要经济职责履行、重点资金资产管理、自然资源资产管理等方面,揭示对企业补助审核把关不严、部分林道建设突破生态红线、重大工程临时用地复垦不及时等问题,进一步盘活存量资产,完善内控制度,规范权力运行。

【政策跟踪审计】 2022年,县审计局通过政策跟踪审计,发现部分政府采购项目违规实施单一来源采购、个别地块未按招商引资协议约定缴纳土地出让金、个别企业监管缺失、储备数量短缺且储备时间超国家标准等问题,促进相关单位部门制定《关于加强单一来源方式政府采购管理的通知》、解除相关土地出让合同并没收合同定金、完善《财务管理制度》、追回有关代储费用并完善相关制度。

【审计管理】 2022年,淳安县增设县委审计委员会办公室秘书科,强化日常运作,切实加强党对审计工作的领导。严格执行重大事项报告制度,及时将审计发现的重大和敏感问题向审计委员会报告。根据省定审计“七张问题清单”九条纳入标准,当年部分审计发现的问题被纳入省市清单进行提级整改。县审计局牵头抓好“举一反三”、建章立制、案例编写等工作,其中“国控断面水质问题”和“砂石资源管理问题”案例分别入选省、市“七张问题清单”总驾驶舱示范案例;通过调研,专题研究形成《年度内审工作推进方案》,组建内审指导小组对县域分3个片区进行业务指导,结合“审计上门宣讲”开展内审规定和新修订审计法宣传,着力夯实内审工作基础。

【党风廉政建设】 2022 年，县审计局领导班子带头严格落实党建主体责任，按照县委“五张责任清单”抓好落实，引导党员干部以昂扬的精气神践行审计工作的初心和使命；严格落实党风廉政建设责任制，定期开展廉政风险排查防控，坚持严管与厚爱相结合，注重干部勤政廉洁教育，推进清廉审计建设，自制的“清廉审计”党建品牌宣传片在市审计部门网络评选中名列前茅；总结“审计党建”工作，撰写《特别生态功能区建设 助推全面乡村振兴》，在光明网客户端刊登；积极参加市审计局组织的革命歌曲大合唱 MV 录制比赛，排练的《我和我的祖国》合唱节目获杭州市审计局革命歌曲比赛优秀奖；持续深化“审计法律上门宣讲”活动，围绕“工程项目管理、经济责任审计、自然资源资产保护、财务规范化”等方面进行解读；梳理编制《淳安审计发现共性问题清单》，下发给相关部门、乡镇借鉴参考，用典型案例警示推动整改落实，进一步提升经济和廉政风险防范能力。（章汉胜）

·统计·

【国家统计督察问题整改】 2022 年，县统计局围绕“强基固本，有为有位”主基调开展业务提升主题活动，针对国家统计督察中发现的问题加强落实整改。成立国家统计督察反馈问题整改工作专班，印发《淳安县落实国家统计督察整改反馈问题整改方案》《淳安县统计局贯彻落实国家统计督察反馈意见整改方案》《淳安县统计造假不收手不收敛问题专项纠治实施方案》，明确整改措施。探索推进纪检统计联合监督工作机制，4 月初召开数据质量监督会议，联合县纪委成立 5 个专项检查工作组，对 23 个乡镇和 13 个部门（平台）开展联合检查指导，通报走访检查发现的问题并提出整改要求，进一步强化统计工作主体责任落实。

【统计数据质量提升】 2022 年，县统计局出台《关于进一步提升我县数据质量的通知》《2022 年执法计划》等文件，全面落实“五个一”制度，即每年开展“一次重点专业全覆盖数据核查”、每季度召开“一次全县统计专项工作会议”、每月至少“一次执法行动”、每次业务培训开展“一场考试”、对外提供统计数据要“一个口子”，进一步夯实源头数据质量，巩固和提高统计数据质量。

【统计普法执法】 2022 年，县统计局根据年度法治工作要点，制定《2022 年统计执法检查实施方案》，全面开展工业、能源、服务业、贸易、投资等重点领域统计执法工作。全年核查企业 730 家（次），执法检查企业 22 家，对 2 家单位进行行政处罚；在“法治宣传月”“中国统计开放日”开展形式多样的普法宣传活动。

【统计调研分析】 2022 年，县统计局强化统计调研，提高统计调研分析报告撰写质量，为党政领导、社会公众提供及时有效统计服务。针对疫情影响县经济发展现状，发挥专业优势，颗粒度分析各项指标，精准提出建议举措，为县委、县政府加强经济运行工作调度提供有力支持。聚焦经济社会发展的重点问题、基层面临的难点问题、社会关心的热点问题，充分发挥统计调研职能，深入开展分析研究，及时揭示统计数据背后反映的真实情况。全年共有《人口外出对我县乡村振兴工作的影响分析及对策建议》《收入增速放缓 下行压力较大》等 4 篇统计分析文章获县主要领导批示肯定。

【统计监测预警】 2022 年，县统计局坚持重点指标有月报、重要情况有专报的原则，密切关注全县经济活动中出现的新情况、新问题，有针对性地撰写分析材料、提供意见建议。密切跟踪、定期研判经济走势，在做好数据监测的基础上,每月及时发布统计月报,撰写经济形势分析报告并做好月度汇报。健全监测预警机制,加强主要经济、考核指标横纵向分析,形成综合核算为主,专业统计通力配合的工作机制。全年印发《淳安统计月报》11 期、《淳安统计》20 期。

【统计业务培训】 2022 年,县统计局开展各类业务培训,强化基层统计业务指导。组织各乡镇、平台统计人员和企业统计员开展专题培训,做到新人必培、逢培必考,切实提高基层统计人员的业务水平;局主要领导到乡镇授课,加强乡镇统计主体责任意识,提高统计基层基础建设;将业务知识与《中华人民共和国统计法》相关内容纳入县管正职干部共富培训、县管干部法治培训、中青班培训、新招录公务员初任培训必修课程;召开全县乡镇、部门统计工作分管领导专题培训班,邀请市统计局专业人员做专题讲座。

【党的建设】 2022 年,县统计局加强党建引领,深入学习贯彻中共二十大和习近平新时代中国特色社会主义思想。深化党员"先锋指数"管理,开展"党员先锋指数测评"等活动,积极营造创先争优、比学赶超的良好氛围;加强党风廉政建设,组织全局党员干部观看县纪委要求学习的廉政教育视频,每个月给党员过集体政治生日、重温入党誓词,进一步牢记共产党人的初心使命,树牢法治意识、弘扬统计核心价值观;组织党员干部参与疫情防控志愿服务,展现党员干部政治自觉与社会担当;坚持党建和统计业务工作融合发展,坚决完成县委县政府和上级统计调查部门部署的各项任务,为淳安特别生态功能区建设提供坚实的统计支撑;树立正确用人导向、规范干部选拔任用,加强干部公开选调工作,全年有 2 名中层副职提拔为中层正职、1 名干部得到职级晋升,通过公开选调补充 1 名公务员、1 名事业干部,进一步激发统计干部干事创业热情。 (詹春霞)

·应急管理·

【概况】 2022 年,淳安县紧紧围绕中央、省、市工作要求,紧盯"平安护航二十大顺利召开"这一重要目标,以推进应急管理体系和能力现代化建设为抓手,聚焦安全生产大检查、安全生产"除险保安"大排查大整治、防汛防台标准化建设等重点工作,各项工作取得明显成效,为特别生态功能区建设提供安全保障。全县安全生产形势总体保持稳定。

【机制建设】 2022 年,淳安县结合实际,优化组织架构。适时对安委会成员进行调整,进一步优化"1+10+2"(1 个县安委会、10 个专业安全生产委员会、2 个重点平台安全生产委员会)组织架构,延伸触角,形成"1+10+2+X"体系,将安全生产责任延伸到乡镇、到村、到企业主体。形成研判机制。结合应急管理全覆盖责任体系系统,督促传经安委会、各专委会、平台安委会履职尽责,严格按照相关要求,召开季度例会,研判风险及各自领域存在的安全生产问题,形成针对性解决方案,特别是逐步完善乡镇 15 日隐患曝光督办闭环机制,强化问题发现、问题报告、问题整改,并积极向省市报送相关问题,有 8 个问题纳入市级清单。开展专项整治。结合安全生产三年综合整治、"七张问题清单"、"除险保安"等重点工作,各专委各司其职,分工协作,常态化开展重点领域(危化矿山、交通运输、工贸、消防、文广旅体、农业渔业、教育卫生、特种设备、建设施工、城区运行)周期性、起底式、拉网式大排查大整治大执法行动,并按照"四不两直"(不发通知、不打招呼、不听汇报、不用陪同接待、直奔基层、直插现场)要求开展暗访、曝光和督查。全年开展各类大排查大整治大执法行动7轮、5123人次，发现问题1332个，完成一般性问题整改1131个，实施管控措施201个，挂牌督办16个，处罚企业15家。

【安全监管执法】 2022年，淳安县开展危化品“低、小、散”专项治理，完成96家危险化学品使用企业隐患排查治理，打击24家油漆经营户违法行为，取消14家“危险化学品经营许可证”，建立110家烟花爆竹经营点（长期）常态监管机制；开展危化品许可证到期换证、涉爆粉尘企业整治、工业企业防范火灾爆炸事故专项整治、工业企业安全风险“常普常新”等工作。实施2022年度监督检查计划，按照类别常态化开展专项检查、双随机检查，形成全员抓执法态势。开展护航“二十大”专项行动，县危矿专委会下发《淳安县危矿专委会关于印发“护航二十大”危险化学品矿山烟花爆竹领域安全风险防控方案的通知》，开展专项检查督查，组织五个检查组，对全县非煤矿山、加油站、烟花爆竹、危险化学品使用企业进行检查督查，共检查企业159家，发现隐患423条，整改423条，责令暂时停产停业16家，行政处罚21家。

【防灾减灾】 2022年，淳安县以防为主，防减结合，全面筑牢防灾减灾防线。完成全县突发事件总体应急预案和5大类共计51个专项预案的修编备案，并编制简易操作手册。按照“5+1”（组织责任网、风险防控网、抢险救援网、灾后恢复网、运行保障网+数字化平台）要求，扎实推进基层防汛防台体系标准化建设。持续推进避灾安置场所规范化和可视化建设，新建2个标准化县级避灾安置中心、1个县级示范性临时避灾安置点、24个基层避灾安置场所（纳入民生实事项目）。扎实开展防汛隐患大检查、大整改，通过会商研判、精准预警、风险闭环等措施，有效应对强降雨和台风“轩岚诺”“梅花”；全面强化野外火源管控，加大巡护力度，坚决消除森林火灾隐患。

【应急物资保障体系】 2022年，淳安县结合实际，建立“1+N”多库合一物资储备库，以县级物资储备中心为中心，辐射建立23个乡镇、355个村（社）物资储备库，实现县、镇、村三级快速有效互动。全面提升物资储备库综合作用，其中县级应急物资储备中心储备防汛抢险、森林防灭火、生活救助、疫情防控等物资，并配备消防、监控、办公等设施，建立库点管理、物资维护保养等相关制度。印发《淳安县健全应急物资保障体系提升风险防范能力专项工作任务清单》，统筹指导各类应急物资储备工作，其中，县应急物资储备中心共储备3363件生活保障类应急物资、3170件生活安置类应急物资、17449件装备器材类应急物资。

【基层基础队伍建设】 2022年，淳安县按照“135快速救援图”和“15分钟快速应急响应救援图”要求，整合乡镇干部、驻镇（乡）单位、村主要干部、网格员、民兵等力量，各乡镇均建立1支50人的乡镇级综合应急消防救援队；全县355个村社均建立1支30人左右的村社应急突击分队；在3支社会公益救援队伍的基础上，新培育淳安县飞鹰公益救援队，激发社会化队伍效能最大化运用。

【应急管理体系建设】 2022年，淳安县巩固根基、补齐短板，积极推进应急管理体系和能力建设。扎实推进现代社区应急体系和基层应急消防管理体系建设，24家基层应急消防管理站完成初步建设，其中枫树岭镇应急消防管理站被评为杭州首批达标应急消防管理站。推进乡镇综合性应急救援队伍，构建“一专多能、一队多用”专常兼备的应急救援队伍，新培育1支社会化公益救援队。

（潘　颖）

城市建设与管理

·住房和城乡建设·

【概况】 2022年,县住房和建设局全面贯彻落实中央和省市县工作部署,以“共建功能区、共享千岛湖”总战略为指导,掀起共建共享热潮,奋力谱写城乡全域富美新篇章,获杭州市“城市环境大整治、城市面貌大提升”集体嘉奖,所属市政园林服务中心被授予市城乡基础设施综合能级提升工作集体嘉奖,村镇建设服务中心获杭州市历史建筑测绘建档最佳人气奖。淳安县获评全省新时代美丽城镇建设考核优秀县、全省老旧小区改造工作考核优秀县、全省建筑节能与绿色建筑考核优秀县、杭州市绿化工作综合考核优秀单位、杭州市交通治堵工作考核良好单位。

【建筑市场运行】 2022年,淳安县建筑业产值41.18亿元,比上年增长6.6%;建筑业入库税收3.58亿元。全年新办理施工许可项目68个,总建筑面积137.76万平方米,增长56.2%;总投资额24.87亿元,增长57.6%。

【建筑企业资质管理】 2022年,淳安县有建筑施工企业229家,其中,总承包资质一级企业1家、二级企业17家、三级企业124家,专业承包企业55家,施工劳务企业32家,地勘企业1家,设计企业1家,监理企业2家。

【绿色建筑】 2022年8月,淳安县下发《淳安县新型建筑工业化、绿色建筑与建筑节能奖补资金使用实施细则》。加快修编“绿色建筑专项规划”和“碳达峰碳中和”行动方案,实施居住建筑节能改造1.6万平方米,完成公共建筑节能改造3.6万平方米,新开工装配式建筑项目11个,装配式建筑总面积33.75万平方米。

【建筑市场监管】 2022年,淳安县全面执行全省统一的建筑市场信用体系,构建“政府监管、各方主体责任落实、工地党员巡检、中介机构辅助监督和社会群体监督”的多重网格监管模式,安全文明施工长效治理。

【优质工程项目评选】 2022年,淳安县表彰优秀建筑业企业33家,县级“双标化”工地10个,获杭州市“标化工地”8个、杭州市“西湖杯奖(优质工程)”2个。首次开启“千岛湖杯”优质奖创建。

【平安工地】 2022年,淳安县统筹开展住建领域“除险保安”专项整治行动,推进建筑工地购买安全生产责任险,全年督查整治各类安全隐患问题1537条,建筑工地安全生产整体情况良好。

【房地产市场运行】 2022年,淳安县房地产投资完成38.29亿元。9月,发布《关于促进我县房地产行业健康发展的实施意见操作细则》,简称“淳十条”。全年销售商品房2752

套，销售面积 27.38 万平方米，销售金额 34.24 亿元。其中，商品住宅 2168 套，销售面积 22.75 万平方米，销售金额 29.09 亿元；商品非住宅 584 套，销售面积 4.63 万平方米，销售金额 5.15 亿元。

【规范房地产开发】 2022 年，淳安县全面规范房地产开发，有序做好房地产企业开发资质衔接，加强市场监管和数据分析，从严从紧做好商品房预售资金监管。全面规范房产交易，完成测绘成果报告备案 285 件，面积 154.33 万平方米，楼盘表确认 42 件，面积 66.50 万平方米，预售证申领核查 39 件，优化房屋测绘数据 5593 条。

【规范房产交易市场】 2022 年，淳安县全面规范房屋网签合同备案，办结网签合同备案 4666 件，总面积 44.57 万平方米，推行“云网签”74 件。开展房产中介行业检查，强化房地产经纪人及机构资格管理和房源挂牌审核。

【民生实事】 2022 年，淳安县将庄天岭区块保障性租赁住房项目作为“七大攻坚战”中“城市品质提升攻坚战”重要内容，全年完成投资 5000 万元，完成年度计划的 100%，完成项目总工程量的 20%。

【公租房受理】 2022 年 4 月，淳安县调整公租房政策，放宽公租房准入，实施公租房日常化受理，基本实现“应保尽保”。全年完成 410 户新申请家庭的受理审核和摇号、345 户续租申请家庭的审核，摸排 47 户低保低边家庭公租房需求。

【高层次人才住房保障】 2022 年，淳安县受理兑现新引进应届大学生 312 人租房补贴 156 万元，受理发放首次 C 类高层次人才购房补贴 1 人、25 万元。

【城乡危房治理】 2022 年 5 月，淳安县启动城乡自建房安全排查工作，完善“边排查、边鉴定、边治理”同步推进机制，完成首次房屋建筑类自然灾害普查质检工作，排查录入系统自建房 294692 幢；历年危房 4412 幢已治理 4310 幢，排查历年腾空危房 102 幢；完成排查整治新增危房 232 幢；即时救助农村困难家庭危房改造 49 户，施工白蚁防治 62.2 万平方米。“淳安县农村危房亟待处置”网络舆情问题纳入“七张问题清单”杭州市整改示范案例。

【市政基础设施建设】 2022 年，淳安县完善《淳安县城区十四五路网规划》，启动西园隧道西延、新安东路至茶苑山西市政道路项目前期研究。全年修复沥青路面 5.3 万平方米，修补人行道板 3.2 万平方米，改造车行道路面 6.3 万平方米，开发地下空间面积 12 万平方米，维护雨水设施 3600 余处，维修故障路灯 2900 余盏。

【污水治理运维】 2022 年，淳安县实施城镇污水设施提升改造工程，完成坪山、城西、南山污水厂中水回用提升改造，姜家镇、汾口镇污水处理厂达到省清洁排放标准，临岐镇污水处理厂建设项目完工。完成紫荆花园等 5 个污水零直排区提质增效示范小区建设。全年新改建污水管网 1.35 千米，疏通雨水管渠 297.1 千米，城市污水处理率达到 97.6%。

【供水管理】 2022 年，县住建局积极配合推进水务一体化改革，启动《城区给排水和农村饮用水专项规划》编制，完成尾水外排可行性研究，出台《淳安县高层住宅二次供水管理实施意见》，开展供排水规划编制和专项债申请工作,自来水厂出厂水及管网末梢水水质均符合要求。淳安县获杭州市二次供水“公述民评”面对面问政活动五星级评价。

【文明城市创建】 2022年,县住建局全面实行落实“即查即改”制,牵头做好公园广场、景观飘带、市政设施、建筑工地、道路网格和物管小区文明创建工作,牵头环湖北路网格文明城市创建,全年整治不规范行为980项,完成改造43处、9800余米工地围挡。

【亚运精致建设】 2022年,淳安县实施“迎亚运、迎创建”城市市政基础设施提升改造工程,完成千岛湖大桥南端市政道路接线大中修,开展亚运保障道路地下隐患检测,实施秀水大桥、海瑞桥“桥头跳车”专项整治,继续推进海绵城市建设。实施沿街立面美化洁化工程,提升改造西园公园、新塘公园等5个小公园,拓展千岛湖广场和新北社区2个亚运观赛空间,打造景秀篮球公园口袋公园建设。打造阳光公园、城中湖绿道等绿化示范地段。近湖花苑上榜2022年度浙江省园林式居住区、环湖北路上榜绿化美化示范路。

【燃气管理】 2022年,淳安县积极推进燃气企业规模化整合工作,瓶装液化气企业由14家整合成4家,基本形成瓶装液化气3家综合经营企业和1家供应企业新格局。建设运用燃气安全在线监管平台,开展企业安全生产评估和风险点辨识,全县96个液化气供应站点,10.2万户瓶装液化气用户、13.45万个瓶装液化气钢瓶,实行登记在册,实现动态监管。开展燃气安全隐患大排查大整治,评估治理风险燃气企业安全风险问题74个,督促餐饮等行业生产经营单位安装报警装置1078户,整改燃气管网“第三方开挖”13处,审批下达全年76个开挖道路项目计划。

【老旧小区改造】 2022年,淳安县投资7300万元,改造新塘一区、新塘二区、阳光路、新安北路、龙门路5个区块,改造面积24.3万平方米;既有住宅加装电梯28台。2021年淳安县老旧小区综合改造工作获得浙江省考核优秀等次,园林村、行岗路区块改造列为市级老旧小区综合改造典型案例。

【物业管理服务】 2022年,淳安县深入宣传贯彻新修订实施的《杭州市物业管理条例》,推广智慧物业管理监管平台,实施杭州市统一住宅小区物业管理考核评价,组建完成业委会和物管会125个,实现老旧小区无物业管理小区清零目标。全年收缴15个新建项目的物业专项维修基金2922.07万元,保修金4659.26万元;拨付使用维修金、保修金762.47万元,整改“小区环境秩序治理”问题317个,浅山花园等6个住宅小区成功创建为杭州市“美好家园”住宅示范小区。

【人防管理】 2022年,淳安县修编《淳安县人民防空行动方案》《淳安县人民防空指挥部编成》,持续推进5个小区人员防护方案,整组14支人防专业队,公布确定第一批13个依托式人防疏散基地、浙江省首个农村家庭式人民防空地下室、杭州市人民防空综合训练基地,完成杭州金盾—22人民防空检验性演习和2个季度人防机动指挥车通信拉练,警报盲区率先实现全覆盖,专业队伍代表杭州市参加全省人防系统专业力量战备点验,杭州市人防指挥部评为人民防空指挥所建设达标单位。

【未来社区打造】 2022年8月,淳安县完成城镇社区专项规划方案编制,完成公共服务设施调查。下姜未来社区成功通过验收并以省级未来乡村命名。火炉尖社区、千岛珍珠社区成功列入2022省级第五批未来社区创建名单。新北社区、汾口杨旗社区积极申报第七批省级未来社区。

【城乡风貌整治提升】 2022年7月，姜家—界首县域风貌区成功获评杭州市首批县域风貌样板区，10月获评省级样板，11月申报新时代富春山居图县域样板区。2022年11月，排岭记忆传统风貌样板区成功创成市级样板，12月获评省级样板。

【美丽城镇建设】 2022年，淳安县组织创建14个美丽城镇，共安排236个建设项目，总投资14.2亿元，10月底全部通过省市验收。其中千岛湖镇、枫树岭镇获评美丽城镇省级样板，大墅镇、屏门乡等7个乡镇获评美丽城镇市级样板，鸠坑乡、王阜乡、左口乡、金峰乡获评美丽城镇省级达标乡镇。省、市美丽城镇样板创成数量位列全市第一。威坪镇、梓桐镇通过省级园林城镇现场验收。

【美丽乡村建设】 2022年，省级美丽宜居示范村中洲镇茶山村、临岐镇范村村、里商乡里阳村完成进度50%。完成传统村落枫树岭镇白马村、左口乡龙源庄村保护提升工作，中洲镇茶山村完成传统村落风貌保护提升任务50%。10月，威坪镇贤茂村、里商乡里商村列入第六批中国传统村落保护名录。

【美丽农房建设】 2022年，县住建局抓好农民建房监督业务指导，下乡服务765次，修改农房图纸1228户，评选"最美农居"45户，培训农村工匠3200余名；整治农房突兀构件649处。7月底，杭州市风貌专班完成对淳安的整治验收考核。

【历史建筑保护】 2022年，淳安县编制444处历史建筑导则初稿，完成历史建筑常态化巡查和消防演练，安装智慧用电系统293处。

【法治政府建设】 2022年，县住建局做好日常法治工作，全年办理政府信息公开3件、行政复议1件、行政诉讼1件、规范性文件合法性与公平性审查3件，清理规范性文件15件，承办人大代表建议6件、政协委员提案13件，办理来信来访803件。全力配合"大综合一体化"行政执法改革，划转行政处罚事项281项，认领行政检查事项528项，移送行政处罚案件5件，联合开展"监管一件事"15次。

【党建工作】 2022年，县住建局组织学习宣传贯彻中共二十大精神活动。全年发展新党员5名。新成立3家企业党支部和1个协会党支部。全年开展各类服务123次，办理问题事项208条，完成"七张问题清单"14个问题整改。开展技能培训3000余人次，获杭州市园林绿化职业技能竞赛盆景工比武三等奖、省级农村建筑工匠比赛荣获三等奖。市政园林服务中心支部书记胡伟华获得2021年度"最强领头雁"称号，市政园林服务中心党支部被评为2021年度淳安县"五星级"基层党支部。（鲁宏晔）

·综合行政执法·

【概况】 2022年，县综合行政执法局累计办理行政处罚案件12537件，其中，普通程序1773件，简易程序3901件，人行道违停6863件，处罚款总金额205.23万元；规划执法拆除违法建筑50处、2253.33平方米，并处罚款43.62万元；数字城管共立案交办问题108601件，问题解决率100%，及时解决率97.1%；沿湖沿线巡查发现问题3261件，自行处置2615件，交办单数646件，完成率100%；全年受理各类市民群众信访投诉1806件，按期办结率和回访核实率均达到100%；序化整治处理非机动车5963辆；收容无证犬流浪犬3243只、年检686只、办证189只、结案77件;许可审批2169件,建筑垃圾处理方案备案1件;发出市容市貌抄告单78份,整改问题307处。各项工作获得上级领导肯定批示4次;市对县城市管理目标考核获得C类第一名;2022年以全市第三的成绩获评"全省农村生活垃圾分类处理工作优胜县"称号;全年获得县"七大攻坚战"争先创优红旗17面。

【全国文明城市创建】 2022年,县综合行政执法局深入推进全国文明城市创建工作,积极担起网格道路牵头责任,深入开展户外广告、毁绿种菜、城市牛皮癣、"僵尸车"等各项整治,破解餐饮油烟、违章建筑等城市管理难点问题。常态化落实"门前三包"制度,利用队员执勤和网格共建再次对沿街商铺开展"门前三包"入户宣传,造浓人人参与良好氛围;建立内部考核机制,对37条主次干道(商业大街)、背街小巷道路本底进行分组包干,定期对所有道路本底进行暗访检查,检查结果纳入当月局属各单位绩效考核。累计清理"僵尸车"283辆,处置出店经营70起,清理占道堆物4454处,拆除违规广告店招、笃牌643处,处置流动摊贩324起,清理"牛皮癣"、玻璃橱窗广告4165处,清理卫生死角1681处。

【沿湖沿线巡查】 2022年,县综合行政执法局继续落实双月生态综合保护推进会工作机制,重点对沿湖沿线临湖地带建设项目、涉水环保、水上浮动设施、四边三化和破坏绿化植被、乱填乱挖和湖面垃圾6个方面问题开展综合巡查,按照四大领域对各类问题以PPT的形式进行曝光。全年曝光问题217个。会同县城乡风貌整治提升工作专班办公室、县生活垃圾分类工作领导小组办公室出台《关于进一步完善我县生态环境问题巡查管理工作机制的通知》,通过建章立制,主动发现,及时整改,有效发挥乡镇自我巡查发现处置功能,凸显沿湖沿线生态环境保护的成效。对威坪镇、宋村乡、鸠坑乡、王阜乡、临岐镇、瑶山乡、梓桐镇、屏门乡、文昌镇9个乡镇开展生态环境大排查,排查企业(点位)88家(处),对发现的问题全部上报处置。全年向乡镇、部门赋红旗28面,赋黑旗6面。

【城乡生活垃圾分类】 2022年,县综合行政执法局进一步细化工作任务,强化日常巡查和专项检查,对乡镇、村社、企业单位等场所设施维护、分类质量、宣传氛围等方面进行常态化督查,设"红黑榜",开展红榜村(社)经验交流,加大对黑榜村(社)专项督查和执法力度。强化宣传,开展垃圾分类logo征集、"我的分类故事"征文活动和垃圾分类全民找茬活动,举办"分类达人主题宣讲""分类新时尚、党员我先行""全民分类、淳安更美达人挑战赛"以及垃圾分类"八进"系列活动552场次,开辟线上新媒体宣传新渠道,建有垃圾分类视频号、公众号,发布"垃圾怎么分""垃圾去哪儿了"系列科普性质短视频。完成创建省级高标准示范小区示范村各5个、省级示范预备小区15个。全年生活垃圾总量8.99万吨,同比下降12.3%,实现零增长目标;发现并交办抄告单157份,11020个问题整改完成率100%;立案查处垃圾分类违法行为1177起,处罚金额20.11万元,案件数量同比增长100.5%。

【城市环境整治】 2022年,县综合行政执法局深化"迎亚运"城市环境大整治大提升工作,重点对涉及考核的6个区域,开展市容市貌、环境卫生等检查考核,特别是整改住宅小区环境秩序、建筑工地环境秩序、道路交通环境秩序和数字城管漏报等问题,全面完成市级下达的13项任务。全年发出交办单(包含局属单位承接交办单)1034 份,整改 11350 处 9 大项各类问题。环境整治工作在市级以上媒体宣传报道 136 篇、市级以上领导批示 29 篇。1 月,经市环境整治专班认定,淳安县获 2021 年度环境优秀奖。6 月,县综合行政执法局被杭州市人民政府办公厅授予 2021 年度“美丽杭州”创建暨“迎亚运”城市环境大整治、城市面貌大提升专项行动行政奖励“集体记三等功”;方开银获评 2021 年度“个人记三等功”;汪盛伟、洪晨等 7 人获 2021 年度“个人嘉奖”。

【市容市貌管理】 2022 年,淳安县继续推行“一条黄线”序化管理新机制,按照应划尽划原则,对城区机动车、非机动车车位进行重新布局,累计划线 2472 米,新增非机动车停车位 70 个,人行道机动车停车位 94 个,非机动车集中充电桩 6 处 52 个充电插口,搬移不按规定停放非机动车 5963 辆;加大大型户外广告安全检测和大型电子显示屏接入华数“三联”系统工作力度,安全检测 21 处,接入“三联”系统 3 处,实现应检尽检、应接尽接;在全县范围内开展建设工程建筑垃圾全链条数智化监管工作,通过数字赋能,消除监管盲区,形成建筑垃圾数智化全链条闭环管理;按照市局要求启用智能化犬类综合管理系统,大力推行养犬办证、年检线上办,办证年检线上办比例达 89.5%;在燃气领域安全治理上强化联动、严格执法,共出动 200 余人次开展专项检查 40 余次;严格遵循“立即停、坚决拆、严监管、综合治”原则,坚持到点到位、责任到人,通过“人巡+车巡+机巡+船巡”等多种形式,形成岸上岸下联动,对沿湖违建多发、易发重点小区开展多频次巡查。规划案件办理中心共立案查处一般程序案件 38 件,拆除违法建筑 50 处、2253.33 平方米,罚款 43.62 万元。全面落实《住宅小区违建信息登记报告制度》,推进全县 29 个小区《住宅小区违建信息登记报告制度》公示栏信息及时更新。

【环卫保洁和垃圾处置】 2022 年,淳安县参照环卫行业标准化管理进行城区日常保洁,严格落实城区生活垃圾日产日清。根据新安大街、新安北路和梦姑路的不同特点,定制不同保洁模式,深入推进“日扫夜洗”“人机结合”作业理念,实行 18 小时巡回保洁。采用微信群联动,对突发问题进行及时处理,实现常态化保洁模式,严守“无垃圾、无污迹、无积尘、无积水、见本色”标准。针对隧道等特殊地段,采取“日扫夜洗”错峰模式。新增“浙淳安环卫 018 号”污水收集船,规范配置收集车辆、提升改造收集点、优化作业模式,不断完善生活垃圾分类收运体系建设。全年道路保洁路面范围 245.93 万平方米,城区洒水 1.28 万吨,清运生活垃圾 10.18 万吨,清运建筑垃圾 4.99 万吨,打捞湖面垃圾 3439 吨,处理粪便 8680 吨,处理船舶污水 6.55 万吨,垃圾填埋场处理垃圾渗滤液 7.32 万吨,处置数字城管案卷 1543 条。光大垃圾处理厂处置其他垃圾 7.69 万吨,易腐垃圾 2.49 万吨,按特许经营协议处置其他垃圾费用提价 7.88 元/吨;建筑垃圾处置厂处置建筑垃圾 4.99 万吨。在各级媒体发表宣传报道 84 篇,其中国家级 1 篇、省级 1 篇、市级 19 篇。县环卫中心获得“淳安县五一劳动奖状”,方锦获评“杭州市劳动模范”,余小玲被授予杭州市“新时代好党员”称号,王富梅获评“浙江省优秀城市美容师”称号。

【无障碍环境改造】 2022 年,淳安县根据“迎亚运”无障碍环境改造提升工作要求,结合各公厕地势特点和面积实际,推进无障碍设施的建设。在集中增设第三厕所的同时,进一步优化细节,悬挂免费手机充电器、安装救助呼叫按钮、装设挂衣钩等,进一步强化城区公厕服务功能。

【数字化改革】 2022年,淳安县优化升级“城市治理有奖举报”平台,通过红包奖励方式鼓励市民通过“浙里办”搜索“城市治理有奖举报”上报城市管理问题,共受理、交办、处理市民上报问题472件,形成城市管理人人参与的良好氛围。持续推进“先离场后付费”场景应用,全县99个场库10963个泊位接入城市大脑,实现全市停车数据共享,其中96个场库10180个泊位支持“先离场后付费”功能。完成200家经营性餐饮店油烟在线监控设备安装,实现对餐饮服务业油烟排放常态化、数字化、智慧化监管。通过油烟在线监测系统提醒,查处油烟超标排放餐饮店1家,处罚金5000元。

【自产自销机制完善】 2022年,淳安县进一步整合城区自产自销点位,完善阳光、西园、东庄3处大型自产自销点管理服务机制,在满足城市管理原则基础上最大限度服务周边农户和市民买卖需求,提升收益面。按照“疏堵结合”原则,针对主干道流动摊贩易反弹问题,对接相关农贸市场管理方,扩大农民自产自销点面积,引户入摊,破解部分自产自销农户“东躲西藏”窘境。开展水果进社区活动,助力本地农户增收。

【综合行政执法改革】 2022年,淳安县根据省市“大综合一体化”综合行政执法改革部署要求,全面梳理执法目录总清单和“综合执法清单+专业执法清单+乡镇执法清单”,构建全县“1+3”执法清单体系,先后划转25个领域“高频率、高综合、高需求”执法事项1933项至县综合行政执法局统一行使,形成以综合执法事项为主的“橄榄型”事权结构。全年办理普通和简易案件5674件,占全县执法案件总数的60.8%,比上年增长106.8%,人行道违停案件6863件,下降34.9%。在25个新领域中的民政、林业、水利、消防救援等15个执法新领域实现办案“零的突破”,办理全市“首案”18件,在新领域办理首案数量位居全市第三。办结新划转案件中,消防救援领域343件、林业领域案件26件、水利领域14件、人社领域2件、财政领域2件、民政领域2件、应急管理领域1件、生态环境领域10件、民宗领域1件、建设领域7件、发改领域2件(增加)。在招投标管理、历史建筑保护、宗教人员管理、地名标志保护、殡葬管理、代理记账、“飞线”充电、电力设施保护等方面,实现历年来首起案件办理。依托省大综合一体化执法监管数字应用,将专业执法队伍和各乡镇综合行政执法队伍纳入平台统一指挥,实现力量调度、职能协调、信息流转和执法办案的统一高效。以执法监管“一件事”为切口,全面落实县级业务主管部门对工程渣土、餐饮油烟、农村建房等61个主题应用场景“监管一件事”认领,并全面推行“综合查一次”,综合集成多部门多领域执法事项,实现“进一次门、查多项事、一次到位”。

【探索建立“一支队伍管千岛湖”机制】 2022年,淳安县为破解千岛湖水面污染防控、水上交通安全、渔业资源管理、景区旅游秩序等方面“权责交叉、边界不清”等难题,坚持体制、机制变革并行,整合水上管理力量,积极探索“一支队伍管千岛湖”新模式,创新成立千岛湖水上综合行政执法队,优化提升沿湖沿线巡查效能,打造更加合理、更加精细、更加全面的水域管理模式。依托“秀水卫士”智慧系统,综合归集多元数据,构建整体、智能、闭环的“数字治湖”新机制,探索打造“数字第一湖”全水域整体智治平台,实现一脑集成、一屏指挥、一网通办,融入行政执法智慧监督模块,实现对执法人员、执法过程动态监测,留痕可溯,实时预警和集成监督,系统共保、区域联保、数字智保、法治严保的特大型湖泊保护模式加快形成。“一支队伍管千岛湖”机制获2022年度省改革突破奖提名奖，相关经验做法获省委主要领导点赞肯定和副省长高兴夫、副市长丁狄刚批示肯定。（余　弦）

教育

·综述·

【概况】 2022年,全县有幼儿园38所(含民办10所),在园幼儿9143人;小学41所(含校区10所),在校学生16212人;初中13所(含民办1所),在校生7951人;普通高中5所(含民办1所),在校学生5005人;职业高中2所(含民办1所),在校学生3220人;特殊教育学校1所,在校学生51人;电大教师进修学院1所。全县有教职工4880人,其中在职公办教职工3811人,专任教师4064(含民办),专职成教干部46人。

·学前教育·

【概况】 2022年,全县有幼儿园38所,其中公办幼儿园28所(下设23个分园、21个教学点)、民办幼儿园10所。省一级幼儿园4所,其中,公办园3所、民办园1所;省二级幼儿园48所(含分园),其中,公办园40所、民办园8所;省三级幼儿园11所,其中,公办园10所、民办园1所。学前教育专任教师748人,其中,大专学历以上746人、高中学历2人,专任教师学历合格率100%,专任教师证持证率99.2%。

·义务教育·

【概况】 2022年,全县有小学41所(不含南山学校小学部、里商中校小学部、梓桐中校小学部、王阜中校小学部),548个班级,在校学生16212人,专任教师1563人,学历达标率100%,其中专科毕业以上达100%;初中13所(含淳安县千岛湖实验学校初中部),218个班级,在校学生7951人,专任教师891人,专任教师学历达标率100%,其中本科以上学历占比99.4%。

【义务教育普及率巩固率】 2022年,全县小学入学率100%,初中入学率100%,小学巩固率100%,初中巩固率100%,“三残”适龄儿童、少年入学率100%。

【解决上学难问题】 2022年,淳安县妥善解决420名(初中185名、小学235名)符合条件的进城务工人员、外来务工人员子女在城区初中小学就学问题。

·高中教育·

【普通高中教育】 2022年,全县有普通高中5所(淳安中学、淳安二中、汾口中学、威坪中学、淳安县千岛湖实验学校高中部),其中省一级重点学校1所(淳安中学),省二级普通高中特色示范学校2所(淳安二中、汾口中学),省三级重点学校2所(汾口中学、威坪中学)。

【职业高中教育】 2022年,全县有职业高中

2 所，其中公办职高 1 所（千岛湖中等职业学校，为省二级中等职业学校），民办职高 1 所（淳安县育才学校，为省三级中等职业学校）。在校学生 3220 人，教职工数 269 人，专任教师 254 人。千岛湖中等职业学校设 4 个专业部、15 个专业。其中，电子专业为浙江省示范专业和浙江省实训基地；旅游专业为杭州市品牌专业、杭州市示范专业；机械专业、电商专业为杭州市示范专业。育才学校设 8 个专业，其中护理专业和航空专业为学校特色专业。

·特殊教育·

【概况】 2022 年，淳安县有义务教育段 7—15 周岁“三残”儿童少年 199 人，其中培智学校就读 41 人，随班就读 112 人，在普通学校特教班就读 2 人，送教上门 26 人，非义务教育段入学 4 人，不具备接受教育能力 13 人，入学总人数为 198 人，入学率 99.5%。有学前教育段“三残”幼儿 40 人，其中，随班就读 25 人、送教上门 5 人、康复中心 7 人、不符合入学条件 2 人，入学人数 39 人，入学率 97.5%。有高中教育段“三残”少年 100 人，其中，培智学校就读 10 人、随班就读 55 人、送教上门 5 人、康复机构 7 人、不具备接受教育能力 13 人、联系不上 4 人、拒绝接受教育安置 6 人，入学人数 90 人，入学率 90%。

·素质教育·

【中小学生文化艺术节】 2022 年，县委宣传部、县教育局、共青团淳安县委、县融媒体中心联合主办中小学生文化艺术节。本次文化艺术节活动项目涵盖绘画、书法、篆刻、工艺、摄影、戏剧、曲艺、讲故事、声乐、器乐、舞蹈等 22 项，3 万余名学生参加各学校组织的校级体验展示活动，5000 余名学生参加县级 40 个场次专项比赛活动。其中，艺术表演类现场比赛节目，舞蹈专场 42 个，器乐专场 133 个，戏剧专场 25 个，曲艺专场 25 个，声乐专场 83 个，县级比赛节目总数 308 个。淳安县选送优秀节目及作品参加 2022 年 11 月杭州市中小学生文化艺术节比赛共计 111 件，获得一等奖 10 个、二等奖 15 个、三等奖 41 个、优秀奖 35 个。

【体艺教育】 2022 年，千岛湖镇第六小学、富文乡中心小学、千岛湖实验学校、浪川乡初级中学和千岛湖茶苑幼儿园获得杭州市绿色学校称号。大下姜自由野和中洲红色教育研学基地列入省中小学第三批研学教育实践基地。在杭州市体育抽测中，淳安县位列八区县（市）总平均分排名第 6，其中，千岛湖镇第六小学排名第 6（共 13 所学校），威坪镇初级中学第 12 名（共 13 所学校），淳安中学第 7 名（共 8 所学校），千岛湖中等职业学校第 5 名（共 8 所学校）。

·成人教育·

【概况】 2022 年，全县有成人文化技术学校 23 所，村级成人学校（教学点）337 所（处），县社区学院 1 所，乡镇社区教育中心 23 个。全县专职成教干部 46 人。

【社会培训】 2022 年，全县开展成人“双证制”学历提升培训 466 人次，为年度任务数的 105%；两所职业学校开展社会培训 4200 人次，为任务数的 108.7%；社区学院和乡镇成校老年开展智能技术培训 3200 人次，为任务数的 107%；完成大培训 3038 人次，为任务数的 108%。

【品牌创建】 2022 年，淳安县共培育 1 个杭州市示范社区学习共同体、7 个淳安县示范社区学习共同体、1名杭州市“百姓学习之星”、1名杭州市“社区学习共同体十佳核心成员”、6名淳安县“百姓学习之星”。淳安县智能手机培训项目获杭州市智慧助老优质培训项目三等奖并入选国家级智慧助老优质培训项目,淳安县智能手机培训获杭州市智慧助老优质工作案例三等奖,《健康码和行程卡》获杭州市智慧助老优质课程三等奖。威坪老年学堂选送的《虎啸如雷鸣》获全省老年教育书画教学成果展国画组三等奖。屏门乡睦剧新圃入选2022杭州市终身教育学习品牌,姜家镇《亲敬老老　你我同行——姜家镇墨香湖社区孝敬老人家庭教育系列》入选2022年杭州市家庭教育典型工作案例。

·民办教育·

【概况】 2022年,淳安县有民办学校2所、民办幼儿园10所,民办学科类培训机构实现全域“清零”。

【学科类校外培训机构全域“清零”】 2022年,淳安县坚决贯彻省市“二次压减”专题会议精神,高度重视,统筹推进,聚力攻坚,于9月底率先在全市实现学科类机构全部终止办学。学科培训机构清零行动的经验和做法得到市“双减”专班高度认可,以工作专报形式上报市委、市政府,副市长陈瑾批示予以充分肯定。该事项同时列入县“七张问题清单”并成功销号。

·招生考试·

【高校招生】 2022年,淳安县普通高考报名人数1983人;普通高校录取人数1901人,录取率95.9%;三类生高职报名人数507人,录取人数500人,录取率98.6%。

【高中招生】 2022年,淳安县各类高中招生文化考试报名人数2862人,分三批次录取。第一批淳安中学录取522人。第二批录取1279人,其中,淳安二中480人、汾口中学360人、威坪中学280人、千岛湖中等职业学校110人、育才学校45人、人民职校幼儿保育专业4人。第三批录取948人,其中,千岛湖中等职业学校551人、育才学校397人。

【其他招考】 2022年,淳安县成人高考总报名人数1856人,其中,专升本报考1020人,高起点专科报考836人;全县录取普通中专28人;自学考试毕业4人。

·教学研究·

【教学专题研究论文评选】 2022年3月,淳安县第三十四届中小学(幼)教学专题论文评选活动举行,共评出获奖论文498篇,其中,一等奖87篇、二等奖164篇、三等奖247篇。2022年杭州市基教教研课题立项14项,立项结题6项。在2022年杭州市中小学和幼儿园教学研究(基教)评比中,淳安县获奖44篇,其中,一等奖7篇(其中教研课题成果1篇)、二等奖6篇、三等奖31篇。

【教学调研】 2022年,县教育发展研究中心依托淳中“命运共同体”工作,深入开展普通高中“双新”高三专题教学调研,引导全县普高深入开展课堂教学转型研究,转变教学观念,引导课堂革命,促进教师教学行为与教学方式改变。积极开展初中调研,推动新课标有效落地,了解教师教学常规落实情况,与教研组进行沉浸式交流,有效促进教师教学方式变革。稳步推进小学集体调研,定位课堂走向,在调研中落实“微观点报告”,指导一线教师把握课改方向,关注论文新主题选择。幼儿园调研主题突出,多举推进,课程建设因园制宜推进有声有色，“幼儿园教育过程评估”专题研修成效显著。

【学科培训】 2022年，县教育发展研究中心在中学学科方面，根据学科特点积极开展优质课比武、青年教师研训、初三复习研讨等活动，活动接地气，内容丰富，针对性强；在小学学科方面，开展语文、数学、科学、英语、美术等学科新课标培训，进一步更新教师教学理念，推进教学改革；在学前教育方面，开展园、县、市、省等多维架构研训，整体提升幼教师资专业素养和综合素养。

【教研活动】 2022年，县教育发展研究中心在中学教研活动方面，认真组织和指导杭州市组织的各类学科教学比武活动，高中历史、初中科学、初中英语学科获杭州市优质课评比一等奖，初中音乐案例获国家级一等奖；在小学教研活动方面，学赛融合，内化教学理念助力教师成长，落实“市优质课、共享优课、晒课评比，县作业设计、课例研讨、教师教学技能比武，教共体赛课”等立体式学科竞赛活动，获市美术精品课1门，市数学优质课赛课一、二等奖各1个。

【教研组建设】 2022年，县教育发展研究中心加强教研组建设，在杭州市先进教研组评审中，淳安县千岛湖茶苑幼儿园大教研组被评为先进教研组。在省先进教研组评审中，淳安县千岛湖茶苑幼儿园大教研组被评为先进教研组。

【课程建设】 2022年，县教育发展研究中心着力推进普高、义务教育选修课程开发，组织参加市课程建设培训。在杭州市第十八批普通高中精品选修课程评审活动中，淳安中学洪灵琴老师的《魔法一根针》被评为精品选修课程；在杭州市第十五届义务教育精品课程评审活动中，淳安县千岛湖镇第七小学余跃老师的《拓得鱼儿入画来》、淳安县临岐镇初级中学方光辉老师的《本草博物》被评为义务教育精品课程。

·教育科研·

【教育科研活动】 2022年，县教育局举行中小学幼儿园教科室主任工作例会；举行杭州市2022年教育科研立项课题负责人培训；实施“三全”（全覆盖论证、全过程培育、全联动常态）指导机制，举行省、市立项规划课题研究成果培育活动；研究指导举办淳安县第六期教育科研大讲坛活动（2022年）；落实“成果导向”下的教育科研骨干培训班活动；开展杭州市教育科研共富上城——淳安联盟活动，推介市教育科研一等奖优秀成果5项。

【规划课题立项】 2022年，淳安县有县级规划课题41项、教师小课题317项；市级规划课题28项、教师小课题28项；省级年度规划课题3项，省体艺卫专项课题1项，省级教育共富课题2项，省级“双减”备案课题2项。

【科研成果获奖】 2022年，淳安县有县级教育科研优秀成果33项、教师小课题优秀成果125项、教师教育课题研究成果23项；省基教教学成果奖2个，市级规划类成果13项、教师小课题12项、教研课题1项、师训类课题8项。

【科研论文评审】 2022年，举行县第23届教育科研优秀论文评审活动，评出获奖论文289篇。市第十九届中小学德育（含心理健康教育和家庭教育）优秀论文（成果）一等奖2项、二等奖2项、三等奖3项。

【科研先进荣誉】 2022年,淳安中学被评为杭州市教育科研先进集体,淳安中学洪建军被评为杭州市教育科研先进个人,淳安县千岛湖实验学校储照良被评为杭州市2022年度教育改革创新年度校长。

·队伍建设·

【概况】 2022年,全县有教职工4880人,其中专任教师4064人、公办在编教职工3811人。全县普高、职业学校、初中、小学、幼儿园专任教师合格学历均为100%,高学历比例分别为6.4%、4.7%、97.9%、100%、99.7%,专任教师高级职称比例分别为43.6%、37.4%、38.6%、8.5%和0.8%。全县公办学校共有校级干部207人,其中,校(园)长89人、副校(园)长118人,女干部57人。全县有全国优秀教师3人,正高级教师4人,副高级教师823人,省特级教师3人,省教坛新秀11人,县级拔尖人才12人,市级名师、学科带头人33人,县级名校长18人,县级名师79人,县学科带头人436人。

【干部考察任用】 2022年,县教育局完成207名校园长考察评议和26名机关科室、直属单位中层干部述职评议工作。全年组织实施干部调配53人,涉及局机关、直属单位和中小学幼儿园干部选拔任用、岗位调整、正常退任等内容。其中,提拔局管中层干部16人(中层副职提任正职6人,新提任中层副职10人),交流中层干部24人(中层正职14人,中层副职10人),其他13人(提拔县管干部1人、任职年龄到限退任10人、合作办学任命2人)。

【校长培养】 2022年,县教育局认真落实"三名工程"行动计划,26名中小学幼儿园副校(园)长参加岗位任职培训;50名幼儿园园长(含民办)参加幼儿园课程建设管理能力专题培训;165名中小学幼儿园校(园)长、书记参加为期5天全县教育管理干部暑期高端研修班培训。53名学校团委书记和少先队大队辅导员参加淳安县中小学团委书记少先队大队辅导员培训班学习。

【教师招聘】 2022年,全县公办中小学幼儿园共招聘教师65人。其中,统一招聘35人(千岛湖中等职业学校1人、初中11人、小学15人、幼儿园5人,特殊教育3人);自主招聘10人(淳安中学2人、淳安二中3人、汾口中学2人、威坪中学3人);复合型高中地理科学教师定向委培毕业生3人(淳安中学1人、淳安二中1人、汾口中学1人);幼儿园教师定向委培毕业生15人。

【教师培训】 2022年,县教育局做好"十四五"教师专业发展培训工作,全年共计培训3531人次,其中县级项目33个,教师培训经费总额1057.4万元。10名本地名师参加淳安县特级教师、正高级教师培养人选培训班系统培训。30名省市教坛新秀获得者及省特级教师、正高级教师参加淳安县高端名师及学科带头人研修班。淳安县初中科学新锐教师培训班30人、淳安县乡村教师强基工程小学语文培训(强基计划)班40人到杭师大参加为期一年的骨干教师培训进修。全县366名心理健康教师完成中小学心理健康教育教师上岗资格证书(C证)培训。

【教师培养】 2022年,淳安县持续推进教育共富"名师乡村工作室"建设,市教育局在淳安设立34个中小学"杭州市名师乡村工作室",柔性引进特级教师27人,正高级教师20人,招募骨干学员425人。浙江省特级教师章荣华工作室在杭州市教育科学研究院的标兵领雁工作考核中被确立为优秀等次,全年开展案例研修、科研志愿服务、专题学习12次，10位成员中立项市级课题5项(双减备案2项、规划1项、小课题1项、省级双减1项)、成果获奖7项(省教学成果二等奖1项，市级小课题一等奖1项、二等奖2项，市级规划课题二等奖2项、三等奖1项)、发表论文5篇。浙江省特级教师徐素珍工作室全年开展5次活动，两项小课题市级立项，1项小课题成果获市三等奖，一篇论文获市小学数学教学论文三等奖，3篇文章在省级刊物发表，1篇文章被中国人民大学复印报刊全文转载，2位教师被评为县优秀教师。

【县管校聘】 2022年，县教育局着力推进中小学教师“县管校聘”管理改革，加强全县教师的统筹管理，积极引导优秀教师校长向农村学校、薄弱学校流动，促进师资均衡配置，推进教育公平。改革涉及54所学校、2500余名中小学教师。跨校交流教师218人，其中进城选调76人。

【教育协作】 2022年，根据省教育厅《关于促进山区26县教育跨越式高质量发展实施方案》，淳安县义务阶段15所学校与杭州市西湖区、40所幼儿园与杭州市萧山区分别组建成跨区域教共体。借力教育共富，从上城、西湖、钱塘3个区刚性引进30位名优骨干教师，到威坪初中、梓桐中校、临岐镇小等8所学校(单位)开展为期2年的教育组团服务。开展各类教育援派工作，共选派援疆教师5人、援巴教师4人、援青教师1人、援迪拜学校教师1人。

【评优评先】 2022年，县教育局评选县级各类先进188人，其中，县优秀教师76人、优秀班主任47人、县春蚕奖39人、师德先进个人26人；获评市级各类先进个人28人，其中，市优秀教师11人、市优秀教育工作者5人、市优秀班主任6人、市优秀校长3人、农村教师突出贡献者3人。

【人才认定】 2022年，淳安县认定D类人才2人、E类人才54人，共发放人才资金45余万元。

【职评和资格认定】 2022年，全县教师职称评审初次定级170人，评定中级职称244人(申报263人)、中小学幼儿园高级职称48人(申报62人)、正高级职称1人(申报3人)；全年受理申请初中、小学、幼儿园教师资格244人，最终认定许可244人，认定通过率100%。

·经费设施·

【概况】 2022年，财政拨入教育事业费118427万元，比上年增长15.3%。生均预算内教育事业费与上年相比：普通高中增加947.82元，职业高中增加65.30元，初级中学增加2.27元，小学增加4.52元，幼儿园增加2.48元。

【新建学校】 2022年，淳安县第三中学新建工程开工建设。该项目总用地面积7.07公顷，建筑面积约6.1万平方米。主要建设内容为教学楼、综合楼、行政楼、食堂、宿舍楼、门卫室及室外相关配套设施等，总投资3.95亿元，计划2025年秋季投入使用。千岛湖镇培智学校于9月投入使用。

【校舍维修】 2022年，淳安县投入1500万元，实施中小学、幼儿园校舍维修改造项目40个，其中，幼儿园维修改造13个、校舍维修改造27个；投资688万元完成千岛湖镇第一小学食堂新建项目；投资560万元完成杭州千岛湖建兰高中学生安置装修项目；投资850

万元对淳安中学高三教学区运动场整体改造,8月投入使用。

【教育资助】 2022年,全县共资助学生10542人次,资助金额909.69万元。其中,普高阶段,免学费36.06万元,惠及297人次,国家助学金32.33万元,发放303人次;中职阶段,免学费619.9万元,惠及6199人次,国家助学金44.7万元,发放447人次;农村义务教育阶段,“营养餐”补助76.3万元,惠及1526人次,寄宿生生活费补助42.61万元,发放729人次,非寄宿生生活补助20.85万元,发放797人次;学前教育阶段,减免保育费36.8万元,惠及237人次。

·教育装备·

【装备投入】 2022年,全县中小学教育装备总投资2428.96万元。其中,县财政和乡、镇自筹1393.16万元,用于中小学常规教育装备配置更新及千岛湖镇中心幼儿园装备采购;政府投资468万元,用于千岛湖镇第二幼儿园设备建设;省义务教育薄弱学校改造867.8万元,改造美术、音乐、科学、机器人等专用教室41个,普通教室22个。

【智能阳光厨房建设】 2022年,县教育局配合县市场监管局完成18所中小学幼儿园食堂从普通“阳光厨房”到智能“阳光厨房”的提升改造,全县中小学幼儿园实现智能“阳光厨房”全覆盖。15所学校食堂安装油烟检测系统,圆满完成环境空气质量巩固提升任务。

【之江汇教育广场应用】 2022年,之江汇应用活跃度达到省级优秀,活跃空间占58.5%,空间开通率97.6%;42名教师参加网络同步课程建设,参与人数居杭州市前列;2名教师的网络同步课程被评为省级优秀;26名教师参与建设2022年省精品数字教育资源开发活动。

【校园书香工程】 2022年,县教育局组织中小学参加2022年度浙江省书香校园“亮色工程”活动,44所学校受益38万元。图书管理平台累计录入图书117.4万册,图书流通10.3万册。

【免费教科书和教辅资料】 2022年,全县义务教育有24214名生享受免费教科书,免费金额866.57万元;享受免费教辅资料,免费金额291.79万元。

·教育督导·

【教育考核工作】 2022年初,县教育局组织各科室对中小学、幼儿园进行2021年度业绩考核,汇总各科室数据,评定各学校等次。9月中旬,组织相关科室完成2021年度全县民办教育实地核评工作,为相关部门加强对民办学校管理提供事实依据。在8月完成资料网上上传后,9月下旬,通过各科室紧密配合,高质量完成市对县政府教育履职实地督评工作,获良好等次。11月上旬,组织各科室对照年度教育业绩考核指标进行自评,汇总后上报市教育局。

【创建指导】 3月中旬开始,县教育局先后指导富文中小、千岛湖镇六小、县实验幼儿园、汾口镇初中完成创省现代化学校材料网上申报。其中,富文中小、千岛湖镇六小通过网评,创建成功;汾口镇中通过现场实地考核,创建成功。4月,对全县幼儿园开展规范办园督评整改;6月,省督查组到淳安县抽取8所幼儿园进行督评(4所网评,4所实地督评),均顺利通过。多次对申报省一级和省二级幼儿园进行实地督导,对发现的问题现场提出整改意见。

【教育生态监测】 2022年上半年，县教育局组织各科室顺利完成省基础教育生态监测工作。根据监测结果，淳安县在全省90县(市、区)中处于B等。10月下旬，由县督导事务中心牵头，高质量完成省义务教育质量监测工作。

【推进"两创"】 2022年，淳安县启动全国学前教育普及普惠县和全国义务教育优质均衡发展县创建工作，研究评估细则，对照评估标准，查找问题不足，切实加强整改。

【教育审计】 2022年，县教育局内审室重点对暑期校长离任进行审计，对青溪新城幼儿园等6所幼儿园进行现场审计；顺利完成纪检、内审联合审计督查工作和学校托管及义务教育阶段课后服务情况调查摸底工作。

【学校品牌创建】 2022年，富文中小、千岛湖镇六小、汾口镇中成功创建省现代化学校，文昌镇中心幼儿园通过省一级幼儿园评估，富文乡中心幼儿园等9所幼儿园通过省二级幼儿园复核和部分新评，淳安县培智学校通过省标准化学校评估。

·安全管理·

【除险保安】 2022年，淳安县紧紧围绕"护航大局，除险保安"，加强安全教育和问题隐患排查整改，织密"护校安园"群防共治和应急处置网络。全力"护航二十大"期间教育稳定，落实重要节点值班值守制度，全面开展教育涉稳风险隐患排查，紧盯教育系统重点安全领域，充分发挥部门优势，凝聚处置合力，开展贯穿全年的阳光成长心理健康行动、防溺水专项教育行动、交通安全专项治理行动等十大专项行动，全年校园安全总体平安稳定。

【智安校园建设】 2022年，淳安县为重点区域和乡村学校增派校园保安12人。至年底，全县共配备校园保安330人，保安基本装备配齐率100%。推进智安校园建设，争取政府资金720余万元，完成智安校园管理平台、110只访客机、4只一键报警建设的民生实事项目工程，搭建融合智慧校车、外来访客、校园监控管理等应用场景的管理平台。加强校园门防冲撞建设，争取政府资金70余万元为淳安中学、千岛湖初级中学等9所城区学校配备升降式防冲撞柱设施，并指导有条件学校自行先配置拒马式防冲撞防护栏。推进校园消防建设规范化，争取政府资金86.4万元，规范千岛湖中等职业学校、南山学校等16所学校消控室建设、消控员配置和消控维保。规范学校微型消防站建设、电动车集中充电场地建设、校园建筑防盗窗规范燃气使用管理要求，对全县91所使用燃气或瓶装液化石油气学校全部按要求安装燃气泄漏报警装置，并落实专人管理、检测，保障用气安全。

【安全教育】 2022年，淳安县落实校园安全主体责任，固化宣教阵地，积极开展交通安全、防溺水、预防毒品、防通信网络诈骗、防校园欺凌、消防等安全教育。县教育局联合公安、交警、消防部门开展校园安全整治教育、道路交通安全宣教百日攻坚行动、综治安全月、安全生产月、安全教育日等专项活动。建立重点人员跟踪记录，掌握重点人员动向。对民师群体信访等重点矛盾作分析预判，实行网格化管理。全年师生被诈骗量、信访量同比下降明显。

【校园安全机制建设】 2022年,县教育局制定《淳安县教育局校园安全专项检查实施方案》,下发《淳安县中小学(幼儿园)安全管理手册》,罗列问题清单,对重点安全领域、多发反复问题、薄弱环节开展全县教育系统平安巡防行动,扎实开展安全隐患排查整改工作。学校每月开展自查自纠,安全巡查员每季度开展巡视检查,局领导每学期带班督查。全年各类各级督查暗访检查30余次,学校安全自查自纠报告1000余份。抓典型案例,做好安全预警,强化责任追究,把校园安全隐患排查、化解矛盾风险工作纳入平安校园考核体系。对检查中发现存在的问题通过安全副校长群和校(园)长群予以"晾晒督办",并在年底考核中进行量化。积极推进"双减"背景下校园及周边的安全维稳、综治管理工作,布置落实"一校一策"交通治堵工作。推动全县中小学(幼儿园)进行特异学生摸排,按"一人一档"进行建档管理。

【护校安园】 2022年,县教育局逐级签订年度安全工作目标管理任务书,实施"护校安园"专项行动提质扩面工作。在城区7所小学推进由8个部门联合推行的"护校安园"升级为由13个部门联合推进的校园及周边安全防控"一件事"工作,并通过浙教钉平台搭建"校安一件事"模块推进项目落实落细,统筹推进"一件事"专项行动提质扩面工作,将工作标准和要求向全县中小学覆盖,并不断提升校园及周边安全防控综合治理水平,切实增强广大师生、家长的安全感、获得感和幸福感。

【专用校车】 2022年,淳安县建立县级、局级、校级三级校车工作领导小组,明确责任分工,会商并制定校车工作方案,落实接送协议签订工作。认真落实全员全岗全事责任制,多次开展校车运营摸排调研、路线排查、应急演练,推进安全风险隐患排查,发挥"校车来了"App平台作用,加强学生校车工作档案管理,切实保障校车运营安全。至年底,校车覆盖全县19个乡镇及县经济开发区的25所农村义务教育阶段学校和1所幼儿园,开通接送线路116条,途经815个站点,惠及学生2736人。

·工会活动·

【组织建设】 2022年11月18日,县教育工会第十二次代表大会举行,选举产生第十二届委员会、经审委员会和女职工委员会。组织指导基层工会换届选举22家,配强选优工会干部。加强干部培训,提升素养。把基层教育工会各项工作纳入"教工之家"创建内容中。汾口镇中心幼儿园、里商中校被评为县级先进职工之家,淳安二中被评为市级先进职工之家。汾口镇中英语组、千岛湖镇三小数学组、王阜中校数学组被评为县级工人先锋号。推荐评选市教育系统先进工会组织5家、市优秀工会工作者7人、市优秀工会积极分子10人。5月26—28日、5月30—31日,分两期在龙川湾举行教育工会干部培训,全县中小学、幼儿园、直属单位和培训机构工会主席、副主席参加培训。富文乡中心小学姜蔚颖被评为淳安县劳动模范,县教研中心章荣华被评为杭州市教育工匠。

【技能竞赛】 2022年,县教育工会用好"百业百匠"技能竞赛大擂台,有力推进县级系统学校"三级三类"技能比武。9月27—28日举行2022年淳安县小学语文教师教学技能比武决赛,有310名小学语文教师参加初赛、61位选手参加决赛。11月3—4日举行全县青年教师基本技能大赛,近千名青年教师参加预选赛,62名选手参加决赛。组织淳安中学、汾口镇小、千岛湖镇中心幼儿园等4所学校开展校级教师技能比武，多层面助推教师专业素养和专业能力提升。县育才学校汪敏英老师在杭州市第26届青年教师基本技能竞赛中获三等奖。

【文体活动】 2022年，县教育工会精心组织各类大型教职工文体活动。3月10—12日，在千岛湖镇七小举行高中组篮球比赛。5月27—28日，在县体育馆举行“教育杯”淳安县第28届乒乓球单项锦标赛。组队参加淳安县第八届全民运动会，共有227人次参加15个项目，获金牌总数、奖牌总数、团体总分三项第一和体育道德风尚奖。

【关心关爱】 2022年，县教育工会落实精准帮扶，健全帮扶体系。4月30日至5月1日，与市教育工会共同开展“关爱少年，助力共富”暨劳模工匠进校园活动。与局团委、局妇联开展“走进王阜——2022年书法封闭训练暨乡村留守儿童公益行动”。与杭州教育工会共同开展教师节慰问，为梓桐中校教师送去健身筋膜枪100余份。年终慰问困难教职工74人，发放慰问金11.34万元。精心做好教职工荣退工作。暑期，安排4000余名教职工在县内疗休养。 （余 建）

文化·旅游·体育

·综述·

【概况】 2022年,淳安县接待游客812.1万人次,实现旅游总收入126.8亿元,按可比口径计算,分别恢复至上年的89.9%和85.5%。

·文化传承·

【非物质文化遗产传承】 2022年5月6日,淳安县博物馆(非遗中心)在县实验小学举办“传扬海瑞文化　共建文明校园”决赛活动,8人入围浙江省“少年非遗说”故事讲述大赛复赛。6月11日,组织全县各乡镇在千岛湖秀水广场举办“龙腾盛世　共享非遗”2022淳安县全民艺术普及龙舞展演暨文化和自然遗产日活动。6月28日,编排睦剧小戏《南山种麦》赴宁波鄞州参加“喜迎二十大　同走共富路”浙江省戏曲大展演暨浙江省全民艺术节开幕式演出。6月,睦剧大戏《茶山村的故事》参加杭州市新剧目调演获优秀编剧奖。8月4日至9月12日,开展“邂逅非遗·拾味千岛”——淳安县第四届“骑龙有戏”非遗纳凉月暨百县千碗美食推广活动。8月,《春日暖阳——方有禄现代小戏集》出版。方有禄创作的睦剧小戏《春日暖阳》参加浙江省第十一届群众戏曲小戏比赛获金奖;淳安县博物馆(非遗馆)列入杭州市第二批非遗体验点。9月9日,杭州市人民政府公布第七批杭州市非物质文化遗产代表性项目,淳安县严家大方茶制作技艺、威坪辣酱制作技艺入选。10月18日,浙江省传统曲牌抢救工程——睦剧曲牌音视频录制在县睦剧团进行,共计录制32首曲牌。11月5日,组织里商仁灯、鸠坑毛尖茶、青溪龙砚3个项目赴杭州参加2022年“风雅颂”非遗市集活动。11月9日公布首批9家淳安县非遗工坊单位。11月25日,返里度假酒店和纳山纳水民宿成功创建为首批杭州市非物质文化遗产特色酒店和民宿。12月26日,屏门乡获评浙江省第三批戏曲(睦剧)之乡。

【文物保护】 2022年1月18日,杭州市文保中心专家一行赴淳安对2021年实施的农村历史建筑进行竣工验收。1月19—20日,杭州市园林文物局委托第三方对淳安县实施的农村历史建筑修缮项目开展项目绩效审计,并赴现场实地查看项目实施情况。3月18—19日,杭州市规划和自然资源局一行调查淳安县古道保护工作。4月14—20日,开展全县摩崖石刻文物调查工作。7月4日,杭州市文物考古研究所一行赴左口乡塘边村对接330国道建设沿线路线考古勘探工作。8月26日,浙江省文物局公布翰红墨香馆、文昌镇民俗文化馆、遂安民俗文化馆、初心馆、威坪镇非物质文化展示馆、商辂文化陈列展示馆、红色狮古山展示馆、金萧支队历史馆为浙江省第二批乡村博物馆。9月23日,国家文物局考古研究中心水下考古研究所所长邓启江、市文物考古研究所副所长杨金东一行赴淳安县实地调查狮城水下古城水域，并计划启动水下古城考古调查工作。10月18日，淳安县人民政府办公室下发《关于建立淳安县文物安全工作联席会议协调机构的通知》。10月20日，淳安县政府办公室下发《关于印发淳安县2022年度文物安全检查评估工作方案的通知》。

·旅游资源·

【全国乡村旅游重点村创建】 2022年11月15日，姜家镇姜家村被确定为第四批全国乡村旅游重点村。截至2022年年底，全县有全国乡村旅游重点村2个。

【交旅融合试点】 2022年7月19日，淳安县入选浙江省交通与旅游融合发展试点名单。

【A级景区建设】 2022年2月21日，杭州市千岛湖风景名胜区被评为首批“浙江省智慧景区”。5月26日，杭州市千岛湖风景名胜区、千岛湖乐水小镇·文渊狮城、下姜景区、千岛湖石林景区被评为2021年度淳安县“无废景区”。6月2日，杭州市千岛湖风景名胜区被评为2021年度杭州市“无废城市细胞(无废景区)”。6月13日，千岛湖抹茶庄园、千岛湖天屿景区被评定为国家AA级旅游景区。6月29日，月光岛“月光之恋”光影艺术夜游项目正式营业，展示来自9个国家26件作品，成为千岛湖景区网红打卡地。11月14日，淳安县博物馆景区通过国家AAA级景区景观质量评估。12月9日，翰红墨香馆景区被评定为国家AAA级旅游景区。12月29日，千岛湖景区入选国家体育总局、文旅部“国家体育旅游示范基地”名单。

【A级景区镇】 截至2022年年底，淳安县共有浙江省AAAA级景区镇10个，AAA级景区镇8个。

【A级景区村】 截至2022年年底，淳安县共有浙江省AAA级景区村64个。

【旅游新项目】 2022年，淳安县建成开业“月光之恋”光影艺术夜游、明豪国际会议中心、Club Med地中海酒店、滨江云顶桃园一期云庐酒店、天屿景区、千岛湖理想花园、泊卡汽车主题乐园、格力七号公园等补短板型旅游项目。

【百县千碗】 2022年12月27日，睦州食府、姜君千岛湖鱼头馆、淳鱼故事餐厅、几荷餐厅、东篱菊民宿被省文化旅游厅和省商务厅评为“诗画浙江·百县千碗”省级美食体验店。同日，千岛湖美食镇获评“诗画浙江·百县千碗”美食镇。

【百县千宿】 2022年，淳安县新增民宿37家，入选浙江省“百县千宿”12家，新增省级金宿1家、银宿1家，新增市级五花民宿1家、四花民宿3家，评定县级精品民宿、三星级民宿78家。截至2022年年底，全县共有民宿农家乐1100家，其中，省级白金宿1家、金宿3家、银宿12家，市级五花民宿4家、四花民宿7家。

【百县千礼】 在2022年度省市民宿伴手礼大赛中，鱼儿的家“不止青绿·鱼儿三宝”获得“浙宿好礼”和“最忆杭州·一宿一品”传承奖，抹茶庄园“抹茶大礼包”、菲絮曼“淳安花猪肉烧饼”、舍南舍北“鸠坑毛尖小罐茶”、东篱菊“百草鹰”系列黄精产品获得“最忆杭州·一宿一品”综合奖。截至2022年年底，淳安县共获评“浙宿好礼”6款、“最忆杭州·一宿一品”18款。

·旅游服务·

【宾馆酒店创优】 2022年11月25日，杭州千岛湖啤酒温泉酒店被杭州市饭店行业协会和杭州市饭店星级评定委员会评为2022年疫情防控期间旅游饭店“社会突出贡献奖”，千岛湖洲际度假酒店被评为“杭州市优质饭店”，杭州千岛湖开元度假村被评为“杭州市优秀饭店”。12月12日，杭州千岛湖绿城实业有限公司喜来登度假酒店被浙江省旅游饭店星级评定委员会评定为“金树叶级绿色旅游饭店”；12月26日，杭州千岛湖啤酒温泉酒店被浙江省旅游饭店星级评定委员会评定为“银鼎级文化主题特色酒店”，杭州千岛湖伯瑞特酒店被评定为“金桂品质饭店”，杭州千岛湖返里度假酒店被评定为“银桂品质饭店”，千岛湖龙庭大酒店通过四星级酒店复核。12月30日，千岛湖伯瑞特酒店被浙江省节约用水办公室被定为“节水标杆酒店”。

【旅行社创优】 千岛湖金色假日旅行社、千岛湖友好旅行社被杭州市旅行社协会评为2022年度杭州市文旅优质服务计划“优秀旅行社”。

【余颖获“杭州市金牌导游”称号】 2022年5月25日，淳安县选派的选手余颖在杭州市文化和广电旅游局、杭州市人力资源和社会保障局、杭州市总工会、共青团杭州市委主办的2022年杭州市第七届金牌导游大赛中获得“杭州市金牌导游”称号。

【旅游咨询服务】 2022年，淳安县调整咨询点布局。3月11日起千岛湖汽车总站旅游咨询服务中心停止现场接待服务，慢生活广场咨询点9月底完成改建装修，10月1日起恢复现场接待服务。试点i杭州文旅服务中心(未来乡村)。在市文广旅体局指导和帮助下，重新定位下姜旅游咨询服务中心功能，新增图书借阅、特产展销、在线观影、文化共享等多功能于一体，并成功成为i杭州文旅示范咨询点。

【旅游数字化改革】 2022年，“旅游品质数智提升”应用场景升级为“优游千岛湖”，按照省数字文化场景标准建设，线上线下贯通吃住行游购娱旅游六要素负面信息，实现闭环管理；强化数据综合分析、研判，多次问题实现一键联动预警；同步开发“优游千岛湖”微信小程序，提供景区宜游指数、错峰预约、动态停车、导游预约等20余项服务，实现舒心畅游千岛湖。该场景获评市数字文化系统第二批区县优秀应用。

【千岛湖智慧景区建设】 2022年，为顺应千岛湖景区智慧管理、应用和服务实际需求，淳安县启动建设景区手绘地图和一键智慧游、景区数字应急广播、码头LED大屏升级改建、景区实时客流监测统计服务等一批需求迫切、实用性强的应用项目，实现智慧旅游项目好用、实用、管用目标。

【旅游营销政策】 2022年1月18日，淳安县出台《关于推出“2022年千岛湖景区春节优惠”活动的通知》。3月2日，推出“感恩四十年·致敬半边天”为主题的三八节免票优惠活动。4月6日，出台《关于延续下姜、姜家、中洲享受千岛湖景区门票优惠政策的通知》。7月8日，发布《2022年淳安县全域旅游营销奖励方案》。12月28日，出台《2023年千岛湖AAAAA级景区门票政策及相关优惠政策》。

【品牌宣传】 2022年1月28日，歌曲《千岛之湖》在“美丽家园景秀中华”全国风景名胜区主题歌曲征集大赛中获“观众最喜爱的全国风景名胜区主题歌曲”奖项。6月10日，在浙江广电集团策划组织的“一起跨越最美山城·山区自驾线路及网红打卡点评选”活动中，淳安县报送的“自游自在山水间千岛湖自驾线”在山区26县所有报送的线路中获第一名。6月25日，淳安县获得由上海市文化和旅游局、浙江省文化和旅游厅、江苏省文化和旅游厅联合授予的首批“长三角高铁旅游小城”称号。

【文旅消费券发放】 2022年9月8—17日，淳安县向广大市民发放千岛湖旅游消费券400万元，核销319.87万元，直接带动交易额1001.95万元，撬动相关产业收入4308.35万元。

【市场促销】 2022年7月22—25日，淳安县组织人员赴昆明参加中国国际旅游交易会。8月14—20日，赴长春、哈尔滨参加杭州都市圈东北市场促销。9月7—8日，赴上海召开2022千岛湖(上海)旅游推介会。9月17日，赴宁波参加商会换届大会。11月9日，赴缙云参加浙江省总工会举办的支持山区26县疗休养发展协作活动。11月22日，参加2022中国(杭州)文旅赋能高峰论坛暨第十七届杭州·浙西旅游合作峰会。12月16日，赴临安参加杭州文旅惠民卡现场推进会。12月23—25日，赴宁波参加2022宁波国际旅游展。

【助企纾困】 2022年7月4日，淳安县发放千岛湖景区门票9550张，帮助县内受疫情影响的旅行社纾困解难。

·景区管理·

【A级景区管理】 2022年12月29日，淳安县出台《千岛湖旅游景区管理暂行办法》，进一步规范千岛湖AAAAA级旅游景区保护和管理，加快千岛湖景区资源合理开发和利用，维护景区正常秩序和良好游览观光环境，促进景区繁荣和发展。

【厕所革命】 2022年12月1日，梅峰岛游船码头厕所、秀水街区消防通道口厕所、鼓山塘生态公园厕所被杭州市文化广电旅游局评为2022年度AAA级旅游厕所。

·行业、市场管理·

【行业安全管理】 2022年，县文广旅体局牵头召开安全生产、疫情防控、除险保安等相关工作会议90余次，发布相关通知600余条，共计出动检查人员1400余人次，检查文旅体经营单位1044家次。3月中旬，与168家经营单位签订《安全生产目标管理责任书》，对文旅体行业经营单位年度安全生产工作进行考核，并在行业内予以通报。5月1日，召开全县安全生产工作会议。9月16日，召开2022年广播电视安全播出工作会议，县委常委、宣传部部长章临凯对广播电视安全播出工作进行部署。严格落实县防控办关于人群聚集性活动防控要求，做好到淳安旅游团、会议团、疗养团、活动团等审核备案工作。9月1日至10月20日，共报备团队1689个，总人数72080人，其中疗休养团队24748人。

【行业审批】 2022年，县文广旅体局共受理办结行政审批事项70件，分别为文化艺术类、体育类校外培训机构，经营高危险性体育项目许可(游泳)、(攀岩)，歌舞娱乐场所、举办营业性演出，文艺表演团体、广播电视节目制作经营单位、广播电视节目传送等，其中5月24日审批通过杭州千岛之恋旅游开发有限公司提交的经营高危险性体育项目许可

(攀岩)申请,为全县首家攀岩场所许可证。对文化艺术、体育类等非学科类校外培训机构,按照“先转型,再规范”原则,由校外机构承诺后,按照简易程序予以办理。完成24家文化艺术类和4家体育类校外培训机构准入。

【行政处罚】 2022年,县文化市场行政执法队共出动执法检查人员4333人次,检查经营场所2162家次;行政处罚立案调查6件,办结案件5件,没收非法所得11元,没收违法物品128个。

·节庆赛事·

【文化活动】 2022年2月14日,淳安县举办“喜迎亚运会·千岛闹元宵”2022年元宵节活动,推出湖上的元宵、村里的元宵等七大系列项目,并在中央广播电视总台《新闻联播》、浙江卫视《浙江新闻联播》报道播出,人民网、央广网、浙江新闻客户端、《杭州日报》等各类主流媒体争相报道。5月15日,举办“宋韵淳风”2022年“5·18”国际博物馆日系列体验活动,让参观者沉浸式体验宋代人的生活,同时“书香宋韵——宋代书院文化专题展”正式开展。9月8日,舞蹈作品《屏门龙灯》在杭州市第十一届“风雅颂”民间舞蹈展演活动中获“金奖”。9月29日,“喜迎二十大　奏响新未来”2022淳安千岛湖国庆音乐会暨“千岛湖理想公园”试开园仪式在进贤湾举办。

【旅游推广活动】 2022年5月11日,在淳安县举行杭州市一线职工免费疗休养首发团欢迎仪式。5月12日,在千岛湖VOCO阳光大酒店召开2022千岛湖疗休养旅游推介会。6月29日,2022千岛湖动态新十景评选活动正式启动。7月13日,组织2022杭州文化和旅游消费季——三江两岸万人游休闲活动(淳安站)。9月6日,组织“潮玩乡村·共富游我”淳安县乡村旅游共富专线合作签约暨首发班启动仪式。9月7日,千岛湖100种玩法全面上线。11月5日,推出千岛湖感恩“回馈游”活动。

【节庆活动】 2022年4月22日,里商乡举办第十四届茶文化节。5月13日,临岐镇举办第七届覆盆子采摘节。5月20日,姜家镇举办快乐垂钓第六届《王者之战》。6月2日,大墅镇举办第二届大下姜艾草文化节。7月1日,千岛湖啤酒小镇举办龙虾音乐啤酒节。8月7日,左口乡举办心宿左口乡村体验节暨首届溯溪邀请挑战赛。9月6日,富文乡举办“潮玩乡村·共富游我”淳安县乡村旅游共富专线。9月25日,千岛湖燃擎赛车主题乐园举办五菱宏光MINIEV百万潮派。10月1日,枫树岭镇举办大下姜第四届红高粱旅游文化节暨共富工坊集市活动。10月29日,宋村乡举办“百村万帐　向野而战”2022中国体育彩票百村万帐运动振兴乡村活动千岛湖·宋村开帐仪式暨宋村乡文化旅游节。11月13日,中洲镇举办红色中洲古道文化节暨第五届千岛湖女子乡村马拉松活动。11月18日,瑶山乡举办第十三届“云溪相伴　长乐瑶山——千岛湖山核桃丰收节暨共富项目签约活动”。

【体育赛事】 2022年,淳安县共举办大型体育赛事10场。11月20日,举办第十六届环千岛湖公路自行车赛,国内外4500余名选手参加男子精英组、男子挑战组、女子组的比赛,报名人数创下历史之最。11月19日,举办2022年千岛湖轮滑公开赛,1000余名选手报名参赛。11月6日,举办千岛湖铁人三项赛,2022千岛湖铁人三项赛正式升级成为226千米(3.8千米游泳、180千米自行车和

42.2千米跑步)超长距离铁人三项赛,成为国内近年来第一、同时也是唯一一场大铁226组别铁人三项赛。成功举办县第八届全民运动会。完成"全民健身迎亚运"体育赛事和科学健身指导活动进村(社区)1066场,完成专项体育课进校园530堂。

·媒体运营·

【欢迎短信改版】 2022年2月9日,完成千岛湖旅游欢迎短信内容改版创作,新版欢迎短信启用。

【媒体宣传】 2022年3月7日,淳安县于全国两会期间以"千岛湖,不止于湖"为题在国家级媒体——《光明日报》上进行千岛湖旅游四十周年宣传推广;3月8日,于全国两会期间以"回首四十年　千岛湖正走向更诗意的远方"为题在全国旅游行业报——《中国旅游报》上进行千岛湖旅游四十周年宣传推广。

【"千岛湖一百种玩法"宣传】 2022年下半年,自运维各新媒体平台聚焦"千岛湖一百种玩法"宣传,总推送量近100篇、总传播量515万多次,成为热点。

【全网达人深度体验推广】 2022年6月底,淳安县通过人民网合作,邀请8位全网达人,以月光岛夜游启动、百种玩法推出为契机,生产推文130条,产生点击量30万次以上爆款14条(100万次以上4条),活动总阅读量5880万次;通过与天目新闻合作,全年达人贡献视频120条,总阅读量达6554万次、转发2万余次。

【视频图片平台合作】 2022年年初,淳安县与抖音平台合作,助力县内涉旅企业带货,核销额162万元,居杭州市同期同类活动之首。由抖音、图虫双平台组织开展的"千岛湖不止秋色"全网摄影活动中,吸引9000多拍客参与,参与活动作品达8万个。

【境外新媒体扩圈扩容】 2022年5月,在境外TokTik平台新搭建"千岛湖旅游"账号,千岛湖旅游在境外社交媒体平台账号达到5个。至年底,境外5个账号共发图文和视频推文680条,总展现量1103万次,获互动点赞20万次。总粉丝量突破15万人,比上年增长约60%。

【新媒体运营大数据】 2022年,微信公众号"千岛湖旅游+千岛湖文旅体发布"双平台粉丝量39.4万人,比上年增加1万余人。"千岛湖旅游"微信服务号在年度全国县级文旅新媒体传播力指数榜位列第十,全年推送186篇,总阅读量200余万次;首条平均阅读量1.3万余次,平均单条阅读量9800余次;《感恩四十载　共享淳安年　明天起,千岛湖景区最大礼包启封》阅读量8万余次,为年度榜首;粉丝关注内容前三为:优惠政策、新景上新、沉浸式体验;粉丝年龄18岁至40岁占比81.2%;粉丝主要源自浙江、上海、江苏、安徽、广东、湖北。全年推送"千岛湖文旅体发布"微信订阅号424篇,总阅读量为12.27万次,在县内政务新媒体中继续保持头部位置。全年发布"千岛湖旅游"抖音号110条,总播放量突破1000万次,获点赞数11万余次,单条最高播放量640万余次;"千岛湖十二时辰"、省级以上非遗展示系列作品受粉丝喜爱,粉丝量突破10万人。全年推送"千岛湖旅游"新浪微博号1080条,累计阅读量800余万次,平均阅读量9000余次、同比增加一倍,总粉丝量174万余人。

【年度文旅体图片和视频作品】 2022年11月中旬,淳安县完成"精彩文旅体2021"年度图片和视频作品征集和评审工作,80 幅摄影作品和 10 个视频作品入选年度作品,其中 20 幅摄影作品和 3 个视频作品为优秀作品。

(江　海)

·融媒体·

【主题宣传】 2022 年,县融媒体中心各宣传平台紧扣县委县政府发展大局,推出“喜迎二十大、非凡这十年”、学贯党的二十大精神、党史学习教育“三为”专题实践活动、“奋进新征程　建功新时代”、共同富裕、学贯省党代会精神“共建特别生态区　共享魅力千岛湖”“七大攻坚战”、学贯县党代会精神、县两会精神、全国文明城市创建、喜迎亚运会、数字化改革、2022 首届浙西(千岛湖)创意生活周、新时代“淳安精神”大讨论、重点(民生实事)项目建设、水饮料产业综合服务改革、代表风采、委员风采、文明家庭、杰出青年、疫情防控、美丽城镇建设、千岛农品、垃圾分类、淳安正能量等 40 多个主题宣传栏目,及时刊播县委、县政府重大决策、重大活动和重大成就。

【新闻宣传】 2022 年 1 月 1 日起,“淳安发布”视频号和抖音号推出“亚运　千岛湖”主题电子台历。10 月 1 日起,视界千岛湖 App 推出《千岛湖日历》栏目,每日一图,宣传美景美食、民俗文化和产业项目等。在七大攻坚战中首次推出“在线云直播”,多点位、无差别的将杭州地区和淳安县域 7 个直播点位的现场视频,高品质地同步汇集到主会场导控平台,实现直播效果的根本性提升。

【新媒体宣传】 2022 年,“淳安发布”粉丝从 15 万人上升到 20 万人,视界千岛湖 App 下载量从 10 万次上升到 15 万次,“淳安发布”抖音号有粉丝 4.1 万人。《淳安县关于进口火龙果样本核酸检测阳性的通告》《最新要求!县防控办发出紧急通知》《@淳安人,5 月 19 日起,凡进入这些场所均须出示 48 小时核酸采样证明》《注意!县防控办发布紧急提醒》《杭州市关于优化调整疫情防控相关措施的通告》《注意!全县社会核酸采样点及时间有调整》等 15 篇推送获 10 余万次阅读量,得到广泛关注和转发。创新开发新媒体多媒直播产品,联合国内知名新媒体客户端,共开展各类直播 60 多场,通过技术保障、流量赋能、直播助农,实施品牌强农工程,有效助力乡村振兴和共同富裕。

【舆论监督】 2022 年,淳安电视台《焦点时分》栏目播出 30 多期,涉及机动车违停、垃圾山、占道经营、圈地种菜、垃圾山、乱堆乱放、乱搭乱建、加装电梯工程烂尾等内容,促进相关部门积极整改。10 月 1 日,县委书记杨建根对《焦点时分》栏目曝光近湖花苑公共绿化带被私自占用问题的整改情况报告作出重要批示,要求进一步跟踪问题的整改,提升栏目的品牌影响力。《今日千岛湖》的《曝光台》《立此存照》《不文明行为随手拍》和淳安电视台《民情热线》等栏目先后刊播生态保护、文明创建和基层治理等舆论监督稿 200 余篇(条),有效推动舆论监督问题的解决。

【外宣工作】 2022 年,县融媒体中心实现高端外宣持续突破,“巾帼志愿者共护母亲河”“生态修复工作”“元宵节里商仁灯民俗活动”“千岛湖美景纷纷”等中央广播电视总台《新闻联播》播出。全年完成外宣稿件 1501 条(不包括“学习强国”杭州平台)。其中,国家级 221 条、省级 782 条、市级 498 条;中央广播电视总台 63 条次(《新闻联播》14 条),省电视台 209 条次(浙江卫视 89 条次,《浙江新闻联播》36 条),市电视台 149 条次(杭州综合频道 147 条次,《杭州新闻联播》81 条);报纸(包括新媒体)200余条,其中,《人民日报》1篇,《人民日报海外版》4篇,《浙江日报》11篇(整版报道3篇);广播方面,国家级6条,省级131条,市级225条。“学习强国”学习平台共刊发2495条,其中,国家级发稿137条、浙江平台发稿487条、杭州平台发稿1871条。中共二十大召开当天上报的推文《下姜村的“账本”》在浙江宣传微信公众号推出,受到前所未有的关注和转发。

【作品创新创优】 2022年,县融媒体中心有20余件作品获省市奖项,其中《千岛农品主播晒秋行》获杭州市2022年度创新重大主题报道优秀融媒体项目二等奖,《文明祭扫 绿色清明》公益广告获2022年度杭州市广播电视公益广告优秀作品,广播少儿节目《山海情相系 声暖少年心》获2022年度杭州市广播少儿节目奖广播少儿专题一等奖;《全省首例!长三角区域新生儿入户实现“跨省通办”》《奋斗百年路 启航新征程》系列报道、《我家的菜谱——辣酱玉米粿》《淳安新闻》新闻编排等作品获杭州市新闻奖三等奖。在中国县市区域报新闻奖评选中,淳安县获一等奖3件、二等奖3件、三等奖4件。在浙江省县市区域报好新闻奖评选中,淳安县获一等奖2件、二等奖3件、三等奖8件。

【人才培养】 2022年,县融媒体中心先后选派50余人参加省市新闻业务培训;新招聘记者、主持人、技术员13人;全年新增杭州市E类人才12人,淳安县E类人才5人;加强职称评聘工作,1人获评副高级职称,4人获评中级职称。

【县融媒体中心新媒体中心获“全国巾帼建功先进集体”称号】 2022年,县融媒体中心新媒体中心始终秉承“移动优先、内容为王”理念,坚持“快、准、活、美”目标,员工们从办公室“小编小记”转变为一线“娘子军”;始终坚持“向外学”与“向内学”相结合,先后安排人员参加考察学习,同时做好学习强国淳安供稿中心常态开设的岗位挂职业务培训;策划拍摄的“三八妇女节”、浙皖环保党建巾帼联盟等活动相关新闻在中央广播电视总台《新闻联播》中播出。经各级推荐,县融媒体中心新媒体中心被评为2022年“全国巾帼建功先进集体”。 (冯学志 徐满萍)

卫生健康

·综述·

【概况】 2022年,淳安县有各类医疗机构327家,其中,县级医院4家(综合性医院2家,中医院1家,妇幼保健院1家),乡镇卫生院(社区卫生服务中心)23家,民营医院9家,民营门诊部12家,个体诊所、学校医务室108家,村卫生室171个。全县核定床位2378张,实际开放床位2598张,千人床位核定和开放数量分别为7.23张和7.9张。全县卫技人员总数3201人,其中,医生1433人(全科医生469名、乡村医生155人)、护士(师)1419人。在公办医疗卫生机构的卫技人员2349人。每千人口拥有卫技人员9.73人、医生4.35人、护士(师)4.31人。

2022年,全县医疗机构(含村卫生室)门急诊310.8万人次,全县出院病人总数7.8万人次,公立医疗机构总收入13.2亿元。

2022年淳安县县级医院业务情况表

表3

单位	门诊(人次)	出院病人(人次)	床位使用率(%)	平均住院日(天)	总收入(万元)
县一医院	538160	31783	91.59	7.16	45488.8
县二医院	176223	8191	93.93	7.91	10784.3
县中医院	438099	15786	79.18	8.13	24022.3
县妇保院	392389	6477	56.40	5	12601
合　计	1544871	62237	80.28	7.05	92896.4

2022年淳安县中心卫生院业务情况表

表4

单位	门诊(人次)	出院病人(人次)	床位使用率(%)	平均住院日(天)	总收入(万元)
威坪中心卫生院	145773	1649	80.6	8.9	2405.02
临岐中心卫生院	147321	1242	66.98	6.89	2500.08
大墅中心卫生院	56785	350	31.73	7.03	690.55
姜家中心卫生院	81524	648	54.38	5.7	1052.41
合　计	431403	3889	58.42	7.13	6648.06

【疫情防控】 2022年,淳安县先后派出35批次、6200余人次紧急驰援杭州、金华、嘉兴、上海、贵阳等地开展防疫工作;组建医疗救治专家小组2支、医疗救治机动队3支、DPTU队伍24支,共129人;开展130余场次新冠感染医疗技术培训,应急演练46场,实现医务人员全覆盖。整合全县"1中心+7站点"救急网格,统筹调配专用型救护车20辆,其中负压救护车8辆,配备呼吸机等抢救设备100余台。县一医院发挥中医特色,送中药1.8万余份,香囊3000余份,收到特殊的感谢信15封、锦旗10面。构建"县—局—院—科"四级组织架构体系,成立10组3班,出台《淳安县疫情防控医疗救治指挥体系实施方案》等10个工作方案,制定《新冠感染者医共体转诊流程图》等8个流程图,确保各项医疗救治任务落实落地落细。严格落实首诊负责制,制定《分类分级收治和出院标准》等11个机

制，实现急诊留观病房8小时"清零"。将急诊患者分成濒危、危重、急症、非急症四级，优先治疗重症，确保第一时间得到救治。配足重症床位所需呼吸机、重症监护仪等设备，涉及金额2600余万元。实行全员理论培训+考核，重点抓好重症医护人员理论+操作考核模式，实行重症医护人员"返岗"模式，抽调66人组建"1名重症医生+1名返岗医生+1名内科医生"的综合救治小队，确保重症患者救治工作有序推进。对重症床位使用情况、重症患者收治情况等实行"一日一调度"，确保各医疗机构重症床位、设备可用；实行"县级医院开药、基层卫生院输液"模式，有效缓解县级医院输液压力，节约县级医院床位占用率3.5%；按照"病房、人员、设备"三集中原则，将外科床位整合到内科实行统一管理，各病区至少预留2张床位，用于应激状态下统筹协调，确保重症患者及时收住入院。

【深化医共体建设】 2022年，淳安县实施医共体建设"一院一策一品"，主要有威坪镇中心卫生院的血透室、大墅镇中心卫生院的联合病房、石林镇卫生院的"亚运服务动动康复直通车"，下姜村卫生室的"省市县村"四级远程会诊等。大墅、威坪等6家中心卫生院开出医疗巡回车，在义诊的基础上融入健康教育、慢病管理、出院病人随访、家庭医生签约、急救技能传播、下村上门访贫等元素，受到村民广泛好评。全年上门服务群众1.3万余人次，县域就诊率、基层就诊率、群众满意度分别为90.1%、68.6%、95.2%，县域就诊率、基层就诊率、群众满意度"三率"得到提升，医疗费用、门诊均费、住院均费"三费"增长得到控制。

【基础设施建设】 2022年，县中医院病房楼完成内部装修，姜家中心卫生院迁建工程主体完工，固定资产新增1.05亿元；投资960万元，新启用1家卫生服务站，完成62家基层医疗机构"两堂一舍"改造，公共场所AED安装达到132个。

【健康淳安建设】 2022年，淳安县积极推进健康融万家工作，成立公共政策健康评价专家委员会，出台《淳安县公共政策健康影响评价工作实施方案(试行)》，完成10个典型案例的评价工作。统筹推进健康环境建设，顺利通过省级健康县评估，控烟工作全省排名第22名、杭州市排第1名。不断推进健康治理，出台《关于推进健康淳安行动的实施意见》，淳安县农村饮用水达标提质行动被纳入省级示范试点项目，推荐的《淳安打造"秀水卫士"一体化全面保障千万人饮水安全》获得2022年健康浙江行动示范样板和优秀案例，综合排名第十二。深入推进健康细胞工程，实现健康促进医院、健康促进学校、省级健康乡镇(国卫乡镇为基数)、健康村(省卫村为基数)、无烟党政机关建设全覆盖。全年创建杭州市健康单位(场所)47家、健康促进示范单位(场所)名单3家、健康家庭33142户。开展亚运病媒保障工作，推动10个乡镇37个村的"除四害"村创建工作。创新推进健康管理优质化工程，创建"浙@童"数智平台，实现留守儿童常态化动态监测，入围团省委、团市委揭榜挂帅重点建设项目，得到团省委书记何黎斌充分肯定。"电力关爱码"关注独居老人健康，打造"大数据+社区关爱"的典型应用场景，形成特殊老年群体关爱服务体系和独居老人实时监护和闭环的N+1反应机制，得到省委书记袁家军的高度评价。弘扬中医养生理念，打造中医养生街区。打造百草临岐润养小镇，通过建造中国千岛湖中医药博物馆，建设龙兴超人中医药文化街，建立国潮润联网润养体验中心、中药材交易市场、中药材产业园等一站式润养体验项目，为游客开启丰富多彩的百草临岐润健康养身之旅。实施

“明眸工程”。投资300万元,对全县597个普通教室照明进行改造,有效改善学生用眼卫生。该工程被列入2022年县政府民生实事工程。

【老龄工作】 2022年,淳安县持续开展“敬老爱老助老主题教育”、敬老爱老助老“最美”系列、“敬老月”和“老年节”等系列活动,千岛湖镇获评市级最美敬老爱老助老示范街道(乡镇),县妇幼保健院曾秉杰等6人获市级最美系列选树典型,并评出县级十佳孝亲敬老之星在全县老龄工作大会上予以表彰;对全县1920名90周岁以上的老年人发放慰问金59.98万元;培育县级老年友好示范性社区6家,其中王阜乡王阜村获评全国示范性老年友好型社区(村);培育县级老年友善医疗机构15家,其中县二医院和县妇幼保健院获评市级老年友善医疗机构;推动老年健康服务体系建设和医养结合工作,推动淳安县老年健康指导中心和淳安县安宁疗护病区建设工作;继续开展老年人意外伤害保险工作,投保总额252.76万元,惠及11.58万名老年人;提升老年人享受智能化就医服务水平,建立解决老年人就医“数字鸿沟”问题的长效机制;淳安县文化惠老工程落地开花,老年人书画作品多人在省市老年人书画大赛中获奖。以老年协会为抓手,开展“反诈防骗,敬老助老”主题敬老月系列活动。守好“养老钱”,打击整治养老诈骗专项行动,开展进乡村、进社区、进家庭养老防诈骗活动。防诈反诈宣传活动30余场;传递党和政府对老年人的关心关爱,开展走访慰问和关爱帮扶活动,发动乡镇老龄委在“敬老月”发放慰问金、慰问品200余万元。截至2022年年底,全县有60周岁以上老年人117588人,占全县总人口的26.1%。

·医政管理·

【公立医院改革】 2022年,淳安县加大县域医疗资源的统筹统管力度,推进公立医院综合改革,控制医疗费用不合理增长。坚持问题导向,围绕山区县医疗服务能力弱、专科特色不明显、县域外转病人多等特点,省人民医院常年派驻专家12人到淳安帮扶,通过教学查房、专家门诊、病例讨论、手术带教、科室督查等方式,支持淳安一院全面建立标准化胸痛、卒中、创伤三大救治中心和检验、影像、病理三大共享中心,以及消化内科、胃肠胰外科等4个临床专科,补齐医疗服务能力短板。开展各类手术7512例,其中三、四类手术1894例。重点专科病例组合指数(CMI)值0.9116,比上年提升4.4%。建立县域统一药品目录,结合“优质服务基层行”开展卫生院(社区卫生服务中心)标准化建设。全省公立医院综合改革目标考核连续六年全市第一。

【医疗质量管理】 2022年,县中医院以高分通过“三乙”中医医院创建评审;县一医院各项创建指标总体达标,国考成绩位列全省第十一;县二医院、县妇保院争创“二甲”,县一医院纳入国家部委“千县工程”,县妇保院绩效考核全省第9名、全市第1名。4家县级医院与杭州市一、市二院等医院的十大“高峰学科”建立帮扶机制,获得省市级科研立项10项、省市级继教项目53项,取得国家实用性专利12项,开展新技术、新项目83个。为千岛湖社区卫生服务中心等6家基层医疗单位配置巡回医疗车,并配有血糖仪、心电图、便携式B超机等设备,定期流动开展巡回诊疗活动。开展“优质服务基层行”活动,全县23家乡镇卫生院(社区卫生服务中心)达到基本标准,占比100%。姜家镇中心卫生院通过国家推荐标准。

【科教工作】 2022年，淳安县加强县级培训基地规范化建设，组织完成对培训学员的年度考核，加强指导医院举办各类继续项目和申报科研课题，并实施经费补助工作。全年省级科研立项1项，省级继教项目8项；市级科研立项9项，市级继教项目45项。

【中医工作】 2022年，淳安县中医院完成三级乙等医院创建工作。市中医院对县中医院在学科建设、人才培养、医疗能力提升、医院规范化管理等方面重点指导和帮扶，下派肾病科、中医妇科等12名学科专家，揭牌成立“祝光礼名中医工作室”“朱彩凤名中医工作室”等6个名中医工作室，建立重点扶持学科骨干医生“导师制”培养机制，确定培养10名以上优秀人才目标计划。强化六大专科建设，全面综合提升医院的管理能力、医疗技术水平和综合服务水平，坚持树立“重基层、重基础、重群众、重中医”的发展理念，深化“双下沉、两提升”和“县域医共体”建设，建立市、县、乡三级联动的医疗服务新体系，在市中医院的帮助下，努力提升县中医院的综合医疗服务能力。中医中治率由原来的13.5%提升至18.4%。

【无偿献血】 2022年，淳安县组织开展第19个“世界献血者日”纪念、《无偿献血法》宣传、“我为‘七一’献热血”等活动，无偿献血占临床用血比例达100%。

·人事管理·

【干部队伍建设】 2022年，县卫生健康局注重储备培养，做好梯次储备，着力完善系统干部选拔培养管理责任体系，建立年轻干部“蓄青池”，分类选拔、储备和培养65名综合素质好、有发展潜力、35岁以下、全日制本科学历、中级以上职称的年轻干部，新提拔1名县级医院副院职干部；注重实践锻炼，促进卫健系统干部快速成长，选派12名干部赴疫情防控、亚运保障、共富突破、民生攻坚等专班和全县重点工作平台上开展挂职锻炼，选派5名医疗卫生骨干援疆援川，提升干部队伍素质。

【人才工作】 2022年，县卫生健康局组织县级医院开展10场次高层次紧缺人才自主招聘，录用高层次紧缺人才21人，其中全日制研究生7人。开展县域医共体公开招聘事业人员，共录用26人。组织开展2022年定向培养基层人才工作，招生25人，其中，本科生15人、专科生10人。1人被评为浙江省医坛新秀，1人被评为杭州市医坛新秀。全年选派43名医疗技术骨干赴省内外三级医院进修培训；柔性引进省市副高级职称及以上医疗专家60人到淳开展诊疗、“师带徒”带教工作，推动优质医疗资源区域共享。

【技术职称工作】 2022年，县卫生健康局组织2022年度卫生初中级和高级职称报名考试工作，有308人报名参加卫生初中级职称考试，272人取得专业技术职称资格；188人报名参加高级职称考试，通过市级高评委及医共体自主评聘，74人取得高级职称专业技术资格。

·公共卫生·

【家庭医生签约服务】 2022年，淳安县以建设3家医共体家庭医生签约服务“示范乡镇”和23家“示范村”为抓手，充分发挥医共体牵头作用，建立“1+1+1+X”(1名签约对象、1名家庭医生、1名县级医院专家和若干名签约助手)签约服务工作机制，推进医防大融合，逐步实现基层以治病为中心向以健康管理为中心转变，提升管理效果。全年签约22.62

万人,规范签约率68.8%,其中10类重点人群签约16.09万人,签约率94.4%,签约对象基层就诊率68%。继续落实杭州市慢性病长处方管理,对签约居民的16种慢性病提供长处方服务,全年为慢性病患者提供27.35万人次长处方服务。强化慢性病精准化管理,提高管理效果,实现慢性病管理质量大幅提升。高血压、糖尿病规范管理率分别为68.9%和67.1%,控制率分别为75.6%和61.7%。

【基本公共卫生服务项目】 2022年,淳安县开展上门服务34.68万人次,13.13万名重点人群和重点对象得到规范化管理,3.11万名高血压和糖尿病患者的血压和血糖得到有效控制,肺结核患者管理率95%。对1.6万名居民进行项目服务满意度调查,满意率99.1%。推进新冠病毒疫苗接种,全年接种23.10万人次。3月,代表浙江省参加基本公共卫生服务项目国家级考核,取得全国第1名的优异成绩。报送的专报《深化基层公共卫生服务　打通服务群众健康"最后一公里"》得到杭州市委常委陈瑾的批示。

【城乡居民健康管理】 2022年,淳安县强化老年人健康管理,落实集中体检、上门服务体检等服务举措。全年完成5.51万名65岁以上老人健康管理,管理率74%。规范城乡居民健康管理工作,完善电子健康档案内容,全县城乡居民规范化电子健康档案326125份,建档率99.1%。

【妇幼保健管理】 2022年,淳安县建立危重孕产妇抢救基金,县财政每年预算10万元专项资金用于危重孕产妇抢救。加强妇幼保健管理,通过实施免费服务当量的形式,打破乡镇辖区限制,使孕产妇、儿童在县内任何一家医疗机构均能免费享受基本公共卫生服务项目。推行动态管理和信息沟通机制,实现流动人员妇幼保健信息的"无缝对接"。县妇保院成功申请首个杭州市重点学科"妇幼保健学"。孕产妇死亡率0/10万,全县婚检率95.1%;产前筛查率99%;系统管理率97.5%;产后访视率98.2%。5岁以下儿童死亡率3.3‰,婴儿死亡率1.2‰;7岁以下儿童健康管理率98.7%;3岁以下儿童系统管理率98%;0～6岁儿童眼保健和视力检查覆盖率97.9%;新生儿疾病筛查率99.96%,新生儿访视率99.7%;持续推进婴幼儿照护项目,新增托位1310个,每千婴幼儿拥有照护托位数3.99个。

【精神疾病管理】 2022年,淳安县列入特困免费治疗资助的重性精神疾病患者补助资金58万余元,住院补助对象5人次,补助金额2万余元。杭州市第七人民医院与淳安县妇幼保健院继续技术协作签约,每月派驻主任医师职称专家坐诊、查房,开展睡眠障碍治疗、青少年学习障碍诊疗、精神疾病早期干预、心理创伤咨询与治疗服务,全年专家门诊接诊244人次,让老百姓在家门口享受到三甲医院的医疗服务。11月,建设杭州市儿童青少年心理健康诊疗(促进)中心淳安分中心,可预约杭州市第七人民医院专家咨询,方便青少年在家就能享受市级专家治疗。至2022年12月31日,淳安县有严重精神障碍患者2046人,严重精神障碍者发现率为6.2%,服药人数1837人,治疗率90.4%。

【计生指标执行】 2022年,淳安县计生主要指标执行情况良好,全县共上报出生2279人,比上年减少304人,下降11.8%,其中,一孩出生1469人,减少14人,一孩率64.5%,增长7%;二孩出生772人,减少249人,下降24.4%,二孩率33.9%,下降5.7%;多孩出生38人,减少41人。当年出生上报及时率

97.9%；人口出生率5.1‰，从数据分析，出生人口为近十年最低，与2016年相比，出生人口下降56.6%。

【计生奖励优惠政策落实】 2022年，淳安县首次将农村双女户纳入计生奖扶，计生奖扶享受人数新增11893人，当年发放22880人、2196.48万元；新增特扶54例，审核确认应发放特扶675例、588.68万元；审核确认应发放并发症特扶金61例、29.4万元。完成独生子女父母奖励费的申报、审核和资金发放工作，发放农村一次性独生子女父母奖励费59例、1.06万元，发放城镇失业人员独生子女父母奖励费31例、2950元，发放个体工商户独生子女父母奖励费12例、1200元。完成2022年市级公益金申报审核和推送工作，申请市级公益金共26户、44人，金额12万元。完成县级公益金申报审核工作，共申报130人、19.4万元。完成独生子女农保补贴审核21776人、217.76万元。

【计生宣教与技术服务】 2022年，淳安县完成孕前优生健康检查2997人，覆盖率116.4%。审核支付各类节育手术费用1583人次、37.18万元。发放避孕药具38397人次，免费基本避孕教具互联网发放率97.2%（考核指标80%），区域内平均出生人流比1.27（考核指标0.8以上）。全县避孕药具网点更新及时，丰富各网点药具品种，满足群众需求。通过微信、宣传折页、展板等多形式宣传基本避孕服务项目，提升知晓率。严格管理、保质保量做好免费实施基本避孕手术。为服务对象建立门诊病历，签订知情同意书，开具健康教育处方，做好术后随访，实行全程服务，区域基本避孕手术服务率100%。开展优生优育、生殖健康、青春期健康教育以及幼儿性启蒙教育系列讲座23场。接待咨询人数2600余人次，发放宣传资料2600余份，受益人群2600余人。

·爱国卫生·

【农村改水改厕】 2022年，淳安县继续实施全县农村饮用水水质卫生监测，将农村日供水20吨以上的集中式供水厂（站）列入项目监测范围，每年丰水期和枯水期各检测1次，上半年监测387座，下半年监测375座，项目资金65万元。

【健康科普宣传】 2022年，淳安县成立健康科普专家库，健康素养进农村文化礼堂实现全覆盖。统一印发健康画报6期700套，覆盖社区、村和企事业单位，印制《健康教育科普专刊》发放覆盖全县家庭户。在媒体开设健康教育专栏，通过县融媒体中心电子屏等形式向公众宣传健康知识。举办健康家庭大赛，开展健康达人评选，建立健康步道、健康主题公园等健康科普示范点6个。

【健康素养进文化礼堂】 2022年，淳安县继续推进健康素养进农村文化礼堂，实现337个建制村全覆盖。其中开展健康讲座、健康活动、健康服务、健康支持性工具、中医药等健康素养元素进文化礼堂数337个，比例达100%。

·疾病预防控制·

【疫情概况】 2022年，淳安县无甲类传染病报告。报告乙类传染病11种、890例、年报告发病率272.2例/10万人，比上年上升32.3%。发病率上升病种有艾滋病、猩红热、新型冠状病毒肺炎，发病率下降病种有肝炎、菌痢、肺结核、淋病、梅毒，新增病种有出血热、百日咳、疟疾，减少病种为副伤寒。报告丙类传染病4种、4181例，年报告发病率

1278.6例/10万人,比上年上升50.2%。发病率上升病种为流行性感冒,发病率下降病种有流行性腮腺炎、其他感染性腹泻、手足口病。全年报告传染病死亡10例,其中,肺结核9例、艾滋病1例,年报告死亡率3.1例/10万人,比上年下降47.1%。

【卫生应急】 2022年,淳安县无突发公共卫生事件报告。发生1起聚集公共卫生事件,发病8例,波及1760人,县疾控中心出动专业人员4人次及时赶赴现场调查处置,有效控制疫情。

【传染病监测】 2022年,淳安县继续开展霍乱监测,全县医疗机构肠道门诊初诊病人培养850人,检出沙门氏菌23例、副溶血性弧菌2例,未检出O157∶H7,餐饮、公共场所等行业重点人群健康体检粪检21068人。手足口病采样检测60份,CA6病毒18份、CA16病毒3份,肠道病毒总阳性率35%。禽流感外环境监测62份,未检出流感病毒核酸。登革热监测医疗机构送检血样41份,未发现登革病毒核酸阳性,发现新型布尼亚病毒核酸阳性4例;采集一般人群全血103份,送市疾控中心做登革热抗体测定;从4月开始开展伊蚊密度监测,全年共监测32点次,合计BI指数为3.5。

【重点传染病防控】 2022年,淳安县登记肺结核病人328例,均按方案予以免费查治,督导管理率100%。全年报告艾滋病新发病例3例,对新发现及在册管理病例进行规范的治疗随访、CD4数量和病毒载量检测,免费抗病毒治疗率88.5%(115/130)。继续加强娱乐场所重点人群干预和自愿咨询检测力度,共干预人数4476人次,发放宣传资料1976份、安全套2457个,开展HIV抗体检测3470人次。开展产前术前病人免费检测16397人次。

【免疫规划】 2022年,淳安县实施免疫规划管理。加强预防接种全程规范管理,加强国家扩大免疫规划政策的落实和宣传,适龄儿童基础免疫和加强免疫报告接种率均在95%以上。规范疫苗采购和疫苗冷链管理,推进预防接种信息化建设。全县4家产科接种单位和6家犬伤门诊上半年启用浙江省疫苗和预防接种综合管理信息系统(SaaS系统)。重点人群免费接种流感疫苗项目完成接种10997人次,超额完成任务;初三学生麻腮风接种2419剂次,达到预定目标。做好水痘、麻疹等免疫相关传染病监测和疫情处置。全年无疑似预防接种有关的死亡病例报告、无群体疑似预防接种异常反应报告。

【慢性病防治及死因统计】 2022年,淳安县报告死亡3471例,其中,男性1997人,女性1474人。粗死亡率768.76例/10万人(男性875.14例/10万人,女性660.07例/10万人),前五位死因顺位为:恶性肿瘤、心脏病、脑血管疾病、损伤和中毒外部原因、呼吸系统疾病,前五位死因占死亡总数的84.1%。全年报告糖尿病1465例,恶性肿瘤2056例,冠心病急性事件550例,脑卒中急性事件1945例。

【地方病和寄生虫病防治】 2022年,淳安县继续开展碘盐监测和碘缺乏病查病工作。加工厂碘盐监测中位数为26.0毫克/千克。全县按东、南、西、北、中选取5个乡镇,抽取210名学生(男女各半)进行甲状腺B超,肿大率为0.5%,低于5%,达到消除碘缺乏病目标要求,19名学生甲状腺有结节,结节率9.1%。210名学生和105名孕妇抽查315份盐样,中位数为25.8毫克/千克,其中11份为非碘盐,非碘盐率3.5%,碘盐覆盖率为96.5%,合格碘盐食用率为94.6%,碘盐合格率为98%。检测二年级至四年级8～10岁学生尿碘210份，中位数为236.4微克/升，处于碘适宜状态。检测孕妇随机尿尿碘105份，中位数为150.2毫克/升，处于碘适宜状态。在汾口镇茅屏村和三畈村开展春季查螺活动，投工42人，检查面积16200平方米，同时对茅屏村、三畈村进行监测点查螺，调查框数6480框，均未查出钉螺；全年流动人口血清抗体检测974份，无阳性。1—12月疟疾“三热”病人血检人数397人，血检中外来人口41人，总血检率为0.9‰，外来人口占10.3%。

【健康危害因素监测】 2022年，淳安县开展食品安全风险监测，完成食品采样监测349件，开展食源性疾病主动监测工作。开展生活饮用水卫生监测，完成省卫健委等三部门70个监测点、县爱卫办133个监测点监测任务，日常开展千岛湖镇生活饮用水卫生监测。职业卫生监测，完成全县35家企业职业病危害因素监测和6家重点行业职业危害因素风险评估。病媒生物密度和消毒质量监测，对辖区内“四害”密度及医疗机构、托幼机构、其他重点场所消毒质量开展日常监测。开展学校卫生监测，对全县学生体检情况进行汇总分析。公共场所卫生监测，完成6家重点公共场所健康危害因素监测。

【健康教育与健康促进】 2022年，县卫生健康局围绕全国高血压日、联合国糖尿病日、肿瘤宣传周等，联合多部门开展30余次大型的公众宣传活动。编印各类健康教育资料，发放各种宣传海报、单页折页、小卡片等30余种13万份、健康科普专刊17.6万份，通过“健康淳安”“淳安疾控”等新媒体平台广泛发布科普知识。完善两库一机制建设，助力健康知识普及行动。建立科普资料库，整合县内专家资源，各企业、学校、社区、机关单位等按需下载使用健康资源，申报专家开展健康活动，受益8000余人。完成健康素养监测和烟草监测，完成调查问卷641份，其中健康素养水平为32.6%，比上年有所提高，烟草使用率为18.4%，低于杭州市平均水平。

【检验检测和实验室管理】 2022年，县疾控中心做好疾病预防控制及健康相关工作的技术支撑。科学统筹实验室日常与突发事件应急检测，做好新冠核酸检测车的运行管理，规范管理体系运行，强化实验室安全管理，持续改进完善管理体系，积极参与室外质控活动，参加省市疾控系统和质监部门15次36项能力验证活动，参加浙西七县、市(区)疾控中心实验室1次8项室间比对活动。7月，实验室通过实验室资质认定复评审；11月，完成实验室信息化系统提升改造；12月，全省统一部署的生物安全在线投入运行。全年完成水质监测461份、11849项次；完成食品安全风险监测、HIV、血吸虫、地方病、消毒质量监测、卫生应急、职业卫生、公共场所卫生等各类检测4943份、8837项次。

【疾病预防控制技术指导与应用研究】 2022年，县疾控中心对全县23个乡镇卫生院(社区服务中心)基本公共卫生疾控工作全覆盖督查指导4次，对县级医疗机构公共卫生疾控工作业务指导2次；对辖区内医疗机构和重点场所开展消毒技术指导；对全县职业病网络直报单位进行技术指导；对全县6个艾滋病初筛实验室及22个快检点开展督导检查。现场指导40余个健康促进场所创建。开展疾控业务培训，对全县乡镇卫生院、社区卫生服务中心开展基本公共卫生培训；开展全县学校、幼儿园疾控业务培训；对医共体及其附属医疗机构健康教育和健康促进业务培训3次，对新命名的健康生活指导员开展培训1次，对健康场所建设共开展创建培训4

次。推进疾病预防控制应用研究,开展新一轮国家级、省级传疟蚊媒监测、孕期碘营养与子代认知能力状况调查。参与完成2022年“食品成分调查”“学生常见病和健康影响因素监测与干预”国家项目。

·卫生监督·

【法治工作】 2022年,县卫生健康行政执法大队加大执法办案力度,办理处罚案件231件,罚没金额共计79.92万元。其中,一般程序183件,罚没金额79.92万元(公共场所类处罚案件121件,罚没金额12.66万元;医疗类处罚17件,罚没金额57.77万元;传染病类处罚31件,罚没金额5.38万元;消毒产品类处罚2件,罚没金额0.5万元;职业卫生处罚4件,罚没金额2万元;放射卫生处罚8件,罚没金额1.61万元)。简易程序48件,警告48件。适用听证程序0件,实际听证0件;行政诉讼1件,行政复议1件;自觉履行231件。及时查处投诉举报案件,全年受理投诉举报23起,其中公共场所卫生15起、非法行医8起;交办16起、来电7起;依据投诉举报线索立案处罚16起,及时答复率100%。实行常态化双随机监管,推行“双随机 一公开”监管为基本手段,重点监管为补充的监管模式,领取省级双随机任务数282个,均在规定时限内完成,完成率100%;覆盖20项处罚权力事项,事项覆盖率100%;参与跨部门抽查任务总数9个,联合检查率22%;双随机任务发现违法行为78起,依法查处率27.7%;信用规则设置数36个,应用信用规则100%。促进监管对象自查自律,以“数字化监管”为指引,推广住宿场所、游泳场所、医疗机构等自查自律系统,进一步推动经营单位落实主体责任,全县住宿场所、游泳场所注册数及自查率均超目标完成任务。

【环境卫生监督】 2022年,淳安县立体监管有序推动亚运保障。围绕亚运会、亚残运会保障,开展各类场所卫生治理工作。全年公共场所类处罚案件134件。其中,一般程序121件(含不予行政处罚4件),简易程序处罚13件,罚没金额12.66万元。开展爱国卫生检查。全县病媒生物防治服务单位14家,对9家病媒生物防治单位的备案情况、人员资质及相关台账制度是否符合规定、是否按规定配备预防控制鼠、蚊、蝇、蟑螂等情况开展检查,全年检查439户次,责令限期改正67家,处罚1家,罚款金额1300元。游泳场所常规检。结合双随机工作,对全县26家游泳场所进行专项监督检查和监测,采集游泳池水样品85份,合格73份,合格率85.9%。以数智监管为指引,推广游泳场所自查系统、“放心游”项目等,游泳场所自查完成率100%。开展节前及重大活动保障。依托联合检查、专项监督等模式开展春节、劳动节、国庆节、中秋节前检查,共检查住宿场所、电影院、足浴店、网约房等公共场所300余家。开展两会等保障2次,出动卫生监督员10人次,出具卫生监督意见书3份。

【生活饮用水卫生监督】 2022年,淳安县持有有效卫生许可证的集中式供水单位11家(2家市政水厂、9家乡镇水厂)、二次供水单位15家(4家酒店、11家高层住宅)、自建供水设施酒店3家。全年开展饮用水卫生监督检查68家次。进行水质监测,快检水样68份,合格67份,合格率98.5%。实验室检测二次供水水样20份,合格率100%。对1家集中式供水单位开展行政处罚,罚款1800元。

【学校卫生监督】 2022年,淳安县为保障校园卫生安全,全面落实校园健康安全行动。开展监督监测。依托开学季检查,对全县62

家中小学校和40所托幼机构重点开展传染病防控、病媒生物预防控制、饮用水卫生等检查，尤其加强学校饮用水监督抽检（全县公共供水学校有61所，分散式供水学校有1所），对水质检测不合格的1所分散式供水学校给予警告行政处罚。以双随机检查为契机，对15所学校进行教学环境检测，对9所学校给予警告行政处罚，对3所学校首次轻微违法不予行政处罚。对全县5家高考考点学校、12家中考考点学校开展卫生监督保障，对5家学校现场快速检测生活饮用水，考试前期对考点所在地的7家乡镇集中式供水单位开展出厂水快速检测，检测全部合格。由县教育局组织，对全县所有中小学校和幼儿园卫生保健负责人开展学校卫生工作培训。以民生实事“明眸亮眼工程”为契机，开展中小学校教学环境改造提升。在“明眸亮眼工程”验收前，结合双随机工作，抽取已完成灯光改造的11所学校，进行教学环境卫生监测，对存在问题督促整改，使教学环境得到真正改善。

【餐具及消毒产品卫生监督】 2022年，淳安县对餐具及消毒产品实行每季监督抽检，开展卫生监督指导4次，每季度抽检1次。实验室检测150份，合格132份，合格率88%，主要检出阴离子合成洗涤剂，责令集中消毒企业立即改正，并给予行政处罚2次，分别是警告1次、罚款1次（罚款3000元）。全年对消毒产品生产企业监督检查4户次。

【医疗与传染病卫生监督】 2022年，淳安县继续开展医疗机构消毒与灭菌效果监测。对68家医疗机构开展消毒与灭菌效果监测，共抽检样品396件。其中，物体表面80份、卫生手146份、医疗污水32份、内镜7份、内镜终末漂洗水8份、使用中消毒液68份、消毒后火罐2份、无菌器械包11份、牙科车针38份、血透治疗用水4份。合格374件，合格率为94.4%，立案处罚11起，罚款2.85万元。对全县330家医疗机构全覆盖监督检查和指导，共检查医疗机构800多户次，发放卫生监督指导意见230多份，行政处罚46家，罚款2.95万元，其中简易程序警告21家、关停1家，有力规范全县传染病预检分诊工作。开展传染病防治分类监督，共对57家医疗卫生机构进行传染病防治分类监督综合评价，包括疾病预防控制机构1家、二级医院5家、一级医院7家、未定级医疗卫生机构44家。针对发现的违法行为，责令限期整改，并予立案查处。开展“普法进医院”宣传讲座活动2期，220余名医务人员参加培训。

【放射卫生监督】 2022年，淳安县为切实维护放射工作人员和受检者的健康权益，开展放射诊疗机构培训会及放射诊疗机构执法专项行动，全年检查放射诊疗机构35家，行政处罚案件11件。其中，不予行政处罚1件，单处警告2件；罚款8件，罚没金额1.1万元。放射卫生技术服务机构处罚1家，罚没金额0.7万元。 （王　霆）

社 会

·人力资源和社会保障·

【概况】 2022年,县人力资源和社会保障局(以下简称县人社局)围绕县委县政府中心工作,聚焦稳定就业,“精准招聘”与“创新招聘”并行,超额实现城镇新增就业目标任务;聚焦培训产业助力,学习啦平台、产业政策、资源联盟引导推动市场唱戏;聚焦高层次人才引育,修订完善高层次人才分类认定目录,加强与人才中介服务机构合作力度,加大人才招引力度;聚焦本土基础人才培育,深化企业职业技能等级认定试点工作,全年新增技能等级认定试点企业16家;聚焦社保惠民,在完成新一轮养老金待遇提标基础上聚力推动落实省平标准提标;聚焦劳动平安保障,数字化引领,平安“真薪”,源头精准根治欠薪难题,保障农民工劳有所得、弱有所扶,在省数字法治跑道上奋力拼杀;“大培训”等创新工作获副省长、常务副市长、省人社厅领导批示肯定;获评全国人力资源和社会保障系统优质服务窗口,被推荐为全省人社系统先进集体候选对象。

【就业服务管理】 2022年,淳安县城镇新增就业5458人,帮助城镇失业人员实现再就业2034人,其中就业困难人员再就业1040人。就业补助资金支出1049.43万元;发放创业担保贷款1075万元;失业保险基金收入4376万元,支出7616万元,当期结余-3240万元,累计结余2418万元,可支付能力3个月,失业保险年末参保人数为52362人。

【人才交流会】 2022年,受疫情影响,2月9日(农历正月初九)线下招聘会取消“线下”转“线上”。成功举办2022年“暖心助企 返乡就业”服务月活动——2022年淳安县就业赶集云聘助力线上招聘会、2022年淳安县春风行动专场招聘会等55场线上招聘活动,共计组织近1900家次企业提供就业岗位3万余个,现场求职报名6338人次,达成初步就业意向2516人次。举办2022年淳安县“党建引领 扩中提低”线下专场招聘会、2022年淳安县高校毕业生公益性专场招聘会、2022年淳安县“就”在金秋“职”面未来专场招聘会等各类线下招聘会10场,共计组织265家次企业提供就业岗位4000余个,现场求职报名2379人次,达成初步就业意向1223人次。

【博士后工作站建设】 2022年,淳安县新建浙江康盛科工贸有限公司省级博士后工作站。杭州千岛湖康诺邦健康产品有限公司、杭州千岛湖鲟龙科技股份有限公司、淳安新富中医骨伤医院共招引5名博士后研究人员进站,其中淳安新富中医骨伤医院博士后工作站首次引进3人,为全县博士后工作站单次引才人数最多。

【特聘专家选聘】 2022年,经专家评审,淳安县特聘专家5人,并下文公布拟选人员名单。

【高层次专业技术人才培养】 2022年,淳安县举办县级专业技术继续教育培训班5个,参加培训人数350余人。

【职业资格考试】 2022年,淳安县组织二级建造师、社会工作师2场职业资格考试,考试人数1967人。

【事业人员队伍建设】 2022年,淳安县有事业人员7780人,其中县属事业单位7219人(教育系统3852人、卫健系统2029人),乡镇事业单位561人。完成2022年度7780名事业单位工作人员和机关工勤人员考核工作。依据上级政策文件,完成全县事业单位新岗位设置,其中专业技术岗位实行中初级统筹,职称晋升审批450余人次。完成2022年县审计局下属审计事业单位和县住建局下属工程类事业单位专技高级岗位结构比例调整审批备案工作。全年办理179名事业单位工作人员和机关工勤人员的退休手续。

【事业单位人员招聘】 2022年,淳安县招聘事业单位工作人员176人,其中县教育局下属中小学招聘教师63人,县卫健局下属医院招聘40人,其他县属事业单位招聘73人。

【事业单位工资福利】 2022年,淳安县完成全县7800余名事业人员工资调标工作,事业人员基本工资人均月增资300元左右。

【技能人才队伍建设】 2022年,淳安县完成各类职业技能人才培训8045人,其中,职业技能培训19期、637人,企业技能等级认定164批、1749人,网络创业培训5期、150人,行业项目制培训40期、2384人;取得职业资格证书2536人、专项职业能力证书565人、培训合格证书1491人;开展各类技能竞赛88场,其中市级二类竞赛1场,县级一类竞赛7场、二类25场、三类55场,共组织参赛选手3654余人;新增技能人才2513人,新增高技能人才1175人,兑现高技能人才奖补资金420余万元;评估认定县级技能大师工作室17家,新增市级技能大师工作室1家,入选浙江杰出工匠1人、浙江工匠2人、“西湖明珠工程”高技能领军人才1人,培育杭州市技术能手5人、淳安县技术能手6人。

【大学生创业项目资助】 2022年,淳安县新评审大学生创业无偿资助项目3个,给予资助项目2个,资助总额4万元。

【基层劳动保障工作网格】 2022年,淳安县在各乡镇、经济开发区、旅游度假区组建劳动保障专员470人,在全县所有村(社区)、辖区内企业、工程项目中组建劳动关系协调员1060人,负责主动监管排查,开展欠薪隐患排查,提前化解可能发生的劳资矛盾,第一时间调解处置劳动纠纷,确保本单位劳动关系和谐稳定。

【依法依规行政】 2022年,淳安县开展规范性文件清理工作。对2001年1月1日至2021年12月31日制定的行政规范性文件进行集中清理,共清理以县政府及县政府办公室制定下发的行政规范性文件17件,其中继续有效13件、废止4件。清理以县人社局名义下发的行政规范性文件32件,其中继续有效19件、废止13件。全年有行政复议案件5起、行政诉讼案件4起,行政复议和行政诉讼均无纠错和败诉情况发生。

【社保参保征缴】 2022年,淳安县职工基本养老保险参保68875人,工伤保险参保77079人(其中办理建筑工伤318家,工伤参保人数24650人),比上年分别增加1104人、168人;全县基本养老保险参保率达99.2%。取消省内养老保险转移,方便浙江省内人员自由就职流动;办理养老转入311人,转入金额1558.85万元,办理转出405人,转出金额684.36万元。

【社保待遇发放】 2022年,淳安县新增企业退休(职)人员2271人,实际正常发放31516人,新增企业精减、供养人员57人,实际正常发放2346人,两者月发放养老金10691.48万元;新增机关事业退休人员280人,实际正常发放5798人,月发放养老金4354.6万元;机关精减、供养人员新增5人,实际正常发放159人,月发放养老金23.35万元;新增城乡居保人员6100人,发放人数9.36万人,发放金额9427.09万元(包含2022年城乡居民基础养老金调整补发)。受理工伤保险结算1567人次,合计基金支出1799.02万元。

【企退人员社会化服务】 2022年,淳安县开展2022年度企业退休(职)人员健康体检和领取养老金资格认证工作,完成体检25337人,体检完成率84.6%(不含放弃体检人员)。其中,省部属企退体检人员在淳体检175人,县外就近体检(不含异地报销)961人,县外就近体检率3.2%。参加认证30610人,认证率100%,认证通过率98.9%。县人社局联合县乒乓球协会成功举办第二届“社保杯”企退人员乒乓球联谊赛。

【工伤认定及劳动能力鉴定】 2022年,淳安县工伤认定522人,其中死亡4人;因工鉴定办理271人,其中完全丧失劳动能力(一级至四级)2人,大部分丧失劳动能力(五级至六级)2人,部分丧失劳动能力(七级至十级)251人,无级16人;因病鉴定办理38人,其中29人因完全丧失劳动能力而办理退休(退职)手续。

【城乡居民基本养老保险基础养老金提高】 从2022年1月1日起,淳安县城乡居民基本养老保险基础养老金提高至330元/人·月,受惠人数9.2万人。

【劳动监察执法】 2022年,淳安县贯彻落实省、市“两清零”工作会议精神,巩固“无欠薪县”创建成果,加强日常监督检查力度,书面审查企业5329家;梳理劳动关系风险处理建议98条,化解欠薪问题469个;开展护航二十大除险保安等专项检查(行动)5次,共检查用人单位和工程项目168个。严格落实欠薪应急周转金、部门联合预警监控、欠薪重大事件应急处置、工资争议绿色通道、失信联合惩戒、工程建设领域“六项制度”、小额工程项目“两备案一承诺”等一系列制度,有力推动防欠薪工作长效化、常态化。迭代“真薪”平台应用,形成工程建设领域欠薪治理全流程闭环监管,获得省、市好评。“真薪”数智应用被列入省法治系统重大应用子应用领办项目、市数字法治一本账和数字法治好应用名单,被评为市数字法治系统标志性应用成果、市数字法治场景应用五阶管理金奖、全省人社系统数字化改革第一批最佳应用、省数字化改革门户集成优秀案例。全年调解处置欠薪劳动纠纷案件766件,为1217名劳动者追偿工资2458万元。成立淳安县劳动纠纷人民调解委员会,建立“统一受理登记、统一联合调处、统一转批办结”的淳安“三统一”处理机制,劳动纠纷实现“一窗受理、一地流转、一站化解”。全年一窗受理共接待群众来电来访及预警信息625批次。“一窗受理”共收到调处申请487件,调解成功444件,调解率91.2%。收到的171件线索件,办结171件,化解率100%,化解率位列全市第一。4月20日,按“大综合一体化”行政执法改革机构编制调整规定,淳安县劳动保障监察大队变更为淳安县劳动保障服务中心。

【劳动人事争议调解仲裁】 2022年，淳安县坚持“规范、便民、高效”原则和“鼓励和解、加强调解、快速仲裁、衔接诉讼”工作方针，坚持快立、快审、快结办案要求，及时办结劳动人事争议案件。全年处理案件83件，其中，不予受理12件、受理立案71件，涉及劳动者87人，涉案金额1410万元，案件量同比增长57.8%，结案金额368.3万元，结案金额同比增长119%，案外化解争议72件；仲裁结案率94.4%，仲裁调解率66.2%，网络办案率45.8%，各项指标位居全市前列。

（陆　麟）

·医疗保障·

【概况】 2022年，县医疗保障局以习近平新时代中国特色社会主义思想为指导，认真贯彻中共十九大、二十大会议精神，坚决落实县委、县政府各项部署要求，着力在夯基础、抓执行、提质效上下功夫，切实推进党建、政策、服务、管理“四线并进”，各项任务有力有序有效落实。

【医保参保情况】 2022年10月底，淳安县户籍人口45.26万人，应参保人数45.20万人，实际参保45.04万人，参保率99.7%，基本实现应保尽保。全县有基本医保定点医药机构363家，其中，定点医疗机构285家、定点零售药店78家。

【基金运行情况】 2022年，淳安县医保基金总收入10.58亿元，医保基金总支出10.62亿元。其中，职工医保基金当年结余0.28亿元，城乡居民医保基金当年缺口0.31亿元。（医保基金总支出为基本医疗待遇支出）

【基本医保政策全市统一】 2022年1月1日，淳安县按照共同富裕示范区建设要求，以特别生态功能区建设两个不低于为目标，做实基本医保市级统筹，实现医保待遇政策全市统一。

【医保信息系统省级统一】 2022年2月15日，经过数据清洗迁移、业务测试等系列准备工作，淳安医保信息系统顺利切换至省“智慧医保”系统（国家医保信息平台），医保数据完成省集中，实现真正意义上的全国联网。

【医保基金管理全市统一】 根据《杭州市人民政府关于印发杭州市全面做实基本医疗保险市级统筹实施方案的通知》和《杭州市基本医疗保险基金统收统支实施细则》要求，从2022年1月1日起实行基本医疗保险基金市级统收统支，实现医保基金统一预决算管理、统一收支管理、统一移交存放、统一责任分担机制。即淳安在完成征缴任务后，职工医保当年赤字由市归集资金100%承担，城乡居民医保按照审计确认新增部分由市财政承担40%。

【经办管理市域一体化推进】 2022年8月，淳安县统一全县医保服务标识标牌，重新颁发363家定点医药机构铜牌，为群众提供更加规范、安全的医保服务，实现经办流程、规范和标准市域一体化。

【医保经办30分钟服务圈打造】 2022年，淳安县将参保登记、信息变更等16项医保高频业务，延伸至23个乡镇、12个社区、39个医银合作银行网点；将转外就医备案等4项医保业务，延伸至县内4家县级公立医院，打通医保业务区域限制，实现杭州市范围内医保业务“全市通办”，县域范围内“乡镇通办”，为群众提供便捷优质医保服务。

【医保经办“示范点”创建】 2022年，淳安县根据省医保“经办服务示范年”建设要求，深入开展医保基层经办服务示范点建设，其中县服务中心医保窗口、县一医院、火炉尖社区、淳安农商银行浪川支行(医银合作点)等4个点位被评为市级示范点。

【监管体系建设】 2022年，县医疗保障局精准宣传，营造医保基金安全氛围，组建政策宣讲团，拍摄微剧，举办大讲堂，借力各种活动，线上线下同步开展，讲好基金监管政策要求。创新监管模式，凝聚监管合力，织密监管防护网，采用网格长牵头网格员全覆盖的网格化监管模式，全年发现违规线索36条，追回基金27.44万元。拓展监管手段，提升综合监管能力，依托卫生等各大数据平台，搭建医保数字化监管平台，动态监管掌握基金使用，推动机构控费；聘请第三方大数据分析公司开展数据排查，全年追回基金82.8万元。加强部门协同，强化联合监管，与法院等仲裁机构建立追偿机制，适度以第三人身份参加调解和诉讼，提前开展基金追偿，全年追回基金19.58万元。 (王慧艳)

·民政·

【概况】 2022年，县民政局深入贯彻习近平总书记关于民政工作的重要指示精神，紧紧围绕县委县政府的重大战略部署，争先创优、主动作为，为推进淳安特别生态功能区建设，紧跟全省共同富裕新征程展现淳安民政新担当，全年获得省、市、县领导肯定批示4次。淳安县连续四年被省移民办评为浙江省水库移民工作考核优秀县；县民政局获评杭州市民政系统2022年度考核优秀单位、2022年度改革赋能成绩突出单位、2022年度高质量发展和共同富裕工作先进集体等荣誉。

【人事变动】 2022年11月29日，方丽任中共淳安县民政局委员会书记，免去王武祥中共淳安县民政局委员会书记职务；2022年12月13日，方丽任淳安县民政局局长，免去王武祥的淳安县民政局局长职务；2022年12月16日，方丽任淳安县移民局局长，免去王武祥的淳安县移民局局长职务。认真落实干部人事制度，强化对选拔任用干部的监督管理，切实把好选人用人关，中层干部平级交流2人，中层副职提拔中层正职2人，一般干部提拔为中层副职4人。

【民生实事项目】 2022年，淳安县新增康养联合体1家；新增认知障碍照护专区床位60张，完成率120%；新增持证养老护理员78人，完成率134%；在县养老服务中心实施智慧养老院建设试点，构建智慧服务、智慧照护、智慧交流、智慧管理、智慧安防等“五位一体”应用；完成24个乡镇居家养老服务中心无感服务智能终端配备。提前完成2022年县民生实事项目“高龄补贴提标”，对享受城乡居民养老金待遇的80周岁以上老人增发50元/月高龄补贴，全县受益老年人达1.4万人。

【集中供养布局】 2022年，淳安县在建成县养老服务中心1家、乡镇敬老院23家、民办养老机构6家的基础上，推进“1+6+1+N”(1家县级、6家乡镇区域型、1家失能失智照护型和N家社会化供养型)区域型集中供养布局，总投资近3亿元，建成后可增加集中供养床位900张。至12月底，县养老中心二期项目完成设计并通过规委办审议；汾口镇敬老院完成工程建设，正在内部装修，并成功引进物产中大金石公司承接运营；里商乡敬老院主体工程完成二层浇筑、完成总进度的20%。大墅镇敬老院扩建工程结顶并进入粉刷，完成总进度的85%；威坪镇敬老院主体建设进入4层浇筑、完成总进度的50%。

【居家养老服务】 2022年，淳安县有村级居家养老服务照料中心391家、乡镇级居家养老服务中心24家，实现乡镇、村社全覆盖。配建老年食堂300家，日均助餐1万人次以上。其中200余家老年食堂开展送餐服务，330位党员志愿者参与送餐，受惠高龄困难老人1500余人。县财政每年安排专项资金100万元用于村级照料中心提升，初步形成涵盖"生活照料、膳食供应、文化娱乐、安全守护"等功能为一体的农村居家养老服务平台。

【老年护理】 2022年，淳安县"浙里康养"在册持证护理员276人，每万老年人口拥有持证护理员24人。9月23日举办全县养老护理员大赛，对55位理论、实操双合格者授予中级证书。积极推进老年人能力筛查评估，此项工作排名全省第一。

【养老服务补贴电子津贴】 2022年，淳安县推行高龄普惠、失能照护和低保特惠相结合的养老服务补贴电子津贴，由第三方机构提供上门服务，其中80～89周岁每月发放45重阳分(1重阳分兑换1元)的免费普惠养老服务，90周岁以上每月发放90重阳分；经评估为中度失能的老人每月发放525重阳分；免费照料养老服务，重度的每月780重阳分；低保家庭中的轻度失能或高龄老人每月125重阳分。全县受惠对象14239人，月发放补贴74.6万余元。

【低保低边特困户保障】 2022年，淳安县共有低保人员11884人，低边对象2766人，特困人员617人，困难残疾人生活补贴对象7685人，重度残疾人护理补贴对象8431人，共发放低保金13560.35万元，低边家庭补助金249.4万元，特困人员生活补助金1367.34万元，困难残疾人生活补贴补助金3273.60万元，重度残疾人护理补贴补助金2659.30万元。1月，淳安县民政领域救助保障达到杭州市主城区标准。10月，进一步提高各项保障标准，其中最低生活保障标准每人每月1216元，特困人员生活补助每人每月2027元，低边家庭每人每月发放生活补助74元；困难残疾人生活补贴(按低保标准30%计发)从2021年底每人每月286.5元提高到364.8元，两项补贴由县残联转为县民政局核定发放。全县低收入群体保障力度大幅提高，困难家庭保障水平居全省山区县前列。

【孤儿和困境儿童救助】 从2022年1月开始，淳安县困境儿童基本生活补助实现全市同标，10月开始进一步提高保障标准，散居孤儿和事实无人抚养儿童生活补助标准每人每月2270元；低保家庭中重病重残儿童和一般儿童的补助标准分别为每人每月1054元、527元；低边家庭中重病重残儿童和一般儿童补助分别为每人每月2196元、316元。截至2022年年底，全县有困境儿童1046人，发放困境儿童生活补助金745.71万元。

【未成年人关爱保护】 2022年，县民政局发挥牵头作用，健全长效关爱保护机制，按照省市县规范化标准建成儿童之家82家，挂牌成立乡镇未保站23家，构建"一乡镇一品牌"格局，并将其打造成为集"游戏娱乐、教育卫生、心理咨询"等功能于一体的未成年人成长阵地。获评全国优秀儿童之家1家，省级示范型儿童之家9家、市级示范型儿童之家6家。县民政局"数智护童"和团县委"淳@童"应用融合，迭代升级成新的"浙爱童"应用，共有41568人注册使用，收集各类意见建议4150条，募集爱心款项物资1.3万元；有监护需求并佩戴智能手表终端儿童1063人。该应用场景上线浙里办、浙政钉、杭州城市大脑；成功入选浙江省民政厅2022年数字化改革重大应用建设试点和全省重大改革(重大应用)

"一本账 S2",并获得全市推广复用。"浙爱童"数字化改革方面专报分别在《浙江政务信息》专报第 659 期和《杭州政务信息》专报发表,并得到副省长王文序,市委常委、副市长陈瑾批示肯定。

【慈善救助】 2022 年,淳安县第二十二次春风行动共计募捐 1212.32 万元,救助困难户 14755 户,发放救助金 965.46 万元,在春节前将党和政府温暖送到广大需要救助的家庭。大年除夕前,县慈善总会对接省慈善总会慰问困难家庭 100 户,慰问集中隔离点隔离人员和工作人员 2550 人;六一儿童节和暑假期间走访探望山区小学和留守儿童,发放爱心文具和礼包 1867 份。开展各类助医助学项目,实施市"春风行动大病救助"、慈善大病救助、器官移植手术专项救助项目,共发放救助金 203.9 万元,救助 384 人。实施"四个一万工程"、淳安农商银行志远生助学项目、"复兴学子励志自强计划"等,资助困难学子 293 人,发放助学金 74.5 万元。淳安籍爱心人士捐赠 2000 万元,设立淳安中学奖教奖学基金。全年完成备案慈善信托 5 单,总规模 50 万元。全县社会捐赠总额达 3172 万元。

【流浪乞讨人员救助管理】 2022 年,县救助中心本着"自愿受助、无偿救助、应助尽助"原则,坚持疫情防控与救助服务并重,共巡查 686 人次,劝导 33 人次,救助 26 人次;为长期滞留淳安的 6 名精神障碍无名氏流浪乞讨人员办理落户安置。开展极端天气下"寒冬送温暖""夏季送清凉"关爱流浪乞讨人员专项救助行动,发放防暑药品、矿泉水、食品等 25 份,御寒衣被 38 件。

【社区优化调整】 2022 年,根据现代社区建设要求,淳安县有序推动 5000 户以上的社区进行优化调整,指导千岛湖镇有序做好社区优化调整工作,千岛湖镇社区数从原有的 13 个调整为 19 个,有效提升现代社区精细化治理水平。

【社区工作人才建设】 2022 年,淳安县进一步加强专职社区工作者队伍力量,新招聘 127 名专职社区工作者于 10 月入职。夯实社会工作人才建设,多渠道发动全县社会工作者参与社工师考试,通过考试人员 260 人,再创历史新高。至年底,全县有持证社会工作者 740 人,每万常住人口拥有持证社会工作者 22 人,提前两年达到考核要求(每万常住人口拥有持证社会工作者 21 人)。统筹推进各乡镇社会工作站建设,乡镇社工站覆盖率达 100%,下拨建设运营资金 24 万元,进一步完善乡镇社会工作站基础设施,有效提升服务功能。

【社会组织管理】 2022 年,淳安县有注册登记社会组织 930 家,其中村(社)社会组织 612 家。根据现代社区建设"乡镇社会组织服务中心 AAA 级以上等级评估率达 65%"的指标要求,指导全县 23 个乡镇社会组织服务中心参与社会组织等级评估,经各乡镇努力成功获评 AAA 等级 15 家,占比 65.2%。常态化开展僵尸型社会组织清理整治、打击整治非法社会组织、行业协会商会乱收费整治等工作。重点开展民办非企业单位非盈利专项检查,检查养老机构 5 家、民办医院 2 家;开展社团分支机构清理整治,清理地域性分支机构 3 个。严格落实社会组织党建要求,做好社会组织党建入章工作,进一步规范登记审批流程。全年新登记注册社会组织 8 家,办理变更事项 35 个,注销社会组织 5 家。

【移民扶持项目】 2022 年,淳安县将扶持重点由基础设施建设类转向助推移民村产业发展类,加强水库移民后期扶持项目建设,及时下达2022年度淳安县水库移民专项资金实施计划，共安排项目385个，移民资金补助1.71亿元。完成文昌移民创业园二期项目2号厂房室外工程。

【飞地抱团发展模式】 2022年，淳安县由131个重点移民村组建股份公司，投资飞地项目。一期安排移民资金7230万元投资杭州钱塘区“智海大厦”项目，资产价值翻倍。二期拟安排移民资金2.925亿元用于推进“杭千智能制造中心”项目，其中2022年到位资金6393万元。按照3.6%保底收益原则，资金分红至参股村。成功争取省民政厅将淳安县列入省水库移民村飞地抱团发展试点，获得省移民办共富竞争性项目补助2500万元。

【移民资产运营】 2022年，淳安县移民资产经营收入945.3万元，其中资产租赁收入730.22万元。按政策减免54家移民创业园区企业、个体工商户房屋租金及承包费246.37万元，有效减负担、稳就业。

【区划地名管理】 2022年，淳安县完成1992年后13个乡（镇）人民政府驻地同村（社区）搬迁、地址变更等行政区划历史遗留问题清理工作。深化“平安边界”建设，完成第四次桐淳线边界联合检查工作。做好迎亚运门路牌提升维护工作，城区新设路牌539块，拆除旧损路牌480块，更新沿街脏污、旧损等门牌942块。完成国家地名信息库地名信息审核、补充更新6500余条，门牌地址数据清洗梳理、定位上图16万条。做好迎亚运宋韵地名文化建设，推出区划地名文化系列宣传26期。

【殡葬管理与服务】 2022年，淳安县积极推进殡葬设施规范化建设，汾口镇畹墅生态公墓成功创建为省级节地生态安葬设施示范点；稳妥有序推进县第二公墓选址工作；进一步加大农村生态公墓补助力度，对乡镇级公益性生态公墓建设予以补助，促进殡葬设施长远健康发展。严格落实殡葬费用减免政策，全年减免殡葬服务费233.05万元。

【婚姻登记】 2022年，淳安县全面完成全县婚姻登记补证工作，共办理补领补办婚姻登记证37387对，全市排名第一；县民政局联合县林业局在千岛湖植物园挂牌成立“千岛湖植物园颁证点”，并结合情人节、“5·20”、七夕节等特殊节日适时开展集体颁证仪式，努力打造淳安婚姻登记服务新亮点。依法依规办理婚姻登记，婚姻登记合格率满意率均达100%。积极开展婚姻家庭辅导服务，全年开展辅导服务776件，经调解有92对准备离婚的夫妻重新和好，67对暂缓离婚。实施离婚“冷静期”，有效减少冲动型离婚，促进家庭和睦、社会和谐。

【党建工作】 2022年，县民政局实施“红色根脉”强基工程，基层党建工作全面提升。建立健全党史学习教育常态化机制，组织开展中共十九届六中全会、中共二十大报告及省第十五次党代会精神等各类学习教育15次，进一步提高全体党员干部思想政治水平。完成局老干部支部拆分及下属4个党支部的换届选举工作，配齐配强党务干部。规范党员发展，全年共发展新党员2名，转正党员2名。深化“清廉民政”建设，严格落实主体责任和“一岗双责”，局班子成员、各科室、事业单位负责人均签订党风廉政责任书。实施“红色根脉”强基工程。积极争取省老促会将王阜乡闻家村确立为乡村振兴联系点，初步协调各项资金442万元用于推进闻家村道路拓宽改造、学校建设、自来水工程等项目；协调水力项目1个，投入资金290万元。发动党员干部积极参与全国文明城市创建等活动,累计开展服务1000余人次。抓牢“七张问题清单”,全面提升党建统领整体智治水平。深入开展基层党组织规范化建设,局机关第二支部被评为淳安县2021年度五星级基层党组织,1人获评淳安县2021年度精神文明建设工作先进个人。充分发挥县社会组织党群服务中心、县社会组织综合党委作用,指导做好社会组织党建工作指导员、联络员的选派,实现社会组织党建工作全覆盖。根据杭州市委对民政系统开展市县归口联动巡察的统一部署,做好县委巡察组对局开展的巡察工作,对照巡察反馈情况,制定巡察方案,落实整改举措,确保整改见实见效。

【考核工作】 县民政局2022年度全市民政工作目标考核结果为优秀等次,2022年度县级机关、直属单位党组织落实党建工作责任考核结果为良好等次,2022年度县级机关、直属单位综合考评结果为先进单位。

(王振华)

·红十字会·

【概况】 2022年,县红十字会设有直属机关、学校、医疗卫生、志愿服务4个工作委员会,分别设在县委组织部、县教育局、县卫健局和县红十字会内,有浙江省红十字示范学校1所,杭州市红十字示范学校10所,红十字基层组织23个,红十字应急救援、人道救助、救护培训、心理关怀、宣传传播、造血干细胞捐献、人体器官捐献志愿服务队7支。以生命保护为特色,聚焦主责主业,扎实推进“生命关爱工程”“生命守护工程”“生命救援工程”“生命接力工程”“生命文化传播工程”,在参与淳安特别生态功能区建设实践中贡献红十字力量。县红十字会获评2022年度“杭州市红十字会系统造干捐献关爱工作先进单位”。

【市民生实事项目】 2022年,县红十字会认真完成2022年杭州市民生实事项目淳安所有目标,整合省级红十字示范学校和县红十字志愿服务基地县育才学校,新建淳安县应急救护实训基地1个和应急救护考点1个;结合县新时代文明实践中心和千岛湖镇未来社区,新建县应急救护实操体验点2个;实施“生命守护”工程,开展“救”在身边专项行动,新增培训全县应急救护员4162人。

【救灾救援】 2022年,县红十字会在新冠疫情期间第一时间组织红十字公益救援队队员和志愿者参与助力疫情防控工作,及时向全县疫情防控点发放总价值55.27万元的防控物资。实施“生命救援”工程,组织淳安县千岛湖红十字公益救援队多次参与火灾救援、伤员护送等应急救灾救援行动。助力支援西部地区疫情防控,向西藏一线抗疫人员捐赠价值10万元的防疫物资。

【人道救助】 2022年,县红十字会动员人道力量,认真实施红十字“博爱送万家”、助孤“云帆计划”、助医“晴彩中国浙江行”、“小橘灯”关爱、“器官捐献者孩子助学”等人道救助项目。新建王阜乡马山村、屏门乡五和村、汾口镇横沿村、浪川乡桃源村4家博爱家园。实施“生命关爱”工程,全年接受捐赠救灾救助款155.02万元,发放慰问救灾救助款194.86万元,改善全县3897人易受损人群的生活。

【救护培训】 2022年,县红十字会加强师资队伍建设,培训应急救护师115人,考官12人,其中,一级师资2人,二级师资113人。选派优秀救护师参加全市红十字应急救护培训教学技能大赛，2 人获三等奖。联合乡镇、教育、民政、文广旅体、工会等部门单位，开展“救在身边”校园守护、交通救护伴行、机关先行、志愿同行、安老护老、救援先锋、助力企业安全生产、亚运同行八大专项行动，使应急救护培训进农村、进学校、进社区、进机关、进企业“五进”活动常态化，应急救护知识普及培训 45941 人次。

【捐献工作】 2022 年，县红十字会在“3·5”“5·8”等纪念日，实施“生命接力”工程，组织开展捐献造血干细胞志愿者报名、登记、采样活动，全年新增发动造血干细胞志愿者采集血样 72 人，累计采样入库 732 人，实现造血干细胞捐献 3 例，累计造血干细胞捐献 9 例。规范做好人体器官(组织)捐献、遗体捐献工作，并做好捐献者家庭慰问走访服务。全年实现人体器官捐献 3 例，累计器官(遗体、组织)捐献 27 例，累计人体器官捐献志愿登记 1833 例。

【红十字文化传播和志愿服务】 2022 年，县红十字会组建 23 支乡村应急救护志愿服务队，培训乡村应急救护员 1021 人。利用应急救护培训基地及体验点、红十字志愿服务基地、省级红十字示范学校、博爱家园等文化传播阵地，开展救护培训、应急救援、人道救助、心理关怀、宣传传播、造血干细胞捐献、人体器官捐献等人道传播和志愿服务活动。结合第 75 个“5·8”世界红十字日，大力开展“携手文明，救在身边”为主题的救护技能大比武、造血干细胞捐献动员宣传、心理应急救援咨询等博爱系列宣传广场活动。实施“生命文化传播”工程，依托户外电子显示屏、融媒体平台、公交车等载体播放红十字专题宣传视频，扩大红十字影响力，让红十字文化和红十字精神深入人心。全年相关信息宣传报道“淳安红十字”微信公众号发布 31 篇、县内媒体平台报道 16 篇、省级以上媒体报道 29 篇、国家级媒体信息宣传 3 篇。 (方华美)

·退役军人事务·

【概况】 2022 年，县退役军人事务局认真贯彻省、市、县决策部署，以贯彻习近平总书记关于退役军人重要指示精神、落实中央决策部署、提升退役军人服务保障水平为主要任务，大力开展优抚褒扬、移交安置、就业创业扶持、走访慰问、帮扶解困、信访接待、权益保障、双拥共建等工作，坚持以党建统领、数字赋能退役军人事务工作，以推动退役军人工作高质量发展为主题，以“让退役军人获得感成色更足”为主线，推进七张问题清单、七大攻坚战与退役军人工作深度融合，不断提升退役军人及其他优抚对象的获得感、幸福感和满意度。

【建档立卡和优待证申领工作】 2022 年，淳安县多次专题召开会议研究，成立工作专班，坚持早筹划、早部署、早落地，与双拥模范城(县)创建等重点任务相结合，稳步推进退役军人和其他优抚对象建档立卡、优待证申领工作，取得阶段性成效，得到副市长陈瑾批示肯定。至年底，累计完成建档立卡信息审核 15424 人，完成率近 100%，完成率位列全市第二。优待证申请录入 14540 人，申请录入率为 94%，审核通过 13698 人，审核通过率为 88.8%。

【省级双拥模范城(县)创建工作全面启动】 2022 年，淳安县制定出台《淳安县省双拥模范县创建工作实施方案》《浙江省双拥模范城(县、区)考评细则(分解版)》。县教育局出台《淳安县现役军人和重点优抚对象子女入学入托优待办法》，县卫生健康局出台《淳安县现(退)役军人和其他优抚对象公立医院优先优惠实施办法》,全面落细落实各项创建任务,持续做好双拥共建示范点建设工作。县中医院、千岛湖镇南苑社区、淳安万诚家居生活广场有限公司和杭州千岛湖伟林体育有限公司4家双拥共建示范点力争通过两年时间,确保各项创建工作达到省双拥模范县标准。

【服务保障体系建设】 2022年,淳安县扎实推进全国“示范型”退役军人服务中心(站)、“新时代枫桥式退役军人服务中心(站)”建设。设立崇军志愿服务点609家,涵盖医院、餐饮、民宿、零售、超市、体育运动等各种生活业态,初步形成政府部门倡导推动、社会力量积极参与的崇军志愿服务工作格局。举办退役军人书法展、退役军人乒乓球比赛等崇军文体活动,引导广大退役军人红心向党,激发干事热情,传播正向能量。

【双拥慰问工作】 2022年,淳安县持续开展送喜报上门活动,共上门送喜报98人次,其中为获三等功以上现役军人家庭送喜报18人次,大力提升现役军人和军属荣誉感;春节期间,为全县退役军人和其他优抚对象上门发放年画、水杯等纪念品,为新中国成立前后入伍的老复员军人和烈士遗属发放慰问品;八一建军节期间,为全县1.7万名退役军人和其他优抚对象发放建军95周年纪念衫,举行建军95周年八一崇军周活动启动仪式,举办“庆八一、迎亚运”2022年“农行杯”退役军人象棋、双扣比赛。常态化推进“最美退役军人”系列选树宣传,推送1人获评杭州市“最美拥军人物”,引导广大退役军人在经济社会发展各条战线上亮身份、当先锋、做表率。

【退役军人就业创业】 2022年,县退役军人事务局积极推动退役军人创业就业。线上积极转发就业信息,不定期在退役军人事务服务微信群转发就业招聘信息。利用社区改革契机,积极对接县人社局、县民政局,定向退役军人招录社区工作者14人,退役军人专项岗位占比达11%。线下召开2022年退役士兵返乡欢迎仪式暨专场招聘会,共组织31家企业,提供招聘职位181个、岗位629个。招聘会现场求职报名127人次,初步达成就业意向58人次,现场发放宣传资料1000余份。

【党建工作】 2022年,县退役军人事务局加强基层党建,落实支部主题党日、“三会一课”、组织生活会、民主评议、党费缴纳等组织生活制度,切实提高机关党建工作规范化、科学化、制度化水平。深刻把握机关党建围绕中心、建设队伍、服务群众的职责定位,聚焦“七张问题清单”,深化党建工作与业务工作深度融合,打造具有淳安辨识度的党建品牌,开展“老兵永远跟党走”主题活动、“八一崇军周”系列活动。 (鲁慧珍)

乡　镇

·千岛湖镇·

【概况】 2022年,千岛湖镇总面积356平方千米。12月,实施社区规模调整,从13个社区调整为19个社区,新增明珠、辉照山、城北、秀水、曙光、里杉柏6个社区。至年底,辖16个建制村203个村民小组和19个社区。全镇常住人口14.32万人,户籍人口8.53万人。林地面积1.39万公顷,耕地面积493公顷。果园面积1647公顷,其中枇杷596公顷、水蜜桃539公顷。

规模以上工业总产值8.50亿元,比上年增长37%;实现农业总产值3.20亿元,增长3.5%;完成固定资产投资2.80亿元,增长27%;完成税收收入3.99亿元,其中,地方税收收入1.76亿元;一般公共预算收入1.65亿元,增长21%;农民人均纯收入30218元。

全力推进重点项目建设,燕山文化景区、淳安第三中学、玉兰花园三期等项目土地征收28.18公顷、农户拆迁6户、企业搬迁1家;坪山村排洪渠道道路启动建设,丰家山至坪山连接线架桥工程开工;前坞村7公顷连片土地全部征收。东庄、前坞、坪山、宕里等区块征迁清零工作基本完成。

成功举办2022年千岛湖镇项目集中签约仪式,完成招商引资项目5个,实际投入资金1.17亿元。引进蜜境·千岛湖度假、数字植物园区、小郎中古法黄精精加工项目。加快推进镇重点项目建设,保障在建重点项目进度,其中社会投资项目翔和酒店、蓝城酒店、宋家坞留用地3个项目完工,农商银行总部大楼项目顺利推进。政府投资项目老旧特韵小区改造及文明城市创建项目完成。做强以电商、直播为主的生态制造业,鼓励乡土直播,杭州顺势农业开发有限公司实现年营业额近百万元;天鑫公司等企业,年直播1200场。打通农村电商发展堵点,优化周坑村快递点基础设施,云村被评为"国家级淘宝村"。

依靠文化旅游、乡村旅游、景区旅游,做靓文旅"珍珠",助力打造"千岛鲜果"品牌。优化"共享民宿"经营模式,打造"微改造、精提升"项目27个,累计完成社会投资1.63亿元。实现资源归集32个,招商推介16个,项目转化5个,其中实际投资总额3.40亿元,带动320人就业。推进青溪村省级AAA级旅游景区村庄创建,成功创建"诗画浙江百县千碗"美食镇。探索"抱团发展、帮帮共富"发展路径,运用"强村带弱村"模式,在马路村筹资300万元新建"仓储共建"基地,带动富城、联丰、宕里3个集体经济薄弱村入股投资分红。开展"一条小巷看共富"系列活动,打造千岛湖特色区域品牌,新培育市级农业龙头企业1家,省市级示范性家庭农场各1家。杭州千岛湖骑龙巷商业管理有限公司获评"浙江省'诗画浙江·百县千碗'美食街区"。

加快推进城乡高品质建设,启动新北、望湖2个社区4个老旧小区改造工程,整治背街小巷72条。完成前坞村农村饮用水提质、汪家村湾坑源防洪堤、竹坞山塘综合整治、宕湾线2.5千米村道公路大中修和宋施线农村联网工程。加快推进联丰“市级精品村”、汪宅“县级重点村”建设,青溪村获评“2022年度浙江省美丽乡村特色精品村”。强化沿湖风貌管控,扎实开展“美丽杭州迎亚运”城市环境品质提升行动,先后3次代表淳安县入选“美丽杭州迎亚运”城市环境品质提升“赛马”活动,获得“两优一良”成绩。以“排岭记忆·人间烟火”为主题,火炉尖省级未来社区试点启动建设,排岭记忆传统风貌样板区成功创建省级城市传统风貌样板区。

加强食品药品监管,千岛湖镇食安办成功获评省级五星级乡镇(街道)食安办。投资250余万元,完成青溪初中安澜工程、汪宅小学消防通道建设,改善4所学校教学设备,奖励慰问优秀教师。优化社区卫生服务站布局,改造提升浪达岭社区卫生服务站;实现60岁以上人群体检率达到80%。汪家村通过实施坪山水厂管网延伸供水工程,7个自然村实现城市管网供水。巩固拓展脱贫攻坚成果,加强防返贫动态监测和跟踪帮扶,新识别监测对象43户71人,稳定消除返贫风险47户63人。全面落实兜底保障政策,完成全镇879名对象城乡低保资金提标10%,新增城镇就业4673人。成功创建火炉尖、李家坞市级儿童友好社区和火炉尖市级医疗保障服务基层示范点,高标准完成西园省级无障碍社区创建。做好根治欠薪工作,案件受理并办结8件,涉及金额110余万元。新增体育设施40处,体育场地总数达到15个。充分发挥政协职能,聚焦水果产业发展、闲置资源开发等群众关心关切热点问题,开展“民生议事堂”活动2场。做优耕地红线保护工作,做好耕地保护特别是永久基本农田保护,依靠耕地巡查制度及网格化管理,发现并处理违法占地及违建6起。推进美丽杭州“迎亚运”城市环境大整治,整改完成市县交办单问题线索2594条。开展山体生态破坏监测图斑整改24处,完成卫片执法检查210余处,补充耕地整改1处,完成涉林整改项目2处并通过省市验收。汪家源、汪宅源、芹坑源3条主要河道水质始终保持地表水Ⅱ类水体以上。持续深化农业面源污染治理,落实肥药两制改革,实现化肥农药使用量负增长。完成枯死木清理3000吨,生态修复世行项目125公顷。全年生态环境类问题交办清单247个,所涉1347处问题全部整改。改造提升7个农村生活污水处理终端。富城村成功创建“污水零直排村”、“全县生态治理第一村”,建成全县首个小微水体“水上菜园”和在线水质监测项目。细化《2022年度千岛湖镇生态环保考核办法》,全面落实“河长制”“湖长制”“库长制”,常态化开展河湖库塘巡查,联合金峰乡组建“净湖卫士”志愿护水队,集中开展“流域共治护水迎亚运”活动。全域护水智治体系加快构建,浪黄线14处点位和13个垃圾收集点位视频监控完成安装并上线试运行。青溪村获评“2022年度浙江省美丽乡村特色精品村”,淡竹、坪山、青溪、屏湖、前坞5村获评“2022年度新时代美丽乡村达标村”,联丰村获评“2022年度浙江省善治示范村”,马路村获评“杭州市第一批共富村”。

深入开展“平安千岛湖”建设,推进打击电信诈骗和常态化扫黑除恶等工作,年度电信诈骗发案数和案损数分别下降34%和40%。认真落实企业、道路交通、消防、防汛、食品等重点行业和领域安全监管。坚持和发展新时代“枫桥经验”,运行推广“大综合一体化”平台,实现全镇信访总量、网上投诉大幅下降。依托“小脑+手脚”警网协同机制,深入推进“大综合一体化”改革实践,镇、村社“共享法庭”全覆盖,累计处置非警务警情841件,有效处置率为100%,对照县级“清廉村居”标准,重点建设淡竹、宕里、汪宅、江滨4个村社。对标对表重点工作,受理涉纪件信访6件,办结线索35条。严格执行中央八项规定精神,试点运营“内控管理数字化平台”,

压减和严控一般性支出。扎实推进政务公开，镇“96345”市民服务热线高效运行。千岛湖镇被中共杭州市委、杭州市人民政府评为“‘平安杭州’创建先进集体”。

【招商项目集中签约仪式】 2022年4月3日，千岛湖镇举行招商项目集中签约仪式暨“七队护航亚运”干部组队竞赛第一季度大比武。此次集中签约项目包含万城广场二期、蜜境·千岛湖度假、千岛湖·畲族印象、千岛湖上坪艺术村落、千岛湖数字植物园区等招商项目共8个，总投资2.1亿元。新招引项目深度契合精品旅游、休闲康养、智慧农业、文创艺术等深绿产业，同时还将辐射盘活商贸服务、物流仓储等一批新老业态，是千岛湖镇探索招商引资和“两山”转化融合路径的又一次生动实践，有助于带动周边村集体和更多农户走上共同富裕快车道。（徐俊杰）

2022年千岛湖镇各建制村负责人及人口情况表

表5

村 名	村党组织书记	村委会主任	人口(人)
屏 湖	缪发春	缪发春	661
汪 宅	汪洪涛	汪洪涛	3932
进 贤	方旭民	方旭民	719
青 溪	朱渭清	朱渭清	903
周 坑	王有根	王有根	883
宋家坞	方 勇	方 勇	575
富 城	王红星	王红星	570
联 丰	宋春霞	宋春霞	1365
汪 家	宋勇来	宋勇来	1062
富 泽	方来山	方来山	712
淡 竹	徐 斌	徐 斌	1231
前 坞	欧阳绍平	欧阳绍平	1286
云 村	张东来	张东来	676
坪 山	王贤旺	王贤旺	920
马 路	梅竹根	梅竹根	897
宕 里	董文军	董文军	867

2022年千岛湖镇各社区负责人名录

表6

社区名称	党委书记	居委会主任
新 北	叶 蔚	叶 蔚
西 园	鲁建军	鲁建军
江 滨	宋钟来	宋钟来
李家坞	陈 燕	陈 燕
火炉尖	詹淑芳	詹淑芳
南 苑	陆晓宇	陆晓宇
施家塘	夏红丽	夏红丽
望 湖	方 军	方 军
南 山	戴学华	戴学华
阳 光	徐佳锋	徐佳锋
城 东	吴其敏	吴其敏
新 城	邵双凤	邵双凤
青 城	方志晔	方志晔

·文昌镇·

【概况】 2022年，文昌镇总面积221平方千米，辖14个建制村119个村民小组。户籍总人口14367人。人口自然增长率-2.47‰。山林面积17331.8公顷；耕地面积494.2公顷，其中，水田345公顷。

规模以上工业总产值51724万元，比上年增长55.1%。村集体经济总收入1750.32万元，增长9.37%；村经营性收入745.03万元，增长34.7%。农民人均收入32624元，增长18.0%。实现地方财政收入1857万元。

全年接待产业中介引荐的投资商220余批600余人次，达成合作意向15个，签约招商项目9个；绿沐科技、比尔酒业、威士忌酒业等7个项目落地建设，完成年度计划的350%，增长150%。新增绿沐科技、三润食品2家规模以上企业；康诺邦、绿沐科技2家企业产值突破亿元；胜辉创投园招引税源企业

147家,完成税收1300余万元;云南九州集团、京斗云公司、戴德梁行等总部税源项目持续推进。

推进科技赋能乡村生态治理,创新引进垃圾智能收集车,打造“数智化”投放厢房,搭建高效智慧监管平台。生活垃圾分类收集覆盖面达100%。文屏村成功创建2022年度省级高标准农村生活垃圾分类示范村。实施水平衡监测、初级雨水收集、智慧管家等数字化手段和围堰过滤、优化施工等措施,断面水质进一步提升。修缮解危C、D级危房41户。省级森林城镇创建通过验收,松材线虫病疫木除治通过县林业局无人机验收。文昌镇获评浙江省美丽乡村示范乡镇,卢家庄村获评省美丽宜居示范村,东树坑村获评省生态文化基地。

以生态联建会商机制推动资源共享、难题共解、项目共招、利益共得,摸排新增闲置资源18处。赴上海、杭州等地推介丰茂高垄库湾、西阳石岭坞闲置区块等项目30余次,接待考察洽谈300余人次,签约落地文屏村房车营地项目、文昌村闲置耕地流转农业种植等优质“两山”资源项目7个,总投资6300万元。东树坑村旅游养生项目入选2022年浙江省强村富民改革50个典型案例之一,是淳安县唯一入围项目。云端训练营项目在带动就业、百姓增收以及促进乡村共富发展方面得到省委常委、杭州市委书记刘捷充分肯定。

完成文昌镇卫生院改造工程。完成文昌镇中心幼儿园提升工程,幼儿园成功通过浙江省省一级幼儿园验收。发放低保救助金573万元,完成低边享受人数132人,占比低保人数超30%,达到市级水平。基本养老保险和医保征缴率均达100%。完成残疾人新就业11人,组织残疾人职业技能培训40人次,无障碍设施改造5户,文昌镇“残疾人之家”顺利通过市残联和第三方机构验收。病媒生物防治工作通过省级评估验收,省级卫生村实现镇域全覆盖,获评省级健康乡镇。创新推进田园社区建设,文屏村获评2022年度杭州市田园社区示范点。王家源方茶香户被评为市“最美敬老爱老幸福家庭”,潭头村被授予县老年友好型社区。

通过网格管理模式,形成横向到边、纵向到底的平安维稳工作机制,新增社会治安动态监控113个,将人脸识别、自动预警等功能融入管理平台,实现从事后追溯升级为事前预警和事中应急。2022年信访积案成功清零、重点人员维稳到位。创新成立“和为贵”矛盾纠纷调解工作室,参照“老娘舅”模式说土话、开“土方”,成功调解纠纷61起。受理信访192件,成功化解185件,化解率96.4%。

推进企业投资工业项目“标准地+承诺制+代办制”改革,千岛蜂园项目成为2022年全县首宗带设计方案出让的工业用地,千岛湖威士忌酒业项目成为全县首宗“交地即办证、拿地即开工”工旅融合项目。有序推进场站“一支队伍”管执法改革,联合公安、城管、运管、市管等单位力量,初步实现执法力量、执法权限、执法范围等多项工作融合,高铁场站事件平均办结时间由3天缩减到2小时,累计为2000余位游客提供帮助,获得游客赠送锦旗5面。深入推进“小脑+手脚”改革,开发数字驾驶舱智慧管理软件,充分发挥指挥室“小脑”指挥调度、“一支队伍”的“手脚”现场处置功能,加密出站口周边监控覆盖,现场工作人员配备对讲机设备,确保旅客平安有序疏散。积极开发公墓自动烟火报警场景、孤寡老人一键呼救仪等多个应用场景,进一步提升基层治理智慧化水平。文昌镇“小脑+手脚”综合治理体系成为全县乡村社会治理样板。

(方梦婕)

2022 年文昌镇各建制村负责人及人口情况表

表 7

村　名	村党组织书记	村委会主任	人口(人)
东树坑	方国旗	方国旗	400
卢家庄	卢向阳	卢向阳	942
西　河	程秋豪	程秋豪	807
王家源	蔡晓航	蔡晓航	1118
潭　头	何社会	何社会	1413
下　潘	王成生	王成生	845
文　昌	何永来	何永来	2056
市　畈	汪志云	汪志云	1003
浪　洞	周樟林	周樟林	809
文　屏	邵文美(女)	邵文美(女)	670
西　阳	王水花(女)	王水花(女)	825
丰　茂	肖树青	肖树青	1428
富　山	方水有	方水有	1370
光昌边	刘小华	刘小华	681

·石林镇·

【概况】 2022 年,石林镇总面积 144 平方千米,辖 7 个建制村、41 个村民小组。户籍总人口 4898 人。山林面积 7946 公顷,耕地面积 171.4 公顷。

全年实现农村经济总收入 11.43 亿元、农民人均纯收入 28966 元,比上年分别增长 5.9%、26.2%;完成产业投资 5270 万元,完成年度任务的 175.7%;重点项目完成进度 116.5%;完成招商引资项目 3 个,到位资金 5270 万元。

始终围绕“港湾运动小镇”发展定位,重点打造集镇港湾水上运动圈、毛竹源水业融合发展圈、石林景区极限体验圈,做大做强运动休闲经济。围绕“盘活闲置资产资源、促进三产融合发展、带动全域富民强镇”总体思路,有效促进“两山”转化工作,完成资源归集 20 个,转化项目 7 个,转化项目累计投资 5000 余万元。其中,因临湖整治而长期闲置的华昌置业和云上天泉水业基地项目实现开工。

成立七村联营日晒面共富联盟,通过“公司+基地+农民”订单合同模式,实施资源共享、组织联建专业化运营,已与联华超市、物美超市、杭州师范大学、岛予直营店等 60 家单位签约合作,实现日晒面年产值近 1 亿元。投资 1000 余万元新建富德云上康萃、双西、千岛湖村共富工坊,推动日晒面产业高质量发展。日晒面共富工坊已覆盖全镇 6 个村,带动 200 余户村民就业,年发放加工费 1000 余万元。

深化就业增富行动,完成新增就业申报 46 人。加快推进里商乡郎范村至石林景区、建德市航头镇至玳瑁仙洞村道联网工程项目建设。投资 500 万元的集镇自来水厂建设工程完成工程量的 80%。提前完成退役军人优待证建档立卡及办理工作,完成率 100%,位列全县第一。千岛湖村退役军人服务站获评浙江省“新时代枫桥式退役军人服务站”。

投入 1000 万元省级绿色转化财政专项激励资金,集中推进集镇运动休闲街区提升、集镇港湾配套提升工程建设;投资 600 余万元实施茶园村、千岛湖村美丽乡村重点村建设。严格落实沿湖沿线带方案审批、农村私人建房挂牌施工制度,确保违建问题及时发现、及时处置。以全国文明城市创建、国卫复评、省级治违控违示范乡镇创建为契机,抓好背街小巷、沿湖沿线、湖面岸边综合整治,不断提升集镇整体风貌。

全面开展农村生活污水处理终端标准化运维,快速推进集镇污水处理站、沿湖沿溪终端提升工程建设。投资 80 余万元的沿湖沿溪提升改造项目启动,投资 300 余万元的双西污水零直排项目进入设备安装和电力配套阶段,投资 500 余万元的富德污水处理站二期项目基本完工。

深挖闲置资源盘活、用好存量优质资源,

实施“强村带弱村”“项目联建”“强村公司带富”等模式,实现村集体经营性收入可持续增长,全镇所有村全部实现消薄目标,完成集体经济总收入810万元,增长61%,经营性收入410万元,增长36%。由强村公司牵头成立石林日晒面协会、日晒面研究会,推行“统一原材料、统一加工配方、统一价格体系、统一品牌打造”模式,全面推进共富工坊建设。

【石林镇被认定为浙江省首批运动休闲乡镇】 2022年3月,浙江省体育局公布省首批6个运动休闲乡镇认定名单,石林镇被认定为港湾运动乡镇。石林镇依托港湾水域及山地优势,对接国家水上运动中心及省市相关部门,举办全国皮划艇巡回赛、全国浆板公开赛等精品赛事活动,打响运动石林品牌,形成“体育+旅游”发展模式。

【“仙活石林”迎亚运百业百匠第一届皮划赛艇职业技能大赛】 2022年4月21日,“仙活石林”迎亚运百业百匠第一届皮划赛艇职业技能大赛在石林镇港湾运动小镇举行。驻石林镇各省市皮划艇、赛艇运动队,镇属机关部门单位群众业余爱好者共200余人参赛。

(鲁小芸)

2022年石林镇各建制村负责人及人口情况表

表8

村　名	村党组织书记	村委会主任	人口(人)
茶　园	张福根	张福根	591
千岛湖	陈开泉	陈开泉	489
富　德	邵小平	邵小平	930
棠　高	何加富	何加富	396
双　西	胡木祥	胡木祥	1137
岭　足	方贵军	方贵军	456
玳　瑁	练志洪	练志洪	899

·里商乡·

【概况】 2022年,里商乡总面积276平方千米,辖13个建制村、118个村民小组。户籍总人口11106人。山林面积19740公顷;耕地面积291.67公顷。

全乡农村集体经济总收入1091.64万元,比上年增长11.4%;经营性收入584.45万元,增长29.6%。有茶园面积1216公顷,茶叶合作社30家。地方财政收入1405万元,完成年度目标任务106.8%。固定资产投资9255万元,增长208.5%,其中社会投资3135万元,增长74.1%。有小型水电站4家,民宿37家。

以茶产业整乡推进项目为抓手,统筹推进茶园基地、智慧茶园、新建茶厂、品牌推广等项目建设。投资77.2万元完成村坑、江村、大千农业公司“淳白一号”11.33公顷茶园建设;投资255万元完成五兴村智慧茶园建设;投资515.89万元推进向阳村茶厂建设。先后出台《关于里商乡促进高质量发展生态农业产业项目的实施意见》《茶叶收青大户、加工大户延长收购加工期专项补助》奖励政策,兑现补助资金3.28万元。新培育县级示范性农民专业合作社1家,农创客300名。强化科技赋能,推动农友茶果专业合作社与中国计量大学开展项目合作,成功研发乌牛早品系红黑茶。全年茶叶产量323.9吨,产值8388万元。

投资3000万元完成千岛湖水上休闲运动中心项目一期工程,鱼形平台安装到位;投资2000万元完成香草山休闲农场建筑主体,室内装修进度超50%;紫云山景区规划方案通过县城规委会议,完成1.5千米游步道建设,体验服务中心启动施工,二期山上地块进入土地出让程序;村坑村共同富裕示范项目,规划方案通过县城规委会议。完成仁里美宿、科甲第一家酒等10处民宿“微改造、精提升”工程，推动全域旅游高质量发展。全年接待游客34万人次，实现旅游经济总收入3876万元。

投资900万元创建江村“污水零直排村”和里阳大千古街“污水零直排”示范街，新增绿色生态污水处理设施3座，铺设管网6860米。投资130余万元完成沿湖沿线污水终端提升7处。推进垃圾分类工作，以培训、积分超市、定点投放为抓手，成功创建向阳村省高标垃圾分类示范村。投资400万元完成茶园、果园生态拦截带项目。完成茶园统防统治无人机植保服务336公顷；完成水土流失预防保护53.4公顷；完成香榧、油茶禁用除草剂项目66.6公顷。开展农药废弃包装物回收兑换活动。投资460万元实施里商小流域治理(鱼泉村)工程。联合安阳、石林等周边乡镇，建立“迎亚运护秀水先锋队”，开展共治活动3次。全乡主要河道水质常年稳定为优，商家源获评省级“美丽河湖”。

进一步巩固“无违建”创建成果，全乡55幢新建房全部严格落实带方案审批、挂牌施工等制度，确保违建问题及时发现、及时处置。开展沿湖沿线双月自查自纠行动，发现问题118处，完成整治118处。投资500余万元实施集镇滨湖文化公园工程；以美丽城镇和全国文明城市创建为契机，完成亚运自行车赛道沿线18户农户及塔山村朱家自然村美丽庭院创建；投资500余万元实施集镇滨湖文化公园工程；投资626万元实施鱼泉村美丽乡村精品村、洞坑口村、武源村、向阳村一般村建设；投资300万元推进里阳村省级美丽宜居示范村创建；开展农村人居环境暨迎“亚运”村庄环境整治行动，完成自查自纠整治问题380个。里商乡获评省级美丽城镇达标乡镇、市级美丽城镇样板乡镇。

加快郎范村与石林镇西岭村景区村道联网工程项目建设，完成S1、S2标路面工程。投资208万元完成淳燕线道路大中修。投资600万元推进敬老院扩建，完成工程进度70%。投资1400万元实施里商乡卫生院迁建工程。投资8000万元，完成江村燕窝农饮水提升工程、石门自来水厂建设和石门水库大坝主体建设。投资20万元完成里阳和鱼泉村文化礼堂提升，完成石门村五星级文化礼堂创建，实现文化礼堂全覆盖。里商仁灯参加全县龙舞展演获得银奖，并作为非遗项目入驻杭州亚残运会展示基地。完成杭州市AAA级社会组织服务中心和基础型示范儿童之家评定。投资44万元完成里商中心学校新增专变、扩容及线路改造工程，完成里商幼儿园中心园园舍粉刷项目。

完成城乡居民养老保险、医疗保险、“西湖益联保”参保工作，做到应保尽保。深化就业增富行动，完成新就业申报297人。推进残疾人帮扶性就业工作，帮助28名残障人士与企业签订正规劳动合同，实现年人均增收2.7万元。深入推进消薄增收，开展“先富带后富、强村带弱村”等行动。13个村全面完成消薄任务，7个村完成经营性收入50万元目标。

【里商乡第十四届茶文化节】 2022年4月22日，由淳安县人民政府主办，淳安县委组织部、县委宣传部、里商乡人民政府等12家单位承办的里商乡第十四届茶文化节在里商乡大千古街举行。古街上举行宋韵采街、宋式点茶、挂画等风雅文化和杂耍、说书等勾栏瓦舍表演；在民俗展示区旁的“宋韵亚运会”上，人们争相体验宋代体育项目蹴鞠、投壶、射箭等，感受一千年前的古老运动；在“宋韵市集”上，展示和销售着里商茶品、土蜂蜜、地瓜干、玉米粿、麻糍、冻米糖等农特产品和里商仁灯、根雕等手工艺品。当天，进行龙井茶机制茶炒制比武、向阳村茶叶加工基地项目和农友茶果合作社博士创新站两大共同富裕项目签约、为“最美湖上茶园”和最新茶种“淳白一号”颁奖。里商乡政府还正式发布茶文化精品旅游线路,将精品民宿、湖上茶园、三元阁、仁灯馆、杨桂枝展示馆、紫云山景区、状元古道等文化特色串联成线,为游客畅享里商提供行动指南。 (钱 霞)

2022年里商乡各建制村负责人及人口情况表

表9

村 名	村党组织书记	村委会主任	人口(人)
塔 山	朱顺根	朱顺根	1395
村 坑	方建新	方建新	546
江 村	江志宏	江志宏	668
里 阳	许合喜	许合喜	896
向 阳	向建新	向建新	708
武 源	於裕庭	於裕庭	949
鱼 泉	商复恒	商复恒	539
五 兴	胡胜利	胡胜利	588
里 商	商国山	商国山	1817
郎 范	郎共伟	郎共伟	1017
洞坑口	张爱娟(女)	张爱娟(女)	621
石 门	叶世广	叶世广	616
石 湾	解华明	解华明	746

·富文乡·

【概况】 2022年,富文乡总面积151平方千米,辖8个建制村、79个村民小组。全乡户籍总人口8187人。山林面积11696万公顷,耕地面积258.47公顷。

全年财政总收入682万元,其中,地方财政收入309万元;上缴税收363万元,比上年增长12.7%。村级集体经济总收入630万元,增长8.8%。村级集体经营性收入407万元,增长18.7%。

杭州千岛湖金紫尖铁皮石斛有限公司石斛基地被列为浙江省中医药文化养生旅游示范基地,千岛湖事宏水果专业合作社县级现代农业园区基本建成。完成农业统防统治157公顷,水土流失预防保护87公顷。推广有机肥503吨、配方肥55.35吨、有机无机复混肥144.65吨,按期保量完成沼气池大出料维护任务。

持续推进资源化再利用示范乡创建。探索“生态处理+有机肥源+绿色种植”模式,将中水回用、污水处理终端废渣处置、易腐垃圾制肥等有机结合,形成一套完善的农村资源化再利用体系。运行6个中水回用应用场景及1个资源化处理站点位,对农村生活污水处理设施进行景观化改造。推动设施生态有效融合,在中水回用系统中加入智慧管家控制系统。实时检测土壤干湿度及氮磷钾等元素含量,精准实现资源化再利用。在优化农村治污工作体系的同时,促进整乡低零碳体系发展。

探索农村闲置土地PPP模式。借鉴政府与社会资本在基础设施领域合作的PPP模式,探索将农村部分闲置土地招引模式转变为经营性项目PPP模式,即用村集体闲置用地,吸引社会资本投资建设,产权归村集体,使用权、经营权归企业,通过协议确定合作模式,成功落地投资3000余万元的昆腾精品酒店项目,推动生态资源向生态项目、生态资本有效转化。

云中意精品酒店启动施工。拟投资6亿元的英国奥歌诗丹迪集团威士忌酒生产体验中心项目,在2022年淳安高质量发展大会上成功签约开始企业注册;广悦信息技术咨询有限公司、浙江青蓝信安科技有限公司等总部企业注册完成;黄锋康恩医院、杭州旭鑫信息科技公司、茂山青田野民宿成功提交规模以上入库资料。

推进乡村旅游整乡运营。注册杭州富尚文旅运营管理有限公司,作为市场化运营主体,从品牌塑造、产品开发、服务水平、市场营销等多个层面,对全乡乡村旅游进行全方位标准化管理。探索让社会资本助力村集体消薄增收，通过盘活全乡8个村集体固定资产入股运营公司获得分红。集中全乡资源打造乡村共同体，创建浙江省AAAA级景区乡镇。

稳步推进美丽乡村建设。富文乡、富文村分别被命名为省级美丽乡村示范乡镇、美丽乡村省级特色精品村；富文村成功创建省级未来乡村，青田村未来乡村、数字乡村建设稳步推进。顺利完成美丽城镇省、市级验收，并成功创建文旅型美丽城镇市级样板。投资400余万元将原油脂化工厂改造而成的富文同学荟，打造成继富文小学后的第二个网红打卡点。投资650万元推进浪黄线雪坑源至石头埠路段5.79千米大中修，投资321万元推进富毛线重坑段2.2千米道路大中修。

新建青田村、六联村、富文村3处避灾安置场所，场所配置全面提升。完成富文村文化礼堂数字化建设和青田村布展工程，《"金萧支队历史馆"里的"富文学堂"》获得2021年度全县宣传思想文化工作创新项目。富文乡中心小学成功申报杭州市第二批对外交流人文体验点。富文乡金萧支队历史馆被评为浙江省第二批乡村博物馆。方家畈、重坑、漠川等6个村被评为省级健康村。聚璧源、六联等4个村被评为2020—2022年周期浙江省卫生村，查林村通过2022年度浙江省卫生村复审。

持续优化"小事快办"机制，出台《农村党员、村民代表年度记分制管理办法(试行)》。实施护航二十大"除险保安"百日攻坚行动，开展乡属范围内、各村矛盾隐患排查，做好重点人员监测和教育管控工作。依托亚运保障和全国文明城市创建工作，各村党组织开展争星晋位行动。建立包干网格制度，党员干部带头开展集中整治行动，有效破解违规乱搭鸡鸭棚等问题。

联合浙江工商大学食品与生物工程学院，在睦州酒厂成立专家工作室。杭州千岛湖金紫尖铁皮石斛有限公司专家工作站(B类)被认定为杭州市专家工作站。召开富文乡文学艺术界联合会成立大会暨第一次代表大会。围绕"同心聚力共同富裕"这一主题，通过建立"面对面""心连心"等工作机制，进一步创建富文基层统战工作品牌。圆满完成富文商会换届，成立富文乡共富项目驿站。

【"一湖两江三县市"水域联防共建活动】 2022年8月25日，桐庐县百江镇、建德市莲花镇、淳安县富文乡在富文乡联合开展"一湖两江三县市"水域联防共建活动。活动为富文乡"党员先锋治污队"和3支"民间河长护水队"授旗，三乡镇领导共同签署相邻水域联防共建协议书。活动中，三乡镇领导、县乡两级民间河长代表一同参加增殖放流，将1万余尾石斑鱼苗放流进清平源流域。同时召开以"保护促发展、合作助共赢"为主题的流域共治座谈会，话友情、谈合作、谋发展。

【淳安县"潮玩乡村·共富游我"乡村旅游共富专线签约暨首发班启动仪式】 2022年9月6日，淳安县"潮玩乡村·共富游我"乡村旅游共富专线签约暨首发班启动仪式在富文乡举行，首批200余名游客参加活动。专线主动对接浙江省旅行社协会，借助全省旅行社大平台签约全省11个地市旅行行业。活动现场，淳安县富文乡人民政府与浙江天尚乡村产业发展有限公司完成合作签约，淳安县文广旅体局与浙江省旅行社协会完成合作签约。

【杭州市"智汇乡村·助推共富"科技志愿服务2022淳安站活动】 2022年10月26日，杭州市"智汇乡村·助推共富"科技志愿服务2022淳安站活动走进富文乡，20余名来自各行业、各领域的科技志愿者进村入企，开展科普讲座、健康义诊、产业发展座谈会等多种形式科技服务。同时,在微信公众号上线"智汇乡村"小程序,搭建专家与富文乡村民服务桥梁。（章银美）

2022 年富文乡各建制村负责人及人口情况表

表 10

村　名	村党组织书记	村委会主任	人口(人)
青　田	邵　军	邵　军	687
富　文	王佳明	王佳明	2081
漠　川	方福东	方福东	678
聚壁源	方有汉	方有汉	1835
方家畈	姜晓勋	姜晓勋	602
查　林	乐伟刚	乐伟刚	753
重　坑	邵亦峰	邵亦峰	665
六　联	谢　华	谢　华	886

・金峰乡・

【概况】 2022 年,金峰乡总面积 150 平方千米,辖 9 个建制村、84 个村民小组。户籍总人口 6050 人。山林面积 5252 公顷,耕地面积 335.6 公顷。

全年实现工农业总产值 2.73 亿元;财政总收入 1421 万元,比上年增长 25.3%,其中,地方财政收入 827 万元,增长 48.2%。农村经济总收入 7559.8 万元,增长 10.8%;村级集体经济总收入 749.97 万元,增长 15.5%;农民人均收入 25239 元,增长 9.1%。

完成固定资产投资 2659 万元,招商引资实际到位资金 3087 万元。积极培育 2 家限上服务业企业;光大布草洗涤项目正式投产,一期完成实际投入资金 821 万元。成立工作专班全力推进陆家埠酒店双路供电及员工宿舍项目,配合做好陆家埠酒店规划修编申报,解决项目施工过程中难题,项目红线已通过国家林草局审批。深化与岭上花开公司、明康汇合作,探索建立"共富产业联盟",种植甘蓝、小香薯、包菜等。健全"龙头企业+基地+农户"利益联结机制,通过订单收购形式,带领小农户抱团闯市场。全年直接发放农产品收购款 38.3 万元,上缴村集体租金 20 万元。聚焦村集体与农户共富,各村依据自身优势,通过巩固物业、强村公司等多途径发展,全部完成消薄任务,低收入农户收入增长 19.5%。总投资 1 亿元的临湖地带综合整治项目——牧水湾酒店于 7 月重新营业,与金峰返里度假酒店、景源村精品民宿串点成线。开展县级等级民宿创建,观沚精品民宿认定为三星级等级民宿。总投资约 2500 万元的观沚二期项目——半山悬崖度假民宿动工建设。

投资 510 万元围绕"粉皮之乡"主题,打造集古村游览、教育科研、休闲体验等功能于一体的安上村新时代美丽乡村特色村项目完工。投资 500 万元启动建设以"溪绕山村,共富青柑"为特色主题,打造山环水绕环境精品村庄、青柑带富新时代美丽乡村精品村锦溪村项目。紧紧围绕美丽城镇"五美"创建要求,通过做美人居环境、做强深绿产业、做优乡村治理,统筹推进各项工作,顺利通过美丽城镇达标乡镇省市验收。围绕"创国卫、优城镇、美乡村"目标定位,高质量完成美丽庭院、国卫、文明城市创建迎检工作。推行并执行最严格的耕地保护制度,全面实施田长制。推行"耕地智保""天巡地查"等耕地保护应用场景平台。在殿峰、塘畈、长岭庄、泽塘里、蒋岭上等地安装高清摄像头,对耕地连片区域实时监控,防止耕地被违法占用。完成对锦湖村珍坞、涧坞和中塘坞 3 块共计 1.29 公顷即可恢复耕地县级验收。完成 3 块粮食生产功能区合计 14 公顷"非粮化"整治清退优化工作。

成立金峰乡综合行政执法队,梳理研究 171 项执法事项目录,办理执法案件 7 件。全年排查各类风险较大点位 60 处,发现风险隐患659个，并全部销号。启动“迎亚运展风采”农村人居环境整治大比武活动，一季度沿湖沿线环境整治荣获红旗1面。“亚运自行车赛道沿线垃圾固废非正规堆放问题”成功纳入“七张问题清单”生态环保领域市级清单。积极承办“浙皖交界水质自动监测超级站启动仪式”县级活动，全年组织260余人次开展集中整治活动17次，整改销号清洁乡村难点28处，回收再生资源2.3吨。完成100公顷水果园、27公顷茶园统防统治和水土保持、10公顷粮油统防统治工作，完成6个沿湖沿溪污水处理终端提升工程。锦坑溪出境断面水质始终保持Ⅰ类。

投资300余万元完成朱安线1.15千米、千金线0.524千米道路大中修。投资500余万元，实施金元山整体搬迁安置点室外工程和10kV配电新建工程。对全乡2000余幢房屋进行安全隐患排查，邀请第三方机构进行鉴定，做到“一房一策”，解危历年存量C、D级危旧房。审批农房25宗、2047平方米。推进全乡不动产登记业务办理、档案移交工作，不动产档案移交1153宗，移交率居全县前列。按照疫情防控转段期工作要求，组建暖心服务小分队，摸排乡域范围内独居老人、留守儿童等重点人群1685人，建立健康台账，发放防疫包，动态更新数据，及时回应群众需求。完成精细化地质灾害风险评价项目建设，开展1∶2000精细化地质灾害风险调查与评价，为地质灾害防治管理等工作提供科学依据。金峰乡社会组织服务中心完成AAA等级评定，全乡11个村老年食堂均正常运营。

【浙皖交界水质自动监测超级站启动仪式】 2022年6月2日，庆祝2022年“六五环境日”暨浙皖交界水质自动监测超级站启动仪式在金峰乡小金山水域举行。浙江淳安县和安徽歙县签订战略合作框架协议，启动浙皖交界水质自动监测超级站建设，进一步拉开两县共谋合作、共商保护、共护秀水新篇章，确保千岛湖出境断面水质始终保持Ⅰ类。

【临湖地带综合整治项目——牧水湾酒店恢复营业】 2022年7月，金峰乡历时五年努力，临湖地带综合整治项目——牧水湾酒店恢复营业，与金峰返里度假酒店、景源村精品民宿串点成线，打造成为城郊休闲度假目的地。项目改造总投资1亿元，由中国美院设计，是集休闲娱乐、会议培训、游轮体验、水果采摘等于一体的徽派风格酒店，带动周边村集体年增收50余万元，提供就业岗位30余个。

【朱安线大中修工程完工】 金峰乡朱安线起点为朱峰源口，终点为安上村，全长9.9千米，途经4个村，涉及2500余人。经2018年、2021年两次道路大中修后，最后1.15千米纳入2022年全县道路大中修计划，该路段也是整个朱安线最狭窄、最拥堵路段。2022年年底实现全线贯通。 （童　昕）

2022年金峰乡各建制村负责人及人口情况表

表11

村　名	村党组织书记	村委会主任	人口(人)
金　峰	毛桃美(女)	毛桃美(女)	802
殿　峰	徐小勤	徐小勤	582
景　源	王建红	王建红	881
锦　湖	吴国民	吴国民	915
百　照	李建平	李建平	682
山　后	江志龙	江志龙	468
锦　溪	江国新	江国新	848
朱　家	余　珍(女)	余　珍(女)	340
安　上	李新竹	李新竹	449

·左口乡·

【概况】 2022年，左口乡总面积175平方千米,辖9个建制村、121个村民小组。户籍总人口11428人。山林面积13252公顷,耕地面积445公顷。

财政总收入1135万元,比上年增长36.8%,其中地方财政收入548万元,增长34.3%。村级集体经济总收入831万元,增长23.3%;经营性收入414万元,增长19.5%。

在集镇重要节点开展风貌提升专项行动,成功创建省级美丽城镇达标乡镇。打造271户美丽庭院户、2条美丽庭院示范路线。龙源庄村获评美丽宜居示范村,塘边村被列入省市AAA级景区村庄培育名单,金紫尖11.8千米绿道基本建成。开展迎亚运"洁美村庄"大比武活动,清运垃圾1000余吨,整理乱堆乱放现象369处。完成10个污水终端改造提升及瑶村污水零直排建设工程。强化河长制,全乡5条河流水质和交接断面水质主要指标基本保持为Ⅰ类。落实统防统治、农药化肥减量、有机肥推广等工作,全年推广有机肥500吨、配方肥100.1吨、复混肥108.88吨。高标准开展非粮化整治工作,全乡共排模整治粮功区27.4公顷,流转粮功区26.67公顷。

新发展民宿8家,溪畔桃林研学基地、山而岛户外露营等项目落地实施,研学体验产业初具规模。发展中药材产业,制定下达各村淳木瓜种植方案,与杭州农科院签订院校合作技术支持合同。流转龙源庄村林地53公顷、储备林下中药材基地200公顷,实施创客共享空间项目,拓宽左口发展格局。出台《加快左口乡乡村产业发展的若干政策》及《左口乡招商引资工作流程及分工》,全年接洽项目30余次,落地产业项目2个,总投资1500万元。注重人才引育,与杭州电子科技大学朱礼尧博士团队、浙江大学昆虫所、市农科院开展项目合作;协助市B类人才徐章龙专家工作站建设,开展种禽基因保存和遗传研究,2名人才入选市131人才培养计划。加快直播小镇转型升级,直播小镇与上海北斗时空、上海爱撸撸等企业合作,打造"数字游民"旅居地。培育左口云商作为国家高新技术产业;引进千岛净露空气制水项目,落户两山人才聚居区。

组织《溯溪运动休闲乡镇专项规划》编制,推进基础设施建设,丰富旅游产品供给,左口乡成功列入浙江省第五批运动休闲乡镇创建培育单位。深耕精品项目和旅游线路,成功举办2022年"心宿左口"乡村体验节暨长三角溯溪运动挑战赛,"龙晨水搏乐园(水上运动)—九龙溪漂流(漂流)—华东第一石板溪(溯溪)"获评浙江省运动休闲旅游精品线路,"一U两环"运动产业新格局初步呈现,左口旅游影响力持续增强。调整左口乡心宿农业开发有限公司经营方式,9个村集体均入股成为公司股东,探索心宿农业实体化运作,全面承担劳务输出、农产品销售等业务。推出共富大礼包,涵盖大米、蜜枣、鸡蛋等优质农产品,通过礼包售卖进行分红,累计销售农产品近20万元。完成左口乡农产品共富加工基地、奥龙湖边基地等4个项目转化落地。

完成临黑线、塘田线等道路大中修工程、公路水毁应急抢险工程、村道路口五个一交通安全工程。实施2个村的饮用水提质项目,新增水源2处,提升3个村的约1153米防洪堤防建设。组织"迎亚运文体活动进乡村"活动,参加全县舞龙大赛获银奖,在县第八届全民运动会上,获得4金7银8铜成绩,总分在全县23个乡镇中居第5名,实现历史性突破。基本养老保险参保人数达2227人,基本医疗保险参保率达100%。乡社会组织服务中心被评定为杭州市3A级社会组织服务中心,塘边村被评定为杭州市田园社区示范点。

充分利用党建统领网格智治、"小脑+手

脚”、共享法庭等载体，圆满完成护航二十大除险保安工作。积极开展禁毒、网络反诈等专项活动，对辖区内民宿、农家乐等场所进行普法教育，落实网格化管理及服务。制定2022年度左口乡提升初信初访办理质量强化信访工作考核办法，信访效能指数持续向好。

【培育浙江省省级运动休闲乡镇】 2022年7月“左口溯溪运动休闲乡镇”被列入第五批省级运动休闲乡镇培育名单。该乡以330国道、千岛湖九龙溪绿道为“线”，以现有的龙晨水搏乐园、漂流、华东第一石板溪及金紫尖登山等景区为“点”，以线串点，以点带面，逐步形成“一U两环”运动产业格局。

【2022年度浙江省运动休闲旅游精品线路】 2022年9月，“左口龙晨水搏乐园(水上运动)—九龙溪漂流(漂流)—华东第一石板溪(溯溪)”荣获2023—2025年浙江省运动休闲旅游精品线路。

【“数字游民”旅居地打造】 2022年起，左口乡立足淳安县首个千岛湖直播小镇的基础，围绕中共二十大报告，根据“2030数字千岛湖探索计划”，探索打造“数字游民”旅居地，为乡村聚集了更多数字游民，凝聚共同富裕“朋友圈”。突出潮流要素、村企合作、人才引育保障，盘活老乡政府地块，预计投资3000万元数字游民旅居地配套项目。落实基础配套、田园项目、产业政策支持，出台了《关于加快左口乡乡村产业发展的若干政策》，注重对数字产业、新兴产业和科技产业的政策倾斜。搭建党建引领、数字培训、合作营销平台，成立蓝马直播小镇党支部，整合央视乡村振兴观察点等资源形成“共富工坊+数字游民”服务链。 (胡亚琳)

2022年左口乡各建制村负责人及人口情况表

表12

村 名	村党组织书记	村委会主任	人口(人)
桥 西	宋锦岐	宋锦岐	753
瑶 村	余文中	余文中	1093
显 后	方 亮	方 亮	1369
左 口	姜秋香(女)	姜秋香(女)	1468
芳 桥	余伟金	余伟金	859
方 家	洪世文	洪世文	1273
龙源庄	洪贺平	洪贺平	1870
塘 边	洪有景	洪有景	1492
雌龙源	方采军	方采军	1251

·临岐镇·

【概况】 2022年，临岐镇总面积222平方千米，辖16个建制村、162个村民小组、1个社区。户籍总人口19863人。山林面积18644公顷；耕地面积829.87公顷。

实现工业总产值3.8亿元，比上年增长45.6%；固定资产投资1.2亿元，完成全年任务的89%；社会消费品零售总额增长5%。财政收入3500万元；一般公共预算收入1650万元，增长14.1%。

推进药材上山模式，建成黄精林下套种示范基地667公顷、“淳六味”品类中药材种植10亩以上基地5767公顷，引领淳北中药材产业发展。建立“市场有效+政府有为”联动体系，豪源农业农林、中药谷等中药材加工项目落地，培育中药材精深加工、保健产品、药食同源产品加工企业，新开发“百草鹰”黄精系列产品获得市级“浙宿好礼”称号。

充分发挥溪口园区、合浦园区经济发展主平台作用，引进众力压力容器、冠煌二期、维鼎二期、棱镜碳纤维零部件制造、鑫铖汽车零部件制造等一批生态制造业项目落户。引进人才项目1个、急缺人才14人，认定省级科技型中小企业2家，储备唯可取文化、森致信息等总部经济公司6家。

以第八届覆盆子节为契机，线上线下同步推介临岐百草文化，发布形象歌曲《百草临岐等你来》，吸引10余万名全国各地游客关注临岐。深耕食疗药膳、百草文创，10余款文创康养产品上市售卖，依托淳北精品旅游线路带动文旅消费近2000万元。山茱萸、覆盆子等参加2022年度印度尼西亚食品展览会。提升改造中医药文化街区、中药材交易市场，成功创建市级文创街区。打造以中医药为主导的AAA级景区镇，创建省市县级中医药文化养生旅游示范基地、研学基地、第二课堂教学基地。社科联课题"山区乡村'共富单元'建设"获评市第八届学术和咨政年会优秀论文二等奖。

投资3500万元建设日处理量2500吨集镇污水处理厂。投资170余万元完成5个村7个沿湖沿溪项目改造。投资460万元建设东源港入湖口生态修复项目，成为山地区域生态缓冲带建设标杆。扎实推进全镇流域综合治理、农村饮用水提质工程，有序开展山核桃林水土保持、林下割草统防统治，持续深化"武大绿洲"生物防治。常态化打好村庄清洁整治、"五水共治"、垃圾分类等环境整治组合拳，工业园区垃圾分类现场会、河长线上巡河等一批创新做法得到上级部门肯定。获评2022年度杭州市"五水共治"(河长制)"二十佳"镇街。

纵深推进土地综合整治，优化8个村庄空间布局。高标准推进叶家畈、新华精品村，高峰重点村建设项目。持续开展沿路沿线美化、绿化、洁化、亮化、文化"五化"工程，全镇一村一景、移步换景成效逐步显现。

以开展AAA级景区镇创建为契机，持续打造"绣花式"集镇管理升级版。整合中医药文化街区、中医药博物馆、李时珍广场等核心区块，完善旅游导视系统、标识标志牌、停车场等基础设施建设，打造中医药特色精致街区。不断优化"数字城管"、云上治理、智慧治理等平台，有效化解出店经营、背街卫生、车辆乱停等集镇治理顽疾。

投资1400余万元推进"浙里康养"建设，以"公建民营"形式为585位高龄及失能老人提供居家养老上门服务。迭代邻里中心，对标"15分钟生活圈"，盘活党群服务中心闲置存量空间，引入社会化培训资源，形成集儿童公益艺术培训等10余种服务功能于一体的复合型邻里中心。深化"医共体"建设，完善中小学基础设施配套，实施"两堂一室"、塑胶跑道提升改造。投资30万元建成小区充电桩、室外运动场，高标准完成五庄村、临岐村文化礼堂提档升级。

创新农民增收模式，村集体和农户利用宅基地、劳动力等要素参与产业发展合作。创新"岐货出山""双创带动""电商换市"等产业经营举措，全镇16个村提前半年全部完成消薄目标。开展"共富工坊"建设，打造"来料加工式""定向招工式""品牌带动式"等各类工坊6家，带动420余人就业增收。设立"红岐议事厅"，与桐庐县合村乡、临安区湍口镇协同打造"信息互通、资源共享、同频联动"维稳模式。完成省级法治化综合改革试点市级验收工作，"大联动微治理"化解基层矛盾的临岐经验写入"杭州蓝皮书——2022年杭州发展报告"。持续深化"医共体"建设，完善中小学基础设施配套，临岐初中中考上淳中线44人，在同类学校中连续7年排名第一。申报实施"联乡结村"帮扶项目7个，完成失业帮扶150余人次；推广"伊加工"注册2491人，带动从业人数2000余人。

【临岐镇农村产业融合示范园被认定为省级示范园】 2022年9月，浙江省第一批省级农村一二三产业融合发展示范园认定名单出炉，临岐镇农村产业融合示范园榜上有名。临岐镇农村产业融合示范园覆盖镇域面积

222平方千米，辐射16个建制村2.2万人。示范园以临岐集镇为建设区域，总体空间布局为点面相结合，核心区域为以中国千岛湖中药材市场、合浦中药材产业园、对山工业园区以及各村种植基地为支撑，辐射整个镇域，形成以点带面、辐射带动的共同发展模式。全镇中药材种植达3867公顷，建成示范性中药材基地12个，着力打造“淳六味”品牌，已取得覆盆子绿色认证、黄精和山茱萸有机认证，掌叶覆盆子通过国家原产地标识认证评审。淳覆盆子、淳萸肉、淳前胡、淳木瓜、淳半夏等一批国家地理证明商标认证已被国家工商总局受理。建有浙西唯一的中药材交易市场、中国千岛湖中医药博物馆。

（陈静波）

2022年临岐镇各建制村（社区）负责人及人口情况表

表13

村（社区）名	村（社区）党组织书记	村委会（社区）主任	人口（人）
范　村	章建飞	章建飞	621
吴　峰	鲁建春	鲁建春	1002
新　华	方荷英（女）	方荷英（女）	901
左　源	鲁为森	鲁为森	1476
叶家畈	叶立仙（女）	叶立仙（女）	771
临　岐	徐晓静（女）	徐晓静（女）	2969
梅　口	王淳根	王淳根	922
仰　韩	童云鹏	童云鹏	993
高　峰	陈忠来	陈忠来	1086
里　口	童光庭	童光庭	1230
夏　中	鲁结斌	鲁结斌	1462
溪　口	管升木	管升木	1438
审岭脚	鲁普恒	鲁普恒	1208
半　夏	俞春香（女）	俞春香（女）	1492
右　源	方　娟（女）	方　娟（女）	1609
五　庄	夏发义	夏发义	658
望溪社区	童建淳	童建淳	355

·瑶山乡·

【概况】 2022年，瑶山乡总面积128平方千米，辖10个建制村，90个村民小组，户籍总人口9446人。山林面积11708.2公顷；耕地面积767.47公顷。

全年实现工农业总产值3.97亿元，其中工业产值1.05亿元，农业总产值2.92亿元，农村人均纯收入25732元，地方财政收入353.3万元。

加快实施天坪村精品村、贡坑村重点村建设。AAA级景区乡建成验收。常态化开展美丽庭院创建，张家村在第二季度全县美丽庭院大比武中获得同类乡镇第二名。实施佑瑶公路两侧和云溪两侧景观提升工程。

开展环境卫生整治行动，统筹推进畜禽养殖污染整治、垃圾收集、污水治理和“厕所革命”，美丽宜居村达70%。创新垃圾分类工作，严格实施垃圾分类监管机制。投资30余万元，在各村收集点覆盖智能语音提示，在幸福村开展智能垃圾分类试点。严厉打击乱排滥倒、乱挖滥建、开山毁林等违法行为，严格土地审批制度，牢牢守住耕地保护红线。大力开展秸秆禁烧、禁放爆竹等大气污染防治工作。全面推行“林长制”，加大农业面源污染治理力度，实施人工割草867公顷，统防统治933公顷，配方肥推广62.5吨。迭代升级山核桃果蒲处理，出台政策鼓励农户就地脱蒲，下山脱蒲的统一回收进行燃烧颗粒或有机肥加工。新建幸福村污水零直排村，推进张家、琅坑源等村9处终端改造提升。深入推进排污专项整治和乡村网格三级巡河，交界断面水质始终保持在Ⅰ类。

山核桃干籽产量2040吨，产值1.22亿元，增长7%。全年申报农业技改项目4个，山核桃采收网面积164.87公顷，农机购置补助367台。深入推进林下中药材建设,新发展107公顷高标准林下黄精基地,建成贡坑村林下黄精示范基地,完成2个"千村万元"林下经济示范基地建设,启动实施黄精种苗基地项目建设。完成非粮化整治38.67公顷,引进瑶谷农业开发公司合作种植水稻36.13公顷。

开展林下低密度生态养鸡试点。引进澜海农业和光大农业,通过"企业+合作社+农户"利益联结模式,形成订单农业,进一步做优瑶山"长乐鸡"品牌,在幸福、富岩、天坪等村林下生态养鸡5500羽。何家村康体养老中心完成装修并试运行。完成抖音直播间场地和设备建设,制订"她乡好货"直播带货计划。

实施云上天坪民宿二期建设并营业,累计接待游客6000余人次。与临安对接,明确牵牛岗临安交界处权属,推动三期露营基地建设落地。探索"绿色兴农、质量兴农、品牌强农"农旅共富路线,成功举办第二届玉米采摘节和第十三届千岛湖山核桃丰收节。

投资89万元实施小学操场维修和风雨长廊项目,投资18万元实施小学电路改造工程。瑶山乡中心小学获评"浙江省青少年校园足球特色学校""第三批浙江省近视防控特色学校"。投资70万元,实施何家村云溪廊桥修缮项目。投资400余万元,实施佑南线琅坑源段大中修项目、宋川线病危桥改造加固项目、建设牵牛岗至千亩田防火林道,打通天坪老庵基至双共道路。总投资4300多万元的瑶山水厂建设项目主体基本完成,30千米管道铺设完成。投资800多万元完成东源港一期河道整治项目,完成河道治理3.3千米,加固0.93千米,新建堰坝1座,建设护栏1.93千米。

做好"六稳""六保"工作,为特困供养人员、低保对象等特殊群体发放救助资金368.3万元。全乡271户、301人纳入最低生活保障,发放低收入群体生活保障资金334万元,发放特困供养金21.6万元。为256名年满80周岁老年人发放高龄补贴。发放残疾人护理补贴65.2万元,困难生活补贴85.3万元。开展职业技能培训21轮次400余人次,发放适配辅具16个。

【第十三届"云溪相伴　长乐瑶山"千岛湖山核桃丰收节】 2022年11月18日,由瑶山乡人民政府主办的第十三届"云溪相伴　长乐瑶山"千岛湖山核桃丰收节暨共富项目签约活动在瑶山乡何家村廊桥文化广场举行。相关企业代表与瑶山乡政府签订共同富裕合作协议。对评选出的10名"最美瑶山人"、2022年度山核桃王、摄影比赛获奖者进行颁奖。开幕式上,进行越剧、舞蹈、京剧、歌曲表演,山核桃、土蜂蜜、梳子粿、山茶油等特色农产品展销,还进行趣味农民运动会。各村干部群众和外地游客2000余人参加活动。

(方　齐)

2022年瑶山乡各建制村负责人及人口情况表

表14

村　名	村党组织书记	村委会主任	人口(人)
琅坑源	方红建	方红建	1641
爱　国	程山理(代)	程山理(代)	672
张　家	汪小蓉(女)	汪小蓉(女)	633
琅　洞	方汝祥	方汝祥	833
幸　福	洪茂君	洪茂君	1126
贡　坑	胡小媚(女)	胡小媚(女)	565
何　家	方献花(女)	方献花(女)	1194
富　岩	占永庆	占永庆	849
天　坪	唐建鹏	唐建鹏	772
岭后源	方法根	方法根	1161

·屏门乡·

【概况】 2022年，屏门乡总面积163平方千米，下辖11个建制村、85个村民小组。户籍总人口12319人。山林面积13100公顷；耕地面积274.3公顷；园地1657公顷。

全年实现财政总收入825万元，地方财政收入394万元。实现村集体经济总收入998万元，比上年增长16.7%。村集体经济经营性收入364万元。农民人均可支配收入27073元，增长10%。

依托市级整乡推进山区农业产业发展，中药材产业联户连片基地、农机补贴、粮食产业发展等8个项目建设完成。千亩田高山湿地景区实现有序开发，景区旅游咨询服务中心(屏前点)、景区游步道完成建设。启动九咆界景区上西民宿村、金屏峡谷文旅融合综合服务中心、金陵村等旅游场所微改造精提升工程，打造乡村全域旅游最佳目的地。

利用原乡音食用菌厂房闲置资源，招引落地总投资8000万元的明康实验动物科研基地，厂房结顶，并进行内部装修。继续抓好乡贤投资、异地落位企业的入规及驻企服务工作，主营集成电路板制销的华粟智能科技公司实现产值1300余万元；主营智能机器人智造的晟粟电子科技公司实现产值300余万元。

依托隐将—金陵一带近万亩山林资源，采取政府牵头规划+村级授信贷款+国企建设培管模式，成立林共体建设专业公司，开展林下中药材黄精的仿野生种植，投资1945万元，完成黄精种植213公顷。

推进美丽城镇创建，打造胡桃坑—草莓园—青蛙园集镇趣玩体验线，成功创建市级样板。实行"乡村干部包干竞赛、环保娘子军常态巡查"机制，高铁沿线环境整治、迎亚运环境品质提升等获得市领导批示肯定。成功举办全县"垃圾分类达人"大宣讲挑战赛，全年发现并处置各类垃圾分类问题530余个。完成2021年农村生活污水提标改造项目和童家坪村污水零直排创建工作验收工作。

自编自导自演睦剧《文明创建我先行》，推出文明创建宣传睦剧人物漫画，活化非遗文化。举办纪念毛泽东同志《在延安文艺座谈会上的讲话》发表80周年文艺活动。融合睦剧、花灯板凳龙元素，编排《屏门龙灯》民俗节目，获市第十一届"风雅颂"民间舞蹈展演金奖。年底，屏门乡被认定为浙江省戏曲之乡。

持续推进基础设施修缮工程。全盘考量，重点扶持，将百姓健身房项目、灯光球场、村道提升、林道硬化等乡村基础项目重点向薄弱村倾斜，提升全域发展均衡性。推进屏门、金陵文化礼堂提升工程，实施齐坑宗祠修缮项目。组建暖心服务小分队，定向推出接种疫苗、送医送药送餐等服务。排摸子女长期在外的80周岁以上独居老人27人，上门安装视频监控，同步实现远程视频。以500元/人标准发放高龄老人离世慰问金。提升乡综合文化站、睦剧学校等课后文化阵地，邀请杭州市戏曲家协会王姝苹团队赴乡筹办睦剧体验课、暑期少年宫。

【屏门乡被评为浙江省戏曲(睦剧)之乡】 2022年12月28日，浙江省文化和旅游厅公布第三批浙江省戏曲之乡名单，屏门乡为省戏曲(睦剧)之乡。睦剧为屏门乡主要特色剧种，是淳安县国家级非物质文化遗产，更是杭州地区仅有的2个地方剧种之一，迄今已有百余年历史。该乡每年组织演职员进村庄、进景区、进养老院、进杭城等地参演节目50余场，惠及群众10万余人次，极大提升了乡域内及周边乡镇老百姓的幸福指数，促进文化传播和发展。 (徐丽敏)

2022 年屏门乡各建制村负责人及人口情况表

表 15

村　名	村党组织书记	村委会主任	人口(人)
将　坑	童建文	童建文	863
屏　门	王小明	王小明	1478
佛岭后	郑永忠	郑永忠	1232
圭　川	方蒋林	方蒋林	1023
齐　坑	方银来	方银来	1225
童家坪	张有财	张有财	752
金　陵	项家龙	项家龙	612
五　和	童祥贵	童祥贵	1809
上　中	章朱军	章朱军	838
秋　源	章嫩荣	章嫩荣	980
隐　将	章孝良	章孝良	1507

·威坪镇·

【概况】 2022 年,威坪镇总面积 301 平方千米,辖 35 个建制村、1 个社区、437 个村民小组。户籍总人口 4.57 万人。山林面积 51187 公顷,耕地面积 2693 公顷。

全年实现地方财政税收 1258 万元;服务业增加值 5.89 亿元;规模以上工业总产值 1.81 亿元;完成招商引资 1.06 亿元;固定资产投资 1.42 亿元;村集体经营性收入 2963.2 万元,35 个村全部消薄增收任务。

坚定"小城市发展样板区和滨湖康养度假区"两大特色定位,谋定杭黄先行区、千黄引流地、纵深副中心、三生新蓝图产业发展格局。按照"生产、生活、生态"三生融合方向打造产业发展格局。六都源蔬菜供应链、七都源千亩稻香等 6 个招引项目落地,投资金额 7800 万元。集中力量抓产能,做优做细本土资源深加工产业链条,特别是引导利用辣椒酱、桃、柿等本土优质农产品进行深加工产业培育;做强做实商铬、康联、船厂等企业,新增规模以上企业 2 家。

积极争取省级扶贫资金 3000 万元,市级杭黄"共同富裕"项目资金 1100 万元,完成全省低收入农户同步基本实现现代化试点项目暨威坪镇三产融合共富产业园项目主体建设。以"两非"整治为契机,整治并成片流转土地 320 公顷,用于发展蔬菜供应链产业、粮食生产、斐济果种植及深加工产业、工厂化食用菌产业。对标高质量高标准建设现代农业园区要求,倒逼传统"低小散"农业向"规模化"农业改革转型。

联合浙皖 10 乡镇,开展共护母亲湖行动,创新区域共保机制,实施流域禁捕、禁养、禁钓,联合淳安歙县两县环保部门,启动建设浙皖交界水质自动监测超级站,持续加强区域联保,交界断面水质始终保持在Ⅰ类水平。投资 4000 余万元启动实施集镇污水零直排、横塘、唐村农村污水治理等工程;完成集镇零直排示范镇街创建项目;动态自检 95 个标准化运维终端出水水质,达标率始终保持在 100%,获杭州市"五水共治"(河长制)"二十佳"镇街称号。

加强交通保障,投资 426 万元完成 2 条村道公路大中修,改建 1 座病危桥;加强供水保障,投资 100 万元新建水源堰坝 5 处、临时抽水点 9 处、打井 1 处。

联动多职能部门重点打造威坪镇"178"(一起办)解纷驿站,积案化解率达 100%,群众满意度高达 95.4%。完成国家省市交办信访积案件 7 件、县级交办信访件 2 件,主动化解 2 件信访件,化解率 100%。

推进"千村整治,万村示范"百日攻坚专项行动,系统推进农业、林业、工业、生活污染防治。完成农业统防统治 1083 公顷、有机肥替代 1400 吨;完成高陡坡地退耕休耕 16.54 公顷,实施林相改造 193.73 公顷、森林景观修复 159.8 公顷;完成工业违法用地、违法建筑整治 32 个;完成农民违规建房拆除 7 宗、建筑面积 3074.7 平方米。全力推进农林船舶整治,集中整治"三无"船舶 81 艘和涉水平台设施5座。

全面推进"城镇+景区"建设外延,自筹资金500余万元,建成湖滨路银杏风情大道、高速出口景观荣誉墙、虹桥街口袋生态公园,获评杭州市2022年度"城乡基础设施综合能级提升突出集体"。

全力推进建设新时代美丽乡村全覆盖,投资1750余万元完成1个精品村、1个特色村、1个重点村和10个一般村美丽升级;积极推进"威来可期·坪上共富"后现代化美丽乡村,投资1200万元启动建设驮岭脚未来乡村和数字乡村建设,完成形象进度80%。

加强城乡低保工作动态管理,新增117户低边户,新增(核减)194户低保户;加强城乡医疗和养老征缴服务,参保率100%;投资3503万元启动新敬老院建设,主体工程已完成。

【2022淳安威坪第四届乡村文化旅游节】 2022年11月5日,2022淳安威坪第四届乡村文化旅游节在威坪广场举行。2022年是威坪镇恢复建制40周年,也是新安江流域生态补偿机制实行10周年,威坪镇以第四届乡村文化旅游节为媒,展现40年来发展成果,展望威坪镇在特别生态功能区和杭黄世界级自然生态和文化旅游廊道建设背景下的新成就、新蓝图、新气象。开幕式上,大型舞蹈《潮起·虹桥头》和诗歌朗诵《激荡四十年》等,向勤劳正直、奋力拼搏的威坪父老乡亲们致敬。围绕"学贯二十大谱新篇,见证四十年奔共富"主题,威坪镇精心准备丰富多彩的文艺演出、琳琅满目的农产品展销,以及直播带货、文化踩街、文艺作品展。活动中,威坪镇邀请浙皖两省10个乡镇,共谋乡村旅游高质量发展和实现区域共同富裕新路径,共同推进杭黄世界级自然生态和文化旅游廊道建设,打造杭黄毗邻区共富产业园,并与多家企业签订共富合作协议。还举办"山水相依,携手共富"共富论坛,来自杭黄毗邻区的乡贤、商会代表、企业代表等齐聚一堂,共谋浙皖保护与发展大计。

【威坪镇"桃宝大会"直播带货技能大赛】 2022年7月14日,威坪镇"桃宝大会"直播带货技能大赛在河村德尧白桃园举办。本次直播带货技能大赛吸引来自县妇联、县总工会及威坪镇属单位的13支"乡音主播"代表队参赛。除直播带货比赛,还有吃桃比赛、"桃王"比拼、七仙女赠桃等环节,以及助促农销共富活动。

【威坪镇获批杭州市首批公务员工作联系点】

2022年5月6日,淳安县威坪镇获批杭州市首批公务员工作联系点。威坪镇党委政府全力推进"'威来可期'年轻干部培养联系点"创建工作,建立新录用干部"一对一"和选调生"一对二"捆绑机制,择优配强导师组,负责年轻干部传帮带工作,助力青年干部快速适应基层工作。组建镇村干部攻坚克难联盟,注重在一线工作中锤炼青年干部,在高速征迁、美丽城镇、国卫创建、疫情防控等重点工作中创先争优、勇立潮头,不断提升攻坚克难能力。开展"五比幸福"主题竞赛活动,即比忠诚、比品德、比执行、比效率、比大度,改进干部工作作风,推动各项工作开展,打造具有威坪特色最美团队。强化青年干部技能比武,由班子领导挂帅,组建"威坪声音、都美韵味、美文美图、乡音主播、金牌讲解、信息攻坚"六大队伍,充分发挥青年干部自身特长,重点培养"六种能力",充实青年干部竞聘选拔人才库。 (王 建、方天卉)

2022 年威坪镇各建制村(社区)负责人及人口情况表

表 16

村(社区)名	村(社区)党组织书记	村委会(社区)主任	人口(人)
合富	叶红日	叶红日	939
石柱	叶勇军	叶勇军	1394
新茂	方亲迪	方亲迪	736
西山	徐红正	徐红正	556
长岭	方桂生	方桂生	1116
桐溪	唐春丰	唐春丰	1801
笔峰	郑桥威	郑桥威	1007
唐村	唐风信	唐风信	2538
坑下	童小军	童小军	1550
凤凰	徐建军	徐建军	1371
河村	王建	王建	2376
茶合	徐耐	徐耐	1061
洞源	唐立勤	唐立勤	631
妙石	徐嫩玉	徐嫩玉	862
贤茂	方晓丹	方晓丹	963
叶家	叶如红	叶如红	1903
三坦	江爱华	江爱华	536
安川	徐忠女	徐忠女	852
杨家畈	王建勤	王建勤	772
岭脚	王勇	王勇	515
洪圻	王小军	王小军	1243
三洲	王小江	王小江	1341
邵宅	邵光清	邵光清	658
方宅	方升利	方升利	1695
青联	叶飞	叶飞	1527
蔗川	钱跃文	钱跃文	1958
旗山	徐满法	徐满法	1046
琴坑	王东大	王东大	1272
横塘	王红旺	王红旺	2455
五丰	王有忠	王有忠	1326
厚屏	余绿水	余绿水	1442
杜川	吕贤明	吕贤明	1032
汪川	徐有忠	徐有忠	2151
蜀阜	徐高飞	徐高飞	1483
驮岭脚	徐江勤	徐江勤	781
虹桥社区	江淑萍	江淑萍	781

·王阜乡·

【概况】 2022 年,王阜乡总面积 168 平方千米,辖 15 个建制村、173 个村民小组。户籍总人口 17092 人,人口自然增长率-9.4‰。山林面积 15620 公顷,耕地面积 1027 公顷。

财政总收入 6539 万元,其中地方财政收入 263 万元,上缴税收 287 万元。固定资产投资 6511 万元,完成全年任务数的 217%;招商引资到位资金 3419 万元,完成全年任务数的 114%;村级集体经济总收入 1408 万元,同比增长 27.1%。

滨江云顶桃源项目一期云顶精品酒店开业,旅游接待中心、云上水库、生态游步道等各类配套设施投入使用,上塔自然村 16 户、45 幢旧房"一对一"设计、"民宿式"改造已完成,村容村貌实现跨越式提升。实现村集体土地入市所得 204 万元,带动就业 200 余人,助销农产品 80 余万元。

推进林下经济中药材种植培育,积极融入淳北乡村联合体,新增林下连片种植中药材 63 公顷,累计种植林下中药材 733 公顷。完成久顶农业龙脑樟园区建设项目,完成龙脑樟厂房投产和设备试运行,带动周边村 30 余人就业。严家大方中药材精深加工项目新增 2 条生产线,新建 2 幢总面积 3300 平方米标准厂房用于敬存仁公司膏方和功能饮料研发生产。杭州严家大方实业有限公司完成省科技型中小企业认定,严家大方茶制作技艺入选第七批杭州非物质文化遗产代表性项目名录。招引云庐酒店、滨云通航、广薪建筑劳务等 7 家项目产业链配套企业注册在王阜,新增市场主体 80 余家。金紫尖、云顶桃源、龙潭峡谷漂流、县委旧址等旅游景点,年接待游客数量 8 万余人次。

与上游金川乡、下游宋村乡共同组织云源港跨省流域联合护水活动,成立由 40 余人参加的"山妹子"组成的环保服务队,全年开展护水活动 4 次。云源港河道水质长期保持Ⅰ类水质。投资 230 余万元对全乡污水处理管网和终端进行改造提升,完成新畈村市级污水零直排村建设。全面提升垃圾分类智能化水平，投入50余万元，新建垃圾分类驿站，采购VR+数字智能等设施，分类墙绘做到村村有亮点、处处有成效。创新打造马山村每天定时上门收集，管家村定时定点收集，柳塘村“称斤兑换”分类模式，全乡垃圾分类工作居全县乡镇排名第二。投资713万元，完成柳塘村市级精品村以及金紫、新畈、郑中、横路、闻家5个县级一般村项目建设。完善城乡融合发展体制机制，扎实推进环境美、生活美、产业美、人文美、治理美五大项目，促进乡村建设、社会治理、产业发展、生态保护、文化传承等相互融合，顺利完成美丽城镇省市验收。

完成荷郑线2.62千米村道公路大中修、综合供能服务站建设、沿湖沿溪终端提升改造等项目民生实事项目。完成王阜中心学校操场提升、安澜工程、运动场改造等7个教育类项目，改善学校办学条件、学生安全和校容校貌。完成卫生院“两堂一室”改造提升工程；完成乡级婴幼儿驿站布展项目；完成闻家河道综合整治、马山堰坝水闸提升等项目；完成3个村文化礼堂提升。投入450余万元，对金紫、长川、郑中、王阜、横路、金家岙、闻家7个村林道进行改造提升。

积极开展书法、戏曲、排舞、礼仪、八都麻绣等各项培训教学活动，在春节、端午节、重阳节等节假日，为留守老人、儿童送去文艺会演。开展大中型文体活动12场，3000余人参与。更新公益广告60多处、整治商铺占道经营70多家、整治村民主街道乱堆放1600多人次。开展理论宣讲50余场次。

建立王阜乡微型消防站和应急消防管理站，多举措开展抗旱保供，确保全乡生活用水。开展消防宣传进校园、进村庄、进企业活动，投资17万元为各村购置发电机、抽水机等装备，提升各村面对极端天气应急处置能力。

【“携商推进·‘帮共体’协作奋进共富路”“请你来协商·有事好商量”专题协商会】 2022年9月5日，杭州市上城区政协、淳安县政协联合举办的联动协商会在王阜乡胡家坪村举行。杭州市副市长缪承潮，上城区委书记章燕、区政协主席黄爱芳，淳安县委书记杨建根、县政协主席郑志光等领导，两地部分政协委员、相关部门及海外驿站负责人参加。王阜乡负责人介绍王阜乡胡家坪村等有关情况，上城区滨江集团负责人介绍胡家坪村“帮共体”项目建设有关情况，市区县领导发表讲话充分肯定企村“帮共体”共富新模式，两地政协委员协商建言，两地相关部门积极回应共同为推动区县协作再上新台阶、打造共同富裕示范区凝聚共识和力量。

【中国共产党王阜乡第十六届代表大会第二次会议】 2022年10月28日，中国共产党王阜乡第十六届代表大会第二次会议召开。会议听取乡党委、纪委2022年工作报告、代表提案提议和意见建议办理情况报告，并通过两个报告的决议和一个代表提案受理审查报告。

【王阜乡第十八届人民代表大会第三次会议】

2022年12月29日，王阜乡第十八届人民代表大会第一次会议召开。会议听取和审议《政府工作报告》《人大主席团工作报告》《王阜乡2022年度财政执行情况和2023年度财政预算（草案）的报告》《王阜乡2022年度环境状况和环境保护目标完成情况报告》，投票表决王阜乡2023年政府民生实事项目。

（王茗全　邵明亮）

2022年王阜乡各建制村负责人及人口情况表

表17

村　名	村党组织书记	村委会主任	人口(人)
金　紫	王书红	王书红	1298
管　家	管辉东	管辉东	1076
长　川	徐拥军	徐拥军	925
柳　塘	翁爱新	翁爱新	1286
郑　中	方小军	方小军	1321
新　畈	翁芳英(女)	翁芳英(女)	722
华　坪	王奖常	王奖常	1128
王　阜	王来军	王来军	1868
山　川	方燕红(女)	方燕红(女)	799
马　山	王小英(女)	王小英(女)	1150
严家坪	王贤军	王贤军	1930
横　路	方有富(—2022.7)	方有富(—2022.7)	1008
金家畲	詹智明	詹智明	1119
闻　家	闻申唐	闻申唐	1049
胡家坪	罗长木	罗长木	413

·鸠坑乡·

【概况】 2022年,鸠坑乡总面积104平方千米,辖8个建制村、86个村民小组。户籍总人口7352人,人口自然增长率－4.2‰。山林面积7373公顷,耕地面积825公顷。全乡村级集体经济总收入779.76万元,比上年增长19.6%。地方财政收入536万元,税收收入550万元。

锚定鸠坑茶产业特色,推广鸠坑种新良种茶基地,形成颇具内涵的鸠坑茶种资源库。持续推进茶园统防统治等项目实施,高质量建设有机茶品牌。完成"鸠小青"茶产业数字系统开发,加强茶产业生产、防治、销售全过程管理,提升茶产业发展精密智控水平。深化鸠坑茶文化挖掘与展示,跟踪鸠坑茶中国重要农业文化遗产项目申报,开展茶树王祭祖、茶博会等系列活动,推进"茶树王"核心区块打造;加强与科研机构、媒体合作,进一步宣传推介鸠坑茶。持续抓好农业面源污染防治工作,严守保护底线。继续做好杭州市整乡镇推进山区产业发展项目,出台补助政策,鼓励茶企新建、改建、扩建茶叶加工厂房和设备更新换代。突与浙江大学等院校合作,推进叶果两用示范基地建设、中小茶厂提升、鸠坑茶精深加工改造等一批项目,提高鸠坑茶综合利用率。淳安县鸠坑唐圣茶叶有限公司被认定为2022年市级龙头企业。绿茶制作技艺(鸠坑毛尖茶制作技艺)入选浙江省文化和旅游厅发文公布的第六批省级非物质文化遗产代表性项目名录。在2022年千岛湖茶叶博览会上,淳安县鸠坑万岁岭茶叶专业合作社获千岛湖毛尖金奖、千岛湖红茶银奖,杭州千岛湖鸠茗茶叶有限公司获千岛湖毛尖银奖,淳安鸠坑绿春茶叶有限公司获千岛湖毛尖优质奖,淳安千岛湖睦州茶业有限公司获千岛湖毛尖优质奖、千岛湖龙井银奖、千岛湖红茶优质奖,淳安一品鸠坑毛尖茶叶有限公司获千岛湖龙井优质奖,淳安县鸠坑唐圣茶叶有限公司获千岛湖红茶优质奖。

坚定"绿水青山就是金山银山"理念,严守生态红线、底线,科学编制国土空间规划,推动多规融合。深化五水共治,实施星光村污水零直排村,提升改造青苗等沿湖沿溪污水终端。强化污水运维,突出过程运维、系统治理,确保农村生活污水出水达标率稳步提升。坚持精致、精细、精美理念,推进集镇环境卫生大整治、大提升行动,打造小而美、小而精靓丽环境,全力争创市美丽城镇样板。突出产业特色,强化乡土气息,以青苗茶圣渔村建成运营为契机,打造具有乡村特色杭黄毗邻区共富示范点。加大乡村风貌管控,打造一批乡村景观节点,浓厚贡茶鸠坑文化氛围。加大生活垃圾分类考核督查力度,巩固撤桶入户工作成果,提升农户分类质量。深化美丽河湖建设,落实河长制,加大清洁乡村力度,打造"一户一处景、一村一幅画、一乡一天地”全域大美形象。鸠坑乡被评为2022年度美丽城镇建设基本达标城镇。乳洞村被认定为2021年度省级健康村。青苗村为全省第二批低(零)碳村(社区)试点创建单位。

高标准推进城乡居民养老保险、医疗保险、西湖益联保参保工作,落实养老、医疗保障待遇政策,强化城乡低保、残保动态管理,确保“不漏一户、不落一人”,全乡有143人享受低保救助,130人享受残保救助,20人享受低保边缘户救助。投资14.85万元购买农村小额保险。统筹推进农村新冠疫苗接种,疫苗加强针接种人数2289人,接种率达95.4%。

深化基层治理,完善“党组织领导、网格长管理、农户参与”基层治理体系,充分发挥“鸠小青”“红美人”志愿服务队作用,全方位开展宣传、调处工作,防范打击通信网络诈骗等新型犯罪,加强金融风险防范,切实守护公共安全。推进数字赋能乡域社会治理现代化,完成“一中心四平台一网格”社会治理体系迭代升级。强化应急管理,狠抓工作责任和值班值守工作,全方位抓好安全生产、森林防火、道路安全工作。深入开展志愿服务活动,充分发挥新时代文明实践站所作用,将“文明帮帮码”“志愿汇”等指尖上的志愿活动落实在行动上,常态化开展电动车头盔佩戴、文明出行劝导活动,不断提升文明素养。严村村被认定为2021年度“浙江省善治村”。

【鸠坑茶种“鸠16”获国家植物新品种授权】 2022年1月,由淳安县农业技术推广中心选育的鸠坑茶种单株“鸠16”获农业农村部传国家植物新品种授权。“鸠16”是淳安县从鸠坑群体中选育的第一个无性系茶树良种,始于20世纪80年代初开展的鸠坑种提纯复壮课题,经原产地母树观察、制小样对比、扦插扩繁建系、品系比较试验等试验选育而成。该品种茶叶采摘期为3月上中旬,产品色泽嫩绿鲜润,香气馥郁呈嫩栗香,汤色嫩绿明亮,滋味鲜爽醇厚。一芽一叶所制龙井含氨基酸5.2%—8.4%,是现有鸠坑群体种的1.5倍,适合制作银针、烘青、炒青等各类绿茶,特别适合制作高档龙井、毛尖等产品。

(余文彩)

2022年鸠坑乡各建制村负责人及人口情况表

表18

村　名	村党组织书记	村委会主任	人口(人)
中　联	胡万星	胡万星	1285
乳　洞	徐红花	—	755
星　光	洪竹茂	洪竹茂	635
赋　置	鲍朝阳	鲍朝阳	1165
金　塔	管士勤	管士勤	1089
严　村	严红梅(女)	严红梅(女)	1084
常　青	徐玲玲(女)	徐玲玲(女)	698
青　苗	王永光	王永光	641

·宋村乡·

【概况】 2022年,宋村乡总面积80平方千米,辖6个建制村、59个村民小组。户籍总人口6827人。山林面积6975公顷;耕地面积218公顷,其中水田141.7公顷。

实现乡财政总收入480万元,其中地方财政收入234万元。完成招商引资3000万元,固定资产投资1582万元,工业投入757万元。村级集体经济总收入548万元,增长26%;农民人均收入21103元,增长11.9%。成功创建AAA级景区乡镇,美丽城镇市级样板乡镇、省级达标乡镇。

坚持走“错位发展、特色发展”之路,推动农业向规模化、产业化、品牌化发展。技改提升传统茶园33公顷,新孵育品种茶3.33公顷。以“宋茶会客厅”为纽带,引入社会资本打造“茶业+旅游业+文化体验”生态农业观光园。

在高速互通地块利用李树坞水库富余水资源,落地三产融合功能性水产业综合体项目，打造亿元水产业园。实施镜洪产业楼二期项目生产布线、产品开发及市场推广，实现从单一产品到“一核多品”辐射式发展。依托杭州云源一叶公司、“宋茶会客”厅建立高标准茶叶加工SC认证生产线，加快“冷泡茶”开发入市，实现高山茶叶深加工，提高产品附加值。全力孵育云源一叶公司成为规模以上企业。新培育来料加工经纪人10人，发放来料加工费700余万元，带动低收入农户增收40余万元。

优化全域旅游产业规划，全面布局“云源港”溪湖核心产业经济带，加速状元谷越野基地、东坡生态度假山庄等项目建设，加快“廾五里青山·探秘”、“史里湾·隐庐”、淳安消防救援大队山地(水域)综合训练基地等项目落地。依托“东坡酒店”综合体、“状元谷越野基地”、“鱼儿的家”等旅游项目，强化旅游和民宿人才引进，打造宋村旅游业态升级版。将境内白云溪漂流、东山尖、金紫尖等景观串点成线，形成专业性强的深度游、研修游、体验游，打造宋韵文化特色茶旅融合精品路线，努力将宋村建成集生产、消费、游乐、休闲、观光于一体的亚运时代千岛湖全域旅游新地标、淳西北旅游新中心。

以省级美丽城镇样板区建设为目标，按照“生态美、生活美、产业美、形态美、环境美”要求，加强集镇精细化管理，高标准推进农村环境综合治理工作，打造生态美丽宜居乐水小镇。实施云源港综合流域整治项目二期建设，改造提升白云溪漂流节点。聚焦“美丽杭州”创建暨“‘迎亚运’城市环境大整治、城市面貌大提升”，深化农村人居环境整治和亚运赛道沿湖沿线景观提升行动，围绕“亮、洁、美”字做文章，严治集镇乱堆乱放现象，注重景观节点打造，推动美丽乡村从“一处美”迈向“一片美”，从点上出彩向全域拓展。

按照“上山下湖”产业发展思路，打造主题鲜明溪湖核心产业经济带，全力推进淳西北旅游新中心建设。千岛湖状元谷越野基地项目完成开发边界上报。主体赛道、“宋溪·鱼”主题餐厅、湖滨音乐主题露营地、山尖勇者(TOP)露营地及配套主题民宿重装开业。鱼儿的家(四期)成为县内首家共享民宿。浙江美院教授团队设计打造的IP非遗竹马产品获第二届“浙宿好礼”乡村民宿伴手礼大赛传承奖。全乡接待游客10万人次，实现旅游经济总收入2000余万元。

立足乡域内港湾、溪流、茶园、山林、民宿等特色资源，完善乡产业发展规划编修，科学布局“一带两翼”产业发展格局。小镇客厅、湖滨主题音乐露营基地、酱菜坊、共享商超等项目完工。集镇沿线杆线迁移项目顺利推进。推进亚运赛道沿线景观提升及美丽庭院项目建设。投资500余万元推进村级停车场、生产道路硬化等项目建设。

投资43万元完成乡卫生院“两堂一舍”改造和幼儿园婴幼儿托位、小学基础设施改造。出资14万元为全乡群众投保意外保险。组织开展“宋王线道路设施安全隐患”专题协商议事活动，帮助解决多年安全隐患。深化精准帮扶机制，全年开展低收入农户走访1700余人次，助力低收入农户以奖代补产业补助7万元，低收入农户助学补助1.2万元。推进“两保”收缴和“西湖益联保”保险工作，“两保”收缴率位居全县前列。与市红十字会合作成立全县首个红十字博爱救助基金，结对帮助困难户30余户，发放救助金3万余元。出资18万元为宋村户籍百姓投保农村小额保险。

【2022中国体育彩票百村万帐运动振兴乡村活动千岛湖宋村站开帐仪式】 2022年10月29日，2022中国体育彩票百村万帐运动振兴乡村活动千岛湖宋村站开帐仪式在宋村乡石滩部落露营基地举行。本次活动由浙江省体育局指导，浙江省体育产业联合会主办，浙江

省体育彩票管理中心公益助力，淳安县文广旅体局、宋村乡、乡立方公司、新浪浙江承办，浙江省体育旅游产业促进会、浙江省旅游协会自驾游与房车露营分会、浙江广电集团新蓝网协办。浙江省体育局副局长、省体育产业联合会会长李华等领导参加。活动融合露营、运动、赛事等新业态，与传统宋韵文化发生跨越时空碰撞。在“宋味运动荟”环节中，融入弓箭打靶、蹴鞠、毽子等具有宋代特色运动项目，与飞盘、骑行、蹦床、足球等时下流行现代运动形成强烈对比。在“宋韵主题秀”环节，汉服、古风、宋代点茶等古代元素与网红、直播、健身操等现代时尚元素相交融，充分感受现代运动与宋韵文化对撞活力与激情。通过做好“体育+”新型产业模式，打造文化消费、运动消费、在地消费等多元消费场景，多方面刺激露营经济、乡村经济发展，实现“体育共富”。活动还邀请皮划艇世界冠军许亚萍、乒乓球世界冠军宋时超、武术世界冠军王地出席，并通过他们向外推介宋村豆腐乳、茶叶和石斑鱼干等宋村特色农业品。（方小铨）

2022 年宋村乡各建制村负责人及人口情况表

表 19

村　名	村党组织书记	村委会主任	人口(人)
云港口	史华勇	史华勇	1376
青山口	余小琴(女) (2022.5—)	余小琴(女) (2022.6—)	1243
胡家畈	夏金来	夏金来 (2022.6—)	714
镜　洪	张良峰	张良峰	761
宋　村	宋泽民	宋泽民	1494
白云溪	王建明	王建明	1239

·姜家镇·

【概况】 2022 年，姜家镇总面积 206 平方千米，辖 17 个建制村、1 个社区、258 个村民小组。户籍总人口 25764 人。山林面积 15764 公顷，耕地面积 1628 公顷。

地方财政收入 4125 万元，完成计划数的 126.5%。全年实现旅游接待 211 万人次、旅游经济总收入 2.82 亿元。村集体经济总收入 2856 万元，增长 29.8%，集体经营性收入 927 万元，增长 22.3%。农民人均纯收入达 2.736 万元，增长 7.1%。规模以上企业销售产值 1.22 亿元，固定资产投资约 1.7 亿元。

水稻种植面积 153 公顷，小麦种植面积 20 公顷，超额完成年度粮食生产任务。粮食生产功能区非粮化整治工作顺利推进，完成整治面积 38 公顷，完成率排名全县第一。投资 797.5 万元，完成农田水利项目建设 8 个，其中，新建高标准农田项目 1 个、粮食生产功能区提标改造项目 3 个、高标准农田提升改造项目 2 个、农田小型水利修缮项目 2 个。

新培育工业小微企业 2 家，新培育规模以上工业企业 1 家，工业技改投入 3585 万元；全年规模以上工业总销售产值 1.22 亿元。2022 年新入库固定资产投资项目 10 个，累计在库项目 21 个，其中社会投资项目 9 个。固定资产投资 1.56 亿元。引进生态工业企业莹林微生物肥料生产项目，已完成 1 号、2 号楼基础建设。

湖畔原著·沈园住宅基础已完成 80%，二期场地土石方工程完成 100%，完成投资 1.2 亿元。望星空树屋酒店 23 幢房屋结顶，其中 2 幢装饰装修完成 30%，完成投资 3200 余万。项目招引上以休闲运动为核心，以特色农业、生态工业为支撑的“一体两业三空间”格局逐步拉开框架。

推进全国县级文明城市创建，创新开展“周三上街日”专项整治行动，实施全方位排查、全网格整治、全要素保障，完成整治 2000 余处。启动千岛湖龙泉溪“流域共治”护水行动，姜家、梓桐、界首 3 个乡镇签订龙泉溪“流域共治”合作协议，组建 4 支队伍常态开展巡溪护溪行动。推进农村水环境综合治理，累计投资2218万元完成郁川溪流域综合整治。全面排查企业、养殖场排污情况,整治违规畜禽养殖场所2处。补齐垃圾分类工作短板,全年有11个村18次登上红榜,姜家镇获得县级红榜7次。

沪马探险乐园高空旋转飞椅正式运营,蹦极等二期项目规划方案完成;文渊狮城引入机器人项目供景区实时自助解说;龙川湾户外运动基地建成营业,景区体验式产品更加多元。姜家村入选第四批全国乡村旅游重点村,翰红墨香馆成功创建国家AAA级旅游景区,瀛山书院千年学府人文教育研学基地被评为淳安县中小学生研学旅行基地。与湖南电视台合作,举办2022快乐垂钓第六届《王者之战》,抖音话题量达到20亿个。浙江卫视在姜家镇完成《奔跑吧!少年》录制,节目播出后全网播放量超过4500万次。

农村路、水、电、通信等基础设施不断完善。姜家镇中心卫生院迁建工程3幢建筑已结顶,综合楼外墙涂料完成70%,后勤楼二次结构完成70%,安装工程完成60%,完成投资1538万元。郭村自来水厂工程主体建设已完成,管网工程完成40.07千米,总体进度为88%。完成5处公路水毁修复,60处交通隐患治理。县交警六中队营房12月正式启用。

以亚运赛道沿线环境提升、风貌样板建设等专项行动为契机,投资600万完成迎亚运环境整治提升工程,投资580余万元启动鲍沈线3期工程,投入120余万元实施龙川湾通景公路改造,投资100余万元推进集镇微改造,通过环境整治、基础提升、风貌改善行动,成功打造淳安姜家—界首县域风貌省级样板区。12月,顺利通过城乡风貌"百千万"工程暨十大专项行动市级考核。

加强农村精神文明建设,郭村村、郁川村分别获评五星级文化礼堂和四星级文化礼堂。

宏山农民集聚区一期办证工作全面收官,二期办证对接工作同步推进,有效解决历史遗留问题。深入推进"一户一策一干部",累计走访9680次,帮扶低收入农户746户、941人,为低收入农户发放创业补助金40万元。家庭医生签约人数10559人,完成农民健康体检5810人次。推动社会保险扩面提标,统筹推进养老保险、医疗保险应保尽保,2022年度医疗保险完成率100%、养老保险完成率100%。

2022年姜家镇各建制村(社区)负责人及人口情况表

表20

村(社区)名	村(社区)党组织书记	村委会(社区)主任	人口(人)
桂　溪	姜有福	姜有福	1544
双　溪	汪红球	汪红球	2037
玉　泉	张文军	张文军	1380
姜　家	姜英杰	姜英杰	2033
郁　川	唐升寿	唐升寿	1405
银　峰	徐明新	徐明新	2253
郭　村	汪红宝	汪红宝	2558
章　村	章宁汉	章宁汉	1707
郁　源	程朝锋	程朝锋	994
霞　社	洪顺建	洪顺建	1674
黄村桥	程学文	程学文	1349
石　颜	洪日财	洪日财	597
霞　五	胡小海	胡小海	1313
赤　城	余元生	余元生	1149
浮　林	占铁鑫	占铁鑫	1255
沈　畈	章红兵	章红兵	876
夫　畈	章勇频	章勇频	790

【2022快乐垂钓第六届"王者之战"】 由湖南广播电视台、淳安县文广旅体局、淳安县姜家镇人民政府主办,湖南卫视快乐垂钓频道、淳安县老钓手的屋垂钓俱乐部具体承办的2022快乐垂钓第六届《王者之战》小组赛于5月21—24日在姜家镇千岛湖易禾水乐园百琴湖水域举行,有5支战队25人角逐首场小

组赛。9月1—5日举行总决赛，从小组赛、复赛中胜出者的4支顶级强队参加最终比拼。比赛期间，垂钓选手钓到的鱼品类多达10余种，包括白条、翘嘴、鲫鱼、草鱼等，最大的一条为30斤重的鲢鳙鱼。快乐垂钓《王者之战》是湖南卫视快乐垂钓频道推出的顶流赛事，通过本次赛事举办推介，诸多垂钓大师、网红大咖走进淳安，整个赛程在湖南卫视快乐垂钓频道、抖音App、上鱼App全程直播，以时尚火热的方式制造流量、打造热点，直播观看超1.5亿人次，话题曝光量达20亿条。

（邵航锐）

·梓桐镇·

【概况】 2022年，梓桐镇总面积156平方千米，辖18个建制村、57个自然村、182个村民小组。户籍总人口18270人。山林面积11708公顷；耕地面积767公顷。

全年实现财政总收入2292.09万元，比上年增长46.2%，其中，地方财政收入1005.19万元；上缴税收1257.11万元，增长66.5%。村级集体经济总收入1795万元，增长37.4%；农民人均收入28288元，增长10.5%。

完成30.13公顷非粮化整治、13.27公顷即可恢复耕地整治、杜井等7个村小型农田水利工程和中低产田改造工程、农业产业集聚改造提升项目、富石蚕种养殖扩规项目、河联湖养养殖扩规项目、尹山湖羊基地建设和杏富梅花鹿基地提升项目。严格按照一村一策消薄方案扎实推进，积极拓展消薄产品的销售渠道，深化与物拉拉战略合作，深化帮扶集团、商会、乡贤农特产品销售合作。18个村全部完成消薄任务，8个村完成经营性收入50万元。县重点项目石川坞万头羊场、喜羊洋温泉酒店建设进入扫尾阶段。完成园泽农业农品馆装修改造及农宝食品迁建扩建。钱进农业获评杭州市农业龙头企业。持续推进工业园区收储工作，完成6家公司收储协议签订并支付相应的收储费。梓桐大酒店一期项目出让程序启动。成功盘活梓桐中学，改造建成千岛湖艺术培训学校，全年完成固定资产投资6000万元，完成税收1100万元，实现招商引资到位资金3000万元。成功创建市级专家工作站、博士创新站各1家，有省科技型中小企业2家，市级农业龙头企业1家。

承办全县“保护母亲河日”主题活动暨“共护秀水　喜迎亚运”四大护水行动，联合姜家片乡镇开展“流域共治”活动，开展全民护水行动。深化河湖长制度，扎实开展美丽河湖创建，梓桐源成功创建省级美丽河湖。推进梓桐源生态缓冲带项目建设，完成富石、西湖、卢家、姜桐4个村7个沿溪终端改造项目，完成梓桐源河道生态浮岛项目建设，完成东八坞等4座山塘除险加固工程。完成郑鸠线8个村赛道沿线破旧建筑拆除、环境景观提升、蓝色彩钢棚喷漆。通过“包村结对+组团竞赛”模式创建美丽庭院示范户163户，提升亚运沿线环境颜值。完成杏富村重点村建设，完成常宁、姜桐、尹山、三联、结蒙5个一般村建设项目，完成杜井村数字乡村建设，推进石门塘红色教育配套建设。梓桐镇被认定为省第二批低（零）碳乡镇（街道），梓溪村获评浙江省AAA级景区村庄、省减污降碳协同试点创建单位。

新建成斫琴工坊、黄村公共文化中心、艺术培训学校，引进专业书画直播团队，有序推进新安文化陈列馆和杜井文创街建设，杜井村成功创建省级美育示范村。《梓桐镇志》完成初稿评审，成立全县首家自由职业者“万梓千红”——乡村文化创意者联盟，并得到市、县统战部的充分肯定。不断打磨艺创产业模式，成立农民书画社，组织书画艺术爱好者集中培训创作，借助专业团队实现农民书画直播销售，共培养成熟“农艺人”350余人，售出农民画300余幅。梓桐镇书画产业共富带列入杭州市首批共富带名录，梓溪村、黄村村列入共富村。梓桐镇杜井村认定为首批浙江省美育村(社区)。

完成杜石线卢家至三联段大中修工程。推进杜尹线和郑大线路面大中修工程，推进胡江联网工程。完成下水源水库主体建设，杏富、尹山两村农村饮用水提质工程，基本完成第二水厂项目建设。

城乡低保工作应保尽保，应退即退。完成养老保险、医疗保险收缴工作，全力推进西湖益联保。深入推进老年食堂提标建设，持续改善敬老院居住环境和供养标准。全速推进不动产证办理。加大政府救助力度，切实兜住民生底线。镇食安办被认定为浙江省四星级食安办。黄村村被认定为省级民主法治村。

是年梓桐镇人民政府被中共淳安县委、淳安县人民政府评为2022年度改革赋能成绩突出集体。梓桐镇人民政府、梓桐镇梓溪村股份经济合作社被中共淳安县委、淳安县人民政府评为2022年度高质量发展和共同富裕工作先进集体。

【淳安县2022年保护母亲河日主题活动暨“共护秀水　喜迎亚运”四大护水行动启动仪式】 2022年3月9日，淳安县2022年保护母亲河日主题活动暨“共护秀水　喜迎亚运”四大护水行动启动仪式在梓桐源生态湿地举行。由民间河长护水团、增殖放流保水团、植绿护绿养水团、书画写生润水团组成的4支护水队伍，亮相现场。巡河护水、增殖放流、植树养水、写生润水四大主题活动火热开展，现场共向千岛湖投放鲢鳙鱼苗15万尾，植树500余株，并组织民间书画者现场写生。启动仪式上，梓桐镇政府与千岛湖水基金签署保护协议，通过开展生态治理技术咨询服务、农业相关人员培训、项目活动合作和提供专家人才资源共享，帮助梓桐镇共同保护“母亲河”。活动还举行民间河长公益保险捐赠、2022年度民间河长聘任、2021年度“绿水币”和守护千岛湖公益捐步达人表彰。

【淳安县自由职业者联盟暨“万梓千红”乡村文化创意者联盟揭牌仪式】 2022年7月22日，淳安县举行自由职业者联盟成立暨“万梓千红”乡村文化创意者联盟揭牌仪式在梓桐镇举行。“万梓千红”乡村文化创意者联盟是淳安县首家自由职业者联盟，设立在淳安县梓桐镇。联盟立足市级“民间书画之乡”优势，打造“两院两馆两园两地”书画艺术阵地。通过人才招引、院校合作、市场运营等举措，已形成书画展览、艺术交流、研学培训、乡村旅拍等为特色的艺术业态，一批文创企业和艺术人才相继签约入驻。其中有造诣高深的专家学者、享有盛名的书画家、杰出的音乐人、技艺精湛的手工匠人、思想创新的艺术管理者、热爱艺术的农民画家等。这些自由职业者们用新视野、新模式、新思维为美丽乡村建设插上文化创意的翅膀，探索独具特色的助力共同富裕新路子。仪式上，梓桐镇政府与宁波大学乡村美育名师工作室签订《乡村共富艺术培训协议》，县委统战部向第一届乡村文化创意者联盟会长、副会长授予聘书。

【欢度国庆　喜迎二十大——千岛湖中国画师生邀请展】 2022年9月25日，“鸟语花香　墨韵千岛”欢度国庆——千岛湖中国画师生邀请展在梓桐艺术馆(浙江美术馆流动的乡村美术馆)开幕。展览由梓桐镇人民政府主办，浙江工业大学设计与建筑学院、浙江理工大学中国美丽乡村研究院协办，梓桐艺术馆承办、中国美术学院·长三角艺术管理教育联盟担任学术支持，杭州后舍艺术机构策划。画展融汇“和合”思想——共同体价值观、人与自然和谐关系的生态观、真善美统一审美观、回归—当下—展望时间观、城乡联动空间观，邀请国内一流高校优秀青年画家吴巩鹏、吴世富老师与学生濮思佳参展，3 名画家外师造化、从写生和师古中寻找艺术的源泉和能量气息，用笔墨丹青描绘新时代的活力，以作品讴歌祖国美好。（徐夏芸）

2022 年梓桐镇各建制村负责人及人口情况表

表 21

村 名	村党组织书记	村委会主任	人口(人)
叶家庄	叶光建	叶光建	796
西 湖	毕红春	毕红春	831
富 石	邵文进	邵文进	841
梓 溪	胡国生	胡国生	1198
并 峰	胡晓华	胡晓华	901
黄 村	黄笑卫	黄笑卫	1149
杜 井	胡淑琴(女)	胡淑琴(女)	1770
杏 富	胡为电	胡为电	713
常 宁	胡发荣	胡发荣	1536
胡 江	徐红梅(女)	徐红梅(女)	1030
姜 桐	姜早花(女)	姜早花(女)	787
唐 家	唐海燕(女)	唐海燕(女)	973
卢 家	卢有清	卢有清	1584
结 蒙	徐剑平	徐剑平	1361
河 联	汪建平	汪建平	824
三 联	姚红升	姚红升	690
程家源	程炳法	程炳法	912
尹 山	严早发	严早发	374

·浪川乡·

【概况】 2022 年，浪川乡总面积 105 平方千米，辖 17 个建制村、189 个村民小组。户籍总人口 19773 人。山林面积 17930 公顷，耕地面积 1036 公顷。

全乡实现经济总收入 26.34 亿元；农业总产值 3.36 亿元；财政税收 811 万元，服务业增加值 1.26 亿元；社会消费品零售总额 1.4 亿元；村集体总收入 1221.44 万元，经营性收入 705.90 万元；农村常住居民人均可支配收入 26083 元。

总投资达 1 亿元的爱福艺展柜项目动工建设。引进青佳高效生态农业项目，统筹利用近 27 公顷非粮化整治土地开展稻谷、大豆等稻蔬轮作，带动周边 200 名农民灵活就业，发放工资 200 万元。引进石匠建材制造项目，总投资 2000 万元。与中国华电浙江分公司达成战略合作协议，拟建设 30 兆瓦功率农光互补光伏发电项目。

在桃源、杨家、占家等村打造“稻蛙共生”党建消薄基地，助力消薄增收 100 余万元。筹备建设芹川共富楼，联合千岛小铺、“共富展厅”等农产品产销平台，开展资源和渠道整合，形成多元化农产品产销圈，推动村级集体经济共同发展。

蚕桑投产面积 460 公顷，有蚕农 886 户，养蚕 5869 张，蚕茧总产量 233 吨，总产值 1243.2 万元，亩桑产茧 33.6 千克，平均每担 2667 元。推进粮食生猪增产保供，生猪存栏 52179 头。水稻种植 87 公顷，旱粮种植 864.8 公顷，油菜种植 335 公顷。实施长煌等家庭农场茶叶基地旧改新项目以及归宿、林丰、沁茗等产业基地建设项目。扎实开展粮食功能区“非粮化”整改优化，调查排摸 45.4 公顷，整治优化 40.35 公顷。完成造林 48.7 公顷，完成林下经济（白芨等中药材）13.4 公顷。推动鲍家、马石、大联、峰川、杨家、桃源森林生态修复工程施工。开展农业安全生产风险排查整治，完成全乡 27 家入库农业企业巡检 51 次，完成果蔬等农产品有机磷类农药的残留检测 632 批次。

完成“田园牧歌”、“千岛仙”、鱼芝菇部落等农事体验区扩面提质，创新“商会+企业+合作社+农户”模式，逐步建立采摘、储藏、包装等全链条一体化加工体系，成功开发菌菇片、桃子酒等系列产品，推出“浪川有礼”农品品牌。发展休闲观光农业，成立新桥农业开发有限公司，连片打造4公顷荷花观赏基地，打造“吃住游购娱”一体农业农事体验旅游品牌，开发莲子系列、菌菇系列、果酒系列等农特产品，全年带动旅游观光2万人次，实现旅游经济收入150万元。推进大连岭山地综合旅游项目招引、农业主题公园建设、芹川旅游金名片打造、狮古山红色旅游、山地田园绿道建设，推动绿道经济，大连岭古道、新岭古道接待登山游客1万余人次。2022年，全乡旅游总人数500万余人次，旅游收入2300余万元。

坚持数智化赋能，积极推进“数智群团”、伊加工等平台应用，发展来料加工产业，累计发展加工企业、大小加工点49个，从业人员1826人，年发放加工费1000万元，带动低收入农户从事来料加工287人。获评县来料加工专业乡镇。

投资5115万元，深挖本土资源、特色文化，以建成区为重点，衔接美丽乡村建设，兼顾辖区全域，统筹推进一二三产深度融合和政府社会群众三方共建共治共享，大力实施“五大提升行动”和“五有五美”创建，成功创建市级美丽城镇样板乡。

投资290余万元，推进郁川溪流域综合治理二标段浪川段项目建设；投资148万元，推进洪家村污水零直排村工程建设。持续推进垃圾分类，融合“河长制”工作统筹推进全乡43处垃圾集中收集点大棚升级改造工程，实现全乡集中点垃圾桶全部进棚，每月对全乡17个行政村进行环境卫生考核评比。立足高标准建设特别生态功能区要求，农业面源污染治理共计618公顷，其中，统防统治524.6公顷、水土流失预防保护93.4公顷，完成考核任务的104.8%。

开展桃源、新桥、大塘、大联、洪家等村美丽庭院创建；投资500万元开展峰川村市级精品村创建，统筹推进村庄环境整治、基础配套、产业发展及杆线序化等项目建设。扎实开展文明创建及村庄清洁“百日攻坚”行动，开展宣传活动130余次，清理整治塘沟400余处、乱搭乱建72处、农业生产废弃物180余吨。

实施占家村百姓健身房项目建设；完成占家、杨家等省级卫生村创建申报。深入开展以“送家风故事”“送家教服务”“送法治安全”“送社会关爱”为内容的儿童关爱服务活动。创建新时代文明实践所、17个文明实践站和1个文明实践点，广泛开展文明志愿服务活动350余场次，参与人数650余人。浪川队获县舞龙展演金奖。

常态化开展防控宣传、联防联控排查和疫苗接种工作，全乡疫苗接种7180针剂，且全面完成老年人不同群体3针疫苗接种任务。推进婚姻证补办补领工作；借助红枫助老助残服务中心，为全乡583人政府购买服务对象提供家政服务；开展2户困难对象适老化改造；推进老年食堂乡域全覆盖工作，规范现有老年食堂的科学运营管理；规范村级儿童之家运营，利用“一人一档”实现留守儿童动态管理。全面做好地质灾害防治工作，开展地质灾害风险隐患大排查。严把建房用地审核关，新批农户建房52户，违法批地行为零发生。

推进“基层治理四平台”的迭代升级工作，抓实党建统领网格智治，以党员包户的形式打造党员微网格模式。全面形成1个乡级指挥室、17个村级防控圈、38个基层网格、117个微网格的基层治理体系，致力于打造实现1分钟快速响应、5分钟抵达现场、30分钟现场处置的高效基层治理目标。开展安全生产大排查大整治，排查整治重点安全隐患200余处。围绕乡村治理薄弱点和重难点，出台矛盾纠纷化解八大举措，全年接访417人次，下访186次，受理问题436件，解决431件，满意率98.8%，实现信访总量下降50%，解决省市交办重点历史遗留问题8件。

【杭州爱福艺展柜项目开工】 2022年11月,杭州爱福艺展柜项目奠基及开工仪式在汾口浪川产业园区浪川区块举行。杭州爱福艺展柜有限公司是一家专业从事珠宝展柜设计制造的知名企业,项目预计总投资超过1亿元,建成达产后预计可实现年销售收入超过1亿元,提供本地就业岗位超过200个。项目作为淳安县汾口浪川产业园区浪川区块落户的首家企业,计划于2023年年底完成主体建设,2024年投产。 (胡 航)

2022年浪川乡各建制村负责人及人口情况表

表22

村 名	村党组织书记	村委会主任	人口(人)
桃 源	叶 辉	叶 辉	863
占 家	占鲜忠	占鲜忠	1201
杨 家	杨汉民	杨汉民	987
联 欢	程新宏	程新宏	1040
峰 川	汪思建	汪思建	904
洪 家	洪芬芳	洪芬芳	1180
大 塘	徐谷田	—	1071
新 桥	姜 洁	—	811
鲍 家	鲍芳佳	—	1467
全 朴	余苏北	余苏北	1104
马 石	毛钟玉	毛钟玉	1517
芹 川	王银平	王银平	1598
大 联	孙华飞	孙华飞	1600
汇 源	王启洋	王启洋	1201
裕 丰	许顺军	许顺军	705
芳 梧	王建有	王建有	1304
狮古山	鲍良和	鲍良和	1220

·界首乡·

【概况】 2022年,界首乡总面积121平方千米,辖8个建制村、90个村民小组。户籍总人口9311人,人口自然增长率－8.9‰。山林面积8165公顷,耕地面积620.2公顷。

全年实现农村经济总收入11.26亿元,增长5.9%;财政总收入6639.7万元,增长8.0%;上缴税收123.5万元。村集体经济总收入893万元,增长30.8%,村集体经营性收入433万元,消薄增收任务全面完成。农民人均可支配收入25742元,增长9.3%。

引进第三方专业化“生态管家”队伍,形成集垃圾分类、清洁乡村、五水共治等多功能于一体的“管家式”托管服务,收益部分和8个村分红,探索乡村环保事业“拨改投”新模式。建成村级废弃物资源化利用中心,以姚家村为试点,引进高科技生物发酵技术设备,实现农业生产“降成本、去污染、提品质、增收入”预期目标。建立“一巡多功能”综合巡查机制,完成山体修复12处、临湖整治53处。建立“生态宣传、生态监督、生态考核”三大机制,推进垃圾分类、五水共治、清洁乡村工作。深化“美丽杭州”创建暨“‘迎亚运’城市环境大整治、城市面貌大提升”长效管理,启动实施“迎亚运”环境大整治乡村干部联片包户机制,由乡村两级干部共计105人分为8个小分队,以自然村为单元对亚运分村周边9个区域679个点位实施联片包户行动。启动村庄环境整治大比武,强化宣传引导,营造家家参与、户户争创浓厚氛围。投资180万元,完成燕源、姚家、松源3个村20个污水终端建设;投资50余万元,完成亚运周边6个终端美化及景观节点打造;投资500万元对燕源、松源溪水质进行提升;投资100余万元开展桐子坞村污水零直排创建等。基本完成界首亚运小镇人居环境提升集成创新示范建设,严家村入选省级美丽庭院特色村、美丽乡村“国际旅游体验点”,周源村创成省AAA级景区村。发挥巾帼力量,组建能工巧匠、党员志愿者以及乡贤人才包户队伍,推进亚运赛道沿线6个村美丽庭院创建,巩固提升亚运分村周边300余户农户庭院环境。完成鳌山村历史文化村落项目建设和竹里观景平台改造提升,燕源村重点村项目继续推进。界首乡获评杭州亚运会、亚残会筹备突出贡献集体,成功创建美丽城镇市级样板、省级未来乡村、省AAA景区乡镇,姜家—界首省级风貌样板区。姚家村、鳌山村、严家村、洋田村被评为浙江省卫生村,严家村、周源村、洋田村、鳌山村、燕源村、桐子坞村、松源村被评为省级健康村镇。千岛鲁能胜地水土保持科技示范园入选2022年度国家水土保持示范名单。

发挥柑橘主导产业优势,组织种植大户去建德培训,延伸农产品产业链,丰富农业产品品牌,引入花生、小青柑等深加工产业。充分用好集成创新和整乡镇推进山区农业产业发展项目资金,投资1200余万元完成33公顷橘林改造提升,建设果园大棚、喷滴灌等基础设施,实施柑橘文化馆改造提升和柑橘、茶叶政策性保险等项目。借助“共富直播间”建设,建立农旅融合和线上销售模式,畅通山货进城渠道。投资400万元,新建严家、鳌山精品水果基地,燕源、洋田种植高山有机蔬菜基地。抢抓亚运契机,结合省级自行车运动小镇创建,加大体旅融合培育力度,推进上海大铁铁人三项赛事永久落户淳西南地区。先后举办铁人三项嘉年华、浙江省青少年山地车赛、杭州市职工自行车赛等大型赛事。聚焦餐饮、住宿等配套服务提升,推动亚运分村周边旅游经济做强做优。地中海度假酒店和郝力克度假酒店正式营业。以绿色探险为主题的格林7号乐园项目、小铁人夏令营、自然教育课程等研学服务产品相继推出。实施共富行动,打造燕源彩笔包装、界橘共富驿站等共富工坊。争取省级集成创新资金500万元,吸引社会资本800万元,打造具有渔事特色千岛湖网红现象级“考拉水乐园”项目,已完成整体形象进度80%。投资近1亿元的樱花岛项目基本建成。桐子坞魔猴未来小村、严家玉石博物馆、严家绿发后勤基地、金山旅游探险、中财湖庄改造5个招商引资项目正在洽谈。千岛鲁能胜地绿道被评为第六届“浙江最美绿道”。千岛鲁能胜地金山坪小镇被中国质量认证中心颁发碳中和证书。

推进城乡社区现代化建设,强化网格智治,选优配强全乡26个网格、86个微网格。深化“小脑+手脚”警、乡、村三网协同,积极打造严家村省级未来乡村,不断丰富完善“云上严家”系统应用场景,成为集乡村旅游、关爱老人为一体的实用型智治工具。打通基层治理“最后一公里”,在严家村试点建立县、乡、村三级警务村务联动室,并成立联勤队伍。县综合执法局、县市场监督管理局、县公安局派驻专人深入农村一线参与环境整治、食品卫生管理、矛盾纠纷调处、出租房管理等服务,累计整治消除排查发现安全隐患57处,发出整改通知单39份,处罚8起,配合县级检查暗访问题整治11处。制订《网格化平安守护卡》,开展网格走访3200余人次,提供微守护1000余次,矛盾隐患风险平安转化率100%,积案信访化解率100%。投资150万元实施水上安全整治,创新工作方法,发动三级网格员参与登记、安全劝导和出航管理工作,完成整治进度100%。投资50余万元完成道路交通安全隐患整治64处。常态化做好疫情防控,组建暖心服务小分队,设立健康服务专员,为独居老人和留守儿童建立党员联系机制探索“双十”平安考核,建立平安和谐村庄长效机制,每月对各村社会治理开展星级评定,进一步提高基层治理能力,群众对村“两委”工作满意度明显提升。严家村成功创建省级民主法治村、市级法治宣传教育基地,洋田村省级善治(示范)村正在申请验收中。切实做好防火防汛、安全生产、食药监管等领域工作。深化乡村低保、残保动态监管,全乡低收入农户288户、386人。高度关注民生实事项目推进,农房不动产登记和带方案审批建房有序进行。全乡9个老年食堂正常运营,老年助餐服务水平进一步提升。积极推进家门口就业，全年组织开展就业招聘会2场次，促进新增就业110余人。抓紧防欠薪工作，严格落实工程项目“两备案一承诺”制度，实行工程款支付防欠薪审查，有效保障民工工资。全力做好“两费”征缴及西湖益联保参保工作，养老保险和医疗保险参保率达100%。完成严家幼儿园主体工程，完成乡卫生院“两堂一舍”改造工程，中心小学安澜、明眸工程，完成县级消防站建设，建成燃气供应站。完成严家周边新建、改建道路4条，新建观众停车场1个，新增停车位224个。

【2022千岛湖·界首铁人三项嘉年华】 2022年7月30—31日，2022千岛湖·界首铁人三项嘉年华在杭州亚运会淳安亚运分村界首体育中心开赛。这是淳安亚运分村落成后首场大型嘉年华活动，由浙江省体育产业联合会、淳安县人民政府、淳西南联合体党委主办。赛事部分包括铁人三项赛、小铁人三项赛、桨板定向赛、泳渡挑战赛，共吸引来自国内外561名运动员参加。开幕式上进行传统竹马、舞蹈、舞狮舞龙表演，淳西南联合体党委发布旅游资源推介视频，对外展示淳西南片区自然风景和人文风光，并宣布淳西南片区将进入文旅、农旅、体旅、交旅等旅游产业大共荣时代。　　（余羽乔）

2022年界首乡各建制村负责人及人口情况表

表23

村　名	村党组织书记	村委会主任	人口(人)
姚　家	姚建君	姚建君	1230
松　源	方京姣(女)	方京姣(女)	1211
洋　田	姜木风(女)	姜木风(女)	667
燕　源	洪干平	洪干平	1337
鳌　山	章胜元	章胜元	1003
周　源	周建荣	周建荣	1030
严　家	严宏芳	严宏芳	1432
桐子坞	程新明	程新明	1401

·汾口镇·

【概况】 2022年，汾口镇总面积237平方千米，辖42个建制村、481个村民小组、1个社区。户籍总人口5.46万人，人口自然增长率-1.24‰。山林面积15333公顷；耕地面积2310公顷，其中永久基本农田2002公顷。

完成规模以上工业总产值6亿元，固定资产投资2.1亿元；税收收入2205万元，其中增值税1426万元，其他税费收入779万元；村集体经济总收入3798.24万元，增长9.4%；全部完成“5030”消薄任务，其中9个村超额完成“8050”任务。

坚定“稻香小镇”创建目标，打造4个“千亩方”（指永久基本农田整治后集中连片耕地不少于1000亩）项目，完成粮食播种总面积1533公顷，其中水稻501公顷。引进20公顷“巨型稻”并试种成功。持续推广“稻鳖”“稻鸭”“稻蛙”等“稻+N”生态混养模式。做精“一粒米”事业，策划设计汾口米产业，定制特色IP及品牌包装。规划集生产、参观、研学为一体的“稻立方”农旅项目。投资3000万元的中华清水鳖全冷链项目建成使用。启动千亩车厘子农光互补项目，并被列入2022年杭州市重点项目。

坚持腾笼换鸟，持续做好“三大兵工厂”及工业孵化园低效能、僵尸企业清退工作，整理现有园区厂房资源，积极对接优质企业，深挖潜在培育主体。坚持招商引资与项目推进闭环联动，大力推动美科光电链主型企业效应，引进两家配套企业，培育产业集群化发展，千岛玫瑰园等5个特色招商项目扎实推进。以工业遗存+生态制造业模式，打造花园式中盛路桥科技有限公司。投资近2000万元的武强生态产业园主体完工。投资1.5亿元的红泰砖业基本完工即将投产，其2万平方米数字化生产车间成为全镇传统产业创新升级示范。全年完成招商引资超 2 亿元，工业投入 1.8 亿元。

推进汾口开元名庭酒店、千岛云居高品质小区等 4 个县重点项目建设，韵湖兰庭小区项目完工。开展集镇道路、立面等综合整治提升，启动入城口及沿线景观提升工程，扮靓集镇门面。新敬老院与物产中大合作项目——中大朗颐·汾口康养中心建设完工。开展“迎亚运，城市环境大整治、城市面貌大提升”“喜迎二十大”环境整治攻坚行动，整治点位 500 余处，拆除乱搭乱建 1000 余平方米。以“一村一品”为目标，交界村成功创建省级美丽宜居示范村，汪家桥村建成“清正廉洁”文化市级精品村。以“一户一景”为目标，完成亚运赛道沿线 9 个村 60 户“美丽庭院”创建。探索乡村单元规划，横沿、红星、宋祁等 7 村联合规划方案获评浙江省“乡村造梦师”双十佳。推进杨旗未来社区建设、汪家桥村 AAA 级景区村创建。

巩固湿地“山水林田湖草沙”一体化保护修复成果，获全省保护工作突出集体。开展武强溪流域综合治理，打造美丽河道样板，二期工程完工。持续做好治污长效管控工作，建成淳安首个乡镇污水管理网智慧管理系统。开展“找寻查挖”专项行动，全镇交接断面水质综合评价结果优秀，水质状况良好。围绕省市垃圾分类示范村创建目标，强化垃圾分类督查检查力度，打造射墩村垃圾分类主题公园、横沿资源化处理站垃圾分类科教点。开展新增百万亩国土绿化行动，完成造林面积 225 公顷，完成森林质量提升 146 公顷。投资 200 余万元完成湿地森林彩化项目，打造多彩森林画卷。

投入约 6000 万元，完成“微改造·精提升”工作，推动全域旅游高质量发展；“汪家桥晒圣旨”活动吸引周边乡镇游客约 1000 人次，“汾口草龙”在 2022 淳安县全民艺术腹肌“龙舞”展演暨文化和自然遗产日活动海上获金奖，镇文旅策划及实施方案获“建行裕农通杯”第五届浙江省大学生乡村振兴创意大赛银奖，成功举办首届汾口镇村级文艺大比拼活动。成功创建并挂牌田园博物馆和遂安民俗馆两个市级乡村博物馆，投资 100 余万元打造宋京村团史展陈馆。投资 400 余万元完成中小学教学环境提升工程。体育设施布局持续完善，章姚、郑家等 5 村全民健身器材配送计划全面落实。

做好低收入户增减工作，全年新增低保户 87 户、126 人，核准取消 153 户、225 人。有序推进“暖厨计划、福彩救助直通车、春风行动”等帮扶工作，发放各类补助金 200 万余元。全面完成“两保”征缴，确保“应保尽保，一个不漏”。规范执行“两备案一承诺”防欠薪制度，建成首家社会工作站；镇级生态公墓、新自来水厂、新敬老院、中小学教学环境提升改造等项目快速推进；农村饮用水提升、危旧房改造、居家养老服务照料中心、老年食堂等民生实事落地。

深化“大走访、大调研、大排查、大化解”工作，以“小网格”撬动“大治理”，实现常住人口和流动外来人口 100%纳入网格；积极推动积案化解，“从零开始”解群众“心结”，整改化解各类安全隐患、矛盾纠纷 958 起；多形式多载体开展防诈骗、交通安全宣传，实现诈骗案件和交通事故发生率“双下降”；坚决落实国家及省市县各项防疫政策，积极推进疫苗接种工作。

【汾口镇试种“巨型稻”成功】 2022 年 5 月，20 公顷“巨型稻”在淳安县汾口镇插秧，9 月收割，植株高达 2.2 米，亩产 753.5 千克，这是“巨型稻”在浙江省首次大面积试种成功。“巨型稻”是由袁隆平团队与中科院夏新界研究员团队共同研发的一种新型水稻，高度是常规稻的两倍，其根系较常规稻更高、更粗且抗倒伏能力强，谷粒更多，具有产量高，耐盐碱的特点，可种植在河岸滩涂，盐碱地中，适合稻田综合种养。此次种植成功对于扩大粮食种植面积提升粮食产量，探索更加高效安全的新型农业发展具有重要意义。

【淳安县首家青年运动史馆】 2022年5月19日，淳安县首家青年运动史馆——杭州青年运动史馆淳安分馆在汾口镇宋京村76号余氏公鼎堂开馆。该馆以早期共产党员、原共青团遂安县委书记余家达所在家厅为载体，围绕余家达事迹和百年青年运动史布展陈列。整个场馆分为室外青年广场和室内场馆两部分。在室外青年活动广场，设置醒目的团旗和入团宣誓词，青年团员可在此重温入团誓词，再忆入团初心。室内场馆以青年运动史为主线，青年思想教育为核心，分“开天辟地，为新中国建立而奋斗”“改天换地，为社会主义建设而奋斗”“翻天覆地，为改革开放而奋斗”“经天纬地，为中华崛起而奋斗”四个单元，展现淳安不同时期青年运动缩影。该青年运动史馆将作为淳安团员青年特色思政课堂和少先队校外实践基地。

2022年汾口镇各建制村(社区)负责人及人口情况表

表24

村(社区)名	村(社区)党组织书记	村委会(社区)主任	人口(人)	村(社区)名	村(社区)党组织书记	村委会(社区)主任	人口(人)
交　界	程良军	程良军	1877	茅　屏	汪宏刚	汪宏刚	1174
赤川口	余文斗	余文斗	1607	云　林	余爱珠	余爱珠	1494
龙　门	夏祯理	夏祯理	970	鲁　村	詹君建	詹君建	2237
汪家桥	汪武英	汪武英	1422	桃林畈	姚建宏	姚建宏	1421
三　渡	余本亚	余本亚	828	天林庄	汪贵英	汪贵英	853
富占源	郑　伟	郑　伟	919	舒　翠	郑名树	郑名树	1037
三　底	姜立顺	姜立顺	608	寺　下	余志富	余志富	1261
水　南	郑家仁	郑家仁	1437	章　姚	蒋樟林	蒋樟林	972
郑　家	郑义传	郑义传	1787	仙　居	张凯华	张凯华	1557
宋　祁	余利富	余利富	1619	石　畈	余伟军	余伟军	890
红　星	余新忠	余新忠	1454	翁川源	余家军	余家军	1627
汾　口	汪国平	汪国平	2301	射　墩	余学良	余学良	1131
龙　山	徐小兵	徐小兵	1229	荷　塘	卢　鹏	卢　鹏	1018
西　村	徐杭南	徐杭南	919	陆　乡	蒋建林	蒋建林	989
栗园里	余长岭	余长岭	1155	龙　源	姜贤飞	姜贤飞	1142
毛　家	杨苏华	杨苏华	1501	红　旗	高赐洪	高赐洪	1491
百亩畈	汪国平	汪国平	1159	宋　京	余永辉	余永辉	1256
岭　后	汪　军	汪　军	801	湛　川	余钱起	余钱起	1177
横　沿	姜新利	姜新利	899	富　溪	汪建伟	汪建伟	1393
祝　家	祝泽永	祝泽永	816	石　峰	郑田军	郑田军	1051
杨旗坦	郑名飞	郑名飞	770	杨旗社区	童世红	童世红	1797
禾　田	程和平	程和平	1144				

【汾口镇首家市级 B 类专家工作站】 2022 年 11 月,淳安千岛湖清水鳖养殖有限公司专家工作站被评为市级 B 类专家工作站。该公司主要从事精品鳖、野外鳖、多龄鳖养殖销售,是淳安县第一家专业食用鳖养殖企业。为发挥专家技术引领作用,整合创新资源,突破清水鳖生态净养技术瓶颈,组建专家工作站,该专家团队由 1 名享受国务院政府特殊津贴专家、1 名 151 工程第 1 层次人才、3 名正高级职称专家、2 名副高级职称专家,共 7 名水产专业人才构成。专家工作站作为高校科研团队与企业联合开展核心技术攻关的高层次科技创新平台,对于汾口镇推动产学研结合和校企合作、提升人才培养质量、营造产业生态体系等具有重要意义。(汪晓宇)

·中洲镇·

【概况】 2022 年,中洲镇总面积 166 平方千米,辖 15 个建制村、223 个村民小组。户籍总人口 19782 人。人口自然增长率-9.3‰。耕地面积 762.42 公顷,茶园面积 687.47 公顷,生态公益林面积 7486.2 公顷。全镇村级集体经济总收入 1512.72 万元,增长 43.7%。

樟村农光互补项目全面完工,为村集体增收土地流转租金 40 余万元,提供就业岗位 60 余个。徐家郁林万头生猪保供基地年出栏生猪 2.7 万头。千岛湖旺凤文化旅游项目,生态养殖场已建成,园区道路完成硬化。北上文旅项目完成两栋民宿修缮、周边土地农业种植和周边停车场等配套设施建设;泽安新型建材项目,完成设备投入和厂房建设。利用原中洲镇小区块招引九曲红梅非遗传承人,落地新型茶企项目。瓦洱登葡萄庄园葡萄酒生产基地二期基本完成建设。

依托整镇推进山区农业产业发展项目,发展壮大茶叶、蔬菜、水稻等主导产业。推出左川“封缸酒”、南庄“稻香鱼”、樟村“农家土酱”等具有中洲特色优质农品,新开发“中洲红茶”获评第四届杭州市红茶金奖产品。通过“红色+”农文旅项目推动产业转型,融入“下姜—茶山”红色旅游精品线路,全力打造主题鲜明、区域一体、综合配套完善红旅小镇。举办 2022 年红色中洲古道文化节暨第五届千岛湖女子乡村马拉松赛。中洲镇红色旅游共富带获评杭州市首批共富带,余家村、南庄村获评杭州市首批共富村。

茶山村“红色茶山”主题省级美丽宜居示范村、札溪村“武强秘境、九相札溪”主题市级特色村、左川村“淳香左川”主题市级精品村、南庄村数字乡村建设有序推进。完成乘风源、李家畈、霞童、畈头、余家 5 个美丽乡村一般村项目和余家村历史文化一般村项目。南庄村成功创建 2022 年度淳安县美丽庭院示范村。左川村病危桥完成修缮,杭州市断头路乘麻线一期顺利竣工,乘麻线二期实施路基建设,杨璜线至大东坑道路联网完成建设,林中线大中修项目顺利完工。

围绕“常态长效”提升管理水平,落实美丽城镇长效管控举措,先后开展“洁美古道暨三五学雷锋日”“促世行植树节活动”等活动,推进农村厕所革命、生活垃圾处理、污水治理和村容村貌提升,获评浙江省美丽城镇建设基本达标乡镇。将“茶山风云”荒地改造成方志敏广场,由方志敏女儿方梅女士亲自把关建成“方志敏挥毫”全身雕像,打造全新红色旅游考察体验点。

加大生态环境问题整治,扎实推进采砂禁渔管理工作,严格落实林长制、河长制,持续推进化肥农药减量增效治理,强化污染耕地治理和安全利用,全面加强生态环境保护。9 月 20 日,联合浙皖两省三县毗邻乡镇在南庄村开展“红色武强溪　治水助共富”联合护水活动,“水清鱼跃”的武强溪成为游客最爱旅游打卡点。

坚持以人为本、民生为重,着力解决人民

群众最关心、最直接的就业、就学、医疗教育、社会保障等问题。吸引社会投资改建中洲镇小马云寄宿制学校，极大改善就学环境。全力落实各项惠民政策，开展家庭医生签约工作，组织农民健康体检，多途径组织技能培训，优化老年人助餐服务，深入推进“一户一策一干部”工作。依托市纪委联乡结村帮扶集团，联合中洲商会会员及在外乡贤人士，先后开展捐资助学、走访慰问等暖心服务。

建立健全现代公共文化服务体系和文化产业体系，大力弘扬社会主义核心价值观，完成镇级综合文化站改造提升和茶山村文化礼堂提升工程，徐家村成功创建四星级文化礼堂，南庄村、茶山村、中洲村成功创建五星级文化礼堂。倡导健康文明生活方式，大力开展、文化走亲、“村晚”等文体活动，丰富群众精神文化生活。中洲村、霞童村、左川村、余家村获评淳安县文明村，南庄村获评淳安县精神文明建设工作先进集体。

构建“镇—村—网格”三级治理体系，实行平安轮值制，实行半月例会与专题议事相结合。先后开展“献礼二十大”平安联席会议、“八个一”专项行动、“国家安全教育日”课堂进校园、政协“民生议事堂”等各类活动，紧盯重点领域源头防范，全面开展安全生产大排查大整治。茶山村获评第九批“全国民主法治示范村”，南庄村获评“省级民主法治村”、第五批省级引领型农村社区。

【红色中洲古道文化节暨第五届千岛湖乡村女子马拉松赛】　2022年11月13日，红色中洲古道文化节暨第五届千岛湖乡村女子马拉松在中洲镇茶山村举行。活动包括女子乡村21千米马拉松赛、5千米亲子跑、第三届中洲味餐厨人才技能比武三大环节，吸引了省内的300多名选手、10余组家庭参赛。马拉松选手从中国工农红军北上抗日先遣队纪念馆出发，先后经过关隘口、楹联古村洄溪、双龙洞、“十八里红星路”、“江南第一庄”等人文风景，在体验赛事的同时也能近距离感受红色中洲旅游共富带上的民俗文化。在中洲味餐厨人才技能比武现场，中洲的非遗美食毛豆腐、宋度宗皇帝御赐的札溪村糖狮印、木连银包金、黄巢坪鸭颈、汤瓶桃源鸡等“中洲味·十三道”菜品成为了此次活动的主角。民宿餐饮企业代表和各村大厨们一展身手，用本土的食材烹饪最原汁原味的家乡菜。上海国际餐饮食材展览会暨长三角美食文化峰会正式向中洲镇颁授“优秀地标食材原产地”荣誉牌。　　　　（陆桂圆）

2022年中洲镇各建制村负责人及人口情况表

表25

村　名	村党组织书记	村委会主任	人口(人)
南　庄	汪华北	汪华北	1106
茶　山	汪亨敏	汪亨敏	1276
樟　村	吴家伟	吴家伟	2089
徐　家	徐承福	徐承福	2084
畈　头	汪礼华	汪礼华	797
木　瓜	洪利军	洪利军	610
长　埂	胡远军 (2022.1—8) 姜赟锋 (2022.8—12)	胡远军 (2022.1—8) 姜赟锋 (2022.8—12)	1070
余　家	程名山	程名山	1449
乘风源	李诗军	李诗军	620
霞　童	童建平	童建平	1387
李家畈	李景财	李景财	693
中　洲	程本良	程本良	2355
左川村	唐民芝	唐民芝	746
札　溪	吴良华	吴良华	829
叶　村	余诗杰	余诗杰	2671

·大墅镇·

【概况】　2022年，大墅镇总面积163平方千米，辖13个建制村、78个村民小组、1个社区。户籍总人口13588人,人口自然增长率-1.4‰。山林面积11611.27公顷;耕地面积637.6公顷,其中水田521.13公顷。

全年实现规模以上工业总产值13613万元;农业总产值20486万元;财政总收入2200万元,增长41.4%,其中,地方财政收入1091.01万元;上缴税收1108.99万元,增长70.0%。村级集体经济总收入1315万元,增长9.4%。

实施特色产业带。禾通农业成为亚运产品供应商,并取得中医器具第一类医疗器械生产备案凭证企业;推广艾草种植67公顷,“艾香浙里”知名度、美誉度逐步提升。探索以“稻蛙共生”“稻鱼共生”为主的新型综合种养模式,与明康汇携手打造产销共同体示范基地,推动“稻油”轮作、“霜打菜”种植。加大三叶青新品种示范基地建设,布局中药材产销一体化路径。

3家规模以上工业企业产值达到1.36亿元。荣华纺织投资1500万元进行技改。利用工业园区闲置厂房招引慧鸿线业入驻,实现当年签约当年投产,完成2000万元固定资产投资,至年底实现产值1600余万元,新增就业岗位30余个。谦牧山泉实现产值600万元。千济方制定主导浙江省桑黄中药材标准和饮片炮制规范,创建省科技型中小企业,年产值1500余万元。引进并培育汉鹏、杰通建筑劳务公司,实现税收800万元。完成新注册服务型企业52余家,发展电商3家(含2家商城电商)。来料加工园区成功挂牌,新培育来料加工点4个,共发放加工费540万元,带动从业人数1600人,低收入农户184人。

统筹开展生态环境污染整治,系统推进生态环境保护。各级河长积极开展巡河治水,按时完成巡河任务,巡河率100%。公众爆料问题158个,解决158个,处理率100%。实施沿湖沿溪终端提升改造项目和西园村污水零直排村项目,逐步实现“污水全收集、雨污全分流、处理全达标、资源全利用、监管全智慧”治理目标,进一步提升终端出水水质标准。投资147万元新建大坞村、高山村、上坊村饮用水提质工程。借助“墅上青年说”宣讲团,完成垃圾分类知识宣讲48场。打造有机资源处理站宣教中心,以“小手拉大手”开展中小学生宣传教育4次。完成统防统治、水土保持等农业面源污染项目800公顷,严格控制农药化肥使用量,鼓励农户使用有机复合肥,逐步减少农业面源污染。完成13个村农村人居环境整治工作,上报问题350件,销号350件,处理率100%。完成世行项目134.27公顷,完成珍贵树种基地造林、大径材建设、健康森林抚育167公顷。大墅镇获评省级美丽乡村示范乡镇、杭州市“水美乡镇”、杭州市第二批美丽城镇市级样板镇。大坞村被评为省级高标准农村生活垃圾分类示范村。孙家畈村、桃源凌家村获评2022年度“浙江森林氧吧”。

以全域旅游、镇域景区化为总体思路,加快推进“研学小镇”打造。星空帐篷酒店建设顺利推进;利用桃源凌家驿站成功招引杭州云墅文旅有限公司,并投资80余万元打造成集小镇客厅、旅游接待中心于一体的新型功能空间;千岛湖大峡谷项目入选浙江省山区海岛县文化和旅游产业投融资对接大会重点推广名单;洞溪村整村规划项目入选“最忆是杭州”文化旅游推介暨项目招商会;首次推出十大旅游打卡点。成功举办儒洪“赶十八”、第二届大下姜艾草文化节等节庆活动。大墅水龙精在全县龙舞展演活动中获金奖。“墅上花开”文创街区成功获评杭州市文化创意街区。以自由野研学营地为依托,打造特色研学课程,疫情大背景下接待游客5.2万人次,营收364万元。自由野研学营地成功申报浙江省中小学劳动实践基地(第三批)暨农学基地。聘请浙江旅游职业学院编制研学小镇整体规划。全年乡村旅游总人数12.5万人次，实现旅游经济收入 436 万元。

镇中心小学教学楼投入使用；投资 800 万元实施镇敬老院改扩建项目；镇中心卫生院“两堂一舍”改造提升工程完工。继续实施农村饮用水提质工程，更新管网 23.2 千米，1735 人受益。修缮加固防洪堤 2.8 千米。投资 1800 万元完成殊塘至衍昌联网工程、儒桃线至中庄村道公路大中修工程、大积线至大坞村联网工程。

采用“政府+企业”合作模式，探索实施敬老院公建民营，提高服务水平。开展低收入人群动态管理，完成 30 户残疾人家庭康复和 4 户残疾人无障碍改造进家庭，帮扶 10 余名残疾人实现家门口就业。完成婚姻登记补换证 1531 对。完成镇村两级“枫桥式”退役军人服务站建设。完成凤林社区组织换届。镇社会组织服务中心获评杭州市 AAA 级社会组织。大墅派出所被评为全省第二批“枫桥式公安派出所”。（王鸿钢）

2022 年大墅镇各建制村（社区）负责人及人口情况表

表 26

村（社区）名	村（社区）党组织书记	村委会（社区）主任	人口（人）
大 墅	余敬礼	余敬礼	1768
大 坞	张苏建	张苏建	802
洞 溪	王金仙（女）	王金仙（女）	1010
凤 山	胡青田	胡青田	530
栗月坪	王丰蓉	王丰蓉	1136
上 坊	余利民	余利民	1790
孙家畈	余苏和	余苏和	629
桃 林	方友平	方友平	904
桃源凌家	凌明俊	凌明俊	864
西 园	王 俊	王 俊	673
高 山	余世新	余世新	942
岭 干	余常春	余常春	1028
儒 洪	余海建	余海建	1512
凤林社区	胡青田	胡青田	136

·枫树岭镇·

【概况】 2022 年，枫树岭镇总面积 308 平方千米，辖 18 个建制村、129 个村民小组。户籍总人口 18023 人，集体经济总收入 1757 万元。山林面积 22717 公顷；耕地面积 882.8 公顷，其中，水田 51.08 公顷。税收收入 2150 万元；地方财政收入 1013 万元，增长 6.9%。

加快推进农林产业升级。新发展林下中药材 107 公顷，配套引进修正下姜（杭州千岛湖）健康产业、大下姜黄精研学示范基地、下姜霖耘林下经济综合体三大优质项目；白马地瓜干、周家桥冷蔬脱水等标准化生产线厂房投入使用；引进薯欣欣、蒋和友酒业等企业；全年地瓜干产值近 1800 万元，共享酒厂年产值突破 900 万元。农业产业多元化、规模化、标准化发展态势更明显。

联动大下姜辖区内实践基地，形成“帮扶路”“保护路”“共富路”3 条特色现场教学线路，有力有序推进沉浸式“三同”教育主题课程建设。先后导入市县领导干部培训班、中青班等主体班次 8 场次，开设系列课程培训近 200 场次，受训 1.3 万人。实施民宿“低改高”改造工程，打造秘境横山、茶宿楼底等整村民宿特色村落，完成白马红色文化项目一期工程，招引并落成下姜村五狼坞探险项目、汪村千岛蜜语营地公园。露营、越野等旅游模式，串联沿线景点，沉浸式红色教育体验营加快形成。

举办“喜迎二十大，共富向未来”大下姜第四届红高粱文化节暨共富工坊集市等活动，全面推介镇域乡村旅游资源。成立杭州千岛湖下姜文化发展有限公司并开发下姜文创产品，实现千岛湖星级酒店布局全覆盖。续拍《下姜村的共同富裕梦》动漫在学习强国、腾讯、浙江卫视等主流媒体播放，下姜 IP 热度持续攀升，下姜文创产品成功出圈。全年接待游客 58.95 万人次,住宿游客 7.34 万人次,旅游收入 8192 万元。其中,下姜村接待游客 40.95 万人次,住宿 5.48 万人次,旅游收入 6565 万元。

启动“先富帮后富、区域共同富”镇村干部组团夺旗打擂活动。汇集联乡结村、山海协作等政策资金,面向全国公开招募共富事业合伙人,出台大下姜人才新政,不断壮大大下姜共富事业共创力量。坚持入股联营机制延伸探索,在成立乡村振兴公司和帮带公司基础上,全镇 18 个村和全部低收入户入股组建下姜梦公司,制定合作运营模式,累计销售“大下姜”农产品 120 万元,全年实现分红 80 万元。成立“大下姜共同富裕”基金,委托专业公司运营,加快探索扩中提低新路径。完成共建共享项目 7 个,实现村集体分红 200 余万元。

开展自建房整治,排查 1.2 万户自建房图斑,改造提升 C 级危房 10 幢,实现全镇危房清零。完成下姜卫生室提升搬迁,联合省邵逸夫医院开展 5G—AR 联合诊疗,让老百姓共享优质医疗资源。对接老板电器改善低保家庭厨房条件,237 户低保家庭实施“暖厨计划”。殊塘公路建成通车。淳沙线大中修完工。辖区内 23 家居家养老照料服务中心 14 家老年食堂实现送餐服务;144 名困难困境老年人完成建档立卡服务并落实定期探访关爱机制;建立暖心服务队,为独居老人、留守困境儿童等配送防疫礼包,构建“一老一小”关爱服务体系。

全面实施党建统领网格智治行动,组建集志愿服务和基层治理于一体的“红枫党员服务队”,常态化开展平安巡防、反诈骗宣传。提高初信初访办结力、信访积案化解力,红枫服务队为群众解决急难愁盼问题 104 个,化解矛盾纠纷 43 起。

是年,枫树岭镇获评省级美丽城镇样板乡镇、市级美丽城镇样板乡镇、杭州市“水美乡镇”,镇妇联获评浙江省示范乡镇妇联。

2022 年枫树岭镇各建制村负责人及人口情况表

表 27

村　名	村党组织书记	村委会主任	人口(人)
下　姜	姜丽娟(女)	姜丽娟(女)	784
源　塘	陈文平	陈文平	489
枫树岭	胡忠源	胡忠源	516
湖　景	王淳生	王淳生	1221
铜　山	余自荷	余自荷	1511
鲁家田	汪贤军	汪贤军	802
大　源	余金威	余金威	505
薛家源	王华明	王华明	540
上　江	汪齐红	汪齐红	1040
夏　峰	汪敏琼(女)	汪敏琼(女)	772
丰家源	丰龙华	丰龙华	1125
夏　村	刘丽萍(女)	刘丽萍(女)	1291
汪　村	王红昌	王红昌	1831
衍　昌	胡志新	胡志新	1425
白　马	吴约木	吴约木	1373
大桥头	廖贤良	廖贤良	728
周家桥	俞如文	俞如文	929
官　川	俞建中	俞建中	1141

【“大下姜”品牌指导站成立】 为培育和发展“大下姜”品牌,进一步壮大农旅产业,提升市场竞争力。2022 年 8 月,“大下姜”品牌指导站在枫树岭镇成立。该品牌指导站主要职能与职责是就近方便服务市场主体,服务指导商标品牌注册、培训提升知识产权价值、宣传指导市场经济主体,规范商标标识包装,规范网络直播,指导做好线上与线下知识产权在线培训、法律宣传;实行商标联系人制度,在“大下姜”品牌指导站和县市场监管所设立两级商标联系人,负责辖区内商标品牌挖掘培育,落实商标品牌战略各项工作制度,加强宣传商标品牌战略,积极引导企业注册商标,为企业商标申请注册和管理提供法律法规咨询

与具体业务指导；通过数字赋能，建立商标品牌动态数据库，根据辖区实际情况，结合市场主体培育工作，在辖区内展开商标资源调查，建立动态注册商标信息数据库，为商标品牌培育、评估、推介提供参考与依据；帮助企业提升商标品牌意识，引导利用商标品牌提升企业核心竞争力；建立联动打假维权执法机制，充分发挥指导站与市场监管部门各自优势，形成紧密配合，切实增强品牌保护力度；建立知识更新学习制度，通过自学和参加培训等方式及时掌握商标侵权方面的法律知识，及时指导企业做好维权援助服务。

（王亚萍）

·安阳乡·

【概况】 2022年，安阳乡总面积146平方千米，辖12个建制村、114个村民小组。户籍总人口11240人。

实现农业总产值25565万元；村级集体经济总收入1126.06万元，增长29.1%；经营性收入529.11万元，增长36.8%和；农民人均收入27152元，增长5.6%。财政总收入725万元，增长26.8%，其中，地方财政收入316万元，增长12.1%。

完成营造林32公顷，枯死松木采伐1820吨；种植黄精73公顷。新培育省级示范性家庭农场1家（民安家庭农场）、县级示范性家庭农场1家（民皓家庭农场）。

完成固定资产投资3321万元，完成年度计划的110.7%。新招引落地杭州静心农业园区项目，实际到位资金3000万元。继续推动落地项目建设和扩容，总面积达9067公顷，总投资3250万元。淳安西南片区旅游标志性项目千岛湖红山谷景区完成基础设施建设及设备试运行，即将试营业。

完成新注册服务型企业60家，发展电商5家。物流班车所有网点升级改造完成。有来料加工经纪人36人，其中新增4人，来料加工就业499人，其中低收入农户153人；全年发放来料加工费266万元。

开展“迎亚运”环境整治春季攻坚行动。以“清干净、整有序、提水平”为主要整治内容，进一步提升全域村庄环境面貌。投资174万元对乌龙、桐川、外畈等6个村9处污水终端池实施提升改造。投资190万元建成山下村污水零直排村；投资50万元完成昌墅村生态修复工程。投资21.5万元完成全乡180余处治污抢修。山下村吴本成获评“杭州市一星级垃圾分类达人”“淳安县十大最美垃圾分类工作者”。全年回收各类可回收物29.3吨，转化经济价值3.17万元。

开展AAAA级景区镇和美丽城镇创建工作，投资4.3万元完善8处国际导视牌标准景区路标指示；投资24万元提升崀岭古道建设。建成安阳乡邻里中心，内设共享书屋、农耕文化展示室、儿童之家、百姓健身房、人民调解室、文化礼堂区块。全年接待游客30.5万人次，实现旅游经济收入1980余万元。

投资190余万元实施淳崀线新增1.8千米大中修。投资500万元完成红山岙村精品村续建项目；投资384万元实施昌墅村重点村项目和外畈村、桐川村一般村项目。投资1027余万元实施淳安县武强溪流域综合治理工程（二期）安阳乡区域流域治理综合治理工程；投资200余万元实施一体化供水站农村饮用水提质工程。投资30余万元实施水毁水利工程灾后修复及农业水价综合改革工程。

迎接亚运会，全面提升各项服务保障、沿线环境，改善基层体育设施，完成五堡村、黄川村百姓健身房建设；全面完成15分钟品质文化生活圈建设，优质提升基层群众文化生活；开展文明城市创建，构建文明宜居城市，成功创建省AAA级景区镇。安阳乡文联成立,安阳商会完成换届。

落实"一户一册"结对帮扶工作机制,开展每月上门走访。在册低保236户、272人,发放补助资金333.44万元;在册低保边缘对象40户92人,发放补助资金118.92万元。居家养老照料中心和老年食堂正常运营。

【领导调研】 2022年5月19日,县委副书记、代县长王翀赴安阳乡调研。王翀认真听取红山谷景区项目建设情况汇报,详细了解红山岙村集体经济消薄增收情况,并召开座谈会,与班子成员就安阳乡下一步发展谋思路、出良策。5月27日,县委书记杨建根赴安阳乡调研,听取原白象湾旅游综合体项目相关情况并提出下一步工作思路。在红山谷景区,杨建根认真了解景区建设及消薄增收情况,对村集体通过土地等要素参与景区项目分红,实现村集体增收做法表示肯定。5月28日,杭州市委副书记、市长刘忻在安阳乡山下村调研,听取"稻蛭共养"项目整体情况、带动集体经济消薄和农民增收情况,对项目的创新性及带动村集体增收给予充分肯定。10月11日,省人大常委会党组副书记、副主任李卫宁到安阳调研人大践行全过程人民民主基层单元建设并走访看望各级人大代表。实地走访安阳乡代表中心站和部分"农家式"代表联络点,详细了解建设与运行情况,肯定安阳基层单元建设工作。

【安阳乡第十八届人民代表大会第二次会议】

2022年7月15日,安阳乡第十八届人民代表大会第二次会议召开,大会听取和审议《安阳乡人民政府半年度工作报告》《2022年上半年民生实事进展情况报告》《安阳乡第十八届人民代表大会第一次会议代表建议办理情况报告》。 (余奇峰)

2022年安阳乡各建制村负责人及人口情况表

表28

村 名	村党组织书记	村委会主任	人口(人)
乌 龙	陈日敬	陈日敬	1145
红山岙	余贤军	余贤军	1015
下栖梧	余银池	余银池	1520
昌 墅	余军福	余军福	868
山 下	吴英红	吴英红	694
上 梧	吴红明	吴红明	887
五 堡	余玉钢	余玉钢	662
安 阳	余的华	余的华	1049
黄 川	陈志鹏	陈志鹏	1012
外 畈	余华东	余华东	722
桐 川	王朝有	王朝有	816
峎 岭	金莉莉(女)	金莉莉(女)	898

名　录

·2022年淳安县主要组织机构及负责人名录·

【县委和县委机关】

县　委

书　记　杨建根

副书记　张鸿斌(至2022年3月)
王　翀(2022年3月始)
许海波

常　委(书记、副书记均为常委,略)
鲁连美(女)
何烨锋
卜利斌
吴克青(山海协作挂职干部,至2022年8月)
徐新勇
罗孙一鸣
沈国红
章临凯
王　刚
李扬章(山海协作挂职干部,2022年8月始)

委　员(书记、副书记、常委均为委员,略)
董文吉
郑志光
余　飞
李浙峰
罗宝华
金晨旦
姜　君(女)
张　波
许哲丰

	钱红建
	叶孔军
	徐建强
	陈　君
	程　军
	余旭权
	严国栋
	胡红宝
	余国富
	余顺明
	汪仁发
	钱　江
	徐宗政
	毛善智
	王伟东
	洪余良
	黄红婷(女)
	商建军
	方　阳

纪律检查委员会(监察委)

书　记	沈国红
主　任	沈国红
副书记、副主任	严国栋
	汪发通

县委办公室(政研室、档案局)

主　任	徐新勇(至2022年2月)
	钱红建(2022年8月始)

台湾工作办公室(政府台湾事务办公室)

主　任	徐新勇(至2022年2月)
	钱红建(2022年8月始)

组织部(公务员局)

部　长	何烨锋
常务副部长	江灵强(至2022年2月)
	袁　君(女,2022年8月始)

直属机关工作委员会

书　记	何烨锋

新经济与新社会组织工作委员会

书　记	胡红宝(至2022年8月)

陆新辉(2022年8月始)

宣传部(新闻出版局)

部　长　　章临凯

常务副部长　　余国富

政府新闻办公室

主　任　　余国富

精神文明建设委员会办公室

主　任　　余国富

统战部

部　长　　鲁连美(女)

常务副部长　　余顺明

民族宗教事务局

局　长　　宋　宏

政府侨务办公室

主　任　　余顺明

政法委员会

书　记　　许海波(兼)

常务副书记　　汪仁发(至2022年8月)

徐建明(2022年8月始)

机构编制委员会办公室

主　任　　徐国建

县委巡察机构

办公室主任　　胡正阳

第一巡察组组长　　李许金

第二巡察组组长　　储莱仙(女,至2022年8月)

第三巡察组组长　　叶建乐(至2022年11月)

第四巡察组组长　　黄永平

县委县政府信访局

局　长　　徐建明(至2022年8月)

罗德华(2022年8月始)

老干部局

局　长　　何小武

党校

校　长　　何烨锋(兼)

党委书记　　方　丽(女,至2022年11月)

谢吉荣(2022年11月始)

行政学校

校　长　　卜利斌(兼)

党史研究室

主　任　　朱华民

融媒体中心(广播电视台)

党委书记　　张志鹏(2022年8月始)

主　任　　张志鹏(2022年8月始)

总编辑　　余清梅(2022年8月始)

档案馆

党组书记　　管峰华

馆　长　　管峰华

【县人大常委会和人大机关】

人大常委会

主　任　　董文吉

副主任　　章传强

管国良(至2022年2月)

洪永鸿

叶春晖

毛夏平

江灵强(2022年2月始)

徐香枝(女,2022年2月始)

党组书记　　董文吉

人大常委会办公室

主　任　　徐明主(至2022年12月)

王武祥(2022年12月始)

监察和法制司法工作委员会

主　任　　方四雷(至2022年12月)

农业和农村工作委员会

主　任　　钱立华

城建环保工作委员会

主　任　　汪新明

代表工作委员会

主　任　　杨武军

教科文卫和民宗侨工作委员会

主　任　　王新华

社会建设工作委员会

主　任　　姜建明

财政经济工作委员会

主　任　　徐夏冰(女,至2022年3月)

陆建育（2022 年 12 月始）

委　员（主任、副主任及各工委主任〈王武祥、陆建育除外，2023 年 2 月选为委员〉均为委员，略）

余国富
谢吉荣
洪晓珍（女）
王丽娟（女，至 2022 年 7 月）
汪仁发（至 2022 年 9 月）
周光华
毕　成
王圣祥
王国宏
郑晓峰
王辉良
王　艳（女）
闻云发（2022 年 2 月始）
洪永流（2022 年 2 月始）
何智燕（女，2022 年 2 月始）
方亚平（2022 年 2 月始）
程建法（2022 年 2 月始）
胡月秀（女，2022 年 2 月至 2022 年 12 月）
蔡茂恒（2022 年 2 月始）

【县人民政府和政府机关】

县人民政府

县　长　　张鸿斌（至 2022 年 3 月）
王　翀（2022 年 3 月始）

副县长　　卜利斌
吴克青（山海协作挂职干部，至 2022 年 8 月）
徐新勇（2022 年 2 月始）
李扬章（山海协作挂职干部，2022 年 8 月始）
余　飞
李浙峰
黄　青（女，省下派挂职干部，至 2022 年 9 月）
罗宝华
金晨旦
姜　君（女）
许　琨（2022 年 8 月始）

俞鹏越(省下派挂职干部,2022 年 12 月始)

县政府办公室(外事办)

党组书记　徐宗政

主　任　徐宗政

发展和改革局(国动办、民防办)

党委书记　毛善智

局　长　毛善智

教育局

党委书记　鲍永红

局　长　鲍永红

公安局

党委书记　李浙峰(至 2022 年 8 月)

许　琨(2022 年 8 月始)

局　长　李浙峰(至 2022 年 8 月)

许　琨(2022 年 8 月始)

政　委　胡国宏(至 2022 年 10 月)

胡金河(2022 年 10 月始)

常务副局长　胡金河

民政局(移民局)

党委书记　王武祥(至 2022 年 11 月)

方　丽(女,2022 年 11 月始)

局　长　王武祥(至 2022 年 11 月)

方　丽(女,2022 年 11 月始)

司法局(行政复议局)

党组书记　叶俊军

局　长　叶俊军

财政局(国资办)

党委书记　陆建育

局　长　陆建育

人力资源和社会保障局

党委书记　袁　君(女,至 2022 年 8 月)

胡红宝(2022 年 8 月始)

局　长　袁　君(女,至 2022 年 8 月)

胡红宝(2022 年 8 月始)

规划和自然资源局

党委书记　王伟东

局　长　王伟东

住房和城乡建设局(民防办)

党委书记	何宇富(至 2022 年 8 月)
	方朝晖(2022 年 8 月始)
局　长	何宇富(至 2022 年 8 月)
	方朝晖(2022 年 8 月始)

交通运输局

党委书记	洪余良
局　长	洪余良

农业农村局(乡村振兴局)

党委书记	方海珍(女)
局　长	方海珍(女)

林业局(森林碳汇管理局)

党委书记	黄红婷(女)
局　长	黄红婷(女)

文化和广电旅游体育局(文物局)

党委书记	方必盛
局　长	方必盛

卫生健康局

党委书记	商建军
局　长	商建军

退役军人事务局

党组书记	唐　敏
局　长	唐　敏

应急管理局

党委书记	方文田
局　长	方文田

审计局

党组书记	徐建球
局　长	徐建球

市场监督管理局(知识产权局)

党委书记	方爱民
局　长	方爱民

统计局

党组书记	王建民
局　长	汪丽霞(女)

医疗保障局

党组书记	王建平
局　长	方红星

综合行政执法局(城市管理局)

党委书记	方开银
局　长	方开银

千岛湖生态综合保护局(水利水电局)

党委书记	汪荣富(至 2022 年 8 月)
	汪仁发(2022 年 8 月始)
局　长	汪荣富(至 2022 年 8 月)
	汪仁发(2022 年 8 月始)

生态产业和商务局(经济和信息化局、科学技术局、粮食和物资储备局)

党委书记	方　阳
局　长	方　阳

对外合作与投资促进局

党委书记	姜小旺(至 2022 年 12 月)
局　长	姜小旺(至 2022 年 12 月)

行政审批管委会办公室

党工委书记	卜利斌(兼)
主　任	方朝晖(至 2022 年 8 月)
	储菜仙(女,2022 年 8 月始)

机关事务服务中心

主　任	吴　聪

【平台和国有企业】

经济开发区

党工委书记	许海波(兼,至 2022 年 2 月)
	徐新勇(兼,2022 年 2 月始)
管委会主任	钱　江(2022 年 2 月始)

千岛湖旅游度假区

党工委书记	姜　君(女,兼,2022 年 2 月始)
管委会主任	张日军(2022 年 2 月至 11 月)

千岛湖传媒集团有限公司

党委书记	余国富(至 2022 年 8 月)
总　裁	余国富(至 2022 年 8 月)
总编辑	张志鹏(至 2022 年 8 月)

新安江生态开发集团有限公司

党委书记	柯尚逵(至 2022 年 11 月)
	张盛剘(2022 年 11 月始)
董事长	柯尚逵(至 2022 年 11 月)
	张盛剘(2022 年 11 月始)

总经理	徐小忠
千岛湖旅游集团有限公司	
党委书记	方震凡
董事长	方震凡
总经理	程剑明
千岛湖建设集团有限公司	
党委书记	王光贵
董事长	王光贵
总经理	童德根
交通发展投资集团有限公司	
党委书记	缪宝根
董事长	缪宝根
总经理	钱贤君
千岛湖农业发展集团有限公司	
党委书记	滕建平(至 2022 年 11 月)
	张日军(2022 年 11 月始)
董事长	滕建平(至 2022 年 11 月)
	张日军(2022 年 11 月始)
总经理	方　杰
工贸资产经营有限公司	
党委书记	管三平(至 2022 年 11 月)
董事长	管三平(至 2022 年 11 月)
总经理	
供销合作总社	
党委书记	何小林
主　任	何小林

【县政协和政协机关】

县政协	
主　席	郑志光
副主席	王晓林(至 2022 年 2 月)
	何建法(至 2022 年 2 月)
	胡　敏
	商松懋
	邵文涛
	汪雪梅(女)
	徐夏冰(女,2022 年 2 月始)
党组书记	郑志光

秘书长　　　　　　邵全胜

常　委(主席、副主席、秘书长均为常委,略)

徐香枝(至 2022 年 2 月)
方爱民(至 2022 年 2 月)
方红星
黄雅琴(至 2022 年 2 月)
刘志贵(至 2022 年 2 月)
郑　斌
洪　莉(女)
方伟文
陈华进(至 2022 年 2 月)
吴雪源(至 2022 年 2 月)
鲁耀华(至 2022 年 2 月)
何　婧(女)
汪书芬(至 2022 年 2 月)
吴玉玲(女)
张　辉
唐淑芳(至 2022 年 2 月)
王建军(至 2022 年 2 月)
叶斌英(至 2022 年 2 月)
陈田飞
雷　平
郑晓峰(至 2022 年 2 月)
倪苏俏
李　斌
严旭兵(至 2022 年 2 月)
方福水(至 2022 年 2 月)
余运德
方肇兴
卢合理
张飞燕
吴立新
邵红卫
汪发通
胡红宝
胡炳君
余顺明
陆新辉

	汪丽霞(女)
	余爱华(女)
	徐小庆(女)
	周　程
	李　锐
	罗贤亮
	蒋利明
	张　辉
	邵　瑜(女)
	吕吉鸿
	汪红赞
	王敏军
	倪苏俏(女)
	王新华
	陈田飞
	李　斌
	余淑娟(女)
政协办公室	
主　任	余运德
提案委员会	
主　任	方肇兴
委员工作委员会	
主　任	卢合理
经济科技委员会	
主　任	张飞燕
城建和人口资源环境委员会	
主　任	徐香枝(女,至 2022 年 2 月)
社会法制和港澳台侨委员会	
主　任	吴立新
文史和教文卫体委员会	
主　任	邵红卫

【法院、检察院机关】

人民法院	
党组书记	张　波
院　长	张　波
人民检察院	
党组书记	许哲丰

检察长	许哲丰

【军事组织】

人民武装部

部　长	王　刚
政　委	康忠永

【群众团体】

总工会

主　席	叶春晖(兼)
党组书记	谢吉荣(至 2022 年 11 月)
常务副主席	谢吉荣(至 2022 年 11 月)

团县委

书　记	洪晓珍(女)

妇　联

党组书记	王丽娟(女,至 2022 年 5 月)
	王胜英(女,2022 年 11 月始)
主　席	王丽娟(女,至 2022 年 5 月)
	王胜英(女,2022 年 11 月始)

科　协

党组书记	汪爱祥
主　席	汪爱祥

文　联

党组书记	姚樟树
主　席	姚樟树

残　联

党组书记	周光华
理事长	周光华

工商联

党组书记	陆新辉(至 2022 年 8 月)
主　席	郑晓峰(兼)

社科联

主　席	胡炳君

侨　联

主　席	余顺明

红十字会

专职副会长(主持工作)	吕仙梅(女,至 2022 年 11 月)
	王慧英(女,2022 年 11 月始)

【垂直或双重管理单位】

税务局

党委书记　　徐庭柱

局　长　　徐庭柱

市生态环境局淳安分局

党组书记　　王红娟(女)

局　长　　王红娟(女)

气象局

党组书记　　周光清

局　长　　周光清

杭州住房公积金管理中心淳安分中心

主　任　　方拥军

邮政公司

党委书记　　高　星(至 2022 年 4 月)

总经理　　高　星(至 2022 年 4 月)

党委副书记、副局长(主持工作)　　余耀峰(2022 年 4 月始)

电信公司

党委书记　　王　刚(至 2022 年 5 月)

总经理　　王　刚(至 2022 年 5 月)

副书记、副总经理(主持工作)　　洪乾儿(2022 年 5 月始)

国网浙江淳安县供电公司

党委书记　　王小斌

总经理　　谭海云

中国人民银行淳安县支行

党组书记　　戴茂青

行　长　　戴茂青

中国工商银行淳安县支行

党总支书记　　余　彬

行　长　　余　彬

中国农业银行淳安县支行

党委书记　　许伟坤(至 2022 年 5 月)

　　陈喜乐(2022 年 5 月始)

行　长　　许伟坤(至 2022 年 5 月)

　　陈喜乐(2022 年 5 月始)

中国建设银行淳安县支行

党总支书记　　余武平

行　长　　余武平

浙江淳安农村商业银行股份有限公司

党委书记	徐　峻(至2022年7月)
	蔡欣悦(2022年7月始)
董事长	徐　峻(至2022年7月)
	蔡欣悦(2022年7月始)
行　长	王敏军

中国银行淳安县支行

党总支书记	杜蕴博(至2022年7月)
	汤　杰(2022年7月始)
行　长	杜蕴博(至2022年7月)
	汤　杰(2022年7月始)

中国农业发展银行淳安县支行

党总支书记	齐卫峰(至2022年9月)
	方　杰(2022年9月始)
行　长	齐卫峰(至2022年9月)
	方　杰(2022年9月始)

中国人民财产保险公司淳安县支公司

党支部书记	胡　滨
总经理	胡　滨

中国人寿保险公司淳安县支公司

党支部书记	余久昌
经　理	余久昌

烟草专卖局(公司)

党组书记	戴　烨
局长(经理)	戴　烨

【乡镇】

千岛湖镇

党委书记	钱红建(至2022年8月)
	罗孙一鸣(兼,2022年8月始)
镇　长	钱江锋
人大主席	毕　成

汾口镇

党委书记	程　军
镇　长	章新华
人大主席	王国宏

威坪镇

党委书记	徐建强

镇　长　　　　朱玉荣
人大主席　　　　王圣祥

临岐镇

党委书记　　　　叶孔军
镇　长　　　　汪　辉
人大主席　　　　胡奕锋

姜家镇

党委书记　　　　陈　君
镇　长　　　　叶利剑
人大主席　　　　王华强

大墅镇

党委书记　　　　余旭权
镇　长　　　　王金明
人大主席　　　　王红丽(女)

文昌镇

党委书记　　　　方胜杰
镇　长　　　　王胜英(女,至2022年11月)
　　　　钱江华(2022年11月始)
人大主席　　　　方旭峰

石林镇

党委书记　　　　徐　涌
镇　长　　　　洪鹏飞
人大主席　　　　方加鹏

梓桐镇

党委书记　　　　程王镇
镇　长　　　　管海波
人大主席　　　　方建辉

中洲镇

党委书记　　　　王小晶
镇　长　　　　商贵华
人大主席　　　　陈贤成

枫树岭镇

党委书记　　　　余慧梅(女)
镇　长　　　　徐高鹏
人大主席　　　　王曙光

里商乡

党委书记　　　　何钰杰
乡　长　　　　王成良

人大主席　　金华娃

金峰乡

党委书记　　汪鹏飞
乡　长　　徐玉美(女)
人大主席　　徐　弘

富文乡

党委书记　　余旻樟
乡　长　　徐毅鹏
人大主席　　徐文文

左口乡

党委书记　　徐新平
乡　长　　汪红娟(女)
人大主席　　余　涛

屏门乡

党委书记　　徐红星
乡　长　　季小飞
人大主席　　夏晓东

瑶山乡

党委书记　　周　凯
乡　长　　方升林
人大主席　　鲁杭春

王阜乡

党委书记　　徐金飞
乡　长　　程建祥
人大主席　　吴新君

鸠坑乡

党委书记　　张盛蒯(至2022年11月)
乡　长　　郑智忠
人大主席　　邵新根

宋村乡

党委书记　　洪志峰
乡　长　　章小燚
人大主席　　章迁新

浪川乡

党委书记　　汪巧明
乡　长　　张　杰
人大主席　　方永华

界首乡

党委书记　　　　　　蒋　鑫(至2022年11月)

乡　长　　　　　　　方加余

人大主席　　　　　　余绍刚

安阳乡

党委书记　　　　　　余文武

乡　长　　　　　　　徐晓晶

人大主席　　　　　　徐　迅

(陈健敏)

·2022年淳安县先进名录·

【国家及国家部门级先进集体】

2022年淳安县获国家及国家部门级先进集体情况一览表

表29

获奖单位	奖项名称	授奖单位
县公安局	全国优秀公安局	中共中央、国务院
淳安县	第十一届中华环境奖	生态环境部
中洲镇茶山村	第九批“全国民主法治示范村”	司法部、民政部
姜家镇姜家村	第四批全国乡村旅游重点村	文化和旅游部
县融媒体中心新媒体中心	全国巾帼建功先进集体	全国妇联

【国家及国家部门级先进个人】

2022年淳安县获国家及国家部门级先进个人情况一览表

表30

获奖人	单位	奖项名称	授奖单位
陈建华	浙江千岛湖旅游股份有限公司	安全诚信船长	国家海事局

【省委、省政府表彰的先进集体】

2022年淳安县获省委、省政府表彰的先进集体情况一览表

表31

获奖单位	奖项名称	授奖单位
淳安县	2022年度平安县	省委、省政府
淳安县	2021年度美丽浙江建设(生态文明示范创建行动计划)工作考核优秀县	省委、省政府
淳安县	财政预算执行、财政存量资金盘活、国库库款管理、预算公开等财政管理工作完成情况较好市、县	省政府
淳安县	2022年度“五水共治”(河长制)工作“大禹鼎银鼎”优秀县	省政府

【市委、市政府表彰的先进集体】

2022 年淳安县获市委、市政府表彰的先进集体情况一览表

表 32

获奖单位	奖项名称	授奖单位
淳安县	2021 年度生态文明(“美丽杭州”)建设目标责任制考核优秀单位	市委、市政府
县委宣传部	杭州市创建“文明城市”工作突出贡献集体	市委、市政府
文昌镇政府	2022 年度“平安杭州”创建先进集体	市委、市政府
大墅镇政府	2022 年度“平安杭州”创建先进集体	市委、市政府
姜家镇政府	全市农村工作成绩突出集体	市委、市政府
左口乡政府	2022 年度杭州市征兵工作成绩突出单位	市政府
中洲镇政府	2022 年度杭州市征兵工作成绩突出单位	市政府
文昌镇政府	2022 年度杭州市征兵工作成绩突出单位	市政府
县市场监督管理局	杭州市质量强市推进工作集体嘉奖	市政府
县残联	在第 16 届夏季残奥会和第十一届全国残运会上取得优异成绩集体嘉奖	市政府

【市委、市政府表彰的先进个人】

2022 年淳安县获市委、市政府表彰的先进个人情况一览表

表 33

获奖人	单位	奖项名称	授奖单位
邵淑宏	鸠坑乡政府	杭州市农村工作成绩突出个人	市委、市政府
徐伟立	里商乡政府	杭州市农村工作成绩突出个人	市委、市政府
徐　悝	汾口镇政府	杭州市农村工作成绩突出个人	市委、市政府
王伟东	县规划和自然资源局	杭州市农村工作成绩突出个人	市委、市政府
黄红婷	县林业局	杭州市全面深化改革成绩突出个人	市委、市政府
蒋利洪	文昌镇政府	党的二十大维稳安保工作突出个人	市委、市政府
余取亮	县信访局	党的二十大维稳安保工作突出个人	市委、市政府
徐建芳	县财政局	杭州市粮食生产和高标准农田建设工作成绩突出个人	市委、市政府
洪少波	姜家镇政府	杭州市粮食生产和高标准农田水利建设工作突出个人	市委、市政府
夏　祺	县委政法委	平安创建成绩突出个人	市委、市政府
余　双	县委政法委	嘉奖	市委、市政府
徐建明	县信访局	“平安杭州”创建先进个人	市政府
程建凤	县残联	在第 16 届夏季残奥会和第十一届全国残运会上取得优异成绩个人嘉奖	市政府
柳海秋	县残联	在第 16 届夏季残奥会和第十一届全国残运会上取得优异成绩个人嘉奖	市政府

【县委、县政府表彰 2022 年度高质量发展和共同富裕工作先进集体】

县发展和改革局

县纪委县监委

县委组织部
县委宣传部
县委统战部
县委政法委
县教育局
县公安局
县民政局
县财政局
县人力资源和社会保障局
县规划和自然资源局
县住房和城乡建设局
县交通运输局
县农业农村局
县林业局
县文化和广电旅游体育局
县审计局
县市场监督管理局
县统计局
县综合行政执法局
千岛湖生态综合保护局
县生态产业和商务局
县对外合作与投资促进局
市生态环境局淳安分局
经济开发区管委会
千岛湖旅游度假区管委会
县新安江生态开发集团有限公司
千岛湖旅游集团有限公司
千岛湖建设集团有限公司
县交通发展投资集团有限公司
千岛湖农业发展集团有限公司
县妇女联合会
千岛湖镇政府
汾口镇政府
威坪镇政府
临岐镇政府
姜家镇政府
大墅镇政府
文昌镇政府

梓桐镇政府
中洲镇政府
枫树岭镇政府
左口乡政府
屏门乡政府
王阜乡政府
界首乡政府
石林镇生态保护办公室
县市政园林发展中心
淳安农村商业银行
杭州银行淳安支行
中国电信淳安分公司
千岛湖城市旅游开发有限公司
千岛湖建设集团城建发展有限公司
县水务有限公司
千岛湖对外置业集团有限公司
千岛湖茶叶市场有限公司
千岛湖镇马路村村民委员会
威坪镇驮岭脚村股份经济合作社
临岐镇临岐村股份经济合作社
大墅镇桃源凌家村村民委员会
大墅镇孙家畈村股份经济合作社
文昌镇文屏村股份经济合作社
石林镇双西村股份经济合作社
梓桐镇梓溪村股份经济合作社
枫树岭镇源塘村村民委员会
里商乡向阳村村民委员会
里商乡五兴村股份经济合作社
王阜乡胡家坪村股份经济合作社
鸠坑乡青苗村股份经济合作社

【县委、县政府表彰2022年度高质量发展和共同富裕工作先进个人】

张宏斌(大下姜联合党委办公室)
童国强(县发展和改革局)
陈勇军(县卫生健康局)
毕　成(千岛湖镇)
胡懿鹏(县建设集团)
王建民(县统计局)

程　琳(千岛湖镇)
项建锋(县住房和城乡建设局)
王忠进(县农业农村局)
姜伟光(县公安局交通警察大队)
张　平(县机关事务服务中心)
余　念(县发展和改革局)
江河平(县人力资源和社会保障局)
王玉珍(市生态环境局淳安分局)
余文海(县农业农村局)
钱爱芳(县妇联)
方　晓(威坪镇)
祝　聃(县住房和城乡建设局)
卢强军(县综合行政执法局)
童庭瑞(县委办公室)
郑圣奇(县政府办公室)
何智燕(县人大财经工委)
张飞燕(县政协经科委)
徐　升(县委组织部)
蒋　奇(县委宣传部)
王　剑(县纪委县监委)
余顺明(县委统战部)
王晓军(县发展和改革局)
郭丹丹(县发展和改革局)
汪　翡(县发展和改革局)
宋瑞平(县民政局)
余永亮(县财政局)
徐良成(县规划和自然资源局)
方贵鹏(县住房和城乡建设局)
程　军(县公路服务中心)
李　继(县农业农村发展服务中心)
毛凤成(县林业局)
陆　静(县文化和广电旅游体育局)
吴雪源(县千岛湖生态综合保护局)
汪红赞(市生态环境局淳安分局)
汪佳琦(县生态产业和商务局)
叶丽琴(县生态产业和商务局)
徐土梅(县高层次人才与生态产业发展服务中心)
钱慧珊(县审管办)

蒋成康(县对外合作与投资促进局)
汪　晖(县税务局)
周丽君(县总工会)
商建宏(大下姜联合党委办公室)
钱　江(经济开发区管委会)
段文成(经济开发区管委会)
王泽宇(旅游度假区管委会)
王光贵(县建设集团)
钱贤君(县交投集团)
叶　欢(千岛湖镇)
谢灶彬(文昌镇)
徐毅鹏(富文乡)
汪　辉(临岐镇)
朱玉荣(威坪镇)
王丽英(王阜乡)
方　林(姜家镇)
徐　萃(汾口镇)
余玉琴(中洲镇)
徐良日(大墅镇)
郑海珍(县委办公室)
姜海仙(县人大办公室)
唐　曦(县政府办公室)
严黎琳(县政协办公室)
蒋　毅(县纪委县监委)
陈健敏(县委组织部)
姜鲜琴(县委宣传部)
翁美云(县委统战部)
余秀玲(县人民法院)
方志长(县人民检察院)
程芝君(市生态环境局淳安分局)
吴志旭(市生态环境局淳安分局)
鲁　萍(市生态环境局淳安分局)
王　玮(县综合行政执法局)
王　芳(县应急管理局)
徐　庆(县生态产业和商务局)
吴鹏飞(县文化和广电旅游体育局)
邵红江(县卫生健康局)
鲍永红(县教育局)

张盛蒯（县生态集团）
胡　亮（县五水共治指挥部）
陈　凡（千岛湖镇）
黄晓萍（汾口镇）
严　旭（威坪镇）
何杰云（姜家镇）
方宝娟（临岐镇）
方旺盛（大墅镇）
黄维智（枫树岭镇）
方万里（文昌镇）
郑国纯（梓桐镇）
胡志忠（石林镇）
郑银生（中洲镇）
何钰杰（里商乡）
李波成（安阳乡）
李知朋（金峰乡）
鲁霜祥（浪川乡）
詹胜春（左口乡）
王　彪（宋村乡）
章武斌（界首乡）
余旻樟（富文乡）
管丽雅（屏门乡）
洪晓龙（瑶山乡）
宋国庆（王阜乡）
王绍基（县纪委县监委）
宋志军（县委办公室）
洪永流（县人大城建环保工委）
方有为（县政府办公室）
王伟霞（县政协办公室）
林进立（县委宣传部）
宋杰华（县住房和城乡建设局）
徐胜军（县住房和城乡建设局）
洪佳敏（县城乡风貌整治提升工作专班）
吴　钢（县城乡风貌整治提升工作专班）
王素彬（县农业农村局）
徐颖沛（县妇联）
程志英（县综合行政执法局）
方文贤（县发展和改革局）

胡　懿(县财政局)
陈栋梅(县退役军人事务局)
胡炳君(县社科联)
王秀华(大墅镇)
汪祥瑛(临岐镇)
王筱倩(县融媒体中心)
童永现(县交投集团)
张　浩(县经济开发区)
方梅仙(千岛湖镇)
邵兴华(千岛湖镇)
王　堤(枫树岭镇)
许　靓(姜家镇)
陆钧远(界首乡)
胡启凯(大墅镇)
胡文彪(汾口镇)
胡佳俊(威坪镇)
徐晓晶(安阳乡)
王寿安(里商乡)
刘沛旺(宋村乡)
谭　结(富文乡)
余秋红(浪川乡)
方文婷(屏门乡)
章　枭(屏门乡)
童裳深(王阜乡)
何　婧(金峰乡)
范材兵(鸠坑乡)
王建军(左口乡)
方　强(左口乡)
余慧斓(中洲镇)
徐贤宾(县纪委县监委)
郑裕哲(县委办公室)
蔡茂恒(县人大社会建设工委)
胡腾淙(县政府办公室)
吕　庆(县政协经科委)
童勇敏(县委组织部)
郑凯亮(县委宣传部)
周楚乔(县发展和改革局)
吴茂东(县农业农村局)

占建勇(县农业农村局)
鲁　谊(县农业农村局)
陈　霞(县民政局)
杨珠香(县人力资源和社会保障局)
洪　莉(县规划和自然资源局)
吴振威(县卫生健康局)
邵永忠(县市场监督管理局)
李　群(县文化和广电旅游体育局)
徐　涛(县融媒体中心)
丁　勇(千岛湖镇)
江志旻(威坪镇)
叶孔军(临岐镇)
汪恒涌(汾口镇)
章自由(姜家镇)
胡羽家(大墅镇)
方旭峰(文昌镇)
方友杰(瑶山乡)
方佩丽(浪川乡)
叶　聪(王阜乡)
丰建军(石林镇)
蓝柳鑫(界首乡)
陆恒鑫(金峰乡)
郑倩雯(里商乡)
商贵华(中洲镇)
姚玉叶(鸠坑乡)
吴晓宏(屏门乡)
徐王骞(宋村乡)
倪观鸿(左口乡)
徐文文(富文乡)
丰龙华(枫树岭镇丰家源村)
余贤军(安阳乡红山岙村)

附　录

淳安县人民代表大会常务委员会工作报告

——在淳安县第十七届人民代表大会第一次会议上

淳安县人大常委会主任　董文吉

2022年2月13日

各位代表：

我受县十六届人大常委会的委托，向大会报告工作，请予审议，并请县政协委员和列席人员提出意见。

五年工作回顾

过去的五年，是淳安历史上经历考验、转型重塑的五年，也是破旧立新、开创新局的五年。五年来，在省市人大的指导、县委的领导和县政府的支持下，县人大常委会深入贯彻习近平总书记关于坚持和完善人民代表大会制度的重要思想，认真落实县委决策部署，围绕特别生态功能区建设大局，依靠广大代表，履行宪法和法律赋予的职责，高质量地完成了本届人大确定的目标任务。五年共召开43次常委会会议、128次主任会议，听取和审议"一府一委两院"工作报告124个，依法作出决议决定80项，开展执法检查、工作评议、视察调研147次，任免国家机关工作人员314人次，协同省市人大开展调研、视察、执法检查25次，为促进我县经济社会发展和民主法治建设作出了积极贡献。

一、一以贯之讲党性，坚持同频共振，工作方向更加坚定

五年来，县十六届人大常委会始终坚定政治立场，坚持在党的领导下依法行权履职，人大机关的政治属性更加鲜明。

围绕党委核心，始终把牢正确方向。牢牢把握坚持党的领导这个最高政治原则，学懂弄通做实习近平新时代中国特色社会主义思想，认真学习领会党的十九大、十九届历次全会和习近平总书记重要批示指示精神，切实增强"四个意识"，坚定"四个自信"，拥护"两个确立"，做到"两个维护"。严格落实重大事项请示报告制度，重要指示及时传达学习、重要部署及时跟进落实，向县委报告工作72次，报告重大事项50项。认真贯彻落实中央、省、市、县委人大工作会议精神，自觉把党的领导落实到人大履职的全过程，确保人大工作沿着正确政治方向前进。

聚力改革发展，准确定位目标思路。充分发挥人大制度独特的政治优势，始终遵循“党委所需、政府所急、群众所盼、人大所能”的原则，重点围绕县委重大战略决策部署和中心工作选择监督主题，积极完成专题调研26个，提出有建设性的意见建议，各项工作获得县委主要领导批示肯定47批次，为党委政府决策提供有力参考。

服务中心工作，同心同向合力担当。秉承“党和国家工作重心在哪里，人大工作就跟进到哪里，力量就汇聚到哪里，作用就发挥到哪里”的理念，始终坚持把人大工作放在全县发展大局中思考、谋划和推进，紧贴县委意图谋事，紧跟县委部署督事，紧扣县委大局干事。在县委领导下统筹安排和有序推进重大事项决定、人事任免、依法监督、代表履职和自身建设等各项工作，积极助力临湖地带综合整治、新冠疫情防控、重点工作攻坚、“大下姜”建设等大战大考，开展重点工作督查66批次，有力推动县委决策部署贯彻落实。

二、心无旁骛抓监督，坚持精准发力，工作实效更加突出

五年来，常委会始终聚焦人民群众所思所盼，延伸监督触角，回应群众关切，推动解决制约我县经济社会发展的突出矛盾和问题，有力助推特别生态功能区和共同富裕示范区建设。

紧扣环境保护，助推生态高水平建设。持续关注千岛湖保护，推动出台《淳安县（千岛湖）环境质量管理规范》，打造生态保护“千岛湖标准”，实现县域生态环境“全领域、全覆盖、全过程”监管；创新开展淳安、歙县两地人大合作交流，探索形成了跨省流域共保新机制，为推动“长三角”一体化发展提供了“淳安经验”。听取和审议剿灭Ⅲ类以下小微水体、千岛湖城区沿湖生态修复与景观提升等工作报告，组织代表视察水质监测系统建设、千岛湖保水渔业可持续发展等情况，开展农业面源污染防治、像保护西湖一样保护千岛湖等专题调研，专项督查小城镇环境综合整治、污水零直排区创建等工作，不断提升全县生态环境综合保护水平。

助力转型升级，促进经济高质量发展。跟踪监督“十三五”规划纲要执行，专题调研和审议“十四五”规划编制情况。加强政府重大项目的审查监督和定向视察，创新推进重大项目常委会票决制，坚持“三个不投”严把项目入口关，关注项目进度、质量、要素保障等情况，确保项目落地落实。强化经济走势的跟踪研究和分析预测，定期听取和审议全县经济运行情况和农业产业发展情况报告，视察城市旅游产业发展等工作，开展水饮料产业、大下姜产业发展、金融服务地方经济、农旅文旅融合发展、千岛湖景区门票管理、中药材产业发展和企业历史遗留问题解决等专题调研，针对产业定位、发展方向、“飞地”建设等方面提出意见建议。深化全口径预决算审查监督，助推预算标准化体系建设，依法加强政府性债务动态监督和国有资产管理监督，探索推进预算联网监督，首次听取开发区预算执行情况报告，建立绩效监督体系，跟踪督查审计查出问题整改，全面助力绩效管理。五年来，共推动财政规范支出标准151条、政府节约资金22.97亿、审计查出问题整改132个，努力助推政府从“用对钱”向“用好钱”转变。

聚焦群众关切，推进民生高品质提升。严格落实民生实事项目代表票决制，完善民生实事项目监督机制，坚持定向监督与属地监督相结合，对项目实施情况开展满意度测评。五年来共督查项目580个，提出意见建议453条，投入财政资金12.89亿元用于农村饮用水保障、农村公路大中修、学校“两堂两室”改造等民生实事项目。听取和审议消除集体经济薄弱村工作推进情况、乡村振兴战略实施情况等报告，完成农村富余劳力“家门口”就业、村级留用地综合利用等9个专题调研。专项询问并持续跟踪监督农村饮用水达标提标、“最多跑一次”改革等工作，开展学前教育条例执法检查，听取和审议医保基金运行监管情况报告，视察社会弱势群体保障体系建设、千岛湖镇老旧小区改造、城市有机更新等情况，专题调研医院等级创建、义务教育优质均衡县创建、小区配套幼儿园的管理使用、农村公共文化服务体系建设等情况，有力推动民生痛点难点问题的不断解决，不断增强人民群众的获得感、幸福感和安全感。

三、为国为民重依法，坚持良法善治，法治建设更加深入

五年来，常委会始终围绕宪法法律的贯彻实施，积极推动“一府一委两院”依法行政、依法监察、公正司法，全力推进民主法治迈上新台阶。

推动法律实施，促进依法行政。首次审议法治政府建设情况报告，组织25个政府组成部门负责人集体报告个人依法履职情况，强化人大任命干部任后监督。对粮食安全保护条例、道路交通安全法、水污染防治法等10部法律法规开展执法检查。推动“电动车、交通治堵、交通违法”三大专项治理，持续实施电动车编码和第三者责任保险，电动车事故发生率明显下降。关注扫黑除恶专项斗争情况，审议矛盾纠纷调处“最多跑一地”改革情况报告，疏通改革“堵点”。持续关注行政机关负责人出庭应诉工作，推动出台《淳安县行政机关负责人应诉管理办法》。依法对县政府报送的89件规范性文件进行备案审查。

深化法制监督，促进公平正义。聚焦监察权、审判权、检察权正确有效行使，听取县法院、检察院年中工作报告和关于司法体制改革情况的报告，开展法官、检察官履职评议。审议法院执行难、企业破产审判、检察院公益诉讼等工作报告，组织代表旁听案件庭审，支持“两院”完善案件质量考核评价体系。关注社会特殊群体，审议未成年人刑事检察工作报告，视察社区矫正工作。高度重视涉法涉诉信访，五年来共受理来信来访188件次，督促依法办理，引导和支持人民群众依法维护权益。

夯实法治基础，促进社会和谐。审议“七五”法治宣传教育工作报告，跟踪督查各项任务落实情况，依法作出“八五”普法决议。修订完善国家机关工作人员任免办法，严格落实任前法律考试、宪法宣誓等制度。坚持常委会会前学法，举办法制讲座19场次。全力配合市人大做好淳安特别生态功能区立法工作，征集梳理提交意见建议212条次。推进基层立法联系点建设，配合省市人大做好固废污染防治条例、乡村振兴促进条例、公共场所控烟条例等32部法律法规的立法调研，全面反映社会各层面对法律法规的意见建议。

四、人尽其才谋新篇，坚持以民为本，代表作用更加彰显

五年来，常委会坚持尊重代表主体地位，优化工作机制，创新活动平台，激发代表履职积极性，充分发挥代表作用。

畅通联系渠道，代表履职有位。深化常委会组成人员联系代表、代表联系选民制度，进一步密切人大机关与代表、代表与选民之间的联系。有序组织代表参加政情报告会、工作评议、视察调研等活动，不断畅通人大代表知情参政、督政建言的渠道。

丰富活动载体，代表履职有力。深化县级领导干部进代表联络站活动，创新建设“农家式”代表联络点，在全省率先建成站、室、点三位一体网格化的联络格局，推行群众意见

“三办”模式。五年来，共开展接待活动1503次，接待代表和选民2.1万人次，收集群众意见建议2.2万条。重视代表议案建议办理，坚持政府领导领办、常委会领导督办等制度，深化代表小组集体评议、重点建议“回头看”、办理情况满意度测评等举措，完善代表议案建议办理考核标准，改进闭会期间代表建议办理机制。五年来共办理意见建议797件，面商率、办结率、满意率等均为100%，解决率从2017年的57.39%提高到2021年的63.33%。

激活队伍建设，代表履职有为。切实把好代表“入口关”、选举“组织关”和全过程“监督关”，圆满完成换届选举工作。持之以恒抓代表素质提升，定期组织全县人大干部和人大代表开展培训和轮训，提升代表的政治理论水平和业务能力。丰富代表活动，组织代表参与民生实事项目全过程监督，积极投入县委中心工作、重点项目建设和公共事务管理，协调处理矛盾纠纷，发挥代表模范带头作用，在助推淳安经济社会发展中展现代表干事创业风采。五年来，共产生市级最美代表2名、市级履职积极分子20名、县级最美代表40名。

五、民呼我为开新局，坚持与时俱进，自身建设更加务实

五年来，常委会按照“政治坚定、业务精通、务实高效、作风过硬”的要求，不断夯实履职基础，提高履职水平。

提升履职能力，打造活力人大。突出政治能力建设，巩固深化“不忘初心、牢记使命”主题教育成果，深入推进党史学习教育，切实增强政治定力。突出人大队伍建设，在县委的重视和支持下，先后设立财政经济委员会、监察和法制司法委员会、社会建设委员会，并增设社会建设工委，23个乡镇设立人大办公室，逐步打通人大干部与党政干部转岗交流渠道，五年来共有35名人大干部转岗交流。

注重机制创新，打造制度人大。积极推动人大工作与时俱进，淳歙跨省流域共保工作荣获“浙江人大工作与时俱进奖”特别奖，“一体化全覆盖建设‘农家式’代表联络点的探索与实践”荣获“杭州人大工作与时俱进案例”奖，推进千岛湖法制化保护、监督助推电动车治理工作和监督推动全省首家生态环保检察官办公室挂牌成立等三项工作获得“杭州人大工作与时俱进案例”提名奖；修订完善常委会议事规则、专委会议事规则、党组工作规则等制度办法15件，推进审议意见问题整改销号等工作，有力提升人大监督实效；创新打造“人大讲坛”，建立人大新闻宣传工作制度，出台信息宣传考核办法，常委会机关荣获2020年度省级信息工作先进单位。

夯实工作作风，打造务实人大。发挥常委会和机关两个党组的政治领导作用，认真落实全面从严治党主体责任，加强意识形态领域工作，全力配合县委巡察，持之以恒推进全面从严治党。坚决落实中央八项规定精神，从严执行中央和省市县委作风建设各项规定，旗帜鲜明反对形式主义、官僚主义等“四风”问题。常态化开展“三服务”工作，共走访680次，积极协调解决困难与问题395个。

各位代表，县十六届人大常委会工作取得的成绩和进步，是县委坚强领导的结果，是全县人大代表、常委会组成人员、各专门委员会、工作委员会和机关工作人员共同努力的结果，是县人民政府、县监察委员会、县人民法院、县人民检察院大力支持的结果，是县乡人大密切配合的结果，也是全县人民和社会各界积极参与、热心助推的结果。在此，我谨代表县十六届人大常委会，向各位代表和所有关心支持人大工作的同志们，表示衷心的感谢和崇高的敬意！

各位代表，回顾五年来的工作实践，我们对做好新时代人大工作有了更深刻的认识和体会:一是坚持党的领导,是做好人大工作的根本保证。县委对人大工作高度重视和支持,为做好新时期人大工作提供了坚强保证。人大工作与县委工作同心同向、同频共振,将党的领导贯穿于人大履职的全过程和各方面,确保了政治制度优势的发挥。二是服务发展大局,是做好人大工作的永恒主题。紧紧围绕中心、自觉服务大局,坚持抓大事、议大事、促发展的理念,正确处理与“一府一委两院”的关系,坚持寓支持于监督之中,全力推动县委重大决策部署的落实。三是严格依法监督,是做好人大工作的基本准则。坚持在宪法和法律规定的范围内充分发挥主动性和创造性,实施正确监督、有效监督、依法监督,体现人大工作的严肃性和权威性。四是维护人民利益,是做好人大工作的首要任务。始终把人民利益放在首位,倾听人民呼声,代表人民意愿,维护人民利益,接受人民监督,赢得人民群众的信任和拥护。五是发挥代表作用,是做好人大工作的坚实基础。充分激发代表的责任感和使命感,发挥代表依法履职的积极性和能动性,人大工作才能充满活力和正能量。六是推动工作创新,是做好人大工作的不竭动力。站在新起点,加强和改进新时代人大工作,大胆解放思想、坚持守正创新,不断提升人大工作整体实效。

总结过去五年的工作实践,我们清醒认识到,面对新形势新任务新要求,常委会工作还存在一些差距和不足:监督针对性和实效性还不够强,刚性监督力度需要进一步加大;代表工作机制和方式还不够活,对人大代表闭会期间履职服务保障、意见建议办理需要进一步加强;自身建设工作抓得还不够紧,专业能力和工作本领需要进一步增强;数字化改革力度还不够大,数字赋能常委会工作效果需要进一步提升。我们将高度重视这些问题,虚心听取代表和各方面意见建议,自觉接受监督,切实加以改进。

今后五年工作思路

各位代表,县第十五次党代会提出了“共建特别生态区,共享魅力千岛湖,争当跨越式高质量发展和共同富裕排头兵”的奋斗目标,对今后五年全县经济社会发展作出了全面部署。今后五年,淳安处于特别生态功能区深化突破期、现代化建设开局奔跑期、跨越式高质量发展推进共同富裕建设重要机遇期,本次大会即将选举产生的县十七届人大常委会,承载着全县人民的期望,肩负着新时代的重任。我们要充分发挥人民代表大会制度这一根本政治制度优势,为全县经济社会平稳健康持续发展提供坚强保障。

建议新一届常委会总体工作要求是:高举中国特色社会主义伟大旗帜,坚持以习近平新时代中国特色社会主义思想为指引,深入贯彻中央人大工作会议精神,认真落实县第十五次党代会提出的奋斗目标,坚持党的领导、人民当家作主、依法治国有机统一,依法行权履职,更好发挥人大代表作用,不忘初心、牢记使命,埋头苦干、锐意进取,全力开创人大工作新局面,为共建特别生态区、共享魅力千岛湖、争当跨越式高质量发展和共同富裕排头兵贡献力量。

一、围绕“政治机关”建设,举旗帜、明方向,进一步增强党的领导力。坚持党的全面领导是人大工作的最高政治原则,忠诚拥护“两个确立”,坚决做到“两个维护”,自觉做到与党委同心同向,正确处理党委决策、人民意志、人大决定的关系,通过人大法定程序,把党委的重大决策变为人大的决议决定,坚持和完善重大事项向县委请示报告制度,把坚持党的领导贯穿于依法行权履职的全过程,落实到工作的各方面。

二、围绕“国家权力机关”建设,重依法、善为民,进一步推进全过程人民民主。发挥好人民代表大会制度作为实现全过程人民民主和保障人民当家作主的重要制度载体作用，切实把人民对美好生活的向往作为人大工作的出发点和落脚点，聚焦党中央重大决策部署、聚焦人民群众所思所盼所愿，按照“党委所需、政府所急、群众所盼、人大所能”的原则，认真履行“盯住法、管好钱、把牢图、决定事、任免人”等法定职能，关注民情民意，加强调查研究，让人民的声音更好地融入工作全过程。

三、围绕“工作机关”建设，强担当、勤履职，进一步夯实工作作风。紧紧抓住特别生态功能区和共同富裕示范区建设机遇，履行好宪法和法律赋予的权力，把推进高质量发展、高品位民生作为监督主线，重点开展生态保护、产业发展、富民增收、民生保障等监督工作，完善人大与“一府一委两院”统筹协调机制，打好执法检查、报告审议、专题调研等监督“组合拳”，推进专题询问、满意度测评、第三方评估等工作常态化制度化，用好审议意见销号等跟踪监督方式，探索运用质询、特定问题调查等法定监督形式，做到敢于监督和善于监督，寓支持于监督之中，推动县委决策落实。完善常委会及机关工作制度，密切和乡镇人大工作协同，重视人大宣传工作，加快推进人大数字化改革，深入推进党风廉政建设和意识形态建设，不断提升常委会履职质量和人大机关工作效率，推动全县人大工作取得新成效。

四、围绕“代表机关”建设，守初心、扛使命，进一步发挥代表作用。建好“高素质”队伍，常态化组织学习培训、交流研讨，提升人大代表政治素质和履职能力，夯实人大工作基础。纵深构建站室点“三位一体”代表联络格局，完善好“农家式”代表联络点和代表建议“三办”模式，突出接地气、察民情、聚民智、惠民生。常态化开展代表向原选区选民述职，推行代表列席同级党委政府相关会议制度，提升代表履职实效。

二〇二二年工作建议

2022年是党的二十大召开之年，是落实县第十五次党代会精神的开局之年，也是新一届人大及其常委会履职的起始之年，要坚持稳中求进工作总基调，完整准确全面贯彻新发展理念，加快构建新发展格局，聚焦中心工作、聚情民生关切、聚力依法履职、聚合代表力量，加强“四个机关”建设，放大制度优势，发挥职能作用，发展和完善全过程人民民主，建议重点做好以下几方面工作：

一、接好天线，强化“全方位”政治引领，在坚持党的领导上展现新作为。牢牢把握人大机关的政治属性，全面贯彻习近平总书记关于坚持和完善人民代表大会制度的重要思想和中央人大工作会议精神，坚持党对人大工作的全面领导，发挥常委会党组政治保证作用，严格执行请示报告制度。自觉在政治立场、政治方向、政治原则、政治道路上同以习近平同志为核心的党中央保持高度一致。自觉把人大工作放到特别生态功能区建设和共同富裕的大场景中谋划。自觉把人大制度优势转化为发展优势和治理效能。围绕县委中心大局同向发力，坚决做到县委决策什么、部署什么，人大就参谋什么、监督什么。

二、抓牢主线，推动“全社会”工作监督，在实现共同富裕上取得新成效。聚焦共同富裕，听取财政预决算、审计、政府重大投资项目、国民经济计划执行、国有资产管理、财政资金绩效评价、审计问题整改等情况报告，重点关注产业发展、“飞地”经济、劳动就业和乡镇财政运行，专题调研全县营商环境、旅游高质量发展、高新技术产业发展和提高存量资源利用效率等情况，审议农民增收、大培训产业发展等工作报告，视察中药材产业发展情况，积极配合省市人大做好山区26县跨越式高质量发展工作情况的监督。聚焦生态保护，探索开展浙江·安徽五地人大跨省流域共保活动，审议美丽城镇建设工作报告，专项督查农业、林业、生活和工业四个污染防治项目实施情况。聚焦民生福祉，听取残疾人两项补贴发放、健康淳安建设情况工作报告，专题调研高山村、偏远村饮用水保障情况，视察义务教育阶段“双减”、食品安全监管工作，继续组织代表参与民生实事项目全过程监督，落实项目满意度测评，推动票决项目落地见效。聚焦亚(残)运会筹备，视察亚运分村场馆建设，参与全国文明城市创建和疫情防控工作，确保亚(残)运会顺利举办。

三、守住底线，开展“全环节”法律监督，在建设法治淳安上谋求新进展。深入学习贯彻习近平法治思想，大力推进依法行政，严格实施法治政府建设情况年度报告制度，推动“八五”普法决议贯彻落实。组织县政府组成部门负责人向人大常委会述职，加强人大任命干部的任后监督，持续关注行政负责人出庭应诉工作，促进执政为民水平提升。开展社区矫正法、医疗保障基金使用监督管理条例等执法检查，加强和改进执法检查方式，着力解决法律法规实施中的突出问题。大力加强司法监督，听取县政府、法院、检察院半年工作情况报告，审议新时代人民法庭现代化建设情况报告和电信网络新型违法犯罪打击治理工作报告，开展法官、检察官履职评议，适时开展监委专项工作监督。大力营造法治氛围，关注《杭州市淳安特别生态功能区条例》的落实执行情况，注重社会矛盾化解和群众来信来访工作。深入推进基层立法联系点规范化建设，做好规范性文件备案审查，推动良法善治。

四、拉长战线，推进“全过程”民主示范，在发挥代表作用上谱写新篇章。着力提升代表政治素质和履职能力，完善代表履职和代表联络站室点“三位一体”等工作机制，优化推动“农家式”代表联络点“三办”模式常态化、规范化。探索深化全过程人民民主的淳安实践，开展跨年度办理建议跟踪监督，畅通闭会期间代表建议办理渠道，集中精力督办好重点建议和“反复提办”建议，不断提高建议办理实效。积极邀请代表参与人大常委会各项视察、调研、督查检查等活动，夯实全过程人民民主的基层基础。开展代表中心组履职竞赛，做好评优评先，激发代表履职热情。

五、干在前线，紧扣“全领域”能力提升，在创新人大工作上实现新跨越。研究新形势下加强和改进人大工作的新举措，完善组织制度、工作制度、议事规则，健全人大与“一府一委两院”统筹协调机制。注重监督方式改进和创新，加快推进人大数字化改革，强化监督结果的转化运用，打造硬核监督成果，及时总结推广人大好经验好做法，不断提升人大工作整体实效。持续开展人大干部和人大代表的履职培训。从严从实加强党风廉政、意识形态和作风建设，全面提升机关工作效能。加强与省市人大的工作协同及乡镇人大的密切联系，深化对开发区人大工作的指导监督，努力做到让党委放心、人民群众满意。

各位代表，做好新时期人大工作，责任重大、使命光荣。让我们坚定不移地贯彻落实坚持党的领导这一最高政治原则，在县委的坚强领导下，守正创新、开拓进取，踔厉奋发、笃行不怠，以更加饱满的精神状态，更加务实的工作作风，更加优异的工作业绩，为共建特别生态区、共享魅力千岛湖、争当跨越式高质量发展和共同富裕排头兵而努力奋斗！

政协第九届淳安县委员会常务委员会工作报告

——在政协第十届淳安县委员会第一次会议上

政协第九届淳安县委员会主席 郑志光

2022年2月11日

各位委员：

我受政协第九届淳安县委员会常务委员会的委托，向大会报告工作，请予审议，并请列席会议的同志提出意见。

过去五年工作回顾

过去的五年，是淳安发展史上极不平凡、极为重要的五年，也是我县政协事业在继承中发展、在发展中创新的五年。五年来，中共淳安县委高度重视政协工作，专题召开县委政协工作会议，出台加强和改进政协工作的实施意见，县委、县政府领导先后176次参加政协重要协商会议和活动，共领办重点提案65件，对政协履职成果批示241件次。在县委的坚强领导和县政府的大力支持下，县政协常委会以打造“有为、活力、和谐”政协为主题，坚持发扬民主和增进团结相互贯通、建言资政和凝聚共识双向发力，为打造康美千岛湖和建设特别生态功能区作出了积极贡献。

一、加强政治引领，确保正确履职方向

常委会始终坚持党对政协工作的全面领导，旗帜鲜明讲政治，坚定不移跟党走，推动政协事业行稳致远。

把准政协工作方向。牢牢把握新时代人民政协的性质定位，坚持把习近平新时代中国特色社会主义思想作为筑牢共同思想政治基础的主轴，积极引导广大政协委员和政协机关干部切实增强“四个意识”、坚定“四个自信”、做到“两个维护”。自觉接受县委领导，及时向县委请示重要事项、报告重要工作，做到一切重要工作在县委领导下开展，一切重要活动围绕县委中心任务推进。充分发挥政协党组把方向、管大局、保落实作用，始终与县委思想同心、目标同向、工作同行。

夯实思想政治基础。发挥政协党组理论中心组示范效应，通过集中学习、专题培训等形式，深入学习贯彻习近平总书记系列重要讲话精神，学习贯彻中共十九大、十九届历次全会和中央、省市县党委重要会议精神，做到学思用贯通、知信行合一。精心组织开展“两学一做”“不忘初心、牢记使命”主题教育、党史学习教育和庆祝中华人民共和国成立70周年、中国共产党建党100周年等系列活动，大力弘扬伟大建党精神，不断筑牢思想政治根基。扎实推进“书香政协”建设，积极参加省市政协“千名委员读百年党史”等线上学习交流活动。五年来，共组织召开132次集中专题学习，举办15期培训和讲座，共有3000余人次参加。

提升政协党建水平。认真贯彻新时代党的建设总要求,全面落实党建、意识形态和党风廉政建设责任清单,积极支持派驻纪检监察组履行职责,认真抓好县委巡察政协机关党组反馈意见的整改,先后15次邀请县纪委监委领导为政协机关干部讲授廉政党课。成立政协机关党组和6个专委会党支部、12个党小组,积极推进政协系统党建工作制度创新、载体创新,建立党员委员联系制度、党员委员参加双重组织生活会和发挥党员委员模范作用等机制,有效实现了“党的组织对党员委员的全覆盖、党的工作对政协委员的全覆盖”。

二、服务发展大局,强化政协责任担当

常委会坚持把服务大局作为政协履职的根本要求,在助推淳安高质量发展中主动作为,勇于担当。

在疫情防控和经济社会发展中担当作为。面对严峻复杂的疫情形势,常委会领导带头深入社区、企业、农村一线,督查指导疫情防控各项措施落实。广大委员和政协机关干部主动奉献爱心,驰援抗疫一线,共开展志愿服务1100余人次,累计捐款捐物230余万元。围绕疫情防控常态化条件下经济社会发展,深入开展“走亲连心三服务”“经济运行情况走访调研”,先后8次集中组织人员到重点项目、联系企业、乡镇部门开展专题调研,协调解决企业生产遇到的问题,及时向县委、县政府提出有针对性的意见建议40多条,合力助推经济平稳健康运行。

在转型突破和生态特区建设中担当作为。面对千岛湖核心功能的重大变化,常委会按照县委工作部署,及时组建联合调研组,通过深入调研、集思广益和反复论证,形成了“关于设立千岛湖特别生态功能区的设想”等4篇专题报告,得到了省市党委政府的高度关注和充分肯定。积极争取省市政协把“淳安特别生态功能区”建设作为专题协商、民主监督的重要议题,先后配合全国和省市政协课题组24批次到淳开展监督调研,有关生态补偿和工作推进机制方面的建议得到了省市党委政府的重视和支持。政协机关干部、广大政协委员积极投身临湖地带综合整治、“污水零直排区”创建等实践中,紧扣千岛湖生态综合保护等课题深入调研,不断为生态特区建设贡献智慧和力量。

在一线攻坚和民生事业改善中担当作为。面对“十大专项行动”、“十大攻坚战”、“飞地经济”发展、“两高”建设、行政村规模调整、村社组织换届、中央环保督察迎检、“十联基层”、文明城市创建等中心工作的推进,常委会领导按照县委、县政府工作部署,切实增强“一线”意识,主动参与“一线”工作。各界别委员立足本职、发挥专长,积极参与乡村振兴、消薄增收、抗洪救灾、五水共治等工作,切实在“一线”访民情、解民忧、帮民富。

三、聚焦主责主业,提升协商建言质效

常委会充分发挥专门协商机构作用,精心选题、精细调研,为促进康美事业和共同富裕建诤言、献良策。

围绕重要决策部署协商议政。精心组织全会协商,委员们紧扣县委重要决策部署和“两会”报告,通过撰写提案、大会发言、分组讨论,广泛进行协商议政。五年来,共有188名委员围绕千岛湖高质量保护、深绿产业发展、社会管理创新等主题作大会发言,以《协商纪要》形式提出意见和建议260多条。持续深化“请你来协商”平台建设,建立“党政点题、政协破题”机制,先后成功举办“推进共同富裕”“助力亚运筹备”“做强水饮料特色支柱产业”等18场专题协商活动,提出协商建议210余条。《人民日报》等新闻媒体对我县开展“助力亚运”协商活动进行了深入报道,省政协主席专门作了批示肯定。

聚焦热点难点问题参政建言。坚持以政协常委会会议和主席会议为协商平台,紧扣

社会关注的热点难点问题，有计划、有重点地开展专题协商。五年来，共召开常委会会议32次、主席会议93次，先后就县十四五规划和二〇三五年远景目标纲要、政府投资项目安排、民生实事工程等内容进行充分协商。推进“民生议事堂”建设，先后组织委员与基层干部群众开展“微协商”46场次，努力帮助基层破解民生难题。健全视察调研机制，五年来，主席会议聚焦临湖整治成果巩固、“飞地经济”平台建设、高铁小镇建设、既有住宅加装电梯等重要工作开展专项视察，共形成视察报告28份。县委、县政府领导高度重视，及时就有关问题进行专题研究，有效推动视察成果的转化与落实。

着眼党政重大关切调研资政。主动承担县委部署的课题调研任务，先后围绕“两高”时代淳安经济发展与空间布局研究、千岛湖功能变迁后淳安高质量保护与发展对策研究、淳安深绿产业发展体系构建与空间布局研究、推进乡村人口集聚等重大课题进行深入调研，共形成调研报告6份。扎实开展以小城镇环境综合整治、加快推进农业示范园区景区化、推进现代林业产业高质量发展、打造国际化休闲度假旅游小城市等为重点的7项常委会课题调研；配合省市课题组开展生态补偿机制创新、杭黄世界级文化旅游廊道建设、市域空间用途管控机制研究等12项课题调研工作。各委组围绕度假千岛湖建设、“大健康”产业发展等课题深入协商调研，共向县委、县政府报送调研成果52份，较好地发挥了政协的建言资政作用。

四、坚持效果导向，加大民主监督力度

常委会积极创新监督方式，拓宽监督渠道，完善监督机制，不断推动党政决策部署的有效落地。

将民主监督融合到提案工作提升中。积极完善提案收集、办理、督办、评价等工作机制，深入开展县领导领办重点提案、提案办理上网公开、办理结果回访督查等工作，进一步推动提案办理监督提质增效。五年来，常委会共征集委员提案1359件，立案1061件，提案整体质量明显提升，所有提案全部得到办复，已经解决和部分解决的提案达925件，占87.2%。特别是在县委、县政府领导和有关部门的高度重视下，“做优民宿产业”“优化初中教育布局”等一大批事关发展、民生的提案得到了较好的办理和落实，增强了百姓的获得感。

将民主监督贯穿到中心工作突破中。积极响应省、市政协工作部署，先后围绕淳安特别生态功能区建设、美丽浙江大花园建设、省市县高水平全面建成小康社会补短板、农村饮用水达标提标行动、提升基层治理“四平台”建设水平等16项党政中心工作开展专项集体监督，通过查短板、提建议，助推重点问题的有效解决。常委会聚焦城乡生活垃圾分类、农村治污运维等热点问题，先后32次组织委员集中开展明察暗访和调研视察，委员参与达3000余人次，向县委、县政府报送监督报告12份。常委会还先后选派46批次640余人次的委员参与基层党建述职评议、小微水体整治验收等活动，充分发挥政协民主监督的独特作用。

将民主监督落实到部门工作改进中。深化民主监督工作，积极完善知情沟通、联动调研、成果反馈、评先评优等机制，先后对18家部门单位开展派驻监督，发出民主监督建议书48份。各民主监督小组着眼于部门重点工作，在“最多挖一次”改革、推进数字经济发展等方面提出建设性意见270余条。各派驻单位主动接受监督，认真抓好整改，实现了民主监督工作的良性互动。专门组织对县人社局社会保障工作开展民主评议监督，提出工作建议26条，有力推动了我县社会保障工作水平的提升。

五、广泛凝聚共识,汇聚改革发展合力

常委会把凝聚共识摆到政协工作突出位置,广泛联系和动员各界人士,努力画出最大同心圆、汇聚最大正能量。

通过加强团结合作、促进联谊交流凝聚共识。注重发挥政协“重要阵地、重要平台、重要渠道”作用,加强与民主党派、工商联、港澳台侨、宗教界、新社会阶层等人士的联系交流,及时把社会各界人士的思想和行动统一到党委决策部署上来,把智慧和力量汇聚到全县中心工作中来。落实“一府两院”向政协通报工作制度,进一步拓宽委员知情明政渠道。健全主席会议成员联系异地商会机制,引导和支持淳商积极参与并肩战疫、招商引资、招才引智等工作。充分发挥政协之友联谊会、政协企业家联谊会、政协书画院等平台作用,深入开展庆祝人民政协成立70周年、淳安政协成立35周年等系列活动,凝聚广泛共识、汇聚强大合力。

通过畅通民意渠道、深化为民服务凝聚共识。坚持把反映民意、为民服务与宣传、教育、引导群众有机结合,五年来,共收集委员社情民意信息1900余条,向县委、县政府编报《社情民意反映》专刊99期、增刊21期,转送部门147条,其中“持续抓好精准扶贫”“加强乡村道路车辆超载超限治理”等5篇信息被省市政协采用并上报全国政协,有关“提升精装修楼盘质量”“厕所革命”等89篇信息得到省市县领导的批示。持续深化“委员活动月”品牌建设,共举行便民服务活动300多场次,帮助解决实际问题800余个。五年来,广大政协委员主动参与访贫问苦、爱心助学、敬老助残等活动,以温暖之心、助人之行团结人凝聚人。

通过弘扬政协文化、汇集人文智力凝聚共识。广泛征集“三亲”史料,合力推进新安文化研究,编辑出版《淳安村落》《淳安印迹》《当代淳商》《政协志》《千岛湖书画拾粹(二)》《亲历者说—纪念改革开放四十周年》等资料。加强与兄弟县市政协的文化交流,成功承办皖浙赣三省十二县(市、区)政协工作交流会议,先后与安徽太和、余杭、临安等地政协以及乡镇、部门举办书画摄影作品联展活动21场次。加强微信公众号、委员风采等宣传阵地建设,全面展现委员履职成果,共有65篇报道在国家和省市级媒体刊登,切实讲好淳安故事、政协故事和委员故事。

六、着眼固本强基,持续加强自身建设

常委会主动适应新形势新任务,坚持守正创新,强化制度规范,不断提升履职能力和服务保障水平。

政协履职基础更加夯实。深入贯彻中央和省市县委政协工作会议精神,先后制定《关于加强和促进人民政协凝聚共识工作的实施意见》《关于强化政协委员责任担当的意见》等22项规范性制度,政协工作的制度化规范化程序化水平不断提高。按照“有组织、有场所、有制度、有活动”的标准,在全县23个乡镇分别组建“乡镇政协工作联络组”,切实为基层政协委员收集社情民意、开展协商沟通、服务基层群众提供平台。充分发挥委员的界别优势和专业特长,先后建成“委员工作室(站)”13个。五年来,各乡镇政协工作联络组和委员工作室(站)共开展协商调研、服务群众等履职活动200余场次,政协基础工作和人员力量“两个薄弱”问题持续得到破解。

政协委员队伍更有活力。深入开展“新时代人民政协的新样子”专题讨论活动,全面落实“八个一”履职要求,建立委员履职考核档案,推进委员履职数字化管理,进一步强化政协委员新时代新担当。全面落实政协委员关心关爱、分组联系和政协委员列席乡镇部门重要会议等制度,不断优化委员履职环境。开展“十佳政协委员”“十佳政协提案”“十佳社情民意信息”评选活动,进一步激发政协委员履职热情。五年来,广大委员自觉对标落实“懂政协、会协商、善议政，守纪律、讲规矩、重品行”的要求，用履职托起梦想、用奋斗书写答卷，展现了新时代政协委员的新风采。

政协机关服务更富效能。认真组织开展“感恩总书记、奋进新时代”“破旧立新、思想解放”大讨论活动，全面加强政协机关作风效能建设。注重专委会能力提升，配齐专委会力量，出台专委会通则，发挥专委会在政协履职中的基础性作用。注重政协理论研究，《基层政协推进“四种能力”建设的实践探索》等4篇理论文章和调研报告先后在省市政协获奖，多项工作在省市政协重要会议上作交流发言。注重加强机关制度建设，重视年轻干部培养和老干部工作，扎实推进“数智政协”建设，机关服务保障水平进一步提升。

各位委员！九届县政协工作所取得的成绩，得益于中共淳安县委的坚强领导和杭州市政协的精心指导，得益于县人大常委会、县政府的大力支持，得益于各乡镇部门、社会各界的密切配合和全体新老“政协人”的接续奋斗。在此，我谨代表九届县政协常委会，向所有关心支持淳安政协事业的各位领导、各界朋友表示衷心的感谢！

各位委员，总结九届县政协的工作实践，主要有以下五个方面的经验和体会，值得我们接续发扬。一是必须始终坚持和依靠党的领导，确保政协事业发展的正确方向。政协是党的政治组织，坚持中国共产党的领导，是做好政协工作的根本保证。五年来，常委会积极争取县委对政协工作的重视和支持，全县政协工作呈现出“党委重视、政府支持、各方配合、政协主动”的良好局面。实践证明，只有矢志不渝地坚持和依靠党的领导，人民政协事业才能沿着正确道路阔步前进。二是必须始终围绕中心服务大局，自觉把政协工作放到全县大局中谋划推进。围绕中心、服务大局，是做好政协工作的重要原则。五年来，常委会积极发挥协商民主重要渠道作用，持续助推生态保护、乡村振兴、深绿发展、疫情防控等中心工作，做到党政工作推进到哪里，政协协商建言就跟进到哪里。实践证明，只有服务改革发展大局，政协履职才能具有影响力、充满生命力。三是必须始终关注民情服务民生，积极维护广大人民群众的根本利益。坚持履职为民，是做好政协工作的初心使命。五年来，常委会紧紧围绕“最多跑一次”改革、城乡生活垃圾分类、教育卫生事业发展、社区规范建设等事关民生福祉的重点工作开展协商调研、监督视察，主动做好理顺情绪、化解矛盾、协调关系、维护稳定的工作，积极助推民生事业改善。实践证明，只有心系群众、为民履职，政协工作才能顺应新时代社会主要矛盾的新变化和人民群众对美好生活的新期待。四是必须始终发挥委员主体作用，充分调动全体委员的履职积极性。强化委员主体地位，是做好政协工作的关键所在。五年来，常委会积极搭建协商议政、为民服务等平台，切实让委员在政协干事有舞台、建言有渠道、工作有作为；加强委员履职服务保障，努力把政协建设成为团结之家、民主之家、和谐之家。实践证明，只有充分尊重委员、依靠委员，不断提升委员履职能力，政协工作才能焕发生机与活力。五是必须始终在继承中改革创新，持续提高政协履职的科学化水平。坚持改革创新，是做好政协工作的内生动力。五年来，常委会通过搭建“请你来协商”和“民生议事堂”平台，推进乡镇政协工作联络组、委员工作室(站)建设，丰富拓展了协商民主的方式和内涵；通过总结提升履职实践中的成功经验，探索形成了“规范履职行为、日常工作联系、履职考核管理、加强自身建设”等四大制度体系。实践证明，只有坚持改革创新，不断探索履行职能的新载体、发挥作用的新途径、提高效能的新机制，政协事业才能历久弥新、永续发展。

回顾五年的工作，我们也清醒看到工作

中还存在一些薄弱环节,主要是推动政协系统党建的思路举措还需进一步深化拓展,发挥专门协商机构作用的制度机制还需进一步集成完善,政协工作向基层延伸的探索实践还需进一步规范提升,强化政协委员责任担当的各项要求还需进一步细化落实。对这些问题都需要高度重视,认真研究解决。

今后五年工作建议

各位委员,今后五年是淳安特别生态功能区全面突破、跨越式高质量发展推进共同富裕建设的关键五年。中共淳安县第十五次代表大会描绘了淳安未来五年发展的宏伟蓝图和奋斗目标,也为淳安政协事业指明了发展方向。建议十届县政协要高举习近平新时代中国特色社会主义思想伟大旗帜,认真贯彻落实党中央《关于加强和改进新时代市县政协工作的意见》精神,在中共淳安县委的坚强领导下,把服务"共建特别生态区、共享魅力千岛湖"作为履职主线,把加强思想政治引领、广泛凝聚共识作为中心环节,坚持同心聚智、求实善为,致力打造"和美政协",为争当跨越式高质量发展和共同富裕排头兵贡献智慧和力量。

团结和民主是政协的两大主题,政治协商、民主监督、参政议政是政协的三大职能,凝聚共识是政协工作的中心环节。"和美",既包含"和谐美好",又蕴含"和合共进"。打造"和美政协",就是要更好地实现"两大主题"的本质追求,更好地发挥"三大职能"的功能作用,更好地担负起将县委决策部署"落实下去"、把社会各界人士智慧力量"凝聚起来"的政治责任。要通过充分展现每位政协委员的"个性之美",汇聚融合成政协大家庭的"整体之美",最终实现助力助推共同富裕的"目标之美"。要坚持把"同心聚智、求实善为"的要求贯穿于政协履职的全过程各环节,边实践边探索,边创新边总结,不断丰富和彰显"和美政协"的时代内涵。

一、聚焦党建引领,在筑牢思想政治基础上坚守和美

要坚持把学习贯彻习近平新时代中国特色社会主义思想作为首要政治任务,深入学习宣传党的十九届六中全会等重要会议精神和习近平总书记系列重要讲话精神,切实把政协各参加单位、广大政协委员和社会各界人士的思想行动、智慧力量统一和凝聚起来,坚定不移做"两个确立"忠诚拥护者、"两个维护"示范引领者,不断夯实团结奋斗的共同思想政治基础。要在打造"同心向党"政协党建工作品牌上更进一步,始终将政协工作置于党的领导之下,认真贯彻落实县委决策部署,自觉把县委决策部署落实到政协工作的各个方面,落实到协商议政监督的各个环节。强化政协党组把方向、管大局、保落实的领导作用,不断提高政协党的建设质量和水平。

二、聚焦协商主业,在助力助推县域发展上彰显和美

要紧紧围绕县第十五次党代会提出的"共建特别生态区、共享魅力千岛湖"这一总体部署,在推进"生态美富、深绿兴富、民生安富、改革增富"上,找准着力方向,发挥优势作用,集聚智慧力量。要聚焦生态特区建设、共同富裕等中心工作,围绕深绿产业发展、全域美丽建设、乡村振兴实践、亚运经济打造、重点项目推进以及"十四五"规划确定的重点工作,深入调查研究,广泛协商议政,务实精准建言。要关注水环境保护治理、国土空间开发利用、基础设施建设配套、优质公共服务供给等方面的情况,广泛组织调研视察、提案督办等履职活动,助推重大决策部署落实到位。要持续健全协商工作机制,深化"请你来协商""民生议事堂"等协商平台建设,推进全过程协商民主,积极培育协商文化,多角度多方位服务经济社会高质量跨越式发展。

三、聚焦履职为民,在致力民生事业改善上追求和美

要深化践行以人民为中心的发展思想,坚持把不断满足人民群众对美好生活的需要、促进民生改善作为履职尽责的重要着力点。注重倾听民声民意,聚焦解决群众反映集中的“急难愁盼”问题,组织委员经常性深入基层、深入界别群众,收集信息、汇集意见,撰写提案、反映社情民意。注重优化为民服务,不断完善“委员活动月”机制,持续开展“走亲连心三服务”活动,引导广大委员发挥特长、奉献爱心,真情回报社会。注重改善民生福祉,积极围绕文明城市创建、老旧小区改造、农村公路提升、城乡客运改善、教育医疗优质均衡发展等党委政府民生工作重点、基层社会治理堵点开展建言资政,推动民生政策落到实处、实际问题得到解决。

四、聚焦中心环节,在汇聚团结奋进力量上增添和美

要坚持把凝聚共识作为履职的中心环节,充分发挥人民政协的团结联谊功能,把各方面的智慧和力量凝聚起来,以“好声音”赢得共鸣,用“正能量”汇聚合力。持续探索凝聚共识工作机制,将凝聚共识自觉融入委员的全部履职活动,引导委员进一步增进对中国共产党和中国特色社会主义的政治认同、思想认同、理论认同、情感认同。充分发挥政协之友联谊会、企业家联谊会、政协书画院等平台作用,积极引导各党派团体和各族各界人士通过政协平台,为“坚定不移抓保护、聚精会神谋发展、全力以赴促民富”传播共识、献计出力、发挥作用。进一步推进政协工作向基层延伸,密切政协组织、政协委员与基层群众的联系,协助党委政府做好群众工作,不断增进基层共识,维护社会和谐稳定。加强与上级政协联系合作,优化联动履职机制,进一步提升政协履职整体效能。

五、聚焦自身建设,在锻造过硬战斗团队上焕发和美

新形势、新任务对政协工作提出了全新的要求,要以更严的履职作风、更强的责任担当、更新的工作举措,不断加强政协自身建设,推动政协和美事业高质量发展。要强化系统观念,整体谋划政协履职制度体系建设,努力使制度机制覆盖履职工作全流程,让政协履职更加规范高效。加强政协专委会和专委会党组织建设,推动委组之间、委组与乡镇部门之间联动协作。优化政协委员服务管理,推进“书香政协”建设,深入开展委员读书活动,着力提升政治把握能力、调查研究能力、联系群众能力、合作共事能力。探索拓展数字赋能,加快建设“数智政协”,推进政协工作理念创新、机制创新和方法创新。加强政协文史资料、新闻宣传、理论研究等工作,全面提升政协基础工作效能,促进政协工作提质增效。

各位委员、同志们,实干铸就伟业,奋斗开创未来。让我们更加紧密地团结在以习近平同志为核心的党中央周围,在中共淳安县委的坚强领导下,在致力打造“和美政协”的履职实践中,担当新使命,谋求新作为,为共建特别生态区、共享魅力千岛湖,争当跨越式高质量发展和共同富裕排头兵作出新贡献!

淳安县2022年国民经济和社会发展统计公报

淳安县统计局

2023年3月21日

2022年,淳安坚持以习近平新时代中国特色社会主义思想为指导,深入学习贯彻党的二十大精神和上级党委政府各项决策部署,高效统筹疫情防控和经济社会发展,认真落实县委、县政府工作要求和目标任务,加快落实稳经济一揽子政策等系列举措,全力以赴保经济运行,全县经济社会发展取得新成绩。

一、综合

经济总量 根据初步核算,2022年全县实现生产总值(GDP)为269.51亿元,按可比价格计算,比上年增长2.4%。分产业看,第一、二、三产业增加值分别为42.36亿元、71.29亿元和155.86亿元,比上年增长3.2%、1.4%和2.6%。三次产业增加值结构为15.7∶26.5∶57.8。全县按常住人口计算的人均GDP达到82545元,增长3.0%。按国家公布的2022年平均汇率折算,人均GDP达到12272美元。经最终核实,2021年全县生产总值(GDP)为258.97亿元,按可比价格计算,比2020年增长5.2%,三次产业增加值结构为15.9∶26.2∶57.9。

数字经济 全县实现数字经济核心产业增加值8.06亿元,按可比价格计算,比上年增长8.6%,占全县GDP的比重为3.0%。规模以上数字经济核心产业制造业增加值增长15.6%,高于规模以上工业增加值增速10.1个百分点。

市场主体 年末,全县共有各类市场主体38318家。其中内资企业15313家,个体工商户22393家,农民专业合作社495家,外资企业117家。2022年全县新登记市场主体7422家。其中内资企业3273家,个体工商户4129家,农民专业合作社10家,外资企业10家。2022年,注销市场主体2916家。其中注销企业1200家,注销个体工商户1689家,注销农民专业合作社22家。

劳动就业 全县城镇新增就业人员4412人,其中失业人员实现再就业2034人,就业困难人员实现再就业1040人。全年共开展各类职业技能培训8045人次,其中开展企业技能等级认定1749人次;核发技能等级证书1971本,专项能力证书518本;培养高技能人才1175人,其中高级工895人,技师、高级技师280人。

人口 年末,全县户籍总户数147037户,户籍人口450242人。在户籍人口中,男性227523人,女性222719人。其中千岛湖镇户籍人口85291人。常住人口数32.50万人。全县人口出生率5.05‰,人口自然增长率-1.41‰。

二、农业和农村

农业生产 全年农林牧渔业增加值43.07亿元，增长3.2%。完成农林牧渔业总产值59.16亿元，增长3.4%。其中，农业产值41.40亿元，增长1.6%；林业产值8.06亿元，增长12.6%；畜牧业产值4.87亿元，增长0.2%；渔业产值3.48亿元，增长9.3%。实现粮食总产量4.46万吨，茶叶产量0.51万吨，水果产量11.60万吨，肉类产量1.16万吨，渔业水产品产量1.54万吨。

美丽乡村 共创建大墅镇、姜家镇、富文乡3个省级美丽乡村示范乡镇，严家村、富文村、下姜村3个省级未来乡村，青溪村、五兴村等6个省美丽乡村特色精品村，62个省级新时代美丽乡村达标村，实现省级达标村创建全覆盖。荣获2022年度全省深化"千万工程"建设新时代美丽乡村（农村人居环境提升）工作优胜县。

三、工业和建筑业

工业生产 全年工业增加值44.29亿元，增长2.1%，其中规模以上工业增加值34.71亿元，增长5.5%。规模以上工业新产品产值13.41亿元，增长19.0%；新产品产值率11.8%，比上年提升1.0个百分点。高新技术产业、装备制造业、战略性新兴产业增加值分别为15.96亿元、5.78亿元、3.53亿元，分别增长14.5%、3.7%和6.1%。

建筑业 全年建筑业增加值27.07亿元，增长0.3%，占GDP比重为10.0%。

四、交通运输和邮政

交通运输 全年交通运输、仓储和邮政业增加值6.84亿元，下降5.2%。全年完成亚运赛道提升项目160.76公里。完成虹横公路提升改造5.589公里、县乡公路大中修40公里、村道大中修30.544公里、农村公路安保工程27.2776公里、农村公路港湾停靠站20处、病危桥改造10座、省市县级道路交通事故多发点整治8处、沿湖沿线生态修复55处边坡。全县公路总里程2866.275公里，其中高速公路65.618公里、国道89.777公里、省道29.264公里、县道699.414公里、乡道296.621公里、村道1685.581公里；有公路桥梁812座60864.34米，公路隧道144座87929.6米。

邮政业务 全年邮政业务总量6070.21万元。邮电局所总数36处，其中邮电支局6处，邮电所26处，代办所4处。邮路长度（含投递路线）140.97万公里。

五、财政金融

财政收支 全年财政总收入43.66亿元，下降8.6%；一般公共预算收入23.92亿元，下降7.8%。一般公共预算支出80.71亿元，增长4.3%。其中：卫生健康支出7.59亿元，增长8.4%；公共安全支出3.62亿元，增长16.1%；教育支出11.84亿元，增长15.3%；社会保障和就业支出12.31亿元，增长22.7%。

金融 年末，全县金融机构本外币各项存款余额462.69亿元，增长13.2%，其中人民币存款余额445.07亿元，增长9.7%。金融机构本外币各项贷款余额484.08亿元，增长16.8%，其中人民币贷款余额483.99亿元，增长16.7%。

六、固定资产投资和房地产开发

固定资产投资 全年固定资产投资增长15.2%，其中项目投资增长51.5%。按投资"4+1"结构统计，交通投资下降4.4%；生态环保、城市更新和水利设施投资增长42.4%；高新技术产业投资增长26.2%；民间项目投资增长70.7%；工业投资增长159.7%。

房地产业 全年房地产业增加值23.13亿元，下降4.6%。全县房地产开发投资下降12.0%；房屋施工面积共256.59万平方米，下降9.7%；竣工面积29.58万平方米，下降41.9%。全年商品房销售面积25.57万平方米，下降20.4%；实现商品房销售额32.71亿元,下降25.5%。

七、贸易与招商引资

国内贸易 全年批发零售业增加值30.73亿元,增长5.6%;住宿餐饮业增加值5.89亿元,下降2.9%。全县实现社会消费品零售总额94.04亿元,增长4.5%。

对外贸易 全年外贸进出口总额2.18亿美元,增长8.3%。其中出口额1.99亿美元,增长9.1%;进口额0.19亿美元,增长0.5%。

招商引资 全年招商引资新引进深绿产业项目70个。全年实际利用外资6063万美元,实际投入资金35.98亿元。总部经济共实现税收14.26亿元。

八、人民生活和社会保障

人民生活 据抽样调查,全年全体居民人均可支配收入37506元,增长6.0%;人均消费支出23012元,增长5.5%。其中工资性收入21948元,增长9.5%;经营净收入7962元,增长3.6%;财产净收入1619元,下降31.9%;转移净收入5977元,增长13.2%。全年城镇常住居民人均可支配收入55228元,增长4.2%;人均消费支出31831元,增长3.5%。农村常住居民人均可支配收入26156元,增长6.0%;人均消费支出17364元,增长6.1%。低收入农户人均可支配收入18863元,增长17.2%。

社会保障 年末城乡居民基本医疗保险参保人数23.10万人;职工基本养老保险、工伤保险、失业保险参保人数分别为6.88万人、7.71万人和5.24万人。城乡居民养老保险基础养老金全县统一调整到每人每月330元,最低生活保障标准从每人每月1102元调整为1216元,特困人员基本生活标准由每人每月1837元调整为每人每月2027元。年末全县最低生活保障对象1.1884万人,全年发放困难家庭救助金(低保金)1.356亿元。

全县有养老机构27家,其中县级公办1家、乡镇级敬老院19家、民办养老机构7家。共有机构养老床位2655张,在院供养老人1060人。年末,全县共有在册低保户数9411户11884人,其中残疾人单列户5684户5789人。

九、科学技术和教育

科技创新 全年规模以上工业高新技术产业增加值占规模以上工业增加值比重为46.0%。高新技术产业投资增长26.2%。全年新增国家高新技术企业13家,新增省科技型中小企业38家,市雏鹰企业3家。共有特派员团队省级3个、市级2个、县级1个;省级个人特派员8人、市级14人,加上团队合计72人。实施各级特派员项目25个,争取项目资金250万元。

教育事业 年末,全县学校101所,在编教职工3811人,在校学生41582人。其中幼儿园38所,在校幼儿9143人;小学41所(含10所校区),在校学生16212人;初中13所,在校学生7951人;普高5所,在校学生5005人;职高2所,在校学生3220人;培智学校1所,在校学生51人,电大教师进修学院1所。

十、文化、旅游、卫生健康和体育

文化事业 全年文化产业增加值3.98亿元。年末全县共有文化馆(站)24个,公共图书馆(含乡镇分馆)24个,城市书房(含新安书屋、杭州书房)19个,艺术馆1个,业余文艺团队近千支。全年开展线上线下群众文体活动210余场,累计惠民90.9万人次;举办线上线下展览25期28场,观展6.28万人次;举办"百姓课堂"等公益培训52期,开课316班次656课时,受训群众1.27万人次;淳安县全民艺术普及率达79.0%。

旅游经济 全年旅游经济总收入126.8亿元,恢复至2021年的85.5%;旅游总人数812.1万人次,恢复至2021年的89.9%。其中千岛湖景区下湖游客58.86万人,恢复至

2021年的46.7%；实现门票和游船艇收入9107.24万元，恢复至2021年的50.0%。年末各类旅行社75家，增长6.8%。高标准建造酒店47家，其中挂牌五星级2家，五星标准建造酒店19家；挂牌四星级2家，四星标准建造酒店24家。

卫生健康　全年健康产业增加值18.64亿元，增长17.8%。全县共有各类医疗机构327家，各类专业卫生技术人员3201人，其中职业中、西医师1433人，注册护士1419人。医疗卫生机构床位数2378张，其中县级医院1560张。

体育事业　人均体育场地面积达4.44平方米以上。国民体质监测合格率达94.3%。深化亚运场馆惠民开放行动，开展县第八届全民运动会，完成"全民健身迎亚运"体育赛事和科学健身活动进村（社区）1066场，组织课后服务专项体育课进校园530堂。成功举办环千岛湖公路自行车赛、铁人三项、轮滑、女子马拉松等大型赛事16场，吸引参赛选手4万余人次。全年运动员参加市级以上比赛获得奖牌数94枚，其中金牌22枚、银牌30枚。

十一、城市建设

城市建设　完成千岛湖大桥南端市政道路接线大中修，开展亚运保障道路地下隐患检测，实施秀水大桥、海瑞桥"桥头跳车"专项整治。提升改造西园公园、新塘公园等五个小公园，打造景秀篮球公园口袋公园，拓展千岛湖广场和新北社区2个亚运观赛空间。修复睦州大道、环湖北路、梦姑路道路绿地灌溉设施，完成千岛龙庭等沿湖22幢楼宇外立面夜景照明提升。完成坪山、城西、南山污水厂中水回用提升改造，临岐镇污水处理厂建设项目完工。完成紫荆花园等5个污水零直排区提质增效示范小区建设。完成珍珠半岛主干道改造提升工程，排岭北路、南路道路大中修工程。新增清波花园、绿园新村停车泊位695个。

公用事业　全社会用电量16.11亿千瓦时，增长6.1%。其中一产用电0.28亿千瓦时，增长28.0%；二产用电7.13亿千瓦时，增长2.7%；三产用电4.93亿千瓦时，增长0.5%；城乡居民生活用电3.77亿千瓦时，增长20.9%。

十二、环境保护和社会安全

环境保护　全年平均气温18.2℃，最高40.4℃，最低-0.8℃；全年降雨天数186天，全年降雨量1225.7毫米。

全年空气优良天数359天，优良率98.4%。其中环境空气质量指数为优、良的天数分别为218天和141天，分别占总有效天数的59.7%和38.6%，环境空气综合指数为2.48。细颗粒物（$PM_{2.5}$）年均浓度18微克/米^3；二氧化氮年均浓度值11微克/米^3；二氧化硫年均浓度值5微克/米^3。地表水国控断面达到或优于Ⅲ类比例100%，市控以上断面达到或优于Ⅲ类比例100%。

安全生产　全年共发生生产安全事故6起，死亡5人、受伤1人。全县未发生较大以上生产安全事故，安全生产形势总体平稳。

注释：

本公报数据为年度初步统计数；公报中涉及的GDP及增加值绝对额为现价，增长速度按可比价格计算。